Cynnwys

Sut i ddefnyddio'r llyfr hwn

Bwriad y gwerslyfr hwn yw eich arwain drwy fanyleb Y Gyfraith CBAC a'ch helpu i lwyddo yn y pwnc. Mae'r llyfr wedi ei ysgrifennu gan awduron sydd hefyd yn arholwyr profiadol. Yn ogystal â hyn, mae gwallau cyffredin ymhlith ymgeiswyr wedi'u nodi, a chewch gefnogaeth a chyngor fel y gallwch osgoi'r rhain. Dylai hyn eich arwain i lwyddo yn eich arholiad UG/U2. Mae'n cynnwys amryw o gwestiynau arholiad enghreifftiol ar gyfer y fanyleb, ynghyd ag atebion enghreifftiol a sylwadau arholwyr.

Mae'r llyfr yn ymdrin â'r canlynol:

- Unedau 1 a 2 Lefel UG CBAC
- Unedau 3 a 4 Lefel U2 CBAC.

Mae'r gwerslyfr hwn yn ymdrin â'r wybodaeth sydd ei hangen ar gyfer pob pwnc yn y fanyleb. Mae hefyd yn cynnwys amryw o nodweddion dysgu yn ymwneud â'r pynciau.

Termau allweddol: Mae termau cyfreithiol pwysig wedi'u dangos mewn print tywyll yn y prif destun ac mae'r diffiniadau wedi'u cynnwys ar ymyl y dudalen. Mae'r rhain hefyd wedi'u rhestru mewn geirfa ar ddiwedd y llyfr fel bod modd cyfeirio atyn nhw'n hwylus.

Gwella gradd: Mae'r nodwedd hon yn rhoi syniad i chi o feddwl yr arholwyr, ac yn rhoi cyngor ar bethau y dylech chi eu cynnwys er mwyn gwella eich marciau.

Ymestyn a herio: Mae'r gweithgareddau hyn yn rhoi cyfleoedd i ymchwilio ymhellach i bwnc ac yn rhoi cyngor i chi ar ddarllen pellach. Materion cyfoes neu feysydd sy'n cael eu diwygio yw'r rhain fel arfer; bydd gwybod amdanynt yn gwneud argraff dda iawn ar yr arholwr.

Achosion ac Achosion Allweddol: Mae enghreifftiau o achosion wedi'u hamlygu er mwyn egluro'r pwyntiau cyfreithiol maen nhw'n eu dangos.

Sgiliau Arholiad: Mae'r nodwedd hon yn rhoi cyngor ac arweiniad ar sut i baratoi ar gyfer eich arholiadau.

Crynodeb: Ar ddiwedd pob pwnc mae crynodeb defnyddiol er mwyn eich helpu i drefnu eich gwaith adolygu.

Mae'r adran **Arfer a thechneg arholiad** yn rhoi cyfle i chi ymarfer eich sgiliau arholiad ac yn rhoi syniad i chi o ansawdd yr ateb sy'n ddisgwyliedig er mwyn ennill gradd uchel. Mae'r adran hon yn dangos enghreifftiau o atebion sy'n perthyn i'r bandiau marcio uwch a chanolig. Mae sylwebaeth fanwl yn esbonio sut llwyddodd yr ymgeiswyr i ennill eu marciau, ac mae cyngor yn awgrymu sut byddai'n bosibl gwella'r atebion hyn. Mae'r marciau y byddai'r ymgeisydd hwn wedi'u hennill wedi eu rhannu rhwng yr Amcanion Asesu, fel y gallwch chi weld sut cafodd yr ateb ei farcio.

Cymwysterau UG/U2

Bwriad y llyfr hwn yw rhoi cymorth i chi astudio ar gyfer eich arholiadau UG CBAC **a rhywfaint** o'r arholiadau U2. Bydd y cynnwys ychwanegol sydd ei angen ar gyfer manyleb Safon Uwch CBAC i'w gael yn Llyfr 2.

Illuminate Publishing

CBAC Safon Uwch

Y Gyfraith Llyfr 1

Sara Davies • Karen Phillips • Louisa Draper-Walters

CBAC Safon Uwch Y Gyfraith: Llyfr 1

Addasiad Cymraeg o *WJEC/Eduqas A Level Law: Book 1* a gyhoeddwyd yn 2018 gan Illuminate Publishing Ltd, P.O. Box 1160, Cheltenham, Swydd Gaerloyw GL50 9RW.

Archebion: Ewch i www.illuminatepublishing.com neu anfonwch e-bost at sales@illuminatepublishing.com

Ariennir yn Rhannol gan
Lywodraeth Cymru
Part Funded by
Welsh Government

Cyhoeddwyd dan nawdd Cynllun Adnoddau Addysgu a Dysgu CBAC

Data Catalogio Cyhoeddiadau y Llyfrgell Brydeinig.

Mae cofnod catalog ar gyfer y llyfr hwn ar gael gan y Llyfrgell Brydeinig.

ISBN 978-1-912820-00-9

Argraffwyd a rhwymwyd yn y DU gan Ashford Colour Press

11.18

Polisi'r cyhoeddwr yw defnyddio papurau sy'n gynhyrchion naturiol, adnewyddadwy ac ailgylchadwy o goed a dyfwyd mewn coedwigoedd cynaliadwy. Disgwylir i'r prosesau torri coed a gweithgynhyrchu gydymffurfio â rheoliadau amgylcheddol y wlad y mae'r cynnyrch yn tarddu ohoni.

Gwnaed pob ymdrech i gysylltu â deiliaid hawlfraint y deunydd a atgynhyrchwyd yn y llyfr hwn. Os cânt eu hysbysu, bydd y cyhoeddwyr yn falch o gywiro unrhyw wallau neu hepgoriadau ar y cyfle cyntaf.

Mae'r deunydd hwn wedi'i gymeradwyo gan CBAC, ac mae'n cynnig cefnogaeth o ansawdd uchel ar gyfer cymwysterau CBAC. Er bod y deunydd wedi bod trwy broses sicrhau ansawdd CBAC, mae'r cyhoeddwr yn dal yn llwyr gyfrifol am y cynnwys.

Atgynhyrchir cwestiynau arholiad CBAC drwy ganiatâd CBAC.

Gosodiad y llyfr Cymraeg: Neil Sutton, Cambridge Design Consultants
Dylunio a gosodiad gwreiddiol: Kamae Design
Dyluniad y Clawr: Kamae Design
Delwedd y Clawr: arosoft / Shutterstock.com

Cydnabyddiaeth
Atgynhyrchir gwybodaeth hawlfraint y Goron gyda chaniatâd Rheolwr Llyfrfa Ei Mawrhydi (*HMSO*) ac Argraffydd y Frenhines yn yr Alban.

Cyflwyniad
Er cof am Dr Pauline O'Hara, a oedd yn ysbrydoliaeth i ni ac i lawer o fyfyrwyr y Gyfraith.

Mae'r adran gynnwys isod yn esbonio'n union beth sydd i'w weld ym mhob llyfr.

CBAC Y Gyfraith UG ac U2

Mae'r llyfr hwn yn ymdrin â gofynion yr arholiadau. I gael rhagor o wybodaeth, edrychwch ar yr adran arfer a thechneg arholiad, yn ogystal â phapurau arholiad a chynlluniau marcio y pwnc, a'u trafod gyda'ch athro.

Cynnwys arholiad UG/U2 CBAC

Bydd y rhan fwyaf o ymgeiswyr yn sefyll arholiadau UG ar ddiwedd y flwyddyn gyntaf a bydd y rhain yn cael eu cyfuno â'r arholiadau U2 fydd yn cael eu sefyll ar ddiwedd yr ail flwyddyn i gael y cymhwyster Safon Uwch llawn. I weld cynnwys llawn manyleb CBAC ewch i www.cbac.co.uk.

- Mae'r arholiad UG yn llai heriol ac yn werth 40% o'r cymhwyster Safon Uwch llawn.
- Mae'r arholiad UG yn gam tuag at y cymhwyster Safon Uwch llawn, felly bydd syniadau sy'n cael eu cyflwyno ar lefel UG yn cael eu datblygu yn y papur U2 llawn.
- Mae Safon Uwch llawn CBAC yn cynnwys pedair uned neu arholiad. Mae'r cynnwys hwn yn ymddangos yn y ddau lyfr, Llyfr 1 a Llyfr 2.
- Mae Lefel UG CBAC yn cynnwys dwy uned neu arholiad. Mae'r gwerslyfr hwn yn cynnwys digon o bynciau i'ch helpu chi i baratoi ar gyfer yr arholiadau.

	Uned 1	Uned 2	Uned 3	Uned 4
CBAC UG	Natur y Gyfraith a Systemau Cyfreithiol Cymru a Lloegr	Cyfraith Camwedd	amh.	amh.
	80 marc ar gael (25% o'r cymhwyster Safon Uwch llawn)	60 marc ar gael (15% o'r cymhwyster Safon Uwch llawn)	amh.	amh.
	1 awr a 45 munud	1 awr a 30 munud	amh.	amh.
CBAC U2	Unedau 1 a 2, uchod, ynghyd ag unedau 3 a 4		Arfer y Gyfraith Gadarnhaol	Safbwyntiau'r Gyfraith Gadarnhaol
			100 marc ar gael (30% o'r cymhwyster Safon Uwch llawn)	100 marc ar gael (30% o'r cymhwyster Safon Uwch llawn)
			1 awr a 45 munud	2 awr

Y pwysoliad cyffredinol yw 40% ar gyfer UG a 60% ar gyfer U2.

- **Uned 1:** Natur y Gyfraith a Systemau Cyfreithiol Cymru a Lloegr (25%).
- **Uned 2:** Cyfraith Camwedd (15%).
- **Uned 3:** Arfer y Gyfraith Gadarnhaol (30%).
- **Uned 4:** Safbwyntiau'r Gyfraith Gadarnhaol (30%).

Termau allweddol ac awdurdod cyfreithiol

Mae myfyrwyr yn aml yn dweud bod astudio Y Gyfraith yn teimlo fel dysgu iaith hollol newydd. Mewn gwirionedd, bydd yn rhaid i chi ddod i adnabod rhai termau Lladin, fel *ratio decidendi*. Os ydych chi am gyrraedd y bandiau marcio uwch, bydd yn rhaid i chi ddefnyddio terminoleg gyfreithiol briodol. Mae termau allweddol wedi'u hamlygu drwy gydol y llyfr. Bydd llawer o'r cwestiynau arholiad ateb byr yn gofyn i chi esbonio ystyr term, neu ddisgrifio cysyniad. Dylech ddechrau eich traethodau ymateb estynedig bob amser drwy esbonio'r term allweddol yn y cwestiwn. Dylai gweddill eich ateb ganolbwyntio ar syniadau a dadleuon sy'n gysylltiedig â'r term allweddol hwnnw.

Er mwyn cefnogi'r pwyntiau rydych yn eu gwneud, dylech gynnwys awdurdod cyfreithiol. Gall hyn fod yn achos, yn statud neu'n ddeddfwriaeth, er enghraifft *Donoghue v Stevenson (1932)* neu **adran 1 Deddf Dwyn 1968**.

Asesiadau Y Gyfraith CBAC

Mae'r adran arholiadau ar ddiwedd y llyfr hwn yn rhoi mwy o sylw i asesu. Ond, cyn i chi ddechrau astudio, bydd o gymorth os ydych chi'n deall yr Amcanion Asesu sy'n cael eu profi. Maen nhw'n cynnwys yr adrannau canlynol:

- **Amcan Asesu 1 (AA1):** Disgrifio beth rydych chi'n ei wybod.
- **Amcan Asesu 2 (AA2):** Cymhwyso eich gwybodaeth.
- **Amcan Asesu 3 (AA3):** Dadansoddi/gwerthuso'r wybodaeth hon.

Mae pob cynllun marcio'n cynnig marciau ar gyfer y sgiliau gwahanol ac mae arholwyr yn cael eu hyfforddi i chwilio amdanynt ac i'w hadnabod.

- **AA1:** Rhaid i chi ddangos gwybodaeth a dealltwriaeth o reolau ac egwyddorion cyfreithiol.
- **AA2:** Rhaid i chi gymhwyso rheolau ac egwyddorion cyfreithiol at senarios penodol er mwyn cyflwyno dadl gyfreithiol gan ddefnyddio terminoleg gyfreithiol briodol.
- **AA3:** Rhaid i chi ddadansoddi a gwerthuso rheolau, egwyddorion, cysyniadau a materion cyfreithiol.

Adran y fanyleb	Cynnwys allweddol	Amcanion Asesu	Ble mae'r pwnc hwn yn ymddangos yn y fanyleb/ arholiadau?
CBAC UG/U2 1.1: Deddfu	• Cyd-destun hanesyddol deddfu yng Nghymru a'r Deyrnas Unedig, gan gynnwys sofraniaeth seneddol, gwahaniad pwerau a rheolaeth cyfraith; Uchelfraint Frenhinol • Deddfu Seneddol gan gynnwys Papurau Gwyrdd a Gwyn; y broses ddeddfwriaethol; cyfansoddiad a rôl y Senedd. Cysyniad sofraniaeth seneddol a'i gymhwyso • Y broses ddeddfwriaethol yng Nghymru a'r DU; deddfu corff deddfwriaethol Cymru: cyfansoddiad a rôl y Senedd a chorff deddfwriaethol Cymru • Y Setliad Datganoli yng Nghymru, gan gynnwys rôl y Goruchaf Lys • Cyfansoddiad y DU gan gynnwys sofraniaeth, gwahaniad pwerau a rheolaeth cyfraith Uchelfraint Frenhinol • Cyfraith yr Undeb Ewropeaidd; ffynonellau Cyfraith Ewropeaidd • Effaith cyfreithiau'r Undeb Ewropeaidd ar gyfreithiau Cymru a Lloegr	**AA1** Dangos gwybodaeth a dealltwriaeth o reolau ac egwyddorion cyfreithiol **AA2** Cymhwyso rheolau ac egwyddorion cyfreithiol at senarios a roddir er mwyn cyflwyno dadl gyfreithiol gan ddefnyddio terminoleg gyfreithiol briodol	**CBAC UG/U2 –** Uned 1 Adran A

Mae 'ffynonellau'r gyfraith' yn cyfeirio at y ffordd mae ein cyfraith yn dod i fodolaeth.

Ffynonellau'r gyfraith yng Nghymru a Lloegr

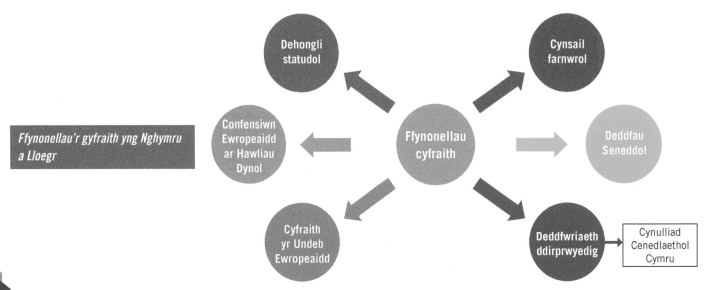

Deddfau Seneddol

Daw'r rhan fwyaf o'n cyfreithiau o Senedd y DU, sy'n pasio cannoedd o ddeddfau bob blwyddyn. Mae'r Senedd yn cynnwys tri sefydliad.

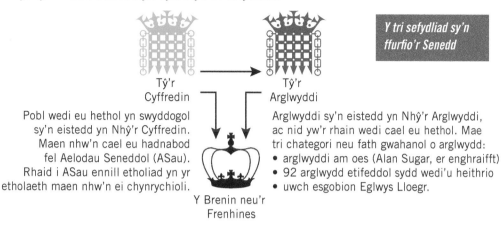

Y tri sefydliad sy'n ffurfio'r Senedd

Tŷ'r Cyffredin

Pobl wedi eu hethol yn swyddogol sy'n eistedd yn Nhŷ'r Cyffredin. Maen nhw'n cael eu hadnabod fel Aelodau Seneddol (ASau). Rhaid i ASau ennill etholiad yn yr etholaeth maen nhw'n ei chynrychioli.

Tŷ'r Arglwyddi

Arglwyddi sy'n eistedd yn Nhŷ'r Arglwyddi, ac nid yw'r rhain wedi cael eu hethol. Mae tri chategori neu fath gwahanol o arglwydd:
• arglwyddi am oes (Alan Sugar, er enghraifft)
• 92 arglwydd etifeddol sydd wedi'u heithrio
• uwch esgobion Eglwys Lloegr.

Y Brenin neu'r Frenhines

Mae'n rhaid i'r brenin neu'r frenhines gymeradwyo pob deddf sy'n cael ei phasio gan y Senedd. Elisabeth II yw'r frenhines ar hyn o bryd.

Mae Senedd y DU yn cyfarfod ym Mhalas San Steffan, Llundain, felly bydd pobl weithiau'n cyfeirio ati fel 'Senedd San Steffan' neu 'San Steffan' yn unig. Mae gan y Senedd ddwy siambr drafod: Tŷ'r Cyffredin a Thŷ'r Arglwyddi. Trydedd elfen Senedd y DU yw'r brenin neu'r frenhines, sy'n bennaeth ar y wladwriaeth. Mae rôl y brenin neu'r frenhines yn un etifeddol: fel arfer mae'n pasio o'r un presennol i'w blentyn hynaf pan fydd yr un sy'n teyrnasu yn marw.

Mae'n rhaid i dair rhan Senedd y DU gymeradwyo Deddfau Seneddol cyn eu bod yn gallu dod yn gyfraith.

Papurau Gwyrdd a Gwyn

Y cam cyntaf yn aml iawn yw ymgynghori â'r bobl berthnasol drwy Bapur Gwyrdd a/neu Bapur Gwyn.

Papurau Gwyrdd

Mae'r rhain yn cyhoeddi'r bwriad i newid y gyfraith ac yn amlinellu beth gallai'r newid hwn fod. Mae'n cael ei gyhoeddi ar y Rhyngrwyd er mwyn i'r cyhoedd roi sylwadau ac mae copïau hefyd yn cael eu dosbarthu i bobl sydd â diddordeb yn y mater. Yna bydd yr unigolion hyn yn cynnig sylwadau ac awgrymiadau ynglŷn â'r cynnig.

Papurau Gwyn

Yna bydd y Senedd yn cyhoeddi Papur Gwyn, sydd yn gynnig cadarnhaol ar ffurf y ddeddf newydd. Mae'n aml yn cynnwys newidiadau mewn ymateb i farn y sawl sydd â diddordeb. Yna bydd cyfle pellach i ymgynghori cyn i'r Mesur terfynol fynd i'r Senedd i gael ei ystyried.

Mesurau

Mae pob Deddf Seneddol yn dechrau fel Mesur, sef deddf ddrafft neu gynnig i newid y gyfraith. Mae tri math o Fesur: Mesurau Cyhoeddus, Mesurau Aelodau Preifat a Mesurau Preifat.

Mesurau Cyhoeddus

Mae Mesur Cyhoeddus yn cynnwys materion yn ymwneud â pholisi cyhoeddus a fydd yn effeithio ar y wlad i gyd neu ran fawr ohoni. Bydd y Mesurau hyn weithiau'n dilyn maniffesto'r llywodraeth sydd mewn grym ar y pryd. Mae'r rhan fwyaf o Fesurau'r llywodraeth yn perthyn i'r categori hwn. Dyma rai enghreifftiau:

• *Deddf Plant a Gwaith Cymdeithasol 2017* • *Deddf Rheithgorau 1974* • *Deddf Cyllid 2017*

GWELLA GRADD

Mae Mesurau Cyhoeddus sy'n cael eu hystyried gan y Senedd ar hyn o bryd i'w gweld yn www.parliament.uk/business/bills-and-legislation. Mae'r ddeddfwriaeth ddiweddaraf i'w gweld yn www.legislation.gov.uk/ukpga

Sut mae Mesur yn mynd drwy'r Senedd (Ffynhonnell: www.parliament.uk/about/how/laws/flash-passage-bill. Hawlfraint y Goron)

Mesurau Aelodau Preifat

Mae'r Mesurau hyn yn cael eu noddi gan Aelodau Seneddol unigol. Ym mhob sesiwn o'r Senedd, mae 20 aelod yn cael eu dewis ar sail pleidlais i gymryd eu tro i gyflwyno eu Mesurau i'r Senedd. Nifer cymharol fach o Fesurau Aelodau Preifat sy'n dod yn ddeddf, a phrin iawn yw'r amser sy'n cael ei neilltuo ar gyfer eu trafod. Gan eu bod yn tueddu i ymwneud â materion sydd o ddiddordeb i'r AS unigol, yn aml iawn dydyn nhw ddim chwaith yn adlewyrchu agenda cyffredinol y llywodraeth. Dyma enghreifftiau o Fesurau Aelodau Preifat sydd wedi dod yn ddeddf:

- *Deddf Erthylu 1967*
- *Deddf Priodas 1994*

Mesurau Preifat

Mae Mesur Preifat yn ddeddf sy'n effeithio ar unigolion neu gorfforaethau unigol yn unig. Dyma rai enghreifftiau:

- *Deddf Coleg Prifysgol Llundain 1996*
- *Deddf Harbwr Whitehaven 2007*

Y broses ddeddfwriaethol

Pan fydd Mesur yn cael ei baratoi, bydd yn cael ei gyflwyno gerbron Senedd y DU yn y lle cyntaf, ac yna mae'n mynd drwy broses benodol cyn dod yn ddeddf swyddogol.

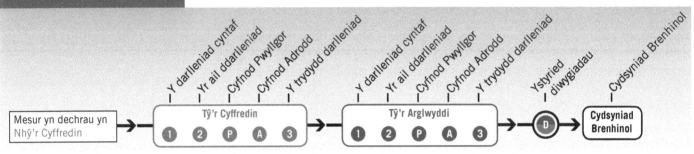

Gall Tŷ'r Cyffredin ddefnyddio pwerau o dan *Ddeddfau'r Senedd 1911* ac *1949* i ddeddfu heb gydsyniad Tŷ'r Arglwyddi. Anaml iawn y bydd hyn yn digwydd, ond mae'r dewis hwnnw ar gael os nad yw Tŷ'r Arglwyddi yn gallu dod i benderfyniad. Un enghraifft o Dŷ'r Cyffredin yn defnyddio'r pŵer hwn oedd pan basiwyd *Deddf Hela 2004*, a oedd yn ei gwneud yn anghyfreithlon i hela anifeiliaid gwyllt â chŵn.

Y darlleniad cyntaf

Mae teitl y Mesur sydd wedi'i baratoi yn cael ei ddarllen i Dŷ'r Cyffredin. Dyma'r darlleniad cyntaf, a'r ffordd o roi gwybod am y mesur arfaethedig.

Yr ail ddarlleniad

Dyma'r cyfle cyntaf i ASau drafod prif egwyddorion y Mesur. Ar ddiwedd y ddadl, bydd Tŷ'r Cyffredin yn pleidleisio a ddylai'r ddeddfwriaeth fynd yn ei blaen.

Cyfnod pwyllgor

Mae'r Mesur yn cael ei archwilio'n fanwl ac mae'n rhaid newid, dileu neu gytuno ar bob cymal, gan ystyried y pwyntiau a gafodd eu codi yn ystod y dadleuon yn y darlleniad cyntaf a'r ail ddarlleniad.

Cyfnod adrodd

Yna bydd y pwyllgor yn rhoi adroddiad o hyn i Dŷ'r Cyffredin, a bydd trafodaeth a phleidlais ar unrhyw newidiadau arfaethedig.

Y trydydd darlleniad

Dyma'r cyfle olaf i Dŷ'r Cyffredin drafod cynnwys Mesur ond nid yw'n bosibl gwneud unrhyw newidiadau ar y cam hwn. Mae pleidlais yn cael ei chynnal i benderfynu a ddylid derbyn neu wrthod y ddeddfwriaeth fel y mae.

TERMAU ALLWEDDOL

Tŷ'r Arglwyddi: enw Tŷ Uchaf y Senedd, sef y siambr ddeddfu. Roedd dryswch yn tueddu i godi cyn sefydlu'r Goruchaf Lys, gan mai Tŷ'r Arglwyddi oedd yr enw ar y llys apêl uchaf hefyd.

Tŷ'r Arglwyddi

Yna mae'r Mesur yn mynd i Dŷ'r Arglwyddi, lle mae'n mynd drwy broses debyg sy'n cynnwys tri darlleniad. Os bydd Tŷ'r Arglwyddi'n gwneud unrhyw newidiadau, mae'r Mesur yn dychwelyd i Dŷ'r Cyffredin i gael ei ystyried. Yr enw ar y broses hon yw 'ping pong'.

Cydsyniad Brenhinol

Mae Tŷ'r Arglwyddi a Thŷ'r Cyffredin yn cytuno yn y rhan fwyaf o achosion, ac yna mae'r Mesur yn cael ei gyflwyno i gael Cydsyniad Brenhinol. Yn dechnegol, mae'n rhaid i'r Frenhines roi ei chaniatâd i bob deddfwriaeth cyn y gall ddod yn ddeddf, ond yn ymarferol nid yw byth yn gwrthod a bydd bob amser yn cydsynio.

Mae'r Mesur bellach yn Ddeddf Seneddol ac yn dod yn gyfraith, er nad yw'r rhan fwyaf o Ddeddfau yn dod i rym pan fydd y Frenhines yn rhoi ei chydsyniad. Yn hytrach, maen nhw'n dod i rym ar ddyddiad penodol yn y dyfodol. Y dyddiad hwn yw'r dyddiad 'cychwyn'.

Cyfansoddiad y DU

Does gan y Deyrnas Unedig ddim cyfansoddiad ysgrifenedig. Mae hyn yn golygu nad oes ganddi un ddogfen gyfreithiol yn nodi'r cyfreithiau sylfaenol sy'n esbonio sut mae'r wladwriaeth yn gweithio. Yn wahanol i'r rhan fwyaf o wledydd eraill, does dim trefniadaeth ffurfiol o'r dull o drefnu a rhannu pŵer y wladwriaeth. Ymhlith rhai o'r gwledydd sydd â chyfansoddiad ysgrifenedig mae UDA, Ffrainc a'r Almaen.

Rydyn ni felly'n dibynnu ar dair egwyddor allweddol sy'n sail i gyfansoddiad anysgrifenedig y DU:

1. sofraniaeth y Senedd   2. rheolaeth cyfraith   3. gwahaniad pwerau

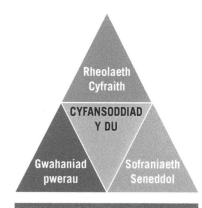

Tair prif egwyddor cyfansoddiad anysgrifenedig y DU

Sofraniaeth y Senedd

Yn ei ffurf fwyaf syml, sofraniaeth yw'r egwyddor o bŵer absoliwt a diderfyn. Gall Deddf Seneddol ddirymu unrhyw arfer, cynsail farnwrol, deddfwriaeth ddirprwyedig neu Ddeddf Seneddol flaenorol. Mae hyn oherwydd bod ASau yn cael eu hethol gan y pleidleiswyr yn eu hetholaethau mewn proses ddemocrataidd, felly mae pob AS yn cymryd rhan yn y broses ddeddfwriaethol ar ran y pleidleiswyr hynny.

Damcaniaeth sofraniaeth seneddol Dicey

Roedd A. V. Dicey yn ysgolhaig adnabyddus yn Rhydychen, ac mae tri phwynt i'w safbwynt traddodiadol sy'n esbonio cysyniad sofraniaeth y Senedd.

1. Mae'r senedd yn sofran a gall wneud neu ddadwneud unrhyw ddeddf ar unrhyw bwnc heb gyfyngiadau cyfreithiol

Mae hyn yn golygu mai'r Senedd yw ffynhonnell uchaf cyfraith Lloegr. Mae ganddi'r hawl i wneud neu ddadwneud unrhyw ddeddf, ac i drechu neu roi o'r neilltu unrhyw ddeddfwriaeth sy'n bodoli. Felly, pe bai'r Senedd yn penderfynu bod rhaid i bob perchennog ci fod yn berchen ar gath hefyd, efallai byddai protestiadau cyhoeddus, ond byddai'r deddfau yn dal i fod yn ddilys a byddai'n rhaid i'r llysoedd eu cynnal.

Y rheswm dros y pŵer hwn yw bod y Senedd wedi'i hethol yn ddemocrataidd ac felly mae ganddi'r llaw uchaf wrth wneud y deddfau mae'n rhaid i bob dinesydd eu dilyn.

2. Ni all unrhyw Senedd rwymo un arall

Gall Deddf Seneddol sy'n cael ei phasio gan Senedd flaenorol gael ei diddymu gan y Senedd nesaf. Does dim un Ddeddf Seneddol wedi ymwreiddio fel Bil Hawliau America.

3. Ni ellir herio unrhyw Ddeddf gan lys ac ni ellir cwestiynu ei dilysrwydd

Mae hyn yn golygu, hyd yn oed petai honiad bod Deddf wedi ei phasio drwy dwyll, bod yn rhaid i'r llysoedd ei chynnal beth bynnag. Nid yw'n bosibl i 'gorff' arall o'r wladwriaeth ei dirymu. Yr unig ffordd i herio gweithredoedd gweinidogion, neu eraill sy'n gwneud cyfreithiau, yw drwy adolygiad barnwrol, sy'n cael ei gynnal gan Adran Mainc y Frenhines yn yr Uchel Lys.

TERMAU ALLWEDDOL

sofraniaeth y Senedd: egwyddor Dicey sef bod gan y Senedd bŵer absoliwt a diderfyn, a bod Deddf Seneddol yn gallu dirymu unrhyw ffynhonnell arall o gyfraith.

Deddf Seneddol (statud): ffynhonnell deddfwriaeth sylfaenol sy'n dod o gorff deddfwriaethol y DU.

arfer: rheolau ymddygiad sy'n datblygu mewn cymuned heb gael eu creu'n fwriadol.

cynsail farnwrol (cyfraith achosion): ffynhonnell cyfraith lle gall penderfyniadau barnwyr yn y gorffennol greu cyfraith i farnwyr y dyfodol ei dilyn.

deddfwriaeth ddirprwyedig (deddfwriaeth eilaidd neu is-ddeddfwriaeth): cyfraith sy'n cael ei chreu gan gorff gwahanol i'r Senedd ond gydag awdurdod y Senedd, fel sy'n cael ei nodi mewn deddfwriaeth sylfaenol.

Bygythiadau i ddamcaniaeth Dicey

Mae damcaniaeth sofraniaeth seneddol Dicey braidd yn hen ffasiwn erbyn hyn, ac nid yw'n adlewyrchu ein sefyllfa gyfreithiol bresennol gan fod sofraniaeth Seneddol wedi ei lleihau'n sylweddol mewn tair prif ffordd.

1. Aelodaeth o'r Undeb Ewropeaidd

Mae cyfraith yr Undeb Ewropeaidd (UE) yn trechu unrhyw un o ddeddfau'r DU a gafodd eu gwneud cyn neu ar ôl i'r DU ymuno â'r UE yn 1972. Fodd bynnag, ers canlyniad refferendwm Brexit yn 2016, amser a ddengys sut bydd cyfraith yr UE yn parhau i ddylanwadu ar y DU.

2. Deddf Hawliau Dynol 1998

Roedd *Deddf Hawliau Dynol 1998* yn gosod gofyniad cyfreithiol ar bob awdurdod cyhoeddus i ymddwyn mewn ffordd nad yw'n ymyrryd â'n hawliau dynol. Mae hyn yn golygu, o dan *adran 3*, bod rhaid i farnwyr ddehongli pob Deddf Seneddol mewn ffordd sy'n cynnal hawliau dynol. Os yw'r ddeddf yn mynd yn groes i hawliau dynol, mae'n rhaid iddyn nhw ddatgan ei bod yn anghydnaws o dan *adran 4* ac anfon y ddeddf yn ôl i'r Senedd i gael ei newid.

3. Datganoli

Mae ein cyfansoddiad wedi newid oherwydd datganoli. Mae ffurfio Llywodraeth Cymru, Cynulliad Gogledd Iwerddon a Senedd yr Alban wedi cael effaith ar sofraniaeth y Senedd.

Rheolaeth cyfraith

Roedd Dicey hefyd yn gyfrifol am yr ail ddamcaniaeth sy'n sail i gyfansoddiad anysgrifenedig y DU. Dywedodd fod tair rhan i'r cysyniad o reolaeth cyfraith:

1. Dim cosb heb dorri cyfraith

Ni ddylai neb gael ei gosbi oni bai ei fod wedi torri cyfraith. Mae hyn yn golygu y dylid dilyn gweithdrefn gyfreithiol gywir. Dylai'r holl gyfraith fod yn gyhoeddus, ac ni all fod yn gyfrinachol. Mewn egwyddor, ni ddylai unrhyw ddeddf gael effaith ôl-weithredol; hynny yw, ni ddylai deddf newydd gael ei chymhwyso i ddigwyddiadau yn y gorffennol.

Yn ein system gyfreithiol mae'n bosibl herio gweithredoedd, a phenderfyniadau, gweinidogion y llywodraethau drwy adolygiad barnwrol. Mae'r elfen hon o reolaeth cyfraith yn sicrhau nad oes gan y wladwriaeth bwerau disgresiwn eang i wneud penderfyniadau mympwyol.

2. Dylai un gyfraith lywodraethu pawb

Mae hyn yn golygu bod pob unigolyn (gan gynnwys y llywodraeth) yn gyfartal gerbron y gyfraith. Syniad Dicey oedd y byddai achosion llys, sef y mecanweithiau barnwrol sy'n rheoli cymdeithas, yn gymwys i'r dinesydd ac i'r llywodraeth a chyrff cyhoeddus. Fodd bynnag, rhoddir mwy o bwerau i rai o sefydliadau'r wladwriaeth, fel yr heddlu, nag i ddinasyddion eraill, er mwyn i'r wladwriaeth allu gweithredu.

3. Sicrhau hawliau unigolion trwy benderfyniadau barnwyr

Mae hyn yn cysylltu â'r syniad o gynsail farnwrol, sef y gall y llysoedd uwch wneud penderfyniad mewn achos sy'n gorfod cael ei ddilyn yn y llysoedd is. Fel hyn, does dim egwyddorion cyfreithiol newydd yn cael eu creu. Er bod y rhan fwyaf o ddeddfau modern yn cael eu llunio drwy Ddeddfau Seneddol a deddfwriaeth ddirprwyedig, mae penderfyniadau barnwrol yn dal i lunio'r gyfraith o bryd i'w gilydd.

Problemau â damcaniaeth Dicey

Mae damcaniaeth Dicey yn gwrthdaro ag egwyddor goruchafiaeth y Senedd. Hynny yw, y gydnabyddiaeth bod gan y Senedd yr hawl i wneud neu i ddadwneud unrhyw ddeddf, gan gynnwys rhoi pŵer mympwyol i'r wladwriaeth. Y math hwn o bŵer mympwyol yw'r union beth mae rheolaeth cyfraith yn ceisio ei wahardd.

Fe wnaeth Dicey hefyd ystyried cydraddoldeb gerbron y gyfraith. Mae hyn yn aml yn cael ei beryglu oherwydd ei bod mor gostus i ddod ag achosion cyfreithiol i'r llys ac felly efallai nad yw hyn yn bosibl i bawb.

Torri rheolaeth cyfraith

Mae nifer o honiadau wedi bod o dorri rheolaeth cyfraith. Dyma rai enghreifftiau:

- **John Hemming AS**: Defnyddiodd Mr Hemming ei fraint seneddol i ddatgelu enw pêl-droediwr enwog oedd wedi ei ddiogelu o dan waharddeb cyn hynny.

- **Pleidlais carcharorion**: Bwriadai ASau Ceidwadol anwybyddu dyfarniad Llys Hawliau Dynol Ewrop i roi hawl i garcharorion y DU bleidleisio.

- **Abu Qatada**: Mae *Deddf Hawliau Dynol 1998* yn amddiffyn pobl rhag cael eu harteithio. Pe bai Abu Qatada wedi cael ei allgludo i Libanus, sef ei wlad enedigol, byddai wedi cael ei arteithio neu wedi wynebu achos annheg am droseddau honedig yn ymwneud â therfysgaeth. Yn 2013, gadawodd Abu Qatada y DU ar ôl i Libanus lofnodi cytundeb yn addo na fyddai'n defnyddio tystiolaeth a gafwyd drwy arteithio.

Cynnal rheolaeth cyfraith

Mae enghreifftiau hefyd sy'n dangos barnwyr yn cynnal rheolaeth cyfraith:

- *Deddf Diwygio Cyfansoddiadol 2005*: roedd y Ddeddf hon yn cydnabod rheolaeth cyfraith a phwysigrwydd annibyniaeth y farnwriaeth.

- *Adran 1 Deddf Diwygio Cyfansoddiadol 2005*: mae'r adran hon yn nodi nad yw'r Ddeddf yn cael effaith ddrwg ar 'egwyddor gyfansoddiadol rheolaeth cyfraith na rôl bresennol yr Arglwydd Ganghellor mewn perthynas â'r egwyddor honno'.

- *Adran 17(1) Deddf Diwygio Cyfansoddiadol 2005*: mae'r adran hon yn amlinellu'r llw sydd i'w chymryd gan yr Arglwydd Ganghellor i barchu rheolaeth cyfraith ac amddiffyn annibyniaeth y farnwriaeth. Mae hyn yn arwyddocaol gan mai dyma'r tro cyntaf i reolaeth cyfraith gael ei chydnabod fel mater canolog mewn darpariaeth statudol.

Gwahaniad pwerau

Roedd Montesquieu yn athronydd Ffrengig yn y ddeunawfed ganrif. Ei ddamcaniaeth oedd mai'r unig ffordd o ddiogelu rhyddid dinasyddion yw drwy gadw tair rhan y wladwriaeth ar wahân. Mae'r ddamcaniaeth hon yn ei gwneud yn ofynnol i unigolion beidio â bod yn aelodau o fwy nag un rhan o'r wladwriaeth, ond mewn gwirionedd mae rhywfaint o orgyffwrdd ac rydyn ni'n gweld y rhannau hyn yn dod at ei gilydd yn fwy a mwy, yn hytrach na gwahanu.

Y Prif Weinidog a'i gabinet yw'r Weithrediaeth, ond maen nhw hefyd yn aelodau Seneddol sy'n eistedd yn y corff deddfwriaethol. Mae'r Weithrediaeth hefyd yn dylanwadu ar yr agenda ddeddfwriaethol, gan fod polisïau sy'n cael eu cynnig yn aml yn rhan o faniffesto'r llywodraeth. Gall hyn adlewyrchu safbwynt gwleidyddol penodol, gan fod y Weithrediaeth fel arfer yn cael ei ffurfio gan y blaid a enillodd y nifer mwyaf o seddau yn Nhŷ'r Cyffredin yn ystod etholiad cyffredinol. Fodd bynnag, mae hyn yn cael ei ystyried yn dderbyniol gan fod y Weithrediaeth yn cael ei ffurfio mewn ffordd ddemocrataidd, gan iddi gael ei hethol gan y cyhoedd.

Am amser hir, roedd llawer o orgyffwrdd rhwng y farnwriaeth a'r corff deddfwriaethol. Roedd hyn oherwydd bod Tŷ'r Arglwyddi yn siambr ddadlau ddeddfwriaethol yn ogystal â bod yn llys apêl uchaf y DU. Cafodd hyn ei ystyried yn anfoddhaol gan ei fod yn mynd yn groes i ddamcaniaeth gwahaniad pwerau, lle mae'n rhaid cadw'r corff deddfwriaethol ar wahân i'r farnwriaeth. O ganlyniad, fe wnaeth *Deddf Diwygio Cyfansoddiadol 2005* greu Goruchaf Lys y DU, sef llys apêl uchaf y DU, gan symud y llys uchaf un oddi wrth y corff deddfwriaethol.

GWELLA GRADD

Ymchwiliwch i'r enghreifftiau hyn, sy'n dangos barnwyr yn cynnal rheolaeth cyfraith:

- Achos *Carcharorion Belmarsh*
- Achos y *'Black Spider Memos'*
- *Al Rawi and others v Security Service and others*

TERMAU ALLWEDDOL

gwahaniad pwerau: mae pŵer y wladwriaeth wedi'i rannu yn dri math, sef gweithredol, barnwrol a deddfwriaethol. Dylai pob math gael ei weithredu gan gyrff neu bobl wahanol.

Gweithrediaeth: y llywodraeth.

CORFF DEDDFWRIAETHOL
Senedd y DU yw hwn, sy'n gwneud y gyfraith

Tair swyddogaeth wahanol y wladwriaeth

Y WEITHREDIAETH
Y llywodraeth, sy'n gorfodi'r gyfraith

Y FARNWRIAETH
Y barnwyr, sy'n cymnwyso ac yn dehongli'r gyfraith yn y llys

Mae damcaniaeth Montesquieu yn datgan bod gan y wladwriaeth dair swyddogaeth, ac y dylai'r rhain gael eu cadw ar wahân

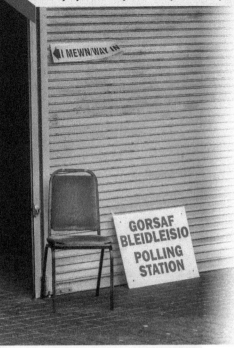

Y setliad datganoli

Yn 1998, fe wnaeth *Deddf Llywodraeth Cymru* greu corff deddfwriaethol i Gymru, o'r enw Cynulliad Cenedlaethol Cymru, a oedd yn galluogi gweinidogion i greu deddfwriaeth eilaidd yn ymwneud â deg maes penodol. Cynyddodd *Deddf Llywodraeth Cymru 2006* bwerau'r Cynulliad gan ei alluogi i ddeddfu mewn 20 maes gyda chymeradwyaeth Senedd y DU. Roedd hefyd yn caniatáu creu Llywodraeth Cymru (Gweithrediaeth Cymru).

Yn dilyn refferendwm yn 2011, pleidleisiodd Cymru i gynyddu pwerau'r Cynulliad ymhellach ac felly gall Cymru bellach wneud ei deddfwriaeth sylfaenol ei hun mewn nifer o feysydd allweddol penodol, fel addysg ac iechyd.

Mae hyn yn golygu bod y deddfau sy'n cael eu pasio yn Senedd San Steffan yn dal i fod yn gymwys i Gymru, ond mae rhai meysydd pwnc bellach wedi'u trosglwyddo i Lywodraeth Cymru, yn y Senedd yng Nghaerdydd.

Cynulliad Cymru

Cynulliad Cymru yw corff deddfwriaethol Cymru ac mae'n cynnwys 60 Aelod Cynulliad (ACau), un ar gyfer pob etholaeth sydd wedi'i dangos ar y map. Mae'r ACau yn cynrychioli'r holl bleidiau gwleidyddol gwahanol.

Mae ACau yn craffu ar y ddeddfwriaeth arfaethedig sy'n cael ei chyflwyno yn Senedd San Steffan pan fydd deddfwriaeth yn cael ei thrafod.

Llywodraeth Cymru

Mae Llywodraeth Cymru yn wahanol i Gynulliad Cymru gan mai'r llywodraeth yw'r Weithrediaeth, yn cynnwys cynrychiolwyr y blaid sydd wedi ennill mwyafrif y seddi yng Nghynulliad Cymru. Ei rôl yw gweithredu'r deddfau a wnaed drwy'r broses ddeddfwriaethol. Enw arweinydd Llywodraeth Cymru yw Prif Weinidog Cymru.

Mae'r strwythur hwn hefyd yn cynnal damcaniaeth gwahaniad pwerau yng Nghymru.

Pwerau deddfu yng Nghymru

Gall Cynulliad Cenedlaethol Cymru basio deddfau ar bob pwnc mewn 20 maes datganoledig, heb orfod cael cytundeb Senedd y DU. Mae'r 20 maes datganoledig wedi'u cynnwys yn *Atodlen 5 Deddf Llywodraeth Cymru 2006*. Dyma'r meysydd datganoledig:

1. amaethyddiaeth, pysgodfeydd, coedwigaeth a datblygu gwledig
2. henebion ac adeiladau hanesyddol
3. diwylliant
4. datblygiad economaidd
5. addysg a hyfforddiant
6. yr amgylchedd
7. gwasanaethau tân ac achub
8. bwyd
9. iechyd a gwasanaethau iechyd
10. priffyrdd a chludiant
11. tai
12. llywodraeth leol
13. Cynulliad Cenedlaethol Cymru
14. gweinyddiaeth gyhoeddus
15. lles cymdeithasol
16. chwaraeon a hamdden
17. twristiaeth
18. cynllunio gwlad a thref
19. dŵr ac amddiffynfeydd rhag llifogydd
20. Y Gymraeg

Yr enw ar gyfreithiau arfaethedig yw Biliau ac mae cyfreithiau sydd wedi dod i rym yn cael eu galw'n Ddeddfau. Ar ôl i'r Bil gael ei basio gan y Cynulliad a derbyn Cydsyniad Brenhinol, daw'n Ddeddf Cynulliad.

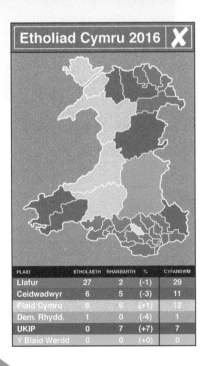

Etholiad Cymru 2016 ✗

PLAID	ETHOLAETH	RHANBARTH	%	CYFANSWM
Llafur	27	2	(-1)	29
Ceidwadwyr	6	5	(-3)	11
Plaid Cymru	6	6	(+1)	12
Dem. Rhydd.	1	0	(-4)	1
UKIP	0	7	(+7)	7
Y Blaid Werdd	0	0	(+0)	0

YMESTYN A HERIO

Gwyliwch y fideo hwn ar 20 mlynedd o ddatganoli. Beth yw prif lwyddiannau datganoli?
http://www.walesonline.co.uk/news/politics/seven-ways-devolution-changed-wales-13630066

Dyfodol Cymru

Mae *Deddf Cymru 2017* yn Ddeddf gan Senedd y DU sy'n nodi newidiadau i *Ddeddf Llywodraeth Cymru 2006* gan ddatganoli rhagor o bwerau i Gymru. Mae'r ddeddfwriaeth yn seiliedig ar gynigion Cytundeb Dydd Gŵyl Dewi. Mae'r Ddeddf yn rhoi pwerau ychwanegol i Gynulliad Cenedlaethol Cymru a Llywodraeth Cymru:

- Y gallu i ddiwygio adrannau o *Ddeddf Llywodraeth Cymru 2006* sy'n ymwneud â gweithrediad Cynulliad Cenedlaethol Cymru a Llywodraeth Cymru, gan gynnwys rheolaeth dros ei system etholiadol.
- Rheolaeth ddeddfwriaethol dros feysydd fel arwyddion ffyrdd, cyfyngiadau cyflymder, echdynnu olew a nwy atraeth, porthladdoedd, masnachfreintio rheilffyrdd, eiriolaeth a chyngor i ddefnyddwyr, ymhlith eraill.
- Rheolaeth dros Ofcom (y rheoleiddiwr cyfathrebu) yng Nghymru.
- Cydnabyddiaeth bod Cynulliad Cenedlaethol Cymru a Llywodraeth Cymru yn rhannau parhaol o drefniadau cyfansoddiadol y DU, a bod yn rhaid cynnal refferendwm cyn y gellir diddymu'r naill na'r llall.

Roedd y Ddeddf hefyd yn cydnabod bod y fath beth â chorff o gyfraith Gymreig. Yn ogystal, sefydlodd swydd Llywydd Tribiwnlysoedd Cymru, er nad yw'n newid awdurdodaeth sengl Cymru a Lloegr.

Ym mis Medi 2017, penderfynodd Prif Weinidog Cymru, Carwyn Jones, sefydlu **Comisiwn ar Gyfiawnder yng Nghymru**, i ymdrin â'r llysoedd, y gwasanaeth prawf, carchardai a chyfiawnder ieuenctid. Nod y Comisiwn yw 'datblygu system gyfiawnder unigryw i Gymru, a fydd yn gwella mynediad pobl at gyfiawnder, yn lleihau troseddu ac yn hybu'r broses adsefydlu'. Cadeirydd y Comisiwn yw'r cyn-Arglwydd Brif Ustus, yr Arglwydd Thomas, a bydd yn adolygu'r syniad o gael system gyfreithiol ar wahân i Gymru.

Pwy yw eich Aelod Cynulliad? Pa blaid mae'n ei chynrychioli?

Yr Undeb Ewropeaidd (UE)

Pleidleisiodd y DU i adael yr UE yn y refferendwm ar 23 Mehefin 2016. Yr enw sy'n cael ei roi ar hyn yn aml yw Brexit. Er mwyn gadael yr UE, fe sbardunodd y DU gytundeb o'r enw *Erthygl 50 Cytuniad Lisbon*, a oedd yn rhoi dwy flynedd i'r wlad a'r UE gytuno ar delerau'r gwahanu. Tan hynny, mae'r DU yn parhau yn un o 28 aelod-wladwriaeth yr UE, ac mae cyfreithiau'r UE yn effeithio arni yn union yr un ffordd.

Sefydliadau'r UE

Ymunodd y DU â'r UE ar 1 Ionawr 1973 trwy basio *Deddf y Cymunedau Ewropeaidd 1972*. Mae pob un o'r 28 aelod-wladwriaeth bresennol yn wladwriaethau sofran annibynnol o hyd, ond maen nhw wedi cytuno i gydnabod goruchafiaeth cyfraith yr Undeb Ewropeaidd sydd wedi'i chreu gan sefydliadau'r UE. Maen nhw hefyd wedi dirprwyo rhai o'u pwerau o ran gwneud penderfyniadau i Sefydliadau'r UE. Croatia yw'r ychwanegiad diweddaraf, a'r 28fed aelod-wladwriaeth, gan ymuno ym mis Gorffennaf 2013.

Mae pum sefydliad allweddol yn yr UE.

Senedd Ewrop

Senedd Ewrop yw corff etholedig yr UE, a'i brif gorff deddfu, ynghyd â'r Comisiwn a Chyngor yr Undeb Ewropeaidd. Ar hyn o bryd, mae gan y Senedd 751 Aelod Seneddol Ewropeaidd (ASE) a ddaw o'r 28 gwlad sy'n aelodau o'r UE. Maen nhw'n cael eu hethol bob pum mlynedd gan ddinasyddion yr aelod-wladwriaethau. Nid yw ASEau yn cael eu grwpio yn ôl eu gwledydd, ond yn hytrach yn ôl eu tueddiadau gwleidyddol cyffredinol.

GWELLA GRADD

Darllenwch yr erthygl hon, sy'n amlinellu darpariaethau *Deddf Cymru 2017*, a ddaeth i rym yn 2018:
http://www.walesonline.co.uk/news/politics/wales-bill-now-law-heres-12532956

GWELLA GRADD

Ym mis Tachwedd 2017, traddododd yr Arglwydd Thomas o Gwmgïedd ddarlith ym Mhrifysgol Caerdydd o'r enw 'Gorffennol a Dyfodol y Gyfraith yng Nghymru'. Gallwch ddarllen trawsgrifiad o'r ddarlith yn http://sites.cardiff.ac.uk/wgc/cy/2017/11/15/gorffennol-a-dyfodol-y-gyfraith-yng-nghymru-darlith-yr-arglwydd-thomas-nawr-ar-gael/

TERMAU ALLWEDDOL

Brexit: yr enw cyffredin sy'n cael ei roi ar ymadawiad Prydain o'r Undeb Ewropaidd ac sy'n cael ei ddefnyddio'n aml gan y cyfryngau wrth gyfeirio at faterion ynglŷn â'r trafodaethau.

Mae Brexit yn dal i fynd yn ei flaen, felly mae cyfreithiau'r UE yn dal i effeithio ar y DU

Mae nifer yr ASEau yn adlewyrchu poblogaeth yr aelod-wladwriaethau ac yn cael ei bennu ar sail system o gymesuredd disgynnol (*degressive proportionality*). Mae hyn yn golygu bydd ASEau o wledydd mwy poblog yn cynrychioli mwy o bobl na'r rhai o wledydd llai. Er enghraifft, mae gan y DU 73 ASE, mae gan yr Almaen – sydd â phoblogaeth fwy – 96 ASE, a dim ond 6 sydd gan wladwriaeth fach Cyprus.

Mae gan Senedd Ewrop dair prif swyddogaeth:

1. **Deddfwriaethol**: pasio deddfau'r UE ar y cyd â Chyngor yr Undeb Ewropeaidd (gweler isod), ar sail cynigion sy'n cael eu cyflwyno gan y Comisiwn Ewropeaidd.
2. **Goruchwyliol**: goruchwylio holl sefydliadau eraill yr UE, ac ethol Llywydd y Comisiwn Ewropeaidd.
3. **Cyllidebol**: rheoli cyllideb yr UE, ynghyd â'r Cyngor.

Y Comisiwn Ewropeaidd

Y Comisiwn yw Gweithrediaeth yr Undeb Ewropeaidd, a'i brif ddyletswydd yw rhedeg yr UE o ddydd i ddydd, yn ogystal â chynnig deddfwriaeth. Mae'n cael ei alw'n 'Geidwad y Cytuniadau' ac mae'n sicrhau bod yr holl aelod-wladwriaethau'n cydymffurfio â'u rhwymedigaethau o fewn yr UE. Os na fyddan nhw'n gwneud hynny, gall y Comisiwn weithredu yn eu herbyn yn Llys Cyfiawnder yr Undeb Ewropeaidd.

Mae gan y Comisiwn 28 aelod, un ar gyfer pob aelod-wladwriaeth. Ond maen nhw'n cynrychioli buddiannau'r UE cyfan, yn hytrach na'u gwladwriaeth eu hunain. Maen nhw hefyd yn cynrychioli'r UE yn rhyngwladol, gan drafod cytundebau rhwng yr UE a gwledydd eraill.

Cyngor yr Undeb Ewropeaidd

Cyngor yr Undeb Ewropeaidd yw prif gorff yr UE o ran gwneud penderfyniadau, a'i gorff deddfwriaethol hefyd. Mae ei aelodaeth yn amrywio yn ôl y pwnc dan sylw. Er enghraifft, os bydd mater amgylcheddol yn cael ei drafod, bydd gweinidog yr amgylchedd o bob gwladwriaeth yn bresennol.

Mae gweinidogion y cyngor yn cynrychioli buddiannau cenedlaethol drwy gydbwyso rôl y Comisiwn. Nhw sy'n cymeradwyo'r gyllideb ar y cyd â Senedd Ewrop.

Cyngor Ewrop

Daeth Cyngor Ewrop yn sefydliad swyddogol ar ôl Cytuniad Lisbon yn 2009. Mae'n cynnwys penaethiaid yr aelod-wladwriaethau, ynghyd â llywydd y Cyngor. Mae Cyngor Ewrop yn cyfarfod bob chwe mis, neu'n fwy aml os yw llywydd y Cyngor yn gofyn am hynny. Uwchgynadleddau yw'r cyfarfodydd hyn, ac maen nhw'n cael eu defnyddio i osod polisi cyffredinol yr UE.

Llys Cyfiawnder yr Undeb Ewropeaidd (*CJEU*)

Mae Llys Cyfiawnder yr Undeb Ewropeaidd (*CJEU: Court of Justice of the European Union*) yn Luxembourg. Mae'n sicrhau bod deddfwriaeth yr UE yn cael ei chymhwyso a'i dehongli yn gyson ym mhob un o'r aelod-wladwriaethau a'u bod nhw'n cadw at eu rhwymedigaethau yn yr UE.

Mae un barnwr o bob aelod-wladwriaeth, gyda chymorth wyth Eiriolwr Cyffredinol. Gall achosion gael eu dwyn i'r *CJEU* gan fusnesau, unigolion a sefydliadau'r UE. Mae ganddo'r pŵer i gychwyn sancsiynau ac i setlo anghydfod, ond nid yw'n dilyn system o gynsail, gan benderfynu ar achosion trwy fwyafrif. Er mwyn effeithiolrwydd, anaml mae'r *CJEU* yn eistedd fel llys llawn gyda phob un o'r 28 barnwr yn bresennol. Yn gyffredinol, mae'n eistedd fel 'Siambr Fawr' o 13 barnwr yn unig, neu mewn siambrau o bump neu dri o farnwyr. Ers 1988, mae'r *CJEU* wedi cael cymorth Llys Gwrandawiad Cyntaf i'w helpu i ymdopi â'r nifer mawr o achosion sy'n cael ei ddwyn gerbron y llys.

Mae gan y *CJEU* ddwy brif swyddogaeth:

1. Barnwrol: Mae'r *CJEU* yn gwrando ar achosion i benderfynu a yw aelod-wladwriaethau wedi methu â chadw at eu rhwymedigaethau dan y cytuniadau. Mae'r achosion hyn fel arfer yn cael eu cychwyn gan y Comisiwn Ewropeaidd, er y gallan nhw gael eu cychwyn gan aelod-wladwriaeth arall hefyd. Os bydd y llys yn canfod eu bod ar fai, mae'n rhaid i'r aelod-wladwriaeth a gyhuddwyd newid ei ffordd o weithredu ar unwaith. Os na fydd yn cydymffurfio, gall y llys roi dirwy i'r aelod-wladwriaeth.

Tachographs: Commission v UK (1979)
Nid oedd y DU yn cadw at reoliad yr UE bod angen gosod tacograff mewn cerbydau sy'n cael eu defnyddio i gludo nwyddau ar y ffyrdd (fel lorïau). (Mae tacograffau yn ddyfeisiau sy'n cofnodi gwybodaeth am amser gyrru, cyflymder a phellter). Bu'n rhaid i'r DU gyflawni ei rhwymedigaethau i'r UE, a'i gwneud yn orfodol i'r defnyddwyr ffyrdd hyn osod tacograffau.

2. Goruchwyliol: Caiff y swyddogaeth hon ei hadnabod fel gweithdrefn y dyfarniad rhagarweiniol. Mae'n helpu i wneud yn siŵr bod cyfraith yr UE yn cael ei dilyn yn gyson yn yr holl aelod-wladwriaethau. Rhoddir y pŵer yn **Erthygl 267** y **Cytuniad ar Weithrediad yr UE**. Mae'r weithdrefn hon yn caniatáu i lys cenedlaethol ofyn am gyngor ar ddehongliad a dilysrwydd cyfraith yr UE. Bydd y dyfarniad rhagarweiniol yn helpu'r llys i wneud penderfyniad yn yr achos cenedlaethol.

Gosododd achos *Bulmer v Bollinger (1974)* ganllawiau oedd yn nodi pryd dylai llysoedd cenedlaethol gyfeirio cwestiynau at y *CJEU*. Yn gyffredinol, dim ond llys uchaf yr aelod-wladwriaeth ddylai gyfeirio cwestiynau at y *CJEU*, dan yr egwyddor bod angen i aelod-wladwriaethau gyrraedd pen draw eu prosesau apêl eu hunain yn gyntaf i weld a yw'n bosibl dod i gasgliad.

Mae'r canllawiau'n datgan y dylid cyfeirio achosion at y *CJEU* dim ond pan fydd angen dyfarniad ganddo er mwyn i lys yr aelod-wladwriaeth (er enghraifft, llys Cymru a Lloegr) allu penderfynu ar yr achos; hynny yw, pan fydd y dyfarniad yn un pendant. Dylai'r llysoedd hefyd ystyried y canlynol:

- a yw'r *CJEU* wedi gwneud penderfyniad ar ystyr cyfraith yr UE yn barod
- a yw'r pwynt yn eglur
- amgylchiadau'r achos, er enghraifft, faint o amser allai fynd heibio cyn rhoi dyfarniad
- y posibilrwydd o orlwytho'r *CJEU*
- y gost o ddod â'r mater gerbron y *CJEU* mewn perthynas â dymuniadau'r sawl sy'n rhan o'r achos.

Ffynonellau cyfraith yr UE

Mae ffynonellau cyfraith yr UE naill ai yn rhai sylfaenol neu'n rhai eilaidd, ac maen nhw'n cael **effaith uniongyrchol llorweddol a fertigol** (ar wahân i gyfarwyddebau – gweler t. 19).

- **Effaith uniongyrchol llorweddol** yw pan fydd unigolyn yn dymuno gorfodi cyfraith yr UE yn erbyn unigolyn arall neu gwmni preifat.
- **Effaith uniongyrchol fertigol** yw pan fydd unigolyn yn dymuno gorfodi cyfraith yr UE yn erbyn y wladwriaeth, neu gyrff sy'n 'tarddu' o'r wladwriaeth, fel cyrff neu awdurdodau cyhoeddus.

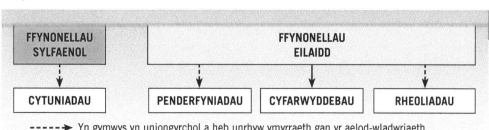

Ffynonellau cyfraith Ewropeaidd

FFYNONELLAU SYLFAENOL	FFYNONELLAU EILAIDD		
CYTUNIADAU	PENDERFYNIADAU	CYFARWYDDEBAU	RHEOLIADAU

- - - - - ▶ Yn gymwys yn uniongyrchol a heb unrhyw ymyrraeth gan yr aelod-wladwriaeth
──────▶ Nid yw'n gymwys yn uniongyrchol, ac mae angen ymyrraeth gan yr aelod-wladwriaeth

Ffynonellau sylfaenol: cytuniadau

Ffynonellau sylfaenol cyfraith yr UE yw cytuniadau, a'r pwysicaf o'r rhain yw *Cytuniad Rhufain*, sef y cytuniad a sefydlodd yr Undeb Ewropeaidd. Mae *Cytuniad Lisbon* hefyd yn bwysig o safbwynt Brexit.

Mae cytuniadau yn gytundebau rhwng y 28 aelod-wladwriaeth, a'r rhain yw'r ffurf uchaf ar gyfraith yr UE. Mae cytuniadau yn nodi egwyddorion sylfaenol cyfraith yr UE, a nodau cyffredinol yr UE hefyd.

Yr enw ar ddarpariaethau cytuniadau yw erthyglau, ac mae'r rhain yn amlinellu egwyddorion cyffredinol cyfraith yr UE yn hytrach na rhoi rheolau manwl, technegol. Y *CJEU* sy'n gyfrifol am gymhwyso a dehongli'r erthyglau.

Mae gan ddarpariaethau cytuniadau effaith uniongyrchol llorweddol a fertigol, sy'n golygu y gall unigolion ddibynnu ar y ddarpariaeth gerbron llys cenedlaethol neu Ewropeaidd, hyd yn oed os nad yw eu haelod-wladwriaeth wedi gweithredu'r ddeddfwriaeth.

- Enghraifft o achos effaith uniongyrchol llorweddol: *Macarthys Ltd v Smith (1980)*.
- Enghraifft o achos effaith uniongyrchol fertigol: *Van Gend en Loos (1963)*.

Ffynonellau eilaidd: rheoliadau

Mae ffynonellau eilaidd cyfraith yr UE yn cael eu pasio gan sefydliadau'r UE o dan *Erthygl 288* y *Cytuniad ar Weithrediad yr Undeb Ewropeaidd*.

Mae rheoliadau yn 'rhwymo ym mhob ystyr ac yn uniongyrchol gymwys ym mhob aelod-wladwriaeth'. Mae hyn yn golygu nad oes rhaid i'r aelod-wladwriaeth eu mabwysiadu er mwyn iddyn nhw ddod yn gyfraith, gan eu bod yn uniongyrchol gymwys heb fod angen unrhyw ymyrraeth gan broses ddeddfwriaethol yr aelod-wladwriaeth.

Tachographs: Commission v UK (1979)
Roedd rheoliad yr UE yn ei gwneud yn orfodol i osod tacograffau, sef cyfarpar recordio mecanyddol, mewn cerbydau sy'n cael eu defnyddio i gludo nwyddau, fel lorïau. Penderfynodd llywodraeth y DU beidio â gweithredu'r rheoliad, gan adael i berchnogion lorïau benderfynu a oedden nhw'n dymuno gosod y cyfarpar ai peidio. Cadarnhaodd y CJEU nad oes gan aelod-wladwriaethau unrhyw ddisgresiwn yn achos rheoliadau, a bod Erthygl 288 yn nodi'n ddiamwys bod pob rheoliad yn awtomatig yn dod yn gyfraith ym mhob aelod-wladwriaeth. Doedd hi ddim yn bosibl iddyn nhw ddewis a dethol pa reoliadau y bydden nhw'n eu gweithredu.

- Enghraifft o achos effaith uniongyrchol llorweddol: *Antonio Munoz v Frumar Ltd (2002)*.
- Enghraifft o achos effaith uniongyrchol fertigol: *Leonesio v Italian Ministry of Agriculture (1972)*.

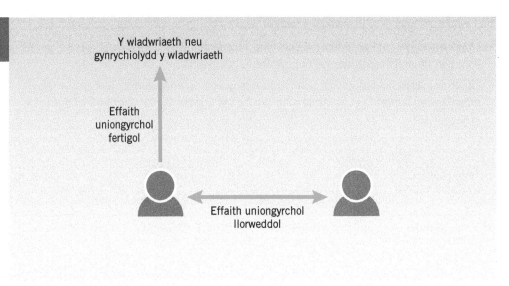

Effeithiau uniongyrchol cytuniadau a rheoliadau

Y wladwriaeth neu gynrychiolydd y wladwriaeth

Effaith uniongyrchol fertigol

Effaith uniongyrchol llorweddol

Ffynonellau eilaidd: penderfyniadau

Mae penderfyniadau yn cael eu gwneud gan y Comisiwn Ewropeaidd yn erbyn aelod-wladwriaethau, corfforaethau neu unigolion. Dim ond y sawl y mae'r penderfyniadau'n cyfeirio atyn nhw sy'n cael eu rhwymo gan y rhain.

Ffynonellau eilaidd: cyfarwyddebau

Cyfarwyddebau yw'r brif ffordd o gysoni cyfreithiau'r aelod-wladwriaethau. Cyfarwyddiadau ffurfiol yw cyfarwyddebau. Maen nhw'n ei gwneud yn ofynnol i aelod-wladwriaethau newid eu cyfreithiau cenedlaethol o fewn cyfnod penodol o amser i weithredu'r gyfarwyddeb a chyrraedd canlyniad penodol.

Mae cyfarwyddebau yn rhwymol, ond mae'n rhaid i'r aelod-wladwriaethau benderfynu sut maen nhw'n cael eu gweithredu. Mae hyn yn golygu y bydd aelod-wladwriaethau yn pasio eu cyfreithiau eu hunain, un ai drwy statud (cyfreithiau ysgrifenedig sydd wedi cael eu pasio gan gorff deddfwriaethol yn y wladwriaeth honno) neu ddeddfwriaeth ddirprwyedig, er mwyn gweithredu'r cyfarwyddebau.

Gall cyfarwyddebau ymdrin â llawer o bynciau, gan gynnwys cyfreithiau cwmnïau, bancio, yswiriant, iechyd a diogelwch gweithwyr, hawliau cyfartal, cyfraith defnyddwyr a nawdd cymdeithasol. Mae cyfarwyddebau yn cael effaith uniongyrchol fertigol yn unig.

- Enghreifftiau o achosion effaith uniongyrchol fertigol: *Marshall v Southampton Health Authority (1986); Van Duyn v Home Office (1974)*
- **Nid** yw effaith uniongyrchol llorweddol **yn gymwys i gyfarwyddebau.** Enghraifft o achos: *Duke v GEC Reliance (1982).*

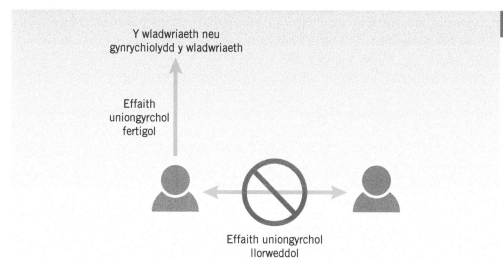

Effaith uniongyrchol cyfarwyddebau

Y wladwriaeth neu gynrychiolydd y wladwriaeth

Effaith uniongyrchol fertigol

Effaith uniongyrchol llorweddol

Nid oes gan gyfarwyddebau effaith uniongyrchol llorweddol: goresgyn y broblem

Mae'r *CJEU* wedi cymryd rhai camau i oresgyn y broblem nad oes gan gyfarwyddebau 'unrhyw effaith uniongyrchol llorweddol'. Mae'r rhain yn cynnwys y canlynol:

- Darparu **diffiniad eang o'r 'wladwriaeth' neu gyrff sy'n 'tarddu' o'r wladwriaeth.** Er enghraifft, yn *Foster v British Gas (1990)*, roedd un cwestiwn canolog: ai corff yn 'tarddu' o'r wladwriaeth oedd British Gas, a oedd ar fin cael ei breifateiddio? Penderfynodd y *CJEU* ei fod yn cael ei reoli i ryw raddau gan y wladwriaeth, a'i fod yn darparu gwasanaeth i'r cyhoedd. Felly, roedd Foster yn gallu dibynnu ar y *Gyfarwyddeb Triniaeth Gyfartal* yn erbyn British Gas fel corff a oedd yn 'tarddu' o'r wladwriaeth.

- **Dehongli cyfraith genedlaethol yn unol â chyfraith yr UE**. Mae hyn yn golygu defnyddio'r dull bwriadus o ddehongli, sy'n golygu bod llysoedd yn chwilio am fwriad y ddeddfwriaeth cyn dehongli ei geiriau. Mae hyn yn arwain at egwyddor effaith anuniongyrchol, fel cafodd ei gosod yn achos *Marleasing (1990)*. Yn yr achos hwn, roedd cwmni cyfreithiol o Sbaen yn gwrthdaro â chyfarwyddeb yr UE. Roedd y *CJEU* wedi ei gwneud yn ofynnol i lysoedd cenedlaethol ddehongli'r gyfraith 'ym mhob ffordd bosibl' i adlewyrchu testun ac amcanion cyfarwyddeb. Mae dehongliad o'r fath yn arwain, yn anuniongyrchol, at effaith uniongyrchol llorweddol drwy alluogi unigolion i siwio corff preifat. Enw arall ar hyn yw **egwyddor Von Colson**, ar ôl yr achos lle cafodd y dechneg hon ei defnyddio.
- Roedd **egwyddor Francovich** yn galluogi unigolion i hawlio iawndal gan eu gwladwriaeth os nad yw'n gweithredu cyfraith yr UE.

Francovich v Italy (1991)
Roedd cyfarwyddeb yn ei gwneud yn ofynnol i aelod-wladwriaethau sefydlu cynllun i sicrhau bod gweithwyr yn derbyn unrhyw gyflogau nad oedd wedi eu talu os oedd eu cyflogwr wedi mynd yn fethdalwr. Doedd llywodraeth yr Eidal ddim wedi sefydlu cynllun o'r fath, felly pan aeth cyflogwr Francovich yn fethdalwr, collodd ei gyflog ac nid oedd cynllun i'w ddigolledu. Roedd y CJEU o'r farn bod gan Francovich hawl i dderbyn iawndal gan lywodraeth yr Eidal am iddi fethu gweithredu'r gyfarwyddeb.

Byddai'r hawl hwn i iawndal yn cael ei gydnabod, cyn belled â bod tri maen prawf yn cael eu bodloni:
- mai pwrpas y gyfarwyddeb oedd rhoi hawliau o'r fath i ddinasyddion unigol
- bod cynnwys yr hawliau hynny yn glir a manwl
- bod cysylltiad amlwg rhwng methiant y wladwriaeth i gyflawni ei rhwymedigaethau, a'r niwed a achoswyd i'r unigolyn dan sylw.

Byrne v Motor Insurers' Bureau (2007)
Roedd Mr Ustus Flax o'r farn bod methiant llywodraeth y DU i gydymffurfio â chyfarwyddeb yr UE ar yswiriant moduron yn dor-amod digon difrifol i arwain at hawliad am iawndal. Yn yr achos hwn, cafodd plentyn ei anafu mewn digwyddiad taro a ffoi. Ond nid oedd yn gallu hawlio iawndal gan y 'Motor Insurers' Bureau' gan ei fod yn gweithredu o dan gytundeb y llywodraeth – nid oedd y cytundeb yn bodloni gofynion cyfraith yr UE. Oherwydd hynny, y farn oedd y dylai'r llywodraeth fod yn atebol am yr iawndal am fethu gweithredu cyfraith yr UE.

Effaith uniongyrchol cyfarwyddebau'r UE

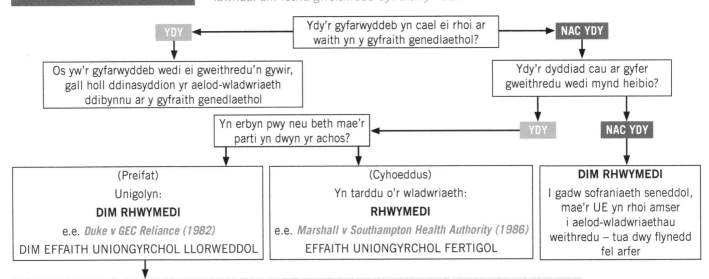

OND
1. Egwyddor Francovich (hawl i dderbyn iawndal)
2. egwyddor Von Colson/Marleesing (dehongli'r statudau yn unol â chyfarwyddeb yr UE)
3. *Foster v British Gas (1990)* yn galluogi'r barnwr i roi diffiniad o'r 'wladwriaeth' neu 'yn tarddu o'r wladwriaeth'

Effaith cyfraith yr UE ar gyfreithiau'r DU

Mae pobl yn aml yn dadlau bod aelodaeth o'r Undeb Ewropeaidd wedi arwain at erydu sofraniaeth seneddol a bod y DU, drwy ymuno â'r UE yn 1973, wedi colli pwerau a oedd yn ei galluogi i wneud penderfyniadau ar ei materion ei hun. Felly, gellir honni bod effaith uniongyrchol cyfreithiau'r UE a'u **cymhwysedd uniongyrchol** mewn cyfraith ddomestig wedi erydu sofraniaeth yr aelod-wladwriaethau. Mae goruchafiaeth cyfraith yr UE a dirywiad sofraniaeth seneddol wedi'u cadarnhau gan nifer o benderfyniadau a wnaed gan y *CJEU*.

Costa v ENEL (1964)

Cadarnhawyd yn yr achos hwn, os bydd gwrthdaro rhwng cyfraith genedlaethol a chyfraith yr UE, mai cyfraith yr UE sy'n cael blaenoriaeth.

R v Secretary of State for Transport, ex p Factortame (1991)

*Cyfraith genedlaethol y DU oedd **Deddf Llongau Masnach 1988**, a oedd yn cyfyngu ar y cyfleoedd i bysgotwyr tramor gofrestru eu llongau yn y DU, gan eu hatal felly rhag pysgota yn nyfroedd y DU. Cyflwynodd y pysgotwyr gais i'r Llys Ewropeaidd, oherwydd roedd yn ymddangos bod hyn yn groes i erthygl yng **Nghytuniad Rhufain**.*

Roedd y llys o'r farn nad oedd ***Deddf Llongau Masnach 1988*** yn cydymffurfio â chyfraith yr UE ac y dylid atal y Ddeddf. Dyma'r tro cyntaf i ddeddf genedlaethol dorri cyfraith yr UE, ac felly roedd yn rhaid i'r DU dderbyn, mewn sefyllfa o'r fath, y byddai cyfraith yr UE yn cael blaenoriaeth.

Does dim amheuaeth bod pasio ***Deddf y Cymunedau Ewropeaidd 1972*** wedi arwain at golli sofraniaeth. Fodd bynnag, digwyddodd hynny yn wirfoddol ac mae bob amser wedi bod yn bosibl i'r Senedd dynnu'n ôl o'r UE pe bai'n dymuno, ac adennill sofraniaeth lawn.

Bulmer v Bollinger (1974)

Dywedodd yr Arglwydd Denning yn ei adroddiad ar yr achos: 'Cymerwyd ein sofraniaeth i ffwrdd gan Lys Cyfiawnder yr Undeb Ewropeaidd ... nid yw llysoedd bellach yn cael gorfodi ein cyfreithiau cenedlaethol. Rhaid iddyn nhw orfodi cyfraith gymunedol ... nid yw cyfraith Ewrop bellach fel llanw'n dod i mewn a llifo i fyny aberoedd Lloegr. Yn hytrach, mae fel ton enfawr sy'n dymchwel ein morgloddiau ac yn llifo i'r tir dros ein caeau a'n cartrefi – er siom i bawb.'

Mae'r DU bellach wedi dewis gadael yr UE, ac mae *Erthygl 50* wedi cael ei thanio, er gwaethaf her gyfreithiol gan Gina Miller. Roedd Ms Miller wedi apelio at y Goruchaf Lys, gan ddadlau na allai'r llywodraeth weithredu *Erthygl 50* yng *Nghytuniad Lisbon* heb ofyn am gymeradwyaeth y Senedd. Enillodd hi ac roedd yn rhaid i Theresa May ofyn am gymeradwyaeth, a bu'n llwyddiannus. Mae hyn yn dangos sofraniaeth y Senedd, a bydd y broses yn arwain yn y pen draw at sefyllfa lle na fydd y DU yn rhan o'r UE.

Mae Mesur yr Undeb Ewropeaidd (Ymadael) 2017–2019 wrthi ar hyn o bryd yn mynd drwy'r broses ddeddfwriaethol. Defnyddiwch ffynhonnell newyddion ddibynadwy i gael y wybodaeth ddiweddaraf amdano.

TERMAU ALLWEDDOL

cymhwysedd uniongyrchol: pan fydd darn o ddeddfwriaeth yr UE yn rhwymo yn awtomatig ac yn dod yn rhan o gyfraith yr aelod-wladwriaeth cyn gynted ag y mae'n cael ei basio gan yr UE.

GWELLA GRADD

Dyma erthygl ddefnyddiol iawn gan y BBC am Brexit a beth mae'n ei olygu i'r DU: www.bbc.co.uk/news/uk-politics-32810887

Sgiliau Arholiad

Wrth gymhwyso'r gyfraith sy'n ymwneud â ffynonellau cyfraith yr UE, gall fod o gymorth i feddwl am yr acronym **NDC** (neu *IDA* yn Saesneg). Gall hwn gael ei ddefnyddio ar gyfer unrhyw destun lle mae elfen AA2 i'r cwestiwn sy'n gofyn i chi gymhwyso'r gyfraith.

N: Nodwch beth yw maes y gyfraith dan sylw

Beth yw ffynhonnell cyfraith yr UE? Pwy yw'r partïon posibl?

D: Disgrifiwch pa faes o'r gyfraith sydd dan sylw

Disgrifiwch effaith arferol y ffynhonnell cyfraith honno. Ai cymhwysedd uniongyrchol, effaith uniongyrchol llorweddol neu effaith uniongyrchol fertigol sydd yma?

C: Cymhwyswch y gyfraith i'r senario

Cymhwyswch yr effaith i'r partïon yn y senario. Gwnewch yn siŵr eich bod yn defnyddio cyfraith achosion i ategu eich pwynt.

Crynodeb: Deddfu

▸ **Ffynonellau'r gyfraith:** Mae gan y DU gyfansoddiad anysgrifenedig, felly mae'n seiliedig ar dair egwyddor:

1. **Sofraniaeth seneddol** (Dicey): Y Senedd sydd oruchaf ac mae ganddi bŵer absoliwt a diderfyn. Bygythiadau: Yr UE, *Deddf Hawliau Dynol 1998*, datganoli

2. **Rheolaeth cyfraith** (Dicey): dim cosb heb dorri'r gyfraith, dylai un gyfraith fod yn gymwys i bawb, sicrhau hawliau unigolion trwy benderfyniadau barnwyr. Enghreifftiau o dorri cyfreithiau: *John Hemming AS, pleidlais carcharorion, Abu Qatada*
Hyrwyddo: *Deddf Diwygio Cyfansoddiadol 2005*, *'Black Spider Memos'*

4. **Gwahaniad pwerau** (Montesquieu): dylai tair swyddogaeth y wladwriaeth gael eu cadw ar wahân:

   • **Corff deddfwriaethol**: Senedd y DU sy'n gwneud y gyfraith

   • **Gweithrediaeth**: llywodraeth y DU sy'n gorfodi'r gyfraith

   • **Y Farnwriaeth**: barnwyr sy'n cymhwyso a dehongli'r gyfraith

▸ **Senedd y DU:** Corff deddfwriaethol y Deyrnas Unedig

▸ Tair elfen:

1. Tŷ'r Cyffredin   2. Tŷ'r Arglwyddi   3. Y Brenin neu'r Frenhines

▸ Rhaid i'r tri gytuno ar Fesur cyn iddo ddod yn Ddeddf, yn amodol ar eithriadau yn *Neddfau Seneddol 1911* ac *1949*

▸ Gall tri math o Fesur arwain at Ddeddf Seneddol:
   • Mesur Cyhoeddus   • Mesur Aelod Preifat   • Mesur Preifat

▸ Rhaid i bob darpar Ddeddf fynd drwy'r broses ddeddfwriaethol: pum cam yn Nhŷ'r Cyffredin, pum cam yn Nhŷ'r Arglwyddi a Chydsyniad Brenhinol

▸ **Setliad datganoli yng Nghymru**

▸ **Corff deddfwriaethol**: Cynulliad Cenedlaethol Cymru sy'n gwneud y cyfreithiau (Deddfau'r Cynulliad)

▸ 60 Aelod Cynulliad (ACau)

▸ **Gweithrediaeth**: Llywodraeth Cymru sy'n gweithredu'r gyfraith, dan arweiniad Prif Weinidog Cymru

▸ *Deddf Llywodraeth Cymru 1998:* deddf oedd yn datganoli pwerau i wneud deddfwriaeth eilaidd mewn naw maes

▸ *Deddf Llywodraeth Cymru 2006:* deddf oedd yn datganoli pwerau i wneud deddfwriaeth eilaidd mewn 20 maes, gan gynnwys iechyd, cludiant, addysg a'r amgylchedd

▸ **refferendwm 2011:** rhoddodd hwn fwy o bwerau i'r Cynulliad Cenedlaethol wneud deddfwriaeth sylfaenol yn yr 20 maes datganoledig

▸ *Deddf Cymru 2017:* deddf oedd yn sicrhau dyfodol datganoli yng Nghymru

▸ **Sefydliadau'r Undeb Ewropeaidd**

▸ Daeth y DU yn aelod o'r UE yn dilyn *Deddf y Cymunedau Ewropeaidd 1972* ond pleidleisiodd i adael mewn refferendwm ar 23 Mehefin 2016 ('Brexit')

▸ Pum sefydliad allweddol:

　1. Senedd Ewrop: rolau deddfwriaethol, goruchwyliol a chyllidebol

　2. Y Comisiwn Ewropeaidd: Gweithrediaeth yr UE, 'Gwarcheidwad y Cytuniadau', yn cynrychioli buddiannau'r UE i gyd, gan sicrhau bod yr aelod-wladwriaethau'n cydymffurfio â rhwymedigaethau'r UE

　3. Cyngor yr UE: corff deddfwriaethol yr UE ac mae'r gweinidogion yn cynrychioli buddiannau cenedlaethol y maes sy'n cael ei drafod

　4. Cyngor Ewrop: sefydlwyd yn 2009 o dan *Gytuniad Lisbon* ac mae'n cynnwys penaethiaid yr aelod-wladwriaethau

　5. Llys Cyfiawnder yr Undeb Ewropeaidd (y *CJEU*): mae'n sicrhau bod deddfwriaeth yr UE yn cael ei chymhwyso'n gyson yn yr aelod-wladwriaethau. Mae ganddo ddwy rôl:

　　◦ **Barnwrol**: mae'n gwrando ar achosion lle mae'r aelod-wladwriaethau wedi methu â chyflawni eu rhwymedigaethau dan y cytuniadau

　　◦ **Goruchwyliol**: mae'n gwrando ar ddyfarniadau rhagarweiniol o dan *Erthygl 267*

▸ **Ffynonellau cyfraith yr Undeb Ewropeaidd (UE)**

▸ Ffynonellau sylfaenol: **cytuniadau**:

　• Effaith uniongyrchol llorweddol: *Macarthys Ltd v Smith (1980)*

　• Effaith uniongyrchol fertigol: *Van Gend en Loos (1963)*

▸ Ffynonellau eilaidd: **rheoliadau**:

　• Effaith uniongyrchol llorweddol: *Antonio Munoz v Frumar Ltd (2002)*

　• Effaith uniongyrchol fertigol: *Leonesio v Italian Ministry of Agriculture (1972)*

▸ Ffynonellau eilaidd: **cyfarwyddebau**:

　• Dim effaith uniongyrchol llorweddol: *Duke v GEC Reliance (1982)*

　• Effaith uniongyrchol fertigol: *Marshall v Southampton Health Authority (1986)*

▸ Ffynonellau eilaidd: **penderfyniadau**:

　• Yn rhwymol dim ond i'r rhai maen nhw'n cyfeirio atyn nhw

Diwygio'r gyfraith

Adran y fanyleb	Cynnwys allweddol	Amcanion Asesu	Ble mae'r pwnc hwn yn ymddangos yn y fanyleb/arholiadau?
CBAC UG/U2 **1.1:** Deddfu	• Y dylanwadau ar Senedd Prydain; manteision ac anfanteision y dylanwadau ar ddeddfu • Diwygio'r gyfraith; rôl cyrff swyddogol diwygio'r gyfraith, gan gynnwys Comisiwn y Gyfraith a rôl carfanau pwyso a dylanwadau barnwrol	**AA1** Dangos gwybodaeth a dealltwriaeth o reolau ac egwyddorion cyfreithiol **AA2** Cymhwyso rheolau ac egwyddorion cyfreithiol at senarios penodol er mwyn cyflwyno dadl gyfreithiol gan ddefnyddio terminoleg gyfreithiol briodol	**CBAC UG/U2:** Uned 1 Adran A

Newid barnwrol

Dydy'r gyfraith ddim yn aros yn llonydd, ac ni fyddai'n gallu gwneud hynny. Mae'n rhaid iddi adlewyrchu agweddau cymdeithas sy'n newid ac ymateb i ddigwyddiadau a phwysau gan y cyfryngau.

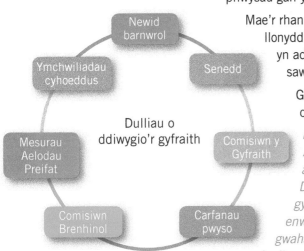

Dulliau o ddiwygio'r gyfraith

- Newid barnwrol
- Senedd
- Comisiwn y Gyfraith
- Carfanau pwyso
- Comisiwn Brenhinol
- Mesurau Aelodau Preifat
- Ymchwiliadau cyhoeddus

Mae sawl ffordd o ddiwygio'r gyfraith

Mae'r rhan fwyaf o ddeddfwriaeth yn systemau cyfreithiol Cymru a Lloegr yn aros yn llonydd nes iddi gael ei diddymu. Pan ddaw hi'n amlwg nad yw'r gyfraith bellach yn adlewyrchu anghenion cymdeithas, mae sawl ffordd o'i diwygio ac mae sawl asiantaeth sy'n gallu rhoi pwysau ar y llywodraeth i newid y gyfraith.

Gall cyfraith achosion arwain at rywfaint o ddiwygio drwy ddatblygu cyfraith gwlad, sydd hefyd yn cael ei alw'n gynsail farnwrol.

R v R (1991)
Ar ôl i ddyn wahanu â'i wraig, torrodd y dyn i mewn i'r tŷ lle'r oedd hi'n aros gyda'i mam, a'i gorfodi hi i gael rhyw gydag ef yn erbyn ei hewyllys. Dywedodd Tŷ'r Arglwyddi fod gŵr sy'n cael cyfathrach rywiol anghydsyniol gyda'i wraig yn gallu bod yn euog o drais ar y sail bod statws menywod, yn enwedig menywod priod, wedi newid y tu hwnt i bob adnabyddiaeth mewn gwahanol ffyrdd. O ganlyniad, cafodd y **Ddeddf Troseddau Rhywiol** *ei diwygio i adlewyrchu'r ffaith bod cyfathrach rywiol anghydsyniol yn drais, dim ots beth yw'r statws priodasol.*

Ghaidan v Godin-Mendoza (2004)
Yn yr achos hwn, cadarnhaodd y llys y dylai pobl gyfunrywiol sy'n byw mewn perthynas gariadus, tymor hir, fwynhau'r un hawliau tenantiaeth â chyplau heterorywiol.

Mae sawl rheswm pam mae deddfu drwy gyfraith farnwrol yn brin, a pham na ddylai ddigwydd yn rheolaidd.

1. Gall llysoedd ddelio â'r achosion sy'n cael eu dwyn ger eu bron yn unig, felly dydyn nhw ddim yn gallu diwygio'r gyfraith ar raddfa eang.
2. Yn aml, does gan y partïon sy'n gysylltiedig ag achosion ddim arian na diddordeb i fwrw ymlaen â'r diwygio.
3. Nid yw barnwyr fel arfer yn gallu ymgynghori gydag arbenigwyr na chomisiynu ymchwil. Byddan nhw'n osgoi diwygio'r gyfraith heb y wybodaeth arbenigol hon, gan y bydd eu penderfyniad yn cael dylanwad yn y dyfodol.

4. Nid yw barnwyr yn gallu gwneud newidiadau lle bydd athrawiaeth cynsail yn gymwys, ac mae hyn yn atal unrhyw ddiwygiadau radical.

5. Mae newid cynsail yn ôl-weithredol (hynny yw, mae'n ymwneud â rhywbeth sydd wedi digwydd yn barod), ond mae diwygiadau seneddol yn rhagweithredol (maen nhw'n weithredol o'r diwrnod pan fyddan nhw'n dod i rym yn unig).

6. Nid yw barnwyr yn cael eu hethol, felly mae pobl yn aml yn dadlau nad eu rôl gyfansoddiadol nhw yw diwygio'r gyfraith. Mae damcaniaeth gwahaniad pwerau yn dangos hyn.

Fodd bynnag, mae barnwyr yn fedrus iawn wrth ddod â materion i sylw'r Senedd. Yn eu dyfarniadau, maen nhw'n gallu tynnu sylw at feysydd anodd gyda'r nod o godi proffil materion o'r fath a denu sylw'r Senedd er mwyn sicrhau diwygiadau.

Mae cynsail farnwrol yn un ffordd o ddiwygio cyfreithiau

Newid seneddol

Llywodraeth y dydd sy'n rheoli pa syniadau sy'n cyrraedd y Senedd, ond mae cyrff eraill yn aml yn dylanwadu ar y rhain hefyd.

Mae llawer o ddeddfwriaeth yn adlewyrchu syniadau gwleidyddol y llywodraeth sydd mewn grym pan fydd y Ddeddf yn cael ei phasio. Gall deddfwriaeth o'r fath ddechrau fel ymrwymiad gwleidyddol ym maniffesto plaid wleidyddol. Bydd llywodraeth y dydd yn nodi ei hagenda ddeddfwriaethol yn Araith y Frenhines ar ddiwrnod cyntaf sesiwn seneddol.

Mae pedair ffordd o ddiwygio'r gyfraith seneddol

Diddymu
- Mae deddfau hen a rhai sydd wedi dyddio yn cael eu dileu.
- Bydd deddfau sydd wedi dyddio yn aml yn aros ar y llyfr statud am amser hir cyn iddyn nhw gael eu diddymu.

Llunio
- Mae deddfau hollol newydd yn cael eu llunio, un ai mewn ymateb i alw gan y cyhoedd neu oherwydd pwysau gan grŵp arall.
- Gall darpariaethau sy'n bodoli'n barod hefyd gael eu haddasu i gwrdd ag anghenion newydd.

Cydgyfnerthu
- Pan fydd statud yn cael ei chreu, gall problemau ddod i'r amlwg dros amser a gall deddfwriaeth newydd gael ei chyflwyno i'w diwygio.
- Mae cydgyfnerthu yn cyfuno statudau olynol ar yr un pwnc.

Codeiddio
- Pan fydd maes penodol o'r gyfraith wedi datblygu dros amser, gall corff mawr o gyfraith achosion a statudau wneud y gyfraith yn ddryslyd.
- Mae codeiddio yn dod â'r holl reolau at ei gilydd mewn un statud i roi mwy o sicrwydd.

Gall rhai amgylchiadau ysgogi Deddf Seneddol newydd:

1. Digwyddiadau

Gall digwyddiadau annisgwyl arwain at angen brys i ddiwygio'r gyfraith – mae'n bosibl nad oedd y llywodraeth wedi rhagweld y rhain. Er enghraifft, arweiniodd ymosodiadau 9/11 at dynhau cyfreithiau terfysgaeth y DU drwy greu *Deddf Gwrthderfysgaeth, Trosedd a Diogolwch 2001*.

2. Y Gyllideb

Yn ôl y sôn, mae'r argymhellion ar gyfer y Gyllideb yn cael eu cadw yn y cês coch enwog

Bob blwyddyn, mae Canghellor y Trysorlys yn cyflwyno datganiad ar y gyllideb i'r ASau yn Nhŷ'r Cyffredin. Ar ôl cytuno ar y gyllideb, mae Mesur Cyllid yn cael ei gyflwyno i'r Senedd a bydd yn mynd drwy'r Senedd er mwyn gweithredu'r newidiadau. Mae gwariant y llywodraeth yn newid yn unol ag anghenion y wlad, felly mae'n rhaid pasio'r gyfraith hon bob blwyddyn.

3. Y cyfryngau

Gall y cyfryngau roi sylw i faterion sy'n destun pryder i'r cyhoedd. Bydd papurau newydd yn enwedig yn gwthio achos penodol yn aml. Er enghraifft, bydd y *Daily Mail* yn aml yn cyhoeddi penawdau ar faterion yn ymwneud â mewnfudo a lloches er mwyn ceisio sicrhau mwy o reolaeth dros fewnfudo, ac mae'r *Sun* wedi ymgyrchu'n gyson yn erbyn yr hyn mae'n ei ystyried yn ddylanwad cynyddol yr UE ar fywyd Prydain.

Cyfraith Sarah

Un enghraifft wych o ddylanwad y cyfryngau oedd yr ymgyrch a gafodd ei rhedeg gan y *News of the World* yn 2000 ar ôl i Sarah Payne gael ei llofruddio gan baedoffilydd. Newidiwyd y gyfraith yn sgil hyn ('Cyfraith Sarah') a chafodd y newid ei gynnwys yn **adran 327 Deddf Cyfiawnder Troseddol 2003**. Mae'r ddeddf yn gosod dyletswydd ar awdurdodau i ystyried datgelu gwybodaeth am droseddwyr rhyw i rieni'r ardal, os ydyn nhw'n meddwl bod perygl y gallai'r troseddwr achosi niwed difrifol i'w plant.

4. Cyrff diwygio'r gyfraith

Mae nifer o gyrff ffurfiol ym maes diwygio'r gyfraith sy'n rhoi pwysau ar y Senedd i newid y gyfraith. Mae'r rhain yn cynnwys y canlynol:

- Comisiwn y Gyfraith
- carfanau pwyso
- Comisiynau Brenhinol
- ymchwiliadau cyhoeddus.

5. Barn y cyhoedd

Os ydyn nhw'n teimlo'n gryf am ryw fater, gall aelodau'r cyhoedd ysgrifennu at eu Haelod Seneddol neu ymweld â chymhorthfa eu Haelod Seneddol yn eu hetholaeth. Os yw'r AS yn cytuno, gall gyflwyno'r cynnig i'r Senedd drwy Fesur Aelod Preifat.

Cafodd **Deddf Cŵn Peryglus 1991** ei chyflwyno oherwydd pryder y cyhoedd am gŵn peryglus. Pasiwyd y ddeddfwriaeth yn gyflym ac mae pobl yn aml yn ei beirniadu.

6. Confensiwn Ewropeaidd ar Hawliau Dynol (*ECHR: European Convention on Human Rights*)

Gall newidiadau sy'n cael eu hysgogi gan ofynion yr *ECHR* arwain at ddiwygio'r gyfraith seneddol hefyd.

Goodwin v UK (2002)
Roedd yr achos hwn wedi amlygu'r anghyfartaledd yn y ddeddfwriaeth o ran hawliau trawsrywiol. O ganlyniad i glywed yr achos hwn yn Llys Hawliau Dynol Ewrop ((ECtHR), pasiodd Senedd y DU **Ddeddf Cydnabod Rhywedd 2004**.

YMESTYN A HERIO

Cyfraith Clare: Ymchwiliwch i'r gyfraith a gyflwynwyd o ganlyniad i ymgyrch gan dad Clare Wood, a gafodd ei llofruddio gan ei chyn-bartner yn 2009. Un lle da i ddechrau yw www.bbc.co.uk/news/uk-politics-26488011

Carfanau pwyso

Carfanau pwyso yw'r sefydliadau sy'n ceisio dylanwadu ar gyfeiriad cyfraith a pholisi ar sail safbwyntiau a barn eu haelodau.

Os bydd carfan bwyso yn dechrau adlewyrchu barn cyfran helaeth o'r cyhoedd, gall hyn roi llawer o bwysau ar y Senedd. Cofiwch nad yw carfan bwyso yn gallu creu cyfreithiau, ond gall gael dylanwad mawr ar y Senedd. Bydd y Senedd hefyd yn ymgynghori â charfanau pwyso i ofyn am eu safbwyntiau ar gynigion ar gyfer y gyfraith.

Mae dau fath o garfan bwyso:

1. Grwpiau buddiant

Mae'r rhain weithiau'n cael eu galw'n grwpiau 'adrannol', 'amddiffynnol' neu 'swyddogaethol', ac maen nhw'n cynrychioli adran benodol o'r gymdeithas, fel gweithwyr, cyflogwyr, defnyddwyr, grwpiau ethnig neu grefyddol, undebau llafur, corfforaethau busnes, cymdeithasau masnach neu gyrff proffesiynol. Mae enghreifftiau penodol yn cynnwys y Gymdeithas Feddygol Brydeinig (*BMA*), Cymdeithas y Cyfreithwyr, Undeb Cenedlaethol yr Athrawon (*NUT*), Cyd-ffederasiwn Diwydiant Prydain (*CBI*) a Chyngres yr Undebau Llafur (*TUC*).

Dyma rai pethau i'w nodi am grwpiau buddiant:

- Buddiannau eu haelodau eu hunain sydd o ddiddordeb iddyn nhw.
- Mae aelodaeth y grwpiau wedi'i chyfyngu i bobl sydd mewn galwedigaeth, gyrfa neu safle economaidd penodol.
- Mae'n bosibl mai hunan-fudd yw cymhelliant yr aelodau.
- Mae grwpiau buddiant yn tueddu i fod yn ddylanwadol yn natblygiad y gyfraith ac mae'r Senedd yn aml yn ymgynghori â nhw yn ystod camau cyntaf datblygu'r gyfraith.

2. Grwpiau achos

Weithiau gelwir y rhain yn grwpiau 'hyrwyddo', grwpiau 'agwedd' neu grwpiau 'materion', ac maen nhw'n seiliedig ar agweddau neu werthoedd cyffredin, yn hytrach na buddiannau eu haelodau. Maen nhw'n ceisio hyrwyddo gwahanol achosion, sy'n amrywio o weithgareddau elusennol, lleihau tlodi, addysg a'r amgylchedd i hawliau dynol, datblygiad rhyngwladol a heddwch. Mae enghreifftiau penodol yn cynnwys y Gronfa Natur Fyd-eang (*WWF* neu'r *World Wildlife Fund*), Amnest Rhyngwladol, Shelter, y Gymdeithas Frenhinol er Gwarchod Adar (*RSPB*) a'r Gymdeithas Diwygio Etholiadol.

Dyma rai pethau i'w nodi am grwpiau achos:

- Maen nhw'n ceisio hyrwyddo delfrydau neu egwyddorion penodol.
- Mae aelodaeth yn agored i bawb.
- Materion moesol sy'n cymell yr aelodau.

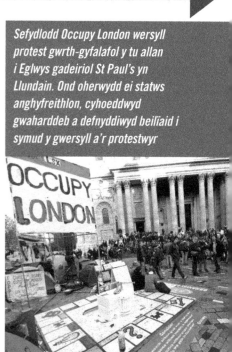

Sefydlodd Occupy London wersyll protest gwrth-gyfalafol y tu allan i Eglwys gadeiriol St Paul's yn Llundain. Ond oherwydd ei statws anghyfreithlon, cyhoeddwyd gwaharddeb a defnyddiwyd beiliaid i symud y gwersyll a'r protestwyr

Rôl carfanau pwyso fel cyrff dylanwadol

Mae carfanau pwyso yn defnyddio tactegau amrywiol, gan gynnwys y canlynol:

- ysgrifennu llythyrau
- gorymdeithiau protest
- lobïo ASau
- trefnu deisebau
- sicrhau cyhoeddusrwydd a sylw'r cyfryngau
- denu pobl enwog i gefnogi eu hymgyrch.

Mae rhai grwpiau'n fwy effeithiol nag eraill; mae eu maint yn amlwg yn helpu, ond gall ffactorau eraill fel dyfalbarhad a'r gallu i hawlio'r penawdau fod yn gynhyrchiol iawn. Mae rhai grwpiau'n gweithredu'n uniongyrchol, ac yn anghyfreithlon mewn rhai achosion, drwy ddulliau treisgar neu feddiannu tir.

Rôl carfanau pwyso fel cyrff ymgynghorol

Mae gan garfanau pwyso rôl fel corff ymgynghorol hefyd. Pan fydd syniad ar gyfer cyfraith newydd yn cael ei gynnig, efallai bydd y Senedd yn dymuno dechrau drwy gynnal ymgynghoriad cyn ei gyflwyno gerbron y Senedd. Gall yr ymgynghoriad hwn fod ar ffurf Papur Gwyrdd a Phapur Gwyn (gweler tudalen 9).

Pa mor effeithiol yw carfanau pwyso?

Gall carfanau pwyso fod yn effeithiol ac yn ddylanwadol.

✓ Maen nhw'n cryfhau democratiaeth ac yn annog pobl gyffredin i gymryd rhan mewn gwleidyddiaeth.

✓ Maen nhw'n hwyluso trafodaeth gyhoeddus ar faterion allweddol.

✓ Gall eu gwybodaeth arbenigol wella dealltwriaeth llywodraethau.

✓ Maen nhw'n annog pleidiau gwleidyddol i ymateb yn well i'r cyhoedd.

✓ Maen nhw'n cryfhau ac yn hybu rhyddid mynegiant o dan *Erthygl 10*, a'r rhyddid i ymgynnull a phrotestio o dan *Erthygl 11*.

✓ Maen nhw'n codi ymwybyddiaeth ac yn addysgu'r cyhoedd ynghylch materion allweddol.

✓ Maen nhw'n aml yn gwneud eu gwaith ymchwil arbenigol eu hunain, sy'n gallu tynnu sylw at faterion pwysig.

Fodd bynnag, mae rhai rhesymau pam dylid bod yn ofalus gyda charfanau pwyso.

✗ Dim ond safbwynt unochrog sydd ganddyn nhw i'w gynnig ar fater.

✗ Os yw'r grŵp yn fach, gall safbwyntiau'r aelodau fod wedi eu camliwio, heb fod yn seiliedig ar unrhyw waith ymchwil sylweddol.

✗ Maen nhw'n annemocrataidd yn yr ystyr eu bod heb eu hethol, ac eto'n dal i allu dylanwadu ar y llywodraeth.

✗ Mae rhai grwpiau'n annog gweithredu'n uniongyrchol, a gall hyn fod yn anghyfreithlon.

Proses Comisiwn y Gyfraith o ddiwygio'r gyfraith

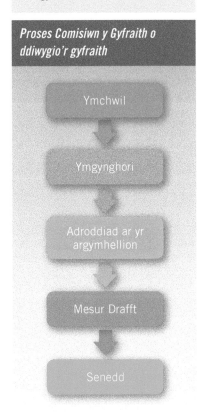

Comisiwn y Gyfraith

Comisiwn y Gyfraith yw'r unig gorff sy'n diwygio'r gyfraith yn llawn amser yn y Deyrnas Unedig. Comisiwn annibynnol yw hwn sy'n cynnwys pum aelod o blith y farnwriaeth, o broffesiwn y gyfraith ac o blith academyddion y gyfraith. Mae'r cadeirydd yn farnwr yn yr Uchel Lys. Mae'r aelodau'n cael eu penodi am gyfnod o bum mlynedd ac yn cael cymorth gweision sifil sydd â chymhwyster yn y gyfraith, a chynorthwywyr ymchwil sy'n aml wedi graddio yn y gyfraith.

Cafodd Comisiwn y Gyfraith ei sefydlu o dan *Ddeddf Comisiwn y Gyfraith 1965*, ac mae *adran 3* y Ddeddf honno'n nodi mai dyma yw ei swyddogaeth:

'cadw'r holl gyfraith o dan adolygiad... er mwyn ei datblygu a'i diwygio'n systematig, gan gynnwys yn benodol y broses o godeiddio'r cyfryw gyfreithiau, dileu anghysondebau, diddymu ymddeddfiadau sydd wedi dyddio ac sydd yn ddiangen, lleihau nifer yr ymddeddfiadau unigol, a symleiddio a moderneiddio'r gyfraith.'

Mae Comisiwn y Gyfraith yn ystyried cyfreithiau ac yna'n gofyn am farn ar y diwygiadau posibl. Bydd y papur ymgynghori yn disgrifio'r gyfraith bresennol, yn nodi'r problemau ac yn ystyried y dewisiadau o ran diwygio. Yna bydd Comisiwn y Gyfraith yn llunio cynigion cadarnhaol ar gyfer diwygio mewn adroddiad, a fydd hefyd yn nodi'r ymchwil a arweiniodd at y casgliadau. Yn aml, bydd Mesur drafft ynghlwm â'r adroddiad. Gall hwn gael ei gyflwyno gerbron y Senedd.

Gall Comisiwn y Gyfraith ddiwygio'r gyfraith yn yr un pedair ffordd â'r Senedd: drwy ddiddymu, cydgyfnerthu, codeiddio a llunio.

Deddf Comisiwn y Gyfraith 2009 yw'r ddeddfwriaeth ddiweddaraf i gael ei phasio mewn perthynas â Chomisiwn y Gyfraith, a hynny i'w helpu i ddiwygio'r gyfraith yn fwy llwyddiannus.

- Yn ôl y ddeddf hon, mae'n ofynnol i'r Arglwydd Ganghellor ddweud wrth y Senedd bob blwyddyn a yw'r llywodraeth wedi penderfynu gweithredu unrhyw un o gynigion Comisiwn y Gyfraith o'r flwyddyn flaenorol ai peidio, ac os nad ydyn nhw, pam hynny. Y bwriad yw dal gweinidogion i gyfrif.
- Cyflwynodd y ddeddf weithdrefn seneddol newydd hefyd, sy'n lleihau'r amser a'r adnoddau sydd eu hangen i weithredu Mesurau Comisiwn y Gyfraith os nad ydyn nhw'n rhai dadleuol.
- Mae'r Ddeddf hefyd yn nodi sut dylai Comisiwn y Gyfraith ac adrannau'r llywodraeth gydweithio. Cytunwyd ar brotocol na fydd Comisiwn y Gyfraith yn ymgymryd â phroject heb gael addewid gan y gweinidog perthnasol yn y llywodraeth bod bwriad difrifol i ddiwygio'r gyfraith yn y maes hwnnw.

Llwyddiant Comisiwn y Gyfraith

1965–1975

Roedd Comisiwn y Gyfraith yn llwyddiannus i ddechrau wrth ddiwygio meysydd bach o'r gyfraith. Cafodd 20 rhaglen ddiwygio cyntaf y Comisiwn eu rhoi ar waith cyn pen dwy flynedd ar gyfartaledd, ac roedden nhw'n cynnwys *Deddf Telerau Contract Annheg 1977*, *Deddf Cyflenwi Nwyddau a Gwasanaethau 1982* a *Deddf Atebolrwydd Meddianwyr 1984*.

Cyn pen deng mlynedd, roedd 85 y cant o'i gynigion ar gyfer diwygio yn llwyddo i gael eu gweithredu. Arweiniodd ei adroddiadau at ddiddymu 2,000 o statudau oedd wedi dyddio a diddymu miloedd o rai eraill yn rhannol.

1975–2000

Yn ystod y cyfnod hwn, dadleuodd rhai academyddion fod y broses o ddiwygio'r gyfraith wedi arafu.

- Yn y 10–15 mlynedd o ddiwedd yr 1970au ymlaen, dim ond 50 y cant o gynigion y Comisiwn a ddaeth yn gyfreithiau.
- Cyrhaeddodd y gyfradd ei phwynt isaf erioed yn 1990. Ni chafodd unrhyw un o'i gynigion diwygio eu rhoi ar waith.
- Yn 1992, roedd 36 Mesur yn dal i aros i gael eu hystyried gan y Senedd.

- Y rheswm dros y diffyg llwyddiant yn ystod y cyfnod hwn oedd diffyg amser seneddol. Roedd yn ymddangos nad oedd gan y Senedd ddiddordeb mewn diwygio'r gyfraith yn dechnegol.

Un maes a gafodd ei amlygu gan Gomisiwn y Gyfraith yn 1989 oedd yr angen i godeiddio cyfraith trosedd. Mae'r llywodraeth wedi methu ag ymateb i'r syniad y dylai'r DU fod yn debyg i gyrff deddfwriaethol eraill lle mae yna un cod troseddol i'w gael. Ond does dim arwydd o unrhyw gynnydd i weithredu'r newidiadau hyn.

2003: Adolygiad Halliday

Daeth yr adolygiad hwn i'r casgliad mai'r brif broblem o ran diwygio'r gyfraith oedd anallu adrannau'r llywodraeth i dderbyn cynigion ar gyfer diwygio a chreu cyfle am drafodaeth yn y Senedd. Mewn rhai achosion, bu oedi hir iawn cyn gweithredu adroddiadau Comisiwn y Gyfraith.

Er enghraifft, sylwodd yr adolygiad bod cynnig wedi'i gynnwys yn adroddiad Comisiwn y Gyfraith ar 'atafael ar gyfer rhent' yn 1991 i ddiwygio hawl landlord i atafael eiddo tenant. Cymerodd 16 blynedd i'r cynigion hynny ddod yn rhan o *Ddeddf Tribiwnlysoedd, Llysoedd a Gorfodaeth 2007*. Roedd materion gwleidyddol, newidiadau o ran personél a staffio yn ffactorau allweddol wrth achosi'r oedi hwn.

Dechreuodd y ddeddfwriaeth flynyddol gynyddu o ran nifer yn ogystal â hyd, gan ychwanegu at feichiau Senedd a oedd yn rhy brysur yn barod. Ceisiodd pawb, o'r Prif Weinidog ac ASau i adrannau'r llywodraeth, ddod o hyd i fwlch yn yr amserlen er mwyn gallu cyflwyno syniadau'r Comisiwn ynglŷn â deddfwriaeth.

Y sefyllfa bresennol

Yn 2008, cyhoeddodd Comisiwn y Gyfraith na fyddai'n ceisio codeiddio cyfraith trosedd bellach. Yn hytrach, byddai'n canolbwyntio ar symleiddio meysydd penodol o fewn cyfraith trosedd, yn hytrach na diddymu darnau mawr. Mae Deddfau sydd wedi ymgorffori argymhellion ar gyfer diwygio'r gyfraith trosedd yn cynnwys y canlynol:

- *Deddf Cyfiawnder Troseddol 2003*
- *Deddf Trais Domestig, Troseddu a Dioddefwyr 2003*
- *Deddf Twyll 2006*
- *Deddf Troseddu Difrifol 2007*
- *Deddf Crwneriaid a Chyfiawnder 2009.*

Ers *Deddf Comisiwn y Gyfraith 2009*, mae'r Arglwydd Ganghellor wedi cyflwyno adroddiadau blynyddol i'r Senedd, gan amrywio o ran eu llwyddiant. Mae cyfraddau gweithredu wedi gwella, er bod rhai adroddiadau yn dal i aros i gael eu gwneud yn gyfreithiau. Dangosodd Adroddiad Blynyddol Comisiwn y Gyfraith 2011–2012 fod 15 adroddiad yn aros i gael eu rhoi ar waith.

Mae'r llywodraeth yn gwrthod tuag un o bob chwech o adroddiadau Comisiwn y Gyfraith.

Pwyllgorau ymgynghorol

Cyrff dros dro yw'r rhain i ddiwygio'r gyfraith. Maen nhw'n cael eu sefydlu i ymchwilio, ymgynghori a chynnig cyfreithiau ar fater penodol neu i ymchwilio lle mae angen diwygio'r gyfraith yn dilyn trasiedi neu ddigwyddiad mawr, fel trychineb Hillsborough, Terfysgoedd Brixton, neu oherwydd bod angen i'r gyfraith adlewyrchu datblygiadau ym maes gwyddoniaeth a thechnoleg.

Comisiynau Brenhinol

Pwyllgorau dros dro yw'r rhain, sy'n cael eu sefydlu gan y llywodraeth er mwyn ymchwilio ac adrodd ar un maes penodol o'r gyfraith. Ar ôl i'r adroddiad gael ei gyhoeddi, bydd y Comisiwn Brenhinol yn dod i ben. Daeth Comisiynau Brenhinol yn boblogaidd eto yn yr 1990au ar ôl peidio â chael eu defnyddio o gwbl yn ystod cyfnod

Margaret Thatcher fel Prif Weinidog. Ymhlith yr enghreifftiau mae'r canlynol:

- **Comisiwn Phillips:** arweiniodd at *Ddeddf yr Heddlu a Thystiolaeth Droseddol 1984*, deddf allweddol o ran pwerau'r heddlu ac atebolrwydd.
- **Comisiwn Runciman:** sefydlodd hwn y Comisiwn Adolygu Achosion Troseddol, sy'n ymchwilio i achosion posibl o aflwyddiant cyfiawnder, a gall argymell cynnal ail achos yn y Llys Apêl.

Ymchwiliadau cyhoeddus

Mae'r rhain yn cael eu sefydlu fel arfer mewn ymateb i ddigwyddiad arwyddocaol, ac maen nhw'n ystyried opsiynau ar gyfer newid y gyfraith o ganlyniad i ryw fethiant ar ran y llywodraeth neu'r gyfraith bresennol. Ymhlith yr enghreifftiau mae'r canlynol:

- **Ymchwiliad Stephen Lawrence:** daeth hwn i'r casgliad bod yr Heddlu Metropolitan wedi bod yn sefydliadol hiliol wrth ymdrin â llofruddiaeth Stephen Lawrence, bachgen ifanc du. Cafodd rhai argymhellion eu gweithredu, fel yr angen am gael Cynllun Cydraddoldeb Hiliol ym mhob llu heddlu.
- **Ymchwiliad Bloody Sunday:** Daeth hwn i'r casgliad bod milwyr Prydeinig wedi saethu sifiliaid yn farw yn Iwerddon, a hwythau heb arfau ac wedi'u hanafu'n barod.
- **Ymchwiliad Leveson:** roedd yr ymchwiliad hwn yn edrych ar ddiwylliant, arferion a moeseg y wasg yn dilyn honiadau bod y wasg yn tresmasu ar breifatrwydd enwogion drwy ddefnyddio tactegau fel hacio ffonau.

Pwyllgorau *ad hoc* eraill

Mae pwyllgorau dros dro eraill yn cael eu sefydlu ar gais gweinidog penodol yn y llywodraeth er mwyn ymchwilio a llunio adroddiad am feysydd penodol o'r gyfraith. Ymhlith yr enghreifftiau mae'r canlynol:

- **Adolygiad Auld:** roedd yr adolygiad hwn yn ymchwilio i ddulliau gweithredu'r system cyfiawnder troseddol. Arweiniodd argymhellion yr adroddiad hwn at *Ddeddf Cyfiawnder Troseddol 2003*.
- **Adroddiad Woolf:** roedd yr adroddiad yn ymchwilio i'r broses sifil. Arweiniodd un o'i argymhellion at un o'r newidiadau mwyaf i'r broses sifil ar ffurf *Deddf Mynediad at Gyfiawnder 1999*.

Diwygio'r gyfraith yng Nghymru

Mae yna ddylanwadau penodol ar ddiwygio'r gyfraith yng Nghymru.

Cymdeithas yr Iaith Gymraeg

Carfan bwyso sy'n gweithredu'n uniongyrchol yng Nghymru yw Cymdeithas yr Iaith, ac mae'n ymgyrchu dros hawliau pobl Cymru i ddefnyddio'r Gymraeg ym mhob agwedd ar eu bywydau.

Mae wedi cyfrannu at basio gwahanol Ddeddfau Iaith i gynyddu'r cyfleoedd i ddysgu a defnyddio'r iaith Gymraeg. Mae'r Deddfau hyn hefyd wedi arwain at greu rôl Comisiynydd y Gymraeg a'r sianel deledu Gymraeg, S4C.

Yes Cymru

Carfan bwyso sydd am weld mwy o ddatganoli yng Nghymru, gan arwain at Gymru hollol annibynnol o bosibl.

Cymuned

Sefydlwyd y garfan bwyso hon yn 2001 ac mae'n ymgyrchu ar ran cymunedau gwledig a Chymraeg eu hiaith sydd dan fygythiad oherwydd newidiadau demograffig.

Beth yw'r problemau gyda chyrff diwygio'r gyfraith?

- Deddf Comisiwn y Gyfraith yw'r unig gorff sy'n diwygio'r gyfraith yn llawn amser. Mae cymaint o waith i'w wneud wrth ddiwygio'r gyfraith nes ei bod yn bosibl nad yw'n ddigon mawr i ymdopi â'r galw.

- Does dim rhaid i'r llywodraeth ymgynghori â chyrff parhaol dros ddiwygio'r gyfraith, na sefydlu Comisiynau Brenhinol neu bwyllgorau eraill.

- Does dim rhaid i'r llywodraeth ddilyn unrhyw argymhellion gan gyrff diwygio'r gyfraith chwaith, ac maen nhw'n gallu eu gwrthod yn llwyr. Hyd yn oed pan fydd cynigion cyffredinol yn cael eu gweithredu, mae'r cynigion manwl yn aml yn cael eu hanwybyddu neu'n cael eu newid yn sylweddol.

- Hyd yn oed wrth weithredu cynigion, does dim digon o arian ar gael i'w rhoi ar waith bob amser.

- Mae gweithwyr proffesiynol y gyfraith, fel barnwyr a bargyfreithwyr, yn cyfrannu at y dogfennau ymgynghorol. Gan fod ganddyn nhw ddylanwad mawr ar unrhyw fath o ddiwygio, gallan nhw drechu cynigion hyd yn oed cyn iddyn nhw gyrraedd adroddiad swyddogol neu fynd gerbron y Senedd.

- Mae'r pwyllgorau dros dro yn dod i ben ar ôl llunio eu hadroddiad, a dydyn nhw ddim yn cymryd rhan yng ngweddill y broses ddeddfu, felly gall hyn fod yn wastraff o arbenigedd.

- Does dim adran weinidogol unigol yn gyfrifol am ddiwygio'r gyfraith, felly mae gweinidogion yn annhebygol o roi blaenoriaeth i ddiwygio'r gyfraith.

Crynodeb: Diwygio'r gyfraith

▶ **Newid barnwrol:** Gall barnwyr ddiwygio'r gyfraith drwy gynsail farnwrol

▶ Enghreifftiau: *R v R (1991), Ghaidan v Godin-Mendoza (2004)*

▶ Mae deddfu gan farnwyr yn anghyffredin oherwydd y sefyllfa gyfansoddiadol a'r ffaith nad yw barnwyr wedi'u hethol i ddeddfu

▶ **Newid seneddol:** y brif ffordd o ddiwygio'r gyfraith, fel arfer er mwyn adlewyrchu maniffesto llywodraeth neu agenda wleidyddol

▶ Gellir gwneud newidiadau mewn un o bedair ffordd:
  - **Diddymu:** Tynnu deddfau hen a rhai sydd wedi dyddio o'r llyfrau statud
  - **Llunio:** Gwneud deddfau hollol newydd
  - **Cydgyfnerthu:** Cyfuno statudau olynol ar yr un pwnc
  - **Codeiddio:** Dod â'r holl reolau at ei gilydd yn un statud i roi mwy o sicrwydd

▶ Mae'r dylanwadau ar y Senedd yn cynnwys pwysau gan y cyfryngau, y Gyllideb flynyddol, digwyddiadau arwyddocaol, argymhellion gan asiantaethau diwygio'r gyfraith, y farn gyhoeddus a'r *Confensiwn Ewropeaidd ar Hawliau Dynol*

▶ Mae dau fath o **garfan bwyso:**
  - **Grwpiau buddiant:** adran benodol o'r gymdeithas, e.e. y Gymdeithas Feddygol Brydeinig, Undeb Cenedlaethol yr Athrawon
  - **Grwpiau achos:** agweddau neu werthoedd cyffredin, e.e. Amnest Rhyngwladol, Fathers 4 Justice

▶ Mae carfanau pwyso weithiau'n defnyddio dulliau anghyfreithlon i ddenu sylw, a dydyn nhw ddim bob amser yn llwyddo i greu newid

▶ Maen nhw'n dda am dynnu sylw at faterion, a gall y Senedd benderfynu bod angen eu trafod

▶ **Comisiwn y Gyfraith:** Rôl o dan *adran 3 Deddf Comisiwn y Gyfraith 1965* i 'adolygu y gyfraith gyfan' yn barhaus

▶ Yr unig gorff sy'n diwygio'r gyfraith yn llawn amser

▶ Mae'n cyflwyno Mesurau drafft gerbron y Senedd ar ôl cyfnod o ymchwil ac ymgynghori

▶ Mae *Deddf Comisiwn y Gyfraith 2009* yn gosod rhwymedigaeth ar yr Arglwydd Ganghellor i roi gwybod i'r Senedd a yw'r llywodraeth wedi penderfynu gweithredu unrhyw un o gynigion Comisiwn y Gyfraith y flwyddyn flaenorol

▶ Bu'n llwyddiannus yn y lle cyntaf, ond i raddau llai yn yr 1980au a'r 1990au, yna'n fwy llwyddiannus ers Deddf 2009

▶ **Pwyllgorau ymgynghorol:** Pwyllgorau dros dro sy'n cael eu sefydlu i adolygu maes penodol o'r gyfraith, e.e. Comisiynau Brenhinol, ymchwiliadau cyhoeddus a phwyllgorau *ad hoc*

Deddfwriaeth ddirprwyedig

Adran y fanyleb	Cynnwys allweddol	Amcanion Asesu	Ble mae'r pwnc hwn yn ymddangos yn y fanyleb/arholiadau?
CBAC UG/U2 **1.2:** Deddfwriaeth ddirprwyedig	• Ffynonellau deddfwriaeth ddirprwyedig, gan gynnwys mathau o ddeddfwriaeth ddirprwyedig yng Nghymru a'r DU: Offerynnau Statudol, is-ddeddfau, gorchmynion yn y Cyfrin Gyngor • Rheolaethau dros ddeddfwriaeth ddirprwyedig gan gynnwys Adolygu Barnwrol, cadarnhad cadarnhaol a negyddol, a rôl y pwyllgorau seneddol sy'n craffu ar ddeddfwriaeth ddirprwyedig • Rhesymau dros ddefnyddio deddfwriaeth ddirprwyedig a manteision ac anfanteision deddfwriaeth ddirprwyedig • Rôl cyrff deddfwriaethol datganoledig; y Setliad Datganoli yng Nghymru, gan gynnwys rôl y Goruchaf Lys	**AA1** Dangos gwybodaeth a dealltwriaeth o reolau ac egwyddorion cyfreithiol **AA2** Cymhwyso rheolau ac egwyddorion cyfreithiol at senarios penodol er mwyn cyflwyno dadl gyfreithiol gan ddefnyddio terminoleg gyfreithiol briodol	**CBAC UG/U2:** Uned 1 Adran A

Beth yw deddfwriaeth ddirprwyedig?

Deddfwriaeth ddirprwyedig, sydd weithiau'n cael ei galw'n ddeddfwriaeth eilaidd neu is-ddeddfwriaeth, yw cyfraith sy'n cael ei gwneud gan gorff arall heblaw Senedd Prydain, ond gydag awdurdod y Senedd. Mae'r Senedd fel arfer yn pasio Deddf alluogi (neu riant-ddeddf) sy'n dirprwyo'r awdurdod i wneud cyfreithiau i'r corff arall ac yn gosod telerau ac amodau mae'n rhaid iddo eu dilyn. Os na fydd y corff galluogi yn gwneud hyn, mae'n bosibl datgan unrhyw gyfraith a wneir yn *ultra vires* (di-rym; gweler tudalen 35). Mae deddfwriaeth ddirprwyedig yn aml yn cael ei defnyddio i 'roi cnawd ar esgyrn' darn o ddeddfwriaeth neu wneud newidiadau i Ddeddf lle nad yw'n ymarferol pasio Deddf newydd. Mae modd ei defnyddio hefyd am resymau technegol fel newid swm dirwy.

Mae *Deddf Diwygio Deddfwriaethol a Rheoleiddiol 2006* yn galluogi gweinidogion i gyhoeddi Offerynnau Statudol i newid deddfwriaeth sylfaenol sy'n bodoli'n barod. Y term am y rhain yw gorchmynion diwygio deddfwriaethol. Mae hyn yn ddadleuol gan ei fod yn cael ei weld fel rhywbeth sy'n symud pŵer o'r Senedd etholedig i'r Weithrediaeth.

Ffurfiau ar ddeddfwriaeth ddirprwyedig

Mae pedwar prif fath o ddeddfwriaeth ddirprwyedig:

Offerynnau Statudol

Mae'r rhain yn cael eu gwneud gan adrannau'r llywodraeth ac maen nhw'n cyfrif am y rhan fwyaf o'r 3,000 o ddarnau o ddeddfwriaeth ddirprwyedig sy'n cael eu pasio bob blwyddyn. Maen nhw fel arfer yn cael eu drafftio gan swyddfa gyfreithiol adran berthnasol y llywodraeth a fydd yn ymgynghori â chyrff a phartïon sydd â diddordeb. Maen nhw'n cael eu gwneud naill ai drwy **benderfyniad cadarnhaol** neu **benderfyniad negyddol** (gweler tudalen 35) fel rhan o gamau rheoli'r Senedd dros ddeddfwriaeth ddirprwyedig.

Is-ddeddfau

Mae is-ddeddfau yn cael eu gwneud gan awdurdodau lleol, corfforaethau cyhoeddus a chwmnïau, ac maen nhw'n ymwneud â materion lleol neu faterion sy'n gysylltiedig â maes eu cyfrifoldeb fel arfer. Er enghraifft, mae cynghorau sir yn gwneud is-ddeddfau sy'n effeithio ar y sir gyfan, ond mae cynghorau dosbarth neu dref yn gwneud is-ddeddfau ar gyfer eu hardal eu hun yn unig. Mae'r cyfreithiau yn cael eu gwneud gydag ymwybyddiaeth o anghenion yr ardal honno. Efallai gall cyngor lleol gyflwyno is-ddeddf yn gwahardd cŵn o'r traethau lleol yn ystod misoedd penodol neu osod dirwyon am daflu sbwriel.

Rhaid i'r is-ddeddf arfaethedig gael ei hysbysebu er mwyn caniatáu i bobl leol ei gweld a gwneud sylwadau arni. Mae'r is-ddeddfau yn cynnwys rhyw fath o gosb am beidio ag ufuddhau iddyn nhw.

Gorchmynion yn y Cyfrin Gyngor

Mae'r rhain fel arfer yn cael eu gwneud ar adegau o argyfwng (o dan *Ddeddf Pwerau Argyfwng 1920* a *Deddf Argyfyngau Sifil Posibl 2004: y 'Deddfau galluogi'*) ac mae'n rhaid iddyn nhw gael eu cymeradwyo gan y Cyfrin Gyngor (pwyllgor o uwch ymgynghorwyr y brenin neu'r frenhines) a'u llofnodi gan y Frenhines. Maen nhw hefyd yn gallu cael eu defnyddio i newid cyfreithiau ac i weithredu cyfraith yr UE. Er enghraifft, roedd *Deddf Camddefnyddio Cyffuriau 1971 (Addasiad) (Rhif 2) Gorchymyn 2003* yn israddio canabis o gyffur Dosbarth B i Ddosbarth C.

Datganoli

Dyma'r broses o drosglwyddo pŵer o'r llywodraeth ganolog i'r llywodraeth genedlaethol neu leol (e.e. Senedd yr Alban, Llywodraeth Cymru a Chynulliad Gogledd Iwerddon).

Yn dilyn datganoli, dim ond pŵer i wneud deddfwriaeth eilaidd oedd gan Lywodraeth Cymru yn y lle cyntaf (Gorchmynion y Cynulliad fel roedden nhw'n cael eu galw ar y pryd) ar faterion penodol fel addysg ac amaethyddiaeth. Mae'r pŵer hwn wedi cynyddu ers hynny. Mae gan Senedd yr Alban fwy o bŵer na Llywodraeth Cymru.

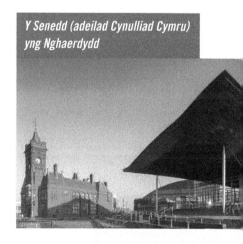

Y Senedd (adeilad Cynulliad Cymru) yng Nghaerdydd

Deddfwriaeth ddirprwyedig yng Nghymru

Yn 1998, sefydlodd *Deddf Llywodraeth Cymru* Gynulliad Cymru (sydd bellach yn gorff ar wahân i Lywodraeth Cymru). Y ddeddf hon hefyd a sefydlodd Gynulliad Cenedlaethol Cymru fel corff corfforaethol unigol. Roedd yn rhoi hawl i'r Cynulliad lunio deddfwriaeth eilaidd; mae 60 Aelod Cynulliad (ACau). Fe wnaeth y Senedd ddirprwyo 20 maes o bwerau deddfu i Gymru, fel iechyd, addysg a gwasanaethau cymdeithasol. Mae materion eraill sydd y tu hwnt i'r 20 maes datganoledig hyn yn dal i gael eu llywodraethu gan y Senedd (er enghraifft, polisi amddiffyn a thramor).

Effeithiau *Deddf Llywodraeth Cymru 2006*

Yn 2006, pasiwyd *Deddf Llywodraeth Cymru 2006* yn Senedd San Steffan gan drosglwyddo pŵer i Gynulliad Cymru wneud ei gyfreithiau ei hun (deddfwriaeth sylfaenol) ar nifer o feysydd penodol, fel addysg ac iechyd. Roedd hyn yn golygu bod y deddfau a basiwyd yn Senedd San Steffan yn dal i fod yn gymwys i Gymru, ond bod rhai meysydd bellach wedi'u trosglwyddo i Lywodraeth Cymru.

Hyd at 2010, roedd yn rhaid i Lywodraeth Cymru ofyn am gymeradwyaeth y Senedd ar gyfer pob cyfraith roedd yn ei phasio. Roedd hyn yn achosi rhywfaint o wrthdaro, er enghraifft, gwrthododd y Senedd ganiatáu i Gymru basio'r cynllun optio-allan wrth roi organau.

Effeithiau refferendwm 2011

Ar 3 Mawrth 2011, cynhaliwyd refferendwm yng Nghymru yn gofyn a ddylai Cynulliad Cymru gael yr hawl i basio ei ddeddfwriaeth ei hun. Roedd canlyniad y refferendwm yn golygu nad oedd angen cymeradwyaeth Senedd San Steffan bellach ar gyfer yr 20 maes datganoledig er mwyn llunio deddfau newydd.

Mae'n golygu hefyd fod y derminoleg wedi newid. Yn hytrach na defnyddio'r ymadrodd 'mesurau', mae Cynulliad Cymru yn ystyried deddfwriaeth newydd ar ffurf 'Bil', ac os bydd yn cael ei basio, daw'n statud ('Deddf'). Mae hyn yn golygu bod Cynulliad Cymru wedi ennill pwerau ychwanegol ac mae'n adlewyrchu'r un broses ddeddfu ag a welir yn Senedd San Steffan.

Mae ganddo bŵer hefyd i lunio **is-ddeddfwriaeth** (neu 'ddeddfwriaeth ddirprwyedig'). Mae'r Cynulliad yn craffu ar is-ddeddfwriaeth sy'n cael ei llunio gan weinidogion Cymru o dan bwerau sydd wedi'u dirprwyo gan Ddeddf neu Fesur y Cynulliad neu gan Ddeddf Seneddol. Mae is-ddeddfwriaeth yn cynnwys gorchmynion, rheoliadau, rheolau a chynlluniau yn ogystal â chanllawiau statudol a gorchmynion lleol.

Nid yw Gorchmynion Cymhwysedd Deddfwriaethol bellach yn angenrheidiol. Ceisiadau i Senedd y DU oedd y rhain, yn gofyn am ganiatâd i'r Cynulliad ddeddfu ar bynciau newydd o fewn y 20 maes datganoledig.

Mae'r cyfreithiau sy'n cael eu pasio gan Gynulliad Cymru yn benodol i Gymru, ac mae'r bobl sy'n gwneud y cyfreithiau hynny wedi cael eu hethol yn ddemocrataidd. Er enghraifft, mae presgripsiynau am ddim yn gymwys i bobl yng Nghymru yn unig, a'r cynllun 'caniatâd tybiedig' ar gyfer rhoi organau hefyd.

Comisiwn Silk a Deddfau Cymru

Cafodd y Comisiwn ar Ddatganoli yng Nghymru – sydd hefyd yn cael ei alw'n **Gomisiwn Silk** – ei sefydlu gan lywodraeth y DU yn 2011 i edrych ar ddyfodol y setliad datganoli yng Nghymru. Roedd yn argymell trosglwyddo rhagor o bwerau fel codi trethi, a chreodd *Deddf Cymru 2014* rywfaint o ddarpariaeth ar gyfer hyn.

Mae *Deddf Cymru 2017* yn Ddeddf a basiwyd gan Senedd y DU. Mae'n nodi newidiadau i *Ddeddf Llywodraeth Cymru 2006* ac yn datganoli rhagor o bwerau i Gymru. Mae'r ddeddfwriaeth yn seiliedig ar gynigion Cytundeb Dydd Gŵyl Dewi oedd heb eu cynnwys yn *Neddf Cymru 2014*.

Un o'r darpariaethau pwysicaf yw bod y Ddeddf wedi symud Cymru o'r model rhoi pwerau i'r **model cadw pwerau**, sy'n cael ei ddefnyddio yn yr Alban o dan *Ddeddf yr Alban 1998*. Roedd y Ddeddf yn diddymu darpariaeth *Deddf Cymru 2014* i gynnal refferendwm yng Nghymru ar ddatganoli treth incwm. Yn ôl y model rhoi pwerau, yr unig bwerau sydd gan y Cynulliad yw'r pwerau gafodd eu rhoi iddo gan Senedd y DU. Ond mae'r model cadw pwerau yn galluogi'r Cynulliad i ddeddfu ar unrhyw fater sydd heb gael ei gadw'n ôl yn fwriadol o'i gymhwysedd neu ei gylch gorchwyl.

Rôl y Goruchaf Lys o ran datganoli

Sefydlwyd y Goruchaf Lys yn 2009, a hwn yw llys apêl uchaf y Deyrnas Unedig ar gyfer achosion sifil. Mae hefyd yn dyfarnu ar achosion datganoli lle mae gofyn iddo ddehongli statudau datganoli er mwyn egluro ystyr cyfreithiol a chyfansoddiadol setliadau datganoli'r DU.

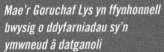

Mae'r Goruchaf Lys yn ffynhonnell bwysig o ddyfarniadau sy'n ymwneud â datganoli

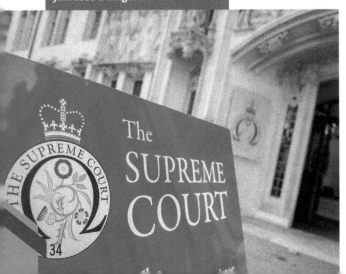

Mae'r statud datganoli berthnasol yn amlinellu 'cymhwysedd deddfwriaethol' (cymhwysedd cyfreithiol) pob corff deddfwriaethol, er enghraifft, *Deddf yr Alban 1998*, *Deddf Gogledd Iwerddon 1998* a *Deddf Llywodraeth Cymru 2006*. Mae'r Deddfau hyn hefyd yn galluogi'r Goruchaf Lys i ddyfarnu bod deddfwriaeth sylfaenol, a wneir gan bob un o'r cyrff deddfwriaethol datganoledig, y tu hwnt i'w cymhwysedd deddfwriaethol. Cafodd hyn ei ddangos yn achos y *Bil Sector Amaethyddol (Cymru)*, lle'r oedd llywodraeth y DU wedi herio cyfreithlondeb Bil Cynulliad Cenedlaethol Cymru ar y sail bod y Bil yn mynd tu hwnt i'r pwerau a nodwyd yn *Neddf Llywodraeth Cymru 2006*.

Dyfarnodd y Goruchaf Lys fod y Bil o fewn cymhwysedd deddfwriaethol y Cynulliad.

Rheoli deddfwriaeth ddirprwyedig

Mae swm enfawr o ddeddfwriaeth ddirprwyedig yn cael ei basio bob blwyddyn gan unigolion a chyrff sydd heb eu hethol. Oherwydd hynny, mae'n bwysig arfer rheolaeth dros y ddeddfwriaeth hon wrth iddi gael ei phasio. Mae dau fath o reolaeth – Seneddol a Barnwrol.

Camau rheoli'r Senedd

Mae'r Senedd yn rheoli deddfwriaeth ddirprwyedig mewn sawl ffordd.

Penderfyniad cadarnhaol

Dyma pryd mae'n rhaid gosod yr Offeryn Statudol gerbron dau Dŷ'r Senedd, a rhaid iddyn nhw gymeradwyo'r mesur yn benodol. Lle mae'n cael ei defnyddio, mae'n ffordd effeithiol o reoli.

Penderfyniad negyddol

Dyma pryd mae Offeryn Statudol yn cael ei gyhoeddi, ond does dim trafodaeth na phleidlais. Gall gael ei ddirymu drwy benderfyniad gan un o ddau Dŷ'r Senedd.

Mae rhyw ddwy ran o dair o Offerynnau Statudol yn cael eu pasio trwy benderfyniad negyddol ac felly nid ydyn nhw wir yn cael eu hystyried gan y Senedd. Y cyfan sy'n digwydd yw eu bod yn dod yn gyfraith ar ddyddiad penodol yn y dyfodol, ac felly ychydig o reolaeth sydd ganddyn nhw dros yr awdurdod dirprwyedig.

Gweithdrefn uwchgadarnhaol

Mae hyn weithiau'n angenrheidiol er mwyn goruchwylio gorchmynion diwygio deddfwriaethol a gyhoeddir o dan *Ddeddf Diwygio Deddfwriaethol a Rheoleiddiol 2006*. Mae'r weithdrefn uwchgadarnhaol yn rhoi mwy o bwerau i'r Senedd graffu ar y ddeddfwriaeth ddirprwyedig arfaethedig. Rhaid llunio adroddiadau, a rhaid i ddau Dŷ'r Senedd gymeradwyo'r gorchymyn yn benodol cyn iddo allu cael ei wneud.

Ymgynghori

Mae llawer o Ddeddfau galluogi yn gofyn am ymgynghori gyda'r sawl sydd â diddordeb neu'r rhai y bydd y ddeddfwriaeth ddirprwyedig yn effeithio arnyn nhw. Mae ymgynghori'n ddull rheoli effeithiol, ond does dim angen ymgynghori ar bob Deddf alluogi, felly nid yw mor ddefnyddiol bob amser. Mae'r Ddeddf alluogi ei hun yn ddull rheoli gan ei bod yn gosod ffiniau a gweithdrefnau ar gyfer y pŵer dirprwyedig.

Cydbwyllgor ar Offerynnau Statudol *(Joint Committee on Statutory Instruments: JCSI)*

Mae pob Offeryn Statudol yn cael ei adolygu gan y *JCSI*, sy'n adrodd i Dŷ'r Cyffredin neu Dŷ'r Arglwyddi ar unrhyw Offeryn Statudol os yw'n credu bod angen ystyriaeth arbennig arno neu y gallai achosi problemau. Mae ei reolaeth wedi'i gyfyngu gan y ffaith mai dim ond argymhellion y gall eu gwneud i Ddau Dŷ'r Senedd yn Llundain, yn hytrach na'u gorfodi i dderbyn ei awgrymiadau.

Camau rheoli barnwrol

Gall Offeryn Statudol gael ei herio gan rywun os yw'r gyfraith wedi effeithio'n uniongyrchol arno. Adolygiad Barnwrol yw'r enw ar y broses hon, ac mae'n digwydd yn Adran Mainc y Frenhines yn yr Uchel Lys. Mae'r unigolyn sy'n herio yn gofyn i'r barnwr adolygu'r ddeddfwriaeth a phenderfynu a yw *ultra vires* ('y tu hwnt i bwerau'). Os felly mae hi, bydd y ddeddfwriaeth ddirprwyedig yn cael ei hystyried yn ddi-rym (heb rym cyfreithiol nac effaith sy'n rhwymo).

Ultra vires gweithdrefnol

Dyma pryd na ddilynwyd y gweithdrefnau a sefydlwyd yn y Ddeddf alluogi i wneud yr Offeryn Statudol (e.e. roedd angen ymgynghori ond ni ddigwyddodd hynny).

Agricultural Horticultural and Forestry Industry Training Board v Aylesbury Mushrooms Ltd (1972)

Roedd y Ddeddf alluogi yn mynnu bod ymgynghori yn digwydd gyda'r sawl oedd â diddordeb cyn gwneud y gyfraith. Ni ddigwyddodd hyn ac felly roedd y weithdrefn gywir heb gael ei dilyn. Datganwyd felly fod y ddeddfwriaeth ddirprwyedig yn ultra vires gweithdrefnol.

Ultra vires sylweddol

Dyma pryd bydd y ddeddfwriaeth ddirprwyedig yn mynd y tu hwnt i'r hyn a fwriadodd y Senedd.

Customs and Excise v Cure and Deeley Ltd (1962)

Ceisiodd y Comisiynwyr Tollau Tramor a Chartref osod treth a phennu faint oedd i'w gasglu, ond roedd hyn yn mynd y tu hwnt i'r pŵer a roddwyd gan y Senedd.

Afresymoldeb

Gellir herio'r ddeddfwriaeth ddirprwyedig gan hawlio'i bod yn afresymol, os yw'r unigolyn sydd wedi gwneud y ddeddfwriaeth wedi ystyried materion na ddylai fod wedi eu hystyried, neu heb ystyried materion y dylai fod wedi eu hystyried. Hyd yn oed os yw hyn yn wir, mae angen profi o hyd ei fod yn benderfyniad na fyddai unrhyw gorff rhesymol wedi ei wneud.

Associated Provincial Picture Houses Ltd v Wednesbury Corporation (1947)

Caniatawyd i sinema agor ar y Sul, ond bod y drwydded yn gwahardd pobl dan 15 oed rhag mynd i mewn. Heriodd y sinema'r penderfyniad hwn ar y sail ei fod yn afresymol, ond anghytunodd y llysoedd.

Wrth ystyried camau rheoli seneddol, dylech chi wybod am **Ddeddf Diwygio Deddfwriaethol a Rheoleiddiol 2006**. Mae'r Ddeddf hon yn rhoi pwerau eang iawn i'r llywodraeth lunio deddfwriaeth ddirprwyedig. Mae'n caniatáu i weinidogion gyhoeddi Offerynnau Statudol er mwyn diwygio deddfwriaeth. Mae'r Ddeddf yn ddadleuol iawn gan ei bod yn cael ei gweld fel Deddf 'alluogi' allai ddileu'r cyfyngiad cyfansoddiadol sy'n rhwystro'r Weithrediaeth rhag cyflwyno a newid cyfreithiau heb i'r Senedd roi cydsyniad na'u harchwilio.

Manteision ac anfanteision deddfwriaeth ddirprwyedig

MANTEISION	ANFANTEISION
Hyblygrwydd: Mae deddfwriaeth ddirprwyedig yn aml yn cael ei defnyddio i ddiwygio deddfwriaeth sy'n bod eisoes. Mae'n haws defnyddio deddfwriaeth ddirprwyedig na phasio Deddf Seneddol newydd.	**Diffyg rheolaeth:** Mae'r rhan fwyaf o Offerynnau Statudol yn cael eu pasio gan ddefnyddio gweithdrefn penderfyniad negyddol. Rheolaeth lac yw hyn ar ddeddfwriaeth ddirprwyedig. Hefyd, os nad oes angen ymgynghori, nid yw'n digwydd, ac felly mae hyn hefyd yn ddull cyfyngedig o reoli.
Amser: Does dim amser gan y Senedd i drafod a phasio'r holl gyfreithiau y mae eu hangen i redeg y wlad yn effeithiol. Prin fod digon o amser ar gyfer y 70 Deddf mae'n llwyddo i'w pasio bob blwyddyn.	**Annemocrataidd:** Mae pobl yn aml yn dadlau y dylai'r gyfraith gael ei gwneud gan y sawl sydd wedi'u hethol i'w gwneud. Mae deddfwriaeth ddirprwyedig yn cael ei gwneud gan gyrff/unigolion sydd heb eu hethol.
Cyflymder: Mae'n gynt o lawer cyflwyno darn o ddeddfwriaeth ddirprwyedig na Deddf Seneddol lawn. Mae modd defnyddio Gorchmynion yn y Cyfrin Gyngor mewn argyfwng os oes angen deddf ar frys.	**Is-ddirprwyo:** Mae'r pŵer i wneud y ddeddfwriaeth ddirprwyedig yn aml yn cael ei is-ddirprwyo i'r rhai sydd heb yr awdurdod gwreiddiol i basio cyfreithiau. Er enghraifft, byddai'n bosibl dirprwyo o weinidog yn y llywodraeth i adran, ac yna i grŵp o arbenigwyr. Mae hyn yn golygu fod yr holl beth yn symud ymhellach i ffwrdd o'r broses ddemocrataidd.
Arbenigedd: Gwneir deddfwriaeth ddirprwyedig gan adrannau arbenigol y llywodraeth, sydd ag arbenigwyr yn y maes perthnasol. Ni fyddai gan ASau yr un arbenigedd technegol hwnnw.	**Swm:** Mae cymaint o ddeddfwriaeth ddirprwyedig (tua 30,000 Offeryn Statudol) yn cael ei gwneud bob blwyddyn, mae'n anodd dod o hyd i'r gyfraith gywir a chadw at yr un ddiweddaraf.
Gwybodaeth leol: Mae is-ddeddfau yn cael eu gwneud gan awdurdodau lleol sy'n gyfarwydd ag anghenion yr ardal leol a'i phobl. Does gan y Senedd ddim yr un ymwybyddiaeth leol.	

Crynodeb: Deddfwriaeth ddirprwyedig

▶ Mae'r Senedd yn dirprwyo'r pŵer i wneud cyfreithiau i unigolyn/corff arall

▶ Mae pŵer yn cael ei ddirprwyo gan Ddeddf alluogi

▶ Dyma'r prif fathau o ddeddfwriaeth ddirprwyedig:
  • Offerynnau Statudol sy'n cael eu gwneud naill ai drwy benderfyniad cadarnhaol neu benderfyniad negyddol
  • is-ddeddfau
  • gorchmynion yn y Cyfrin Gyngor
  • cyfreithiau sy'n cael eu gwneud gan gyrff deddfwriaethol datganoledig

▶ **Datganoli:** yng Nghymru: *Deddfau Llywodraeth Cymru 1998, 2006, Deddf Cymru 2014, Comisiwn Silk, Deddf Cymru 2017*

▶ Rôl y Goruchaf Lys o ran datganoli e.e. *Bil Sector Amaethyddol (Cymru)*

▶ Rheoli deddfwriaeth ddirprwyedig: seneddol:
  • Penderfyniad cadarnhaol
  • Penderfyniad negyddol
  • Ymgynghori
  • Cydbwyllgor ar Offerynnau Statudol (*Joint Committee on Statutory Instruments: JCSI*)

▶ Rheoli deddfwriaeth ddirprwyedig (barnwrol):
  • *Ultra vires* gweithdrefnol
  • *Ultra vires* sylweddol
  • Afresymoldeb

▶ **Manteision:**
  • Hyblygrwydd • Amser • Cyflymder • Arbenigedd • Gwybodaeth leol

▶ **Anfanteision:**
  • Diffyg rheolaeth • Annemocrataidd • Is-ddirprwyo • Niferoedd uchel

Dehongli statudol

Adran y fanyleb	Cynnwys allweddol	Amcanion Asesu	Ble mae'r pwnc hwn yn ymddangos yn y fanyleb/arholiadau?
CBAC UG/U2 1.3: Dehongli statudol	• Dehongli statudol, gan gynnwys yr amrywiol ddulliau a rheolau dehongli statudol, gan gynnwys y rheol lythrennol, y rheol aur, rheol drygioni, a'r dull bwriadus • Effaith Deddf Hawliau Dynol 1998 a chyfraith yr Undeb Ewropeaidd ar ddehongli statudol • Defnyddio cymhorthion cynhenid ac anghynhenid	**AA1** Dangos gwybodaeth a dealltwriaeth o reolau ac egwyddorion cyfreithiol **AA2** Cymhwyso rheolau ac egwyddorion cyfreithiol at senarios penodol er mwyn cyflwyno dadl gyfreithiol gan ddefnyddio terminoleg gyfreithiol briodol	**CBAC UG/U2** Uned 1 Adran A

Beth yw statud?

Cyfraith sy'n cael ei gwneud gan y Senedd yw statud, sydd hefyd yn cael ei galw'n Ddeddf Seneddol. Mae statud yn ddeddfwriaeth sylfaenol, a dyma ffynhonnell uchaf cyfraith.

Beth yw dehongli statudol?

Mae'r Senedd yn gwneud y gyfraith ac mae barnwyr yn ei chymhwyso. Trwy wneud hyn, maen nhw'n creu cynseiliau y gall achosion y dyfodol eu dilyn. Dehongli statudol yw'r weithdrefn mae barnwyr yn ei defnyddio i ddeall ystyr geiriau mewn Deddf Seneddol, yn ogystal â'r ffordd mae hyn yn gymwys i ffeithiau'r achos sydd o'u blaen. Gan amlaf, mae ystyr statudau yn amlwg a rôl y barnwyr yw penderfynu sut mae'r gyfraith hon yn gymwys i ffeithiau'r achos sydd o'u blaen.

Fodd bynnag, weithiau bydd angen dehongli geiriau. Mae nifer o resymau pam mae angen i farnwyr ddehongli statudau.

1. **Defnyddir term sy'n eang ei ystyron.** Gall hyn fod yn fwriadol os yw'n ymwneud â mwy nag un posibilrwydd ac er mwyn rhoi rhywfaint o hyblygrwydd i'r barnwr. Er hynny, rhaid i'r barnwr benderfynu beth yw'r ystyr sydd i'w gymhwyso i'r achos sydd o'i flaen. Un enghraifft yw'r gair 'math' yn *Neddf Cŵn Peryglus 1991*, sy'n golygu cŵn o'r 'math' a elwir yn ddaeargi pydew (*pit bull terrier*). Yn ôl y llys roedd y rhain yn golygu daeargwn pydew pedigri ond hefyd yn cynnwys cŵn oedd â llawer o nodweddion daeargwn pydew. Cafodd y Ddeddf ei dehongli hefyd yn *Brock v DPP (1993)*.
2. **Newid yn y defnydd o iaith.** Mae'r defnydd o iaith yn newid dros amser, er enghraifft 'hoyw', fel '*gay*' yn Saesneg. Roedd y ffordd mae iaith wedi newid hefyd yn destun y dehongliad yn achos *Cheeseman v DPP (1990)*.
3. **Geiriau amwys.** Mae gan rai geiriau fwy nag un ystyr ac mae'n rhaid i'r barnwr benderfynu pa ystyr sy'n gymwys. Er enghraifft, mae '*bach*' neu '*gwn*' yn eiriau sydd â mwy nag un ystyr.
4. **Gwall drafftio neu wall arall.** Efallai na fydd gwall wrth ddrafftio'r statud wedi dod i'r amlwg yn ystod cyfnod y Mesur.
5. **Datblygiadau newydd.** Gall newidiadau technolegol olygu weithiau nad yw Deddf Seneddol hŷn yn ymdrin â sefyllfa fodern. Er enghraifft, yn *Royal College of Nursing v DHSS (1981)*, mae'n debyg nad oedd dulliau a datblygiadau meddygol diweddarach wedi eu rhagweld ar adeg pasio'r Ddeddf.

Y Goruchaf Lys yw'r llys apêl uchaf ar gyfer pob achos sifil yn y DU, ac achosion troseddol o Gymru, Lloegr a Gogledd Iwerddon

Dulliau dehongli statudol

Mae barnwyr yn defnyddio pedair rheol neu 'ymagwedd' wahanol wrth drin statud pan fydd angen ei dehongli. Maen nhw'n rhydd i ddefnyddio unrhyw un o'r pedair ymagwedd ar y cyd â'r cymhorthion eraill yn yr adran hon i'w helpu i ddehongli.

Y rheol lythrennol

Bydd y barnwr yn rhoi eu hystyr plaen a chyffredin i'r geiriau sydd yn y statud, hyd yn oed os gall hyn arwain at ganlyniad absẃrd. Mae llawer o bobl o'r farn mai dyma'r rheol gyntaf y dylai barnwyr ei chymhwyso wrth ddehongli statud aneglur.

Whiteley v Chappell (1968)
Roedd yn drosedd 'ffugio bod yn rhywun sydd â'r hawl i bleidleisio' mewn etholiad. Ffugiodd y diffynnydd ei fod yn rhywun marw a chymerodd ei bleidlais. Fe'i cafwyd yn ddieuog o'r drosedd am i'r barnwr ddehongli'r gair 'hawl' yn llythrennol. Gan nad oes gan rywun marw 'hawl' i bleidleisio, doedd y diffynnydd ddim wedi troseddu.

Y rheol aur

Os bydd y rheol lythrennol yn arwain at ganlyniad absẃrd, gall y barnwr gymryd ymagwedd fwy hyblyg i wneud iawn am hyn. Gall llysoedd ddehongli mewn ystyr cul neu eang, gan ystyried y statud yn ei chyfanrwydd. Gyda'r rheolau aur a llythrennol, mae barnwyr yn defnyddio **cymhorthion mewnol (cynhenid)** (hynny yw, unrhyw beth sydd o fewn y Ddeddf ei hun, fel y teitlau a phenawdau; gweler tud 40).

Adler v George (1964)
*Dywed **Adran 3 Deddf Cyfrinachau Swyddogol 1920** ei bod yn drosedd rhwystro aelod o'r lluoedd arfog 'yng nghyffiniau' unrhyw 'le gwaharddedig'. Roedd y diffynnydd wedi rhwystro swyddog y tu mewn i un o ganolfannau'r fyddin ('lle gwaharddedig'). Dadleuodd ef mai ystyr naturiol 'yng nghyffiniau' yw'r ardal o gwmpas neu 'gerllaw' lle, nid yn union y tu mewn iddo. O gymhwyso'r rheol lythrennol, gallai'r diffynnydd fod wedi osgoi cael ei erlyn, ond defnyddiodd y barnwr y rheol aur i dybio'n rhesymol fod ystyr y statud yn cynnwys y tu mewn i'r lle yn ogystal ag o'i gwmpas.*

Rheol drygioni

Sefydlwyd y rheol hon yn *Achos Heydon (1584)* gan adael i'r barnwr chwilio i weld pa 'ddrygioni' neu broblem oedd angen ei datrys gan y statud. Mae'n cyfarwyddo'r barnwr i ddefnyddio **cymhorthion allanol (anghynhenid)** (elfennau tu hwnt i'r Ddeddf, fel cyfraith achosion) a chwilio am fwriad y Senedd wrth basio'r Ddeddf.

Elliot v Grey (1960)
*Mae'n drosedd o dan **Ddeddf Traffig y Ffyrdd 1930** i 'ddefnyddio' car heb ei yswirio ar y ffordd. Yn yr achos hwn, roedd car wedi torri i lawr ac wedi ei barcio ar y ffordd, ond doedd dim modd ei 'ddefnyddio' gan fod ei olwynion oddi ar y ddaear a'r batri wedi ei dynnu o'r car. Penderfynodd y barnwr fod **Deddf Traffig y Ffyrdd 1930** wedi ei phasio i osgoi'r math hwn o berygl, ac er nad oedd modd 'defnyddio' y car ar y ffordd, roedd yn berygl gwirioneddol i ddefnyddwyr eraill y ffordd.*

Dull bwriadus

Mae hyn yn debyg i reol drygioni, gan fod y dull hwn yn ceisio canfod bwriad neu nod y Ddeddf. Mae'r dull wedi dod yn fwy poblogaidd ers i'r DU ymuno â'r UE, yn rhannol oherwydd y ffordd wahanol o ddrafftio cyfreithiau Ewropeaidd. Mae ein cyfreithiau ni yn fwy geiriog ac yn addas i'w dehongli'n llythrennol, ond mae cyfreithiau'r UE wedi eu hysgrifennu'n fwy niwlog, ac yn mynnu bod y barnwr yn dehongli ystyr. Roedd yr Arglwydd Denning yn cefnogi defnyddio'r dull bwriadus a rhoi mwy o ryddid i farnwyr wrth ddehongli Deddfau. Mae barnwyr yn chwilio am 'bwrpas' y Ddeddf, neu, fel y dywedodd yr Arglwydd Denning, 'ysbryd y ddeddfwriaeth'.

GWELLA GRADD

Wrth ateb cwestiwn ar ddehongli statudol, mae'n bwysig cymhwyso'r pedair rheol a rhoi enghraifft o achos ar gyfer pob un. Efallai bydd angen cymhorthion dehongli eraill i roi ateb cyflawn i gwestiwn sy'n trafod senario problem.

GWELLA GRADD

Meddyliwch am ragor o enghreifftiau ar gyfer pob un o'r rhesymau pam gallai fod angen i farnwyr ddehongli statudau.

Magor and St. Mellons Rural District Council v Newport Corporation (1950)

Wrth eistedd yn y Llys Apêl, dywedodd yr Arglwydd Denning: 'rydym yn eistedd yma i ganfod bwriad y Senedd a gweinidogion, a'i weithredu. Gallwn ni wneud hyn yn well trwy lenwi'r bylchau a gwneud synnwyr o'r deddfu trwy ei ddadansoddi mewn modd dinistriol'.

Ond beirniadodd yr Arglwydd Simonds yr ymagwedd hon pan aeth yr achos ar apêl yn Nhŷ'r Arglwyddi, gan ddweud ei bod yn 'trawsfeddiannu'r swyddogaeth ddeddfwriaethol yn llwyr yn enw dehongli'. Awgrymodd yntau: 'os oes bwlch yn cael ei ganfod, yr ateb yw llunio Deddf i wella hynny'.

YMESTYN A HERIO

Meddyliwch am fantais ac anfantais ar gyfer pob un o'r pedair rheol, er mwyn eich helpu i ystyried sut i'w gwerthuso. Dyma rai enghreifftiau.

- **Y rheol lythrennol**
  Mantais: Parchu sofraniaeth y Senedd.
  Anfantais: Gall arwain at ganlyniadau absŵrd.

- **Y rheol aur**
  Mantais: Mae'n rhoi rhyddid i farnwyr ac yn unioni elfennau absŵrd sy'n cael eu hachosi gan y rheol lythrennol.
  Anfantais: Mae'n rhoi pŵer i farnwyr ddehongli rhywbeth sydd, yn gyfansoddiadol, yn rhan o swyddogaeth y corff deddfu.

- **Rheol drygioni**
  Mantais: Dyma'r mwyaf hyblyg o'r rheolau, ac un sy'n caniatáu hyblygrwydd i farnwyr wrth ymdrin â statudau.
  Anfantais: Cafodd yr ymagwedd hon ei datblygu pan oedd goruchafiaeth y Senedd heb ei sefydlu'n llawn – felly cyfraith y wlad oedd prif ffynhonnell y gyfraith ar y pryd. Mae pobl yn teimlo bod rheol drygioni yn rhoi gormod o bŵer i'r farnwriaeth, sydd heb ei hethol, i ddehongli 'ewyllys y Senedd'.

- **Dull bwriadus**
  Mantais: Mae'n hyblyg ac yn chwilio am y pwrpas neu'r rheswm dros basio'r Ddeddf.
  Anfantais: Yn ôl yr Arglwydd Simonds, mae'n 'trawsfeddiannu'r swyddogaeth ddeddfwriaethol yn llwyr yn enw dehongli'.

Cymhorthion dehongli

Yn ogystal â'r pedwar prif ddull o ddehongli statudol, gall barnwr ddefnyddio cymhorthion eraill i'w helpu i benderfynu ar ystyr statud. Gall y rhain hefyd gael eu rhannu'n gymhorthion mewnol (cynhenid) ac allanol (anghynhenid).

Rhagdybiaethau

Gall y rhain gael eu hystyried yn ddulliau cynhenid, gan eu bod yn cyfeirio at ragdybiaethau'r Ddeddf ei hun, ond mae'n bosibl eu hystyried hefyd yn rhai sydd ddim yn gynhenid nac yn anghynhenid. Bydd y llys yn dechrau drwy ragdybio bod rhai pwyntiau yn gymwys i bob statud, oni bai y dywedir yn benodol i'r gwrthwyneb. Dyma rai o'r prif ragdybiaethau:

- nid yw statudau yn newid y gyfraith gyffredin
- mae angen *mens rea* (sef drwgamcan neu 'feddwl euog') mewn achosion troseddol
- nid yw'r Goron wedi ei rhwymo gan unrhyw statud
- nid yw statudau yn gymwys yn ôl-weithredol.

Cymhorthion mewnol (cynhenid)

Mae cymhorthion cynhenid yn y Ddeddf ei hun. Dyma enghreifftiau:

- teitl llawn y Ddeddf
- rhaglith: fel arfer yn dweud beth yw nod y Ddeddf a'i chwmpas arfaethedig
- penawdau
- atodlenni
- adrannau dehongli.

Rheolau iaith

Gall barnwyr ddefnyddio geiriau eraill yn y statud er mwyn helpu i roi ystyr i eiriau penodol mae angen eu dehongli.

Ejusdem generis

Ystyr hyn yw 'o'r un math'. Pan fydd geiriau cyffredinol yn dilyn rhestr o rai penodol, mae'r geiriau cyffredinol yn cael eu cyfyngu i'r un math/dosbarth/natur â'r geiriau penodol.

Powell v Kempton (1899):

Roedd statud yn dweud ei bod yn drosedd defnyddio 'tŷ, swyddfa, ystafell neu le arall ar gyfer betio'. Roedd y diffynnydd yn defnyddio'r cylch mewn cae rasio. Mynnodd y llys fod yn rhaid i'r term cyffredinol 'lle arall' gynnwys mannau eraill dan do, oherwydd mai mannau dan do oedd y geiriau penodol yn y rhestr, felly fe'i cafwyd yn ddieuog.

Expressio unius est exclusio alterius

Ystyr hyn yw 'mae crybwyll un peth yn benodol yn eithrio popeth arall'.

R v Inhabitants of Sedgley (1831):

Yn yr achos hwn, gan fod y statud yn sôn yn benodol yn y Ddeddf am 'diroedd, tai a glofeydd', cadarnhawyd nad oedd modd cymhwyso'r statud i fathau eraill o fwyngloddiau.

Noscitur a sociis

Ystyr hyn yw bod 'gair yn cael ei ddeall yng nghyd-destun y geiriau o'i gwmpas'. Rhaid darllen geiriau mewn statud yng nghyd-destun y geiriau eraill o'u cwmpas.

Muir v Keay (1875):

Roedd statud yn mynnu bod rhaid trwyddedu pob lleoliad oedd yn darparu 'lluniaeth, cyrchfan ac adloniant i'r cyhoedd'. Dadleuodd y diffynnydd nad oedd ei gaffi yn dod o dan y Ddeddf am nad oedd yn darparu adloniant. Mynnodd y llys fod y gair 'adloniant' yn y Ddeddf yn cyfeirio at luniaeth, derbyniadau a lletty i'r cyhoedd, nid adloniant cerddorol, ac felly fod hyn yn cynnwys caffi'r diffynnydd.

Cymhorthion allanol (anghynhenid)

Yn achos rheol drygioni a'r dull bwriadus, mae gofyn i'r barnwr ddefnyddio cymhorthion allanol neu anghynhenid. Mae'r rhain i'w cael y tu allan i'r Ddeddf ac maen nhw'n cynnwys y canlynol:

- geiriaduron a llawlyfrau
- adroddiadau, er enghraifft, gan Gomisiwn y Gyfraith
- cefndir hanesyddol
- cytuniadau
- cyfraith achosion blaenorol.

Hansard

Efallai mai'r cymorth allanol sydd wedi achosi'r nifer mwyaf o broblemau yw Hansard, y cofnod dyddiol o drafodaethau'r Senedd yn ystod y broses o basio deddfwriaeth. Mae rhai yn dadlau ei fod yn dangos bwriad y Senedd yn glir; fodd bynnag, dros y blynyddoedd mae'r defnydd ohono wedi cael ei gyfyngu.

Yn draddodiadol, nid oedd barnwyr yn cael ymgynghori â Hansard i'w helpu i ddehongli statudau, a hynny er mwyn sicrhau gwahaniad pwerau. Roedd yr Arglwydd Denning yn anghytuno â'r ymagwedd hon, a dywedodd yn achos *Davis v Johnson (1979)*: 'Gall rhai ddweud, ac yn wir maen nhw wedi dweud, na ddylai barnwyr dalu unrhyw sylw i'r hyn a ddywedir yn y Senedd. Dylen nhw chwilio yn y tywyllwch am ystyr Deddf heb droi'r golau ymlaen. Nid wyf yn cytuno â'r farn hon...' Anghytunodd Tŷ'r Arglwyddi ag ef, a mynnu y dylai'r gwaharddiad ar ddefnyddio Hansard aros. Fodd bynnag, rhoddodd achos allweddol *Pepper v Hart (1993)* ganiatâd i ddefnyddio Hansard o'r diwedd, er bod hynny o dan amgylchiadau cyfyngedig. Cafodd hyn ei gadarnhau yn achos *Three Rivers District Council v Bank of England (No. 2) (1996)*.

Wilson v Secretary of State for Trade and Industry (2003)
Dywedodd Tŷ'r Arglwyddi ei bod yn iawn defnyddio Hansard i chwilio am ystyr geiriau, ond na ddylid darllen y dadleuon cyffredinol er mwyn chwilio am fwriad y Senedd. Roedd Tŷ'r Arglwyddi hefyd o'r farn nad oedd datganiadau un neu ddau o weinidogion mewn dadl yn adlewyrchu bwriad y Senedd, o anghenraid. Felly, mae achos Wilson wedi cyfyngu ar y defnydd o Hansard. Dim ond edrych ar ddatganiadau gan AS neu rywun arall sy'n hyrwyddo deddfwriaeth y gall y llys ei wneud. Rhaid anwybyddu pob datganiad arall sydd wedi'i gofnodi yn Hansard.

Deddf Hawliau Dynol 1998

Mae'r *Ddeddf Hawliau Dynol* yn ymgorffori'r *Confensiwn Ewropeaidd ar Hawliau Dynol* i gyfraith y DU. O dan *Adran 3 y Ddeddf Hawliau Dynol*, mae'n rhaid i lysoedd 'cyhyd ag y mae'n bosibl gwneud hynny, ddarllen deddfwriaeth sylfaenol ac is-ddeddfau a rhoi grym iddyn nhw mewn modd sy'n cyd-fynd â hawliau'r confensiwn'. Os nad yw'n bosibl dehongli'r statud mewn ffordd sy'n cyd-fynd â hyn, yna gall y llys gyhoeddi datganiad anghydnawsedd dan *adran 4*. Mae hwn yn gofyn i'r llywodraeth newid y gyfraith, er mwyn iddi fod yn unol â'r confensiwn. Gall ddefnyddio'r **drefn llwybr cyflym** i wneud diwygiadau yn gyflym ond mae'n rhaid bod 'rheswm grymus' dros wneud hynny, ac o dan *adran 10(2)*, nid yw cyhoeddi datganiad anghydnawsedd o anghenraid yn rheswm grymus. Mae *Adran 2* hefyd yn gofyn i farnwyr ystyried unrhyw benderfyniad blaenorol gan Lys Hawliau Dynol Ewrop, er nad ydyn nhw wedi eu rhwymo ganddo.

Crynodeb: Dehongli statudol

▶ Weithiau mae'n rhaid i farnwyr **ddehongli** Deddfau Seneddol (statudau) oherwydd y canlynol:
  - Termau amwys
  - Termau eang eu hystyr
  - Newidiadau yn y defnydd o iaith
  - Gwall

▶ Gall barnwyr ddefnyddio pedair **ymagwedd** at ddehongli:
  - Y rheol lythrennol: *Whiteley v Chappell (1868)*
  - Y rheol aur: *Adler v George (1964)*
  - Rheol drygioni: *Elliot v Grey (1960)*
  - Dull bwriadus: *Magor and St. Mellon's Rural district Council v Newport Corporation (1950)*

▶ Mae barnwyr yn defnyddio '**cymhorthion**' eraill i'w helpu i ddehongli statudau

▶ **Cymhorthion cynhenid:**
  - Teitl llawn y Ddeddf
  - Rhaglith
  - Penawdau
  - Atodlenni
  - Adrannau dehongli

▶ **Cymhorthion anghynhenid:**
  - Geiriaduron a gwerslyfrau
  - Adroddiadau, e.e. gan Gomisiwn y Gyfraith
  - Cefndir hanesyddol
  - Cytuniadau
  - Hansard
  - Cyfraith achosion blaenorol: *Pepper v Hart (1993)*, *Three Rivers (1996)*, *Wilson (2003)*
  - **Rheolau iaith:** *ejusdem generis, noscitur a sociis, expressio unius est exclusio alterius*
  - Rhagdybiaethau

▶ **Deddf Hawliau Dynol 1998**
  - *Adran 2*: Rhaid i farnwyr 'ystyried' cynseiliau Llys Hawliau Dynol Ewrop (cynsail berswadiol yn unig)
  - *Adran 3*: Rhaid dehongli statudau i gyd-fynd â'r Confensiwn Ewropeaidd ar Hawliau Dynol 'cyhyd ag y mae hynny'n bosibl'
  - *Adran 4*: Datganiad anghydnawsedd
  - *Adran 10*: Gall y Senedd newid cyfraith anghydnaws gan ddefnyddio gweithdrefn llwybr cyflym os oes rheswm grymus

Sgiliau Arholiad

Efallai bydd cwestiynau arholiad ar ddehongli statudol yn gofyn i chi 'esbonio' agwedd ar y pwnc. Neu efallai bydd gofyn i chi 'gymhwyso' y rheolau i enghraifft ddamcaniaethol er mwyn gallu llunio casgliad.

Defnyddiwch y tabl canlynol fel canllaw ar sut i ymdrin â rheolau dehongli statudol.

Y rheol lythrennol	Y rheol aur
Esboniwch y rheol Rhowch enghraifft o achos Mantais Anfantais CYMHWYSWCH y rheol i'r senario	Esboniwch y rheol Rhowch enghraifft o achos Mantais Anfantais CYMHWYSWCH y rheol i'r senario
Rheol drygioni	**Dull bwriadus**
Esboniwch y rheol Rhowch enghraifft o achos Mantais Anfantais CYMHWYSWCH y rheol i'r senario	Esboniwch y rheol Rhowch enghraifft o achos Mantais Anfantais CYMHWYSWCH y rheol i'r senario
Cymhorthion cynhenid a chymhorthion allanol	**CASGLIAD**
Enwch ac esboniwch rai cymhorthion cynhenid ac anghynhenid, ac yna ewch ati i'w cymhwyso	Penderfynwch pa reol byddech chi'n ei chymhwyso

Cynsail farnwrol

Adran y fanyleb	Cynnwys allweddol	Amcanion Asesu	Ble mae'r pwnc hwn yn ymddangos yn y fanyleb/arholiadau?
CBAC UG/U2 1.4: Cynsail farnwrol	• Cynsail farnwrol, gan gynnwys athrawiaeth cynsail, nodi *ratio decidendi* ac *obiter dicta* a mathau o gynsail, gan gynnwys cynsail berswadiol a rhwymol • Hierarchaeth y llysoedd yng Nghymru a Lloegr, gan gynnwys y Goruchaf Lys • Technegau osgoi, gan gynnwys dirymu, gwrthdroi a gwahaniaethu • Manteision ac anfanteision cynsail	**AA1** Dangos gwybodaeth a dealltwriaeth o reolau ac egwyddorion cyfreithiol **AA2** Cymhwyso rheolau ac egwyddorion cyfreithiol at senarios penodol er mwyn cyflwyno dadl gyfreithiol gan ddefnyddio terminoleg gyfreithiol briodol	**CBAC UG/U2** Uned 1 Adran A

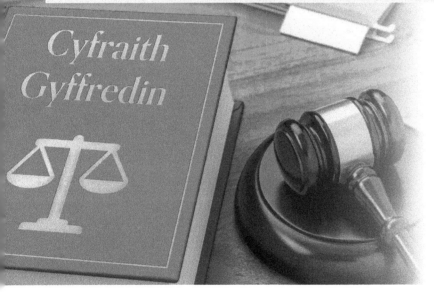

Elfennau cynsail

System o gyfraith gwlad/cyfraith gyffredin yw system gyfreithiol Lloegr. Ystyr hyn yw bod llawer o'r gyfraith wedi ei datblygu dros amser gan y llysoedd, drwy achosion. Sylfaen y system hon o gynsail yw egwyddor *stare decisis*. Mae hyn yn ei gwneud yn ofynnol i lys diweddarach ddefnyddio'r un rhesymeg â llys cynharach os yw'r ddau achos yn codi'r un materion cyfreithiol. Bydd hyn yn ei dro yn sicrhau proses gyfiawn.

1. Hierarchaeth y llysoedd

Mae hyn yn sefydlu pa benderfyniadau sy'n rhwymo pa lysoedd. Mae penderfyniadau llysoedd uwch yn rhwymo llysoedd is.

Llys Cyfiawnder yr Undeb Ewropeaidd (y *CJEU*)

Mae penderfyniadau'r llys hwn ar faterion Ewropeaidd yn rhwymo holl lysoedd Cymru a Lloegr ar faterion sy'n ymwneud â chyfraith yr UE. Nid yw'r *CJEU* wedi ei rwymo gan ei benderfyniadau ei hun. (Bydd y sefyllfa hon yn parhau nes i'r DU adael yr UE.)

Y Goruchaf Lys

Dyma'r llys apêl uchaf ar faterion sifil a throseddol. Mae'r Goruchaf Lys yn rhwymo holl lysoedd eraill Cymru a Lloegr. Pan oedd yn dal yn rhan o Dŷ'r Arglwyddi, roedd wedi ei rwymo gan ei benderfyniadau ei hun tan 1966.

Llys Apêl

Mae ganddo adrannau troseddol a sifil ond nid yw'r naill yn rhwymo'r llall. Mae'r Goruchaf Lys a hen Dŷ'r Arglwyddi yn rhwymo'r ddwy adran. Nid yw'r Adran Droseddol fel arfer wedi ei rhwymo gan ei phenderfyniadau blaenorol.

Yr Uchel Lys

Y llysoedd adrannol yw llysoedd yr Uchel Lys: Adran Mainc y Frenhines (apeliadau troseddol ac adolygiad barnwrol), yr Adran Siawnsri a'r Adran Deulu, a'r Uchel Lys cyffredin. Mae'r Llys Apêl, y Goruchaf Lys a hen Dŷ'r Arglwyddi yn rhwymo'r Uchel Lys.

Llys y Goron

Mae'r holl lysoedd uchod yn rhwymo'r llys hwn. Nid yw penderfyniadau Llys y Goron yn creu cynsail rwymol, ond maen nhw'n gallu gosod cynsail berswadiol; dydyn nhw ddim wedi eu rhwymo gan eu penderfyniadau blaenorol.

Llysoedd ynadon a llysoedd sirol

Mae'r rhain wedi'u rhwymo gan yr Uchel Lys, y Llys Apêl, hen Dŷ'r Arglwyddi a'r Goruchaf Lys. Dydyn nhw ddim yn creu cynsail; dydyn nhw ddim wedi eu rhwymo gan eu penderfyniadau blaenorol.

Llys Hawliau Dynol Ewrop (*European Court of Human Rights: ECtHR*)

Dan *adran 2 Deddf Hawliau Dynol 1998*, rhaid i lysoedd Cymru a Lloegr ystyried penderfyniadau Llys Hawliau Dynol Ewrop, ond dydyn nhw ddim wedi eu rhwymo gan y rhain.

2. Adrodd yn fanwl gywir am y gyfraith

Mae hyn yn ei gwneud yn bosibl i egwyddorion cyfreithiol gael eu casglu ynghyd, eu nodi a'u cyrchu. Y ffurf gynharaf o adrodd am y gyfraith oedd blwyddlyfrau gafodd eu llunio tua 1272. Yn y cyfnod modern, y Cyngor ar Adrodd am y Gyfraith, a sefydlwyd yn 1865, sy'n adrodd ar y gyfraith. Mae cyfresi preifat o adroddiadau hefyd ar gael, er enghraifft yr 'All England Law Reports' (*All ER*), yn ogystal ag adroddiadau mewn cyfnodolion (fel y *New Law Journal*) a phapurau newydd (fel *The Times*). Mae rhai o'r datblygiadau mwy diweddar yn cynnwys systemau ar-lein (e.e. LEXIS), a'r rhyngrwyd.

3. Yr elfen rwymol

Mae pedair elfen i'r dyfarniad:

- Datganiad o ffeithiau materol (perthnasol).
- Datganiad o egwyddor(ion) cyfreithiol perthnasol i'r penderfyniad (y *ratio decidendi*: 'y rheswm dros y penderfyniad').
- Trafodaeth o'r egwyddorion cyfreithiol sy'n cael eu codi mewn dadleuon ond sydd heb fod yn berthnasol i'r penderfyniad (*obiter dicta*: pethau a ddywedir 'gyda llaw').
- Y penderfyniad neu'r dyfarniad.

Yr elfen rwymol mewn achosion yn y dyfodol yw'r *ratio decidendi*. Mae'n rhaid i farnwyr yn y dyfodol ddilyn y rhan hon o'r dyfarniad, gan ddibynnu ar eu safle yn hierarchaeth y llysoedd. Er nad yw'r *obiter dicta* byth yn rhwymol, gall fod â grym perswadiol cryf. Yr enw ar hyn yw **cynsail berswadiol**, ac mae'n neilltuol o berswadiol os daw o lysoedd uwch fel y Llys Apêl, y Goruchaf Lys a hen Dŷ'r Arglwyddi.

Mae ffurfiau eraill o awdurdod perswadiol yn cynnwys y canlynol:

- penderfyniadau awdurdodaethau cyfraith gyffredin eraill (yn enwedig Awstralia, Canada a Seland Newydd)
- penderfyniadau'r Cyfrin Gyngor: gweler *Attorney General for Jersey v Holley (2005)*
- gwaith ysgrifenedig academyddion y gyfraith.

4. Hyblygrwydd a sicrwydd

Mae system cynsail rwymol yn cael ei galw weithiau yn athrawiaeth **cynsail farnwrol**. Mae'n creu'r sicrwydd sydd ei angen er mwyn galluogi pobl i gynllunio, a chyfreithwyr i gynghori. Mae hefyd yn creu hyblygrwydd, gan fod cynsail yn caniatáu i gyfraith gyffredin ddatblygu.

Sut mae cynsail farnwrol yn gweithio

Fel arfer, bydd barnwyr yn **dilyn** cynsail gynharach. Mae'r opsiynau eraill o **ddirymu**, **gwrthdroi**, **gwahaniaethu** a **gwyro** yn ffyrdd o osgoi gorfod dilyn cynsail anodd.

- **Dilyn**: os yw'r ffeithiau'n debyg, dilynir y cynsail a osodwyd gan y llys cynharach.
- **Dirymu** (*Overruling*): gall llysoedd uwch ddirymu dyfarniad llysoedd is.
- **Gwahaniaethu**: lle mae llys is yn tynnu sylw at wahaniaethau perthnasol sy'n cyfiawnhau cymhwyso egwyddorion gwahanol.
- **Gwyro**: lle, dan rai amgylchiadau, gall llys wyro oddi wrth ei benderfyniadau blaenorol ei hun.
- **Gwrthdroi**: ar apêl, gall llys uwch newid penderfyniad llys is.

Llys Apêl (Adran Sifil)

Er ei fod fel rheol wedi ei rwymo gan ei benderfyniadau blaenorol, gall wyro oddi wrth y rhain os yw unrhyw rai o'r eithriadau a sefydlwyd yn *Young v Bristol Aeroplane Co (1944)* ac *R (on the application of Kadhim) v Brent London Borough Housing Benefit Review Board (2001)* yn gymwys. Gall wyro yn yr amgylchiadau canlynol:

- pan fydd y penderfyniad blaenorol wedi ei wneud *per incuriam*
- pan fydd dau benderfyniad blaenorol yn gwrthdaro
- pan fydd penderfyniad diweddarach gan Dŷ'r Arglwyddi yn gwrthdaro
- os yw llys cynharach wedi rhagdybio bod gosodiad cyfraith yn bodoli a bod y llys hwnnw heb ei ddadlau na'i ystyried.

Nid yw'r Llys Apêl chwaith yn rhwym o ddilyn ei benderfyniadau blaenorol, os cafodd y gyfraith ei chamgymhwyso neu ei chamddeall yn yr achos blaenorol, a bod hynny wedi arwain at euogfarn (*R v Taylor (1950)*). Rhoddir mwy o hyblygrwydd i'r Adran Droseddol am ei bod yn ymdrin â rhyddid y dinesydd.

Y Cyfrin Gyngor

Y Cyfrin Gyngor yw'r llys apêl olaf ar gyfer gwledydd y Gymanwlad. Fel rheol gyffredinol, nid yw penderfyniadau'r Cyfrin Gyngor yn rhwymo llysoedd Cymru a Lloegr, ond mae gan ei benderfyniadau awdurdod perswadiol grymus.

R v James and Karimi (2006)
Trodd y Llys Apêl at ddyfarniad y Cyfrin Gyngor yn Attorney General for Jersey v Holley (2005), yn hytrach na dyfarniad Tŷ'r Arglwyddi yn R v Smith (Morgan) (2001).

Barnwyr yn gwneud cyfreithiau

Ydy barnwyr yn gwneud cyfreithiau, neu ai dim ond dehongli cyfreithiau sy'n bod yn barod maen nhw? A ddylai barnwyr wneud cyfreithiau, neu a ddylen ni adael hyn i'r Senedd? Mae'r achosion canlynol yn eglur eu cefnogaeth i'r farn bod barnwyr yn gwneud y gyfraith.

Airedale NHS Trust v Bland (1993)
Dywedodd Tŷ'r Arglwyddi fod yr achos hwn yn codi pynciau cwbl gymdeithasol a moesol ac y dylid gadael i'r Senedd ddeddfu yn eu cylch. Er hynny, doedd ganddyn nhw ddim dewis ond penderfynu.

R v Dica (2004)
Roedd y Llys Apêl wedi dirymu penderfyniad blaenorol, gan fynnu y gallai diffynnydd fod yn atebol yn droseddol am heintio rhywun arall yn fyrbwyll â firws HIV. Gwnaeth y llys y penderfyniad hwn er i'r Senedd wrthod cyflwyno deddfwriaeth i sefydlu atebolrwydd o'r fath.

Kleinwort Benson Ltd v Lincoln City Council (1998)
Yn yr achos hwn, newidiodd Tŷ'r Arglwyddi hen reol ynghylch cyfraith contract, er gwaethaf argymhellion Comisiwn y Gyfraith mai'r Senedd ddylai newid y rheol hon.

Director of Public Prosecutions (DPP) v Jones (1999)
Daeth Tŷ'r Arglwyddi i'r casgliad bod cyfreithiau statudol y priffyrdd yn gosod cyfyngiadau afrealistig ar y cyhoedd.

TERMAU ALLWEDDOL

Cyfrin Gyngor: y llys apêl olaf i'r rhan fwyaf o wledydd y Gymanwlad.

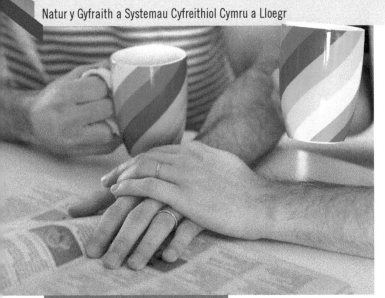

Roedd achos Fitzpatrick v Sterling Housing Association Ltd (2000) yn caniatáu i gyplau o'r un rhyw sefydlu cyswllt teuluol at ddibenion Deddf Rhenti 1977

Fitzpatrick v Sterling Housing Association Ltd (2000)
*Daliodd Tŷ'r Arglwyddi y gallai partneriaid o'r un rhyw sefydlu cyswllt teuluol at ddibenion **Deddf Rhenti 1977**, gan ddirymu penderfyniad y Llys Apêl y dylid gadael hyn i'r Senedd ei benderfynu.*

Gillick v West Norfolk & Wisbech Area Health Authority (1985)
Hawliodd Tŷ'r Arglwyddi, a hwythau heb gael arweiniad gan y Senedd yn yr achos hwn, y gallai merch dan 16 oed gael gwasanaethau atal cenhedlu heb ganiatâd ei rhieni, os yw hi'n ddigon aeddfed i benderfynu drosti'i hun.

Donoghue v Stevenson (1932)
Yn yr achos enwog hwn, datblygodd yr Arglwydd Aitken gyfraith esgeulustod, sef yr egwyddor y dylai'r sawl sy'n niweidio eraill dalu iawndal am unrhyw ddifrod sydd wedi ei wneud.

R v R (1991)
Dywedodd Tŷ'r Arglwyddi fod trais mewn priodas yn drosedd, gan ddirymu cynsail a osodwyd gannoedd o flynyddoedd yn ôl, ac roedd hyn ar ôl i Dŷ'r Arglwyddi erfyn ar y Senedd am flynyddoedd i newid y gyfraith yn y maes hwn.

Simmons v Castle (2012)
*Yn yr achos hwn, dywedodd y Llys Apêl y dylai barnwyr newid y gyfraith os oedd y Senedd yn bwriadu iddyn nhw wneud hynny, ac y byddai peidio â gwneud hynny yn dor-addewid. Roedd yr achos yn ymwneud â newidiadau i **Ddeddf Cymorth Cyfreithiol, Dedfrydu a Chosbi Troseddwyr 2012**.*

GWELLA GRADD

Yn aml mewn arholiad bydd yn rhaid i chi gymhwyso egwyddorion cynsail i gwestiwn yn ymwneud â senario. Felly, rhaid i chi ddeall yn llawn sut mae egwyddorion cynsail yn gweithio, a gallu cymhwyso'r rhain gan eu cefnogi ag awdurdod cyfreithiol.

Mae'n bwysig hefyd eich bod yn gwybod y diweddaraf am swyddogaethau'r Goruchaf Lys ac achosion diweddar a benderfynwyd yno. Mae penderfyniadau'r Goruchaf Lys i'w cael ar wefan y Goruchaf Lys (www.supremecourt.uk/decided-cases).

Manteision ac anfanteision cynsail farnwrol

Manteision	Anfanteision
System gyfiawn: bydd achosion tebyg yn cael eu trin yr un fath.	**Mae datblygiadau yn dibynnu ar ddamweiniau cyfreitha**: dim ond os yw rhywun yn ddigon penderfynol i fynd ag achos drwy'r llysoedd y bydd cyfraith achosion yn newid.
System ddiduedd: mae trin achosion tebyg mewn ffyrdd tebyg yn annog barnwyr i fod yn ddiduedd.	**Effaith ôl-weithredol**: yn wahanol i ddeddfwriaeth, mae cyfraith achosion yn berthnasol i bethau a ddigwyddodd cyn i'r achos ddod i'r llys (gweler *SW v UK (1996)*; *R v C (2004)*).
Rheolau ymarferol: Mae cyfraith achosion bob amser yn ymateb i sefyllfaoedd go iawn. O ganlyniad, mae corff mawr o reolau manwl sy'n rhoi rhagor o wybodaeth nag sydd i'w chael mewn statudau.	**Cymhleth**: er bod cyfraith achosion yn rhoi rheolau ymarferol a manwl i ni, mae hefyd yn golygu bod yna filoedd o achosion. Gall nodi'r egwyddorion perthnasol a'r *ratio decidendi* fod yn anodd a chymryd amser.
Sicrwydd: mae modd dweud wrth hawlwyr y bydd achosion yn cael eu trin mewn ffordd debyg, ac nid trwy benderfyniadau ar hap gan farnwyr.	**Haearnaidd**: gan ddibynnu ar le'r llys yn yr hierarchaeth, gall cynsail fod yn haearnaidd iawn gan fod rheidrwydd ar lysoedd is i ddilyn penderfyniadau llysoedd uwch, hyd yn oed os ydyn nhw'n tybio bod y penderfyniad yn un gwael neu anghywir.
Hyblygrwydd: gall cyfraith achosion newid yn sydyn i ymateb i newid mewn cymdeithas.	**Annemocrataidd**: dydy barnwyr ddim yn cael eu hethol ac felly ni ddylen nhw fod yn newid deddfau na'u llunio, yn wahanol i'r Senedd sydd wedi cael ei ethol i wneud hynny.

Y Goruchaf Lys a chynsail

Cafodd y Goruchaf Lys ei sefydlu gan *Ddeddf Diwygio Cyfansoddiadol 2005* i gymryd lle Tŷ'r Arglwyddi. Y nod oedd sicrhau gwahaniad llwyr rhwng uwch farnwyr y Deyrnas Unedig a Thŷ Uwch y Senedd, sef Tŷ'r Arglwyddi. Mae hyn yn pwysleisio annibyniaeth arglwyddi'r gyfraith, ac yn eu tynnu i ffwrdd oddi wrth y corff deddfwriaethol.

Ym mis Awst 2009 symudodd y Barnwyr o Dŷ'r Arglwyddi (lle roedden nhw'n eistedd fel Pwyllgor Apeliadau Tŷ'r Arglwyddi) i'w hadeilad eu hunain. Y tro cyntaf iddyn nhw eistedd fel y Goruchaf Lys oedd ym mis Hydref 2009.

Y Goruchaf Lys yw'r llys apêl uchaf yn y DU. Mae hefyd wedi cymryd rôl y Cyfrin Gyngor o wrando ar achosion sy'n ymwneud â datganoli Cymru, yr Alban a Gogledd Iwerddon. Mae effaith penderfyniadau'r Goruchaf Lys yn mynd ymhell y tu hwnt i'r sawl sy'n gysylltiedig ag unrhyw achos, gan siapio cymdeithas ac effeithio ar ein bywydau bob dydd. Fodd bynnag, does gan y Goruchaf Lys ddim pŵer i ddileu deddfwriaeth.

Crynodeb: Cynsail Farnwrol

▶ Mae cynsail yn seiliedig ar egwyddor *stare decisis* ('glynu at y penderfyniad')

▶ Rhaid i lysoedd ddilyn cynseiliau a gafodd eu gosod gan lysoedd **uwch yn yr hierarchaeth**

▶ Mae'r **Goruchaf Lys** fel arfer wedi ei rwymo gan ei benderfyniadau ei hun, ond ers Datganiad Ymarfer 1966 gall y Goruchaf Lys fynd yn groes i benderfyniad blaenorol lle mae'n gywir gwneud hynny

▶ Mae'r **Llys Apêl (Adran Sifil)** wedi ei rwymo gan ei benderfyniadau blaenorol, oni bai fod un o'r eithriadau yn achos Young yn gymwys

▶ *Ratio decidendi* yw'r rheswm dros y penderfyniad ac mae'n creu cynsail rwymol ar gyfer achosion yn y dyfodol

▶ *Obiter dicta* (pethau a ddywedir 'gyda llaw'). Dyma weddill y dyfarniad ac nid yw'n gosod cynsail rwymol

▶ Does dim rhaid i farnwyr mewn achosion diweddarach ddilyn cynsail os gallan nhw ddefnyddio techneg osgoi: **gwahaniaethu; dirymu, gwrthdroi**

▶ **Manteision cynsail:** mae'n creu sicrwydd; hyblygrwydd; cysondeb; ac mae'n arbed amser

▶ **Anfanteision cynsail:** gall fod yn haearnaidd, yn gymhleth ac yn araf

Y llysoedd sifil

Adran y fanyleb	Cynnwys allweddol		Amcanion Asesu	Ble mae'r pwnc hwn yn ymddangos yn y fanyleb/arholiadau?
CBAC UG/U2 1.5: Y llysoedd sifil	• Y llysoedd sifil: strwythur, pwerau a swyddogaethau apeliadol gan gynnwys defnyddio rheithgorau mewn achosion sifil: eu dewis, eu rôl gyfyngedig mewn achosion sifil a beirniadaethau ar eu defnydd • Y broses sifil • Tribiwnlysoedd, cyflafareddu a dulliau amgen o ddatrys anghydfodau gan gynnwys eu manteision a'u hanfanteision • Datblygiad tribiwnlysoedd, eu rôl a'u rheolaeth, gan gynnwys enghreifftiau o fathau gwahanol o dribiwnlysoedd • Cyflafareddu o fewn system y llysoedd a'r tu allan iddi • Dulliau amgen o ddatrys anghydfodau, gan gynnwys cyflafareddu, cyfryngu, cymodi a negodi.		**AA1** Dangos gwybodaeth a dealltwriaeth o reolau ac egwyddorion cyfreithiol **AA3** Dadansoddi a gwerthuso rheolau, egwyddorion, cysyniadau a materion cyfreithiol	**CBAC UG/U2:** Uned 1 Adran B

Y broses sifil, strwythur, llysoedd ac apeliadau

Mae'r system cyfiawnder sifil yn cael ei defnyddio i setlo anghydfod rhwng unigolion preifat neu sefydliadau. Yr **hawlydd** (neu'r **pleintydd/achwynydd** mewn achosion cyn 1 Ebrill 1999) yw enw'r unigolyn sy'n dwyn yr achos, a'r unigolyn sy'n amddiffyn yr achos yw'r **diffynnydd**. Rhaid profi'r achos **yn ôl pwysau tebygolrwydd** (safon y prawf) ac mae'r baich i brofi'r achos ar yr hawlydd. Mae'r hawlydd fel arfer yn ceisio rhyw fath o **rwymedi**, a gallai hwn fod ar ffurf iawndal neu waharddeb. Yn aml, mae'r achosion hyn yn cael eu **setlo y tu allan i'r llys**.

Hierarchaeth y llysoedd sifil

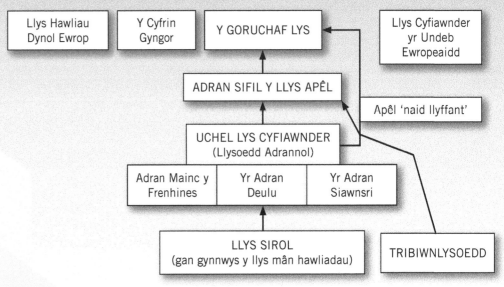

Strwythur y llysoedd sifil

Y llys sirol a'r Uchel Lys yw dau lys gwrandawiad cyntaf y llysoedd sifil, sy'n golygu bod achosion sifil yn dechrau yn un o'r llysoedd hyn.

Ers cyflwyno'r diwygiadau a gynigiwyd gan yr **Arglwydd Woolf** yng nghanol yr 1990au, mae achosion sifil yn cael eu rhoi mewn tri chategori, sy'n cael eu galw'n **llwybrau**. Drwy ddyrannu achos i lwybr penodol, penderfynir ymhle bydd yr achos yn cael ei glywed a pha broses fydd yn cael ei dilyn.

- **Y llwybr mân hawliadau** (achosion hyd at £10,000 neu £1,000 am anaf personol): treial yn y llys mân hawliadau.
- **Y llwybr cyflym** (achosion rhwng £10,000 a £25,000): treial yn y llys sirol.
- **Y llwybr aml-drywydd** (achosion dros £25,000): treial naill ai yn y llys sirol neu'r Uchel Lys.

Y llys sirol

Mae gan y llysoedd sirol awdurdodaeth dros y canlynol:

- hawliadau o dan gyfraith contract a chyfraith camwedd
- achosion i adennill tir
- anghydfodau ynghylch partneriaethau, ymddiriedolaethau ac etifeddiad gwerth hyd at £30,000.

Yr Uchel Lys

Mae'r Uchel Lys yn ymdrin â phob achos sifil sydd ddim yn cael ei glywed yn y llys sirol. Mae achosion yn yr Uchel Lys yn cael eu trefnu yn ôl y math o achos ac yn cael eu clywed yn un o'r tri gwahanol lys, sy'n cael eu galw'n adrannau. Mae gan bob adran ei swyddogaethau ei hun ac awdurdodaeth wahanol. Dyma'r dair adran:

- Adran Mainc y Frenhines
- Yr Adran Siawnsri
- Yr Adran Deulu.

Apeliadau mewn cyfraith sifil

Yr Uchel Lys

Mae gan bob adran o'r Uchel Lys adran apeliadau o'r enw **llys adrannol** (e.e. Llys Adrannol Mainc y Frenhines). Bydd gwrandawiad cyntaf achos mewn adran Uchel Lys yn cael ei glywed gan un barnwr, ond bydd achos apêl mewn llys adrannol yn cael ei glywed gan dri barnwr. Mae'r llysoedd adrannol yn gwrando ar apeliadau o'r llys sirol. Gall Llys Adrannol Mainc y Frenhines hefyd wrando ar apeliadau o'r llys ynadon (troseddol) a Llys y Goron, yn ogystal â chynnal achosion adolygiad barnwrol.

Adran Sifil y Llys Apêl

Enw pennaeth yr adran hon yw **Meistr y Rholiau**. Mae'r Llys Apêl (Adran Sifil) yn gwrando ar apeliadau gan dair adran yr Uchel Lys, y llysoedd adrannol a'r llysoedd sirol. Mae hefyd yn gwrando ar apeliadau o'r Gwasanaeth Tribiwnlysoedd. Fel arfer, bydd o leiaf tri barnwr yn eistedd, ond gall hyn godi i bump. Mae'n rhaid i bob apêl gael 'caniatâd i apelio'.

Y Goruchaf Lys

Mae'r Goruchaf Lys wedi cymryd lle Tŷ'r Arglwyddi ar frig hierarchaeth llysoedd Cymru a Lloegr, gan gynnig ail haen ar gyfer apeliadau. Mae 12 barnwr, yn cynnwys o leiaf un o'r Alban ac un o Ogledd Iwerddon. Mae'n rhaid iddyn nhw eistedd fel panel sydd â'i gyfanswm yn odrif, felly tri, pump, saith neu naw. Neu, mewn achosion prin, fel dyfarnu ar Brexit, gall barnwyr glywed apêl. Er mwyn cael ei glywed yn y llys hwn, mae'n rhaid bod yr achos wedi cael caniatâd i apelio gan y Goruchaf Lys, neu os yw'r apêl yn erbyn penderfyniad llys penodol, rhaid cael caniatâd y llys penodol hwnnw (fel arfer y Llys Apêl). Ar gyfartaledd, dim ond ar 50 achos mae'r llys yn gwrando bob blwyddyn. Dim ond os yw wedi'i benderfynu bod yr achos yn un sy'n cynnwys **pwynt cyfreithiol o bwysigrwydd cyffredinol i'r cyhoedd** y bydd caniatâd i apelio yn cael ei roi. Yn dilyn penderfyniad y Llys Apêl, mae'n bosibl apelio ymhellach i'r Goruchaf Lys, ond er mwyn gwneud hyn mae'n rhaid bod y Goruchaf Lys neu'r Llys Apêl wedi rhoi caniatâd i apelio.

Apeliadau 'naid llyffant'

Mae'r rhain yn mynd yn uniongyrchol o'r Uchel Lys i'r Goruchaf Lys (gan 'neidio dros' y Llys Apêl). Gall y rhain gael eu gwneud dim ond os yw barnwr yr Uchel Lys yn rhoi tystysgrif, a lle bydd yr achos yn cynnwys pwynt cyfreithiol o bwysigrwydd cyffredinol i'r cyhoedd. Bydd hwn un ai'n ymwneud â dehongliad statud, neu'n ymwneud â chynsail rwymol y Llys Apêl neu'r Goruchaf Lys y mae'n rhaid i farnwr y treial ei dilyn. Hefyd, rhaid i'r Goruchaf Lys roi caniatâd i apelio.

Y broses apelio sifil

Mewn anghydfod, gall y naill barti neu'r llall apelio. Bydd caniatâd i apelio yn cael ei roi pan fydd gan yr apêl siawns realistig o lwyddo, neu pan fydd rheswm cryf dros wrando ar yr apêl. Mae apeliadau fel rheol yn cael eu gwneud i lefel nesaf y barnwyr o fewn hierarchaeth y llysoedd.

YMESTYN A HERIO

Ymchwiliwch i'r broses apeliadau sifil. Dyma faes arall a all godi yn yr arholiad, ac mae'n bwysig eich bod yn deall y llwybrau apêl a beth all ddigwydd o ganlyniad i apêl.

Y broses sifil cyn diwygiadau 1999

Cyn **diwygiadau Woolf** ym mis Ebrill 1999, roedd dwy set o brosesau sifil ar wahân, yn dibynnu ar lle dechreuodd yr achos. Roedd achosion yn yr Uchel Lys yn defnyddio'r 'Llyfr Gwyn', ac roedd achosion yn y llys sirol yn defnyddio'r 'Llyfr Gwyrdd' (dyma reolau trefniadaeth ac arfer sifil, ac roedd ganddyn nhw naill ai glawr gwyn neu wyrdd). Roedd gweithdrefnau gwahanol ar gyfer dechrau achos hefyd. Roedd achos yn y llys sirol yn dechrau gyda **gwŷs** (*summons*), ond byddai achos yn yr Uchel Lys yn dechrau gyda **gwrit**. Gallai'r system fod yn ddryslyd i bleintyddion oherwydd y rheolau gwahanol yn ymwneud â'r weithdrefn a thystiolaeth.

Tasg yr Arglwydd Woolf oedd diwygio'r system cyfiawnder sifil. Arweiniodd hyn at 'Access to Justice: Final Report', a gyhoeddwyd yn 1996 ac a ddaeth i gael ei alw'n **Adroddiad Woolf**. Daeth i'r casgliad bod gan y system cyfiawnder sifil rai diffygion allweddol:

- **Drud**: Yn ôl ei adroddiad roedd y costau'n aml yn uwch na'r swm oedd yn destun y ddadl.
- **Oedi**: Roedd achosion yn cymryd rhwng 3 a 5 mlynedd ar gyfartaledd i ddod i dreial.
- **Cymhleth**: Gan fod gweithdrefnau gwahanol yn y llysoedd sirol a'r Uchel lys, roedd ymgyfreithwyr (*litigants*) yn gweld y system yn gymhleth iawn. O ganlyniad, roedd yn rhaid llogi mwy o gyfreithwyr, gan gynyddu costau'r pleintyddion.
- **Gwrthwynebus**: Roedd pwyslais ar ecsbloetio'r system yn hytrach na chydweithredu rhwng partïon.
- **Anghyfiawn:** Roedd anghydbwysedd grym rhwng y parti cyfoethog oedd yn cael ei gynrychioli, a'r parti oedd heb ddigon o gynrychiolaeth. Yn benodol, roedd hyn yn broblem wrth setlo y tu allan i'r llys, gydag un parti dan fwy o bwysau na'r llall i setlo.
- **Pwyslais ar dystiolaeth lafar**: Doedd dim angen cyflwyno'r rhan fwyaf o'r dystiolaeth ar lafar, a gallai'r barnwr fod wedi ei hasesu o flaen llaw. Roedd hyn hefyd yn arafu'r achosion ac yn eu gwneud yn aneffeithlon, gan arwain at gostau uwch, gyda ffioedd uchel yn cael eu talu i dystion arbenigol.

O ganlyniad i ganfyddiadau Adroddiad Woolf, cafodd y prif argymhellion eu rhoi ar waith yn *Rheolau Trefniadaeth Sifil 1998*, a ddaeth i rym ym mis Ebrill 1999. Dyma rai o'r diwygiadau mwyaf erioed i'r system cyfiawnder sifil, ac roedd rhai'n amau a oedd angen diwygiadau mor eang. Yn ôl *Rheol 1.1(2)*:

> Mae trin achos yn gyfiawn yn cynnwys y canlynol, hyd y bo modd –
> (a) gofalu bod y partïon yn gyfartal;
> (b) arbed arian;
> (c) trin yr achos mewn ffyrdd sy'n gymesur –
>> (i) i'r swm o arian dan sylw; (ii) i bwysigrwydd yr achos; (iii) i gymhlethdod y materion; a (iv) i safle ariannol y naill ochr a'r llall;

(d) gofalu ei fod yn cael ei drin yn fuan ac yn deg; a

(e) rhoi iddo gyfran briodol o adnoddau'r llys, gan gadw mewn cof yr angen i roi adnoddau i achosion eraill.

Diwygiadau Woolf

Cafodd nifer o newidiadau arwyddocaol eu gwneud o ganlyniad i *Reolau Trefniadaeth Sifil 1998*.

Proses symlach

Prif nod y diwygiad hwn oedd rhoi cod gweithdrefnol cyffredin i'r llys sirol a'r Uchel lys. Cafodd rhai termau eu newid i wneud y cyfan yn haws i hawlwyr (oedd yn arfer cael eu galw'n bleintyddion).

Protocolau cyn-cyfreitha

Un o brif themâu'r diwygiadau oedd annog partïon i gydweithredu. Bwriad protocolau cyn-cyfreitha yw annog partïon i gyfnewid gwybodaeth cyn gynted â phosibl, bod mewn cysylltiad â'i gilydd a chydweithredu wrth gyfnewid gwybodaeth. Y nod cyffredinol oedd cael y partïon i setlo y tu allan i'r llys, gan leihau costau ac oedi.

Rheoli achosion

Un o'r diwygiadau pwysicaf oedd cael barnwyr i ddod yn rheolwyr achosion, gyda phwerau rhagweithiol i osod amserlenni a chosbi partïon sydd ddim yn cydweithredu. Nod cyffredinol y diwygiad hwn oedd pasio rheolaeth dros yr achos i'r llys yn lle'r partïon, er mwyn gwella effeithlonrwydd a lleihau costau.

Dull amgen o ddatrys anghydfod (*ADR*)

Gall partïon ohirio gweithrediadau cyfreithiol am gyfnod o fis er mwyn ceisio setlo'r achos drwy ddefnyddio *ADR* (*Alternative Dispute Resolution*) (gweler tudalen 55). Dylai llysoedd fynd ati hefyd i annog defnyddio'r dull hwn. Fodd bynnag, yn *Halsey v Milton Keynes General NHS Trust (2004)*, dywedodd y Llys Apêl na all y llysoedd orfodi partïon i ddefnyddio *ADR* gan y gallai hynny fod yn groes i *Erthygl 6 y Confensiwn Ewropeaidd ar Hawliau Dynol* (yr hawl i dreial teg).

Y tri llwybr

- **Y llwybr mân hawliadau** (achosion hyd at £10,000 neu £1,000 am anaf personol): treial yn y llys mân hawliadau.

- **Y llwybr cyflym** (achosion rhwng £10,000 a £25,000): treial yn y llys sirol.

- **Y llwybr aml-drywydd** (achosion dros £25,000): treial naill ai yn y llys sirol neu'r Uchel Lys.

Sancsiynau

Prif nod y diwygiadau oedd sicrhau bod achosion mor effeithlon a chost-effeithiol â phosibl. Gyda barnwyr yn ymgymryd â gwaith rheolwyr achos, maen nhw wedi cael pwerau i roi sancsiynau os na fydd partïon yn dilyn yr amserlenni maen nhw'n eu gosod, neu os ydyn nhw'n oedi heb angen. Dyma'r ddau brif sancsiwn:

- dyfarnu costau yn eu herbyn

- gorchymyn i ddileu'r achos (yn rhannol neu'n llawn).

Yn *Biguzzi v Rank Leisure plc (1999)* cadarnhawyd y byddai achos yn cael ei ddileu dim ond os oedd yn gymesur, a bod ffyrdd eraill ar gael i ymdrin ag oedi. Yn *UCB v Halifax (SW) Ltd (1999)*, fodd bynnag, pwysleisiwyd na ddylid cymryd ymagwedd lac neu ddiofal tuag at achosion difrifol, ac y dylai'r llysoedd ddefnyddio'r pwerau newydd oedd ar gael iddyn nhw.

Y broses sifil

datgeliad: y rheidrwydd ar yr amddiffyniad a'r erlyniad i ddatgelu'r holl dystiolaeth berthnasol i'r ochr arall.

Sgiliau Arholiad

Gallai'r pwnc hwn ymddangos yn Adran B manyleb UG Y Gyfraith CBAC. Mae'n debygol o gael ei arholi mewn ffordd debyg i LA1 yn 'hen' fanyleb CBAC.

Bydd cwestiynau rhan a) yn gofyn i chi **esbonio** agwedd ar y pwnc sy'n ymdrin â sgiliau AA1.

Bydd cwestiynau rhan b) yn gofyn i chi **ddadansoddi a gwerthuso** agwedd ar y pwnc sy'n ymdrin â sgiliau AA3.

Er bod y marciau a'r cyfnodau amser yn wahanol, byddai'n syniad da cymryd golwg ar rai o hen bapurau LA1 ar wefan CBAC.

Rheithgorau mewn achosion sifil

Mae rheithgorau yn cael eu defnyddio mewn llai nag un y cant o achosion sifil. Maen nhw'n penderfynu a yw'r hawlydd wedi profi ei achos ai peidio 'yn ôl pwysau tebygolrwydd' (safon y prawf). Os byddan nhw'n penderfynu o blaid yr hawlydd, maen nhw hefyd yn penderfynu faint o iawndal dylai'r diffynnydd ei dalu i'r hawlydd.

Mae gan bartïon hawl i gael treial gan reithgor yn yr achosion canlynol yn unig, yn ôl *adran 69 Deddf Llysoedd Uwch 1981* ar gyfer achosion yn yr Uchel Lys, ac *adran 66 Deddf Llysoedd Sirol 1984* ar gyfer achosion yn y llysoedd sirol:

- Carcharu ar gam
- Erlyniad maleisus
- Twyll.

Roedd *adran 11 Deddf Difenwad 2013* yn dileu'r rhagdybiaeth bod angen treial gan reithgor mewn achosion difenwi. Felly mae achosion difenwi yn cael eu cynnal heb reithgor oni bai fod y llys yn gorchymyn fel arall.

Pam nad yw rheithgorau'n cael eu defnyddio'n aml mewn achosion sifil?

- Maen nhw'n tueddu i ddyfarnu o blaid talu gormod o iawndal.
- Does dim rhaid iddyn nhw roi rhesymau dros eu penderfyniadau.
- Rhy gostus.

Rheithgorau mewn achosion anafiadau personol

Mewn achosion sifil sy'n trafod anafiadau personol yn Adran Mainc y Frenhines yn yr Uchel Lys, gall y partïon wneud cais i'r barnwr am dreial gan reithgor, ond mae'r cais yn cael ei wrthod fel arfer. Yn achos *Ward v James (1966)* fe wnaeth y Llys Apêl osod canllawiau ar gyfer achosion anafiadau personol, ac arweiniodd hyn at atal y defnydd o reithgorau mewn achosion anafiadau personol i bob pwrpas. Roedd y rhain yn nodi y dylai achosion anafiadau personol fel arfer gael treial gan farnwr yn eistedd ar ei ben ei hun, oherwydd bod achosion o'r fath yn galw am asesu iawndal sydd angen ei gysylltu â graddfeydd iawndal confensiynol, a byddai'r barnwr yn gyfarwydd â'r rhain.

Dangosodd *Singh v London Underground (1990)* a *H v Ministry of Defence (1991)* fod y llysoedd wedi bod yn amharod i ddefnyddio rheithgorau mewn achosion anafiadau personol.

Sgiliau Arholiad

Mae gan reithgorau dair rôl – yn y llysoedd troseddol, y llysoedd sifil a llysoedd crwner. Mae angen i chi fod yn gyfarwydd â phob agwedd ar rôl rheithgor oherwydd gallech gael cwestiwn am rôl y rheithgor (yn gofyn i chi esbonio'r dair rôl), neu gallech gael cwestiwn yn gofyn am un o rolau'r rheithgor. Mae'r rolau eraill wedi'u cynnwys ym mhwnc y broses droseddol ar dudalen 62.

Dull amgen o ddatrys anghydfod (*ADR*)

Rhesymau dros *ADR*

Mae *ADR* (*Alternative Dispute Resolution*) yn ffordd o ddatrys materion y tu allan i'r llys. Nid achos llys yw'r ffordd orau o ddatrys anghydfod bob amser, am y rhesymau canlynol:

- cymhlethdod gweithdrefnau cyfreithiol
- oedi cyn cael penderfyniad
- cost achos llys
- awyrgylch bygythiol y llysoedd
- natur gyhoeddus achosion llys
- natur wrthwynebus achosion llys, sy'n gallu arwain at ddirywiad yn y berthynas rhwng y partïon.

Mae *ADR* yn cael ei annog gan *Ran 1 Rheolau Trefniadaeth Sifil 1998*, lle mae'n rhan o rôl barnwr wrth **reoli achos yn weithredol** (pan fydd y barnwr yn chwarae rôl weithredol i ddatrys yr achos) i annog *ADR* os yw hynny'n briodol. Mae *ADR* yn cael ei ddefnyddio mewn achosion sifil yn unig; mae hyn oherwydd bod gormod yn y fantol mewn achosion troseddol i gyfiawnhau dull gwahanol i'r system cyfiawnder troseddol. Mae *ADR* wedi dod yn llawer mwy poblogaidd dros y 50 mlynedd diwethaf, ac mae'n cael ei weld yn gynyddol bellach fel cam gorfodol yn y broses, yn hytrach na dewis. Yn wir, mae rhai partïon wedi cael eu 'cosbi' drwy gyfrwng **gorchymyn costau yn eu herbyn** (lle bydd un parti'n talu costau'r llall) am wrthod cydweithredu mewn rhyw fath o *ADR*.

Ffurfiau ar Ddulliau Amgen o Ddatrys Anghydfod (*ADR*)

MATH O *ADR*	DISGRIFIAD
CYFLAFAREDDU (*Arbitration*) Defnyddir y dull hwn yn aml mewn achosion masnachol a chontract, ac yn fwyaf amlwg mewn achosion chwaraeon proffil uchel. 	Dyma'r dull mwyaf ffurfiol, ac mae'n **ddull dyfarnol** (hynny yw, mae anghydfodau'n cael eu datrys drwy drydydd parti niwtral sydd â'r awdurdod i rwymo'r partïon yn ôl telerau penderfyniad). Mae'r partïon yn cytuno i adael i gyflafareddwr annibynnol wneud penderfyniad **rhwymol**. Mae nifer o gontractau'n cynnwys cymal *Scott v Avery* er mwyn cytuno, cyn y contract, i gyflafareddu os bydd anghydfod yn codi. Mae penderfyniad y cyflafareddwr yn cael ei alw'n 'ddyfarndal'. Efallai bydd gwrandawiad, ond mae llawer o achosion yn cael eu cynnal drwy 'gyflafareddu ar bapur', pan fydd partïon yn cyflwyno eu dadleuon a'u tystiolaeth yn ysgrifenedig i'r cyflafareddwr yn hytrach na rhoi cyflwyniadau llafar mewn gwrandawiad. Gellir apelio yn erbyn dyfarniad ar sail afreoleidd-dra difrifol yn yr achos, neu ar bwynt cyfreithiol (*adran 65 Deddf Cyflafareddu 1996*). Mae'r *Gyfarwyddeb Ewropeaidd ar Ddulliau Amgen o Ddatrys Anghydfod* (a ddaeth i rym ym mis Gorffennaf 2015) yn ei gwneud yn ofynnol i holl wledydd yr UE sicrhau bod *ADR* ar gael ar gyfer anghydfodau sy'n ymwneud â chwsmeriaid. Mae hefyd yn ei gwneud yn ofynnol i ddarparwyr *ADR* gyrraedd safonau penodol.
CYFRYNGU (*Mediation*) Defnyddir hyn yn aml mewn anghydfodau teuluol neu mewn unrhyw sefyllfa lle mae angen cynnal perthynas. 	Mae'r partïon yn cael eu hannog i setlo rhwng ei gilydd gyda help trydydd parti niwtral neu gyfryngwr. Rôl y cyfryngwr yw hwyluso'r canlyniad, yn hytrach na phenderfynu ei hun. Mae'r Weinyddiaeth Gyfiawnder yn ariannu'r **Cyfeiriadur Cyfryngu Sifil Arlein** (*Civil Mediation Online Directory*). Gall unigolion chwilio yn y cyfeiriadur am ddarparwr gwasanaeth cyfryngu yn eu hardal. Mae cost y cyfryngu yn seiliedig ar ffi benodol, yn dibynnu ar werth yr anghydfod. Nid yw'n rhwymol yn awtomatig oni bai fod contract yn cael ei lunio.
CYMODI (*Conciliation*) Defnyddir hyn yn aml mewn anghydfodau diwydiannol. 	Mae'r trydydd parti'n chwarae rhan fwy gweithredol yn y broses er mwyn ceisio setlo'r anghydfod.
NEGODI (*Negotiation*) Caiff hwn ei ddefnyddio yn y rhan fwyaf o achosion ar ddechrau'r anghydfod. 	Datrys yr anghydfod rhwng y partïon eu hunain yw'r nod; gall olygu bod angen cyfreithwyr. Gall gael ei wneud drwy lythyr, e-bost, ffôn, cyfarfod, ac ati. Ar y lefel mwyaf sylfaenol, mae'n golygu dychwelyd nwyddau diffygiol i siop; ar ei fwyaf cymhleth, mae angen cyfreithwyr a chyfnewid cynigion ar gyfer setliad.

AWDURDOD CYFREITHIOL/ENGHRAIFFT	MANTEISION	ANFANTEISION
• *Deddf Cyflafareddu 1996* • Sefydliad y Cyflafareddwyr • *Scott v Avery* • Y *Gyfarwyddeb Ewropeaidd ar Ddulliau Amgen o Ddatrys Anghydfod*	• Y partïon sy'n dewis y cyflafareddwr drwy **Sefydliad y Cyflafareddwyr**. • Y partïon sy'n penderfynu ar weithdrefn y gwrandawiad; gallan nhw ddewis y lleoliad, dyddiad, nifer y tystion, ac ati. • Anaml y bydd unrhyw gyhoeddusrwydd. • Mae'r dyfarniad yn **rhwymol**, a gall y llysoedd ei orfodi. • Mae'r cyflafareddwr yn arbenigwr yn y maes.	• Does dim arian cyhoeddus ar gael, felly gall un ochr fod â mantais o'r dechrau. • Mae apeliadau wedi eu cyfyngu yn y broses gyflafareddu. • Gall partïon deimlo nad ydyn nhw'n cael eu 'diwrnod yn y llys'. • Os oes pwynt cyfreithiol yn codi, does dim gweithiwr cyfreithiol proffesiynol yn y gwrandawiad bob amser.
• *Dunnett v Railtrack* • *Halsey v Milton Keynes NHS Trust* • Anghydfodau rhwng cymdogion • Cyfryngu mewn **achosion ysgariad:** o dan *adran 10 Deddf Plant a Theuluoedd 2014*, yn y rhan fwyaf o achosion sy'n ymwneud ag anghydfod ynglŷn ag arian neu blant, bydd yn rhaid i'r partïon fynychu **Cyfarfod Gwybodaeth ac Asesu Cyfryngu (*MIAM*)** • **Gwasanaeth Cyfryngu Mân Hawliadau** • **Cynllun Cyfryngu'r Llys Apêl** • Mae'n bosibl datrys anghydfod ar-lein (e.e. www.mediate.com/odr) • *Centre for Effective Dispute Resolution (CEDR)*: cyfryngwyr masnachol	• Mae'n broses breifat a chyfrinachol. • Mae'r partïon yn cymryd rhan yn y broses gyfryngu o'u gwirfodd. • Mae'n gyflym, yn gost-effeithiol ac yn hygyrch. • Mae siawns dda y gall y partïon gynnal eu perthynas. • Yn ôl y *CEDR*, mae 80% o achosion yn cael eu datrys drwy'r broses gyfryngu.	• Gall yr anghydfod fynd i lys beth bynnag yn y pen draw os yw cyfryngu'n methu, gan arwain at fwy o gostau. • Mae'n cael ei weld yn gynyddol fel cam gorfodol yn y broses. • Pan fydd partïon wedi'u gorfodi i gyfryngu, efallai na fyddan nhw'n ymroi'n llwyr i'r broses, gan leihau'r siawns o lwyddo.
• *Advisory, Conciliation and Arbitration Service (ACAS)* • Cymodi buan drwy *ACAS*	• Mae'n ddewis rhatach na chyfreitha. • Proses breifat a chyfrinachol. • 'Atal yn hytrach na gwella' yw ymagwedd *ACAS* at ddatrys anghydfod. • Mae'r broses yn nodi prif bwyntiau'r anghydfod ac yn eu hegluro. • Mae'r cymodwr yn chwarae rhan amlwg a gweithgar.	• Mae'n dibynnu'n fawr ar sgiliau'r cymodwr. • Gall yr anghydfod fynd i lys beth bynnag yn y pen draw os yw cymodi'n methu, gan arwain at fwy o gostau.
Amherthnasol	• Hollol breifat. • Datrysiad cyflym, gan gynnal y berthynas. • Dull gweddol anffurfiol o ddatrys anghydfod.	• Gall defnyddio cyfreithwyr wneud y broses yn ddrud. • Mae cynigion yn aml yn cael eu cyfnewid, ond heb eu cytuno tan ddiwrnod yr achos, gan wastraffu amser ac arian. • Mae pobl yn teimlo ei fod yn syrthio rhwng dwy stôl, ac yn meddwl nad ydyn nhw'n derbyn cymaint â phe baen nhw wedi mynd i'r llys.

Tribiwnlysoedd

Mae tribiwnlysoedd yn rhan bwysig o'r system gyfreithiol, ac yn gweithredu fel 'llysoedd arbenigol' ar gyfer anghydfodau mewn meysydd arbenigol, ym maes lles a hawliau cymdeithasol yn bennaf. Er enghraifft, mae anghydfodau cyflogaeth yn aml yn cael eu datrys mewn tribiwnlys, fel y mae anghydfodau am fewnfudo a nawdd cymdeithasol hefyd.

Mae tribiwnlysoedd yn aml yn cael eu gweld fel dewis arall yn lle'r llysoedd, ond y gwahaniaeth mwyaf yw nad oes modd mynd i'r llys os bydd yr achos yn methu mewn tribiwnlys. Os yw unrhyw ffurf arall ar *ADR* yn methu, mae gan y partïon ddewis o hyd i fynd i'r llys i ddatrys yr anghydfod.

Mae tri math gwahanol o dribiwnlys:

- **Gweinyddol**: mae'r rhain yn ymdrin ag anghydfod rhwng unigolion a'r wladwriaeth ynghylch hawliau mewn deddfwriaeth lles cymdeithasol, fel nawdd cymdeithasol, mewnfudo a thir.
- **Domestig**: tribiwnlysoedd mewnol yw'r rhain ar gyfer anghydfod o fewn cyrff preifat, fel Cymdeithas y Cyfreithwyr a'r Cyngor Meddygol Cyffredinol.
- **Cyflogaeth**: dyma'r defnydd mwyaf cyffredin o dribiwnlysoedd, ac maen nhw'n ymdrin ag anghydfodau rhwng gweithwyr a chyflogwyr ynghylch hawliau o dan ddeddfwriaeth cyflogaeth.

Mae tribiwnlysoedd yn bodoli ers dechrau'r wladwriaeth les, pan gawson nhw eu sefydlu er mwyn rhoi ffordd i bobl sicrhau bod eu hawliau'n cael eu gorfodi. Pan gafodd tribiwnlysoedd eu cyflwyno gyntaf, roedd dros 70 o rai gwahanol, a threfniadaeth a gweinyddiaeth wahanol gan bob un. Roedd hyn yn rhy gymhleth ac roedd y system yn dychryn ac yn drysu defnyddwyr.

Hanes tribiwnlysoedd

1957: Argymhellodd **Pwyllgor Franks** y dylai gweithdrefnau tribiwnlysoedd fod yn 'agored, yn deg ac yn ddiduedd'. Cafodd yr argymhellion eu gweithredu yn *Neddf Tribiwnlysoedd ac Ymchwiliadau 1958*.

1958: Sefydlwyd y **Cyngor ar Dribiwnlysoedd** i oruchwylio ac adolygu gweithdrefnau tribiwnlysocdd. Rocdd y Cyngor yn ymdrin â chwynion ac yn cyflwyno argymhellion ar gyfer gwella. Fodd bynnag, roedd pobl yn meddwl amdano fel 'ci gwarchod heb ddannedd' – hynny yw, doedd ganddo fawr ddim grym i newid pethau.

2000: Syr Andrew Leggatt: 'Tribunals for Users – One System, One Service'. Roedd yr adroddiad hwn yn argymell diwygio'r system dribiwnlysoedd mewn ffordd radical, gan i Leggatt ddweud nad oedd tribiwnlysoedd yn annibynnol, yn ddealladwy, nac yn hawdd eu defnyddio.

ARGYMHELLIAD LEGGATT	MANYLION
Un Gwasanaeth Tribiwnlysoedd i fod yn gyfrifol am weinyddiaeth yr holl dribiwnlysoedd.	Mae hyn yn gwneud y Gwasanaeth Tribiwnlysoedd yn annibynnol ar ei adran berthnasol yn y llywodraeth. Mae hefyd yn uno'r gefnogaeth y mae'r gwasanaeth yn ei rhoi i dribiwnlysoedd o ran trefniadaeth a gweinyddiaeth.
Dylai tribiwnlysoedd gael eu trefnu'n adrannau, gan grwpio tribiwnlysoedd tebyg gyda'i gilydd.	Dyma'r adrannau a gafodd eu creu: Addysg, Cyllid, Iechyd a Gwasanaethau Cymdeithasol, Mewnfudo, Tir a Phrisio, Nawdd Cymdeithasol a Phensiynau, Cludiant, Rheoleiddio a Chyflogaeth. Mae cofrestrydd yn ben ar bob adran, ac yn ymgymryd â dyletswyddau rheoli achosion yn unol â *Rheolau Trefniadaeth Sifil.*
Dylai'r system fod yn hawdd ei defnyddio.	Mae defnyddwyr yn cael eu hannog i ddwyn eu hachosion eu hunain heb gynrychiolaeth gyfreithiol. Dylai dyfarniadau ysgrifenedig gael eu rhoi mewn iaith glir. Dylai gwybodaeth am y weithdrefn, lleoliadau, ac ati, fod ar gael yn rhwydd.
Un llwybr apêl.	Mae gan bob adran dribiwnlys apêl cyfatebol, a dim ond wedyn y bydd modd mynd ymlaen at y Llys Apêl.

2007: Pwrpas y *Ddeddf Tribiwnlysoedd, Llysoedd a Gorfodaeth* oedd ffurfioli a gweithredu'r rhan fwyaf o ddiwygiadau Leggatt, gan gyfrannu at y newid mwyaf radical yn y system dribiwnlysoedd a welwyd ers blynyddoedd.

Deddf Tribiwnlysoedd, Llysoedd a Gorfodaeth 2007

Roedd y Ddeddf hon yn rhoi llawer o ddiwygiadau Leggatt ar waith. Yn benodol, aeth *Rhan 1* ati i sefydlu **Gwasanaeth Tribiwnlysoedd** fyddai'n uno'r holl weithdrefnau ac yn creu strwythur newydd i ymdrin â llawer o bryderon Leggatt. Dau dribiwnlys yn unig sydd erbyn hyn: y Tribiwnlys Haen Gyntaf a'r Uwch Dribiwnlys. Y tu mewn i'r rhain mae **siambrau**, neu grwpiau o dribiwnlysoedd gydag awdurdodaethau tebyg. Mae gan yr Uwch Dribiwnlys y pŵer i gynnal **adolygiad barnwrol** o achos a glywyd yn y Tribiwnlys Haen Gyntaf, gan leihau'r angen i lysoedd ymwneud â'r achos. Y **Comisiwn Penodiadau Barnwrol** sy'n penodi'r aelodau ac felly maen nhw'n cael eu cydnabod yn farnwyr, sy'n codi statws tribiwnlysoedd. Mae'n bosibl apelio o'r Uwch Dribiwnlys at y Llys Apêl hefyd, ond anaml mae hyn yn cael ei ddefnyddio oherwydd strwythur cadarn y system.

Uwch Lywydd y Tribiwnlysoedd sy'n ben ar yr holl system. Mae'n gyfrifol am benodi barnwyr i'r siambrau ac am ofalu am eu lles yn gyffredinol, a helpu gyda unrhyw fater sy'n codi. Mae grym gan y Llywydd i gyhoeddi **cyfarwyddiadau ymarfer** er mwyn helpu barnwyr mewn tribiwnlysoedd i gynnal yr un weithdrefn ar draws yr holl siambrau.

Cyfansoddiad

Mae **barnwr tribiwnlys** yn gwrando ar achosion y Tribiwnlys Haen Gyntaf. Hefyd, mewn rhai mathau o achosion, bydd dau aelod arbenigol, o faes gwahanol i'r gyfraith, yn eistedd gyda'r barnwr i wneud y penderfyniad. Mae gan yr aelodau arbenigol hyn arbenigedd ym maes penodol y tribiwnlys, fel gofal cymdeithasol neu faes tai. Mewn tribiwnlysoedd cyflogaeth, mae dau aelod **lleyg** hefyd. Bydd y rhain fel arfer yn bobl sy'n cynrychioli'r cyflogwr a'r gweithiwr. Mae hyn yn rhoi dealltwriaeth glir iddyn nhw o faterion cyflogaeth.

TERMAU ALLWEDDOL

(person) lleyg: rhywun heb gymwysterau cyfreithiol.

Tribiwnlys Haen Gyntaf: rhan o'r system gyfreithiol sy'n ceisio setlo cyfnod 'gwrandawiad cyntaf' anghydfodau cyfreithiol. Mae wedi'i rannu yn saith siambr neu faes arbenigol.

Uwch Dribiwnlys: mae'n gwrando ar apeliadau o'r Tribiwnlys Haen Gyntaf, ac mewn rhai achosion cymhleth, yn gweithredu awdurdodaeth cam cyntaf.

LLYS APÊL			
UWCH DRIBIWNLYS			
Siambr Apeliadau Gweinyddol	Siambr Treth a Siawnsri	Siambr Tiroedd	Siambr Lloches a Mewnfudo

TRIBIWNLYS HAEN GYNTAF						
Siambr Hawl Cymdeithasol	Siambr Iechyd, Addysg a Gofal Cymdeithasol	Siambr Pensiynau Rhyfel ac Iawndal y Lluoedd Arfog	Siambr Reoleiddio Gyffredinol	Siambr Trethiant	Siambr Tir, Eiddo a Thai	Siambr Lloches a Mewnfudo

Mae'r Tribiwnlys Cyflogaeth yn gweithredu ar wahân i'r tribiwnlysoedd Haen Gyntaf.

Erbyn hyn, mae'r **Cyngor Cyfiawnder Gweinyddol a Thribiwnlysoedd** wedi cymryd lle'r Cyngor Tribiwnlysoedd. Mae hwn yn gorff llawer mwy grymus o ran adolygu'r system, ei chadw dan reolaeth a chynghori'r llywodraeth ar ddiwygio'r Gwasanaeth Tribiwnlysoedd yn y dyfodol. Gwasanaeth Tribiwnlysoedd a Llysoedd Ei Mawrhydi sy'n goruchwylio'r tribiwnlysoedd.

Tribiwnlysoedd cyflogaeth

Nid yw tribiwnlysoedd cyflogaeth wedi'u cynnwys yn y strwythur gan eu bod yn ymdrin ag anghydfodau gwahanol iawn i'r tribiwnlysoedd eraill. Felly mae'r tribiwnlys cyflogaeth a'r tribiwnlys apeliadau cyflogaeth yn aros ar wahân i'r strwythur. O fis Gorffennaf 2013 ymlaen, mae tribiwnlysoedd cyflogaeth a thribiwnlysoedd apeliadau cyflogaeth yn codi ffioedd.

Manteision ac anfanteision tribiwnlysoedd

Manteision

✓ **Cyflymder**: Mae dyletswydd ar farnwyr tribiwnlysoedd i ymgymryd â dyletswyddau rheoli achosion, felly maen nhw'n gallu gosod terfynau amser caeth er mwyn gwrando ar y rhan fwyaf o achosion o fewn un diwrnod.

✓ **Cost**: Mae partïon yn cael eu hannog i ddwyn eu hachos eu hunain heb fod angen cynrychiolaeth. Mae hyn wedi dod yn haws ers y diwygiadau gan fod ffurflenni cais ar gael ar-lein, ac mae'r Gwasanaeth Tribiwnlysoedd yn fwy tryloyw erbyn hyn.

✓ **Arbenigedd**: Bydd o leiaf un aelod o'r tribiwnlys yn arbenigwr yn y maes perthnasol, felly bydd hyn yn arbed amser wrth esbonio materion technegol cymhleth i farnwr yn y llys.

✓ **Anffurfioldeb**: Mae tribiwnlysoedd yn llai ffurfiol o lawer na gwrandawiad llys, er eu bod yn fwy ffurfiol na mathau eraill o *ADR*. Mae'r partïon yn elwa ar gael gwrandawiad preifat, ac mae siawns dda y bydd eu perthynas â'i gilydd yn parhau ar ôl i'r achos ddod i ben.

✓ **Annibyniaeth**: Oherwydd i'r Comisiwn Penodiadau Barnwrol fod â rhan wrth benodi barnwyr tribiwnlysoedd, mae'r system dribiwnlysoedd yn fwy tryloyw, yn fwy annibynnol ac felly'n fwy teg. Mae'r set unedig o weithdrefnau a rheolau yn lleihau'r perygl y bydd anghysondeb rhwng tribiwnlysoedd.

Anfanteision

✗ **Diffyg cyllid**: Mae cyllid cyfreithiol ar gael ar gyfer rhai anghydfodau. Er enghraifft, efallai bydd undeb llafur yn talu am eich achos os ydych yn aelod ohono. Ond nid yw'r arian ar gael bob amser, a gall hyn fod yn anfanteisiol i rywun os yw'n herio cwmni mawr sy'n gallu fforddio cynrychiolaeth ddrud. Hefyd, gall ffioedd am hawliadau yn y tribiwnlys cyflogaeth neu dribiwnlys apêl cyflogaeth atal rhai pobl rhag mynd ymlaen â'u hawliad.

✗ **Oedi**: Os yw'r achos yn un cymhleth, gall oedi ddigwydd cyn i'r achos gael ei glywed.

✗ **Partïon sy'n ofnus**: Mae problem o hyd fod partïon yn dychryn wrth feddwl am fynd ag achos i'r 'llys', yn enwedig heb y cysur o gael cynrychiolydd cyfreithiol.

✗ **Diffyg cynsail**: Nid yw tribiwnlysoedd yn llym o ran dibynnu ar gynsail, felly gall canlyniad achosion fod yn annisgwyl.

Sgiliau Arholiad

Gallai'r pwnc hwn ymddangos yn Adran B manyleb UG Y Gyfraith CBAC. Mae'n debygol o gael ei arholi mewn ffordd debyg i adran LA1 yn 'hen' fanyleb CBAC .

Bydd cwestiynau rhan a) yn gofyn i chi **esbonio** agwedd ar y pwnc sy'n ymdrin â sgiliau AA1.

Bydd cwestiynau rhan b) yn gofyn i chi **ddadansoddi a gwerthuso** agwedd ar y pwnc sy'n ymdrin â sgiliau AA3. Er bod y marciau a'r cyfnodau amser yn wahanol, byddai'n syniad da edrych ar bapurau LA1 yr hen fanyleb ar wefan CBAC.

Crynodeb: Y llysoedd sifil

▶ Mae cyfiawnder sifil yn setlo anghydfodau rhwng unigolion a chwmnïau preifat

▶ Yn yr achosion hyn mae'r hawlydd yn erbyn y diffynnydd; mae'r hawlydd yn ceisio cael **rhwymedi**

▶ Mae'r achos yn dibynnu ar safon y prawf (pwysau tebygolrwydd)

▶ Llysoedd gwrandawiad cyntaf yw'r **llys sirol** a'r **Uchel Lys**

▶ Mae gan yr Uchel Lys dair adran: **Mainc y Frenhines, Teulu a Siawnsri**

▶ Tri llwybr sydd ar gyfer gwrandawiadau sifil:
  • llwybr mân hawliadau   • llwybr cyflym   • llwybr aml-drywydd

▶ Cynhelir yr **apeliadau** yn Llysoedd Adrannol yr Uchel Lys, y Llys Apêl a'r Goruchaf Lys

▶ Mae angen i bob apêl gael **caniatâd i apelio**

▶ Mae apeliadau 'naid llyffant' yn mynd yn syth o'r Uchel Lys i'r Goruchaf Lys

▶ Roedd adroddiad yr Arglwydd Woolf, 'Access to Justice: Final Report' (1996), yn nodi diffygion allweddol yn y system gyfiawnder:
  • Drud   • Cymhleth   • Anghyfiawn
  • Oedi   • Gwrthwynebus   • Pwyslais ar dystiolaeth lafar

▶ Cafodd prif argymhellion **Adroddiad Woolf** eu rhoi ar waith yn *Rheolau Trefniadaeth Sifil (CPR) 1998*. Dyma'r prif ddiwygiadau:
  • Rheoli achosion   • Mwy o *ADR*   • Protocolau cyn cyfreitha
  • Y tri llwybr   • Sancsiynau

▶ **Rheithgorau mewn achosion sifil:** Mae llai nag un y cant o achosion sifil yn defnyddio rheithgorau

▶ Mae rheithgorau yn penderfynu o blaid neu yn erbyn yr hawlydd a faint o iawndal i'w roi

▶ Mae *adran 69 Deddf Llysoedd Uwch 1981* ac *adran 66 Deddf Llysoedd Sirol 1984* yn nodi y gall achosion yn y llys sirol ganiatáu treial gan reithgor mewn achosion o garcharu ar gam, erlyniad maleisus a thwyll

▶ Nid yw rheithgorau bellach yn cael eu defnyddio mewn achosion difenwi (*adran 11 Deddf Difenwad 2013*)

▶ Anaml iawn y bydd rheithgorau yn cael eu defnyddio mewn achosion anafiadau personol: gweler *Ward v James (1966)*

▶ **Dull amgen o ddatrys anghydfod (***ADR***):** Dewis arall yn lle cyfreitha yw hwn. Mae'n annog pobl i setlo y tu allan i'r llys

▶ Mae pedwar prif fath o *ADR*:
  • **Cyflafareddu:** Mae'r penderfyniad yn rhwymol. *Deddf Cyflafareddu 1996*. Cymal cyflafareddu *Scott v Avery*
  • **Cyfryngu:** Trydydd parti sy'n hwyluso hwn, e.e. *MIAM*, Cyfryngu Mân Hawliadau
  • **Cymodi:** Mae trydydd parti yn cymryd rôl weithredol e.e. *ACAS*, cymodi buan
  • **Negodi:** Gyda chyfreithwyr neu hebddyn nhw; ffôn, e-bost, llythyr, cyfarfod

▶ **Tribiwnlysoedd:** 'Llysoedd' arbenigol: dewis arall yn lle llysoedd, ond yr unig lwybr mewn rhai achosion

▶ **Tri math o dribiwnlys:** gweinyddol, domestig, cyflogaeth

▶ Roedd adroddiad **Pwyllgor Franks** yn argymell bod yn agored, yn deg ac yn ddiduedd

▶ Arweiniodd adroddiad **Leggatt** at *Ddeddf Tribiwnlysoedd, Llysoedd a Gorfodaeth 2007*, gan gyflwyno'r canlynol:
  • Haen Gyntaf • Haen Uchaf • apeliadau i'r Llys Apêl • barnwyr tribiwnlysoedd

▶ Trefnir y rhain gan **Wasanaeth Tribiwnlysoedd a Llysoedd Ei Mawrhydi**

▶ Y **Cyngor Cyfiawnder Gweinyddol a Thribiwnlysoedd** sy'n eu goruchwylio

▶ Mae tribiwnlysoedd cyflogaeth bellach yn codi **ffi**

▶ **Manteision:** Cost, arbenigedd, cyflymder, annibyniaeth

▶ **Anfanteision:** Diffyg cyllid, diffyg cynsail, oedi, partïon yn dychryn

Adran y fanyleb	Cynnwys allweddol	Amcanion Asesu	Ble mae'r pwnc hwn yn ymddangos ym mhob manyleb/arholiad?
CBAC UG/U2 **1.6:** Y broses droseddol **3.12:** Cyfraith trosedd	• Y llysoedd troseddol: strwythur, pwerau a swyddogaethau apeliadol; pwerau'r Llysoedd Ynadon a Llys y Goron; Canllawiau'r Llys Apêl ar gyfer dwyn apeliadau • Gwasanaeth Erlyn y Goron: pwerau a dyletswyddau • Mechnïaeth: heddlu a'r llysoedd; problemau • Egwyddorion cyffredinol dedfrydu oedolion a phobl ifanc o dan ddeddfwriaeth briodol; damcaniaethau ac amcanion dedfrydu	**AA1** Dangos gwybodaeth a dealltwriaeth o reolau ac egwyddorion cyfreithiol **AA3** Dadansoddi a gwerthuso rheolau, egwyddorion a materion cyfreithiol.	**CBAC UG/U2:** Uned 1 Adran B

Cyflwyniad

Mae'r gyfraith yn rhestru nifer o droseddau. Mewn achos, gall unigolyn a ddrwgdybir (hynny yw, y '*suspect*') bledio'n euog neu'n ddieuog iddyn nhw. Fodd bynnag, mae'r broses ar ôl arestio yn amrywio yn ôl **dosbarthiad y drosedd** sydd wedi'i chyflawni. Drwy gydol yr holl broses, mae'n bwysig cofio bod yr unigolyn a ddrwgdybir yn **ddieuog nes iddo gael ei brofi'n euog**. O dan *Erthygl 6 yr ECHR (sef y Confensiwn Ewropeaidd ar Hawliau Dynol)*, **dylai ei hawl i dreial teg** gael ei gynnal drwy'r amser, ac mae gan y llysoedd ddyletswydd dan *Ddeddf Hawliau Dynol 1998* i sicrhau bod hyn yn digwydd.

O ran y broses droseddol, bydd pob achos yn cael gwrandawiad cyntaf yn y llys ynadon, hyd yn oed os yw hynny er mwyn ei basio'n swyddogol ymlaen i Lys y Goron yn unig. Hwn yw'r *gwrandawiad gweinyddol cynnar*. Mae *Rheolau Trefniadaeth Droseddol 2013* yn rheoli'r broses cyn ac yn ystod y treial yng Nghymru a Lloegr.

Mae tri chategori o droseddau yn system gyfreithiol Cymru a Lloegr:

TERMAU ALLWEDDOL

gwrandawiad gweinyddol cynnar: yr ymddangosiad cyntaf yn y llys ynadon i bob diffynnydd sy'n cael ei amau o drosedd ynadol neu dditiadwy. Mae'r gwrandawiad hwn yn ystyried cyllid cyfreithiol, mechnïaeth a chynrychiolaeth gyfreithiol.

adroddiad cyn dedfrydu: mae hwn yn helpu'r llys i benderfynu a oes unrhyw ffactorau yn hanes y diffynnydd a all effeithio ar y ddedfryd.

Categori'r drosedd	Lleoliad y treial	Enghreifftiau o droseddau
Troseddau ynadol	Llys ynadon	• Gyrru heb drwydded • Cymryd cerbyd heb ganiatâd • Ymosod cyffredin
Troseddau neillffordd	Llys ynadon **neu** Llys y Goron (y diffynnydd sy'n dewis)	• Dwyn • Ymosod gan achosi gwir niwed corfforol • Cael eiddo trwy ddichell
Troseddau ditiadwy	Llys y Goron	• Llofruddiaeth • Dynladdiad • Treisio • Lladrad

Troseddau ynadol

Gwrandawiad gweinyddol cynnar – mae'r gwrandawiad hwn yn y llys ynadon yn ymdrin â materion gweinyddol fel:

- a ddylai'r diffynnydd gael mechnïaeth neu ei gadw yn y ddalfa
- pa ddarpariaethau cyllid cyfreithiol sydd ar gael
- adroddiadau cyn dedfrydu

PLEDIO'N EUOG

Dedfrydu yn y llys ynadon

PLEDIO'N DDIEUOG

Treial ynadol yn y llys ynadon

Y broses ar gyfer troseddau ynadol

Troseddau ditiadwy

Gwrandawiad gweinyddol cynnar yn y llys ynadon, ond yn ôl *adran 51 Deddf Trosedd ac Anhrefn 1998* mae'n rhaid i ynadon anfon yr achos yn syth i Lys y Goron gan ddefnyddio achosion traddodi.

PLEDIO'N EUOG

Dedfrydu yn Llys y Goron

PLEDIO'N DDIEUOG

Treial gan reithgor yn Llys y Goron

Y broses ar gyfer troseddau ditiadwy

Troseddau neillffordd

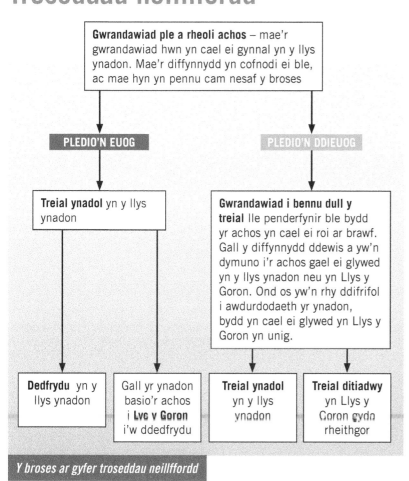

Gwrandawiad ple a rheoli achos – mae'r gwrandawiad hwn yn cael ei gynnal yn y llys ynadon. Mae'r diffynnydd yn cofnodi ei ble, ac mae hyn yn pennu cam nesaf y broses

PLEDIO'N EUOG

Treial ynadol yn y llys ynadon

PLEDIO'N DDIEUOG

Gwrandawiad i bennu dull y treial lle penderfynir ble bydd yr achos yn cael ei roi ar brawf. Gall y diffynnydd ddewis a yw'n dymuno i'r achos gael ei glywed yn y llys ynadon neu yn Llys y Goron. Ond os yw'n rhy ddifrifol i awdurdodaeth yr ynadon, bydd yn cael ei glywed yn Llys y Goron yn unig.

Dedfrydu yn y llys ynadon

Gall yr ynadon basio'r achos i Lys y Goron i'w ddedfrydu

Treial ynadol yn y llys ynadon

Treial ditiadwy yn Llys y Goron gyda rheithgor

Y broses ar gyfer troseddau neillffordd

Mewn troseddau neillffordd, mae gan y diffynnydd gyfle i ddewis a yw'n dymuno cael treial gan reithgor neu beidio. Ymchwiliwch i oblygiadau dewis treial gan reithgor, a'r dadleuon o blaid ac yn erbyn dileu'r hawl i ddewis treial gan reithgor.

GWELLA GRADD

Cofiwch mai pwerau dedfrydu cyfyngedig sydd gan ynadon; gallan nhw ddedfrydu rhywun i garchar am hyd at flwyddyn, a rhoi dirwy.

YMESTYN A HERIO

adran 85 Deddf Cymorth Cyfreithiol, Dedfrydu a Chosbi Troseddwyr 2012 – newidiodd uchafswm y ddirwy am saith trosedd sy'n dal i allu cael treial gan ynadon. Ymchwiliwch i'r rhain, ac esboniwch a ydych chi o'r farn bod cyflawnhad i'r gyfraith ganiatáu i ynadon roi dirwy heb uchafswm yn yr achosion hyn?

Proses y treial

Yn llysoedd yr ynadon a llys y Goron, mae **baich y prawf** yn nwylo'r erlyniad, sy'n gorfod profi **tu hwnt i bob amheuaeth resymol** fod y diffynnydd yn euog.

Mae'r weithdrefn yn y llysoedd ynadon a llys y Goron yr un peth yn y bôn. Fodd bynnag, does **dim rheithgorau yn y llysoedd ynadon**, ac mae'r ynadon yn derbyn arweiniad ar y gyfraith gan eu clerc, gan nad oes gan ynadon gymwysterau cyfreithiol.

1. Achos yr erlyniad

1. Mae'r erlyniad yn cyflwyno ei **araith agoriadol** er mwyn amlinellu ffeithiau'r achos.
2. Mae'r erlyniad yn galw ei dystion i gefnogi ei achos ac yn cynnal y prif holiad.
3. Yna mae'r amddiffyniad yn croesholi'r tystion hynny.
4. Bydd yr erlyniad yn **ailholi'r** tystion hyn os bydd angen.

2. Penderfynu a oes achos

Ar ôl i'r erlyniad gyflwyno ei holl dystiolaeth, gall yr amddiffyniad argymell nad oes achos i'w ateb; hynny yw, nad oes digon o dystiolaeth i erlyn.Os bydd yr argymhelliad hwn yn llwyddiannus, bydd rheithfarn ddieuog yn cael ei chyfarwyddo.

3. Achos yr amddiffyniad

1. Mae'r amddiffyniad yn galw ei dystion i gefnogi ei achos, ac yn cynnal y prif holiad.
2. Yna bydd yr erlyniad yn **croesholi'r** tystion hynny.

4. Areithiau cloi

1. Mae'r ddwy ochr yn gwneud areithiau cloi i'r rheithgor neu'r ynadon. Yr erlyniad fydd yn mynd gyntaf er mwyn i'r amddiffyniad gael y gair olaf.
2. Os yw'r achos yn cael ei gynnal yn Llys y Goron, bydd y barnwr yn crynhoi'r materion cyfreithiol a ffeithiol i'w cydbwyso, ac yn cynnig cyngor clir i'r rheithgor.
3. Bydd y rheithgor neu'r ynadon yn ymneilltuo (gadael y llys) er mwyn ceisio cael rheithfarn unfrydol.
4. Os byddan nhw'n dyfarnu bod y diffynnydd yn ddieuog, bydd yn cael ei ryddfarnu. Os bydd y diffynnydd yn cael ei ddyfarnu'n euog, bydd yn rhaid i'r barnwr neu'r ynadon gyflwyno eu dedfryd.

Mae troseddwyr ifanc rhwng 10 ac 17 oed. Maen nhw'n sefyll eu prawf ar gyfer unrhyw drosedd o flaen ynadon yn y llys ieuenctid. Mae'r llys ieuenctid yn cynnwys ynadon profiadol sydd wedi derbyn hyfforddiant arbenigol. Mae'r llys yn llai preifat a llai ffurfiol, oni bai:

- bod cosb bosibl o 14 blynedd neu fwy am y drosedd; neu
- bod yr unigolyn ifanc wedi'i gyhuddo ar y cyd ag oedolyn.

Thompson and Venables v UK (1999)
*Cwynodd y bechgyn a gafwyd yn euog o lofruddio Jamie Bulger fod eu treial yn Llys y Goron wedi tramgwyddo eu hawl i dreial teg. Fe wnaeth Llys Hawliau Dynol Ewrop (ECtHR) gadarnhau y cwynion hyn. Yn ôl **Erthygl 6 ECHR**, byddai ffurfioldeb y sefyllfa, sef treial gan reithgor mewn llys agored, wedi golygu bod y rhan fwyaf o'r achos yn annealladwy iddyn nhw.*

Dyfarnodd yr ECtHR y dylid cynnal treial unigolyn ifanc mewn llys lle mae pawb ar yr un lefel, a dylai'r diffynyddion gael yr hawl i eistedd gyda'u teulu. Ni ddylai wigiau a gynau gael eu gwisgo, a dylid gosod cyfyngiadau ar bresenoldeb y cyhoedd a'r wasg os oes angen.

Rôl Llys y Goron

Mae Llys y Goron yn gwrando ar achosion difrifol, ditiadwy fel treisio, llofruddiaeth, dynladdiad a lladrad. Cafodd Llys y Goron ei sefydlu gan *Ddeddf Llysoedd 1971*, ond mae ei awdurdodaeth bellach wedi'i chynnwys o fewn *Deddf y Goruchaf Lys 1981*.

TERMAU ALLWEDDOL

prif holiad: holi tyst yn y llys gan ei gwnsler ei hun, ar ran yr amddiffyniad neu'r erlyniad.
croesholi: holi tyst yn y llys gan gwnsler ar ran yr ochr arall.

TERMAU ALLWEDDOL

dedfryd: y gosb sy'n cael ei rhoi i rywun sydd wedi ei gael yn euog o drosedd. Gall fod yn gyfnod yn y carchar, yn ddedfryd gymunedol, neu'n ddedfryd neu ddatrysiad ataliedig.
cyhuddiad: y penderfyniad y dylai rhywun a ddrwgdybir gael treial am drosedd honedig.

Mae'n debyg mai'r Old Bailey yw'r mwyaf enwog o Lysoedd y Goron, ac enw arall arno yw'r Llys Troseddol Canolog

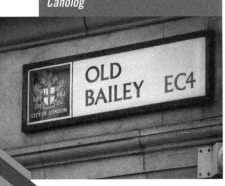

Bydd barnwr a rheithgor yn gwrando ar achosion yn Llys y Goron. Er bod y ffurf unigol bob amser yn cael ei defnyddio i ddisgrifio Llys y Goron, mewn gwirionedd mae 77 o ganolfannau llys ar draws Cymru a Lloegr, mewn trefi mawr er enghraifft.

Mae gan Lys y Goron bedair dyletswydd sylfaenol:

1. Profi achosion difrifol, ditiadwy fel llofruddiaeth, treisio a lladrad. Os bydd y diffynnydd yn pledio'n euog, ni fydd angen rheithgor; bydd y barnwr yn ei ddedfrydu.
2. Cynnal treialon gan reithgor ar gyfer y troseddau mwyaf difrifol, lle mae'r diffynnydd wedi pledio'n ddieuog.
3. Gwrando ar apeliadau o'r llysoedd ynadon; troseddau ynadol fydd y rhain fel arfer.
4. Dedfrydu diffynyddion o'r llys ynadon lle mae'r diffynnydd wedi cael ei dreial, ond mae'r ynadon wedi pasio'r achos ymlaen at Lys y Goron i roi dedfryd gan fod angen dedfryd sydd y tu hwnt i'w pwerau.

Apeliadau troseddol

Mae achosion troseddol yn cael gwrandawiad yn y lle cyntaf naill ai yn y **llys ynadon** neu yn **Llys y Goron**. Ar ôl sawl achos enwog o aflwyddiant cyfiawnder, cafodd y system apeliadau ei diwygio'n sylweddol o dan *Ddeddf Apeliadau Troseddol 1995*.

Apeliadau o lysoedd ynadon

Yn dilyn treial yn y llys ynadon, mae dau lwybr apêl ar gael i ddiffynnydd. Mae'r llwybr yn dibynnu ar ba sail mae'n dymuno apelio.

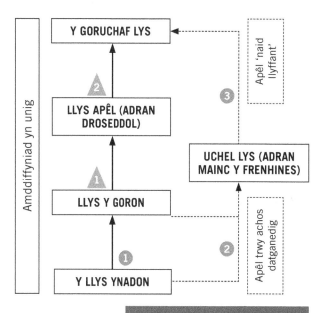

Hierarchaeth a llwybrau apêl y llysoedd troseddol

1. Os yw'r diffynnydd yn dymuno apelio yn erbyn euogfarn neu ddedfryd, mae ganddo hawl i apelio i Lys y Goron. Mae'r **hawl awtomatig hwn i apelio** ar gael i'r **amddiffyniad** dim ond os plediodd y diffynnydd yn ddieuog. Rhaid cyflwyno'r apêl cyn pen 28 diwrnod ar ôl i'r achos ddod i ben.

   • **Apelio yn erbyn euogfarn**: mae'r weithdrefn yr un peth ag yn y llys ynadon, ond bydd barnwr a dau ynad yn gwrando ar yr achos.
   • **Apelio yn erbyn dedfryd**: mae'r erlyniad yn darllen y ffeithiau a gall yr amddiffyniad gyflwyno ffactorau lliniarol (*mitigating*) yn ymwneud â'r drosedd neu'r troseddwr. Yna, gall Llys y Goron roi unrhyw ddedfryd y gallai'r ynadon fod wedi'i rhoi.

2. Os yw'n dymuno apelio drwy achos datganedig, yna rhaid iddo apelio i **Adran Mainc y Frenhines** yn yr Uchel Lys. Gall yr **amddiffyniad** ddefnyddio'r dull hwn i apelio yn erbyn euogfarn, neu gall yr **erlyniad** ei ddefnyddio os cafwyd y diffynnydd yn ddieuog. Mae'r llwybr apêl hwn yn digwydd ar sail camgymeriad sydd wedi'i wneud wrth gymhwyso'r gyfraith. Nid yw'r llwybr apêl hwn yn cael ei ddefnyddio'n aml iawn. Gall y llys adrannol ganiatáu neu wrthod yr apêl. Gall hefyd orchymyn ail wrandawiad o flaen mainc newydd o ynadon.

3. Mae'n bosibl cyflwyno apêl arall o'r Uchel Lys i'r **Goruchaf Lys** hefyd, ond bydd hyn yn digwydd mewn materion sydd o **bwysigrwydd cyhoeddus** yn unig.

C v Director of Public Prosecutions (DPP) (1994)
Roedd yr achos hwn yn ystyried a oes gan blant gyfrifoldeb troseddol. Penderfynwyd na ddylid rhagdybio bod plant rhwng 10 ac 14 oed yn gwybod y gwahaniaeth rhwng da a drwg, ac felly ni fydd gweithgaredd troseddol bob amser yn arwain at erlyniad. Roedd Llys Adrannol Adran Mainc y Frenhines eisiau newid y gyfraith i ragdybio bob amser bod plentyn rhwng 10 ac 14 oed yn gwybod y gwahaniaeth rhwng da a drwg, ond mynnodd y Goruchaf Lys ei fod wedi'i rwymo gan gynsail ac nad oedd ganddo ryddid i newid y gyfraith.

TERMAU ALLWEDDOL

euogfarn: mae'r diffynnydd wedi ei gael yn euog a bydd yr achos yn symud ymlaen at y cam dedfrydu.

achos datganedig: apeliadau ar y sail bod gwall cyfreithiol wedi bod, neu bod yr ynadon wedi gweithredu y tu hwnt i'w hawdurdodaeth. Gall yr erlyniad a'r amddiffyniad ei ddefnyddio.

Apeliadau o Lys y Goron

1 Gan yr amddiffyniad

Apeliadau o **Lys y Goron** i'r **Llys Apêl (Yr Adran Droseddol)** yw'r llwybr apêl mwyaf cyffredin gan yr **amddiffyniad** yn erbyn euogfarn a/neu ddedfryd. Fodd bynnag, rhaid i'r diffynnydd gael **caniatâd i apelio**; a rhaid gwneud cais cyn pen 28 diwrnod ar ôl cael y diffynnydd yn euog. Os bydd caniatâd yn cael ei roi i apelio, mae gan y Llys Apêl y pwerau i wneud y canlynol:

- Caniatáu'r apêl, fel bod yr euogfarn yn cael ei dileu (ei gwrthod fel un annilys).
- Gwrthod yr apêl, fel bod yr euogfarn yn sefyll.
- Lleihau'r ddedfryd a roddwyd.
- Gostwng yr euogfarn i drosedd llai difrifol (e.e. o lofruddiaeth i ddynladdiad).
- Gorchymyn ail dreial gerbron rheithgor newydd yn Llys y Goron.

2 Gan yr erlyniad

Mae apeliadau gan yr erlyniad yn erbyn **rhyddfarn** yn brin. Y **Twrnai Cyffredinol** yn unig sy'n gallu eu caniatáu, a gall wneud y canlynol:

1. cyfeirio pwynt cyfreithiol at y Llys Apêl; neu
2. gall wneud cais am ganiatâd i apelio yn erbyn dedfryd **amhriodol o drugarog**.

Yn 2016, cynyddwyd y ddedfryd mewn 146 achos o blith 190 cais, ar ôl i'r Llys Apêl ddyfarnu bod y dedfrydau yn rhy drugarog.

Mae apêl pellach o'r **Llys Apêl** (Yr Adran Droseddol) i'r **Goruchaf Lys** yn hynod o brin, ond mae'n ddewis sydd ar gael i'r **erlyniad** a'r **amddiffyniad**. Anaml y rhoddir caniatâd i apelio, a bydd yn cael ei roi ar bwyntiau cyfreithiol o '**bwysigrwydd cyhoeddus cyffredinol**' yn unig.

Caniatâd i apelio

Caniatâd i apelio gan farnwr y Llys Apêl yw hwn; mae'r rheolau ynghylch rhoi caniatâd i apelio wedi eu cynnwys yn *Neddf Apeliadau Troseddol 1995* lle dywedir y gall y Llys Apêl:

1. ganiatáu apêl yn erbyn euogfarn os yw'n tybio bod yr euogfarn yn anniogel
2. gwrthod apêl o'r fath mewn unrhyw achos arall.

Enghreifftiau cyffredin o'r rhain yw camgyfeirio gan y barnwr, neu dystiolaeth y dylid bod wedi ei derbyn.

Dedfrydu

Dedfryd yw'r **gosb** a roddir i ddiffynnydd sydd wedi ei gael yn euog o drosedd. Bydd y math o ddedfryd yn dibynnu ar y math o drosedd a gyflawnwyd ac a yw'n oedolyn neu'n droseddwr ifanc.

Y barnwr sy'n gyfrifol am ddedfrydu yn Llys y Goron, a'r ynadon sy'n gyfrifol am ddedfrydu yn y llysoedd ynadon. Mae gan bob llys y pwerau dedfrydu canlynol:

Llys ynadon	Llys y Goron
- £5,000 o ddirwy (ond gall fod heb uchafswm am **rai** troseddau). - Uchafswm o 6 mis yn y carchar (12 mis am ddedfrydau olynol). - Gorchymyn Cadw a Hyfforddi ieuenctid am hyd at ddwy flynedd.	- Dirwy heb uchafswm. - Uchafswm o garchar am oes.

Y llys fydd yn pennu tariff – sef hyd – y ddedfryd, a bydd yn ystyried y ffactorau canlynol:

- oedran y troseddwr
- difrifoldeb y drosedd
- y tebygolrwydd y bydd troseddau eraill yn cael eu cyflawni
- maint y niwed sy'n debygol o gael ei achosi gan droseddau pellach.

Nodau dedfrydu

Mae pobl yn aml yn tybio mai'r unig nod wrth ddedfrydu yw cosbi unigolion. Fodd bynnag, mae angen ystyried ffactorau eraill, fel yr effaith ar y gymuned, ac adsefydlu'r troseddwr yn y tymor hir.

Mae *Adran 142 Deddf Cyfiawnder Troseddol 2003* yn amlinellu pum nod dedfrydu:

1. Cosb haeddiannol *(retribution)*

Dyma'r nod clasurol wrth ddedfrydu, ac mae'n ffordd o gosbi'r diffynnydd ar ôl sefydlu ei fod wedi cyflawni trosedd a bod elfen o fai arno. Rhaid i'r gosb fod yn addas i'r drosedd, felly mae'n rhaid i'r ddedfryd fod yn gymesur â'r drosedd a gyflawnwyd.

2. Ataliaeth *(deterrence)*

Ataliaeth unigol yw lle mae'r troseddwr unigol yn cael ei atal rhag troseddu eto. Nod **ataliaeth gyffredinol** yw atal pobl eraill rhag cyflawni trosedd, gan ddangos canlyniadau posibl cyflawni trosedd i gymdeithas, a gwneud enghraifft o'r troseddwr. Yn amlwg, y mwyaf llym yw'r ddedfryd, y mwyaf tebygol yw'r ddedfryd o atal troseddu.

3. Amddiffyn cymdeithas

Dyma lle mae'r ddedfryd yn un a fydd yn amddiffyn y cyhoedd rhag y troseddwr. Er enghraifft, gallai gyrrwr peryglus gael ei wahardd rhag gyrru, neu gallai lleidr gael tag electronig i'w gadw rhag mynd allan o'r tŷ wedi iddi dywyllu.

4. Adsefydlu

Dyma lle mae'r troseddwr yn cael dedfryd a fydd yn helpu i newid ei ymddygiad a'i atal rhag troseddu eto. Mae hyn yn arbennig o effeithiol gyda throseddwyr ifanc. Cytunir yn gyffredinol nad yw cyfnod o garchar yn effeithiol er mwyn atal aildroseddu yn eu hachos nhw. Oherwydd hyn mae *Deddf Cyfiawnder Troseddol 2003* yn cynnig dedfryd gymunedol, ac mae modd addasu'r ddedfryd i helpu'r troseddwr a'r gymuned yn gyffredinol.

5. Gwneud iawn *(reparation)*

Yn y bôn, ystyr 'gwneud iawn' yw talu'n ôl i gymdeithas yr hyn rydych wedi ei gymryd i ffwrdd. Er enghraifft, gall hyn fod ar ffurf iawndal, neu drwy wneud gwaith cymunedol di-dâl. Gallai rhywun a gafwyd yn euog o ddifrod troseddol gael gorchymyn i lanhau graffiti neu drwsio unrhyw ddifrod wnaethon nhw.

Dedfrydu troseddwyr ifanc

Mae troseddwyr rhwng 10 ac 17 oed yn cael eu hystyried yn droseddwyr ifanc, ac fel arfer yn sefyll eu prawf yn y **llys ieuenctid**, heblaw pan fydd yr achos yn un difrifol iawn. Yr adeg honno, bydd y treial yn Llys y Goron. Gall pobl ifanc hefyd sefyll eu prawf yn Llys y Goron os ydyn nhw'n cael treial ochr yn ochr â throseddwr sy'n oedolyn. Cafodd rôl y llys ieuenctid ei hatgyfnerthu yn achos *Thompson and Venables v UK (1999)*. Y pryd hwnnw, dyfarnodd Llys Hawliau Dynol Ewrop fod gwneud i droseddwyr ifanc sefyll eu prawf mewn llys oedolion yn torri *Erthygl 6 yr ECHR*, oherwydd tybiwyd y gallai fod yn rhy fygythiol iddyn nhw, gan eu dychryn.

Mae'r llys ieuenctid fel arfer yn yr un adeilad â'r llys ynadon. Nid yw ar agor i'r cyhoedd ac mae'n fwy anffurfiol; er enghraifft, nid yw'r barnwr rhanbarth yn gwisgo wigiau ac mae mynediad i'r wasg wedi'i gyfyngu. Mae gan droseddwyr ifanc hefyd yr hawl i gael **oedolyn priodol** gyda nhw bob amser, a gwneir darpariaeth am hyn o dan *adran 57 Deddf yr Heddlu a Thystiolaeth Droseddol 1984* a *Chod C* y ddeddf honno.

Mae sawl math o ddedfryd ar gael i droseddwyr ifanc, ond prif nod dedfrydu pobl ifanc, yn ôl *adran 142 Deddf Cyfiawnder Troseddol 2003*, yw atal aildroseddu ac adsefydlu'r troseddwr er mwyn newid ei ymddygiad, ac ar yr un pryd gwneud iawn neu 'unioni' cymdeithas am y difrod a achoswyd.

Sgiliau

Os bydd cwestiwn arholiad yn gofyn am ddamcaniaethau dedfrydu, mae'n arfer da i roi enghreifftiau o'r mathau o ddedfrydau sy'n cefnogi'r ddamcaniaeth honno.

TERMAU ALLWEDDOL

oedolyn priodol: rhiant, gwarcheidwad neu weithiwr cymdeithasol sy'n gorfod bod yn bresennol pan fydd unigolyn ifanc o dan 17 oed yn cael ei gyfweld yn nalfa'r heddlu, neu mewn treial yn y llys ieuenctid. Ei rôl yw gwneud yn siŵr bod yr unigolyn ifanc yn deall y termau cyfreithiol, yn ymwybodol o'i hawliau ac yn cael cysur a sicrwydd.

Dedfrydu cyn mynd i'r llys

Mae'r tabl yn dangos pa ddatrysiadau sydd ar gael yn y system cyfiawnder ieuenctid i droseddwyr sydd wedi cyflawni trosedd gyntaf neu sy'n pledio'n euog i drosedd.

Datrysiad adsefydlu ieuenctid (*Youth restorative disposal*: *YRD*)	Rhybudd i ieuenctid	Rhybudd amodol i ieuenctid
Mae hwn yn cael ei ddefnyddio ar gyfer pobl rhwng 10 ac 17 oed sydd wedi cyflawni mân droseddau. Rhaid i'r troseddwr gyfaddef ei fod ar fai, a rhaid rhoi dewis iddo ymddiheuro neu 'wneud iawn' am y niwed mae wedi ei achosi. Y nod yw sicrhau cydbwysedd rhwng yr angen i wneud rhywbeth am y drosedd, a darparu cymorth i bobl ifanc drwy eu hannog i beidio â chyflawni rhagor o droseddau, neu ymddwyn yn wrthgymdeithasol.	Cafodd rhybuddion i ieuenctid a rhybuddion amodol i ieuenctid eu cyflwyno gan **Ddeddf Cymorth Cyfreithiol, Dedfrydu a Chosbi Troseddwyr 2012** ym mis Ebrill 2013, i ddisodli ceryddon a rhybuddion olaf gan yr heddlu.	Mae hwn yn cael ei ddefnyddio ar gyfer trosedd gyntaf sy'n fwy difrifol, neu drosedd olynol. Mae'n rhybudd sydd ag amodau ynghlwm wrtho, ac mae'n rhaid i'r unigolyn ifanc gadw at y rhain. Bydd pobl ifanc sy'n derbyn rhybudd amodol i ieuenctid yn cael eu cyfeirio at y Gwasanaeth Troseddau Ieuenctid (*Youth Offending Service*: *YOS*).

Gorchymyn adsefydlu ieuenctid

Cafodd y rhain eu cyflwyno o dan **adran 147 Deddf Cyfiawnder Troseddol 2003**. Maen nhw'n fath o ddedfryd gymunedol sy'n cael ei rhoi gan y llys. Mae'n orchymyn hyblyg sy'n ceisio lleihau aildroseddu a nifer y bobl ifanc yn y ddalfa. Gall y gorchymyn bara am uchafswm o dair blynedd, a gellir ei roi am unrhyw drosedd gan unigolyn o dan 18 oed.

Mae modd gosod y gofynion isod yn rhan o orchymyn adsefydlu ieuenctid:

- gweithgaredd
- gwaith di-dâl
- cyrffyw
- gwahardd gweithgaredd
- eithrio
- monitro electronig
- gorfod preswylio mewn ardal awdurdod lleol
- goruchwylio
- addysg
- sylwedd meddwol
- triniaeth iechyd meddwl
- profi am gyffuriau.

Bydd y troseddwr ifanc yn cael ei oruchwylio gan y **tîm troseddau ieuenctid**, a bydd yn rhaid i'r troseddwr ifanc ymweld â'i weithiwr achos a fydd yn llunio **cynllun gorchymyn adsefydlu ieuenctid** gydag ef. Bydd y cynllun hwn yn ymdrin ag ymddygiad y troseddwr ifanc ac yn ei helpu i symud ymlaen. Os bydd y troseddwr ifanc yn torri'r gorchymyn dair gwaith, bydd yn rhaid iddo ddychwelyd i'r llys a gallai dreulio cyfnod yn y ddalfa.

Dirwyon ieuenctid

Dylai dirwyon ieuenctid adlewyrchu gallu'r troseddwr i dalu. Os yw'r troseddwr o dan 16 oed, cyfrifoldeb rhiant/gwarcheidwad yw talu'r ddirwy a bydd ei allu i dalu yn cael ei ystyried wrth bennu lefel y ddirwy.

Dedfrydu haen gyntaf

Dedfrydau cymunedol yw'r rhain, a'u bwriad yw gweithredu fel **ataliad** rhag cyflawni mwy o droseddau. Maen nhw'n ffordd i'r troseddwr geisio adsefydlu a pheidio ag aildroseddu yn y dyfodol.

Gorchymyn cyfeirio	Gorchymyn gwneud iawn	Gorchymyn rhianta
adrannau 16–28 Deddf Pwerau Llysoedd Troseddol (Dedfrydu) 2000	*adrannau 73–75 Deddf Pwerau Llysoedd Troseddol (Dedfrydu) 2000*	*Deddf Cyfiawnder Troseddol 2003*
Bydd yn cael ei roi am drosedd gyntaf, pan fydd y troseddwr yn pledio'n euog. Bydd yr unigolyn ifanc yn cael ei gyfeirio at banel troseddau ieuenctid, a fydd yn llunio contract sy'n para rhwng tri a deuddeg mis. Nod y contract fydd ymdrin â'r rhesymau dros yr ymddygiad troseddol, a rhoi cyfle i'r troseddwr unioni'r difrod a achoswyd ganddo.	Mae hyn yn rhoi cyfle i'r troseddwr gymryd cyfrifoldeb am ei ymddygiad a mynegi ei edifeirwch i gymdeithas trwy wneud iawn am y niwed a achoswyd gan y drosedd. Er enghraifft, efallai bydd yn rhaid iddo gyfarfod y dioddefwr, glanhau graffiti neu wneud rhyw fath o waith di-dâl.	Gall y rhain gael eu rhoi i rieni am hyd at flwyddyn. Gall yr amodau gynnwys mynychu sesiynau cwnsela. Bydd y gorchymyn yn cynnwys rhestr o bethau i'r plentyn eu gwneud a pheidio â'u gwneud, er enghraifft, mynd i'r ysgol neu aros gartref yn ystod oriau penodol. Y nod yw rhoi cymorth i'r rhieni i ddelio ag ymddygiad eu plentyn. Os bydd rhiant yn torri'r gorchymyn, gall gael dirwy o hyd at £1,000. Y nod yw atal aildroseddu, ac ni fydd y llys yn rhoi'r gorchymyn oni bai fod y llys yn fodlon y bydd yn helpu i atal mwy o droseddu.

Rhyddhau

Mae'r trefniadau rhyddhau yr un peth i oedolion a throseddwyr ifanc, o dan *adrannau 12–15 Deddf Pwerau Llysoedd Troseddol (Dedfrydu) 2000*.

- **Rhyddhau amodol**: Nid yw'r ddedfryd hon yn cael ei defnyddio yn aml iawn, ond mae'n ffordd o roi amser i'r troseddwr 'ymdawelu'. Ni fydd y troseddwr ifanc yn cael ei gosbi, ar yr amod na fydd yn aildroseddu.

- **Rhyddhau diamod**: mae'r troseddwr yn cael ei ryddhau heb gosb a does dim gweithredu pellach.

Cadw yn y ddalfa

Dim ond mewn achosion difrifol iawn y bydd troseddwr ifanc yn cael ei gadw yn y ddalfa.

Gorchymyn cadw a hyfforddi adrannau 100–106 Deddf Pwerau Llysoedd Troseddol (Dedfrydu) 2000	adran 90 Deddf Pwerau Llysoedd Troseddol (Dedfrydu) 2000	adran 91 Deddf Pwerau Llysoedd Troseddol (Dedfrydu) 2000
Cyfnod yn y ddalfa yw hwn i droseddwr ifanc, a gall amrywio rhwng **pedwar mis** a **dwy flynedd**. Mae rhan gyntaf y ddedfryd yn cael ei threulio yn y ddalfa, a'r ail ran yn y gymuned o dan oruchwyliaeth y **Tîm Troseddau Ieuenctid**. Yn ystod yr elfen gymunedol hon, bydd yn rhaid i'r troseddwr weithio i wneud iawn, a chadw at unrhyw dargedau sydd yn y **cynllun hyfforddi a goruchwylio** ar ôl cytuno ar hwnnw gyda'i weithiwr tîm troseddau ieuenctid. Rhoddir y gorchmynion hyn yn unig i'r bobl ifanc sy'n peri risg arbennig o uchel, sy'n droseddwyr cyson, neu sydd wedi cyflawni trosedd ddifrifol iawn, gan nad y ddalfa yw'r ateb mwyaf priodol i droseddwr ifanc fel arfer. Gall torri'r gorchymyn ar unrhyw gam yn y broses arwain at ddirwy neu gyfnod hirach yn y ddalfa.	Os yw'r euogfarn yn un am lofruddiaeth, mae'n rhaid i'r llys osod isafswm cyfnod i'w dreulio yn y ddalfa, ac wedi hynny gall y troseddwr ifanc wneud cais i'r **Bwrdd Parôl** i'w ryddhau. Os bydd yn llwyddo, bydd o dan oruchwyliaeth agos am gyfnod amhenodol. Llys y Goron yn unig all roi'r ddedfryd hon.	Mae'r adran hon yn ymwneud â'r bobl ifanc sydd wedi cyflawni troseddau lle byddai troseddwr sy'n oedolyn yn cael o leiaf 14 mlynedd yn y carchar. Gall hyd y ddedfryd fod yn unrhyw beth hyd at yr uchafswm i oedolyn, sef carchar am oes. Mae modd rhyddhau'r troseddwr ifanc yn awtomatig hanner ffordd trwy'r ddedfryd, ac mae modd ei ryddhau hyd at uchafswm o 135 diwrnod yn gynnar gan osod **cyrffyw cadw gartref**. Unwaith i'r troseddwr gael ei ryddhau, bydd hefyd yn cael ei osod dan drwydded oruchwylio hyd nes daw'r ddedfryd i ben. Llys y Goron yn unig all roi'r ddedfryd hon.

R v Lavinia Woodward (2017)
*Trawodd y diffynnydd ei phartner yn ei goes â chyllell fara yn ystod ffrae feddwol, a chafodd ei chyhuddo o niweidio anghyfreithlon o dan **adran 20 Deddf Troseddau Corfforol 1861**.*

TERMAU ALLWEDDOL

Bwrdd Parôl: corff a sefydlwyd o dan *Ddeddf Cyfiawnder Troseddol 1967* i gynnal cyfarfodydd gyda throseddwr er mwyn penderfynu a all gael ei ryddhau o'r carchar ar ôl treulio isafswm ei ddedfryd yno. Mae'r Bwrdd yn llunio asesiad risg i benderfynu a yw'n ddiogel rhyddhau'r unigolyn yn ôl i'r gymuned. Os yw'n ddiogel, bydd yn cael ei ryddhau ar drwydded, gydag amodau ac o dan oruchwyliaeth agos.

GWELLA GRADD

Darllenwch adroddiad dedfrydu'r barnwr yn achos *R v Lavinia Woodward (2017)*, ac amlinellwch y ffactorau gwaethygol a'r ffactorau lliniarol yn ei ddyfarniad wrth roi dedfryd ataliedig.

Sgiliau Arholiad

Pan fyddwch yn sôn am ddedfrydu pobl ifanc, dylech geisio gwerthuso'r damcaniaethau dedfrydu a'r mathau gwahanol o ddedfrydau. Er enghraifft, mae'r gorchymyn adsefydlu ieuenctid yn ymdrin â gwneud iawn, adsefydlu ac atal.

YMESTYN A HERIO

Cyhoeddwyd **Adolygiad Lammy** ym mis Medi 2017 gan yr AS David Lammy. Roedd hwn yn adolygu'r driniaeth o unigolion du, Asiaidd a lleiafrifoedd ethnig yn y system cyfiawnder troseddol, a chanlyniadau hynny. Un o'r prif argymhellion oedd y dylid defnyddio'r egwyddor Americanaidd o 'selio' (hynny yw, diddymu neu ddileu) euogfarnau troseddol sydd wedi dod i ben. Gall hyn alluogi'r troseddwr i wneud cais i glywed ei achos gerbron barnwr neu gorff annibynnol, fel y Bwrdd Parôl, i brofi ei fod wedi newid. Byddai hyn yn golygu eu bod yn gallu dod o hyd i waith yn y dyfodol a chael ail gyfle, gan na fyddai rhaid iddyn nhw ddatgelu euogfarnau troseddol. Gallwch ddarllen holl argymhellion Lammy yn yr adroddiad llawn, ar gael yn Gymraeg ac yn Saesneg ar https://www.gov.uk/government/publications/lammy-review-final-report.

Dedfrydu troseddwyr sy'n oedolion

DATRYSIADAU Y TU ALLAN I'R LLYS	**Hysbysiad Cosb am Anhrefn** (*Penalty Notice for Disorder*: PND) (***Deddf Cyfiawnder Troseddol a'r Heddlu 2001***)	Cosb benodol yw hon a roddir i droseddwyr sydd wedi cyflawni un o 24 mân drosedd, fel dwyn o siopau, mân ddifrod troseddol, taflu sbwriel a meddwdod, yn ogystal â bod â khat neu canabis yn eu meddiant. Unwaith bydd yr hysbysiad cosb wedi ei gyflwyno, rhaid i'r troseddwr naill ai dalu'r gosb neu ddewis mynd i'r llys cyn pen 21 diwrnod. Gall swyddogion cymorth cymunedol yr heddlu (*PCSOs*) roi Hysbysiadau cosb am anhrefn.
	Rhybudd	Gall rhybuddion gael eu rhoi i unrhyw un dros 10 oed ar gyfer mân droseddau, er enghraifft graffiti. Rhaid i'r troseddwyr gytuno i gael eu rhybuddio, a gellir eu harestio a'u cyhuddo os na fyddan nhw'n cytuno. Er nad yw rhybudd yn euogfarn droseddol, mae'n bosibl ei ddefnyddio fel tystiolaeth o gymeriad drwg os bydd diffynnydd yn mynd i'r llys am drosedd arall. Gall rhybuddion fod i'w gweld ar wiriadau'r Gwasanaeth Datgelu a Gwahardd (*DBS*) – y rhai safonol a'r rhai manwl.
	Rhybudd amodol	Mae amodau neu gyfyngiadau penodol ynghlwm â'r rhybudd hwn, fel cytuno i gael eich trin i roi'r gorau i alcohol neu gyffuriau, neu i drwsio'r difrod a achoswyd.
DATRYSIADAU YN Y LLYS	**Rhyddhad diamod**	Mae'r llys yn teimlo bod y troseddwr wedi cael digon o gosb yn barod drwy fynd i'r llys, ac felly bydd yn rhyddhau'r troseddwr heb fod angen gweithredu pellach.
	Rhyddhad amodol	Ni fydd y troseddwr yn derbyn unrhyw gosb, ar yr amod na fydd yn aildroseddu am gyfnod penodol.
	Dirwy	Y ddedfryd fwyaf cyffredin i oedolion, yn bennaf ar gyfer mân droseddau. Gall ynadon roi uchafswm dirwy o £5,000 (ond gall fod heb uchafswm am rai troseddau), ac nid oes terfyn ar y ddirwy y gall Llys y Goron ei rhoi. Mae ***adran 85 Deddf Cymorth Cyfreithiol, Dedfrydu a Chosbi Troseddwyr 2012*** wedi dileu uchafswm yr ynadon ar gyfer troseddau Lefel 5.
	Gorchymyn dedfryd ataliedig (*Suspended sentence Order*)	Nid yw'r diffynnydd yn mynd i'r carchar, ond mae'n rhaid iddo gydymffurfio ag amodau a osodir gan y llys. Gall y cyfnod ataliedig bara rhwng 14 diwrnod a blwyddyn (neu chwe mis yn y llysoedd ynadon). Os bydd y troseddwr yn torri'r amodau, gall gael ei anfon i'r carchar am weddill ei ddedfryd. Gall y llys gynnwys unrhyw rai o'r 12 gofyniad yn rhan o'r ddedfryd.
	Gorchymyn cymunedol (*adran 177 Deddf Cyfiawnder Troseddol 2003*)	Gall llys osod gorchymyn cymunedol gydag unrhyw nifer o'r gofynion sydd yn ***Neddf Cyfiawnder Troseddol 2003***. Mae gorchymyn cymunedol yn cynnwys cosb a rhywbeth i wneud iawn i'r gymuned. Fel arfer, un gofyniad yn unig fydd mewn achosion llai difrifol, ond byddai angen pecyn mwy dwys ar gyfer troseddau mwy difrifol. Gall y gofynion gynnwys y canlynol: • gwaith di-dâl • gweithgaredd • mynd ar gwrs (e.e. rheoli dicter neu roi'r gorau i gyffuriau) • gwahardd rhyw weithgaredd • cyrffyw • eithrio • preswylio yn rhywle • triniaeth iechyd meddwl • triniaeth i roi'r gorau i gyffuriau • triniaeth alcohol • goruchwyliaeth • gofyniad i fynychu canolfan ymbresenoli. Yn dilyn ***Deddf Trosedd a Llysoedd 2013***, mae'n rhaid i bob dedfryd gymunedol gynnwys **elfen o gosb**, fel gwaith di-dâl neu gyrffyw.

Dedfrydau o garchar

Hon yw'r ddedfryd fwyaf llym, ac mae'n cael ei rhoi am y troseddau mwyaf difrifol. *Mae adran 152(2) Deddf Cyfiawnder Troseddol 2003* yn nodi mai dim ond ar gyfer y troseddau hynny sydd mor ddifrifol 'na ellir cyfiawnhau dirwy yn unig na dedfryd gymunedol y mae dedfrydau o garchar ar gael'.

Dedfryd benderfynedig

Dyma lle mae'r llys yn pennu cyfnod yr amser mae'n rhaid i droseddwr ei dreulio yn y carchar. Dyma'r math mwyaf cyffredin o ddedfryd o garchar, er mai uchafswm fel arfer yw hyd y ddedfryd. Ni fydd y troseddwr yn y carchar am y cyfnod hwn i gyd bob amser.

Am ddedfrydau o fwy na blwyddyn, dim ond hanner ei ddedfryd y mae'r troseddwr yn debyg o'i dreulio hanner yn y carchar. Bydd yr hanner arall yn cael ei dreulio yn y gymuned ar drwydded gydag amodau, a dan oruchwyliaeth.

Dedfryd benagored

Dyma lle bydd y llys yn gosod **isafswm** cyfnod o amser y mae'n rhaid i'r troseddwr dreulio yn y carchar cyn bod yn gymwys i'w ryddhau yn gynnar gan y **Bwrdd Parôl**.

Carchar am oes

Ymdrinnir â hyn yn *adran 225 Deddf Cyfiawnder Troseddol 2003*, sy'n awgrymu y dylai troseddwr gael dedfryd o garchar am oes yn yr amgylchiadau canlynol:

- mae'r troseddwr wedi ei gael yn euog o drosedd ddifrifol (a ddiffinnir fel un ag uchafswm dedfryd o garchar am oes, neu o leiaf 10 mlynedd)
- ym marn y llys, mae perygl sylweddol i'r troseddwr wneud niwed difrifol i'r cyhoedd drwy gyflawni troseddau penodol eraill
- y gosb fwyaf am y drosedd yw carchar am oes
- mae'r llys yn ystyried bod difrifoldeb y drosedd, neu'r drosedd ac un neu fwy o droseddau eraill cysylltiedig, yn cyfiawnhau carchar am oes.

Carchar er mwyn amddiffyn y cyhoedd

Ymdrinnir â hyn hefyd yn *adran 225 Deddf Cyfiawnder Troseddol 2003*, ac mae'n gosb sy'n cael ei rhoi i droseddwyr yn yr amgylchiadau canlynol:

- mae'r troseddwr wedi ei gael yn euog o drosedd rywiol neu dreisgar ddifrifol, a gellir ei chosbi drwy garcharu am oes neu gyfnod penderfynedig o ddeng mlynedd neu fwy
- ym marn y llys, mae perygl sylweddol i'r troseddwr wneud niwed difrifol i'r cyhoedd drwy gyflawni troseddau penodol eraill
- mae'r drosedd yn un y gellir ei chosbi drwy garcharu am oes, ac mae'r llys yn fodlon bod difrifoldeb y drosedd yn cyfiawnhau dedfryd o'r fath
- mae gan y troseddwr euogfarn flaenorol am drosedd sydd wedi'i rhestru yn *Atodlen 15A i'r Ddeddf Cyfiawnder Troseddol 2003* neu mae'r drosedd bresennol yn cyfiawnhau isafswm cyfnod tybiannol o ddwy flynedd o leiaf.

Dedfryd orfodol o garchar am oes

Mae'r ddedfryd orfodol hon yn cael ei rhoi i'r troseddwyr sydd wedi eu canfod yn euog o lofruddiaeth. Os byddan nhw'n cael eu hystyried ar gyfer eu rhyddhau gan y Bwrdd Parôl, yna byddan nhw ar drwydded am weddill eu bywyd.

Gorchmynion bywyd cyfan

Mae'r rhain yn brin iawn, ac yn cael eu rhoi i'r troseddwyr mwyaf difrifol yn unig, neu'r troseddwyr mwyaf cyson. Dim ond ar sail trugaredd, a gyda chaniatâd yr Ysgrifennydd Gwladol, y mae'n bosibl rhyddhau'r carcharorion hyn. Ar hyn o bryd, ychydig iawn o garcharorion sydd dan ddedfrydau Gorchymyn Bywyd Cyfan yng Nghymru a Lloegr.

Cyngor Dedfrydu

Sefydlwyd y Cyngor Dedfrydu fel rhan o *Ddeddf Crwneriaid a Chyfiawnder 2009*. Roedd hwn yn cymryd lle'r Cyngor Canllawiau Dedfrydu, gyda'r nod o annog tryloywder a chysondeb wrth ddedfrydu.

Wrth benderfynu pa ddedfryd i'w rhoi i droseddwr, mae nifer o ffactorau yn cael eu hystyried, yn dibynnu ai oedolyn neu unigolyn ifanc yw'r troseddwr. Gall y ffactorau hyn fod yn berthnasol wrth ddewis y **math o ddedfryd** yn ogystal â'i hyd. Caiff pob achos ei benderfynu ar ffeithiau'r achos unigol.

GWELLA GRADD

Mae gwefan y Cyngor Dedfrydu (www.sentencingcouncil.org.uk) yn cynnwys yr holl wybodaeth sydd angen ei gwybod am y ffordd mae troseddwyr yn cael eu dedfrydu yng Nghymru a Lloegr.

TERMAU ALLWEDDOL

ffactorau gwaethygol: ffactor sy'n berthnasol i drosedd, ac sy'n effeithio ar y ddedfryd drwy ei chynyddu. Enghreifftiau o hyn yw pan fydd gan droseddwr euogfarnau blaenorol, neu os defnyddiwyd arf yn ystod y drosedd.

ffactorau lliniarol: ffactorau sy'n berthnasol i'r drosedd, ac sy'n effeithio ar y ddedfryd neu'r cyhuddiad drwy eu lleihau. Enghreifftiau o hyn yw ystyried ai dyma drosedd gyntaf y diffynnydd, neu a yw'r diffynnydd wedi pledio'n euog.

YMESTYN A HERIO

1. Cyhoeddodd y llywodraeth gynigion i leihau dedfrydau 50 y cant ar gyfer y rhai sy'n pledio'n euog. Ymchwiliwch i'r cynigion hyn, a thrafodwch yr effeithiau posibl ar boblogaeth y carchardai. Ydych chi'n credu bod hyn yn cefnogi damcaniaeth ddedfrydu wrth geisio sicrhau cosb haeddiannol?

2. Mae gorchmynion bywyd cyfan yn ddadleuol iawn. Maen nhw wedi cael eu herio yn yr *ECtHR* gan grwpiau o ddiffynyddion ar y sail eu bod yn mynd yn groes i *Erthygl 3 yr ECHR*. Mae'r diffynyddion hyn yn cynnwys Jeremy Bamber a Peter Moore, a'r enw ar yr achos cyfan yw *Vinter v UK (2013)*. Gwerthuswch ganlyniadau'r her hon neu heriau tebyg.

TERMAU ALLWEDDOL

mechnïaeth: caniateir i'r diffynnydd fod yn rhydd yn hytrach na bod yn y carchar cyn ei wrandawiad llys, cyn belled â'i fod yn cytuno i amodau penodol, fel adrodd yn rheolaidd i swyddfa heddlu.

Troseddwyr ifanc	Troseddwyr sy'n oedolion
• Prif nod y system cyfiawnder ieuenctid yw atal aildroseddu. • Mae'n rhaid ystyried lles y plentyn.	Rhaid i'r ddedfryd adlewyrchu'r pum rheswm dros ddedfrydu.
Wrth benderfynu ar y ddedfryd briodol, bydd y barnwr yn ystyried y canlynol:	
• oed ac aeddfedrwydd y troseddwr • difrifoldeb y drosedd • amgylchiadau'r teulu • unrhyw hanes blaenorol o droseddu • a wnaeth y troseddwr gyfaddef i'r weithred neu beidio.	• difrifoldeb y drosedd • unrhyw euogfarn flaenorol gan y troseddwr • unrhyw **ffactorau gwaethygol** • unrhyw **ffactorau lliniarol** • lliniaru personol • a wnaeth y troseddwr bledio'n euog neu beidio • y ddedfryd uchaf sydd ar gael am y drosedd.
Bydd y barnwr wedyn yn edrych ar unrhyw **ganllawiau dedfrydu** sy'n berthnasol i'r drosedd.	

Mechnïaeth

Un mater pwysig cyn treial yw ystyried a ddylai'r diffynnydd gael ei gadw yn y ddalfa wrth aros am y treial, neu a ddylid caniatáu mechnïaeth. Gall unigolyn gael ei ryddhau ar fechnïaeth ar unrhyw adeg ar ôl cael ei arestio gan yr heddlu. Mae mechnïaeth yn golygu bod rhywun yn gallu bod yn rhydd tan gam nesaf yr achos, yn unol ag *Erthygl 5 ECHR* (Hawl i ryddid).

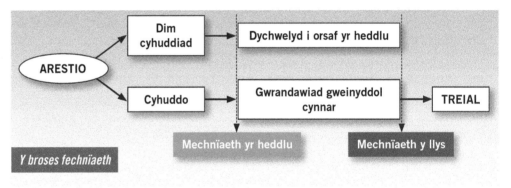

Y broses fechnïaeth

Mechnïaeth yr heddlu

Gall yr heddlu roi mechnïaeth mewn tair sefyllfa:

1. Pan fydd rhywun yn cael ei ryddhau heb ei gyhuddo, ar yr amod ei fod yn dychwelyd i'r orsaf heddlu ar ddyddiad penodol yn y dyfodol. Mae hyn wedi'i nodi yn *adran 37 Deddf yr Heddlu a Thystiolaeth Droseddol 1984*. Os nad yw'r unigolyn wedi cael ei gyhuddo, mae *Deddf Plismona a Throsedd 2017* yn mynnu nad yw'n cael bod ar fechnïaeth am **fwy na 28 diwrnod**, gan ddechrau un diwrnod ar ôl y diwrnod pan gafodd ei arestio. Mae hyn o ganlyniad i'r sgandal hacio ffonau yn ymwneud â'r *News of the World*, lle cafodd rhai newyddiadurwyr eu cadw ar fechnïaeth am hyd at ddwy flynedd. Gall y cyfnod o 28 diwrnod gael ei ymestyn i dri mis mewn achosion o dwyll difrifol, neu os bydd un o amodau A i D yn *adran 47 Deddf yr Heddlu a Thystiolaeth Droseddol 1984* wedi'i fodloni. Mae *Deddf Plismona a Throsedd 2017* yn mynd ymhellach drwy fynnu, os bydd unigolyn yn cael ei ryddhau ar ôl cael ei arestio, y dylai gael ei ryddhau heb fechnïaeth.

2. Pan fydd diffynnydd wedi cael ei gyhuddo o drosedd, tan y gwrandawiad gweinyddol cynnar yn y llys ynadon. Mae hyn wedi'i nodi yn *adran 38 Deddf yr Heddlu a Thystiolaeth Droseddol 1984*.

3. Gall yr heddlu roi 'mechnïaeth stryd' am fân droseddau, heb fod angen mynd â rhywun i'r orsaf heddlu. Mae hyn wedi'i nodi yn *adran 4 Deddf Cyfiawnder Troseddol 2003*.

Bydd y penderfyniad i ganiatáu mechnïaeth yn cael ei wneud gan **swyddog y ddalfa**. Dyma'r unig adegau pan all yr heddlu wrthod mechnïaeth:

- os na fydd yr unigolyn a ddrwgdybir yn rhoi enw a chyfeiriad; neu
- os ydyn nhw'n amau nad yw'r enw a chyfeiriad a roddir yn gywir.

Felly, mae mechnïaeth yn cael ei chaniatáu yn y rhan fwyaf o achosion, ac mae modd ei rhoi i'r unigolyn a ddrwgdybir hyd yn oed os nad yw wedi ei gyhuddo, os yw'n cytuno i ddychwelyd i orsaf yr heddlu ar ddyddiad penodol. Digwyddodd hyn i Christopher Jefferies, yr unigolyn cyntaf i gael ei arestio yn achos llofruddiaeth *Joanna Yeates* yn 2010 a 2011.

Os yw'r heddlu o'r farn na allan nhw ganiatáu mechnïaeth, rhaid i'r achos fynd gerbron yr ynadon cyn gynted â phosibl, er mwyn iddyn nhw allu gwneud penderfyniad am fechnïaeth.

Mechnïaeth y llys

Mae pwerau'r llys i ganiatáu mechnïaeth yn cael eu llywodraethu gan *Ddeddf Mechnïaeth 1976*, lle mae *adran 4* yn cynnwys rhagdybiaeth o blaid mechnïaeth (gan gofio *Erthygl 5 yr ECHR*: Hawl i ryddid), ond gall ystyriaethau eraill atal rhywun a ddrwgdybir rhag cael mechnïaeth. Mae *Atodlen 1(9) Deddf Mechnïaeth 1976* yn amlinellu ffactorau mae'n rhaid eu hystyried wrth benderfynu a ddylid caniatáu mechnïaeth neu beidio:

- Natur a difrifoldeb y drosedd.
- Cymeriad, hanes, cysylltiadau a chlymau cymunedol y diffynnydd.
- Hanes blaenorol y diffynnydd o ran ildio i fechnïaeth.
- Cryfder y dystiolaeth yn ei erbyn.

Does dim rhaid caniatáu mechnïaeth, os oes **seiliau sylweddol** dros gredu y byddai'r unigolyn a ddrwgdybir yn gwneud un o'r canlynol:

- cyflawni trosedd arall yn ystod y fechnïaeth
- peidio ag ildio i fechnïaeth
- ymyrryd â thystion neu rwystro cwrs cyfiawnder mewn ffordd arall; neu
- bod angen cadw'r unigolyn a ddrwgdybir yn y ddalfa er mwyn ei amddiffyn.

Mae yna eithriad pellach o dan *Ddeddf Cymorth Cyfreithiol, Dedfrydu a Chosbi Troseddwyr 2012*. Mae hwn pan fydd **seiliau sylweddol** dros gredu y byddai'r diffynnydd, pe bai'n cael ei ryddhau, yn cyflawni trosedd yn erbyn 'unigolyn cysylltiedig' mewn achos o drais domestig.

Mechnïaeth amodol

Gall yr heddlu **neu'r** llysoedd ganiatáu mechnïaeth amodol dan bwerau a roddwyd iddyn nhw gan *adran 3 Deddf Mechnïaeth 1976* a *Deddf Cyfiawnder Troseddol a Threfn Gyhoeddus 1994*. Mae'r amodau hyn wedi'u gosod i leihau'r perygl y bydd y diffynnydd yn cyflawni trosedd arall yn ystod ei fechnïaeth, neu'n ymyrryd yn yr ymchwiliad mewn ffordd arall. Mewn rhai amgylchiadau, maen nhw yno i'w amddiffyn. Dyma rai o'r amodau y gellir eu gosod:

- cyrffyw
- tagio electronig
- ildio pasbort
- adrodd i orsaf heddlu yn rheolaidd
- aros mewn hostel mechnïaeth
- cael rhywun i roi meichiau ar ran y diffynnydd.

Y llysoedd a'r heddlu sydd i ddewis pa amodau i'w gosod, ac nid oes unrhyw derfyn neu gyfyngiadau ar yr amodau y gellir eu gosod.
Dyma ddwy enghraifft enwog.

- Cafodd *Dave Lee Travis (2014)* ei gyhuddo o 11 achos o ymosod yn anweddus ac un achos o ymosod yn rhywiol. Roedd ei fechnïaeth amodol yn nodi bod rhaid iddo fyw yn ei gartref yn Swydd Bedford, ac na ddylai gysylltu â'i ddioddefwyr honedig.

- Cafodd *Ryan Cleary (2012)* ei gyhuddo o geisio hacio gwefan yr Asiantaeth Troseddau Cyfundrefnol Difrifol. Roedd ei fechnïaeth amodol yn faith, ac yn dweud y dylai gadw at gyrffyw rhwng 9pm a 7am bob nos, gwisgo tag electronig, a dim ond gadael y tŷ yng nghwmni ei rieni. Hefyd, roedd yn rhaid iddo fyw a chysgu yn ei gyfeiriad cartref, a pheidio â defnyddio'r Rhyngrwyd na bod yn berchen ar unrhyw ddyfeisiau fyddai'n gallu cysylltu â'r Rhyngrwyd.

Cyfyngiadau ar fechnïaeth

Mae llawer o *Ddeddf Mechnïaeth 1976* wedi cael ei newid dros y blynyddoedd, oherwydd pryder bod mechnïaeth yn cael ei rhoi'n rhy rwydd, a bod y rhai a oedd yn cael mechnïaeth yn aml yn cyflawni mwy o droseddau. Mae'r tabl yn dangos y prif newidiadau.

adran 25 Deddf Cyfiawnder Troseddol a Threfn Gyhoeddus 1994	Cafodd y llysoedd eu gwahardd rhag caniatáu mechnïaeth mewn achosion o lofruddiaeth, dynladdiad a thrais os oedd y diffynnydd wedi treulio cyfnod yn y carchar o'r blaen am drosedd o'r fath. Fodd bynnag, cadarnhawyd bod hyn yn torri *Erthygl 5 yr ECHR* yn achos *Caballero v UK (2000)*.
adran 56 Deddf Trosedd ac Anhrefn 1998	Gall diffynnydd gael mechnïaeth mewn achosion difrifol dim ond os yw'r llys yn fodlon bod yna amgylchiadau eithriadol.
adran 24 Deddf Gwrthderfysgaeth, Trosedd a Diogelwch 2001	Os yw rhywun yn cael ei ddrwgdybio o fod yn derfysgwr rhyngwladol, dylai wneud unrhyw gais am fechnïaeth i'r Comisiwn Arbennig ar Apeliadau Mewnfudo.
adran 14 Deddf Cyfiawnder Troseddol 2003	Os oedd y diffynnydd ar fechnïaeth am drosedd arall ar ddyddiad y drosedd, dylai mechnïaeth gael ei gwrthod, oni bai fod y llys yn fodlon nad oes risg sylweddol y bydd yn cyflawni trosedd arall.
adran 18 Deddf Cyfiawnder Troseddol 2003	Gall yr erlyniad apelio yn erbyn caniatáu mechnïaeth os yw'n bosibl mynd i'r carchar am gyflawni'r drosedd.
adran 19 Deddf Cyfiawnder Troseddol 2003	Os yw'n bosibl mynd i'r carchar am gyflawni'r drosedd, a bod y diffynnydd wedi rhoi prawf positif am gyffur Dosbarth A, a bod y drosedd yn gysylltiedig â chyffuriau Dosbarth A, ni fydd mechnïaeth yn cael ei chaniatáu.

Mae *adran 90 Deddf Cymorth Cyfreithiol, Dedfrydu a Chosbi Troseddwyr 2012* yn cyflwyno prawf 'dim gobaith realistig'. Mae'n cyfyngu pŵer y llys i wrthod mechnïaeth os nad oes 'gobaith realistig' i'r diffynnydd dderbyn dedfryd yn y carchar ar ôl ei ganfod yn euog.

Mae angen cadw cydbwysedd rhwng diogelu hawliau dynol yr unigolyn, ac amddiffyn y cyhoedd. Mae hyn yn bwysig gan fod yr unigolyn yn dal yn ddieuog nes caiff ei brofi'n euog, felly ni ddylai gael ei drin fel troseddwr euog.

Manteision ac anfanteision mechnïaeth

Manteision

✓ Mae llai o ddiffynyddion ar remand, sy'n costio llai i'r llywodraeth.

✓ Mae'r Swyddfa Gartref yn awgrymu bod hyd at 20% o'r bobl sydd yn y carchar yn aros am dreial, ac y byddan nhw efallai yn cael eu canfod yn ddieuog neu'n derbyn dedfryd ddigarchar.

✓ Gall y diffynnydd weithio a threulio amser gyda'i deulu yn ystod ei fechnïaeth.

✓ Gall y diffynnydd ddefnyddio'r amser sydd ar gael i baratoi ar gyfer y treial a chyfarfod ei gynrychiolwyr cyfreithiol.

Anfanteision

✗ Mae perygl y bydd diffynnydd yn ymyrryd â thystion neu'n rhwystro cyfiawnder mewn ffordd arall. Yn achos *Shannon Matthews (2008)*, petai'r diffynyddion wedi cael mechnïaeth, gallent fod wedi cuddio mwy o dystiolaeth a rhwystro'r ymchwiliad.

✗ Mae'n ymddangos bod anghysondeb yn y ffordd mae llysoedd gwahanol yn dehongli *Deddf Mechnïaeth 1976*.

GWELLA GRADD

Lle bynnag y bo modd, mae angen i chi ddangos gwybodaeth am y newidiadau i *Ddeddf Mechnïaeth 1976* gan fod y rhain yn rhan o'r ffactorau sy'n cael eu hystyried wrth benderfynu ar gais am fechnïaeth.

YMESTYN A HERIO

Trafodwch y ffordd mae'r llysoedd yn ceisio cadw cydbwysedd rhwng diogelu hawliau dynol unigolyn a ddrwgdybir, ac amddiffyn y cyhoedd rhag troseddwr a allai fod yn beryglus.

✗ Mae ystadegau'r Swyddfa Gartref yn nodi nad yw 12 y cant o droseddwyr ar fechnïaeth yn ymddangos yn eu treial, felly mae risg y byddan nhw'n dianc neu'n peidio ag ildio i'w mechnïaeth.

✗ Mae'n debyg bod **traean o achosion bwrglera** yn cael eu cyflawni gan bobl sydd ar fechnïaeth am drosedd arall.

Gwasanaeth Erlyn y Goron

Pan fydd rhywun a ddrwgdybir yn cael ei arestio, ni fydd yn cael ei erlyn yn awtomatig. Mae'r penderfyniad i erlyn – yn hytrach na rhoi rhybudd neu ollwng yr achos – yn nwylo corff annibynnol o'r enw **Gwasanaeth Erlyn y Goron** (*Crown Prosecution Service: CPS*). Cyn i'r *CPS* gael ei sefydlu yn 1986, yr heddlu oedd yn gwneud y penderfyniad i erlyn.

Sefydlu Gwasanaeth Erlyn y Goron

- **1970 Adroddiad Justice** – tynnodd hwn sylw at broblemau gyda'r ffaith mai'r heddlu oedd yn penderfynu erlyn. Y problemau hyn oedd rhagfarn o blaid yr erlyniad, y posibilrwydd o dorri ar yr hawl i dreial teg ar ôl achosion o aflwyddiant cyfiawnder gyda'r heddlu'n ymyrryd â thystiolaeth, a gwrthdaro buddiannau. Roedd yn cael ei ystyried yn amhriodol mai'r un corff oedd yn ymchwilio i'r achos ac yn erlyn hefyd.
- **1978 Comisiwn Brenhinol Phillips** – argymhellodd hwn y dylid sefydlu asiantaeth annibynnol i fod yn gyfrifol am gyhuddo pobl a ddrwgdybir.
- **1985** *Deddf Erlyniad Troseddau* – sefydlodd hon Wasanaeth Erlyn y Goron.

Strwythur ac amcanion Gwasanaeth Erlyn y Goron

Pennaeth Gwasanaeth Erlyn y Goron yw'r **Cyfarwyddwr Erlyniadau Cyhoeddus** (*Director of Public Prosecutions: DPP*). Alison Saunders oedd y Cyfarwyddwr rhwng 2013 a Thachwedd 2018. Ers Tachwedd 2018, y Cyfarwyddwr yw **Max Hill CF**, ac mae'n atebol i'r Twrnai Cyffredinol. Yn gyffredinol, bydd y *CPS* yn dechrau rheoli achos cyn gynted ag y bydd yr heddlu wedi gorffen casglu tystiolaeth a chynnal yr ymchwiliad. Mae gan y *CPS* 5 prif rôl:

- **cynghori'r** heddlu am y cyhuddiad ddylai gael ei ddwyn yn erbyn yr unigolyn a ddrwgdybir, gan ddefnyddio Safonau Cyhuddo'r *CPS* (gweler tudalen 169)
- **adolygu** achosion
- **paratoi** achosion ar gyfer y llys
- **cyflwyno** achosion yn y llys, gan fod hawliau gan gyfreithwyr y *CPS* i ymddangos yn y llys
- **penderfynu** a ddylid erlyn rhywun a ddrwgdybir. (Dyma brif rôl Gwasanaeth Erlyn y Goron).

Strwythur Gwasanaeth Erlyn y Goron

Mae Gwasanaeth Erlyn y Goron wedi'i rannu yn 14 o ardaloedd yng Nghymru a Lloegr. Mae Prif Erlynydd y Goron ym mhob ardal. Mae pob un o'r 14 ardal wedi'i rhannu yn ganghennau, sydd fel arfer yn cyfateb i ardaloedd yr heddlu, ac mae gan bob cangen ei Erlynydd y Goron ei hun yn ben arni. Mae *CPS Direct* yn 'ardal' ychwanegol, sy'n darparu gwasanaeth y tu allan i oriau i'r heddlu gyda chyngor ar gyhuddo.

Arolygiaeth Gwasanaeth Erlyn y Goron

Sefydlwyd Arolygiaeth Gwasanaeth Erlyn y Goron o dan *Ddeddf Arolygiaeth Gwasanaeth Erlyn y Goron 2000*. Mae'n gorff annibynnol sy'n atebol i'r Twrnai Cyffredinol. Ei rôl yw gwella ansawdd cyfiawnder drwy arolygu ac asesu gwasanaethau erlyn yn annibynnol. Drwy wneud hyn, gall wella effeithiolrwydd ac effeithlonrwydd yn dilyn argymhelliad gan Syr Iain Glidewell yn ei adroddiad yn 1999. Cyfeiriad y wefan yw www.hmcpsi.gov.uk.

Mae Gwasanaeth Erlyn y Goron yn defnyddio dwy ddogfen allweddol i amlinellu ei rôl, ei ffyrdd o benderfynu, a pha wasanaeth gall y cyhoedd ei ddisgwyl.

Ardaloedd Gwasanaeth Erlyn y Goron. Mae Llundain wedi'i rhannu rhwng y Gogledd a'r De. (Ffynhonnell: hawlfraint y Goron)

Twrnai Cyffredinol

Cyfarwyddwr Erlyniadau Cyhoeddus

Prif erlynwyr y Goron e.e. Cymru

Canghennau erlynwyr y Goron e.e. De Cymru, Dyfed Powys, Gogledd Cymru, Gwent

Cyfreithwyr a staff cefnogi

Strwythur Gwasanaeth Erlyn y Goron

GWELLA GRADD

Mae'r cefndir hwn i hanes a rôl y *CPS* yn gyflwyniad defnyddiol iawn i draethawd ar y testun.

Cod ar gyfer erlynwyr y Goron

Dyma'r cod ymarfer mae erlynwyr y Goron yn ei ddefnyddio i benderfynu a ddylen nhw gyhuddo rhywun o drosedd ai peidio. Mae'r cod wedi'i nodi yn *adran 10 Deddf Erlyn Troseddau 1985*.

Mae'r **prawf cod llawn** wedi'i seilio ar ddwy agwedd wrth ystyried a fydd y sawl a ddrwgdybir yn cael ei gyhuddo neu beidio:

1. **Prawf tystiolaethol**: A oes gobaith realistig o euogfarn?
2. **Prawf lles y cyhoedd**: A yw er lles y cyhoedd i erlyn?

Mae'n rhaid i achos basio'r prawf tystiolaethol cyn symud ymlaen at brawf lles y cyhoedd; os yw'n methu'r prawf tystiolaethol, ni fydd yr achos yn mynd ddim pellach.

1. Prawf tystiolaethol

Er mwyn pasio'r prawf tystiolaethol, rhaid i'r *CPS* fod yn fodlon fod gobaith realistig o euogfarn: hynny yw, fod barnwr neu reithgor yn debygol iawn o gael y sawl a ddrwgdybir yn euog. Prawf gwrthrychol yw hwn, ac nid yw cael llawer o dystiolaeth yn ddigon; rhaid i'r dystiolaeth honno fod yn ddigonol, yn ddibynadwy ac yn dderbyniol.

Tystiolaeth annibynadwy	Tystiolaeth ddibynadwy
Lluniau teledu cylch cyfyng (*CCTV*) aneglur	DNA
Cyfaddefiad a gafwyd trwy ormes	Llygad-dyst o leoliad y drosedd
Tystiolaeth ail-law (*hearsay*)	Cyfaddefiad gwirfoddol
Tystiolaeth llygad-dyst gan blentyn	

Un enghraifft yw *Achos Damilola Taylor (2002)*, a ddaeth yn destun ymchwiliad oherwydd tystion annibynadwy a thystiolaeth annerbyniol.

Os na fydd y prawf tystiolaethol yn cael ei basio, yna rhaid dod â'r achos i ben o dan *adran 23 Deddf Erlyniad Troseddau 1985*. Os bydd y prawf tystiolaethol yn cael ei basio, yna bydd yr achos yn mynd ymlaen i'r cam nesaf, sef prawf lles y cyhoedd.

2. Prawf lles y cyhoedd

Roedd erlynwyr yn arfer ystyried cyfres o ffactorau i benderfynu a ddylid cyhuddo unigolyn a ddrwgdybir. Ond mae hyn wedi newid i fod yn gyfres o gwestiynau, yn dilyn adroddiad gan y cyn-Gyfarwyddwr Erlyniadau Cyhoeddus, Keir Starmer ('The Public Prosecution Service – Setting the Standard', 2009). Dyma'r cwestiynau:

a. Pa mor ddifrifol yw'r drosedd a gyflawnwyd?
b. Faint o fai sydd ar yr un a ddrwgdybir?
c. Beth yw amgylchiadau'r drosedd a'r niwed a achoswyd i'r dioddefwr?
ch. A oedd yr unigolyn a ddrwgdybir o dan 18 oed ar adeg y drosedd?
d. Beth yw'r effaith ar y gymuned?
dd. A yw erlyn yn ymateb cymesur?
e. A oes angen diogelu ffynonellau gwybodaeth?

Mae'r tri chwestiwn olaf yn rhoi ystyriaeth i ganfyddiadau adroddiad 2009, sy'n rhoi pwyslais ar weithredu mewn dull cyfannol wrth ystyried y drosedd a'i hamgylchiadau. Mae'n hollbwysig bod hyn yn ystyried teimladau'r dioddefwr, y tystion a'r partïon eraill a gafodd eu heffeithio.

Wrth ystyried prawf lles y cyhoedd, gall yr erlynydd hefyd ystyried a fyddai **datrysiad y tu allan i'r llys** yn fwy priodol (gweler Dedfrydu troseddwyr sy'n oedolion, tudalen 70).

Y prawf trothwy

Weithiau, bydd y *CPS* yn penderfynu bod y prawf cod llawn wedi methu, ac nad oes digon o dystiolaeth i gyhuddo'r un a ddrwgdybir, ond ar yr un pryd eu bod yn ei gweld yn ormod o risg i'w ryddhau. Yn yr achosion hyn, bydd y *CPS* yn troi at y **prawf trothwy** i benderfynu a ddylai'r un a ddrwgdybir gael ei gyhuddo neu beidio:

- A oes amheuaeth resymol bod yr unigolyn a arestiwyd wedi cyflawni'r drosedd dan sylw?
- A ellir casglu rhagor o dystiolaeth er mwyn creu gobaith realistig o euogfarn?

Safonau Ansawdd Gwaith Achos

Cafodd y ddogfen hon ei chyhoeddi gan y *CPS* ym mis Hydref 2014, ac mae'n amlinellu'r safonau y gall y cyhoedd eu disgwyl gan y *CPS*. Mae'r rhain yn bwysig i ddal y *CPS* i gyfrif os bydd yn methu darparu'r gwasanaeth a amlinellir yn y safonau. Mae pob safon yn nodi'r meincnodau ansawdd y mae'n rhaid i'r *CPS* eu cyflawni:

- **Safon 1:** Dioddefwyr, tystion a chymunedau.
- **Safon 2:** Penderfyniadau cyfreithiol.
- **Safon 3:** Paratoi gwaith achos.
- **Safon 4:** Cyflwyno.

Mae'r ddogfen gyfan, yn cynnwys y meincnodau ansawdd, i'w gweld yn www.cps.gov.uk/publications/docs/cqs_oct_2014.pdf

Diwygio Gwasanaeth Erlyn y Goron

Bu'r *CPS* yn destun llawer o feirniadaeth a diwygio ers ei sefydlu, ac mae wedi cael ei gyhuddo'n aml o beidio â chyflawni'r hyn a fwriadodd.

Adolygiad Narey (1998)

Beirniadaeth	Diwygio
Diffyg paratoi ac oedi hir cyn dwyn achosion i'r llys.	Cafodd gweithwyr achos eu cyflogi a'u hyfforddi i adolygu ffeiliau a chyflwyno pledion euog syml yn y llys, a oedd wedyn yn rhyddhau cyfreithwyr y *CPS* i ddelio ag achosion mwy cymhleth.

Adroddiad Glidewell (1999)

Beirniadaeth	Diwygio
Roedd 12% o achosion, er bod yr heddlu wedi cyhuddo, yn cael eu gollwng gan y *CPS*.	Rhannwyd yr 14 ardal yn 42 ardal, i gyfateb i ardaloedd yr heddlu, gyda Phrif Erlynydd y Goron ymhob un. Ganddyn nhw mae'r cyfrifoldeb dros benderfynu erlyn.
Roedd cyhuddiadau'n cael eu hisraddio mewn nifer syfrdanol o achosion.	
Roedd perthynas waith wael rhwng yr heddlu a'r *CPS*, gyda 'diwylliant o feio' gelyniaethus yn arwain at waith aneffeithiol a pharatoi gwael.	Mae'r *CPS* bellach wedi'i leoli mewn gorsafoedd heddlu, ac mae 'gweithio cyfun' (*joined up working*) yn cael ei annog. Mae pwyslais ar gael yr heddlu a'r *CPS* i gydweithio ar faterion cyffredin, sy'n lleihau oedi. Mae hyn hefyd yn lleihau'r oedi wrth ddwyn achosion i'r llys. Mae cyflwyno Unedau Cyfiawnder Troseddol yn ymgais i wneud y berthynas waith yn fwy cyfeillgar.
Roedd sôn am oedi hir rhwng arestio a dedfrydu, a diffyg paratoi sylweddol.	
Roedd llawer o dystion yn annibynadwy yn y llys, ac weithiau doedden nhw ddim yn dod i'r llys o gwbl.	Cyhoeddwyd cod diwygiedig ar gyfer erlynwyr y Goron, gyda chanllawiau manwl yn esbonio sut i ddefnyddio'r prawf tystiolaethol.

Adroddiad Macpherson (1999)

Dyma'r adroddiad a gafodd ei ysgrifennu ar ôl llofruddiaeth Stephen Lawrence, pan gynhaliwyd ymchwiliad i hiliaeth posibl yn yr heddlu.

Beirniadaeth	Diwygio
Roedd yr heddlu yn sefydliadol hiliol, a beirniadwyd yr ymchwiliad yn hallt gan fod y dioddefwr yn ddu.	Bellach, mae rheidrwydd cyfreithiol ar bob adran o'r heddlu i gyhoeddi polisi cydraddoldeb hiliol, er mwyn amddiffyn dioddefwyr a diffynyddion. Mae archwiliadau rheolaidd yn cael eu cynnal er mwyn sicrhau bod y rheolau hyn yn cael eu dilyn.

1. www.independent.co.uk/news/uk/home-news/police-crown-prosecution-service-disclosure-lawyers-trial-a7846021.html – dyma erthygl o 2017 am rai o fethiannau Gwasanaeth Erlyn y Goron (*CPS*). Yn eich barn chi, ydy'r canfyddiadau hyn yn adlewyrchu gwasanaeth sydd wedi gwella, neu ydyn ni'n dal i weld y problemau a nodwyd gan Glidewell?

2. Nid y *CPS* yn unig all gyhuddo rhywun a ddrwgdybir; gall unigolion ddwyn erlyniad preifat. Ymchwiliwch i'r cyfyngiadau ar erlyniadau preifat, gan roi sylw arbennig i achos *Whitehouse v Lemon (1976)*.

3. Edrychwch ar yr achos yn ymwneud â'r *Arglwydd Janner (2015)* lle daeth y Cyfarwyddwr Erlyniadau Cyhoeddus, Alison Saunders, o dan bwysau i ymddiswyddo. Roedd hyn oherwydd iddi ddod i'r casgliad nad oedd yr Arglwydd Janner, arglwydd yn Nhŷ'r Arglwyddi, yn ffit i sefyll ei brawf am droseddau rhyw yn ymwneud â phlant gan ei fod yn dioddef o dementia. Er bod digon o dystiolaeth i fwrw ymlaen â'r cyhuddiadau, penderfynodd Ms Saunders nad oedd er lles y cyhoedd i erlyn. A allai'r penderfyniad hwn niweidio enw da Gwasanaeth Erlyn y Goron?

4. Dywedir yn aml bod enwogion sydd wedi'u cyhuddo o droseddau rhyw fel arfer yn cael rhyddfarn (er enghraifft, William Roache a Michael Le Vell). A yw hyn yn enghraifft o gamddefnyddio prawf y cod llawn? A fyddai'n bosibl awgrymu bod pwysau gan y cyfryngau a'r llywodraeth hefyd wedi dylanwadu ar y rhyddfarnau hyn?

Adolygiad Auld (2001)

Roedd yr adolygiad hwn yn argymell cyflwyno **cyhuddo statudol**. Mae'r cynllun wedi bod ar waith ers 2006, gan roi'r cyfrifoldeb i'r *CPS* benderfynu beth yw'r cyhuddiad yn erbyn yr un a ddrwgdybir ym mhob achos – heblaw am yr achosion mwyaf mân, sydd yn dal i gael eu penderfynu gan yr heddlu. Mae hyn yn sicrhau bod y cyhuddiad cywir yn cael ei ddwyn ac mai'r unig achosion sy'n cyrraedd y llys yw'r rhai sy'n ddigon cryf i gael treial. Bydd hyn yn lleihau nifer yr achosion sy'n cael eu gollwng, yn unol ag argymhellion Glidewell. Cafodd hyn ei roi ar waith yn ddiweddarach o fewn *Deddf Cyfiawnder Troseddol 2003*.

Abu Hamza (2006)

Roedd yr achos hwn yn ymwneud â chlerigwr Mwslemaidd a gafodd ei garcharu am ysgogi llofruddiaeth a chasineb hiliol. Cwynodd yr heddlu ar sawl achlysur eu bod wedi rhoi tystiolaeth gerbron y CPS, ond bod y CPS wastad wedi gwrthod erlyn. Mae hyn yn awgrymu bod y berthynas waith rhwng yr heddlu a'r CPS yn dal yn wael.

'The Public Prosecution Service – Setting the Standard' (2009)

Adroddiad yw hwn a gafodd ei gyhoeddi gan y cyn-Gyfarwyddwr Erlyniadau Cyhoeddus, Keir Starmer, yn nodi ei weledigaeth ar gyfer y *CPS*. Roedd yn rhagweld rhoi mwy o gyfle i erlynwyr cyhoeddus ymwneud â'u cymunedau, er mwyn eu helpu i ddeall eu gwaith ac i ymdrin â'u pryderon. Yn fras, gosododd dri phrif nod:

- amddiffyn y cyhoedd
- cefnogi dioddefwyr a thystion
- sicrhau cyfiawnder.

Credai y byddai'r *CPS* yn gallu cyflawni'r amcanion hyn drwy wneud y canlynol:

- mynd i'r afael â throseddu, a defnyddio datrysiadau y tu allan i'r llys lle bo hynny'n briodol
- penderfynu ar y cyhuddiad ym mhob achos heblaw am yr achosion mwyaf cyffredin
- ystyried barn y dioddefwyr
- penderfynu yn annibynnol ar unrhyw ddylanwad amhriodol
- adennill asedau oddi wrth droseddwyr
- sicrhau bod tystion yn gallu rhoi eu tystiolaeth orau
- cyflwyno eu hachosion eu hunain yn y llys
- helpu'r llys i basio dedfryd briodol.

Sgiliau Arholiad

Os cewch chi gwestiwn yn gofyn i chi **werthuso** neu **ystyried effeithiolrwydd** y *CPS*, gwnewch yn siŵr eich bod yn cynnwys cymaint ag y gallwch o'r amrywiol adroddiadau, a chofiwch ddatblygu dadl gytbwys.

Crynodeb: Y broses droseddol

▶ **Pwerau dedfrydu**
  - Llys ynadon: Dirwy heb uchafswm; Uchafswm o chwe mis yn y carchar.
  - Llys y Goron: Dirwy heb uchafswm; Uchafswm o garchar am oes

▶ **Nodau dedfrydu** (*adran 142 Deddf Cyfiawnder Troseddol 2003*):
  - Cosb haeddiannol
  - Ataliaeth (unigol a chyffredinol)
  - Amddiffyn cymdeithas
  - Adsefydlu
  - Gwneud iawn

▶ Mae **troseddwyr ifanc** rhwng 10 ac 17 oed yn cael eu treial yn y llys ieuenctid

▶ **Dedfrydu pobl ifanc:** Y nod pennaf yw atal aildroseddu ac adsefydlu'r troseddwr.

▶ **Dedfrydu pobl ifanc y tu allan i'r llys**:

- Datrysiad adsefydlu ieuenctid
- Rhybudd i ieuenctid
- Rhybudd amodol i ieuenctid

▶ **Gorchymyn adsefydlu ieuenctid**: Dedfryd gymunedol â gofynion, e.e. gweithgaredd, gwaith di-dâl neu ofynion o ran profi am gyffuriau.

▶ **Dedfrydu ieuenctid haen gyntaf**:

- Gorchymyn cyfeirio
- Rhyddhau amodol
- Gorchymyn gwneud iawn
- Rhyddhau diamod
- Gorchymyn rhianta

▶ **Cadw troseddwyr ifanc yn y ddalfa**: Gorchymyn cadw a hyfforddi; carchar am oes

▶ **Dedfrydu oedolion**: Y nod pennaf yw cosbi, ac amddiffyn cymdeithas

▶ **Datrysiadau** y tu allan i'r llys

- Hysbysiad cosb am anhrefn
- Rhybuddion amodol
- Rhybuddion

▶ **Datrysiadau yn y llys**

- Rhyddhau diamod
- Gorchymyn dedfryd ataliedig
- Rhyddhau amodol
- Gorchymyn cymunedol
- Dirwy

▶ **Dedfrydau o garchar**

- Dedfrydau penodedig
- Dedfrydau oes gorfodol
- Dedfrydau penagored
- Gorchmynion bywyd cyfan

▶ **Mechnïaeth**: Yn dilyn arestio, naill ai:

- **Cyhuddo**: *adran 38 Deddf yr Heddlu a Thystiolaeth Droseddol 1984*: Mechnïaeth yr heddlu ac yna gwrandawiad gweinyddol cynnar yn y llys ynadon; mechnïaeth y llys ac yna treial

- **Dim cyhuddiad** (uchafswm o 28 diwrnod): *adran 37 Deddf yr Heddlu a Thystiolaeth Droseddol 1984*: Mechnïaeth yr heddlu; dychwelyd i orsaf yr heddlu

▶ Does dim rhaid caniatáu mechnïaeth, os oes seiliau sylweddol dros gredu y byddai'r unigolyn a ddrwgdybir yn gwneud y canlynol:

- cyflawni trosedd arall yn ystod ei fechnïaeth

- peidio ag ildio i fechnïaeth

- ymyrryd â thystion neu rwystro cwrs cyfiawnder mewn ffordd arall

- dangos bod angen iddo aros yn y ddalfa er mwyn ei ddiogelwch ei hun

▶ *adran 90 Deddf Cymorth Cyfreithiol, Dedfrydu a Chosbi Troseddwyr 2012*: prawf 'dim gobaith realistig'

▶ Ffactorau sy'n cael eu hystyried wrth benderfynu ar fechnïaeth: *Atodlen 1(9) Deddf Mechnïaeth 1976*:

- Natur a difrifoldeb y drosedd

- Cymeriad, hanes, cysylltiadau a chlymau cymunedol y diffynnydd

- Record flaenorol y diffynnydd o ran ildio i fechnïaeth

- Cryfder y dystiolaeth yn erbyn y diffynnydd

▶ **Mechnïaeth amodol**: Caiff ei ganiatáu o dan *Ddeddf Cyfiawnder Troseddol a Threfn Gyhoeddus 1994*

▶ **Cyfyngiadau ar fechnïaeth**: Wedi'u cynnwys yn bennaf o fewn *Deddf Cyfiawnder Troseddol 2003* i gydbwyso rhwng yr angen i amddiffyn y cyhoedd ac amddiffyn hawliau'r diffynnydd

Rheithgorau

Adran y fanyleb	Cynnwys allweddol	Amcanion Asesu	Ble mae'r pwnc hwn yn ymddangos yn y fanyleb/ arholiadau?
CBAC UG/U2 **1.6:** Y broses droseddol	• Rôl pobl leyg: rôl ynadon, treial gan reithgor, gan gynnwys dewis rheithgor, y rheithgor a chwestiynau ffeithiol, rheithfarn y mwyafrif, cyfrinachedd y rheithgor a defnyddio rheithgorau mewn Llys Crwner, beirniadaethau a dewisiadau eraill ar wahân i'r system rheithgorau	**AA1** Dangos gwybodaeth a dealltwriaeth o reolau ac egwyddorion cyfreithiol **AA3** Dadansoddi a gwerthuso rheolau, egwyddorion, a materion cyfreithiol	**CBAC UG/U2:** Uned 1 Adran B

Hanes treialau gan reithgor

Mae treial gan reithgor yn sefydliad hynafol a democrataidd o fewn y system gyfreithiol, ac yn bodoli ers y **Magna Carta**. Mae'n seiliedig ar yr egwyddor o gael 'treial gan eich cymheiriaid', ac mae'n rhoi cyfle i'r person lleyg gymryd rhan yn y broses o weinyddu cyfiawnder. Mae hyn yn golygu y gall 12 aelod o'r cyhoedd, sy'n cael eu dewis ar hap, weld eu hunain fod cyfiawnder yn cael ei weithredu. Mae'r rheithgor hefyd yn gallu bod yn ffordd o ffrwyno barnwyr, gan ei fod yn cymryd y penderfyniad ynghylch euogrwydd neu ddieuogrwydd o ddwylo'r barnwr.

Carreg filltir bwysig yn hanes y rheithgor oedd achos **Bushell (1670)**. Cyn hyn, byddai barnwyr yn ceisio bwlio rheithgorau i ddyfarnu'r diffynnydd yn euog. Ond yn yr achos hwn, sefydlwyd bod rheithgorau yn barnu ar sail ffeithiau, a bod ganddyn nhw hawl i ddwyn rheithfarn ar sail eu cydwybod. Felly ni all y barnwr fyth gyfeirio rheithgor i ddwyn rheithfarn euog. Yn fwy diweddar, cafodd y pwynt hwn ei gadarnhau yn Nhŷ'r Arglwyddi yn achos *R v Wang (2005)*.

Pwysigrwydd y pŵer hwn yw y gall rheithgorau ganfod diffynnydd yn ddieuog, hyd yn oed pan fydd y dystiolaeth yn gofyn am ei ddyfarnu'n euog. Cododd y sefyllfa hon yn *R v Ponting (1985)* ac yn achos *GM Crops* yn 2000. Yn y ddau achos, roedd y rheithgor yn cydymdeimlo â'r diffynyddion, gan gredu eu bod wedi gweithredu'n deg, ac felly penderfynwyd eu canfod yn ddieuog. Mae'r pŵer hwn, sydd hefyd yn cael ei alw'n **degwch y rheithgor**, yn eithaf dadleuol.

Cerrig milltir pwysig yn hanes treialau gan reithgor

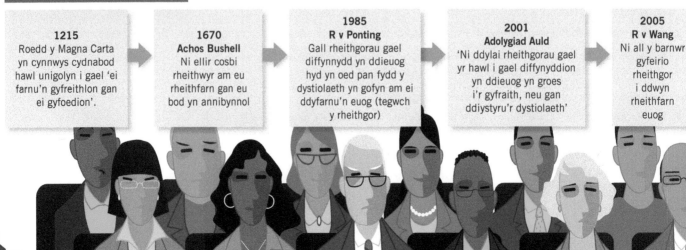

1215	1670 Achos Bushell	1985 R v Ponting	2001 Adolygiad Auld	2005 R v Wang
Roedd y Magna Carta yn cynnwys cydnabod hawl unigolyn i gael 'ei farnu'n gyfreithlon gan ei gyfoedion'.	Ni ellir cosbi rheithwyr am eu rheithfarn gan eu bod yn annibynnol	Gall rheithgorau gael diffynnydd yn ddieuog hyd yn oed pan fydd y dystiolaeth yn gofyn am ei ddyfarnu'n euog (tegwch y rheithgor)	'Ni ddylai rheithgorau gael yr hawl i gael diffynyddion yn ddieuog yn groes i'r gyfraith, neu gan ddiystyru'r dystiolaeth'	Ni all y barnwr gyfeirio rheithgor i ddwyn rheithfarn euog

Rôl y rheithgor

Achosion troseddol

Mae'r rheithgor yn eistedd yn Llys y Goron ac yn gwrando ar y dystiolaeth sy'n cael ei chyflwyno gan gwnsler yr erlyniad a chwnsler yr amddiffyniad. Mae aelodau'r rheithgor hefyd yn archwilio eitemau fel ffotograffau o safle'r drosedd ac arfau honedig. Mae'n rhaid iddyn nhw bwyso a mesur yr holl ffeithiau, a phenderfynu drostyn nhw eu hunain beth yn union ddigwyddodd. Maen nhw'n sylwi ar y ffordd mae pob tyst yn ymateb wrth gael ei holi a'i groesholi, mewn ymdrech i farnu pa mor gredadwy yw'r unigolyn hwnnw.

Maen nhw'n gwrando ar y barnwr, a fydd yn crynhoi'r dystiolaeth ar eu rhan ac yn eu cyfeirio ar bwyntiau cyfreithiol perthnasol. Yna, mae'n rhaid iddyn nhw ymneilltuo i ystyried eu rheithfarn. Mae'n rhaid iddyn nhw geisio dod i reithfarn unfrydol. Ond os na fyddan nhw'n gallu cytuno ar ôl cyfnod rhesymol o amser (dim llai na dwy awr), gall y barnwr ddweud wrthyn nhw y cân nhw ddod i reithfarn fwyafrifol o 11–1 neu 10–2 yn ôl *Deddf Rheithgorau 1974*. Mae unrhyw beth llai na 10–2 yn cael ei alw'n rheithgor crog (*hung jury*).

Felly mae gan aelodau'r rheithgor ddwy swyddogaeth wrth weinyddu cyfiawnder:

1. Maen nhw'n ystyried y ffeithiau ac yn dychwelyd rheithfarn.
2. Maen nhw'n cynrychioli cymdeithas ac yn symbol o ddemocratiaeth.

Awdurdod cyfreithiol
Deddf Rheithgorau 1974.

Mathau o achosion
Mae rheithgorau troseddol fel arfer yn eistedd ar achosion **ditiadwy** yn Llys y Goron. Mae'r rhain yn cynnwys achosion o lofruddiaeth, dynladdiad a threisio.

Achosion sifil

Mae'r rheithgor yn eistedd yn y llys sirol neu'r Uchel Lys ac mae gan yr aelodau ddwy swyddogaeth:

1. Maen nhw'n penderfynu a yw'r diffynnydd yn atebol.
2. Maen nhw'n penderfynu faint o iawndal sydd i'w dalu os byddan nhw'n dyfarnu o blaid yr hawlydd.

Awdurdod cyfreithiol
Uchel Lys: *adran 69 Deddf y Goruchaf Lys 1981.*
Llys sirol: *adran 66 Deddf Llysoedd Sirol 1984.*

Mathau o achosion
- Twyll.
- Carcharu ar gam.
- Erlyniad maleisus.
- Difenwad (cafodd yr hawl i dreial gan reithgor mewn achosion difenwad ei dileu gan *Ddeddf Difenwad 2013*, ac mae'r defnydd o reithgor yn yr achosion hyn bellach yn amodol ar ddisgresiwn y llys).

Llys y crwner

Mae'r rheithgor yn eistedd yn llys y crwner i benderfynu beth oedd achos y farwolaeth pan fydd rhywun yn marw dan amgylchiadau amheus.

Mathau o achosion
- Marwolaethau yn y ddalfa.
- Marwolaethau yn y carchar.
- Marwolaethau sydd wedi'u hachosi gan ddamwain ddiwydiannol.
- Marwolaethau sy'n ymwneud ag iechyd a diogelwch y cyhoedd.

Enghreifftiau o achosion
Y cwestau i drychineb Hillsborough a marwolaeth y Dywysoges Diana.

Mae rheithgorau yn ofynnol mewn llys crwner pan fydd marwolaeth wedi digwydd mewn amgylchiadau amheus neu anghyffredin

Deddf Rheithgorau 1974
Rhwng 18 a 70 oed

Adroddiad Auld 2001
- Rhy hawdd osgoi gwasanaeth rheithgor
- Angen ehangu'r gronfa o reithwyr i fod yn fwy cynrychiadol

Deddf Cyfiawnder Troseddol 2003
Rhwng 18 a 70 oed
Gohirio yn unig
- Euogfarnau troseddol difrifol
- Ar fechnïaeth ar y pryd
- Salwch meddwl

Deddf Cyfiawnder Troseddol a'r Llysoedd
Rhwng 18 a 75 oed
Pedair trosedd newydd

Bod yn gymwys i fod ar reithgor

Cafodd **Deddf Rheithgorau 1974** ei diwygio gan **Ddeddf Cyfiawnder Troseddol 2003** a **Deddf Cyfiawnder Troseddol a'r Llysoedd 2015**, er mwyn nodi y dylai darpar-reithwyr fod:

- rhwng 18 a 75 oed
- ar y gofrestr etholwyr
- wedi byw yn y DU am o leiaf pum mlynedd ers eu pen-blwydd yn 13 oed.

Roedd pobl o sawl categori yn arfer cael eu hystyried yn anghymwys ar gyfer gwasanaethu ar reithgor, neu'n cael eu hesgusodi. Fodd bynnag, yn dilyn **Adolygiad Auld** o'r system cyfiawnder troseddol (gweler tudalen 78), a *Deddf Cyfiawnder Troseddol 2003* a ddaeth yn ei sgil, mae *Deddf Rheithgorau 1974* wedi cael ei diwygio. Mae hyn oherwydd bod Adroddiad Auld wedi awgrymu ei bod yn rhy hawdd osgoi gwasanaeth rheithgor, ac y dylai rheithgorau fod yn llawer mwy cynrychiadol. Yr egwyddor gyffredinol y tu ôl i *Ddeddf Cyfiawnder Troseddol 2003* yw sicrhau bod pob unigolyn cymwys rhwng 18 a 70 oed (75 oed bellach) yn gwneud ei ddyletswydd cyhoeddus os gofynnir iddo. Mae'r rheolau diwygiedig yn golygu y gall unrhyw un wasanaethu ar reithgor erbyn hyn, gan gynnwys barnwyr, swyddogion yr heddlu ac aelodau o broffesiwn y gyfraith. Fodd bynnag, gall aelod o'r lluoedd arfog gael ei esgusodi o wasanaeth rheithgor. I hynny ddigwydd, rhaid i'w bennaeth milwrol ddarparu datganiad sy'n tystio y byddai ei absenoldeb yn niweidiol i effeithlonrwydd y gwasanaeth. Yr unig bobl eraill sydd wedi'u gwahardd rhag gwasanaeth rheithgor yw'r canlynol:

- pobl sydd ar fechnïaeth ar y pryd
- pobl sydd wedi cael diagnosis o salwch meddwl
- pobl sydd wedi cael euogfarnau troseddol difrifol (ac wedi treulio mwy na phum mlynedd yn y carchar)
- pobl sydd wedi'u cael yn euog o drosedd o dan *Ddeddf Cyfiawnder Troseddol a'r Llysoedd 2015*.

Y **Swyddfa Wysio Ganolog** (*Jury Central Summoning Bureau*) sy'n gyfrifol am sicrhau bod aelodau'r cyhoedd yn gwasanaethu yn ôl yr angen. Mae'n ymdrin â cheisiadau gan unigolion sydd am gael eu hesgusodi, a gall roi caniatâd iddyn nhw ohirio eu gwasanaeth, ond ni all eu hesgusodi'n llawn. Nid yw'n bosibl i chi gael eich esgusodi'n llawn, gan fod Adroddiad Auld wedi canfod bod yr un categorïau o bobl yn cael eu hesgusodi o hyd, gan olygu nad yw'r cyflenwad o reithwyr yn gynrychiadol.

Mae cyfrifiaduron yn cynhyrchu rhestr ar hap o reithwyr posibl o'r gofrestr etholwyr. Mae'n rhaid gwysio mwy na 12 rheithiwr ar gyfer achos penodol, ac mae llysoedd mwy yn tueddu i wysio hyd at 150 o bobl bob pythefnos.

Bydd rheithwyr yn derbyn set o nodiadau sy'n rhoi esboniad bras o'r weithdrefn a swyddogaethau rheithwyr. Fel arfer bydd rheithwyr yn gwasanaethu am gyfnod o bythefnos, ond gall fod yn hirach mewn achosion cymhleth. Mae gwasanaeth rheithgor yn orfodol, ac mae peidio â bod yn bresennol, neu fethu cymryd rhan oherwydd alcohol neu gyffuriau, yn drosedd; yr enw ar hyn yw **dirmyg llys**.

Mae achosion diweddar wedi dangos pa mor ddadleuol yw'r diwygiadau hyn.

R v Abdroikov (2007)
Mewn dau achos, roedd cwnstabliaid yr heddlu yn aelodau o'r rheithgor ac yn y trydydd achos, roedd cyfreithiwr y CPS ar y rheithgor. Cadarnhaodd Tŷ'r Arglwyddi y gallai hyn roi argraff o duedd, gan fynd yn groes i'r hawl i gael treial teg pan fydd tystiolaeth yr heddlu'n cael ei herio. Caniataodd ddwy apêl, a chafodd yr euogfarnau eu dileu.

Hanif and Khan v UK (2011)
*Cadarnhaodd yr ECtHR y gallai presenoldeb swyddogion yr heddlu ar reithgorau dorri **Erthygl 6 yr ECHR** (Hawl i gael treial teg). Yn yr achos hwn, roedd yr heddwas yn adnabod un o dystion yr heddlu mewn rhinwedd proffesiynol.*

Dirmyg llys

Mae gwasanaethu ar reithgor yn fater difrifol iawn ym marn y llysoedd, ac mae'n drosedd i reithiwr beidio â bod yn bresennol pan fydd yn cael ei alw; yr enw ar hyn yw **dirmyg llys**.

R v Banks (2011)

Cafodd Matthew Banks ei garcharu am 14 diwrnod am ddirmyg llys ar ôl iddo fod yn absennol o wasanaeth rheithgor er mwyn mynd i weld sioe gerdd yn Llundain. Roedd ar ganol treial, a bu'n rhaid gohirio'r achos am ddiwrnod o ganlyniad i hynny.

R v Fraill (2011)

Cafodd Joanna Fraill ei charcharu am wyth mis am ddirmyg llys ar ôl iddi eistedd ar reithgor a chysylltu â'r diffynnydd ar Facebook i drafod yr achos.

AG v Davey and Beard (2013)

Cafodd dau reithiwr eu carcharu am ddau fis yr un am ddirmyg llys.

Roedd Mr Davey wedi postio neges ar Facebook yn ystod treial dyn am droseddau rhyw, gan awgrymu'n gryf ei fod yn mynd i gael y diffynnydd yn euog. Wrth ei amddiffyn ei hun, dywedodd mai'r unig beth a wnaeth oedd mynegi sioc ynglŷn â'r achos.

Roedd Mr Beard ar y rheithgor mewn achos twyll. Ymchwiliodd i'r achos ar Google, gan roi gwybodaeth ychwanegol i'w gyd-reithwyr am nifer y bobl oedd wedi dioddef oherwydd y twyll honedig.

Creodd *Deddf Cyfiawnder Troseddol a'r Llysoedd 2015* bedair trosedd newydd mewn perthynas â thrafodaethau rheithgorau ac ymchwilio i achosion. Os bydd rhywun yn cael ei ganfod yn euog o unrhyw un o'r troseddau hyn, gall dreulio hyd at **ddwy flynedd** yn y carchar.

- *adran 71 (adran 20A Deddf Rheithgorau 1974 fel y'i diwygiwyd)* – roedd y ddeddf hon yn golygu bod 'ymchwilio' i achos yn ystod cyfnod y treial yn drosedd. Ystyr 'ymchwilio' yw chwilio'n fwriadol am wybodaeth, a'r rheithiwr yn gwybod y bydd yn berthnasol i'r achos. Mae dulliau ymchwilio yn cynnwys gofyn cwestiwn, ymchwilio ar y Rhyngrwyd, archwilio neu ymweld â lleoliad neu wrthrych, cynnal arbrawf neu ofyn i rywun arall chwilio am wybodaeth.

- *adran 72 (adran 20B Deddf Rheithgorau 1974 fel y'i diwygiwyd)* – yn ôl y ddeddf hon, os yw rheithiwr yn datgelu gwybodaeth a gafwyd o dan **adran 71** i aelod arall o'r rheithgor yn fwriadol, mae hynny'n drosedd.

- *adran 73 (adran 20C Deddf Rheithgorau 1974 fel y'i diwygiwyd)* – yn ôl y ddeddf hon, os yw rheithiwr yn cymryd rhan mewn 'ymddygiad gwaharddedig' – sef ceisio profi'r achos mewn ffordd arall yn lle ar sail y dystiolaeth a gyflwynwyd yn yr achos – mae hynny'n drosedd.

- *adran 74 (adran 20D Deddf Rheithgorau 1974 fel y'i diwygiwyd)* – roedd y ddeddf hon yn creu trosedd i reithiwr fynd ati'n fwriadol i ddatgelu gwybodaeth am ddatganiadau a wnaed, barn a fynegwyd, dadleuon a gyflwynwyd neu bleidleisiau gafodd eu bwrw gan aelodau'r rheithgor yn ystod y trafod. Mae hyn yn eithrio datgelu gwybodaeth at ddibenion ymchwiliad gan y llys, er mwyn canfod a gyflawnodd aelod o'r rheithgor drosedd neu ddirmyg llys yn ystod yr achos.

R v Smith and Deane (2016)

Cafodd yr achos hwn ei ddwyn dan Ddeddf Cyfiawnder Troseddol a'r Llysoedd 2015, am yr hyn roedd y barnwr yn ei ystyried yn ddirmyg llys 'difrifol'.

Roedd Mr Smith wedi ymchwilio ar y Rhyngrwyd i'r achos roedd yn ei brofi. Cafodd ddedfryd o naw mis, yn ataliedig am 12 mis.

Roedd Ms Deane wedi datgelu cynnwys trafodaethau'r rheithgor ar ôl ei gwasanaeth rheithgor. Cafodd ddedfryd o garchar am dri mis, yn ataliedig am 12 mis.

R v Dallas (2012)

Cafodd y darlithydd prifysgol Theodora Dallas ei charcharu am chwe mis am ymchwilio i'r diffynnydd pan oedd hi'n gwasanaethu ar reithgor mewn achos troseddol. Dywedodd hi ei bod yn ceisio canfod beth oedd ystyr 'niwed corfforol difrifol' ar y Rhyngrwyd, ac yna ei bod wedi ychwanegu'r gair 'Luton' i'r chwiliad. Arweiniodd hyn hi at adroddiad papur newydd oedd yn cyfeirio at y ffaith bod y diffynnydd wedi wynebu honiad o dreisio o'r blaen. Roedd yn dangos ei fod wedi'i gael yn ddieuog o'r cyhuddiad, ond roedd yn cynnwys gwybodaeth na chafodd ei datgelu yn ystod ei dreial.

Herio'r rheithgor

Wrth i aelodau'r rheithgor gael eu galw, ond cyn iddyn nhw dyngu llw, gellir eu herio mewn sawl ffordd.

Her am reswm

Her naill ai gan yr amddiffyniad neu'r erlyniad.

Cais i ryddhau aelod o'r rheithgor o'i wasanaeth yw hwn, oherwydd bod rheswm i gredu na all fod yn deg, yn ddiduedd neu'n gymwys. Gall hyn gynnwys tuedd ar sail hil, crefydd, credoau gwleidyddol neu alwedigaeth. Dyma rai enghreifftiau:

- adnabod rhywun sy'n rhan o'r achos
- profiad blaenorol mewn achos tebyg
- rhagfarn amlwg
- bod yn anghymwys neu gael ei ddiarddel.

R v Gough (1993)
Os oes angen herio aelod o'r rheithgor ar sail tuedd, rhaid profi bod 'perygl gwirioneddol' y byddan nhw'n dangos tuedd. Cafodd hynny ei gadarnhau gan yr achos hwn.

Herio'r rheithwyr (*Challenge to the array*)

Her gan yr amddiffyniad neu'r erlyniad.

Bydd holl aelodau'r rheithgor yn cael eu gwrthwynebu ar sail y gred bod y swyddog gwysio wedi dangos tuedd neu wedi gweithredu'n anghywir.

Romford Jury (1993)
O banel o 12 rheithiwr, roedd naw o Romford, ac roedd dau o'r rhain yn byw llai na 20 drws oddi wrth ei gilydd yn yr un stryd.

R v Fraser (1987)
Er bod y diffynnydd o gefndir ethnig lleiafrifol, roedd pob aelod o'r rheithgor yn wyn (sylwer hefyd ar achos R v Ford (1989) isod)

Mae'r Goron yn eich hepgor

Her gan yr erlyniad neu'r barnwr.

Anaml iawn y bydd hwn yn cael ei weithredu, a hynny mewn achosion o ddiogelwch cenedlaethol neu derfysgaeth yn unig, pan fydd gan y llys awdurdod i archwilio a gwirio pob aelod. Pan fydd yn cael ei ddefnyddio, mae'n rhaid cael caniatâd y Twrnai Cyffredinol.

Heriau o ran hil

Er y diwygiadau diweddar i wneud y rheithgor yn fwy cynrychiadol ac i ddileu'r ffyrdd dosbarth canol o allu 'osgoi' gwasanaeth, dydy'r rheithgor ddim yn gynrychiadol o ran hil o hyd. Mae problem hiliaeth yn y system cyfiawnder troseddol wedi bod yn destun pryder i'r cyhoedd yn bennaf oherwydd llofruddiaeth Stephen Lawrence, bachgen ifanc du, yn 1993.

Mae grwpiau fel y Comisiwn Cydraddoldeb Hiliol wedi dadlau y dylai'r rheithgor gynnwys o leiaf tri unigolyn o gefndir ethnig lleiafrifol os yw hil yn fater pwysig mewn treial. Cynigiwyd hyn gan Gomisiwn Brenhinol Runciman yn 1993, ond cafodd ei wrthod gan y llywodraeth ar y pryd.

Roedd yr un cynnig wedi'i gynnwys yn fwy diweddar yn Adroddiad Auld (gweler tudalen 78) ond unwaith eto, cafodd ei wrthod gan y llywodraeth, ar y sail y byddai'n tanseilio'r egwyddor o ddewis ar hap.

R v Ford (1989)
Cadarnhaodd yr achos hwn nad oes gan farnwr unrhyw bŵer i orchymyn rheithgor aml-hil.

YMESTYN A HERIO

Daeth Adolygiad Lammy (gweler tudalen 69) i'r casgliad nad oedd rheithwyr yn gyffredinol yn dangos tuedd wrth ddwyn rheithfarnau, a'u bod yn gyson wrth wneud penderfyniadau, dim ots beth oedd ethnigrwydd y diffynnydd. Fodd bynnag, yn ôl yr adolygiad, mae barnwyr yn stori wahanol. Gallwch ddarllen rhagor yn www.theguardian.com/public-leaders-network/2017/sep/15/racial-bias-criminal-justice-system-lammy-review-magistrates-courts-jury. Beth fyddai goblygiadau posibl y canfyddiadau hyn?

Sander v UK (2000)
Aeth yr achos hwn gerbron yr ECtHR, gan gadarnhau y dylai'r barnwr fod wedi rhyddhau'r rheithgor a gorchymyn aildreial pan anfonwyd neges ato yn honni bod hiliaeth yn ystafell y rheithgor.

R v Smith (2003)
Dadleuodd y diffynnydd fod **adran 1 Deddf Rheithgorau 1974** *yn mynd yn groes i'w hawl i gael treial teg o dan* **Ddeddf Hawliau Dynol 1998**. *Cafodd y ddadl hon ei gwrthod gan y llys, a oedd yn mynnu bod 'yn rhaid rhagdybio diddueddrwydd personol'.*

Ymyrryd â'r rheithgor

Weithiau, gall ffrindiau'r diffynnydd geisio ymyrryd â'r rheithgor. Gall hyn olygu llwgrwobrwyo aelodau'r rheithgor i ddwyn rheithfarn ddieuog, neu fygwth aelodau'r rheithgor fel bod arnyn nhw ormod o ofn cael y diffynnydd yn euog. Mewn achosion o'r fath, gall yr heddlu geisio amddiffyn rheithwyr, ond efallai na fydd hyn yn effeithiol. Mae hefyd yn ddrud ac yn tynnu'r heddlu oddi wrth waith arall.

Er mwyn mynd i'r afael â hyn, mae **adran 44 Deddf Cyfiawnder Troseddol 2003** yn nodi y gall yr erlyniad wneud cais i'r achos gael ei glywed gan y barnwr yn unig, os oes ymdrech wedi bod i ymyrryd â rheithgor yn yr achos.

R v Twomey and others (2009)
Dyma'r achos cyntaf, a'r unig achos, lle cafodd treial heb reithgor ei ganiatáu. Roedd y diffynyddion wedi'u cyhuddo o wahanol droseddau yn gysylltiedig â lladrad mawr o warws yn Heathrow. Roedd tri threial blaenorol wedi methu, ac yn ystod y treial olaf roedd 'ymgais ddifrifol wedi bod i ymyrryd â'r rheithgor'. Cyflwynodd yr erlyniad gais i un barnwr i gynnal y treial heb reithgor. Gwrthododd y barnwr, ond cafodd y penderfyniad ei wrthdroi gan y Llys Apêl, gan orchymyn y dylai'r treial gael ei gynnal heb reithgor.

Dewisiadau eraill yn lle rheithgor

- Byddai cael un barnwr yn eistedd ar ei ben ei hun yn arbed amser, gan na fyddai'n rhaid esbonio popeth i reithgor. Byddai hyn hyd yn oed yn lleihau nifer y rheithfarnau sy'n mynd yn groes i'r gyfraith. Mae hynny oherwydd byddai'r barnwr yn teimlo ei bod yn ddyletswydd arno i gynnal y gyfraith, hyd yn oed os yw hi'n llym.

- Byddai mainc o farnwyr, gyda thri neu bump ohonyn nhw ar banel, yn rhoi safbwynt mwy cytbwys. Ond byddai'n llawer mwy costus ac unwaith eto, byddai'n golygu na fyddai'r cyhoedd yn cymryd rhan.

- Byddai'n bosibl dewis rheithgor o blith pobl heb fod yn gyfreithwyr, a'i hyfforddi'n arbennig. Byddai hynny'n sicrhau y gallai'r panel gyflawni ei swyddogaethau. Ond pe baen nhw'n aelodau llawn amser o'r panel, efallai bydden nhw'n rhy debyg i'r ynadaeth ac yn cynnwys pobl hŷn, dosbarth canol yn unig.

- Yng ngwledydd Sgandinafia, maen nhw'n defnyddio panel cymysg sy'n cynnwys barnwr a dau aelod lleyg. Mae hyn yn cyflymu proses y treial gan fod y barnwr yn rhan o'r holl drafodaethau. Mae'r gymuned yn dal i gymryd rhan, ond gellid dadlau bod gan y barnwr ormod o ddylanwad ar yr aelodau lleyg. Gallen nhw gael eu dychryn, neu ildio i farn y barnwr profiadol.

Treial gan reithgor yw'r weithdrefn safonol o hyd, ond gellid defnyddio sawl dull arall

Gwerthuso cysyniad y rheithgor

Manteision

✓ Mae rheithgorau yn galluogi pobl gyffredin i gymryd rhan yn y system gyfiawnder, ac felly mae rheithfarnau yn cael eu hystyried yn rheithfarnau gan y gymdeithas, yn hytrach na gan y system farnwrol. Mae'r rheithfarn yn fwy tebygol o fod yn dderbyniol oherwydd dylai'r panel gynnwys aelodau o'r un dosbarth a hil â'r diffynnydd. Mae'n rhoi'r argraff bod cyfiawnder wedi cael ei wneud. Yn fwy na hynny, mae'n cael ei wneud yn y ffordd mae'r Magna Carta'n ei fynnu (yr hawl i gael treial gan eich cymheiriaid).

✓ Gall rheithgorau fod yn llai tebygol na barnwyr neu ynadon o fod yn awyddus i gosbi, o ystyried yr amrywiaeth o gefndiroedd cymdeithasol.

✓ Mae rheithgorau'n ffordd o amddiffyn rhag cyfreithiau llym neu annheg, gan y byddan nhw'n aml yn dwyn rheithfarn sy'n deg yn hytrach nag un sy'n gywir yn gyfreithiol.

R v Owen (1992)

Lladdwyd mab y diffynnydd gan yrrwr lori oedd â hanes hir o droseddau yfed a gyrru, a thrais. Doedd y gyrrwr ddim yn dangos o gwbl ei fod yn difaru lladd y bachgen. Cafodd eu ddyfarnu'n euog o drosedd yrru, ei ddedfrydu i 15 mis yn y carchar a'i ryddhau ar ôl blwyddyn. Wedi hynny, dechreuodd yrru ei lori yn anghyfreithlon eto. Ar ôl cysylltu â'r awdurdodau i geisio cael cyfiawnder i'w fab, a methu, cymerodd y diffynnydd wn ac anafu'r gyrrwr lori. Cafodd ei gyhuddo o ymgais i lofruddio, ond er gwaethaf y dystiolaeth yn ei erbyn, cafodd ei ganfod yn ddieuog gan y rheithgor.

✓ Nid yw'r rheithgor wedi dod yn orgyfarwydd ag achosion yn yr un ffordd â rhai barnwyr. Dydy rheithwyr ddim wedi diflasu na throi'n sinigaidd am ddadleuon yr amddiffyniad, oherwydd i'r rhan fwyaf ohonyn nhw, dyma'r tro cyntaf iddyn nhw wasanaethu.

✓ Y ddadl yw fod barn 12 aelod y rheithgor yn fwy diogel na barn un barnwr unigol. Yn ogystal â hynny, oherwydd **adran 8 Deddf Dirmyg Llys 1981** a'r troseddau newydd o fewn **Deddf Cyfiawnder Troseddol a'r Llysoedd 2015**, mae trafodaethau'r ystafell reithgor yn gyfrinachol ac felly mae'r rheithgor wedi'i amddiffyn rhag dylanwadau a phwysau allanol.

✓ Mae gan reithgorau'r gallu llwyr i benderfynu ar sail ffeithiau a synnwyr cyffredin, heb fod angen hyfforddiant cyfreithiol arbenigol. Dylen nhw fod yn ddiduedd hefyd gan nad oes ganddyn nhw gysylltiad ag unrhyw un yn yr achos. Yr enw ar hyn yw tegwch y rheithgor. Cafodd hwn ei ddangos yn *Achos Ponting (1985)* pan wrthododd y rheithgor gael y diffynnydd yn euog, er bod y barnwr wedi gorchymyn nad oedd unrhyw amddiffyniad.

✓ Mae'r cysyniad yn sefydliad hynafol, ac mae ein holl system o ran treial llys yn seiliedig arno. Dywedodd yr Athro Blackstone mai 'dyma fur amddiffynnol ein hawliau'. Cafodd ei ddisgrifio gan yr Arglwydd Devlin fel 'y lamp sy'n dangos bod rhyddid yn fyw'.

Anfanteision

✗ Yn ôl McCabe a Purves, yn *The Shadow Jury at Work*, mae'n hawdd i ddau neu dri unigolyn â phersonoliaethau cryf ddod i reoli rheithgor, neu i'r aelodau gael eu perswadio gan ben-rheithiwr cryf pan fyddan nhw wedi'u cloi yn ystafell y rheithgor.

✗ Gall gwasanaeth rheithgor gorfodol achosi dicter neu straen, a gallai hyn olygu bod rhai rheithwyr yn edrych ymlaen at orffen eu gwasanaeth cyn gynted â phosibl. Os felly, efallai byddan nhw'n barod i gytuno â'r mwyafrif er mwyn dod â'r treial i ben.

✗ Gall rheithgorau gael eu hargyhoeddi'n rhy hawdd hefyd gan agwedd a chyflwyniad bargyfreithwyr; daw'r llys yn fwy tebyg i theatr gan dynnu sylw'r rheithgor a dylanwadu'n hawdd arno. Gall ymddangosiad pobl a safbwyntiau rhagfarnllyd hefyd fod yn ffactor bwysig.

R v Alexander and Steen (2004)
Weithiau caiff yr achos hwn ei alw'n achos y 'rheithiwr serchus'; apeliodd y diffynyddion gan fod aelod benywaidd o'r rheithgor wedi gwneud sawl cynnig rhamantus i fargyfreithiwr yr erlyniad.

R v Pryce (2013)
Methodd treial Vicky Pryce, cyn-wraig yr AS Chris Huhne, pan ofynnodd y rheithgor ddeg cwestiwn a wnaeth i'r barnwr sylweddoli eu bod yn cael trafferth deall pethau sylfaenol am yr achos.

✗ Efallai na fydd rheithwyr yn deall yr achos a gyflwynir iddyn nhw, ac yn aml dydyn nhw ddim yn gallu pwyso a mesur y dystiolaeth yn gywir, na gwerthfawrogi arwyddocâd rhai materion.

✗ Gall dylanwad y cyfryngau hefyd fod yn anfantais ar sail *Erthygl 6 yr ECHR.*

R v Taylor and Taylor (1993)
Cafodd dwy chwaer eu cyhuddo o lofruddiaeth. Cyhoeddodd rhai papurau newydd glip fideo oedd yn rhoi camargraff o'r hyn oedd yn digwydd. Ar ôl iddyn nhw gael eu dyfarnu'n euog, cawson nhw ganiatâd i apelio oherwydd dylanwad posibl y llun hwn ar reithfarn y rheithgor.

✗ Mae'n anodd iawn ymchwilio i reithgorau, gan fod *Deddf Dirmyg Llys 1981* a *Deddf Cyfiawnder Troseddol a'r Llysoedd 2015* yn atal rheithwyr rhag trafod yr achos na'u ffyrdd o resymu. Trafodwyd hyn yn *R v Mirza (2004)* a *R v Connor and Rollock (2002)*, lle cadarnhawyd bod *adran 8* yn cyd-fynd ag *Erthygl 6 yr ECHR* (Hawl i gael treial teg). Un eithriad i hyn yw achos *R v Karakaya (2005)*, lle daeth yn amlwg bod rheithiwr wedi gwneud ymchwil ar y Rhyngrwyd ac wedi dod â'r nodiadau i ystafell y rheithgor. Gweler achosion mwy diweddar hefyd, fel *Dallas (2012)* a *Deane (2016)*.

Crynodeb: Rôl y rheithgor

▶ **Troseddol**
- **Rôl:** Penderfynu ar reithfarn euog neu ddieuog yn Llys y Goron
- **Mathau o achosion:** Troseddau ditiadwy lle mae'r diffynnydd yn pledio'n ddieuog, a rhai troseddau neillffordd lle mae'r diffynnydd wedi dewis treial yn Llys y Goron.
- Bydd yn ceisio dod i reithfarn unfrydol (12–0) neu fwyafrifol os bydd y barnwr yn cytuno (10–2, 11–1)
- Llywodraethir gan *Ddeddf Rheithgorau 1974* fel y'i diwygiwyd gan *Ddeddf Cyfiawnder Troseddol 2003*

▶ **Sifil**
- **Swyddogaeth ddeuol:** Penderfynu a yw'r diffynnydd yn atebol, a phenderfynu ar gyfanswm yr iawndal
- **Mathau o achosion:** Twyll, carcharu ar gam ac erlyn maleisus
- Llywodraethir gan *adran 67 Deddf y Goruchaf Lysoedd 1981* ac *adran 66 Deddf Llysoedd Sirol 1984*

▶ **Llys y crwner**
- **Rôl:** Penderfynu beth yw achos marwolaeth dan amgylchiadau amhous
- **Mathau o achosion:** Marwolaeth mewn carchar, marwolaeth yn y ddalfa, marwolaeth yn sgil damwain ddiwydiannol neu farwolaeth lle mae iechyd a diogelwch y cyhoedd mewn perygl
- **Enghreifftiau:** Cwest Hillsborough, marwolaeth y Dywysoges Diana

▶ **Rhaid** i reithwyr posibl fod:
- rhwng 18 a 75 oed
- ar y gofrestr etholwyr
- wedi byw yn y DU am o leiaf pum mlynedd ers pan oedden nhw'n 13 oed

▶ **Ni all** rheithwyr posibl fod:
- ar fechnïaeth ar y pryd
- wedi cael diagnosis o salwch meddwl
- wedi'u cael yn euog o drosedd ddifrifol (ac wedi treulio mwy na phum mlynedd yn y carchar)
- wedi'u cael yn euog o drosedd o dan Ddeddf Cyfiawnder Troseddol a'r Llysoedd 2015
- yn aelod o'r lluoedd arfog, os yw ei bennaeth milwrol wedi darparu datganiad sy'n tystio y byddai ei absenoldeb yn niweidiol i effeithlonrwydd y gwasanaeth.

▶ **Herio'r rheithgor:**
- **Am reswm:** Cais i ryddhau aelod o'r rheithgor o'i wasanaeth oherwydd bod rheswm i gredu na all fod yn deg, yn ddiduedd neu'n gymwys: *R v Gough (1993)*
- **Herio'r rheithwyr:** Cais i herio pob aelod o'r rheithgor gan fod y swyddog gwysio wedi dangos tuedd neu wedi gweithredu'n anghywir: *Romford Jury (1993)*
- **Mae'r Goron yn eich hepgor:** Defnyddir hwn mewn achosion o ddiogelwch cenedlaethol neu derfysgaeth yn unig, a gyda chaniatâd y Twrnai Cyffredinol.

▶ **Heriau o ran hil:**
- Does dim hawl i gael rheithgor aml-hil: *R v Ford (1989)*
- Mae hawl i gael rheithgor sydd ddim yn hiliol: *Sander v UK (2000)*

▶ **Ymyrryd â'r rheithgor:** *adran 44 Deddf Cyfiawnder Troseddol 2003* – yn ôl yr adran hon, os bydd ymyrryd yn digwydd, gall yr erlyniad wneud cais i'r achos gael ei glywed gan y barnwr yn unig: *R v Twomey and others (2009)*

▶ **Dewisiadau eraill yn lle rheithgor:**
- Un barnwr
- Mainc o farnwyr
- Rheithgor wedi'i hyfforddi'n arbennig a'i ddewis o blith pobl sydd ddim yn gyfreithwyr
- Panel cymysg yn cynnwys barnwr a dau aelod lleyg

▶ **Manteision rheithgorau**
- Caniatáu i bobl gyffredin gymryd rhan yn y system gyfiawnder (yr hawl i gael treial gan eich cymheiriaid)
- Efallai na fydd ganddyn nhw ragfarn o blaid yr erlyniad
- Gallan nhw amddiffyn rhag cyfreithiau llym neu annheg gan y byddan nhw'n rhoi'r flaenoriaeth i degwch: *R v Owen (1992)*
- Llai sinigaidd na'r proffesiwn cyfreithiol
- Mae barn 12 aelod y rheithgor yn fwy diogel na barn un barnwr
- Mae *adran 8 Deddf Dirmyg Llys 1981* ac *adrannau 69–77 Deddf Cyfiawnder Troseddol a'r Llysoedd 2015* yn amddiffyn trafodaethau cyfrinachol
- Tegwch y rheithgor: *Ponting (1985)*
- Yr Athro Blackstone: 'Dyma fur amddiffynnol ein hawliau'; a'r Arglwydd Devlin: 'y lamp sy'n dangos bod rhyddid yn fyw'

▶ **Anfanteision rheithgorau**
- Gall unigolion â phersonoliaethau cryf neu ben-rheithiwr cryf ddylanwadu ar weddill y rheithgor
- Gall gwasanaeth rheithgor gorfodol olygu bod rhai rheithwyr yn edrych ymlaen at orffen y treial, heb ystyried yr achos yn ddigon trwyadl
- Gall ymddangosiad unigolion ddylanwadu ar reithgorau hefyd: *R v Alexander and Steen (2004)*
- Diffyg gwybodaeth gyfreithiol: *R v Pryce (2013)*
- Dylanwad y cyfryngau ar sail *Erthygl 6 yr ECHR:R v Taylor and Taylor (1993)*
- Mae *Deddf Dirmyg Llys 1981* a *Deddf Cyfiawnder Troseddol a'r Llysoedd 2015* yn atal rheithwyr rhag trafod yr achos: *R v Mirza (2004), R v Connor and Rollock, R v Karakaya (2005)*

Personél cyfreithiol: Bargyfreithwyr a chyfreithwyr

Adran y fanyleb	Cynnwys allweddol	Amcanion Asesu	Ble mae'r pwnc hwn yn ymddangos yn y fanyleb/arholiadau?
CBAC UG/U2 1.7: Personél cyfreithiol	• Bargyfreithwyr a chyfreithwyr: addysg, hyfforddiant a rôl • Strwythur y proffesiynau cyfreithiol; uno, penodi, hyfforddi a chefndir cymdeithasol • Rôl y gweithredwr cyfreithiol a phersonél paragyfreithiol • Rheoleiddio'r proffesiynau cyfreithiol	**AA1** Dangos gwybodaeth a dealltwriaeth o reolau ac egwyddorion cyfreithiol **AA3** Dadansoddi a gwerthuso rheolau, egwyddorion, cysyniadau a materion cyfreithiol	**CBAC UG/U2:** Uned 1 Adran B

Y proffesiwn cyfreithiol

Mae proffesiwn y gyfraith yng Nghymru a Lloegr wedi ei rannu yn ddwy gangen ar wahân: bargyfreithwyr a chyfreithwyr. Mae'r naill gangen a'r llall yn gwneud gwaith tebyg (er enghraifft, maen nhw'n gwneud gwaith eiriolaeth a gwaith papur cyfreithiol), ond mae'r cyfanswm amser maen nhw'n ei dreulio ar y gwaith yn amrywio, gan fod bargyfreithwyr yn treulio mwy o'u hamser yn y llys. O gymharu'n syml â'r proffesiwn meddygol, gallwn feddwl am y bargyfreithiwr fel ymgynghorydd neu arbenigwr, a'r cyfreithiwr fel meddyg teulu. Mae proffesiwn y gyfraith hefyd yn cynnwys gweithwyr paragyfreithiol, a gweithredwyr cyfreithiol.

Rôl cyfreithwyr

Mae tua 130,000 o gyfreithwyr, ac mae 80% ohonyn nhw yn gweithio i gwmnïau preifat. Mae'r Awdurdod Rheoleiddio Cyfreithwyr (*SRA*) yn rheoleiddio cyfreithwyr.

Pa fath o waith mae cyfreithwyr yn ei wneud?

Daw'r rhan fwyaf o waith ac incwm cyfreithwyr o waith masnachol, trawsgludo, gwaith teulu a phriodasol, a gwaith profiant. Yn 1985, collodd cyfreithwyr eu monopoli ar waith trawsgludo.

Mae cyfreithwyr yn gwneud bron y cyfan o'u gwaith eiriolaeth yn y llys ynadon. Tan 1999, doedd gan gyfreithwyr ddim hawliau ymddangos llawn wrth iddyn nhw gymhwyso. Mae'r hawl hon wedi bod gan fargyfreithwyr erioed. Ond newidiodd y sefyllfa yn sgil *Deddf Llysoedd a Gwasanaethau Cyfreithiol 1990* a *Deddf Mynediad at Gyfiawnder 1999*. Nawr, mae hawliau ymddangos llawn gan gyfreithwyr pan fyddan nhw'n cael eu derbyn i'r rhôl, a gall cyfreithwyr arfer yr hawl hon ar ôl cwblhau mwy o hyfforddiant.

Mae swyddfeydd cyfreithwyr yn amrywio o gwmnïau enfawr i unigolion sy'n gweithio ar eu pen eu hun. Gall cyfreithwyr ffurfio partneriaethau busnes, gan gynnwys partneriaethau sydd ag atebolrwydd cyfyngedig. Fodd bynnag, mae'r rhan fwyaf o gwmnïau cyfreithiol yn fach, gydag 85% â phedwar partner neu lai, a 50% ag un partner yn unig.

Cymwysterau cyfreithiwr

Mae sawl cam wrth hyfforddi i fod yn gyfreithiwr.

1. Gradd yn y gyfraith; neu, i raddedigion heb radd yn y gyfraith, yr Arholiad Proffesiynol Cyffredin (*CPE*) neu Ddiploma Graddedig yn y Gyfraith (*GDL*).
2. Cwrs Ymarfer Cyfreithiol (*LPC*; blwyddyn).
3. Contract hyfforddi dwy flynedd.
4. Cymhwyso fel cyfreithiwr.
5. Datblygiad proffesiynol parhaus.

Gall gweithredwyr cyfreithiol ddod yn gyfreithwyr yn ddiweddarach, ond mae'n broses hir.

Enw corff llywodraethol y cyfreithwyr yw Cymdeithas y Cyfreithwyr. Yn 2005 cafodd ei wneud yn ddewis gwirfoddol i ddod yn aelod o Gymdeithas y Cyfreithwyr

TERMAU ALLWEDDOL

hawliau ymddangos: yr hawl i ymddangos fel eiriolwr mewn unrhyw lys.

rheol y 'rhes cabiau': mae'n rhaid i fargyfreithiwr dderbyn gwaith mewn unrhyw faes lle mae'n gymwys i ymarfer, mewn llys lle bydd yn ymddangos fel arfer, ac ar ei gyfradd arferol.

siambrau: swyddfeydd lle mae grwpiau o fargyfreithwyr yn rhannu clercod (gweinyddwyr) a chostau gweithredu.

Ysbytai'r Brawdlys: Rhaid i fargyfreithwyr ymuno â'r Deml Fewnol, y Deml Ganol, Ysbyty Gray neu Ysbyty Lincoln. Mae'r Ysbytai, neu'r Neuaddau, yn darparu llety ac addysg ac yn hyrwyddo gweithgareddau.

disgybledd (sef tymor prawf): prentisiaeth blwyddyn lle mae disgybl yn gweithio ochr yn ochr â bargyfreithiwr cymwys, sy'n cael ei alw'n ddisgybl-feistr.

tenantiaeth: lle parhaol i fargyfreithiwr mewn siambrau.

Cwnsler y Frenhines (C.F.): bargyfreithiwr uwch sydd wedi bod yn ymarferydd am o leiaf 10 mlynedd ac sy'n cael ei benodi i'r safle. Mae ganddyn nhw hawl i wisgo gynau sidan, neu 'gymryd sidan'.

Anrhydeddus Gymdeithas Ysbyty Lincoln yw un o bedwar Ysbyty'r Brawdlys yn Llundain, lle mae bargyfreithwyr yn cael eu galw i'r Bar. Y tri arall yw'r Deml Ganol, y Deml Fewnol ac Ysbyty Gray.

Cwynion yn erbyn cyfreithwyr

- Mae'r **Awdurdod Rheoleiddio Cyfreithwyr** yn ymdrin â chwynion am gamymddwyn proffesiynol gan gyfreithwyr. Os oes tystiolaeth o gamymddwyn difrifol, gall yr Awdurdod Rheoleiddio Cyfreithwyr ddod â'r achos gerbron **Tribiwnlys Disgyblu Cyfreithwyr**, sy'n gallu ceryddu, dirwyo, neu wahardd cyfreithwyr, neu mewn achosion difrifol iawn, gall dynnu enw cyfreithiwr oddi ar y rhôl. Os nad yw'r achwynydd yn fodlon â phenderfyniad yr Awdurdod Rheoleiddio Cyfreithwyr, gall fynd â'r mater ymhellach at yr **Ombwdsmon Gwasanaethau Cyfreithiol**.

- Sefydlwyd yr **Ombwdsmon Gwasanaethau Cyfreithiol** gan y **Swyddfa Cwynion Cyfreithiol**. Ymhlith pethau eraill, gall yr Ombwdsmon orchymyn gweithiwr cyfreithiol proffesiynol i ymddiheuro i gleient, ad-dalu neu leihau ffioedd cyfreithiol, neu dalu iawndal o hyd at £30,000.

- Mewn achos o esgeulustod, mae'n bosibl gweithredu drwy'r llysoedd; er enghraifft, *Arthur J. S. Hall and Co. v Simons (2000)*.

Dyrchafiad i'r farnwriaeth

Cyn 1990, dim ond am benodiadau barnwrol iau roedd cyfreithwyr yn gymwys i wneud cais (e.e. fel barnwyr cylchdaith). Ers **Deddf Llysoedd a Gwasanaethau Cyfreithiol 1990**, maen nhw'n gymwys i gael eu penodi i'r llysoedd uwch.

Rôl bargyfreithwyr

Mae tua 13,000 o fargyfreithwyr, a'r enw arnyn nhw ar y cyd yw'r **Bar**. Corff llywodraethol y bargyfreithwyr yw **Cyngor Cyffredinol y Bar**. Mae **Bwrdd Safonau'r Bar** yn gyfrifol am reoleiddio'r Bar.

Pa fath o waith mae bargyfreithwyr yn ei wneud?

Eu prif rôl yw eiriolaeth (sef cyflwyno achosion yn y llys). Mae llawer o'u gwaith yn cael ei wneud cyn y treial, gan roi barn (asesiad cytbwys o achosion), a chynnal cyfarfodydd gyda chyfreithwyr a chleientiaid.

Gwahaniaeth allweddol rhyngddyn nhw a chyfreithwyr yw bod rhaid i fargyfreithwyr fod yn hunangyflogedig, ac felly nid ydyn nhw'n gallu ffurfio partneriaethau. Yn hytrach, maen nhw'n rhannu swyddfeydd o'r enw siambrau gyda bargyfreithwyr eraill. Mae'r setiau o siambrau yn cael eu rheoli gan y clerc, sy'n trefnu cyfarfodydd gyda chyfreithwyr ac yn trafod ffioedd bargyfreithwyr.

Nid yw pob bargyfreithiwr yn gweithio fel eiriolwr: mae rhai bargyfreithwyr yn gweithio i ganolfannau'r gyfraith, y llywodraeth a diwydiant preifat.

Cyn 2004, doedd dim hawl gan aelodau'r cyhoedd i gysylltu â bargyfreithiwr yn uniongyrchol; roedd yn rhaid eu penodi drwy gyfreithiwr. Yn 2004, cyflwynwyd y drefn 'mynediad uniongyrchol', a bellach gall aelodau'r cyhoedd gysylltu â bargyfreithiwr heb orfod mynd trwy gyfrwng cyfreithwyr.

Mae bargyfreithiwr yn gweithio yn ôl rheol y 'rhes cabiau'. Ystyr hyn yw bod yn rhaid i fargyfreithwyr dderbyn unrhyw waith mewn maes lle maen nhw'n gymwys i weithio, mewn llys lle maen nhw'n ymddangos fel arfer, ac ar eu cyfraddau arferol.

Cymwysterau bargyfreithwyr

Mae sawl cam wrth hyfforddi i fod yn fargyfreithiwr.

1. Gradd yn y gyfraith; neu, i raddedigion heb radd yn y gyfraith, yr Arholiad Proffesiynol Cyffredin (*CPE*) neu Ddiploma Graddedig yn y Gyfraith (*GDL*).
2. Ymuno ag unrhyw un o bedwar o Ysbytai'r Brawdlys.
3. Cwrs Hyfforddiant Proffesiynol y Bar (blwyddyn)
4. Galw i'r Bar.
5. Disgybledd sef tymor prawf (blwyddyn).
6. Tenantiaeth mewn siambrau.
7. Datblygiad proffesiynol parhaus.

Mae bargyfreithwyr yn rhai 'iau' (*junior*) nes byddan nhw'n cael eu gwneud yn 'C.F.' (**Cwnsler y Frenhines** neu *Queen's Counsel – Q.C.*). Mae bargyfreithwyr yn gymwys i ddod yn C.F. ar ôl gweithio am 10 mlynedd, ac maen nhw'n cael eu penodi gan Gyngor Cyffredinol y Bar a Chymdeithas y Cyfreithwyr. Pan fyddan nhw'n cael eu penodi, maen nhw'n 'cymryd sidan'. Gall Cwnsleriaid y Frenhines hawlio ffioedd uwch am eu harbenigedd a'u statws cydnabyddedig.

Cwynion yn erbyn bargyfreithwyr

- Nid yw bargyfreithwyr bellach yn rhydd o atebolrwydd am waith esgeulus yn y llys – cafodd *Rondel v Worsley (1969)* ei ddirymu gan *Arthur J. S. Hall and Co. v Simons (2000)*.
- Fodd bynnag, gweler *Moy v Pettman Smith (2005)*. Roedd yr achos hwn yn ymwneud â'r ffordd drugarog o drin bargyfreithiwr gan Dŷ'r Arglwyddi, o'i gymharu â gweithwyr proffesiynol eraill.
- Mae **Bwrdd Safonau'r Bar** ym ymdrin â materion disgyblu, a hefyd yn goruchwylio hyfforddiant ac addysg bargyfreithwyr. Gall y Bwrdd ddisgyblu unrhyw fargyfreithiwr sy'n torri'r Cod, a gall gyfeirio materion difrifol at dribiwnlys disgyblu. Os yw'r achwynydd yn anfodlon â phenderfyniad y Bwrdd, gall fynd â'r mater ymhellach at yr Ombwdsmon Cyfreithiol.

Dyrchafiad i'r farnwriaeth
Mae bargyfreithwyr yn gymwys i gael eu penodi i unrhyw swydd yn y farnwriaeth, os oes ganddyn nhw'r profiad angenrheidiol.

Materion cynrychioli yn ymwneud â bargyfreithwyr a chyfreithwyr

Mae'r rhai sy'n gweithio ym mhroffesiwn y gyfraith yn aml yn cael eu cyhuddo o beidio â chynrychioli'r gymdeithas ehangach. Ymhlith y cyhuddiadau, mae'r awgrym eu bod yn aelodau o'r dosbarth canol yn bennaf, ac nad oes digon o fenywod na lleiafrifoedd ethnig, yn draddodiadol. Efallai fod mynediad i'r proffesiwn yn ehangu, ond mae'r safleoedd uwch yn dal i fod yn nwylo dynion gwyn yn bennaf, ac mae gwahaniaethu yn broblem o hyd. Er enghraifft, mae cyfreithwyr cynorthwyol gwrywaidd yn ennill £13,000 y flwyddyn yn fwy, ar gyfartaledd, na menywod sy'n gwneud swydd debyg (Ystadegau Cymdeithas y Cyfreithwyr, 1998). Yn 2003, 8 y cant yn unig o gyfreithwyr ac 11 y cant yn unig o fargyfreithwyr oedd yn dod o leiafrifoedd ethnig.

Diwygio a dyfodol proffesiwn y gyfraith

A ddylai'r ddau broffesiwn uno a dod yn un? Dyma gwestiwn sy'n bwnc llosg ers blynyddoedd. Mae camau tuag at uno yn cynnwys y canlynol:

- 1990: *Deddf Llysoedd a Gwasanaethau Cyfreithiol*
- 1992: Cafodd swydd y Cyfreithiwr-Eiriolwr ei chyflwyno
- 1999: *Deddf Mynediad at Gyfiawnder* pan gafodd pob bargyfreithiwr a chyfreithiwr hawliau ymddangos llawn
- 2004: dadleuodd **Adroddiad Clementi** o blaid rheoleiddio'r proffesiwn
- 2007: *Deddf Gwasanaethau Cyfreithiol* – roedd y ddeddf hon yn caniatáu strwythurau busnes gwahanol.

Adroddiad Clementi

Dilynwyd adroddiad Syr David Clementi (2004), 'Review of the Regulatory Framework for Legal Services in England and Wales' gan Bapur Gwyn, 'The Future of Legal Services – Putting Consumers First'.

Deddf Gwasanaethau Cyfreithiol 2007

Yr enw sy'n aml yn cael ei roi ar y ddeddf hon yw '**cyfraith Tesco**', gan ei bod yn ceisio gwneud gwaith cyfreithiol – fel ysgrifennu ewyllysiau, neu waith trawsgludo – yr un mor hawdd i ddefnyddwyr ei gael â phrynu tun o ffa o'r archfarchnad. Roedd hefyd yn galluogi cwmnïau mawr i brynu cwmnïau cyfreithiol. Dyma rai o'r diwygiadau eraill:

- caniatáu busnesau cyfreithiol i gynnwys cyfreithwyr a phobl sydd ddim yn gyfreithwyr
- caniatáu busnesau cyfreithiol i gynnwys bargyfreithwyr a chyfreithwyr
- caniatáu pobl sydd ddim yn gyfreithwyr i fod yn berchen ar fusnesau cyfreithiol
- strwythurau busnes eraill (e.e. yn 2012, cafodd The Co-operative Society drwydded gan y Bwrdd Gwasanaethau Cyfreithiol i gynnig gwasanaethau cyfreithiol).

Personél cyfreithiol eraill

Gweithredwyr cyfreithiol

- Mae dros 20,000 o weithredwyr cyfreithiol sy'n gwneud gwaith proffesiynol o dan gyfreithwyr. Maen nhw'n tueddu i arbenigo mewn meysydd penodol, er enghraifft mewn gwaith trawsgludo.
- Gallan nhw fynd ymlaen i gymhwyso'n gyfreithwyr.
- Eu corff llywodraethol nhw yw **Sefydliad y Gweithredwyr Cyfreithiol.**
- O dan *Ddeddf Tribiwnlysoedd, Llysoedd a Gorfodaeth 2007*, cafodd gweithredwyr cyfreithiol yr hawl i wneud cais am swyddi barnwrol iau.

Trawsgludwyr trwyddedig

Cafodd monopoli cyfreithwyr ar waith trawsgludo ei ddiddymu gan *Ddeddf Llysoedd a Gwasanaethau Cyfreithiol 1990*.

Sgiliau Arholiad

Gallai'r pwnc hwn ymddangos yn arholiad Uned 1, Adran B UG Y Gyfraith CBAC. Mae'n debygol o gael ei arholi mewn ffordd debyg i 'hen' adran LA1 manyleb CBAC.

Bydd cwestiynau rhan a) yn gofyn i chi **esbonio** agwedd ar y pwnc sy'n ymdrin â gwybodaeth a dealltwriaeth AA1.

Bydd cwestiynau rhan b) yn gofyn i chi **ddadansoddi a gwerthuso** agwedd ar y pwnc sy'n ymdrin â sgiliau AA3.

Crynodeb: Y Proffesiwn Cyfreithiol

Cyfreithwyr

▶ Maen nhw'n gallu gweithio mewn **cwmni neu gorff**

▶ Maen nhw'n gweithio yn y **swyddfa yn bennaf, ond gallan nhw gyflwyno achosion** yn y llys ynadon a Llys y Goron. Gallan nhw gymhwyso i gael hawliau ymddangos yn y llysoedd uwch hefyd

▶ Er mwyn cymhwyso, rhaid iddyn nhw basio'r **Cwrs Hyfforddiant Cyfreithiol** a chwblhau contract hyfforddi dwy flynedd

▶ Maen nhw'n cael eu cynrychioli gan Gymdeithas y Cyfreithwyr, a'u rheoleiddio gan yr Awdurdod Rheoleiddio Cyfreithwyr

Bargyfreithwyr

▶ Fel arfer yn **hunangyflogedig**, ond gallan nhw weithio i sefydliad

▶ Maen nhw'n gwneud gwaith llys yn bennaf, gyda **hawliau ymddangos llawn** ar ôl cymhwyso

▶ Rhaid bod yn aelod o un o bedwar **Ysbyty'r Brawdlys**

▶ Er mwyn cymhwyso a gweíthio, rhaid iddyn nhw basio **Cwrs Hyfforddiant Proffesiynol y Bar** a chwblhau **disgybledd (neu dymor prawf)**

▶ Er mwyn gwneud cais am **Gwnsel y Frenhines**, rhaid i fargyfreithwyr weithio am o leiaf 10 mlynedd

Gweithredwyr cyfreithiol

▶ Maen nhw'n gweithio gyda **chwmnïau cyfreithwyr** neu sefydliadau cyfreithiol eraill

▶ Maen nhw'n ymdrin â materion **syml neu uniongyrchol**

▶ Mae ganddyn nhw hawliau ymddangos cyfyngedig

Personél cyfreithiol: Y Farnwriaeth

Adran y fanyleb	Cynnwys allweddol	Amcanion Asesu	Ble mae'r pwnc hwn yn ymddangos yn y fanyleb/arholiadau?
CBAC UG/U2 1.7: Personél cyfreithiol	• Y farnwriaeth: rôl, hierarchaeth, dethol, hyfforddi, cyfansoddiad, rheoleiddio, safle cyfansoddiadol ac annibyniaeth farnwrol a rheolaeth cyfraith	**AA1** Dangos gwybodaeth a dealltwriaeth o reolau ac egwyddorion cyfreithiol **AA3** Dadansoddi a gwerthuso rheolau, egwyddorion, cysyniadau a materion cyfreithiol	**CBAC UG/U2**: Uned 1 Adran B

Rôl barnwyr

Mae annibyniaeth y farnwriaeth yn un o egwyddorion sylfaenol rheolaeth cyfraith. Mae gan farnwyr rôl allweddol o ran rheoli'r defnydd o rym gan y wladwriaeth. Maen nhw'n gwneud hyn drwy adolygiad barnwrol, a thrwy *Ddeddf Hawliau Dynol 1998*, gyda'r pŵer i gyhoeddi **datganiadau anghydnawsedd** *Adran 4* (*A and X and others v Secretary of State for the Home Department (2004)*).

Hierarchaeth barnwyr

Barnwyr uwch

Pennaeth y Farnwriaeth yw Llywydd Llysoedd Cymru a Lloegr (yn ymarferol, yr Arglwydd Brif Ustus) (*Deddf Diwygio Cyfansoddiadol 2005*).

↓

Y barnwyr uchaf yw **Ustusiaid y Goruchaf Lys** a'r Cyfrin Gyngor (cymerodd y Goruchaf Lys le Tŷ'r Arglwyddi yn 2009 yn sgil *Deddf Diwygio Cyfansoddiadol 2005*).

↓

Arglwydd ac Arglwyddes Apêl yn y Llys Apêl. Pennaeth yr Adran Droseddol yw'r **Arglwydd Brif Ustus**; Pennaeth yr Adran Sifil yw **Meistr y Rholiau**.

↓

Barnwyr yn nhair adran yr **Uchel Lys**.

↓

Barnwyr is

Barnwyr cylchdaith yn Llys y Goron a'r llys sirol.

↓

Cofiaduron (rhan amser) yn Llys y Goron a'r llys sirol.

↓

Barnwyr rhanbarth yn y llys ynadon a'r llys sirol.

Yr Arglwydd Ganghellor

Mae rôl yr Arglwydd Ganghellor yn bodoli ers dros 1,400 o flynyddoedd, ond yn ddiweddar gwelwyd bod y rôl yn gwrthdaro ag athrawiaeth **gwahaniad pwerau**. Yn 2003 cyhoeddodd y llywodraeth fwriad i ddileu'r rôl – ond nid yw hyn wedi digwydd hyd yma. Mae *Deddf Diwygio Cyfansoddiadol 2005* wedi cadw'r rôl, ond mae pwerau'r Arglwydd Ganghellor bellach yn llawer llai.

Newidiadau i rôl yr Arglwydd Ganghellor yn sgil Deddf Diwygio Cyfansoddiadol 2005

Bellach, nid yw'r Arglwydd Ganghellor:	Erbyn hyn, mae'r Arglwydd Ganghellor:
yn eistedd fel barnwr yn Nhŷ'r Arglwyddi	yn bennaeth ar y Weinyddiaeth Gyfiawnder
yn bennaeth ar y farnwriaeth	yn gyfrifol am gymorth cyfreithiol, Comisiwn y Gyfraith a system y llysoedd
yn chwarae rhan yn y broses o benodi barnwyr	o bosibl yn dod o gefndir sydd ddim yn un cyfreithiol (*adran 2 Deddf Diwygio Cyfansoddiadol 2005*). Yn 2012, Chris Grayling oedd y person cyntaf i gael ei benodi i'r swydd hon, heb fod yn gyfreithiwr, ers 400 mlynedd
yn gorfod bod yn aelod o Dŷ'r Arglwyddi	
yn dod yn awtomatig yn Llefarydd Tŷ'r Arglwyddi	

Proses penodi barnwyr

Yr hen weithdrefn	Y weithdrefn newydd
Roedd yr Arglwydd Ganghellor yn chwarae rhan ganolog wrth benodi.	Gyda *Deddf Diwygio Cyfansoddiadol 2005*, sefydlwyd y Comisiwn Penodiadau Barnwrol.
Ymholi dirgel.	Y Comisiwn Penodiadau Barnwrol (*Judicial Appointments Commission: JAC*): 14 aelod (pump aelod lleyg, pum barnwr, dau weithiwr cyfreithiol proffesiynol, ynad lleyg ac aelod o dribiwnlys) a benodir gan y Frenhines ar argymhelliad yr Arglwydd Ganghellor.
Dim hysbysebion am benodiadau barnwrol.	Nid yw'r Comisiwn Penodiadau Barnwrol yn cymryd rhan wrth benodi barnwyr i'r Goruchaf Lys.
Dirgel: roedd cymhwysedd i ddod yn farnwr yn seiliedig ar faint o flynyddoedd o hawliau ymddangos oedd gan yr unigolyn.	*Deddf Tribiwnlysoedd, Llysoedd a Gorfodaeth 2007*: mae cymhwysedd i ddod yn farnwr yn seiliedig ar nifer y blynyddoedd o brofiad ar ôl cymhwyso.

Mae gan wledydd eraill systemau gwahanol ar gyfer penodi barnwyr. Yn Ffrainc, mae rhywun yn dewis bod yn farnwr ar ddechrau ei yrfa, yn hytrach na bod yn gyfreithiwr yn gyntaf. Felly mae'n dilyn llwybr gyrfa'r farnwriaeth. Yn yr Unol Daleithiau, mae dau ddull o benodi barnwyr: penodi ac ethol.

TERMAU ALLWEDDOL

ymholi dirgel: yr hen broses benodi, lle byddai gwybodaeth am farnwr posibl yn cael ei chasglu'n anffurfiol, dros amser, gan fargyfreithwyr a barnwyr blaenllaw.

Hyfforddi, diswyddo, terfynu a dyrchafu barnwyr

Hyfforddi

Dim ond ychydig o hyfforddiant ffurfiol mae barnwyr yn ei gael. Mae'r hyfforddiant maen nhw'n ei dderbyn yn cael ei drefnu gan y Coleg Barnwrol.

Diswyddo

Mae pum ffordd i farnwr adael ei swyddi

1. Diswyddo (Barnwyr yr Uchel Lys ac uwch: *Deddf Sefydlogi 1700*, *Deddf Llysoedd 1971* a *Deddf Diwygio Cyfansoddiadol 2005*).
2. Atal o'r swydd (sefydlodd *Deddf Diwygio Cyfansoddiadol 2005* weithdrefnau disgyblu).
3. Ymddiswyddo.
4. Ymddeol (mae barnwyr yn ymddeol yn 70 oed fel arfer).
5. Gadael oherwydd gwendid.

Dyrchafu

Does dim system ffurfiol o ddyrchafu barnwyr, gan fod pobl yn credu y gall awydd i gael eu dyrchafu effeithio ar eu gallu i wneud penderfyniadau. Mae unrhyw ddyrchafiad yn cael ei drin yn yr un modd â'r broses benodi gychwynnol, trwy'r Comisiwn Penodiadau Barnwrol.

Annibyniaeth farnwrol

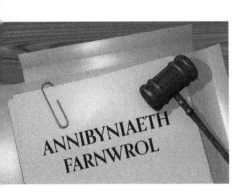

Mae annibyniaeth farnwrol yn hollbwysig: mae'n amod angenrheidiol os yw'r treial am fod yn ddiduedd, ac felly'n un teg. Dylai barnwyr:

* fod yn annibynnol ar y Weithrediaeth, grwpiau buddiant a'r sawl sy'n ymgyfreitha
* cael adolygiad cyflog annibynnol
* peidio â chael eu cyflogi mewn unrhyw broffesiwn na busnes arall
* peidio ag eistedd mewn achos lle mae ganddyn nhw ddiddordeb personol/rhagfarn, neu ei bod yn ymddangos felly, (e.e. *yr Arglwydd Hoffmann yn Re Pinochet Ugarte (1999)*).

Bygythiadau i annibyniaeth farnwrol

Yn ddelfrydol, dylai barnwyr fod yn gyflafareddwyr annibynnol dros y gyfraith – ond nid yw hyn bob amser yn wir.

* Mae barnwyr yn ddarostyngedig i ewyllys y Senedd.
* Cafwyd rhai achosion o farnwyr yn dangos tuedd wleidyddol (gweler *McIlkenny v Chief Constable of the West Midlands (1980)*; *R v Ponting (1985)*).
* Mae rhai achosion weithiau'n dangos tuedd tuag at adain dde'r sbectrwm gwleidyddol (gweler *Bromley London Borough Council v Greater London Council (1982)*; *Council of Civil Service Union v Minister for the Civil Service (1984)*; *Thomas v NUM (1985)*.
* Mae agweddau rhai barnwyr at fenywod yn hen ffasiwn ac yn ystrydebol. Mae hyn yn peri pryder arbennig mewn achosion sy'n ymwneud â throseddau rhyw fel treisio.

Beirniadaeth o'r farnwriaeth

Mae barnwyr yn aml yn cael eu beirniadu am fod yn ddynion gwyn yn bennaf, sydd wedi mynychu ysgol fonedd a/neu brifysgolion Rhydychen neu Gaergrawnt, felly maen nhw'n cael eu gweld fel pobl sydd heb ddealltwriaeth o gymdeithas gyffredin. Hefyd, efallai nad ydyn nhw wedi cael llawer o hyfforddiant neu does ganddyn nhw ddim digon o arbenigedd, felly gall eu hagwedd at achosion fod yn anghyson.

Deddf Trosedd a Llysoedd 2013

Mae *Rhan 2* y Ddeddf hon yn ymdrin â llysoedd a chyfiawnder. Dyma rai o'r diwygiadau sy'n ymwneud â barnwyr:

* gwella trefniadaeth oriau'r llysoedd
* galluogi gweithio hyblyg yn yr Uchel Lys a llysoedd uwch, gyda chyfleoedd i weithio'n hyblyg wedi'u nodi'n amlwg ym mhob un o brosesau dethol y Comisiwn Penodiadau Barnwrol
* lleoli hyblyg, sy'n galluogi barnwyr i symud yn haws rhwng llysoedd a thribiwnlysoedd, gan eu helpu i ddatblygu eu gyrfaoedd
* prosesau dethol newydd, gan gynnwys cyflwyno 'darpariaeth teilyngdod cyfartal'. Mae hwn yn ei gwneud yn glir, mewn achosion lle bydd dau ymgeisydd yr un mor deilwng â'i gilydd, y gall ymgeisydd gael ei ddewis ar sail gwella amrywiaeth. Y nod yw annog penodi mwy o farnwyr benywaidd ac o leiafrifoedd ethnig.

Rôl y Goruchaf Lys a'r rhesymau dros ei sefydlu

Sefydlwyd y Goruchaf Lys gan *Ddeddf Diwygio Cyfansoddiadol 2005*, gan gymryd lle Tŷ'r Arglwyddi er mwyn gwahanu uwch farnwyr y DU oddi wrth Dŷ Uchaf y Senedd, sydd hefyd yn cael ei alw'n Dŷ'r Arglwyddi. Cafodd hyn ei wneud er mwyn pwysleisio annibyniaeth Arglwyddi'r Gyfraith, a'u symud oddi wrth y corff deddfwriaethol. Y Goruchaf Lys yw'r llys apêl uchaf yn y wlad.

Ym mis Awst 2009, symudodd y Barnwyr o Dŷ'r Arglwyddi (lle roedden nhw'n eistedd fel Pwyllgor Apeliadau Tŷ'r Arglwyddi) i'w hadeilad eu hunain. Y tro cyntaf iddyn nhw eistedd fel y Goruchaf Lys oedd ym mis Hydref 2009.

Penodi barnwyr i'r Goruchaf Lys

I fod yn gymwys i gael ei benodi i'r Goruchaf Lys, rhaid i farnwr fod wedi dal swydd farnwrol uchel am o leiaf dwy flynedd, yn unol ag *adran 23 Deddf Diwygio Cyfansoddiadol 2005*, neu fod wedi bod yn ymarferwr cymwys am o leiaf 15 mlynedd, e.e. yn y Llys Apêl neu Dŷ'r Arglwyddi.

Penodir deuddeg barnwr i'r Goruchaf Lys gan y Frenhines, ar argymhelliad Prif Weinidog Prydain. Mae'r Arglwydd Ganghellor yn argymell y barnwyr hyn i'r Prif Weinidog, a hynny'n dilyn comisiwn dethol a sefydlwyd gan yr Arglwydd Ganghellor. Mae'n bosibl cynyddu nifer y barnwyr.

Yr enw ar yr Uwch Arglwydd Apêl yw Llywydd y Llys.

Sgiliau Arholiad

Gallai'r pwnc hwn ymddangos yn arholiad Uned 1, Adran B UG Y Gyfraith CBAC. Mae'n debygol o gael ei arholi mewn ffordd debyg i adran LA1 yn 'hen' fanyleb CBAC.

Bydd cwestiynau rhan a) yn gofyn i chi **esbonio** agwedd ar y pwnc sy'n ymdrin â gwybodaeth a dealltwriaeth AA1.

Bydd cwestiynau rhan b) yn gofyn i chi **ddadansoddi a gwerthuso** agwedd ar y pwnc sy'n ymdrin â sgiliau AA3.

Crynodeb: Y Farnwriaeth

▸ Mae **rôl barnwyr yn amrywio** gan ddibynnu ym mha lys maen nhw'n eistedd, ac mae mathau gwahanol o farnwyr ar bob lefel o'r llysoedd

▸ Mae barnwyr yn cael eu dewis gan y **Comisiwn Penodiadau Barnwrol**, a sefydlwyd gan Ddeddf Diwygio Cyfansoddiadol 2005. Mae'r Comisiwn Penodiadau Barnwrol yn cyflwyno ei argymhellion i'r **Arglwydd Ganghellor**

▸ I sicrhau annibyniaeth farnwrol a gweithredu heb orfod ofni'r canlyniadau, mae'n rhaid i farnwyr gael **sicrwydd daliadaeth**, bod yn **annibynnol** ym mhob achos, a bod yn annibynnol ar y llywodraeth

YMESTYN A HERIO

1. Ymchwiliwch i'r ffyrdd gallai barnwyr fod yn fwy cynrychiadol o gymdeithas, er enghraifft drwy edrych ar Strategaeth Amrywiaeth yr Arglwydd Ganghellor (2006).
2. Ystyriwch ragor o ddiwygiadau i'r broses benodi. Gallech ddechrau drwy ymchwilio i ganfyddiadau papur ymgynghorol y llywodraeth yn 2003, 'Constitutional Reform: A New Way of Appointing Judges'.
3. Ymchwiliwch i *Ddeddf Trosedd a Llysoedd 2013*. A tydd y Ddeddf yn gwella effeithlonrwydd, tryloywder ac amrywiaeth penodiadau barnwrol?

Personél cyfreithiol: Ynadon

Adran y fanyleb	Cynnwys allweddol	Amcanion Asesu	Ble mae'r pwnc hwn yn ymddangos yn y fanyleb/arholiadau?
CBAC UG/U2 1.7: Personél cyfreithiol	• Ynadaeth a barnwyr rhanbarth yn y llysoedd ynadon: rôl, dethol, penodi a hyfforddi	**AA1** Dangos gwybodaeth a dealltwriaeth o reolau ac egwyddorion cyfreithiol **AA3** Dadansoddi a gwerthuso rheolau, egwyddorion, cysyniadau a materion cyfreithiol	**CBAC UG/U2**: Uned 1 Adran B

Cafodd rôl ynad neu **ynad heddwch** ei sefydlu gan *Ddeddf Ynadon Heddwch 1361*. **Lleygwyr** ydyn nhw, sy'n gwirfoddoli i wrando ar achosion yn y llys ynadon. Mae barnwyr proffesiynol o'r enw **barnwyr rhanbarth** hefyd yn eistedd ar eu pen eu hunain mewn llysoedd ynadon (gweler tudalen 100). Mae gwirfoddoli fel ynad yn cael ei weld yn ffordd o roi rhywbeth yn ôl i'r gymuned, ac ennill sgiliau gwerthfawr. Erbyn heddiw, mae pwerau a swyddogaethau ynadon yn dod o dan *Ddeddf Ynadon Heddwch 1997* a *Deddf Llysoedd 2003*.

Mae tua 28,000 o ynadon lleyg. Rhaid iddyn nhw allu eistedd yn y llys am o leiaf 26 hanner diwrnod y flwyddyn. Mae'r gyfraith yn mynnu bod cyflogwyr yn caniatáu amser rhesymol o'r gwaith i weithwyr allu gwasanaethu fel ynad. Does dim rhaid eu talu am yr amser i ffwrdd o'r gwaith, er bod llawer o gyflogwyr yn fodlon talu. Os bydd ynad yn colli enillion, gall hawlio swm penodol am y golled. Mae treuliau teithio a chynhaliaeth yn cael eu talu hefyd.

Mae achosion yn y llysoedd ynadon fel arfer yn cael eu gwrando gan banel o dri ynad, sef y **fainc**, gyda chefnogaeth **clerc yr ynadon** ac **ymgynghorydd cyfreithiol**.

Penodi ynadon

- Maen nhw'n cael eu penodi o 18 oed ymlaen.
- Rhaid ymddeol yn 70 oed, ond fel arfer ni fydd pobl dros 65 oed yn cael eu penodi.
- Ers 2013, penodir ynadon gan yr Arglwydd Ganghellor ar ran y Goron, gyda chymorth pwyllgorau ymgynghorol lleol sy'n fetio ac yn argymell ymgeiswyr addas.
- Erbyn hyn gall unigolion wneud cais i ddod yn ynad, yn ogystal â chael cais gan y pwyllgor ymgynghorol. Mae hysbysebion yn cael eu cyhoeddi yn gwahodd ceisiadau.
- Gwneir y dewis ar sail haeddiant.
- Mae croeso i geisiadau o bob rhan o gymdeithas, dim ots beth yw eu rhyw, ethnigrwydd, crefydd neu dueddfryd rhywiol.
- Dylai ynadon fyw o fewn 15 milltir i ardal y fainc.
- Does dim rhaid cael cymwysterau cyfreithiol nac academaidd, ac maen nhw'n cael hyfforddiant llawn.
- Mae rhai unigolion wedi'u heithrio rhag cael eu penodi, fel swyddogion yr heddlu a wardeiniaid traffig, a phobl sydd ag euogfarnau troseddol difrifol.

GWELLA GRADD

Mae rheithgorau yn enghraifft arall o'r ffyrdd y gall lleygwyr ymwneud â'r system cyfiawnder troseddol. Efallai y cewch chi gwestiwn am 'gyfranogiad/rôl lleygwyr' yn y gyfraith. Byddai angen i chi drafod ynadon a rheithgorau. Cofiwch gynnwys y ddau. Dysgwch am y **llys ieuenctid**. Sut mae'r llys hwn yn wahanol i lys ynadon cyffredin a Llys y Goron?

Rôl ynadon

Awdurdodaeth droseddol

Mae ynadon yn chwarae rhan bwysig yn y system cyfiawnder troseddol, gan eu bod yn ymdrin â tua 95% o achosion. Maen nhw'n gwrando ar achosion ynadol a rhai troseddau neillffordd. Eu rôl yw penderfynu a yw'r diffynnydd yn euog neu'n ddieuog, a'i ddedfrydu. Maen nhw hefyd yn cyhoeddi gwarantau i arestio, yn penderfynu ar geisiadau mechnïaeth, ac yn cymryd rhan mewn apeliadau i Lys y Goron.

Mae ganddyn nhw hawl gyfyngedig i ddedfrydu. Does ganddyn nhw ddim hawl i orchymyn dedfrydau o garchar sy'n fwy na chwe mis (neu 12 mis am ddedfrydau olynol). Arferai uchafswm y ddirwy mewn llys ynadon fod yn **£5,000** yn gyffredinol. Ond ar gyfer troseddau a gyflawnwyd ar 12 Mawrth 2015 neu ar ôl hynny, mae'r dirwyon mewn llys ynadon yn rhai heb uchafswm yn y rhan fwyaf o achosion. Mewn achosion troseddau neillffordd, gall yr ynadon anfon y troseddwr i Lys y Goron i'w ddedfrydu os ydyn nhw'n meddwl bod angen dedfryd fwy llym. Maen nhw hefyd yn gwrando ar achosion yn y llys ieuenctid os yw'r diffynnydd rhwng 10 ac 17 oed.

Awdurdodaeth sifil

Rôl gyfyngedig sydd gan ynadon mewn achosion sifil. Maen nhw'n gyfrifol am roi trwyddedau i siopau betio a chasinos. Maen nhw hefyd yn gwrando ar apeliadau yn dilyn penderfyniadau Awdurdodau Lleol ynglŷn â chaniatáu trwyddedau i dafarndai a bwytai.

Erbyn hyn, dydy ynadon ddim yn ymdrin â materion domestig, na rhai sy'n ymwneud â mabwysiadu. Ers 2014, mae gan y Llys Achosion Teulu awdurdodaeth dros amrywiol faterion cyfraith teulu fel gorchmynion gwarchod rhag trais, gorchmynion cynhaliaeth, ac achosion yn ymwneud â lles plant.

Clerc yr ynadon

Mae clercod yr ynadon yn helpu'r ynadon gyda'r gyfraith. Maen nhw'n gyfreithwyr cymwysedig, ac mae ganddyn nhw o leiaf pum mlynedd o brofiad o weithio mewn llys ynadon. Eu rôl yw rhoi cyngor ac arweiniad i ynadon ar gwestiynau'r gyfraith, gweithdrefn ac arferion, fel sydd wedi'i nodi yn *Neddf Ynadon Heddwch 1979*. Mae'n rhaid iddyn nhw roi eu cyngor mewn llys agored, a does dim hawl ganddyn nhw i ddylanwadu ar benderfyniad yr ynadon. Mae hon yn rôl bwysig ac mae rhai wedi argymell cynyddu rôl y clerc i wneud yr ynadon yn fwy effeithlon.

Hyfforddiant ynadon

Anaml y daw ynadon lleyg o gefndir cyfreithiol, felly maen nhw'n cael hyfforddiant gorfodol. Maen nhw hefyd yn cael cymorth **clerc yr ynadon** ac **ymgynghorydd cyfreithiol**. Mae hyfforddiant ynadon yn seiliedig ar **gymwyseddau**, sef yr hyn mae angen i ynad wybod a gallu ei wneud er mwyn gwneud ei waith. **Pwyllgor Ynadol y Coleg Barnwrol** sy'n gyfrifol am yr hyfforddiant yn genedlaethol, a'r Gymdeithas Ynadol a Chymdeithas y Clercod Ynadon sy'n gyfrifol am hyn yn lleol.

Hyfforddiant yn y flwyddyn gyntaf

- Mae'r **hyfforddiant cychwynnol** yn ymdrin â dealltwriaeth o'r sefydliad, gweinyddiaeth, a rolau a chyfrifoldebau y rhai sy'n cymryd rhan yn y llys.
- Mae **hyfforddiant craidd** yn rhoi cyfle i ynadon newydd feithrin a datblygu sgiliau, gwybodaeth a dealltwriaeth gyfreithiol.
- Mae **hyfforddi a datblygiad parhaus** yn cynnwys gweithgareddau, arsylwi ar wrandawiadau llys, ac ymweld â charchardai a swyddfeydd profiannaeth.
- **Gwerthuso:** bydd ynadon yn cael eu mentora yn ystod y ddwy flynedd gyntaf, a'u gwerthuso i weld a ydyn nhw wedi ennill y cymwyseddau angenrheidiol.

Hyfforddiant parhaus

Bydd ynadon yn parhau i gael eu hyfforddi trwy gydol eu gyrfa ynadol. Maen nhw'n cael hyfforddiant ychwanegol ar gyfer gwaith y llys ieuenctid.

Cefndir ynadon

Mae yna ddadl nad yw ynadon yn cynrychioli'r bobl maen nhw'n eu gwasanaethu. Mae beirniadaeth debyg yn cael ei gwneud am y farnwriaeth, sef ei bod yn 'ddosbarth canol, canol oed, a chanol y ffordd'. Mae rhesymau pam mae ynadon yn tueddu i ddod o gefndir proffesiynol neu ddosbarth canol, fel y gallu i fod ar gael i eistedd fel ynad. Hefyd, maen nhw'n dueddol o fod yn ganol oed neu'n hŷn gan fod yr amser sydd ei angen i fod yn ynad yn dueddol o effeithio ar eu gyrfa. Fodd bynnag, mae cydbwysedd gweddol o ran rhyw ynadon, gyda 49% yn fenywod a 51% yn ddynion, ac maen nhw hefyd yn cynrychioli cyfran y lleiafrifoedd ethnig yn y boblogaeth, gyda thua 7% o ynadon o leiafrif ethnig o'i gymharu â 7.9% yn y boblogaeth.

Barnwyr rhanbarth (y llys ynadon)

Mae tua 130 o farnwyr proffesiynol hefyd yn eistedd yn y llysoedd ynadon. Maen nhw'n gweithredu fel barnwr unigol, ac fel arfer yn eistedd yn llysoedd ynadon y dinasoedd mawr. Ers *Deddf Diwygio Cyfansoddiadol 2005*, mae'r Comisiwn Penodiadau Barnwrol yn cymryd rhan wrth eu penodi. Maen nhw'n derbyn cyflog o tua £90,000.

Manteision ynadon

✓ **Lleygwyr yn cymryd rhan:** enghraifft o'r cyhoedd yn chwarae rhan yn y system gyfiawnder.

✓ **Gwybodaeth leol:** mae pryderon a budd y gymuned yn cael eu cynrychioli.

✓ **Safbwynt cytbwys:** dylai mainc o dri ynad roi safbwynt cytbwys.

✓ **Cost:** fel gwirfoddolwyr, maen nhw'n weddol rad, er eu bod yn cymryd mwy o amser na barnwyr proffesiynol i ddod i benderfyniad. Cost uniongyrchol ynad lleyg ar gyfartaledd yw £500 y flwyddyn, o'i gymharu â £90,000 am farnwr rhanbarth. Fodd bynnag, gweler isod.

Anfanteision ynadon

✗ **Ddim yn gynrychiadol:** fel yn achos y farnwriaeth, daw'r rhan fwyaf o ynadon o gefndir dosbarth canol a phroffesiynol.

✗ **Anghyson:** mae llysoedd ynadon yn tueddu i ddod i benderfyniadau a dedfrydau gwahanol am yr un drosedd.

✗ **Aneffeithiol:** gall ynadon fod yn araf i benderfynu, gan oedi a thrafod er mwyn ystyried dyfarniad, lle byddai barnwr proffesiynol yn penderfynu ar unwaith.

✗ **Tueddo blaid yr heddlu:** gan eu bod yn eistedd yn yr ardal leol, mae ynadon yn dod i adnabod yr heddweision sy'n rhoi tystiolaeth ac yn tueddu i gydymdeimlo mwy â nhw nag â'r diffynyddion.

✗ **Cost:** er gwaethaf y gost uniongyrchol isel ar gyfartaledd, mae ynadon lleyg yn creu mwy o gostau anuniongyrchol na barnwyr sy'n cael eu talu, gan eu bod yn arafach, ac angen cymorth gan glerc yr ynadon a chymorth gweinyddol. Felly mewn gwirionedd, does dim llawer o wahaniaeth rhwng costau ynadon lleyg a barnwyr rhanbarth.

Crynodeb: Ynadon

▶ Mae pwerau a swyddogaethau ynadon yn dod o dan *Ddeddf Ynadon Heddwch 1997* a *Deddf Llysoedd 2003*

▶ **Lleygwyr** 18–70 oed

▶ Maen nhw'n cael eu penodi ar sail **haeddiant** gan yr Arglwydd Brif Ustus ar ran y Goron

▶ Mae croeso i geisiadau o **bob rhan o gymdeithas**, dim ots beth yw eu rhyw, ethnigrwydd, crefydd neu dueddfryd rywiol

▶ **Yr eithriadau i hyn yw** swyddogion yr heddlu a wardeiniaid traffig, a phobl sydd ag euogfarnau troseddol difrifol

▶ **Awdurdodaeth droseddol**

  • Gwrando ar achosion **ynadol** a rhai troseddau neillffordd

  • Eu rôl yw penderfynu a yw'r diffynnydd yn euog neu'n ddieuog, a'i ddedfrydu

  • Awdurdodaeth gyfyngedig i ddedfrydu

▶ **Awdurdodaeth sifil**

  • Rôl gyfyngedig mewn achosion sifil

  • Rhoi trwyddedau i siopau betio a chasinos, a gwrando ar apeliadau yn ymwneud â thrwyddedau tafarndai a bwytai

▶ **Clercod ynadon:** Cyfreithwyr cymwysedig sy'n rhoi cyngor ac arweiniad i ynadon ar faterion y gyfraith, gweithdrefn ac arferion, gan roi cyngor yn y llys agored ond heb gael dylanwad ar benderfyniadau

▶ **Hyfforddi:** Hyfforddi gorfodol yn seiliedig ar **gymwyseddau** sef yr hyn y mae angen ei wybod a'i wneud er mwyn cyflawni'r rôl

▶ **Cefndir:** 'Dosbarth canol, canol oed a chanol y ffordd' ond yn gynrychiadol o ran rhywedd a chefndiroedd ethnig

▶ **Barnwyr rhanbarth (y llysoedd ynadon):** Barnwyr proffesiynol sy'n eistedd mewn llysoedd ynadon yn y ddinas

▶ **Manteision:** cynnwys lleygwyr; gwybodaeth leol; safbwynt cytbwys; cost uniongyrchol is

▶ **Anfanteision:** ddim yn gynrychiadol; anghyson; aneffeithlon; tuedd o blaid yr heddlu; cost anuniongyrchol uchel

Mynediad at gyfiawnder a chyllid

Adran y fanyleb	Cynnwys allweddol	Amcanion Asesu	Ble mae'r pwnc hwn yn ymddangos yn y fanyleb/arholiadau?
CBAC UG/U2 1.8: Mynediad at gyfiawnder a chyllid	• Ffynonellau arian: cymorth cyfreithiol sifil • Ffynonellau arian: cymorth cyfreithiol troseddol a gwasanaethau amddiffynwyr cyhoeddus • Ariannu achosion sifil a throseddol, gan gynnwys cynlluniau cynghori a rôl yr Asiantaeth Cymorth Cyfreithiol, profion haeddiant, profion modd, meini prawf cymhwyso a blaenoriaethau ar gyfer ariannu • Cytundebau ffioedd amodol, gan gynnwys sut maent yn gweithio, eu manteision, a'u hanfanteision	**AA1** Dangos gwybodaeth a dealltwriaeth o reolau ac egwyddorion cyfreithiol **AA3** Dadansoddi a gwerthuso rheolau, egwyddorion, a materion cyfreithiol	**CBAC UG/U2:** Uned 1 Adran B

Mae gan nifer o bobl **angen sydd heb ei ateb** am wasanaethau cyfreithiol. Ystyr hyn yw bod ganddyn nhw broblem y byddai'n bosibl ei datrys drwy fynd i gyfraith, ond na allan nhw gael cymorth gan y system. Mae nifer o resymau posibl dros hyn:

• Dydy pobl ddim yn gweld bod goblygiadau cyfreithiol i'w problem.

• Mae pobl yn dewis peidio â dilyn yr achos oherwydd goblygiadau fel cost, neu maen nhw'n teimlo nad yw'n hawdd mynd at gyfreithiwr i drafod eu problem.

• Dydy pobl ddim yn gwybod am fodolaeth gwasanaeth cyfreithiol neu dydyn nhw ddim yn gallu dod o hyd i un a allai eu helpu.

Mae'n amlwg felly na fyddai'r rhan fwyaf o bobl yn gallu cael mynediad at gyfiawnder, oni bai fod rhyw fath o gynllun yn cael ei ariannu gan y wladwriaeth. Mae mynediad cyfartal at wasanaethau cyfreithiol yn egwyddor sylfaenol o ran **rheolaeth cyfraith**, fel y dadleuodd A. V. Dicey (gweler tudalen 11). Mae egwyddor rheolaeth cyfraith yn hyrwyddo'r egwyddor o gydraddoldeb gerbron y gyfraith, mynediad cyfartal at gyfiawnder a'r hawl i gael treial teg.

Hanes cymorth cyfreithiol

1949: Y wladwriaeth les

Sefydlwyd y system gyntaf o gymorth cyfreithiol ar ôl yr Ail Ryfel Byd, fel rhan o'r wladwriaeth les. Roedd yn gweithio trwy ddarparu arian cyhoeddus i dalu am gymorth gyda chostau cyfreitha a chynrychiolaeth yn y llys. Roedd y **Bwrdd Cymorth Cyfreithiol** yn gweinyddu cymorth cyfreithiol, ac yn asesu pobl i weld a oedd ganddyn nhw ffordd o dalu, ac a oedd yr achos yn haeddu derbyn arian cyhoeddus.

1980au: Mathau gwahanol o gymorth cyfreithiol

Roedd y system wedi datblygu'n chwe chynllun gwahanol, a oedd yn dal i gael eu gweinyddu gan y Bwrdd Cymorth Cyfreithiol. Dyma'r chwe chynllun:

• cynllun cyngor a chymorth cyfreithiol (cynllun y 'ffurflen werdd')

• cymorth trwy gynrychiolaeth

• cymorth cyfreithiol sifil

• cymorth cyfreithiol troseddol

• cyfreithiwr ar ddyletswydd – gorsafoedd heddlu

• cyfreithiwr ar ddyletswydd – llysoedd ynadon.

1999: Deddf Mynediad at Gyfiawnder

Cafodd hon ei chyflwyno gan y llywodraeth Lafur yn dilyn ei hadroddiad, 'Modernising Justice'. Ystyriai fod angen diwygio'r system cymorth cyfreithiol yn llwyr, gan nad oedd yn cynnig mynediad at gyfiawnder. Roedd gan y system newydd bedwar nod clir:

1. gwella ansawdd
2. gwella mynediad
3. gwell rheolaeth dros y gyllideb
4. annog cystadlu rhwng darparwyr. Roedd yn rhaid i gwmnïau cyfreithwyr wneud cais am gontract i ddarparu gwasanaethau cyfreithiol, ar yr amod eu bod yn bodloni meini prawf penodol.

Sefydlwyd y **Comisiwn Gwasanaethau Cyfreithiol** yn lle'r Asiantaeth Cymorth Cyfreithiol, a oedd yn gweinyddu dau gynllun: y **Gwasanaeth Cyfreithiol Cymunedol** ar gyfer cymorth cyfreithiol sifil, a'r **Gwasanaeth Amddiffyn Troseddol** ar gyfer achosion troseddol.

2011: Yr Arglwydd Jackson, 'Review of Civil Litigation'

Roedd yr adroddiad hwn yn argymell ailwampio'r system cymorth cyfreithiol ymhellach, a chafodd ei feirniadu'n llym. Roedd llawer o argymhellion yr Arglwydd Jackson wedi'u cynnwys o fewn *Deddf Cymorth Cyfreithiol, Dedfrydu a Chosbi Troseddwyr 2012*, ac arweiniodd hyn at fwy o doriadau llymder, gan olygu bod mynediad at gyfiawnder hyd yn oed ymhellach o afael y rhan fwyaf o bobl.

Deddf Cymorth Cyfreithiol, Dedfrydu a Chosbi Troseddwyr 2012

Daeth y Ddeddf hon i rym ym mis Ebrill 2013, gan greu'r system cymorth cyfreithiol rydyn ni'n ei defnyddio heddiw, ac sy'n cael ei hariannu gan y pwrs cyhoeddus. Y brif feirniadaeth ohoni yw'r ffaith iddi ddileu llawer o gategorïau a oedd yn gymwys am gymorth cyfreithiol. Beirniadwyd y meini prawf cymhwyso mwy llym hefyd, a'r gostyngiad yn yr arian sy'n cael ei dalu i weithwyr cyfreithiol proffesiynol am wneud gwaith cymorth cyfreithiol.

Mae'r system yn cael ei goruchwylio gan yr **Asiantaeth Cymorth Cyfreithiol**, a sefydlwyd yn lle'r Comisiwn Gwasanaethau Cyfreithiol. Asiantaeth weithredol yw hon, sy'n cael ei noddi gan y Weinyddiaeth Gyfiawnder.

Roedd *Deddf Cymorth Cyfreithiol, Dedfrydu a Chosbi Troseddwyr 2012* hefyd yn creu swyddfa statudol y **Cyfarwyddwr Gwaith Achos Cymorth Cyfreithiol**, sy'n penderfynu pa achosion unigol fydd yn cael eu hariannu.

Cymorth cyfreithiol sifil

Mae *Deddf Cymorth Cyfreithiol, Dedfrydu a Chosbi Troseddwyr 2012* yn nodi bod rhai achosion yn anghymwys i gael cyllid cymorth cyfreithiol, ac mae'n nodi bod achosion eraill yn gymwys dim ond os ydyn nhw'n bodloni meini prawf penodol. Bellach, yr unig achosion neu bobl sy'n gymwys i gael cymorth cyfreithiol o dan *Atodlen 1* yw'r canlynol:

- esgeuluster clinigol yn achos babanod
- dyled, ad-dalu morgeisi, adfeddiannu cartrefi, gorchmynion i werthu cartrefi a methdaliad anwirfoddol lle mae stad yr unigolyn yn cynnwys ei gartref
- gwahaniaethu yn gysylltiedig â *Deddf Cydraddoldeb 2010*
- anghenion addysgol arbennig (yn ymwneud â phobl ifanc)
- amddiffyn plant a herwgydio plant (*child abduction*)
- trais domestig
- cyfryngu teuluol
- priodasau dan orfod
- materion yn ymwneud â thai sy'n achosi risg i iechyd neu fywyd, a digartrefedd
- budd-daliadau lles (apeliadau ar bwynt cyfreithiol yn unig)
- mewnfudo (mewn rhai achosion yn unig).

CYMORTH CYFREITHIOL SIFIL
adran 8
Deddf Cymorth Cyfreithiol, Dedfrydu a Chosbi Troseddwyr 2012

Asiantaeth Cymorth Cyfreithiol

CYMORTH CYFREITHIOL TROSEDDOL
adran 16
Deddf Cymorth Cyfreithiol, Dedfrydu a Chosbi Troseddwyr 2012

Yn ogystal, mae *adran 10 Deddf Cymorth Cyfreithiol, Dedfrydu a Chosbi Troseddwyr 2012* yn datgan y gellir 'ariannu achosion eithriadol' mewn amgylchiadau eithriadol, lle byddai peidio ag ariannu'r achos yn arwain at dorri'r Confensiwn Ewropeaidd ar Hawliau Dynol.

Mae'r diwygiadau yn gymwys i bob math o ymgyfreitha sifil. Yr elfen fwyaf amlwg i gael ei gadael allan o'r achosion cymwys yw achosion anafiadau personol. Mae hynny'n golygu mai trefniadau 'dim ennill, dim ffi', neu gytundebau ffioedd amodol a chytundebau ar sail iawndal, yw'r unig opsiynau sydd ar gael (gweler isod). Rhai achosion amlwg eraill sydd heb eu cynnwys yw achosion cyflogaeth, achosion ysgariad a gwarchodaeth a mewnfudo, dyledion (os nad yw'r cartref mewn perygl) a llawer o faterion yn ymwneud â thai.

Cwmnïau cyfreithwyr sydd â chontract gyda'r Asiantaeth Cymorth Cyfreithiol yw'r unig rai sy'n gallu cynnig gwasanaethau cymorth cyfreithiol. Mae hyn yn creu cystadleuaeth rhwng cwmnïau, ac yn gwella safonau. Cafodd yr egwyddor hon ei chyflwyno am y tro cyntaf gan *Ddeddf Mynediad at Gyfiawnder 1999*.

Sefydlwyd gwasanaeth ffôn ar gyfer cleientiaid sydd angen cyngor ar ddyledion, anghenion addysgol arbennig a gwahaniaethu. Mae'r cymorth hwn ar gael drwy'r llinell gymorth yn unig, sydd ar agor rhwng 9am ac 8pm yn ystod yr wythnos, a rhwng 9am a 12.30pm ar ddydd Sadwrn.

Prawf modd

Er mwyn bod yn gymwys i gael cymorth cyfreithiol sifil, rhaid bodloni prawf modd a meini prawf haeddiant, yn unol ag *adran 4 Deddf Cymorth Cyfreithiol, Dedfrydu a Chosbi Troseddwyr 2012* a *Rheoliadau Cymorth Cyfreithiol Sifil 2013*.

1. Yn gyntaf, mae'n rhaid i bob ymgeisydd gael asesiad cyfalaf, a hynny os yw'n derbyn budd-daliadau penodol neu beidio. Mae rhai pobl yn gymwys yn awtomatig drwy'r system basbort. Hynny yw, os ydyn nhw'n derbyn cymhorthdal incwm, lwfans ceisio gwaith, credyd cynhwysol, credyd pensiwn a lwfans cyflogaeth a chymorth.

2. **Cyfyngiad incwm**: i dderbyn cymorth cyfreithiol, rhaid bod incwm crynswth misol y cleient yn llai na £2,657, gydag incwm gwario o lai na £733 y mis.

3. **Cyfyngiad cyfalaf**: all y cleient ddim bod â mwy nag £8,000 o gyfalaf.

Mae'r Asiantaeth Cymorth Cyfreithiol yn diystyru'r holl gyfyngiadau hyn os yw'r cleient yn gwneud cais am gymorth cyfreithiol i gael gorchymyn er mwyn amddiffyn rhag trais domestig neu briodas dan orfod. Er hynny, efallai bydd gofyn i'r cleient gyfrannu rhywfaint.

Prawf haeddiant

Mae'n rhaid i'r sawl sy'n cynnal yr asesiad ar gyfer cymorth cyfreithiol (y cyfreithwyr, fel arfer) ystyried nifer o bethau.

1. **Gobaith o lwyddiant**: pa mor debygol yw hi y bydd yr unigolyn sy'n gwneud cais yn llwyddo. Fel arfer, mae'n rhaid i'r siawns o gael canlyniad llwyddiannus fod yn fwy na 50 y cant.

2. **Lles y cyhoedd**: rhaid i'r achos fod o fudd i ddosbarth penodol o unigolion, a bod o les arwyddocaol ehangach i'r cyhoedd.

3. **Prawf cymesuredd**: a yw'r budd a ddaw o ariannu'r achos yn cyfiawnhau'r costau posibl.

4. **Iawndal tebygol**: faint o iawndal mae'r cleient yn debygol o'i dderbyn os bydd yn llwyddo. Mae iawndal uchel yn rhoi gwell cyfle, oherwydd ei bod yn bosibl y bydd y cyfreithiwr yn cael mwy o arian.

Cyngor ar Bopeth

Mae'r corff cenedlaethol hwn yn elusen gofrestredig, ac mae'n cynnig cyngor cyfreithiol hawdd ei gael, am ddim, felly mae'n ddewis arall yn lle cymorth cyfreithiol. Mae'n cynnig cyngor wyneb-yn-wyneb mewn canolfannau cymunedol, meddygfeydd, llysoedd a charchardai, dros y ffôn a gwasanaethau e-bost ac ar-lein.

GWELLA GRADD

Mae cyngor cyfreithiol ac ariannu yn newid drwy'r amser, ac er na fyddai disgwyl i chi gynnwys unrhyw ddiwygiadau cyfreithiol o'r flwyddyn cyn eich arholiad, mae'n ddefnyddiol os gallwch chi ddangos gwybodaeth gyfredol a diweddar.

Cymorth cyfreithiol sifil: Gwerthuso Deddf Cymorth Cyfreithiol, Dedfrydu a Chosbi Troseddwyr 2012

- Mae cymorth cyfreithiol sifil bellach ar gael mewn nifer bach o achosion yn unig, gan arbed arian i'r llywodraeth.
- Mae'r cyfleoedd i gael cymorth cyfreithiol wedi prinhau yn sylweddol yn sgil y diwygio, a does dim cyllid cyfreithiol o gwbl ar gael i rai mathau o achosion. Yn ôl Hazel Genn, bydd y toriadau hyn yn arwain at 'ddirywiad anorfod o ran mynediad effeithiol at gyfiawnder' (Ffynhonnell: www.lawgazette.co.uk/analysis/dame-hazel-genn-warns-of-downgrading-of-civil-justice/48739.article).
- Dywedodd yr Arglwydd Neuberger: 'bydd y toriadau yn effeithio ar y rhai mwyaf agored i niwed mewn cymdeithas' (Ffynhonnell: www.bbc.co.uk/news/uk-21665319).
- Mae'n rhaid i rai pobl dalu'n breifat, chwilio am gymorth elusennol, neu eu cynrychioli eu hunain.
- Bydd pobl sy'n eu cynrychioli eu hunain yn rhoi mwy o faich ar y llysoedd, oherwydd bydd y gwrandawiad yn para'n hirach.
- Mae'r gwasanaeth ffôn wedi cael ei feirniadu gan nad yw'r cyhoedd yn gwybod amdano. Mae cyngor wyneb-yn-wyneb hefyd wedi arwain at lai o atgyfeirio na'r disgwyl.
- Mae rhai cwmnïau cyfreithwyr yn mynd i'r wal, gan nad oes digon o achosion yn cael eu hariannu gan gymorth cyfreithiol.
- Mae dwy ran o dair o achosion teulu sy'n mynd trwy'r llysoedd teulu yn cynnwys o leiaf un ochr heb gyfreithiwr.
- Mae toriadau i gymorth cyfreithiol sifil yn golygu bod pobl yn cael eu hannog i edrych am ddewis arall ar wahân i'r llys: cyfryngu, cyflafareddu, tribiwnlysoedd, setlo y tu allan i'r llys, ac ati.
- Mae ffynonellau ariannu eraill wedi gweld cynnydd yn eu busnes.
- Mae nifer y ceisiadau i Uned Pro Bono y Bar (sef elusen sy'n helpu pobl i ddod o hyd i gymorth cyfreithiol am ddim gan fargyfreithwyr gwirfoddol) wedi dyblu ers 2012. Mae hyn wedi rhoi straen ddifrifol ar y gwasanaeth hwn a mudiadau elusennol tebyg, ac mae'n anodd gwybod am ba mor hir byddan nhw'n gallu ymdopi â'r galw cynyddol. Mae achosion llwyddiannus fel un *Heather Ilott (2017)* wedi codi proffil Uned Pro Bono y Bar.

Trefniadau 'dim ennill, dim ffi'

Mae *Deddf Cymorth Cyfreithiol, Dedfrydu a Chosbi Troseddwyr 2012* yn darparu ar gyfer dau fath o drefniant 'dim ennill, dim ffi' bellach. Mae'r trefniadau hyn yn ddefnyddiol iawn mewn achosion anafiadau personol, ond maen nhw hefyd yn rhoi mynediad at gyfiawnder i bobl sydd ddim yn gymwys i gael cymorth cyfreithiol sifil.

dim ennill, dim ffi: cytundeb rhwng cyfreithiwr a chleient y bydd y cleient yn talu'r ffioedd cyfreithiol dim ond os enillir yr achos.

Cytundebau ffioedd amodol		Cytundebau ar sail iawndal	
↓	↓	↓	↓
ENNILL	**COLLI**	**ENNILL**	
Mae'r cynrychiolydd cyfreithiol yn cael y ffi arferol, ynghyd â 'ffi ymgodi', neu ffi llwyddiant.	Nid yw'r cynrychiolydd cyfreithiol yn cael ei dalu.	Mae'r cynrychiolydd cyfreithiol yn cael canran o'r iawndal a dalwyd.	

Cytundebau ffioedd amodol

Cyflwynwyd cytundebau ffioedd amodol gan *Ddeddf Llysoedd a Gwasanaethau Cyfreithiol 1990*, ac yna mewn ffordd fwy eang o fewn *Deddf Mynediad at Gyfiawnder 1999*. Dydyn nhw ddim yn rhan o'r system cymorth cyfreithiol, ac maen nhw'n gytundebau hollol breifat rhwng y cynrychiolydd cyfreithiol a'r cleient. Maen nhw ar gael ar gyfer achosion anafiadau personol, gan nad yw'r achosion hyn bellach yn cael eu hariannu gan y system cymorth cyfreithiol.

ffi ymgodi/ffi llwyddiant:
ffi ychwanegol mewn achos 'dim ennill, dim ffi', hyd at 100% o ffi sylfaenol y cynrychiolydd cyfreithiol, i'w dalu os enillir yr achos. Os na fydd yr achos yn cael ei ennill, ni fydd rhaid i'r collwr dalu unrhyw ffioedd.

Ym mis Hydref 2017, cyhoeddodd yr Ysgrifennydd Cyfiawnder, David Liddington, adolygiad i'r toriadau i gymorth cyfreithiol a osodwyd gan *Ddeddf Cymorth Cyfreithiol, Dedfrydu a Chosbi Troseddwyr 2012*. Mae'r ymgynghoriad yn ystyried a lwyddwyd i arbed y £450 miliwn disgwyliedig, ac a yw mynediad at gyfiawnder wedi cael ei gyfyngu, fel yr awgrymodd beirniaid y diwygiadau. Cadwch olwg ar hanes yr adolygiad, oherwydd gallai gynnig argymhellion allweddol ar gyfer diwygio.

cyfreithiwr ar ddyletswydd: cyfreithwyr sy'n gweithio mewn cwmnïau preifat, ond sydd wedi ennill contract gan yr Asiantaeth Cymorth Cyfreithiol i roi cyngor troseddol i bobl sydd wedi'u harestio. Bydd yr unigolyn yn y ddalfa yn derbyn cymorth gan bwy bynnag sydd ar ddyletswydd y diwrnod hwnnw.

Bellach, nid oes rhaid i'r collwr dalu costau'r parti sy'n ennill. Dyma un newid amlwg a gyflwynwyd gan *adran 44 Deddf Cymorth Cyfreithiol, Dedfrydu a Chosbi Troseddwyr 2012*. Fel arfer, y parti sy'n ennill fydd yn talu o'r iawndal a enillodd. Roedd y ddeddfwriaeth yn darparu ar gyfer cynyddu iawndal 10 y cant i dalu am y ffioedd ychwanegol i hawlyddion.

Gall y **'ffi ymgodi' neu'r 'ffi llwyddiant'** fod hyd at 100 y cant o'r ffi sylfaenol, ac eithrio achosion anafiadau personol. Yn y rhain, ni all y ffi llwyddiant fod yn fwy na 25 y cant o'r iawndal, gan eithrio iawndal ar gyfer gofal a cholledion yn y dyfodol. Y nod yw amddiffyn iawndal yr hawlydd, gan sicrhau bod unrhyw iawndal ar gyfer gofal a cholledion yn y dyfodol wedi'i ddiogelu yn llwyr.

Cytundebau ar sail iawndal

Mae cytundebau ar sail iawndal yn gweithio mewn ffordd debyg i gytundebau ffioedd amodol, gan na fydd cynrychiolwyr cyfreithiol yn cael eu talu os na fydd yr achos yn llwyddo. Ond os yw'r achos yn llwyddo, gallan nhw gymryd canran o iawndal eu cleient. Dim ond ers 1 Ebrill 2013 y mae'r cytundebau hyn wedi bod ar gael yn eang mewn achosion sifil; cyn hyn, dim ond mewn tribiwnlysoedd cyflogaeth roedden nhw'n cael eu defnyddio yn bennaf.

Mae cap ar uchafswm y taliad y gall cynrychiolydd cyfreithiol ei ennill o iawndal yr hawlydd: 25 y cant o'r iawndal mewn achosion anafiadau personol, gan eithrio iawndal ar gyfer gofal a cholledion yn y dyfodol; 35 y cant o'r iawndal mewn achosion tribiwnlys cyflogaeth; a 50 y cant o'r iawndal ym mhob achos sifil arall.

Gwerthuso cytundebau ffioedd amodol a chytundebau ar sail iawndal

- Mae cytundebau ffioedd amodol a chytundebau ar sail iawndal yn cynnig mynediad at gyfiawnder i'r rhai sydd ddim yn gymwys i gael cymorth cyfreithiol, ac ar gyfer achosion (e.e. anafiadau personol) lle nad oes cymorth cyfreithiol sifil ar gael.
- Maen nhw'n gytundebau preifat, felly dydyn nhw ddim yn costio unrhyw beth i'r trethdalwr.
- Mae'n bosibl bod gweithwyr cyfreithiol proffesiynol yn paratoi ac yn perfformio'n well, oherwydd bod cymhelliant ariannol i ennill yr achos.
- Achosion 'cadarn' yn unig fydd yn cael eu derbyn ganddyn nhw ac, i bob pwrpas, gall cyfreithwyr ddewis a dethol yr achosion sy'n fwyaf tebygol o lwyddo.
- Mae pobl yn aml yn cael eu rhoi o dan bwysau mawr gan dactegau gwerthu'r 'ffermwyr hawliadau', fel maen nhw'n cael eu galw, wrth iddyn nhw ddefnyddio technegau marchnata amhriodol a gwerthwyr bygythiol. Mae sôn amdanyn nhw'n mynd at bobl sydd yn eu gwelyau yn yr ysbyty.
- Mae rhai pobl yn meddwl eu bod yn achosion 'dim ennill, dim ffi' yn llythrennol; ond mewn gwirionedd, mae yna gostau cudd ac annisgwyl yn aml. Ym maes ymgyfreitha sifil, mae'r collwr fel arfer yn talu costau'r enillydd, felly mae'n rhaid i unigolion gael yswiriant drud i dalu am gost colli a thalu costau cyfreithiol yr ochr arall, ac efallai nad yw pawb yn gallu fforddio hyn. Mewn rhai achosion, mae cleientiaid yn mynd i ddyled.

Cymorth cyfreithiol troseddol

Mae'r un egwyddorion yn wir am gymorth cyfreithiol troseddol ag ydyn nhw â chymorth cyfreithiol sifil; hynny yw, mae'n rhaid i'r cwmni cyfreithiol gael contract i ddarparu cymorth cyfreithiol.

Yng ngorsaf yr heddlu

O dan *adran 58 Deddf yr Heddlu a Thystiolaeth Droseddol 1984*, mae gan unigolion a ddrwgdybir hawl i gael mynediad at **gyfreithiwr ar ddyletswydd** yng ngorsaf yr heddlu.

R v Samuel (1988)
Ar ôl cyhuddo rhywun a ddrwgdybir, rhaid rhoi mynediad iddyn nhw at gyfreithiwr heb oedi.

Os nad yw'r unigolyn a ddrwgdybir wedi cael ei gyhuddo, gall swyddog yn safle'r uwcharolygydd neu uwch ohirio'i hawl i gael mynediad at gyfreithiwr o dan *adran 58(8) Deddf yr Heddlu a Thystiolaeth Droseddol 1984*. Gall hyn ddigwydd dim ond os oes achos rhesymol dros gredu y bydd mynediad at gyfreithiwr yn golygu bod pobl eraill a ddrwgdybir yn clywed am y peth.

Mae cyfreithiwr ar ddyletswydd ar gael am ddim i bawb yng ngorsaf yr heddlu, beth bynnag yw eu hincwm. Mae *adran 13 Deddf Cymorth Cyfreithiol, Dedfrydu a Chosbi Troseddwyr 2012* yn darparu ar gyfer hyn.

Mae'r Asiantaeth Cymorth Cyfreithiol yn goruchwylio nifer o asiantaethau gwahanol sy'n gyfrifol am roi cymorth cyfreithiol yng ngorsaf yr heddlu.

Canolfan Alwadau Cyfreithwyr Amddiffyn	Os gwneir cais am waith sy'n cael ei ariannu'n gyhoeddus mewn gorsaf heddlu, rhaid ei wneud drwy'r Ganolfan Alwadau, sy'n cael ei rhedeg gan staff paragyfreithiol. Mae Canolfan Alwadau'r Cyfreithwyr Amddiffyn yn cofnodi manylion sylfaenol am y drosedd honedig, cyn penderfynu a ddylid trosglwyddo'r achos i 'Criminal Defence Direct' i gael cyngor dros y ffôn, neu a ddylid ei drosglwyddo i gyfreithiwr ar ddyletswydd, fydd yn rhoi cymorth i'r unigolyn a ddrwgdybir yng ngorsaf yr heddlu.
Criminal Defence Direct	Oherwydd nad yw cyfreithwyr ar ddyletswydd bob amser yn dod i'r gorsafoedd heddlu, sefydlwyd Criminal Defence Direct i gynnig cyngor dros y ffôn i unigolion a ddrwgdybir yng ngorsafoedd yr heddlu. Bellach, dyma'r dull gorau o gysylltu ar gyfer troseddau fel troseddau yfed a gyrru, troseddau digarchar, torri amodau mechnïaeth a gwarantau.
Cynrychiolydd gorsaf heddlu	Yn ogystal â chyfreithwyr ar ddyletswydd, gall cynrychiolwyr gorsafoedd heddlu fynd i orsafoedd yr heddlu i roi cyngor a chymorth i unigolion a ddrwgdybir. Dydyn nhw ddim yn gyfreithwyr, ond maen nhw wedi'u hachredu i roi cyngor a chymorth cyfreithiol i bobl sy'n cael eu cadw yng ngorsafoedd yr heddlu. Mae'r safonau sydd angen eu bodloni ar gael yn www.sra.org.uk.
Gwasanaeth Amddiffynwyr Cyhoeddus	Mae'r Gwasanaeth Amddiffynwyr Cyhoeddus yn adran yn yr Asiantaeth Cymorth Cyfreithiol sy'n gweithredu ochr yn ochr â darparwyr preifat. Maen nhw'n cynnig gwasanaethau cyfreithiol, cyngor a chynrychiolaeth yng ngorsaf yr heddlu a'r llys ynadon, ac eiriolaeth yn y llysoedd uwch.

Yn y llys ynadon

Mae'n rhaid bodloni dau brawf i fod yn gymwys ar gyfer **gorchymyn cynrychioli**. Ystyr hyn yw cymorth cyfreithiol troseddol yn y llys ynadon. Mae *adran 14 Deddf Cymorth Cyfreithiol, Dedfrydu a Chosbi Troseddwyr 2012* yn darparu ar gyfer hyn. Mae'n ffordd o gapio cymorth cyfreithiol troseddol i unigolion a ddrwgdybir a fyddai'n gallu fforddio talu am eu hamddiffyniad eu hunain.

Prawf modd

Prawf ariannol sy'n ystyried incwm y cartref, cyfalaf a chostau.

- **Prawf modd cyntaf**: os yw incwm eich cartref rhwng £12,475 a £22,325, yna bydd prawf modd llawn yn cael ei gynnal.
- **Prawf modd llawn**: mae hwn yn rhoi ystyriaeth i gostau blynyddol fel gofal plant, tai a chynhaliaeth, yn ogystal â gwariant hanfodol ar eitemau fel bwyd, dillad a thanwydd. Bydd canlyniad y prawf yn pennu faint o gostau cynrychiolaeth y sawl a ddrwgdybir fydd yn cael eu talu.

Os ydych chi'n derbyn budd-daliadau penodol, gallwch gyflwyno cais pasbort i gael cymorth cyfreithiol troseddol am ddim yn awtomatig. Dyma'r un budd-daliadau ag sy'n gymwys ar gyfer cymorth cyfreithiol sifil (gweler tudalen 103).

Prawf haeddiant: Prawf er budd cyfiawnder

Yn gyffredinol, y mwyaf difrifol yw'r cyhuddiad a'r canlyniadau, y mwyaf tebygol yw hi bydd yr unigolyn yn gymwys. Mae'r prawf yn ystyried euogfarnau blaenorol, natur y drosedd a'r risg o gadw'r unigolyn yn y ddalfa. Bydd yn rhaid i'r cyfreithiwr ystyried **Meini Prawf Widgery** , gan ystyried a yw'r sawl a ddrwgdybir yn cytuno i un neu fwy o'r datganiadau hyn:

- Mae'n debygol y byddaf yn colli fy rhyddid.
- Rwyf wedi cael dedfryd ataliedig neu ddigarchar. Os torraf yr amodau, gall y llys ddelio â mi am y drosedd wreiddiol.
- Mae'n debygol y byddaf yn colli fy mywoliaeth.
- Mae'n debygol y bydd yn gwneud drwg mawr i fy enw da.
- Gall cwestiwn cyfreithiol sylweddol fod yn berthnasol.
- Efallai na fyddaf yn gallu deall yr achos llys neu gyflwyno fy achos fy hun.
- Efallai y bydd yn rhaid dod o hyd i dystion neu gyfweld â nhw ar fy rhan.
- Gallai'r achos olygu bod angen croesholi tyst dros yr erlyniad mewn ffordd arbenigol.
- Byddai o fudd i rywun arall petai gennyf gynrychiolaeth.
- Unrhyw reswm arall.

Yn Llys y Goron

Cyflwynwyd trothwy cymhwyster ariannol ar gyfer treialon yn Llys y Goron ar ôl 27 Ionawr 2014. Rhaid bod incwm gwario cartref y diffynnydd yn llai na £37,500 er mwyn cael cymorth cyfreithiol. Yna bydd prawf modd yn cael ei gynnal a gall fod angen i'r diffynnydd gyfrannu at yr achos. Os gwrthodir rhoi cymorth cyfreithiol i'r cleient, bydd disgwyl iddo dalu costau ei amddiffyniad yn breifat.

Cymorth cyfreithiol troseddol: Gwerthuso Deddf Cymorth Cyfreithiol, Dedfrydu a Chosbi Troseddwyr 2012

- Ac eithrio gallu cael cyfreithiwr ar ddyletswydd, mae'r heriau o ran cymorth cyfreithiol troseddol yn golygu bod rhaid i ddiffynyddion basio prawf modd a phrawf haeddiant er mwyn derbyn cymorth i gael cynrychiolaeth yn y llys. Mae goblygiadau enfawr i hyn o ran tanseilio rheolaeth cyfraith.

- Yn 2014, aeth cyfreithwyr ati i herio cynnig gan y llywodraeth i dorri cymorth cyfreithiol troseddol 8.75% ymhellach, ac i leihau nifer y contractau sy'n rhoi gwasanaeth 24 awr i orsafoedd heddlu mewn cymunedau lleol o 1,600 i 527. Collodd y cyfreithwyr eu hachos, a chyflwynwyd y toriadau.

- Oherwydd y toriadau, aeth y cyfreithwyr ar streiciau a gweithredu'n ddiwydiannol, gan wrthod derbyn rhagor o gleientiaid cymorth cyfreithiol.

Crynodeb: Mynediad at gyfiawnder a chyllid

▶ **1949–1999:**
  - Y wladwriaeth les
  - Roedd y system yn cael ei harwain gan alw am wasanaethau. Canlyniad hyn oedd creu 'angen heb ei ateb am wasanaethau cyfreithiol'.

▶ **1999–2012:**
  - Cyllideb benodedig
  - Cyflwyno cytundebau ffioedd amodol
  - Masnachfreintio gwasanaethau cyfreithiol
  - Gweinyddu gan y Comisiwn Gwasanaethau Cyfreithiol

▶ *Deddf Cymorth Cyfreithiol, Dedfrydu a Chosbi Troseddwyr 2012*

▶ **Asiantaeth Cymorth Cyfreithiol**: Mae'r Cyfarwyddwr Gwaith Achos Cymorth Cyfreithiol yn penderfynu ar achosion unigol.

▶ **Cymorth cyfreithiol sifil**:
  - *adran 8 Deddf Cymorth Cyfreithiol, Dedfrydu a Chosbi Troseddwyr 2012*: Prawf modd a phrawf haeddiant:
    - Amddiffyn plant
    - Anghenion addysgol arbennig
    - Budd-daliadau lles
    - Trais domestig
    - Cyfryngu teuluol
    - Esgeulustr clinigol yn achos babanod
    - Colli cartref

  - *adran 10 Deddf Cymorth Cyfreithiol, Dedfrydu a Chosbi Troseddwyr 2012*: 'ariannu achosion eithriadol' pan fyddai peidio ag ariannu yn torri hawliau dynol.

  - **Contractau**: Cwmnïau sydd â chontract â'r Asiantaeth Cymorth Cyfreithiol yw'r unig rai sy'n gallu cynnig gwasanaethau cymorth cyfreithiol (mae hyn yn creu cystadleuaeth ac yn codi safonau)

▶ **Cymorth cyfreithiol troseddol**:
  - *adran 16 Deddf Cymorth Cyfreithiol, Dedfrydu a Chosbi Troseddwyr 2012*: System gymysg o gynnig cyngor a chynrychiolaeth gyfreithiol, e.e. gwasanaeth amddiffynwyr cyhoeddus, cyfreithwyr mewn cwmnïau preifat sydd â chontractau â'r Asiantaeth Cymorth Cyfreithiol

  - *adran 13 Deddf Cymorth Cyfreithiol, Dedfrydu a Chosbi Troseddwyr 2012*: Cynllun 'cyfreithiwr ar ddyletswydd' yng ngorsaf yr heddlu: am ddim i bawb, dim prawf modd

  - *adran 14 Deddf Cymorth Cyfreithiol, Dedfrydu a Chosbi Troseddwyr 2012*: Cymorth cyfreithiol ar gyfer cynrychiolaeth mewn llys: ar gael yn amodol ar brawf modd a phrawf haeddiant (er budd cyfiawnder) yn unig

Rheolau a damcaniaeth cyfraith contract

Adran y fanyleb	Cynnwys allweddol	Amcanion Asesu	Ble mae'r pwnc hwn yn ymddangos yn y fanyleb/arholiadau?
CBAC U2 **3.6:** Rheolau a damcaniaeth cyfraith contract	• Tarddiad a diffiniad cyfraith contract • Swyddogaeth cyfraith contract • Ymwybyddiaeth gyffredinol o effaith penderfyniadau barnwrol, deddfwriaeth a darpariaethau'r UE mewn perthynas â llunio contractau a'u cyflawni • Y berthynas rhwng hawliau dynol a chyfraith contract • Dadleuon o blaid datblygu system cyfraith contract Ewropeaidd a/neu fyd-eang	**AA1** Dangos gwybodaeth a dealltwriaeth o reolau ac egwyddorion cyfreithiol. **AA2** Cymhwyso rheolau ac egwyddorion cyfreithiol at senarios penodol er mwyn cyflwyno dadl gyfreithiol gan ddefnyddio terminoleg gyfreithiol briodol. **AA3** Dadansoddi a gwerthuso rheolau, egwyddorion, cysyniadau a materion cyfreithiol.	**CBAC U2:** Uned 3 **CBAC U2:** Uned 4

Tarddiad a diffiniad cyfraith contract

Sawl contract rydych chi wedi'i lunio heddiw? A oedd pob un yn cynnwys darn o bapur? A oedd yn rhaid rhoi llofnod ar gyfer pob un?

Diffiniad sylfaenol o gontract yw **unrhyw gytundeb neu addewid sy'n gyfreithiol-rwym**; gall fod yn ysgrifenedig neu'n anysgrifenedig cyn belled â'i fod yn bodloni gofynion contract cyfreithiol.

Gallai enghreifftiau gynnwys talu am barcio mewn maes parcio talu ac arddangos, prynu eich cinio yn y ffreutur, neu fynd ar y bws. Yn draddodiadol, contract yw'r ddogfen rydych chi'n ei llofnodi pan fyddwch yn prynu ffôn symudol, llyfr neu wyliau, neu'n dechrau swydd newydd.

Mae angen cyfraith contract arnom er mwyn i gymdeithas redeg heb rwystrau. Dychmygwch nad yw cytundebau yn gyfreithiol-rwym. Beth fyddai'n digwydd pe bai eich cyflogwr yn penderfynu nad oedd arno eich angen bellach, neu pe bai eich cwmni ffôn symudol yn rhoi'r gorau i gynnig gwasanaeth? Mae cyfraith contract yn ceisio cynnig sicrwydd i bobl sy'n cael eu siomi gan bartïon sy'n methu cadw eu haddewidion mewn contract.

Laissez-faire/rhyddid i lunio contract

Mae cyfraith contract fodern yn deillio o athrawiaeth *laissez-faire*, a gafodd ei chyflwyno am y tro cyntaf yn y bedwaredd ganrif ar bymtheg. *Laissez-faire* yw'r syniad bod pobl yn gallu gwneud cytundebau ar eu telerau eu hunain, a llunio 'bargen' er eu lles eu hunain ac ar eu telerau eu hunain. Mae'r gallu i lunio contractau heb gyfyngiadau gan y llywodraeth yn egwyddor allweddol o economeg a rhyddewyllysiaeth (*libertarianism*) y farchnad rydd.

Fodd bynnag, gall egwyddor rhyddid i lunio contract gael ei chyfyngu gan ddeddfwriaeth, fel **Deddf Telerau Contract Annheg 1977**, i sicrhau bod y syniad o degwch yn cael ei gadw.

Deddf Hawliau Dynol 1998

Mae'r berthynas rhwng cyfraith contract a *Deddf Hawliau Dynol 1998* yn bwysig, ond mae'r rhwymedigaethau ar y llys yr un fath ag ar gyfer meysydd eraill o'r gyfraith. Mae'n rhaid rhoi ystyriaeth i *adran 3*, sy'n nodi '**cyn belled ag y mae'n bosibl gwneud hynny, rhaid darllen a rhoi deddfwriaeth sylfaenol ac is-ddeddfwriaeth ar waith mewn ffordd sy'n gydnaws â hawliau'r Confensiwn**'.

Yn yr un modd â meysydd eraill y gyfraith, os oes unrhyw agwedd ar ddeddfwriaeth gontract yn anghydnaws, gall y llysoedd gyhoeddi datganiad anghydnawsedd o dan *adran 4 Deddf Hawliau Dynol 1998*.

Y berthynas rhwng cyfraith contract a'r Undeb Ewropeaidd (UE)

Mae'r UE wedi cael effaith enfawr ar gyfraith contract yn y Deyrnas Unedig, oherwydd bu'n rhaid rhoi nifer o gyfarwyddebau ar waith ym maes cyfraith defnyddwyr. Rhaid nodi y gallai effaith yr Undeb Ewropeaidd newid gan fod y DU yn gadael yr UE. Ond credir nad yw'n debygol y bydd hyn yn effeithio ar ddeddfwriaeth bresennol.

Yn 2011, cyhoeddodd y Comisiwn Ewropeaidd fersiwn ddrafft o'r '**Gyfraith Gwerthiannau Ewropeaidd Cyffredin**' (*Common European Sales Law: CESL*), sef math o system contract cyfundrefnol i werthu nwyddau ar draws yr UE. Ei nod yw gwella masnach ar draws ffiniau a dileu rhwystrau cyfreithiol rhwng aelod-wladwriaethau'r UE. Roedd hyn ar ôl iddi ddod yn amlwg bod llai nag un mewn pump o ddefnyddwyr (18%) yn yr UE wedi prynu nwyddau ar-lein gan adwerthwr o wlad arall yn yr UE. Felly, er mwyn annog masnach ar draws ffiniau, roedd angen lleihau ofnau ynghylch masnachu â gwledydd eraill.

Cafodd y cynnig ar gyfer y *CESL* ei dynnu'n ôl yn 2015, a chyflwynwyd cynnig wedi'i addasu. Y nod oedd sefydlu 'rheolau cyson yn yr UE i brynu cynnwys digidol ar-lein', fel e-lyfrau ac apiau, yn ogystal â gwerthu nwyddau ffisegol fel dillad a dodrefn. Y rhesymeg y tu ôl i'r cynnig hwn oedd gwneud y mwyaf o botensial e-fasnach, a chreu **marchnad sengl ddigidol**.

Bydd y farchnad sengl ddigidol yn dal i adael i fasnachwyr ddibynnu ar eu cyfreithiau contract cenedlaethol. Ond bydd hefyd yn creu set o hawliau contractol gorfodol yn yr UE ar gyfer gwerthu ar draws ffiniau, gan nad yw 28 set gwahanol o gyfreithiau yn annog cwmnïau i fasnachu yn drawsffiniol.

Crynodeb: Rheolau a damcaniaeth cyfraith contract

▶ **Tarddiad a diffiniad cyfraith contract:** unrhyw gytundeb neu addewid sy'n gyfreithiol-rwym, boed yn ysgrifenedig neu'n anysgrifenedig

▶ **Laissez-faire/rhyddid i lunio contract:** y gallu i wneud trefniadau ar eich telerau eich hun

▶ Gall gael ei gyfyngu gan ddeddfwriaeth, e.e. *Deddf Telerau Contract Annheg 1977* i sicrhau tegwch

▶ *Deddf Hawliau Dynol 1998*: *Shanshal v Al-Kishtaini (2001)*

▶ **Undeb Ewropeaidd (UE):** '**Cyfraith Gwerthiant Ewropeaidd Cyffredin (*CESL*)**' – drafft i wella masnach ar draws ffiniau a dileu rhwystrau cyfreithiol rhwng aelod-wladwriaethau'r UE

▶ Cynnig wedi'i addasu ar gyfer **marchnad ddigidol sengl**

Gofynion hanfodol contract

Adran y fanyleb	Cynnwys allweddol	Amcanion Asesu	Ble mae'r pwnc hwn yn ymddangos yn y fanyleb/arholiadau?
CBAC U2 **3.7:** Gofynion hanfodol contract, gan gynnwys preifatrwydd contract	• Cynnig: gofynion cynnig dilys, gwahaniaethu rhwng cynigion a gwahoddiadau i drafod, cyfleu'r cynnig, cynigion unochrog • Derbyn: rheolau derbyn, cyfleu penderfyniad i dderbyn • Cydnabyddiaeth: rheolau cydnabyddiaeth gan gynnwys cyflawni dyletswydd contract parod, cyflawni dyletswydd cyhoeddus parod, cydnabyddiaeth o'r gorffennol, rhan-daliad ac estopel addewidiol • Bwriad i greu cysylltiadau cyfreithiol: trefniadau cymdeithasol a domestig, cytundebau masnachol a busnes • Preifatrwydd contract: y rheol sylfaenol, eithriadau i'r rheol, ac effeithiau Deddf Contractau (Hawliau Trydydd Partïon) 1999	**AA1** Dangos gwybodaeth a dealltwriaeth o reolau ac egwyddorion cyfreithiol **AA2** Cymhwyso rheolau ac egwyddorion cyfreithiol at senarios penodol er mwyn cyflwyno dadl gyfreithiol gan ddefnyddio terminoleg gyfreithiol briodol **AA3** Dadansoddi a gwerthuso rheolau, egwyddorion, cysyniadau a materion cyfreithiol	**CBAC U2:** Uned 3 **CBAC U2:** Uned 4

Llunio contract

Mae cyfraith contract yn ymwneud â **chytundeb rhwymol** rhwng dau barti. Mae'n rhoi **rhwymedigaethau** ar y ddau barti i 'gyflawni eu hochr nhw o'r fargen'. Os na fyddan nhw'n gwneud hyn, gall fod yn dor-contract.

Mae cyfraith contract yn ymwneud yn bennaf â gorfodi addewidion, ond ni fydd yn bosibl gorfodi pob addewid yn gyfreithiol. Er mwyn **gorfodi** contract, bydd y llysoedd yn chwilio am rai elfennau penodol. Efallai bydd anghydfod ynghylch a oes contract yn bodoli o gwbl. Wrth benderfynu a yw'n bosibl gorfodi addewid neu gytundeb, rhaid profi elfennau penodol a rhaid sefydlu bod y contract wedi cael ei **lunio** yn ôl rheolau penodol.

Mae'r broses o lunio cytundeb yn dechrau gyda'r **cynnig.** Er mwyn llunio contract, rhaid i'r cynnig hwn gael ei dderbyn yn **ddiamod.** Yna rhaid **cyfleu'r cynnig** mewn ffordd ddilys, a rhaid i'r llysoedd hefyd sefydlu bod (neu y bu) **bwriad i greu cysylltiadau cyfreithiol** a **chydnabyddiaeth (***consideration***).**

Os nad yw'r elfennau hyn yn bresennol, bydd y llysoedd yn penderfynu nad oes contract rhwng y partïon. Does dim modd cymryd camau am achos o dor-contract os nad yw'r contract yn bodoli, gan na fydd y naill barti na'r llall wedi'u rhwymo gan yr addewidion gafodd eu gwneud. Mae'n hanfodol penderfynu felly a gafodd contract ei lunio ai peidio.

Cynnig

Cynnig yw mynegiant o barodrwydd gan y cynigai i lunio cytundeb cyfreithiol-rwym ar sail y telerau sydd yn y cynnig a wnaed gan y cynigiwr. Mae contract yn cael ei lunio pan fydd y telerau hyn yn cael eu derbyn.

Mae hyn yn ymddangos yn syml. Pam, felly, mae'r cam hwn yn y contract yn achosi dryswch?

CYNNIG + DERBYN = CONTRACT
↓
GWAHODDIAD I DRAFOD

Mae contractau yn cael eu llunio wrth siopa

Y gwahaniaeth rhwng cynigion a gwahoddiadau i drafod

Mae gwahaniaeth pwysig yng nghyfraith contract rhwng **cynnig, gwahoddiad i drafod**, a **datganiad o bris** yn unig. Nid yw gwahoddiad i drafod yr un peth â chynnig.

Mae gwahoddiad i drafod yn ddatganiad o barodrwydd i drafod, ond nid yw'n ddatganiad o fwriad i lunio cynnig rhwymol. Mae parti yn gwahodd cynigion, ac wedyn gall eu derbyn neu eu gwrthod. Enghraifft glasurol yw rhoi papur newydd ar werth mewn siop: gall cwsmeriaid ddewis a ydyn nhw am ei brynu neu beidio.

Enghraifft: Arddangos nwyddau

Mae nwyddau sy'n cael eu harddangos ar silffoedd archfarchnad yn cael eu hystyried yn wahoddiadau i drafod, fel arfer. Pan fydd y cwsmer yn codi'r nwyddau, **nid** yw hyn yn arwydd o dderbyn. Yn hytrach, dim ond cynnig gan y cwsmer i brynu yw hyn. Os yw'n dymuno prynu'r nwyddau, bydd y cwsmer yn mynd â nhw at y man talu, lle bydd y gwerthiant yn cael ei gytuno wrth dalu. Ar y pwynt hwn bydd y contract yn cael ei lunio.

Pharmaceutical Society of Great Britain v Boots Cash Chemists Ltd (1953)
*Roedd fferyllfa Boots wedi cynnig rhai nwyddau ar werth ar ei silffoedd mewn siop hunanwasanaeth. Ond yn ôl y gyfraith, dylai'r nwyddau hyn gael eu gwerthu gan fferyllydd cofrestredig yn unig. Daeth Cymdeithas Fferyllol Prydain (sef y corff oedd yn gyfrifol am orfodi'r ddeddfwriaeth) ag achos yn erbyn y siop am ganiatáu i gwsmeriaid brynu'r nwyddau hyn eu hunain. Ond dywedodd y Llys Apêl nad oedd achos i'w glywed. Ar ôl dewis y nwyddau, roedd y cwsmer wedi gwneud cynnig i brynu pan aeth â nhw at y man talu, ac roedd fferyllydd cofrestredig, a oedd mewn sefyllfa i ddewis a oedd am dderbyn y cynnig i brynu pan gafodd y nwyddau eu cyflwyno, yn goruchwylio ar adeg y gwerthiant. Felly, roedd y nwyddau ar werth ar y silffoedd yn **wahoddiad i drafod** yn unig, ac nid yn gynnig.*

Fisher v Bell (1961)
*Cafodd cyllell boced ei harddangos mewn ffenestr siop, gyda label yn darllen 'Ejector knife 4s'. Roedd yn drosedd o dan **Ddeddf Arfau Ymosodol 1959** i 'gynnig gwerthu' arfau gwaharddedig. Cadarnhawyd nad oedd arddangos y gyllell yn gyfystyr â'i 'chynnig ar werth', ond yn hytrach yn wahoddiad i drafod, lle gallai'r cwsmer ddewis a oedd eisiau mynd i mewn i'r siop neu beidio i gynnig prynu'r gyllell.*

Yn yr achosion hyn, mae'n amlwg y gall siopwyr ddewis gwrthod gwerthu i rywun os nad ydyn nhw'n teimlo'n hapus i werthu iddyn nhw, a gall cwsmeriaid ddewis newid eu meddwl drwy ddychwelyd y nwyddau i'r silff cyn eu prynu.

Enghraifft: Eitemau mewn arwerthiant

Mae galwad yr arwerthwr am gynigion yn wahoddiad i drafod, ac nid cynnig. O ganlyniad, mae'r cynigion sy'n cael eu gwneud gan bobl mewn arwerthiant yn gynigion y gall yr arwerthwr eu derbyn neu eu gwrthod. Mae'r cynnig yn cael ei dderbyn pan fydd y morthwyl yn cael ei daro (mewn arwerthiant sydd heb brisiau cadw), a dyma'r adeg pan fydd y contract yn cael ei lunio. Mae'r arwerthwr yn gweithredu ar ran perchennog y nwyddau, ac mae'r contract yn cael ei lunio rhwng y sawl wnaeth gynnig y pris uchaf, a pherchennog y nwyddau. Gall eitemau mewn arwerthiant gael eu tynnu'n ôl ar unrhyw adeg cyn i'r morthwyl gael ei daro.

British Car Auctions v Wright (1972)
Roedd hwn yn achos i erlyn am gynnig gwerthu cerbyd oedd yn beryglus i'w yrru mewn arwerthiant. Methodd yr erlyniad, oherwydd cadarnhawyd bod arwerthiant yn gyffredinol yn wahoddiad i drafod, neu i wneud cynigion. Mae'r cynigiwr yn gwneud cynnig, ond ni fydd y cynnig hwn yn cael ei dderbyn nes i'r morthwyl gael ei daro.

Harris v Nickerson (1873)
Gwelodd Harris hysbyseb mewn catalog arwerthiant am ddodrefn roedd eisiau rhoi cynnig amdanyn nhw. Yn yr arwerthiant, gwelodd fod yr arwerthwr wedi tynnu'r eitemau roedd wedi gobeithio eu prynu yn ôl. Siwiodd Harris am dor-contract, ond

methodd. Cadarnhaodd y llys fod hysbysebu'r nwyddau i'w gwerthu yn ddim mwy na gwahoddiad i drafod. P'run bynnag, ni fyddai'r contract yn cael ei lunio nes i forthwyl yr arwerthwr gael ei daro wrth dderbyn cynnig.

Enghraifft: Nwyddau neu wasanaethau a hysbysebir ar werth mewn papur newydd neu gylchgrawn

Mae hysbyseb am nwyddau ar werth fel arfer yn wahoddiad i drafod. Ond gall fod yn gynnig, yn dibynnu ar y geiriad a'r amodau. Mae gwahaniaeth pwysig yma rhwng **contract dwyochrog** (gwahoddiadau i drafod) a **chontract unochrog** (cynnig).

Partridge v Crittenden (1968)

*Ymddangosodd hysbyseb mewn cylchgrawn am adar, sef 'ceiliogod bronrhuddyn y mynydd ac ieir bronrhuddyn y mynydd, 25s yr un'. Cafodd yr unigolyn a dalodd am yr hysbyseb ei gyhuddo o gynnig gwerthu aderyn gwyllt, yn groes i **Ddeddf Amddiffyn Adar Gwyllt 1954**. Dywedodd y llys adrannol y dylid ei gael yn ddieuog. Roedd yr hysbyseb yn wahoddiad i drafod, ond nid oedd yn gynnig i werthu; gan fod ei stoc yn brin, doedd gan yr hysbysebwr ddim bwriad rhesymol i fod wedi'i rwymo yn gyfreithiol i werthu i bawb fyddai'n derbyn. Byddai hyn yn amlwg yn anymarferol.*

Carlill v Carbolic Smoke Ball Company (1893)

Roedd cwmni yn hysbysebu ei 'feddyginiaeth' peli mwg, ac yn addo talu £100 i unrhyw brynwr fyddai'n defnyddio'r belen fwg yn gywir, ond a fyddai'n dal y ffliw er gwaethaf hynny. Defnyddiodd Mrs Carlill y belen fwg yn gywir, ond daliodd y ffliw er gwaethaf hynny. Cefnogodd y llys ei hawliad am £100, gan ddweud bod yr addewid i dalu £100 yn gynnig gwirioneddol a gafodd ei dderbyn wedyn gan unrhyw un oedd wedi defnyddio'r belen fwg yn gywir, ond oedd hefyd wedi dal y ffliw. Roedd geiriad yr hysbyseb yn dangos bwriad clir i fod wedi rhwymo'n gyfreithiol i unrhyw un fyddai'n derbyn y cynnig, felly cadarnhawyd bod yr hysbyseb yn gontract unochrog.

Fodd bynnag, gall ffurf a geiriad contract arwain at gynnig yn achos contract unochrog.

Enghraifft: Cais am dendrau

Mae'n ofynnol i awdurdodau cyhoeddus gynnig gwahoddiad i dendro ar gyfer llawer o'u gwasanaethau, ac mae'n arfer cyffredin hefyd i fusnesau preifat. Er enghraifft, bydd cwmni sydd eisiau gosod cyfrifiaduron newydd yn gwahodd tendrau (hynny yw, dyfynbrisiau), a bydd gwahanol fusnesau cyfrifiadurol yn ymateb gan roi prisiau ac amodau gwahanol. Gall y cwmni ddewis unrhyw un o'r busnesau, hyd yn oed os nad hwnnw yw'r rhataf. Pan fydd nwyddau yn cael eu hysbysebu ar werth drwy dendr, nid yw'r datganiad yn cael ei ystyried yn gynnig ond, fel arfer, fel gwahoddiad i drafod. Yna bydd unrhyw dendr a roddir yn gynnig. Fodd bynnag, os yw'r cwmni wedi hysbysebu ei fod am dderbyn y cynnig rhataf, yna mae wedi'i rwymo'n gyfreithiol i roi'r gwaith i'r cynigiwr sydd â'r pris isaf.

Harvela Investments v Royal Trust of Canada (1986)

Roedd y Royal Trust of Canada wedi gwahodd dau barti i wneud cynnig am ddarn o dir, ar yr amod y byddai'r cynnig uchaf yn cael ei dderbyn. Cynigiodd Harvela $2,175,000 a chynigiodd yr Arglwydd Leonard Outerbridge $2,100,000 neu $100,000 yn fwy nag unrhyw gynnig arall. Derbyniodd y Royal Trust of Canada gynnig yr Arglwydd Leonard, ac fe siwiodd Harvela yn llwyddiannus am dor-contract.

Roedd geiriad y gwahoddiad i drafod yn golygu bod hwn yn gynnig y gellid ei dderbyn gan y sawl a gynigiodd y pris uchaf yn unig. Roedd y cynnig cyfeiriadol gan yr Arglwydd Leonard (sef y datganiad y byddai'n cynnig $100,000 yn fwy nag unrhyw gynnig arall) yn aneffeithiol, gan ei fod yn mynd yn groes i bwrpas gofyn am y cynnig uchaf. Felly, roedd wedi cynnig $2,100,000 o'i gymharu â chynnig Harvela o $2,175,000.

Enghraifft: Datganiad o bris

Os yw rhywun yn nodi pris fyddai'n cael ei ystyried yn dderbyniol, nid yw hynny ar ei ben ei hun yn gyfystyr â chynnig.

Harvey v Facey (1893)

Anfonodd Harvey delegram at Facey: 'A wnei di werthu "Bumper Hall Pen" i ni? Anfona delegram yn nodi'r pris isaf mewn arian parod.' Atebodd Facey: 'Pris isaf mewn arian parod… £900'. Yna atebodd Harvey: 'Rydyn ni'n cytuno i brynu… am £900, sef y pris a ofynnoch chi. Anfonwch y weithred eiddo os gwelwch yn dda.' Cadarnhawyd bod telegram Facey yn wahoddiad i drafod, ac nid yn gynnig, gan ei fod yn ddatganiad o bris yn unig.

Biggs v Boyd Gibbins (1971)
Roedd Mr a Mrs Biggs yn trafod telerau gyda Mr Gibbins ynghylch gwerthiant rhywfaint o eiddo roedden nhw'n berchen arno. Yn ystod y trafodaethau, ysgrifennodd y ddau at Mr Gibbins gan ddweud: 'I werthu'n sydyn, rydyn ni'n barod i dderbyn £26,000.' Atebodd Mr Gibbins: 'Rydw i'n derbyn eich cynnig.' Ymatebodd Mr a Mrs Biggs: 'Diolch i chi am dderbyn y pris o £26,000'. Cafodd llythyr cyntaf Mr a Mrs Biggs ei ystyried yn gynnig a gafodd ei dderbyn gan Gibbins.

Fodd bynnag, ar rai achlysuron, gall datganiad o bris fod yn gyfystyr â chynnig.

Rheolau cynnig

Cyfleu'r cynnig

I fod yn effeithiol, rhaid cyfleu cynnig. Ni all rhywun dderbyn cynnig os nad yw'n gwybod amdano. Dyna'r rhesymeg y tu ôl i hyn: os yw contract yn fargen a gytunwyd, does dim posibl cael cytundeb heb wybodaeth.

Taylor v Laird (1856)
Rhoddodd Taylor y gorau i fod yn gapten ar long, ond roedd arno angen teithio'n ôl i'r Deyrnas Unedig. Felly, cynigiodd weithio fel aelod arferol o'r criw. Nid oedd ei hawliad am gyflog yn llwyddiannus, gan nad oedd cynnig Taylor i weithio er mwyn teithio'n ôl i'r DU wedi cael ei gyfleu i berchennog y llong. Cadarnhawyd, er mwyn i gynnig gael ei dderbyn, bod rhaid gwybod amdano.

Gall cynnig gael ei wneud i unigolyn, ond gall gael ei wneud i'r byd hefyd. Cyn belled â bod ganddo wybodaeth am y cynnig, gall unrhyw un ei dderbyn. Yn *Carlill v Carbolic Smoke Ball Company (1893)*, sydd ar dudalen 113, roedd yr hysbyseb yn gontract unochrog, sef cynnig ar ran y Smoke Ball Company i unrhyw un a oedd yn bodloni'r amodau yn yr hysbyseb. Roedd y cwmni wedi gwneud y cynnig yn gyffredinol (i'r 'byd cyfan') ac roedd Mrs Carlill wedi ei dderbyn drwy brynu'r belen fwg, ac eto, roedd hi wedi dal y ffliw. Nid yw'n bosibl tynnu cynnig unochrog yn ôl, fel yr un yn achos Carlill, pan fydd wrthi'n cael ei gyflawni. Pe bai rhywun wedi prynu'r belen fwg ac wedi dal y ffliw, ni fyddai'n deg i annilysu'r contract unwaith bod y gyfres o ddigwyddiadau wedi dechrau.

Errington v Errington and Woods (1952)
Prynodd tad dŷ, a chael morgais yn ei enw ei hun er mwyn i'w fab a'i ferch-yng-nghyfraith fyw yno gan gytuno, ar yr amod eu bod yn talu'r ad-daliadau, y byddai'r tŷ yn cael ei drosglwyddo iddyn nhw ar ôl i'r morgais gael ei dalu. Ar ôl tua 15 mlynedd, bu farw'r tad, a siwiodd ei wraig i gael meddiant o'r tŷ. Cadarnhaodd y llys bod contract unochrog yn bodoli. Er nad oedd y mab a'r ferch-yng-nghyfraith wedi'u rhwymo i barhau i dalu, pe baen nhw'n gwneud hynny, roedd y tad wedi rhwymo i drosglwyddo'r eiddo iddyn nhw yn unol â'r addewid.

Rhaid i delerau'r cynnig fod yn bendant

Rhaid i bartïon y contract wybod am beth maen nhw'n llunio contract, ac felly ni all y telerau fod yn rhy annelwig neu amhendant.

Guthing v Lynn (1831)
Roedd prynwr ceffyl wedi addo talu £5 ychwanegol i'r gwerthwr 'os bydd y ceffyl yn dod â lwc i mi'. Cadarnhawyd bod hyn yn rhy amhendant i gael ei orfodi.

Mae'n bosibl tynnu'r cynnig yn ôl ar unrhyw adeg cyn i'r cynnig gael ei dderbyn

Mewn egwyddor, does dim ymrwymiad cyfreithiol hyd nes bydd y contract wedi cael ei gwblhau drwy dderbyn cynnig. Hyd at y pwynt hwnnw, gall y naill barti neu'r llall newid ei feddwl a thynnu'n ôl o'r trafodaethau.

Routledge v Grant (1828)
Roedd Grant wedi rhoi ei dŷ ar werth. Roedd amod yn y cynnig yn nodi y byddai'r cynnig ar agor am chwe wythnos. Tynnodd y tŷ oddi ar y farchnad ar ôl chwe wythnos, a chadarnhaodd y llysoedd fod hyn yn gyfreithlon gan nad oedd unrhyw un wedi derbyn y cynnig erbyn hynny.

Rhaid i'r cynigiwr roi gwybod i'r cynigai bod y cynnig wedi'i dynnu'n ôl

Mae cynnig yn aros ar agor, ac ni ellir ystyried ei fod wedi cael ei dynnu'n ôl nes bod y cynigai wedi ei gael.

Byrne v Van Tienhoven (1880)

Erbyn 15 Hydref, mae B yn amlwg yn meddwl bod contract yn ei le, ac mae'r llys yn cytuno. Mae'r ffaith bod A wedi dirymu'r gorchymyn yn amherthnasol, gan fod B wedi derbyn cyn clywed am y penderfyniad i ddirymu.

Gall trydydd parti dibynadwy gyfleu'r ffaith bod cynnig wedi ei dynnu'n ôl

Os yw'r cynigiwr eisiau tynnu'r cynnig yn ôl, does dim rhaid i'r cynigiwr ei hun wneud hynny. Gall trydydd parti dibynadwy gyfleu hyn.

Dickinson v Dodds (1876)

Cynigiodd Dodds werthu ei dŷ i Dickinson. Roedd y cynnig i gael ei 'adael ar agor tan ddydd Gwener'. Brynhawn Iau, clywodd Dickinson gan drydydd parti fod Dodds wedi gwerthu'r eiddo i rywun arall. Fore Gwener, cyflwynodd Dickinson dderbyniad ffurfiol i Dodds, ac yna aeth ati i ddwyn achos am gyflawniad llythrennol yn erbyn Dodds. Cadarnhaodd y llys fod y cynnig gafodd ei wneud i Dickinson wedi cael ei dynnu'n ôl ddydd Iau, ac felly nad oedd yn bosibl ei dderbyn bellach. Roedd hyn yn dderbyniol gan fod y trydydd parti yn ffynhonnell ddibynadwy, yn rhywun roedd y ddau barti yn ei adnabod, ac yn rhywun y gallai'r ddau barti ddibynnu arno.

Terfynu cynnig

Mae'n bwysig gwybod am ba mor hir mae cynnig yn ddilys. Efallai fod y cynigiwr wedi ceisio tynnu'r cynnig yn ôl, neu fod amser hir wedi mynd heibio cyn i'r cynnig gael ei dderbyn. Byddai'n ymddangos yn annheg ac yn anymarferol pe bai cynnig yn aros ar agor am amser amhenodol, neu os na fyddai'n bosibl ei derfynu'n gywir. Oherwydd y rhesymau hyn, mae llysoedd wedi datblygu rheolau penodol yn ymwneud â hyd cynnig dilys.

Y rheol gyffredinol yw bod modd tynnu cynnig yn ôl ar unrhyw adeg cyn iddo gael ei dderbyn. Ar ôl iddo gael ei dderbyn yn ddilys, mae contract yn ei le a gall fod yn rhy hwyr i'w dynnu'n ôl. Roedd hyn yn amlwg yn yr achos ar t. 114, *Routledge v Grant (1828)*.

Fodd bynnag, mae rhai sefyllfaoedd lle gall cynnig, ar ôl iddo gael ei wneud, gael ei **derfynu** yn ddilys.

Derbyn
Ar ôl iddo gael ei dderbyn yn ddilys, mae contract yn ei le ac nid yw'r cynnig yn bodoli bellach.

Gwrthod
Os bydd y cynigai yn gwrthod y cynnig, dyna ddiwedd y mater.

Dirymu
Gall cynnig gael ei dynnu'n ôl cyn iddo gael ei dderbyn, cyn belled â bod hynny'n cael ei wneud yn gywir fel nodir uchod. Dyma'r dulliau cywir o ddirymu:

- Gellir tynnu cynnig yn ôl ar unrhyw adeg cyn iddo gael ei dderbyn. Achos: *Routledge v Grant (1828)*.
- Rhaid cyfleu bod y cynnig wedi'i ddirymu, neu ni fydd wedi'i ddirymu'n llwyddiannus. Achos: *Byrne v Van Tienhoven (1880)*.
- Gall trydydd parti dibynadwy gyfleu'r penderfyniad i ddirymu. Achos: *Dickinson v Dodds (1876)*.
- Os yw'r cynigai wedi dechrau cyflawni'r contract unochrog, ni ellir ei dynnu'n ôl ar ôl dechrau ei gyflawni. Achos: *Carlill v Carbolic Smoke Ball Company (1893)*.

Sylwer hefyd ar ddarpariaethau **Rheoliadau Diogelu Defnyddwyr (Gwerthu o Bell) 2000**, sy'n rhoi cyfnod o 14 diwrnod i brynwyr bwyllo neu ailystyried ar ôl prynu nwyddau ar-lein.

Llinell amser y gweithredoedd oedd yn ymwneud ag achos Byrne v Van Tienhoven (1880)

1 Hydref: Mae A yn postio archeb am rai nwyddau at B

8 Hydref: Mae A yn postio llythyr yn canslo'r archeb

11 Hydref: Mae B yn derbyn archeb A

15 Hydref: Mae B yn ateb, gan dderbyn y telerau

20 Hydref: Mae B yn derbyn cais A i ganslo'r archeb yn y post

Gwrthgynnig

Wrth ymateb i gynnig, os bydd y cynigai yn ceisio amrywio telerau'r contract neu'n ceisio cyflwyno telerau newydd, gellir ystyried hwn yn **wrthgynnig**, yn hytrach nag arwydd bod y cynnig wedi ei dderbyn. Nid yw contract yn cael ei lunio ar y cam hwn. Gall y cynigiwr gwreiddiol ddewis derbyn neu wrthod y gwrthgynnig, felly mae gwrthgynnig i bob pwrpas yn wrthodiad o'r cynnig gwreiddiol.

Hyde v Wrench (1840)

Cadarnhawyd bod 'y gwrthgynnig yn lladd y cynnig gwreiddiol'. Roedd Wrench wedi cynnig gwerthu ei ystad i Hyde am £1,000, ac roedd Hyde wedi ymateb drwy gynnig £950. Gwrthododd Wrench y cynnig hwn. Yna penderfynodd Hyde gynnig £1,000, ond gwrthododd Wrench. Siwiodd Hyde am dor-contract. Penderfynwyd bod Hyde wedi gwrthod y cynnig gwreiddiol o £1,000 i bob pwrpas drwy gynnig £950. Felly gwrthgynnig oedd ei gynnig o £950, ac roedd Wrench wedi'i wrthod yn ddiweddarach. Fodd bynnag, pe bai cynnig gwreiddiol Wrench o £1,000 wedi cael ei dderbyn yn ddiamod, yna fe nodwyd y byddai'r contract wedi bod yn gyfreithiol rwymol.

Mae'r llysoedd wedi tynnu sylw at wahaniaeth pwysig rhwng gwrthgynnig a **chais am wybodaeth**. Yn wahanol i wrthgynnig, ni fyddai cais am wybodaeth yn terfynu'r contract, gan nad yw'n gwrthod telerau gwreiddiol y cynnig gwreiddiol. Byddai hyn yn golygu bod y cynnig yn dal ar agor i gael ei dderbyn gan y cynigai.

Stevenson v McLean (1880)

Cytunodd y pleintydd (y cynigai) a'r diffynnydd (y cynigiwr) ar delerau contract i brynu haearn. Yna gofynnodd y cynigai a fyddai'n gallu talu fesul tipyn, a derbyn y nwyddau dros gyfnod o ddau fis. Ni chafodd ateb gan y cynigiwr, felly anfonodd y cynigai delegram at y cynigiwr yn derbyn y cynnig, dim ond i ddarganfod ei fod wedi gwerthu'r haearn yn rhywle arall. Siwiodd y pleintydd yn llwyddiannus am dor-contract. Cadarnhaodd y barnwr nad oedd wedi gwneud gwrthgynnig. Yn hytrach, roedd wedi gwneud cais am ragor o wybodaeth, a dylid bod wedi ymateb iddo.

Amser yn mynd heibio

Mewn achosion lle mae'r cynnig yn nodi y bydd yn aros ar agor am gyfnod penodol, mae'r cynnig yn terfynu'n awtomatig ar ôl yr amser hwn. Os nad oes cyfnod amser penodol wedi'i nodi, bydd y cynnig yn aros ar agor am 'amser rhesymol' yn unig. Mae hyn yn deg, gan ei bod yn afresymol disgwyl i gynnig aros ar agor am gyfnod amhenodol, yn enwedig os oes trafodion busnes lle mae angen cael elfen o sicrwydd.

Ramsgate Victoria Hotel v Montefiore (1866)

Roedd y diffynyddion wedi gwneud cynnig ym mis Mehefin i brynu cyfrannau yng nghwmni'r pleintydd. Ond wnaethon nhw ddim clywed unrhyw beth, gan na chafodd y cyfrannau eu dyrannu tan fis Tachwedd. Ar y pwynt hwnnw, derbyniodd y pleintydd gynnig y diffynyddion, ond gwrthododd y diffynyddion fwrw ymlaen, gan ddweud bod gormod o amser wedi mynd heibio. Er nad oedd y cynnig wedi cael ei dynnu'n ôl yn ffurfiol, dywedodd y llys y byddai'n dod i ben ar ôl 'amser rhesymol', yn enwedig o ystyried natur ansefydlog cyfrannau, ac roedd y cyfnod amser y tu hwnt i'r hyn oedd yn rhesymol.

Methiant amodau

Fel arfer, mae yna amodau penodol ynghlwm â chynigion. Os na fydd yr amodau hyn yn cael eu bodloni, yna ni ellir derbyn y cynnig.

Financings Ltd v Stimson (1962)

Roedd y diffynnydd wedi prynu car gan werthwr ceir drwy hurbwrcas. Esboniodd y gwerthwr ceir na fyddai'r cytundeb yn dod yn rhwymol yn gyfreithiol nes i'r cwmni ariannu ei lofnodi (Financings Ltd: sef y pleintyddion). Cymerodd y diffynnydd y car, a thalodd y rhandaliad cyntaf. Ond daeth â'r car yn ôl ddeuddydd yn ddiweddarach, gan honni ei fod wedi newid ei feddwl. Doedd y cwmni ariannu ddim wedi llofnodi'r cytundeb eto (un o 'amodau' y cynnig), ac felly methodd hawliad y cwmni ariannu yn erbyn y diffynnydd. Cadarnhaodd y llys bod un o amodau'r cynnig heb gael ei fodloni, a bod y diffynnydd wedi dychwelyd y car mewn pryd.

Marwolaeth

Ni all cynigai dderbyn cynnig ar ôl i'r cynigiwr farw. Gall y penderfyniad fod yn wahanol os nad yw'r cynigai yn gwybod am farwolaeth y cynigiwr, ac nad oes unrhyw gysylltiad personol. Mae barn y llysoedd wedi amrywio ar y mater hwn.

Bradbury v Morgan (1862)

Cadarnhawyd, os yw'r cynigai yn derbyn ac yntau heb wybod am farwolaeth y cynigiwr, gall contract gael ei lunio.

Dylid cyferbynnu'r achos hwn ag achos *Dickinson v Dodds (1876)*, lle cadarnhawyd bod marwolaeth y naill barti neu'r llall yn y contract yn terfynu'r cytundeb gan na ellir ei dderbyn yn ffurfiol.

Mae'n debyg mai'r safbwynt gorau yw nodi na all parti dderbyn cynnig unwaith y bydd yn gwybod am farwolaeth y cynigiwr, ond mewn rhai amgylchiadau, y gellid derbyn y cynnig os yw hynny'n digwydd heb wybod am farwolaeth y cynigiwr.

Derbyn

Ar ôl i'r cynigiwr wneud cynnig, gall y cynigai ddewis derbyn y cynnig. Ni ellir llunio contract nes bydd y cynnig wedi cael ei dderbyn yn ddiamod. Rhaid i'r derbyn hwn dderbyn pob un o delerau'r cynnig, a rhaid iddo fod yn 'adlewyrchiad' neu'n 'ddrych' o'r cynnig. Os yw rhywun yn ceisio ychwanegu telerau newydd i'r cynnig, rydyn ni wedi gweld yn barod nad yw hyn yn cael ei ystyried yn dderbyn, ond yn hytrach yn wrthgynnig sy'n awgrymu bod y cynnig gwreiddiol wedi cael ei wrthod. Gellir sefydlu bod cynnig wedi ei dderbyn os bydd **geiriau** neu **ymddygiad** y cynigai yn arwain at ragdybiaeth wrthrychol bod y cynigai yn cytuno i delerau'r cynigiwr.

Yn yr un modd ag y mae rheolau ar gyfer sefydlu cynnig dilys, mae rheolau hefyd ar gyfer cyfleu'r penderfyniad i dderbyn.

Rheolau derbyn

Rhaid i'r derbyn fod yn ddiamod

Dyma reol yr 'adlewyrchiad' neu'r 'drych'. Mae wedi'i sefydlu bod unrhyw ymgais i newid telerau'r cynnig yn **wrthgynnig** (fel yn achos *Hyde v Wrench (1840)* ar t. 116). Nid yw gwneud cais am **ragor o wybodaeth** yr un peth â gwrthod, a gall y cynnig gael ei dderbyn o hyd ar ôl cadarnhau'r wybodaeth hon (*Stevenson v McLean (1880)*, t. 116).

Rhaid cyfleu'r derbyn i'r cynigiwr

Rhaid i hon fod yn weithred bositif; hynny yw, **nid yw cadw'n ddistaw yn gyfystyr â derbyn cynnig**.

Felthouse v Brindley (1863)

Roedd dyn wedi trafod telerau gwerthu ei geffyl gyda'i ewythr. Ysgrifennodd yr ewythr at y nai gan ddweud: 'Os na chlywaf gennyt, byddaf yn ystyried mai fi sy'n berchen ar y ceffyl.' Ni wnaeth y nai ymateb. Aeth eiddo'r nai i arwerthiant ond wnaeth yr arwerthwr ddim tynnu'r ceffyl yn ôl o'r arwerthiant, felly cafodd ei werthu er bod y nai wedi dweud wrtho am dynnu'r ceffyl yn ôl. Methiant fu ymgais yr ewythr i siwio'r arwerthwr, gan nad oedd ei nai wedi derbyn ei gynnig mewn gwirionedd.

Rhaid i'r cynigai fod yn gwybod am fodolaeth y cynnig

Inland Revenue Commissioners v Fry (2001)

Anfonodd gŵr Fry siec i swyddfa Cyllid y Wlad am lawer llai na chyfanswm y dreth roedden nhw wedi gofyn amdano. Rhoddodd nodyn gyda'r siec yn dweud mai hwn fyddai'r 'setliad llawn ac olaf i gael ei dderbyn cyn gynted ag y caiff ei fancio'. Oherwydd arfer Cyllid y Wlad o wahanu sieciau a gohebiaeth yn yr ystafell bost, doedden nhw ddim yn gwybod am y cynnig hwn. Talon nhw'r siec i'r banc, a gellid ystyried hynny'n ffordd o dderbyn, o dan gontract unochrog oherwydd ffordd o ymddwyn sydd wedi'i ragnodi. Ond er hynny, cadarnhaodd y llys bod rhaid i'r cynigai wybod am y cynnig er mwyn gallu ei dderbyn.

Rhaid i unigolyn sydd wedi'i awdurdodi gyfleu'r derbyn

Yn gyffredinol, mae hyn yn golygu y cynigai ei hun. Ond sefydlwyd y gall rhywun sydd wedi'i awdurdodi gan y cynigai gyfleu derbyniad hefyd.

Powell v Lee (1908)

Roedd dyn wedi cael ei gyfweld am swydd pennaeth ysgol, a phenderfynodd y rheolwyr mai ef oedd yr ymgeisydd gorau ar gyfer y swydd. Gan weithredu heb awdurdod y lleill, dywedodd un o'r rheolwyr wrth y dyn ei fod yn llwyddiannus. Ond newidiodd y rheolwyr eu meddyliau, gan benodi rhywun arall. Pan glywodd hyn, siwiodd y dyn am dor-contract, gan hawlio iawndal am golli cyflog. Cadarnhaodd y llysoedd nad oedd contract dilys (ac felly doedd dim tor-contract) gan nad oedd y bwriad i lunio contract wedi ei gyfleu gan rywun ag awdurdod.

Gellir derbyn contract mewn unrhyw ffurf, oni bai fod gofyniad i hynny fod ar ffurf benodol:

Gellir derbyn contract mewn unrhyw ffurf, gan gynnwys drwy'ch ymddygiad. Ond os yw'r cynigiwr yn gofyn i hynny gael ei wneud mewn ffurf benodol, yna nid yw'r derbyn yn ddilys os na fydd yn cael ei wneud yn y ffurf hwnnw.

Yates Building Co v Pulleyn Ltd (1975)

Cafodd darn o dir ei gynnig ar werth, gyda'r datganiad canlynol: pe bai prynwyr yn dymuno prynu, roedd yn rhaid dangos hynny yn ysgrifenedig, gan anfon yr ohebiaeth 'drwy wasanaeth post wedi'i gofrestru neu ei gofnodi'. Anfonodd y cynigai ei ohebiaeth yn y post arferol, a chadarnhaodd y llysoedd nad oedd yn ddilys gan nad oedd yn cydymffurfio â'r dull cyfathrebu oedd yn y cynnig.

Brwydr y ffurflenni

Os bydd Eve yn gwneud cynnig ar ei thelerau safonol, a Zak yn derbyn ar ddogfen sy'n cynnwys ei delerau safonol yntau sy'n gwrthdaro â rhai Eve, ni fydd contract yn cael ei lunio, oni bai fod Eve yn gweithredu ar sail gohebiaeth Zak. Gallai wneud hyn, er enghraifft, drwy ddanfon nwyddau, sy'n dangos yn ymhlyg (*implied*) ei bod wedi derbyn yr ohebiaeth. Mae Zak wedi gwneud gwrthgynnig, i bob pwrpas, sydd wedi cael ei dderbyn ar sail ymddygiad Eve.

Yr enw ar y sefyllfa hon yw 'brwydr y ffurflenni'.

Butler Machine Tool v Excell-o-Corp (1979).

Cynigiodd y pleintydd werthu peiriant i'r diffynnydd. Roedd un o delerau'r cynnig yn datgan y byddai unrhyw archebion yn cael eu derbyn ar delerau'r gwerthwr, ac y byddai'r rhain yn drech nag unrhyw delerau yn archeb y prynwr fyddai'n gwrthdaro â'r rhain. Archebodd y diffynyddion y peiriant ar delerau gwahanol, ar eu ffurflen safonol eu hunain. Ar waelod y ffurflen hon roedd slip i'r pleintydd ei dorri a'i lenwi a'i anfon yn ôl, gyda'r geiriau: 'Rydyn ni'n derbyn eich archeb ar y telerau ac amodau a nodir yno.' Llofnododd y pleintydd a dychwelyd y slip, gan ysgrifennu, 'Mae eich archeb swyddogol ... yn cael ei derbyn yn unol â'n dyfynbris sydd wedi ei ddiwygio'. Enillodd y prynwr (sef y diffynnydd) yr achos gan fod ymddygiad y partïon yn awgrymu bod contract dilys wedi'i lunio.

Wrth gymhwyso'r rhesymeg hon, yn y rhan fwyaf o achosion lle mae 'brwydr y ffurflenni', gwelir bod contract yn cael ei lunio cyn gynted ag y bydd yr olaf o'r ffurflenni yn cael ei hanfon a'i derbyn heb wrthwynebiad, yn enwedig pan fydd yr ymddygiad yn awgrymu ei bod wedi'i derbyn.

Dulliau modern o gyfathrebu

Yn sgil y defnydd cynyddol o ddulliau cyfathrebu 'ar unwaith' fel ffacs, e-bost a ffurflenni archeb ar-lein, mae'r llysoedd wedi gweld newid yn ffeithiau'r achosion sy'n eu cyrraedd. Mae'n ymddangos mai dyma'r ffactor hollbwysig: pa mor sydyn yw'r dull cyfathrebu?

Brinkibon v Stahag Stahl (1982)

Derbyniwyd neges 'telex' y tu allan i oriau swyddfa, yn cytuno i delerau ac amodau.

Derbyniodd Tŷ'r Arglwyddi mai dim ond ar ôl i'r swyddfa ailagor y gellid ystyried dull 'cyfathrebu ar unwaith' yn ffordd effeithiol o gyfathrebu.

Er bod hwn yn ymddangos yn benderfyniad cadarn, gellid dadlau na fydd yn gymwys i bob sefyllfa. Rhaid i fwriadau'r partïon ac arfer busnes da fod yn brif ystyriaeth.

Entores v Miles Far East Corp (1955)

Cadarnhaodd y llysoedd mai dim ond pan fydd y cynigiwr yn derbyn y derbyniad, a phan fydd y contract yn cael ei lunio yn y fan lle derbyniwyd y derbyniad, y bydd y contract yn gyflawn.

Er bod yr egwyddorion a osodwyd yn yr achosion uchod yn debygol o gael eu dilyn o hyd, efallai bydd yn rhaid archwilio a datrys materion pellach. Er enghraifft, mae angen ystyried pa mor effeithiol yw gwasanaethau ateb ffôn, neu ystyried faint o oedi sydd rhwng anfon a derbyn negeseuon e-bost. Felly, wrth weithredu *Cyfarwyddeb 97/7 yr UE: Gwerthu o Bell*, cyhoeddodd y DU *Reoliadau Diogelu Defnyddwyr (Gwerthu o Bell) 2000* i ffurfioli'r maes hwn, i ddiogelu defnyddwyr a gwerthwyr, a chynnig eglurder.

- Mae'r rheoliadau hyn yn berthnasol i werthu nwyddau drwy ddulliau modern fel ffacs, ffôn, y rhyngrwyd, e-bost, siopa ar y teledu ac archebu drwy'r post.
- O dan *Reoliad 7*, mae gan y gwerthwr rwymedigaeth i roi isafswm o wybodaeth i'r prynwr; er enghraifft, disgrifiad o'r nwyddau, y pris, trefniadau ar gyfer talu a danfon, a'r hawl i ganslo'r contract cyn pen 14 diwrnod.
- O dan *Reoliad 8*, rhaid rhoi cadarnhad ysgrifenedig hefyd.
- Os na ddilynir y rheolau hyn, nid yw'r contract wedi cael ei lunio.

Yn ogystal, cafodd *Cyfarwyddeb Masnach Electronig 2000/31* ei rhoi ar waith yn y DU gan *Reoliadau Masnach Electronig (Cyfarwyddeb CE) 2002*. Yn ôl *Erthygl 11*: 'os yw'n ofynnol, wrth dderbyn cynnig gwerthwr, i brynwr ddangos ei fod yn cytuno drwy ddulliau technolegol fel clicio ar eicon, bydd y contract wedi ei lunio pan fydd derbynnydd y gwasanaeth wedi derbyn gan ddarparwr y gwasanaeth, yn electronig, gydnabyddiaeth o dderbyn derbyniad y derbynnydd'.

Y rheol postio

Lle bydd telerau cytundeb yn nodi neu'n awgrymu mai'r post arferol yw'r ffurf arferol, ragweladwy neu wedi'i chytuno o dderbyn, bydd y derbyn yn digwydd pan fydd y llythyr yn cael ei **bostio**, ac nid pan fydd yn cael ei **dderbyn**.

Adams v Lindsell (1818)

Cynigiodd y diffynyddion werthu rhai nwyddau i'r pleintyddion, a gofynnwyd iddyn nhw dderbyn y cynnig drwy'r post. Ar 5 Medi, anfonodd y pleintyddion lythyr i dderbyn, yn unol â'r hyn a nodwyd. Ar 8 Medi, gwerthodd y diffynyddion y nwyddau i drydydd parti. Derbynion nhw lythyr y pleintyddion drwy'r post ar 9 Medi. Siwiodd y pleintyddion yn llwyddiannus am dor-contract, a sefydlwyd y rheol postio. Cadarnhawyd bod contract wedi cael ei lunio pan bostiodd y pleintyddion eu llythyr yn derbyn ar 5 Medi, ac felly roedd y diffynyddion wedi torri'r contract.

Mae'r rheol postio wedi cael ei hymestyn i gynnwys sefyllfaoedd lle na chafodd y llythyr erioed ei dderbyn, yn hytrach na chyrraedd yn hwyr yn unig.

Household Fire Insurance v Grant (1879)

Cafodd llythyr yn rhoi manylion dyrannu cyfrannau ei bostio, ond ni chyrhaeddodd byth. Er hynny, cadarnhawyd bod yna gytundeb dilys unwaith roedd y llythyr wedi cael ei bostio.

Y rhesymeg y tu ôl i'r penderfyniadau hyn yw y gall y partïon eu hamddiffyn eu hunain drwy ddatgan yn y cynnig na fydd yn gontract rhwymol nes bydd y derbyniad yn cael ei dderbyn.

Hyd yma, mae'r llysoedd wedi gwrthod ymestyn y rheol postio i sefyllfaoedd sy'n cynnwys negeseuon telex ac e-bost. Yn y sefyllfaoedd hyn, rhaid derbyn derbyniad, yn hytrach na'i anfon yn unig, yn unol â'r arweiniad yng nghyfarwyddebau'r UE.

Bwriad i greu cysylltiadau cyfreithiol

Mae pobl yn gwneud addewidion i'w gilydd bob dydd. Dydy hi ddim yn ymarferol nac yn deg i orfodi pob addewid yn y llysoedd. Felly mae'r gyfraith wedi dod i gyfaddawd, gan gynnig gwahaniaeth rhwng dwy sefyllfa lle gall cytundeb gael ei wneud:

- **Cytundebau masnachol a busnes:** Mae'r rhagdybiaeth o blaid y bwriad i greu cysylltiadau cyfreithiol.
- **Cytundebau cymdeithasol a domestig:** Mae'r rhagdybiaeth yn erbyn y bwriad i greu cysylltiadau cyfreithiol.

Wrth gwrs, mae sefyllfaoedd lle bydd ffeithiau'r achos yn arwain at benderfyniad sy'n groes i'r rhagdybiaethau hyn, gan wneud y rhagdybiaeth yn amodol neu'n **wrthbrofadwy (rebuttable)**.

Fel rydyn ni wedi gweld, rhaid i gynnig fod yn ddatganiad a wneir gyda'r bwriad iddo ddod yn rhwymol ar ôl ei dderbyn. Mae'n hanfodol hefyd fod yr holl bartïon yn bwriadu creu rheolau cyfreithiol drwy lunio'r contract. Mae penderfyniad y partïon i greu rheolau cyfreithiol yn brawf **gwrthrychol**: rhaid iddyn nhw sefydlu a fyddai gan **bartïon rhesymol** i gytundeb o'r fath fwriad i greu cysylltiadau cyfreithiol.

Nid yw'r prawf **goddrychol** (sef cyflwr meddwl y partïon sy'n gysylltiedig) o unrhyw ddiddordeb i'r llysoedd. Byddan nhw'n edrych ar y ffeithiau **yn eu cyfanrwydd** i benderfynu a oes bwriad i greu cysylltiadau cyfreithiol.

Cytundebau masnachol a busnes

Mewn cytundebau masnachol a busnes, bydd llysoedd yn rhagdybio bod bwriad i greu cysylltiadau cyfreithiol, oni bai fod tystiolaeth i'r gwrthwyneb.

Edwards v Skyways Ltd (1969)

Roedd yn rhaid i gwmni awyrennau (sef y diffynnydd) ddiswyddo rhai peilotiaid. Cafodd un peilot, Edwards (sef y pleintydd), rybudd o'r diswyddiad yn unol â thelerau ei gontract. Ar ôl trafod gydag undebau llafur, cytunodd y cwmni awyrennau i wneud taliadau diswyddo ex gratia (hynny yw, yn wirfoddol yn hytrach nag yn rhwymol yn gyfreithiol) i beilotiaid. Ond fe wnaethon nhw geisio osgoi talu'r arian hwn i Edwards ar ôl ei ddiswyddo. Ceisiodd y diffynnydd honni nad oedd bwriad i'r taliad ex gratia fod yn rhwymol. Ond gan fod y cytundeb i dalu wedi'i wneud fel rhan o drafodion masnachol, cadarnhaodd y barnwr y gellid rhagdybio bod bwriad i greu cysylltiadau cyfreithiol.

Yn ogystal â hynny, os oes gan fusnes unrhyw gynigion i roi anrhegion am ddim er mwyn ei hyrwyddo'i hun, mae'r llysoedd wedi cadarnhau bod y rhain hefyd wedi'u cynnwys o dan yr un rhagdybiaeth rwymol.

Esso Petroleum Company Ltd v Commissioners of Customs and Excise (1976)

Roedd Esso yn rhoi darn arian am ddim i ddathlu Cwpan y Byd gyda phob pedwar galwyn o betrol fyddai'n cael ei brynu yn y pympiau. Dosbarthwyd miliynau o'r darnau arian hyn. Ceisiodd Customs and Excise honni fod y darnau arian yn cael eu 'gwerthu', ac y gallai hawlio treth bryniant oddi ar y trafodyn felly. Gan fod Esso yn ceisio ennill busnes ychwanegol drwy hyrwyddo'r darnau arian am ddim, cadarnhaodd y llysoedd fod bwriad i'r cytundeb fod yn rhwymol yn gyfreithiol.

Fodd bynnag, mae'r llysoedd wedi dweud ei bod yn bosibl i'r cytundeb beidio â chynnwys bwriad i fod yn gyfreithiol-rwym os bydd hyn wedi ei nodi'n benodol.

Jones v Vernon's Pools Ltd (1938)

Roedd Vernon's Pools (math o loteri) wedi cynnwys cymal ar ei docynnau yn nodi y byddai'r trafodyn yn rhwymol ar sail anrhydedd yn unig, ac na fyddai'n arwain at unrhyw gysylltiad cyfreithiol. Anfonodd y pleintydd ei docyn buddugol at y cwmni, ond aeth y tocyn ar goll. Ceisiodd hawlio'i enillion, ond methodd gan fod cynnwys y cymal hwn ar y tocyn yn atal unrhyw hawliad. Roedd hynny am ei fod yn dirymu'r bwriad i greu cysylltiadau cyfreithiol.

Cytundebau cymdeithasol a domestig

Yn gyffredinol, mae cytundebau cymdeithasol a domestig yn ymwneud ag aelodau o'r teulu, ffrindiau a chydweithwyr. Bydd y llysoedd yn rhagdybio nad oes cysylltiadau cyfreithiol yn bodoli oni bai fod tystiolaeth i'r gwrthwyneb.

Balfour v Balfour (1919)

Roedd gŵr, a oedd yn byw dramor, wedi addo incwm o £30 y mis i'w wraig yn Lloegr. Pan gyflwynodd y wraig gais i'r llys am ysgariad, ceisiodd hi hawlio incwm parhaus o £30. Methodd ei hawliad ar y sail bod eu cytundeb wedi'i wneud pan oedd eu priodas yn dda, ac nad oedd unrhyw fwriad i siwio ar y mater. Doedd dim bwriad i fod yn gyfreithiol-rwym, ac nid oedd yn briodol i'r llysoedd ymyrryd mewn sefyllfaoedd fel hyn. Petai eu hawdurdodaeth yn dechrau ymdrin â sefyllfaoedd fel hyn, dywedodd y llysoedd hefyd y bydden nhw'n debygol o gael llif o hawliadau tebyg.

Mae cytundeb gyda ffrind yn cael ei ystyried yn gytundeb cymdeithasol a domestig

Mae'r llysoedd wedi datgan bod **rhagdybiaeth wrthbrofadwy** sy'n tybio nad oes bwriad i ddadleuon domestig greu cysylltiadau cyfreithiol. Golyga hyn, os gall y llysoedd ddod o hyd i dystiolaeth o fwriad, y gallan nhw ganfod hefyd fod cytundeb cyfreithiol-rwym wedi ei lunio.

Merritt v Merritt (1970)

Roedd y pâr priod wedi gwahanu'n barod, ac fe wnaethon nhw lunio cytundeb y byddai'r gŵr yn talu incwm i'w wraig pe bai hi'n talu gweddill y morgais. Cadarnhaodd y llysoedd bod bwriad i'r cytundeb hwn greu cysylltiadau cyfreithiol.

Lle mae'r partïon wedi cyfnewid arian, mae'r llysoedd yn debygol o ddileu'r rhagdybiaeth o fwriad i greu cysylltiadau cyfreithiol.

Simpkins v Pays (1955)

Roedd lletywr wedi cymryd rhan mewn cystadleuaeth gyda dau berson arall o'r tŷ lle roedd yn byw. Er bod y cais yn enw deiliad y tŷ, roedd pob un ohonyn nhw wedi cyfrannu'n gyfartal at y gost ar y ddealltwriaeth y bydden nhw'n rhannu unrhyw enillion. Pan enillon nhw, gwrthododd deiliad y tŷ rannu'r enillion. Daeth y llys i'r casgliad bod gan y lletywr a'r ddau arall fwriad i greu cysylltiadau cyfreithiol, ac roedd rhaid i ddeiliad y tŷ rannu'r enillion yn gyfartal.

Cydnabyddiaeth

Nid yw tystiolaeth o gytundeb ar ei ben ei hun yn arwain at gontract cyfreithiol-rwym. Mae addewid heb gydnabyddiaeth yn **rhodd**, ond mae addewid a wneir ar gyfer cydnabyddiaeth yn **fargen**. Rhaid i'r ddau barti yn y contract ddarparu cydnabyddiaeth os ydyn nhw'n dymuno siwio ar y contract. Ystyr 'cydnabyddiaeth' (*consideration*) yw bod rhaid i'r naill ochr a'r llall addo rhoi rhywbeth i'r llall, neu wneud rhywbeth ar ei ran. Yn achos *Dunlop v Selfridge (1915)*, cafodd cydnabyddiaeth ei diffinio fel hyn: 'Gweithred neu ymataliad un parti, neu addewid o hynny, yw'r pris am addewid y llall, ac mae'r addewid a roddir trwy hynny am ei werth yn orfodadwy.'

Fel yn achos cynnig a derbyn, rhaid i **reolau** penodol gael eu harchwilio mewn perthynas â mater cydnabyddiaeth.

Rheolau cydnabyddiaeth

Rhaid i gydnabyddiaeth fod yn 'ddigonol', ond nid oes rhaid iddi fod yn 'llawnddigonol'

Yma, mae'r llysoedd yn dweud nad oes rhaid i'r gydnabyddiaeth gyfateb o ran gwerth i'r hyn sy'n cael ei gynnig gan y naill barti a'r llall, ond rhaid i'r gydnabyddiaeth fod yn ddigonol i allu cael ei gorfodi'n gyfreithiol. Mae hynny'n dibynnu ar yr hyn roedd y partïon yn fodlon ag ef pan wnaethon nhw lunio'r cytundeb.

Thomas v Thomas (1942)

Roedd dyn wedi mynegi ei ddymuniad i'w wraig gael dal i aros yn ei dŷ yn dilyn ei farwolaeth am daliad (bach iawn) o £1 y flwyddyn. Gadawodd yr ysgutoriaid i hyn ddigwydd am rai blynyddoedd, ond yn ddiweddarach fe wnaethon nhw geisio ei throi allan o'r tŷ. Daeth y llysoedd i'r casgliad bod y taliad bach o £1 yn gydnabyddiaeth 'ddigonol'.

Fodd bynnag, mewn achos gwrthgyferbyniol sy'n ymddangos fel pe bai'n mynd yn groes i'r egwyddor hon, mae eitemau sydd heb ddim gwerth o gwbl, yn ôl pob golwg, wedi cael eu hystyried yn rhai sy'n werthfawr ac yn gydnabyddiaeth ddigonol.

Chappell v Nestlé Company (1960)

Wrth hyrwyddo ei fariau siocled, roedd Nestlé wedi cynnig record ar werth am swm o arian a thri phapur siocled. Ceisiodd perchenogion hawlfraint y record siwio er mwyn atal y cynnig, gan y bydden nhw'n derbyn llawer llai o freindal pe bai'r record yn cael ei chynnig yn gyfnewid am bapurau siocled. Methodd yr achos, ac er bod y papurau'n cael eu taflu ar ôl eu derbyn, cadarnhaodd y llysoedd eu bod yn gydnabyddiaeth ddilys a digonol.

Rhaid i'r gydnabyddiaeth symud oddi wrth yr addawai (yr unigolyn y gwneir yr addewid iddo)

Ystyr hyn yw mai dim ond y parti sydd wedi darparu cydnabyddiaeth sy'n gallu siwio neu gael ei siwio mewn cysylltiad â'r contract.

Nid yw dyletswydd contract sydd eisoes yn bodoli yn gyfystyr â chydnabyddiaeth

Os yw parti yn gwneud rhywbeth mae eisoes wedi rhwymo i'w wneud yn y contract, nid yw hynny ynddo'i hun yn ddigonol i fod yn gyfystyr â chydnabyddiaeth.

Mae rhai eithriadau i'r rheolau hyn, lle mae llysoedd wedi penderfynu'n wahanol. Er enghraifft, gallai parti addo talu mwy, a thrwy hynny gallai dderbyn budd ychwanegol o gytundeb y parti arall i gwblhau'r hyn roedden nhw eisoes wedi rhwymo i'w wneud o dan gytundeb presennol.

Williams v Roffey Bros and Nicholls Contractors Ltd (1990)

Ar ôl cytuno i adnewyddu bloc o fflatiau, cynigiodd y prif gontractwyr (y diffynyddion) daliadau ychwanegol i'r is-gontractiwr (yr hawlydd/pleintydd) i gwblhau'r gwaith yn fuan. Gwnaeth hyn gan ei fod yn ofni na fyddai hwnnw'n llwyddo i gwblhau'r gwaith mewn pryd, ac y byddai hyn yn arwain at gosbau ariannol ar y prif gontract. Ceisiodd yr hawlydd orfodi'r addewid hwn. Ond penderfynodd Llys Apêl yn unfrydol fel hyn: os oedd y diffynyddion yn amau a fyddai'r is-gontractiwr (yr hawlydd) yn cyflawni ei rwymedigaeth contract, yna gallai addewid pellach ganddo i gyflawni'r contract hwnnw fod yn gydnabyddiaeth am gynnig y diffynyddion o arian ychwanegol – cyn belled â bod y cynnig heb ei gael trwy dwyll neu orfodaeth economaidd yr hawlydd. Efallai nad oedd unrhyw fudd cyfreithiol i'r diffynyddion, gan eu bod yn sicrhau bod y gwaith roedden nhw'n ei ddisgwyl yn cael ei wneud. Ond fe wnaethon nhw sicrhau'r budd ymarferol o gwblhau'r gwaith ar amser heb fynd i'r drafferth o logi is-gontractiwr newydd, a bod mewn perygl o wneud yr hawlydd yn fethdalwr pe baen nhw'n ceisio adennill y costau a'r cosbau.

Nid yw rhan-daliad dyled yn gydnabyddiaeth

Mae'r rheol gyffredinol a nodwyd yn *achos Pinnel (1602)* yn dweud na all rhan-daliad dyled fyth fodloni'r ddyled i gyd. Os oes unrhyw gytundeb i dderbyn rhan-daliad i fodloni'r ddyled yn llawn, mae'n anorfodadwy gan nad oes cydnabyddiaeth. Gallai'r credydwr bob amser siwio am weddill yr arian sy'n ddyledus.

D and C Builders v Rees (1965)

Roedd Mr Rees mewn dyled o £482 i gwmni D and C Builders, a oedd wedi gwneud rhywfaint o waith iddo. Ar ôl i D and C aros rai misoedd am y taliad, cynigiodd Mr Rees £300 i setlo'r ddyled. Oherwydd problemau ariannol yr adeiladwyr, fe wnaethon nhw dderbyn y taliad llai hwn. Yna siwiodd yr adeiladwyr yn llwyddiannus am y gweddill. Cadarnhaodd y llysoedd na chawson nhw eu rhwystro gan y ffaith eu bod wedi cytuno i dderbyn llai, ac y gallen nhw siwio am y gweddill. Daeth y llysoedd i'r casgliad hefyd fod Mr Rees wedi manteisio ar eu sefyllfa ariannol anodd drwy roi pwysau arnyn nhw i dderbyn llai ganddo.

Mae dau eithriad i'r rheol gyffredinol hon wedi cael eu harchwilio yn y llysoedd dros y blynyddoedd, lle gellir gorfodi'r cytundeb i dalu llai na'r ddyled sy'n ddyledus.

Eithriad 1: Lle mae rhywbeth gwahanol yn cael ei ychwanegu neu wedi digwydd sy'n gydnabyddiaeth ddigonol

Er enghraifft, gallai hyn fod yn gytundeb i dderbyn swm llai ar ddyddiad cynharach, neu i dderbyn taliad sydd ddim yn un ariannol, neu swm llai ynghyd â rhywbeth arall heblaw arian.

Mae'r eithriad hefyd yn digwydd lle mae rhan-daliad wedi ei wneud gan drydydd parti, fel yn achos *Hirachand Punamchand v Temple (1911)*.

Hirachand Punamchand v Temple (1911)

Roedd tad wedi talu swm llai o arian i fenthyciwr arian na'r hyn oedd yn ddyledus er mwyn talu am ddyledion ei fab. Derbyniodd y benthyciwr arian y tâl mewn setliad llawn, ond yn ddiweddarach fe siwiodd am y gweddill. Cadarnhaodd y llys fod y rhan-daliad yn gydnabyddiaeth ddilys, a phe bai'n caniatáu hawliad y benthyciwr arian, byddai hynny'n achos o dwyll yn erbyn y tad.

Dyma mae'r achos hwn yn ei ddangos: os yw'r rhan-daliad yn cael ei wneud gan drydydd parti, bydd y llysoedd yn mynnu bod addewid i dderbyn swm llai er mwyn bodloni dyled yn llawn yn rhwymo'r credydwr, ar yr amod bod y dyledwr yn cael ei ryddhau o'r rhwymedigaeth i dalu'r swm llawn.

Eithriad 2: Athrawiaeth estopel addewidiol

Athrawiaeth **ecwitïol** yw hon, sy'n deillio o *obiter dicta* yr Arglwydd Denning yn achos *Central London Property Trust Ltd v High Trees House Ltd (1947)*. Mae'r athrawiaeth yn cynnig ffordd o wneud addewid yn rhwymol mewn gwahanol amgylchiadau, yn absenoldeb cydnabyddiaeth. Dyma'r egwyddor: os bydd rhywun (yr addäwr) yn addo rhywbeth, a bod rhywun arall yn gweithredu ar sail yr addewid, mae'r addäwr yn cael ei atal (neu ei **estopio**) rhag torri'r addewid, er nad oedd yr unigolyn arall wedi darparu cydnabyddiaeth.

Er mwyn i'r athrawiaeth gael ei gweithredu'n llwyddiannus, rhaid sefydlu **pump o ofynion hanfodol**:

- **Yr angen am berthynas gontract sy'n bodoli'n barod rhwng y partïon:** Ystyrir yn gyffredinol bod estopel addewidiol yn bodoli er mwyn addasu perthnasoedd contract sy'n bodoli'n barod, yn hytrach na chreu rhai newydd.

- **Yr angen am ddibyniaeth ar yr addewid:** Gofyniad hanfodol yw bod yr addawai wedi dibynnu ar yr addewid. Yn achos **High Trees House**, roedd y prydleswyr wedi dibynnu ar yr addewid i beidio â chodi'r rhent tra oedd y fflatiau yn hanner gwag.

- **'Tarian nid cleddyf':** Sefydlwyd hwn yn achos *Combe v Combe (1951)*, ac mae'n golygu bod modd defnyddio'r athrawiaeth fel amddiffyniad rhag hawliad, ond nid fel sail ar gyfer dwyn achos.

- **Rhaid iddo fod yn anecwitïol i'r addäwr allu torri ei addewid:** Rhaid bod yr hawlydd wedi cytuno i **hepgor** (*waive*) rhai o'i hawliau o dan y contract hwnnw (swm y ddyled sydd heb ei thalu, fel arfer). Rhaid iddo fod yn annheg hefyd i'r addäwr allu torri ei addewid. Mae hyn hefyd yn gymwys mewn sefyllfaoedd lle mae'r addawai wedi cael yr addewid drwy fanteisio ar estopel addewidiol (fel yn achos *D and C Builders v Rees (1966)*).

- **Mae'r athrawiaeth fel arfer yn ohiriedig:** Ystyr hyn yw bod cyfyngiad amser i'r addewid fel arfer (fel yn achos *High Trees House*, lle'r oedd y cytundeb i haneru'r rhent yn rhwymol nes byddai'r fflatiau yn llawn eto).

Nid yw cydnabyddiaeth yn y gorffennol yn gydnabyddiaeth

Ystyr hyn yw na all unrhyw gydnabyddiaeth ddod cyn y cytundeb; rhaid i'r gydnabyddiaeth ddod ar ei ôl. Er enghraifft, mae Callum yn rhoi lifft i Gabi i'r gwaith yn oi fan. Ar ôl cyrraedd, mae Gabi yn addo rhoi £10 i Callum i dalu am y tanwydd. All Callum ddim gorfodi'r addewid hwn gan fod ei gydnabyddiaeth, sef rhoi lifft i Gabi, yn y gorffennol.

Mae hon yn rheol 'synnwyr cyffredin', gan ei bod yn atal pobl rhag cael eu gorfodi i lunio contractau ar y sail bod nwyddau neu wasanaethau yn cael eu hanfon atyn nhw er nad ydyn nhw wedi eu harchebu. I bob pwrpas, addewid yw hwn nad yw'r ddau barti wedi cytuno iddo.

Re McArdle (1951)
Roedd y pleintydd wedi gwneud gwaith ar dŷ lle'r oedd gan ei frodyr a'i chwaer fuddiant llesiannol. Gofynnodd iddyn nhw gyfrannu at ei gostau wrth wneud y gwaith adnewyddu, ac fe wnaethon nhw gytuno. Cadarnhaodd y llysoedd nad oedd hi'n bosibl gorfodi'r cytundeb hwn, gan fod y gwaith wedi cael ei gwblhau cyn i unrhyw gytundeb gael ei lunio i'w dalu. Nid oedd yr addewid i dalu wedi'i gefnogi gan unrhyw gydnabyddiaeth. Roedd y gwaith felly yn gydnabyddiaeth 'yn y gorffennol', ac nid oedd yn ddilys.

TERMAU ALLWEDDOL

preifatrwydd contract: athrawiaeth sy'n caniatáu i'r partïon siwio ei gilydd, ond nid yw'n caniatáu i drydydd parti siwio.

Preifatrwydd contract

Y rheol sylfaenol yw na all contract roi hawliau neu osod rhwymedigaethau sy'n deillio ohono ar unrhyw unigolyn neu asiant ac eithrio'r partïon sy'n rhan ohono. Golyga hyn mai partïon y contract yn unig ddylai allu siwio neu orfodi eu hawliau. Yr enw ar hyn yw **preifatrwydd contract** (*privity of contract*).

Tweddle v Atkinson (1861)
Lluniodd tad a thad-yng-nghyfraith gontract i roi swm o arian i'r pleintydd. Gan fod y contract wedi'i lunio rhwng y tad a'r tad-yng-nghyfraith, nid oedd y pleintydd yn gallu gorfodi'r contract, er y byddai'n cael budd o'r arian.

Gall y rheol hon adael partïon heb rwymedïau, felly dros y blynyddoedd mae'r llysoedd wedi datblygu eithriadau yng nghyfraith gwlad a statudau i alluogi trydydd partïon i gael hawliau i gontract. Bellach, does dim llawer o ddefnydd o'r rheol preifatrwydd.

Deddf Contractau (Hawliau Trydydd Partïon) 1999

Mae'r Ddeddf hon yn galluogi trydydd partïon i orfodi hawliau o dan gontract, os cafodd y contract ei lunio ar ôl 11 Mai 2000. Mae **adran 1** y Ddeddf yn caniatáu trydydd parti i orfodi telerau contract mewn un o ddwy sefyllfa:

YMESTYN A HERIO

Ymchwiliwch i achos *BBC v HarperCollins (2010)* oedd yn ymwneud â 'The Stig' o raglen deledu *Top Gear*. Roedd The Stig eisiau cyhoeddi hunangofiant, ond roedd contract yn golygu bod rhaid iddo gadw ei hunaniaeth yn gyfrinach. Pam cafodd The Stig ganiatâd i gyhoeddi hunangofiant?

- *adran 1(1)(a)*: os cyfeirir yn benodol yn y contract at y trydydd parti fel rhywun sydd ag awdurdod i orfodi'r telerau; neu
- *adran 1(1)(b)*: os yw'r contract yn honni ei fod yn rhoi budd iddyn nhw.

Mae *adran 1(2)* y Ddeddf yn cynnwys eithriad i'r ail sefyllfa: sef na all y trydydd parti orfodi ei hawliau 'os yw'n ymddangos nad oedd y partïon yn bwriadu i'r telerau gael eu gorfodi gan y trydydd parti'.

Nisshin Shipping v Cleaves (2003)
*Cwmni o froceriaid oedd Cleaves. Nhw oedd yn trafod telerau i berchenogion llongau fenthyca eu llongau i siartrwyr. Er nad oedd Cleaves yn barti yn unrhyw un o'r contractau, roedd y siartrwyr wedi cytuno i dalu comisiwn i Cleaves. Cadarnhaodd y llys, o dan Ddeddf 1999, fod cymalau'r contract **yn honni rhoi budd** i'r broceriaid, ac felly roedd rhagdybiaeth bod bwriad i'r telerau hynny gael eu gorfodi.*

Eithriadau statudol eraill

Mae eithriadau statudol eraill wedi datblygu dros y blynyddoedd a gellir eu defnyddio fel dewis arall i Ddeddf 1999, er bod Deddf 1999 yn ymdrin â'r rhan fwyaf o sefyllfaoedd.

GWELLA GRADD

Edrychwch ar achos *Jackson v Horizon Holidays Ltd (1975)*, lle dyfarnodd yr Arglwydd Denning fod gan y pleintydd hawl i iawndal ar ôl i wyliau fynd o chwith, nid yn unig iddo'i hun ond ar gyfer ei deulu hefyd, gan iddo lunio'r contract er eu budd nhw yn ogystal.

- Mae *Deddf Eiddo Gwragedd Priod 1882* yn galluogi'r buddiolwr (*beneficiary*) i gael yswiriant bywyd er mwyn gorfodi'r telerau, er nad ydyn nhw'n bartïon i'r contract.
- Mae *Deddf Traffig y Ffyrdd 1988* yn ei gwneud hi'n ofynnol i bob gyrrwr drefnu yswiriant atebolrwydd trydydd parti.
- Mae *Deddf Cyfraith Eiddo 1925* yn mynnu nad yw preifatrwydd contract yn gymwys i gyfamodau cyfyngu (*restrictive covenants*) sy'n ymwneud â thir.

Eithriadau yng nghyfraith gwlad

Mae rhai eithriadau yng nghyfraith gwlad i reol gyffredinol preifatrwydd hefyd, sydd wedi'u datblygu er hwylustod a hyblygrwydd.

Contractau cyfochrog

Contract rhwng un parti a dau arall yw hwn. Dim ond pan mae bwriad i lunio contract cyfochrog y bydd y llys yn ystyried bod contract cyfochrog rhwng y ddau barti arall yn osgoi'r rheol preifatrwydd.

Shanklin Pier v Detel Products Ltd (1951)
Roedd y pleintyddion wedi cyflogi contractwyr i baentio eu pier. Roedden nhw wedi dweud wrth y contractwyr i brynu paent oedd wedi'i wneud gan y diffynyddion, a dywedon nhw y byddai'r paent yn para am saith mlynedd. Wnaeth y paent ddim para am fwy na thri mis. Penderfynodd y llys y gallai'r pleintyddion siwio'r diffynyddion ar gontract cyfochrog. Roedden nhw wedi darparu cydnabyddiaeth am addewid y diffynyddion drwy wneud cytundeb gyda'r contractwyr, a arweiniodd at brynu paent y diffynyddion.

Asiantaeth

Mae hyn yn cyfeirio at sefyllfa lle mae rhywun wedi llunio contract ar ran rhywun arall. Gall yr **asiant** ymrwymo i gontract ar ran ei **benadur (*principal*)** gyda **thrydydd parti**, a thrwy hynny ymrwymo'r trydydd parti i berthynas gontract.

Scruttons Ltd v Midland Silicones (1962)
Roedd contract (o'r enw bil llwytho) yn cyfyngu ar atebolrwydd cwmni llongau i $500 y pecyn. Roedd y diffynnydd yn gwmni dociau oedd yn dadlwytho a llwytho llongau yn y dociau. Roedd wedi ymrwymo i gontract gyda'r cwmni llongau i ddadlwytho nwyddau'r pleintydd ar y sail eu bod wedi'u cynnwys yng nghymal eithrio'r bil llwytho. Nid oedd y pleintyddion yn gwybod am y contract rhwng y cwmni llongau a'r llwythwyr. Oherwydd esgeulustod y llwythwyr, cafodd y cargo ei ddifrodi. Pan gafodd y llwythwyr eu siwio, fe wnaethon nhw bledio'r cymal cyfyngu yn y bil llwytho. Cadarnhaodd Tŷ'r Arglwyddi na allai'r llwythwyr ddibynnu ar y cymal gan nad oedd preifatrwydd contract rhwng y pleintyddion a'r diffynyddion.

Ymddiriedolaethau

Ymddiriedolaeth yw rhwymedigaeth ecwitïol i ddal eiddo ar ran rhywun arall.

Les Affréteurs Réunis v Leopold Walford (1919)
Roedd brocer (C) wedi trafod telerau parti siarter ac roedd y perchennog llongau (A) wedi addo i'r siartrwr (B) y byddai'n talu comisiwn i'r brocer. Cadarnhawyd bod B yn ymddiried yr addewid hwn i C, ac felly gallai ei orfodi yn erbyn A.

Preifatrwydd contract: Gwerthusiad

Manteision

✓ **Ewyllys rydd**: Dylai partïon fod yn rhydd i ymrwymo i gontractau gyda phwy bynnag maen nhw'n ddymuno, a dylen nhw gael hawliau a rhwymedigaethau dim ond pan fyddan nhw'n cytuno i ddod yn rhan o gontract.

✓ **Annheg**: Mae'n annheg caniatáu i barti siwio os na ellir siwio'r parti hwnnw ei hun.

✓ **Cyfyngol**: Mae rheol preifatrwydd yn cyfyngu ar hawliau'r partïon i addasu neu derfynu'r contract.

✓ **Atebolrwydd amhenodol**: Mae'r eithriadau, yn enwedig *Deddf Contractau (Hawliau Trydydd Partïon) 1999*, yn golygu y gallai contractwyr fod ag atebolrwydd amhenodol i nifer anghyfyngedig o drydydd partïon.

Anfanteision

✗ **Cyfreitha estynedig**: Gallai rheol preifatrwydd arwain at gyfres o hawliadau contract.

✗ **Bwriad y partïon**: Nid yw rheol preifatrwydd o anghenraid yn adlewyrchu bwriad y partïon, gan y bydden nhw o bosibl yn dymuno i drydydd parti gael hawliau a rhwymedigaethau.

✗ **Nifer o eithriadau**: Mae'r nifer helaeth o eithriadau statudol a chyfraith gwlad yn gwneud hwn yn faes cyfreithiol cymhleth.

Crynodeb: Gofynion Hanfodol Contract

▶ Rhaid gwahaniaethu rhwng **cynnig** a **gwahoddiad i drafod**

▶ Rhaid **cyfleu'r** cynnig

▶ Rhaid i delerau'r cynnig fod yn **bendant**

▶ Gellir **tynnu cynnig yn ôl** ar unrhyw adeg cyn iddo gael ei dderbyn
  - Rhaid i'r cynigiwr **gyfleu i'r cynigai fod y cynnig wedi'i dynnu'n ôl**
  - Gall **trydydd parti** dibynadwy gyfleu'r ffaith bod cynnig wedi ei dynnu'n ôl

▶ Gall cynnig gael ei **derfynu** drwy un o'r canlynol:
  - Derbyn
  - Gwrthod
  - Dirymu
  - Marwolaeth
  - Gwrthgynnig
  - Amser yn mynd heibio
  - Methiant yr amodau

▶ Rhaid **derbyn** yn ddiamod

▶ Rhaid **cyfleu'r** derbyn i'r cynigiwr

▶ Rhaid i'r cynigai fod yn gwybod am **fodolaeth** y cynnig

▶ Rhaid i **unigolyn sydd wedi'i awdurdodi** gyfleu'r derbyn

▶ Gellir derbyn contract **mewn unrhyw ffurf** oni bai fod gofyniad i hynny fod ar ffurf benodol

▶ **Cyfathrebu ar unwaith**: mae'r derbyniad yn ddilys **unwaith y caiff ei dderbyn**

▶ **Y rheol postio**: Bydd y derbyn yn dod yn ddilys pan fydd y **llythyr yn cael ei bostio**

▶ **Bwriad i greu cysylltiadau cyfreithiol:**
  - **Cytundebau cymdeithasol a domestig: Nid oes** rhagdybiaeth o fwriad i greu cysylltiadau cyfreithiol, ond gellir gwrthbrofi hyn os oes arian yn rhan o'r trafod
  - **Trefniadau masnachol a busnes: Mae** rhagdybiaeth o fwriad i greu cysylltiadau cyfreithiol

▶ Rhaid i'r ddau barti yn y contract roi **cydnabyddiaeth** os ydyn nhw'n dymuno siwio ar y contract

▶ Rhaid i gydnabyddiaeth fod yn **ddigonol**, ond nid oes rhaid iddi fod yn **llawnddigonol**

▶ Rhaid i gydnabyddiaeth **symud oddi wrth yr unigolyn** y gwneir yr addewid iddo

▶ Nid yw dyletswydd contract sy'n bodoli'n barod yn yn gyfystyr â chydnabyddiaeth

▶ Nid yw rhan-daliad o ddyled yn gydnabyddiaeth

▶ Nid yw cydnabyddiaeth yn y gorffennol yn gydnabyddiaeth

▶ **Preifatrwydd contract:** Y syniad mai'r partïon i'r contract yn unig sydd â hawliau o dan y contract: *Tweddle v Atkinson (1861)*, *BBC v HarperCollins (2010)*

▶ Mae *Deddf Contractau (Hawliau Trydydd Partïon) 1999* yn galluogi trydydd partïon i orfodi hawliau o dan gontract: *Nisshin Shipping v Cleaves (2003)*

▶ Eithriadau statudol eraill yw *Deddf Eiddo Gwragedd Priod 1882, Deddf Traffig y Ffyrdd 1988, Deddf Cyfraith Eiddo 1925*

▶ **Eithriadau yng nghyfraith gwlad:**
  - **Contractau cyfochrog:** *Shanklin Pier v Detel Products Ltd (1951)*
  - **Asiantaeth:** *Scruttons Ltd v Midland Silicones (1962)*
  - **Ymddiriedolaethau:** *Les Affréteurs Réunis v Leopold Walford (1919)*

▶ **Manteision**
  - Ewyllys rydd
  - Annheg
  - Cyfyngol
  - Atebolrwydd amhenodol

▶ **Anfanteision**
  - Cyfreitha estynedig
  - Bwriad y partïon
  - Nifer o eithriadau

Rhyddhau contract

Adran y fanyleb	Cynnwys allweddol	Amcanion Asesu	Ble mae'r pwnc hwn yn ymddangos yn y fanyleb/arholiadau?
CBAC U2 3.10: Rhyddhau contractau, gan gynnwys tor-contract, cyflawni a llesteirio	• Rhyddhau drwy gytundeb: cytundebau dwyochrog, cytundebau unochrog • Rhyddhau drwy dor-contract: achos gwirioneddol o dor-contract, tor-contract rhagddyfalus • Rhyddhau drwy lesteirio: amhosibilrwydd, anghyfreithlondeb, masnachol, newid radical mewn amgylchiadau • Rhyddhau drwy gyflawni: gan gynnwys cyflawni rhwymedigaeth gyfan, cyflawni'n rhannol, y contract fel cyfres o rwymedigaethau cyfan, cyflawni rhwymedigaethau'n sylweddol, methu bodloni safon cyflawni llym a methu cyrraedd safon gofal rhesymol	**AA1** Dangos gwybodaeth a dealltwriaeth o reolau ac egwyddorion cyfreithiol **AA2** Cymhwyso rheolau ac egwyddorion cyfreithiol at senarios penodol er mwyn cyflwyno dadl gyfreithiol gan ddefnyddio terminoleg gyfreithiol briodol **AA3** Dadansoddi a gwerthuso rheolau, egwyddorion, cysyniadau a materion cyfreithiol	**CBAC U2:** Uned 3 **CBAC U2:** Uned 4

Y ffordd fwyaf amlwg o ryddhau contract yw pan fydd yr holl bartïon wedi cyflawni eu rhwymedigaethau. Ond mae yna ffyrdd eraill o ryddhau contract.

RHYDDHAU CONTRACT			
CYFLAWNI	TOR-CONTRACT	CYTUNDEB	TOR-CONTRACT

Rhyddhau drwy gytundeb

Dyma lle bydd y partïon yn cytuno i derfynu contract, fel bod un o'r partïon neu'r ddau ohonyn nhw yn cael eu rhyddhau o'u rhwymedigaethau. Mae dau fath o ryddhau drwy gytundeb.

Rhyddhau dwyochrog

Mae tybiaeth y bydd y ddau barti yn cael budd newydd ond gwahanol o gytundeb newydd.

Rhyddhau unochrog

Un parti yn unig fydd yn cael budd, felly mae'n ceisio argyhoeddi'r parti arall i'w ryddhau o'r rhwymedigaethau sy'n codi o dan y cytundeb gwreiddiol.

Rhyddhau drwy dor-contract

Lle bydd parti yn methu cyflawni rhwymedigaeth, yn cyflawni rhwymedigaeth yn ddiffygiol neu'n awgrymu ymlaen llaw na fydd yn cyflawni rhwymedigaeth a gytunwyd fel rhan o'r contract. Mae dau fath o ryddhau drwy dor-contract.

Tor-contract gwirioneddol

Nid yw parti mewn contract yn cyflawni ei rwymedigaethau o dan y contract o gwbl.

Tor-contract rhagddyfalus

Lle mae parti mewn contract yn rhoi gwybod o flaen llaw na fydd yn cyflawni ei rwymedigaethau fel y cytunwyd.

Rhyddhau drwy gyflawni

Mae'r holl rwymedigathau o dan y contract wedi'u cyflawni, a dylai'r rhwymedigaethau gyfateb yn union i ofynion y contract. Os yw contract yn gofyn am gael ei gyflawni'n llawn, a bod parti yn methu cyflawni'r contract yn ei gyfanrwydd, daeth achos *Cutter v Powell (1795)* i'r casgliad nad oes ganddo'r hawl i unrhyw beth o dan y contract gan y parti arall.

Mae ffyrdd o gyfyngu ar y rheol hon.

Cyflawniad sylweddol

Os yw parti wedi gwneud y rhan fwyaf sylweddol o'r hyn roedd ei angen o dan y contract, gellir defnyddio athrawiaeth 'cyflawniad sylweddol'. Gall y parti adennill y swm sy'n briodol i'r hyn sydd wedi'i wneud o dan y contract.

Contract toradwy

Mae'n bosibl torri contract pan fydd taliadau'n ddyledus ar wahanol gamau o'r cyflawni, yn hytrach nag mewn un swm mawr pan fydd y contract wedi'i gyflawni'n llawn; er enghraifft, pan fydd gwaith adeiladu mawr yn digwydd. Yn yr achosion hyn, gellir hawlio'r pris ar gyfer pob cam ar ôl cwblhau'r cam hwnnw.

Derbyn cyflawniad rhannol

Lle mae un o'r partïon wedi cyflawni rhywfaint o'r contract, ond nid yn llawn, ac os yw'r ochr arall yn barod i dderbyn y rhan a gyflawnwyd, yna ni fydd y rheolau llym sydd yn achos *Cutter v Powell (1795)* yn gymwys. Un enghraifft fyddai gwasanaeth sydd heb gael ei gyflawni'n llawn, neu pan fydd hanner y nwyddau yn cael eu danfon yn unig.

Atal cyflawni

Os yw'r parti arall yn atal parti rhag cyflawni ei rwymedigaethau oherwydd rhyw weithred neu anwaith (*omission*), ni all y rheol yn *Cutter v Powell (1795)* fod yn gymwys.

Rhyddhau drwy lesteirio

Dyma lle bydd rhywbeth yn digwydd, heb fod bai ar y partïon, sy'n golygu nad yw'n bosibl cyflawni'r contract. Dywedir bod y contract wedi'i lesteirio (*frustration*).

Taylor v Caldwell (1863)
Methodd yr achos oherwydd ei bod hi'n amhosibl cyflawni'r contract, gan fod yr adeilad lle'r oedd cyngerdd i fod i gael ei gynnal wedi'i ddifrodi gan dân.

Mae llesteirio fel arfer yn digwydd mewn tri prif fath o amgylchiadau.

Amhosibilrwydd

Mae'n amhosibl cyflawni'r contract. Gall hyn fod oherwydd bod rhywbeth sy'n hanfodol i gyflawni'r contract wedi'i ddinistrio: marwolaeth y naill barti neu'r llall, y rhannau heb fod ar gael, neu oherwydd bod y dull o'i gyflawni yn amhosibl.

Anghyfreithlondeb

Lle bydd newid yn y gyfraith ar ôl i'r contract gael ei lunio yn golygu ei fod yn anghyfreithlon ei gyflawni. Gall hyn ddigwydd yn aml adeg rhyfel, pan all cyfreithiau newid yn gyflym heb rybudd.

Oferedd masnachol

Mae diben masnachol y contract wedi diflannu o ganlyniad i ddigwyddiad sy'n ymyrryd. Mae hyn weithiau'n cael ei alw'n 'ddibwynt'.

Mae **Deddf Diwygio'r Gyfraith (Contractau dan Lestair) 1943** yn amlinellu'r canlyniadau cyfreithiol pan fydd contract wedi'i lesteirio. **Mae Adran 1(2)** yn nodi:

'bydd yn bosibl iddo adennill yr holl symiau a dalwyd neu sydd i'w talu i unrhyw barti yn unol â'r contract cyn yr amser pan gafodd y partïon eu rhyddhau, yn achos y symiau sydd i'w talu. Mae hyn gan fod yr arian a dderbyniodd yn peidio â bod yn daladwy'.

Ystyr hyn yw y gall rhywun adennill arian a dalwyd fel rhan o gontract cyn y digwyddiad a wnaeth ei lesteirio. Mae **adran 1(3)** yn nodi:

'lle bydd unrhyw barti i'r contract wedi cael budd gwerthfawr (ac eithrio taliad ariannol) cyn adeg rhyddhau, gall y parti arall adennill swm oddi wrtho sydd ddim yn fwy na gwerth y budd hwn'.

Yn ôl hwn felly, os bydd parti wedi cael budd gwerthfawr (ac eithrio arian), mae'n bosibl gorchymyn y parti sy'n derbyn y budd i dalu swm teg yn gyfnewid am y budd.

YMESTYN A HERIO

Ymchwiliwch i'r achosion allweddol hyn sy'n ymwneud â rhyddhau drwy lesteirio.
- *Robinson v Davidson (1871)*
- *Nickoll and Knight v Ashton Edridge & Company (1901)*
- *Pioneer Shipping Ltd v BTP Tioxide Ltd (1981)*
- *Metropolitan Water Board v Dick Kerr & Company Ltd (1918)*
- *Krell v Henry (1903)*
- *Herne Bay Steamboat Company v Hutton (1903)*

Crynodeb: Rhyddhau contract

▶ **Rhyddhau drwy gytundeb:** mae'r partïon yn cytuno i derfynu contract

  • **Rhyddhau dwyochrog:** Mae'r partïon yn cael budd gwahanol o gytundeb newydd

  • **Rhyddhau unochrog:** Un parti yn unig sy'n cael budd

▶ **Rhyddhau drwy dor-contract:** Mae parti yn methu cyflawni rhwymedigaeth neu mae'n gwneud hynny mewn ffordd ddiffygiol

  • **Tor-contract gwirioneddol:** Nid yw parti yn cyflawni ei rwymedigaethau o gwbl: *Platform Funding Ltd v Bank of Scotland plc (2008)*, *Pilbrow v Pearless de Rougemont & Company (1999)*, *Modahl v British Athletic Federation Ltd (1999)*, *Abramova v Oxford Institute of Legal Practice (2011)*

  • **Tor-contract rhagddyfalus:** Mae parti yn rhoi gwybod ymlaen llaw na fydd yn cyflawni ei rwymedigaethau: *Frost v Knight (1872)*, *Avery v Bowden (1855)*, *Fercometal SARL v Mediterranean Shipping Company (1989)*, *White and Carter Ltd v McGregor (1962)*

▶ **Rhyddhau drwy gyflawni:** Mae holl rwymedigaethau'r contract wedi'u cyflawni: *Cutter v Powell (1795)*

▶ **Cyflawniad sylweddol:** Os yw parti wedi cyflawni'r rhan fwyaf sylweddol o'r hyn oedd yn ofynnol o dan y contract: *Dakin & Company v Lee (1916)*, *Hoeing v Isaacs (1952)*, *Bolton v Mahadeva (1972)*

▶ **Contractau toradwy:** Taliad yn ddyledus ar y gwahanol gamau o gyflawni'r contract

▶ **Derbyn cyflawniad rhannol:** Mae un o'r partïon wedi cyflawni'r contract ond nid yn llwyr; ond mae'r parti arall yn fodlon derbyn hyn: *Sumpter v Hedges (1898)*

▶ **Atal cyflawni:** Mae un parti yn atal y llall rhag cyflawni ei rwymedigaethau: *Planche v Colburn (1831)*, *Startup v Macdonald (1843)*

▶ **Rhyddhau drwy lesteirio:** Daw'n amhosibl cyflawni'r contract: *Taylor v Caldwell (1863)*

▶ Tri rheswm dros lesteirio:
  • Amhosibilrwydd   • Anghyfreithlondeb   • Oferedd masnachol

▶ Mae **Deddf Diwygio'r Gyfraith (Contractau dan Lestair) 1943** yn amlinellu'r canlyniadau cyfreithiol pan fydd contract wedi'i lesteirio

Rhwymedïau: Contract

Adran y fanyleb	Cynnwys allweddol	Amcanion Asesu	Ble mae'r pwnc hwn yn ymddangos yn y fanyleb/arholiadau?
CBAC UG/U2 **3.11** Rhwymedïau gan gynnwys iawndal a rhwymedïau ecwitïol	• Rhwymedi iawndal cyfraith gwlad/cyfraith gyffredin: iawndal cydadferol, profion achosiaeth, pellenigrwydd difrod, lliniaru colledion • Rhwymedïau ecwitïol: dadwneuthuriad, cyflawniad llythrennol, cywiro dogfen, gwaharddebion	**AA1** Dangos gwybodaeth a dealltwriaeth o reolau ac egwyddorion cyfreithiol **AA2** Cymhwyso rheolau ac egwyddorion cyfreithiol at senarios penodol er mwyn cyflwyno dadl gyfreithiol gan ddefnyddio terminoleg gyfreithiol briodol **AA3** Dadansoddi a gwerthuso rheolau, egwyddorion, cysyniadau a materion cyfreithiol	**CBAC UG/U2:** Uned 3; Uned 4

Rhwymedi yw'r 'datrysiad' mewn achos sifil; mae'r llys yn ei ddyfarnu i'r parti diniwed. Mae angen ystyried dau fath o rwymedi:

1. Rhwymedi iawndal cyfraith gwlad/cyfraith gyffredin
2. Rhwymedïau **ecwitïol**.

1. Rhwymedi iawndal cyfraith gwlad/ cyfraith gyffredin

Mae rhwymedi iawndal cyfraith gwlad ar gael 'fel hawl' os sefydlir bod tor-contract wedi digwydd. Yng nghyfraith contract, mae iawndal yn daliad ariannol i ddigolledu'r sawl a niweidiwyd yn ariannol. Diben iawndal mewn cyfraith contract yw rhoi'r dioddefwr, cyn belled ag sy'n bosibl ac i'r graddau y mae'r gyfraith yn caniatáu, yn yr un sefyllfa ag y byddai wedi bod ynddo pe bai'r contract heb gael ei dorri, ond yn hytrach wedi cael ei gyflawni yn y modd ac ar yr amser a fwriadwyd gan y partïon.

Pan fydd contract yn cael ei dorri, gall parti ddioddef colled **ariannol** neu **anariannol.**

Colledion ariannol
Dyma'r colledion ariannol sy'n digwydd o ganlyniad i dor-contract.

Colledion anariannol
Dyma'r colledion eraill, fel straen meddyliol, siom, brifo teimladau neu gywilydd. Yn draddodiadol, nid yw'r rhain wedi cael eu digolledu o fewn cyfraith contract (yn wahanol i gyfraith camwedd). Ond yn ddiweddar, mae'r rheol hon wedi cael ei llacio yn achos contractau sy'n rhai penodol ar gyfer pleser, ymlacio a thawelwch meddwl.

Cyfyngiadau ar ddyfarnu iawndal
Profion achosiaeth
Bydd rhywun yn atebol dim ond i golledion a **achoswyd** gan eu tor-contract. Rhaid i dor-contract y diffynnydd fod yn weithred **effeithiol** ac ymyrrol (*intervening*) rhwng y tor-contract a'r golled a gafodd ei hachosi, er mwyn torri'r gadwyn achosiaeth (fel yn achos *Quinn v Burch Brothers (Builders) Ltd (1966)*).

Pellenigrwydd

Mae rhai colledion yn cael eu hystyried yn rhy bellennig (hynny yw, pell i ffwrdd) oddi wrth y tor-contract i ddisgwyl cael eu digolledu gan y diffynnydd. Bydd diffynnydd yn atebol dim ond i golledion y byddai modd 'yn rhesymol eu rhagweld' yn sgil y tor-contract. Dangoswyd hyn yn achos *Hadley v Baxendale (1854)* ac yn ddiweddarach yn *Transfield Shipping v Mercator Shipping [The Achilleas] (2008)*.

Lliniaru colled

Mae dyletswydd ar hawlwyr i liniaru eu colled; chawn nhw ddim adennill iawndal am golledion y byddai wedi bod yn bosibl eu hosgoi petaen nhw wedi cymryd camau rhesymol. Er enghraifft, yn achos *Pilkington v Wood (1953)*, siwiodd yr hawlydd (pleintydd) ei gyfreithiwr trawsgludo am beidio â sylwi bod nam ar deitl ei dŷ, gan wneud y tŷ yn anodd ei werthu am y pris gwreiddiol. Ni all hawlwyr eistedd yn ôl a gadael i golledion gynyddu. Os oes rhywbeth y gallan nhw ei wneud i leihau'r effaith neu'r golled, ac mae camau rhesymol y gallan nhw eu cymryd, yna maen nhw dan rwymedigaeth i wneud hynny.

Cyfrifo colled

Ar ôl sefydlu bod y diffynnydd yn atebol am y golled, rhaid i'r llys gyfrifo swm yr iawndal sy'n ddyledus gan y diffynnydd i'r hawlydd. Gall hawlwyr ddewis cyflwyno eu hawliad un ai ar sail **colled disgwyliad** neu am **golled ar sail dibyniaeth.** Mae cyflwyno hawliad ar sail colled disgwyliad yn fwy cyffredin; ni all hawlwyr hawlio am y ddau fath.

Colled disgwyliad

Os dyma sail yr hawliad, bydd y llysoedd yn ceisio rhoi'r hawlydd yn y sefyllfa roedd ynddi cyn y tor-contract. Byddai'r hawlydd wedi disgwyl canlyniad penodol yn sgil y contract, felly bydd yr iawndal yn ei ddigolledu am golled y disgwyliad hwn, fel yn *Golden Victory (2007)*.

Gall y ffyrdd o fesur colled disgwyliad gynnwys y canlynol:

1. Y gwahaniaeth mewn gwerth rhwng y nwyddau neu'r gwasanaethau o'r ansawdd a nodwyd yn y contract, a'r nwyddau a ddarparwyd mewn gwirionedd os yw eu gwerth yn is.

2. Y gwahaniaeth rhwng pris y contract a'r pris a gafwyd mewn 'marchnad sydd ar gael' (fel ar gyfer car, yn *Charter v Sullivan (1957)*).

3. Colli elw.

4. Colli cyfle, fel cyfle i gael cyflogaeth er enghraifft, fel yn achos *Chaplin v Hicks (1911)*.

Colled ar sail dibyniaeth

Os dyma'r sail ar gyfer cyfrifo iawndal, bydd y llysoedd yn ceisio rhoi'r hawlydd yn y sefyllfa roedd ynddi cyn gwneud y contract, fel yn *Anglia Television Ltd v Reed (1972)*.

Rhwymedïau ecwitïol

Yn wahanol i rwymedïau cyfraith gwlad, sy'n cael eu hystyried 'yn hawl', mae rhwymedïau ecwitïol yn ddewisol.

Mewn achosion lle nad yw rhwymedïau cyfraith gwlad yn ddigonol i ddigolledu'r hawlydd, mae rhwymedïau ecwitïol ar gael yn lle hynny. Maen nhw'n cael eu darparu ar ddisgresiwn y llys, ac yn rhoi ystyriaeth i ymddygiad y ddau barti yn ogystal â chyflawnder cyffredinol yr achos.

Mae pedwar prif fath o rwymedi ecwitïol:

- gwaharddeb
- cyflawniad llythrennol
- dadwneuthuriad
- cywiro.

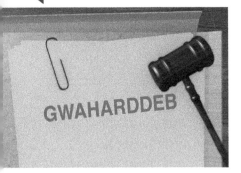

Gwaharddeb

Fel arfer, mae gwaharddeb yn gorfodi'r diffynnydd i beidio â gwneud rhywbeth penodol (yr enw ar hyn yw **gwaharddeb waharddiadol)**. Yn *Warner Brothers Pictures Inc v Nelson (1937)*, cafodd actores ei hatal yn y lle cyntaf rhag gweithio i unrhyw gwmni ac eithrio Warner Brothers am ddwy flynedd. Ond yn y pen draw cafodd ganiatâd i gymryd gwaith arall heblaw actio. Fodd bynnag, os oes gweithred eisoes wedi digwydd, gall y llys orchymyn **gorfodeb** sy'n gorfodi'r parti i wneud rhywbeth. Fel arfer, byddai hyn yn orchymyn i'r diffynnydd gymryd camau i adfer y sefyllfa, er mwyn ei gwneud yr un fath â'r hyn oedd cyn i'r diffynnydd dorri'r contract.

Cyflawniad llythrennol

Mae gorchymyn cyflawniad llythrennol yn gorfodi un ochr y contract i gyflawni ei rwymedigaethau. Anaml iawn y bydd y rhwymedi hwn yn cael ei ddyfarnu, a hynny mewn achosion lle byddai iawndal yn unig yn annigonol (*Beswick v Beswick (1968)*), lle mae'r contract wedi'i wneud yn deg (*Walters v Morgan (1861)*), a lle na fyddai dyfarnu cyflawniad llythrennol yn achosi caledi mawr nac annhegwch i'r diffynnydd (*Patel v Ali (1984)*). Mae hyn yn cefnogi natur ecwitïol cyflawniad llythrennol fel rhwymedi.

Dadwneuthuriad

Mae'r rhwymedi hwn yn gosod y partïon yn ôl yn y sefyllfa roedden nhw ynddi cyn y contract. Os nad yw hyn yn bosibl, ni fydd dadwneuthuriad yn cael ei ganiatáu. Mae'n cael ei ganiatáu yn bennaf fel rhwymedi mewn achosion camliwio. Y term am hyn yw *restitutio in integrum*. Yr achos mwyaf adnabyddus yw *Clarke v Dickson (1858)*.

Cywiro

Rhwymedi ecwitïol sy'n ei gwneud yn bosibl i newid dogfen ysgrifenedig er mwyn cywiro camgymeriad. Bydd yn cael ei ddyfarnu pan fydd cytundeb ysgrifenedig yn gwrth-ddweud y cytundeb gwirioneddol a luniwyd gan y partïon. *Craddock Brothers Ltd v Hunt (1923)*.

Crynodeb: Rhwymedïau Contract

▶ **Rhwymedi iawndal cyfraith gwlad/cyfraith gyffredin:** 'fel hawl'

▶ **Iawndal ariannol:** Y nod yw rhoi'r dioddefwr, i'r graddau bod hynny'n bosibl a bod y gyfraith yn ei ganiatáu, yn yr un sefyllfa ag y byddai pe bai'r contract wedi'i gyflawni

▶ **Colledion ariannol:** Colledion ariannol o ganlyniad i'r tor-contract

▶ **Colledion anariannol:** Nid oedd y rhain yn arfer cael eu dyfarnu, yn draddodiadol. Ond bellach ar gael ar gyfer contractau sy'n ymwneud â phleser, ymlacio a thawelwch meddwl *Jarvis v Swans Tours Ltd (1973)*

▶ **Cyfyngiadau:**
  • Achosiaeth: *Quinn v Burch Bros (Builders) Ltd (1966)*
  • Pellenigrwydd: *Transfield Shipping v Mercator Shipping [The Achilleas] (2008)*
  • Dyletswydd i liniaru colled: *Pilkington v Wood (1953)*

▶ **Cyfrifo colled:**
  1. Colled disgwyliad: *Golden Victory (2007)*
  2. Colled ar sail dibyniaeth: *Anglia Television Ltd v Reed (1972)*

▶ **Mae rhwymedïau ecwitïol yn ddewisol:**
  1. Gwaharddebion   3. Dadwneuthuriad
  2. Cyflawniad llythrennol   4. Cywiro

Rheolau camwedd

Adran y fanyleb	Cynnwys allweddol	Amcanion Asesu	Ble mae'r pwnc hwn yn ymddangos yn y fanyleb/arholiadau?
CBAC UG 2.1: Rheolau a damcaniaeth cyfraith camwedd	• Tarddiad cyfraith camwedd; categorïau camwedd; damcaniaeth cyfraith camwedd • Diffinio 'camwedd' • Y cysyniad o atebolrwydd bai yn erbyn atebolrwydd caeth • Cyfiawnhau camwedd mewn modd economaidd; cyfiawnder cywirol • Cyfiawnder dialgar • Beirniadaethau mewn perthynas â'r system camwedd	**AA1** Dangos gwybodaeth a dealltwriaeth o reolau ac egwyddorion cyfreithiol **AA2** Cymhwyso rheolau ac egwyddorion cyfreithiol at senarios penodol er mwyn cyflwyno dadl gyfreithiol gan ddefnyddio terminoleg gyfreithiol briodol **AA3** Dadansoddi a gwerthuso rheolau, egwyddorion, cysyniadau a materion cyfreithiol	**CBAC UG:** Uned 2

Beth yw camwedd?

Camwedd yw achos o **dorri cyfraith sifil** gan unigolyn yn erbyn un arall. Mae sawl math o gamwedd yn ymwneud â sefyllfaoedd gwahanol, gan gynnwys hawliadau gan y canlynol:

- defnyddiwr ffordd sy'n cael ei anafu
- claf sy'n cael ei anafu gan feddyg esgeulus
- rhywun sydd wedi dioddef oherwydd gormod o sŵn
- rhywun sy'n cael anaf wrth ymweld ag adeilad neu eiddo
- rhywun enwog sy'n cael ei enllibio gan gylchgrawn
- tirfeddiannwr os yw pobl yn tresmasu ar ei dir.

Esgeuluster yw'r camwedd sy'n cael ei gysylltu'n fwyaf aml â'r maes hwn o'r gyfraith, ond mae sawl math arall o gamwedd.

Mae hawlydd mewn achos camwedd fel arfer yn ceisio rhyw fath o rwymedi. Mae hyn fel arfer ar ffurf iawndal (arian) sy'n cael ei dalu gan y camweddwr er mwyn digolledu'r camwedd. Ond mae mathau eraill o rwymedi ar gael yn lle iawndal, neu yn ychwanegol ato, fel **gwaharddeb** er enghraifft.

Er mwyn ennill rhai achosion camwedd, rhaid i'r dioddefwr brofi bod y camwedd wedi achosi rhyw niwed; fodd bynnag, mae rhai mathau o gamweddau yn gyfreithadwy *per se* (ynddyn nhw eu hunain). Yn yr achosion hyn, yr unig beth mae'n rhaid i'r dioddefwr ei brofi yw bod y camwedd perthnasol wedi cael ei gyflawni, yn lle gorfod profi bod unrhyw ddifrod wedi'i wneud. Un enghraifft yw camwedd **tresmasu**, lle gall y tirfeddiannwr hawlio iawndal gan rywun sy'n tresmasu ar ei dir, er nad yw'r tresmaswr wedi gwneud unrhyw ddifrod.

GWELLA GRADD

'Tort' yw'r gair Ffrangeg am 'gamwedd', a'r enw ar gyfraith camwedd yn Saesneg yw 'Law of Tort'. Cyfeirir at berson sy'n cyflawni camwedd fel **camweddwr**.

TERMAU ALLWEDDOL

camwedd: camwedd sifil sy'n cael ei gyflawni gan unigolyn yn erbyn un arall, fel anaf a achosir drwy esgeuluster.
camweddwr: rhywun sydd wedi cyflawni camwedd.
rhwymedi: yr hyn mae'r hawlydd yn ei geisio er mwyn 'unioni'r cam a wnaed'.
tresmaswr: ymwelydd heb ganiatâd nac awdurdod i fod ar dir y meddiannydd.

Mae sawl damcaniaeth wahanol ynghylch pwrpas y rhwymedi yng nghyfraith camwedd. Ar un llaw, mae'n ymddangos bod cyfiawnder **cywirol** (neu **adferol**) yn cefnogi'r safbwynt mai pwrpas iawndal mewn cyfraith camwedd yw 'unioni'r cam a wnaed'. Mae'n gosod atebolrwydd sifil i roi pethau'n ôl fel roedden nhw, i'r graddau bod hynny'n bosibl.

Ar y llaw arall, gall **cyfiawnder dialgar,** sy'n cael ei gysylltu'n fwy aml â chyfraith trosedd, chwarae rhan hefyd. Mae'r ddamcaniaeth hon yn rhoi pwyslais ar gosbi, gyda'r bwriad o berswadio'r diffynnydd ac eraill i beidio â chamymddwyn yn y dyfodol. Yng nghyfraith camwedd, gallai gwybod bod modd i rywun gael ei siwio am weithred gamweddus fod yn ddigon i rwystro rhai, neu eu hannog i gymryd mwy o ofal wrth gyflawni rhai gweithredoedd. Ond arian yswiriant, yn hytrach na chynilion y diffynnydd, a ddefnyddir i dalu iawndal mewn llawer o achosion. Mae hynny'n golygu bod y gwerth o ran rhwystro camwedd yn llai, er bod pobl yn gwybod y gall prisiau yswiriant godi.

Y gwahaniaeth rhwng camwedd a throsedd

Mae camwedd yn weithred **cyfraith breifat** yn erbyn unigolyn (er enghraifft, esgeuluster neu niwsans), ond mae trosedd yn weithred **cyfraith gyhoeddus** yn erbyn y wladwriaeth (er enghraifft, lladrad, niwed corfforol difrifol, neu lofruddiaeth). Nod achosion camwedd yw **digolledu**'r dioddefwr am y niwed a achoswyd, ond nod erlyniad troseddol yw **cosbi'r** drwgweithredwr.

Mae rhai meysydd yn gorgyffwrdd; er enghraifft, gellid dadlau bod lefelau uchel o iawndal mewn achosion camwedd yn 'cosbi'r' diffynnydd, ac mae darpariaethau hefyd mewn cyfraith trosedd i'r drwgweithredwr ddigolledu'r dioddefwr yn ariannol. Mewn rhai meysydd, gall un digwyddiad arwain at erlyniad troseddol yn ogystal ag achos camwedd; er enghraifft, pan fydd dioddefwr yn cael anaf o ganlyniad i yrru peryglus rhywun arall.

Atebolrwydd ar sail bai ac atebolrwydd caeth

Yr egwyddor gyffredinol yw **nad oes atebolrwydd heb fai.** Mae atebolrwydd mewn cyfraith camwedd yn seiliedig ar y syniad bod bai ar y diffynnydd mewn rhyw ffordd. Mae ystyr eang i'r term 'bai' yng nghyfraith camwedd, ac mae'n cynnwys sefyllfaoedd fel **esgeuluster** (Ile mae ymddygiad diffynnydd o safon is na'r hyn sydd i'w ddisgwyl), achosi niwed yn fwriadol, a **thresmasu** (Ile mae'r diffynnydd yn tresmasu ar hawliau rhywun arall). Mae atebolrwydd ar sail bai yn atal pobl eraill gan eu bod yn gwybod, os penderfynir mai nhw sydd ar fai, y gallan nhw fod yn atebol i dalu iawndal.

Mae'n bosibl cyflawni rhai camweddau, o'r enw **camweddau atebolrwydd caeth,** heb fod unrhyw fai ar y diffynnydd o gwbl. Mae potensial i'r rhain fod yn annheg, gan y gall y diffynnydd fod yn atebol i dalu iawndal er na fyddai wedi gallu atal y niwed o bosibl. Mae achos *Rylands v Fletcher (1868)* yn enghraifft o gamwedd atebolrwydd caeth.

Mae troseddau atebolrwydd caeth hefyd yn bodoli mewn cyfraith trosedd, ac maen nhw'n mynd yn groes i ragdybiaeth *mens rea* sy'n ofynnol ar gyfer trosedd. Dewch o hyd i rai achosion sy'n enghreifftiau o hyn.

Cyfiawnhau cyfraith camwedd

- Mae'n ffordd o roi iawndal i'r dioddefwr am y difrod a gafodd ei achosi gan y drwgweithredwr. Mae'n rhoi'r unigolyn yn ôl yn y sefyllfa roedd ynddi (i'r graddau bod hynny'n bosibl) cyn i'r camwedd ddigwydd (cyfiawnder cywirol neu gyfiawnder adferol).

YMESTYN A HERIO

Mae gwahaniaethau rhwng cyfraith camwedd a chyfraith contract hefyd. Ymchwiliwch i'r gwahaniaethau hyn.

YMESTYN A HERIO

Ymchwiliwch i achos *Rylands v Fletcher (1868)* ac esboniwch pam ei fod yn arwyddocaol yng nghyfraith camwedd.

- Gall atal pobl rhag cyflawni gweithredoedd neu anwaith a allai niweidio eraill, os ydyn nhw'n gwybod y bydd rhaid iddyn nhw dalu iawndal o bosibl. Mae cyfraith camwedd yn ceisio gwneud i bobl a chwmnïau fod yn fwy gofalus o ran eu gweithredoedd neu anwaith ac, o ganlyniad, yn gwneud cymdeithas yn fwy diogel.

- Heb system gamwedd, ni fyddai pobl sy'n cael anafiadau yn gallu hawlio iawndal. Felly efallai bydden nhw'n gorfod hawlio budd-daliadau lles, a hynny ar gost i'r trethdalwyr.

- Mae cysyniad rheolaeth cyfraith yn cefnogi hyn. Er enghraifft, os yw hawlydd wedi'i gadw yn y ddalfa'n anghyfreithlon gan yr heddlu, gall ddwyn achos o garcharu ar gam yn eu herbyn.

- Er bod cyfraith camwedd yn seiliedig yn bennaf ar gyfiawnder cywirol, mae'n cynnwys elfennau o gyfiawnder dialgar. Er enghraifft, mewn rhai amgylchiadau, gall llys ddyfarnu iawndal i gosbi'r camweddwr ar ffurf iawndal esiamplaidd.

Beirniadaethau o gyfraith camwedd

- Mae rhai pobl o'r farn bod cyfraith camwedd yn creu 'diwylliant iawndal'.

- Mae achosion o esgeuluster yn erbyn cyrff y wladwriaeth fel y GIG (NHS) yn dal i gostio llawer o arian i drethdalwyr.

- Mae diffyg cydraddoldeb yn y system gamwedd. Mae'n bosibl na fydd gan lawer o hawlwyr posibl ddigon o arian i ddwyn achos o gamwedd, ac yn aml nid oes cymorth cyfreithiol ar gael ar gyfer achosion camwedd.

- Mae achosion camwedd atebolrwydd caeth, fel *Rylands v Fletcher (1868)*, wedi cael eu beirniadu am beidio â mynnu bai ar ran y camweddwr.

- Mae'n bosibl i'r system gael ei chamddefnyddio gan bobl sy'n cyflwyno hawliadau twyllodrus.

Crynodeb: Rheolau camwedd

▶ **Camwedd** yw achos o **dorri cyfraith sifil** (achos cyfraith breifat) sy'n cael ei gyflawni gan unigolyn yn erbyn un arall

▶ Nod achos camwedd yw **digolledu**'r dioddefwr am y niwed a gafodd ei achosi, nid **cosbi**'r drwgweithredwr

▶ Cyfeirir at rywun sy'n cyflawni camwedd fel **camweddwr**

▶ Mae hawlydd mewn achos camwedd fel arfer yn ceisio **rhwymedi** fel iawndal neu waharddeb

▶ Mae **cyfiawnder cywirol** neu **gyfiawnder adferol** yn cynnig dull sifil o roi pethau'n ôl fel roedden nhw, i'r graddau bod hynny'n bosibl

▶ Mae **cyfiawnder dialgar** yn fwy cyffredin mewn cyfraith trosedd, pan fydd y diffynnydd yn cael ei gosbi, ond gall fod yn gymwys i gamwedd, e.e. iawndal esiamplaidd

▶ **Atebolrwydd ar sail bai: Dim atebolrwydd heb fai**, e.e. esgeuluster neu dresmasu

▶ Gall **camweddau atebolrwydd caeth** gael eu cyflawni heb fod bai ar y diffynnydd: *Rylands v Fletcher (1868)*

▶ **Beirniadaethau o gyfraith camwedd:**
  - Gall greu diwylliant iawndal
  - Mae hawliadau yn erbyn cyrff y wladwriaeth yn costio'n ddrud i drethdalwyr
  - Dim ond pobl sy'n gallu fforddio gwneud hynny sy'n dwyn achosion gerbron
  - Does dim rhaid bod rhywun ar fai yn achos camwedd atebolrwydd caeth
  - Gall annog hawliadau twyllodrus

Atebolrwydd o ran esgeuluster

Cyfeirnod y fanyleb	Cynnwys allweddol	Amcanion Asesu	Ble mae'r pwnc hwn yn ymddangos yn y fanyleb/arholiadau?
CBAC UG **2.2:** Atebolrwydd o ran esgeuluster mewn perthynas ag anafiadau i bobl a difrod i eiddo	• Dyletswydd gofal: pobl a difrod i eiddo; egwyddor cymydog; prawf Caparo • Tor-dyletswydd: y dyn rhesymol; y safon gofal wrthrychol • Achosiaeth difrod: prawf 'pe na bai'; achosiaeth gyfreithiol; rhagweladwyaeth; effaith gweithred ymyrrol; pellenigrwydd difrod • Anaf seiciatrig: dioddefwyr cynradd ac eilaidd	**AA1** Dangos gwybodaeth a dealltwriaeth o reolau ac egwyddorion cyfreithiol **AA2** Cymhwyso rheolau ac egwyddorion cyfreithiol at senarios penodol er mwyn cyflwyno dadl gyfreithiol gan ddefnyddio terminoleg gyfreithiol briodol **AA3** Dadansoddi a gwerthuso rheolau, egwyddorion, cysyniadau a materion cyfreithiol	**CBAC UG:** Uned 2

Mae sawl math gwahanol o esgeuluster

Camwedd esgeuluster yw'r camwedd mwyaf cyffredin. Mae'n ymwneud ag amryw o sefyllfaoedd gwahanol, yn cynnwys esgeuluster meddygol, damweiniau traffig ar y ffordd, a gwaith diffygiol. Mae rhywun yn esgeulus os yw'n gweithredu'n ddi-ofal wrth ymdrin â rhywun arall, a bod ganddo rwymedigaeth gyfreithiol i weithredu'n ofalus, ac os yw'r esgeuluster yn achosi i'r unigolyn arall ddioddef unrhyw anaf neu golled.

Yn ei hanfod, mae esgeuluster yn amddiffyn rhag tri math gwahanol o niwed:

1. anaf personol   **2.** difrod i eiddo   **3.** colled economaidd.

Elfennau esgeuluster

Er mwyn i hawlydd lwyddo mewn achos esgeuluster yn erbyn diffynnydd, rhaid profi tair elfen:

1. Mae gan y diffynnydd **ddyletswydd gofal**.

2. Roedd y diffynnydd wedi **torri'r ddyletswydd gofal honno**.

3. Dioddefodd yr hawlydd **niwed** o ganlyniad i dorri'r ddyletswydd honno, ac nid oedd y niwed hwnnw **yn rhy bellennig**.

Elfen 1: Dyletswydd gofal

Dim ond os oes gan y diffynnydd ddyletswydd gofal tuag at berson y gall y person hwnnw hawlio rhwymedi am esgeuluster. Mae camwedd esgeuluster wedi datblygu drwy gyfraith achosion, ac un o'r dyfarniadau allweddol cyntaf ar y mater oedd achos *Donoghue v Stevenson (1932)*.

Donoghue v Stevenson (1932)
Prynodd ffrind Mrs Donoghue botel o bop iddi mewn caffi. Yfodd ychydig o'r ddiod, ond yna sylwodd ar falwen wedi pydru yn y botel. O ganlyniad, cafodd hi gastroenteritis. Doedd Mrs Donoghue ddim yn gallu siwio'r caffi gan nad hi oedd wedi prynu'r ddiod; felly, penderfynodd ddwyn achos yn erbyn gwneuthurwr y ddiod pop am beidio â sicrhau bod y poteli'n lân. Wrth benderfynu a oedd gan y gwneuthurwr ddyletswydd gofal tuag at Mrs Donoghue, sefydlodd Tŷ'r Arglwyddi **egwyddor y cymydog***. Dywedodd yr Arglwydd Atkin fod gan y gwneuthurwyr ddyletswydd gofal tuag at 'unrhyw un a allai gael ei effeithio gan eu gweithredoedd' (eu cymdogion). Felly, roedd arnyn nhw ddyletswydd gofal i Mrs Donoghue, a llwyddodd ei hawliad.*

Dywedodd yr Arglwydd Atkin: 'Rhaid i chi gymryd gofal rhesymol i osgoi gweithredoedd neu anwaith os gallwch chi ragweld yn rhesymol y bydden nhw'n debygol o anafu eich cymydog'. Diffiniodd ef y 'cymydog' fel 'unrhyw un fyddai'n cael ei effeithio mewn ffordd mor uniongyrchol gan eich gweithred nes y dylech chi yn rhesymol ei ystyried'.

Mae egwyddor y cymydog wedi cael ei defnyddio ers hynny mewn sefyllfaoedd fel y canlynol: cwmni trwsio llifftiau sydd â dyletswydd gofal tuag at unrhyw un sy'n defnyddio'r lifft; a chyfreithiwr sydd â dyletswydd gofal tuag at gleient sy'n dioddef yn ariannol gan iddo fod yn esgeulus wrth ddrafftio dogfen gyfreithiol.

Cafodd cysyniad sylfaenol egwyddor y cymydog ei ailddiffinio yn achos allweddol *Caparo Industries plc v Dickman (1990)*. Nawr mae'n cael ei alw'n **brawf Caparo** (neu'r **dull cynyddol**) ac ystyrir ei fod yn ehangach na phrawf y cymydog. Mae tair elfen i'r prawf. Rhaid dangos:

1. bod y difrod yn rhagweladwy
2. bod perthynas ddigon agos rhwng yr hawlydd a'r diffynnydd
3. ei bod yn **gyfiawn, yn deg ac yn rhesymol** gosod dyletswydd gofal.

Yn achos Caparo, awgrymodd yr Arglwydd Bridge hefyd y dylai cyfraith dyletswydd gofal ddatblygu ar **sail gynyddol** wrth i sefyllfaoedd newydd godi, yn hytrach na chymryd yn ganiataol ei bod yn bodoli ym mhob sefyllfa.

Nesaf, dewch i ni ystyried pob elfen o brawf Caparo yn eu tro.

1. Rhagweladwyaeth
Er mwyn i ddyletswydd gofal fodoli, rhaid bod modd rhagweld yn rhesymol y byddai difrod neu niwed yn cael ei achosi i'r diffynnydd penodol, neu i ddosbarth o bobl maen nhw'n perthyn iddo (yn hytrach na phobl yn gyffredinol).

Kent v Griffiths (2000)
Galwodd meddyg am ambiwlans i gludo claf oedd yn cael pwl o asthma difrifol i'r ysbyty ar unwaith. Methodd yr ambiwlans â chyrraedd o fewn amser rhesymol, a doedd dim rheswm da dros yr oedi. Cafodd y claf drawiad ar y galon fyddai heb ddigwydd pe bai'r ambiwlans wedi cyrraedd ar amser. Roedd y llys o'r farn ei bod yn 'rhesymol ragweladwy' y byddai'r hawlydd yn dioddef rhyw niwed yn sgil yr oedi hwn.

2. Agosrwydd
Mae 'agosrwydd' yn golygu bod yn agos o ran gofod neu'n gorfforol, yn agos o ran amser neu'n agos o ran perthynas. Mae'r prawf yn eithaf tebyg i brawf y 'cymydog'. Os nad yw'r berthynas rhwng yr hawlydd a'r diffynnydd yn ddigon agos, does dim disgwyl yn rhesymol y byddai'r diffynnydd wedi meddwl am yr hawlydd, gan nad yw'n debygol o gael ei effeithio gan weithredoedd neu anwaith y diffynnydd.

Yn achos *Hill v Chief Constable of West Yorkshire (1988)*, cyflwynodd teulu un o'r bobl a laddwyd gan y llofrudd cyfresol, y 'Yorkshire Ripper', hawliad am **esgeuluster** yn erbyn yr heddlu am fethu dal y llofrudd yn ddigon buan. Dadleuodd y teulu fod yr heddlu wedi esgeuluso ei ddyletswydd. Cadarnhaodd y llys nad oedd dyletswydd gofal, oherwydd na fyddai'n 'deg a rhesymol' i orfodi un ar yr heddlu am yr anwaith (*omission*) hwn.

rhagweladwy: digwyddiadau y dylai'r diffynnydd fod wedi gallu eu rhagweld yn digwydd.
perthynas ddigon agos: (yng nghyfraith camwedd) pa mor agos yw'r diffynnydd a'r dioddefwr yn gorfforol neu'n emosiynol.

Ymchwiliwch i achos *Haley v London Electricity Board (1965)*. Pa ddifrod oedd yn rhesymol ragweladwy?

Bourhill v Young (1943)
Roedd yr hawlydd, menyw feichiog o'r enw Mrs Bourhill, yn dod oddi ar y bws pan glywodd ddamwain car. Er na welodd hi'r ddamwain, gwelodd waed ar y ffordd yn ddiweddarach, cafodd sioc, a ganwyd ei baban yn farw-anedig. Er ei fod yn rhesymol ragweladwy y byddai rhywun yn dioddef niwed o ganlyniad i yrru esgeulus y diffynnydd, nid oedd anaf i'r hawlydd penodol yn rhagweladwy gan nad oedd yn union ger y fan lle digwyddodd y ddamwain, a gan ei bod wedi clywed y ddamwain yn hytrach na'i gweld yn digwydd. Oherwydd hyn, ni lwyddodd ei hachos.

Ymchwiliwch i achos *McLoughlin v O'Brien (1983)* ar fater agosrwydd. Ym mha ffyrdd eraill mae'n bosibl cael perthynas 'ddigon agos'?

Mae'n rhaid bod perthynas ddigon agos rhwng yr hawlydd a'r diffynnydd i hawlio iawndal

Yn achos *Hill (1988)*, roedd y llys o'r farn na fyddai Rhan 3 o brawf Caparo wedi cael ei bodloni ar gyfer aelodau'r heddlu mewn perthynas â'u swyddogaeth i ymchwilio ac atal trosedd.

Yn achos *Robinson v Chief Constable of West Yorkshire (2018)*, cafodd gwraig oedrannus o'r enw Elizabeth Robinson ei tharo i'r llawr a'i hanafu wrth i'r heddlu arestio rhywun oedd dan amheuaeth o werthu cyffuriau. Yn y lle cyntaf, methodd ei hawliad hi am esgeuluster yn erbyn yr heddlu oherwydd 'imiwnedd Hill', er bod y barnwr wedi dyfarnu i'r heddlu ymddwyn yn esgeulus. Yn y **Llys Apêl**, methodd ei hawliad oherwydd Rhannau 2 a 3 o brawf Caparo. Fodd bynnag, gwahaniaethodd **y Goruchaf Lys** rhwng gweithredoedd positif ac anwaith (*omissions*) yr heddlu. Enillodd Mrs Robinson ei hachos ar y sail bod swyddog heddlu yn atebol o ran esgeuluster os yw'r anaf o ganlyniad i weithred esgeulus gan swyddog heddlu, cyn belled â bod yr anaf hwnnw yn ganlyniad rhesymol ragweladwy. Daeth y barnwyr i'r casgliad y byddai Rhan 3 o brawf Caparo yn cael ei bodloni lle mae perygl y bydd gweithred corff cyhoeddus yn achosi niwed na fyddai fel arall yn bodoli.

Beth fyddai effaith diwylliant sy'n caniatáu siwio'r gwasanaethau brys? A yw er lles y cyhoedd fod gan yr heddlu ddyletswydd gofal i unigolion? Ymchwiliwch i achos *Michael v Chief Constable of South Wales Police (2015)*. Beth oedd safbwynt yr Arglwydd Keith mewn perthynas â chymhwyso cyfraith camwedd i swyddogion yr heddlu?

3. Mae'n gyfiawn, yn deg ac yn rhesymol i osod dyletswydd gofal.

Mae hyn hefyd yn cael ei alw'n **brawf polisi**, gan fod barnwyr yn gallu cyfyngu ar hyd a lled y camwedd drwy ddisgresiwn barnwrol. Un o'r prif resymau dros hyn yw **dadl y llifddorau**, lle mae perygl y byddai llawer iawn o hawlwyr yn gallu gwneud hawliad posibl os yw un yn llwyddo. Cyfeiriodd barnwr Americanaidd, Benjamin N. Cardozo, at y perygl hwn pan rybuddiodd am 'atebolrwydd mewn swm amhenodol ar gyfer amser amhenodol i ddosbarth amhenodol'.

Mulcahy v Ministry of Defence (1996)
Roedd yr hawlydd yn filwr a oedd wedi gwasanaethu yn Rhyfel y Gwlff, lle cafodd niwed i'w glyw. Roedd y Llys Apêl o'r farn, er bod ffactorau rhagweladwyaeth ac agosrwydd i'w cael, fod y ffeithiau yn ei gwneud yn ofynnol i drin yr achos fel mater polisi. Felly, doedd ar y Weinyddiaeth Amddiffyn ddim dyletswydd gofal i filwyr mewn sefyllfaoedd tebyg ar faes y gad.

Alcock v Chief Constable of South Yorkshire Police (1992)
Roedd yr achos hwn yn ymwneud â phobl a ddioddefodd 'sioc seicolegol' ar ôl bod yn dyst i drychineb stadiwm Hillsborough, pan laddwyd 95 o bobl (ar y pryd) mewn gwasgfa. Penderfynwyd na fyddai'n gyfiawn, yn deg nac yn rhesymol i osod dyletswydd gofal ar yr heddlu mewn perthynas â hawlydd a oedd yn y pen pellaf i'r maes o'r wasgfa, lle roedd ei frawd-yng-nghyfraith.

Elfen 2: Tor-dyletswydd gofal

Ar ôl sefydlu bod dyletswydd gofal yn bodoli, rhaid profi **tor-dyletswydd gofal**: mewn geiriau eraill, profi nad yw'r diffynnydd wedi cyflawni ei ddyletswydd gofal. Safon y gofal sydd i'w ddisgwyl yw safon **y dyn rhesymol,** sy'n rhagdybio bod person rhesymol yn rhywun 'arferol' neu'n gymedrol, heb fod yn berffaith. Prawf gwrthrychol yw hwn yn gyffredinol, sy'n gofyn 'Beth fyddai rhywun rhesymol wedi'i ragweld yn y sefyllfa benodol hon?' yn hytrach na gofyn 'Beth wnaeth y diffynnydd penodol hwn ei ragweld yn y sefyllfa benodol hon?' Fodd bynnag, mae hyn wedi datblygu drwy gyfraith achosion er mwyn ystyried safonau gofal arbennig ar gyfer diffynyddion â sgìl proffesiynol, er enghraifft (gweler isod), a ffactorau perthnasol eraill fel maint y risg.

Daw prawf y dyn rhesymol o achos *Alderson B in Blyth v Birmingham Waterworks (1865)*, gan ei ddiffinio fel 'peidio â gwneud rhywbeth y byddai dyn rhesymol yn ei wneud, neu wneud rhywbeth na fyddai dyn pwyllog a rhesymol yn ei wneud.'

Er enghraifft, yn achos *Nettleship v Weston (1971)*, anafwyd teithiwr ar ôl i'r car, oedd yn cael ei yrru gan ddysgwr, gael gwrthdrawiad. Sefydlwyd bod disgwyl i rywun sy'n dysgu gyrru gyrraedd yr un safon â gyrrwr cymwys sydd wedi pasio'i brawf gyrru.

Mae'r llysoedd wedi sefydlu gwahanol brofion i benderfynu a yw diffynnydd wedi cyflawni tor-dyletswydd gofal.

i. I ba raddau mae hi'n debygol y bydd niwed yn cael ei achosi

Os yw'r risg yn fach yna efallai y penderfynir nad yw'r diffynnydd wedi torri'r ddyletswydd. Rhaid cymryd gofal hefyd yn achos risg lle mae niwed neu anaf yn rhesymol ragweladwy.

Bolton v Stone (1951)
Cafodd yr hawlydd ei daro gan bêl griced pan oedd yn sefyll ar y ffordd y tu allan i'r cae criced. Mewn 35 mlynedd, dim ond chwe gwaith roedd pêl griced wedi cael ei tharo allan o'r cae a doedd neb erioed wedi cael anaf. At hynny, roedd y wiced 100 llath i ffwrdd o'r ffordd, ac roedd ffens 17 troedfedd o uchder rhwng y cae a'r ffordd. Cadarnhaodd y llys nad oedd y diffynnydd wedi cyflawni tor-dyletswydd gofal.

ii. Maint y niwed tebygol

Yn y prawf hwn, mae'r llysoedd yn ystyried risg y niwed, ond maen nhw hefyd yn ystyried a yw'n bosibl rhagweld pa mor ddifrifol fydd yr anaf.

Paris v Stepney Borough Council (1951)

Yn yr achos hwn, roedd Paris yn fecanydd a oedd yn ddall yn un llygad. Roedd ei gyflogwyr yn gwybod am hyn, ond eto i gyd wnaethon nhw ddim darparu sbectol amddiffynnol iddo ar gyfer ei waith. Cafodd ei ddallu yn ei lygad 'dda' gan ddarn o fetel a aeth i'w lygad pan oedd yn gweithio. Ceisiodd ei gyflogwyr ddadlau nad oedd yn arferol i ddarparu sbectol diogelwch ar gyfer gweithgareddau o'r fath. Ond dadleuodd yr ochr arall, gan eu bod yn gwybod ei fod yn ddall yn un llygad, y dylen nhw fod wedi cymryd mwy o ofal o'i ddiogelwch ef nag yn achos gweithwyr heb yr anabledd hwnnw. Roedd maint y risg yn fwy i Paris, felly roedd y ffaith bod mwy o risg i'r hawlydd yn golygu y dylid bod wedi cymryd mwy o ragofalon nag arfer. Cafwyd y cyflogwr yn atebol.

iii. Cost ac ymarferoldeb atal risg

Yn y prawf hwn, mae'r llys yn ystyried a fyddai'r diffynnydd wedi gallu cymryd rhagofalon yn erbyn y risg. Os nad yw'r gost o gymryd rhagofalon i ddileu'r risg yn gymesur â maint y risg ei hun, ni fydd y diffynnydd yn cael ei ystyried yn atebol.

Latimer v AEC Ltd (1953)

Defnyddiodd perchennog ffatri flawd llif i leihau effeithiau llifogydd diweddar. Ond roedd llawr y ffatri yn dal i fod yn llithrig, ac o ganlyniad, syrthiodd un o'r gweithwyr a chael ei anafu. Cadarnhaodd y llys nad oedd achos o dor-dyletswydd, gan mai'r unig ffordd o osgoi'r risg fuasai cau'r ffatri yn gyfan gwbl, ac nid oedd hynny'n gymesur â maint y risg.

iv. Buddion posibl y risg

Mewn rhai sefyllfaoedd, bydd y risg o fudd posibl i gymdeithas.

Daborn v Bath Tramways (1946)

Cafodd yr hawlydd ei anafu ar ôl cael ei daro gan ambiwlans oedd yn cael ei yrru o'r ochr chwith heb oleuadau cyfeirio (indicators) yn ystod y rhyfel. Cadarnhaodd y Llys Apêl fod safon gofal is na'r arfer yn yr achos hwn, gan fod gyrrwr yr ambiwlans yn gweithredu er budd y cyhoedd, ac y byddai hi wedi bod yn afresymol o ddrud i newid yr ambiwlans fel ei fod yn cael ei yrru o'r ochr dde.

Dywedodd yr Arglwydd Ustus Asquith: 'Pe bai holl drenau'r wlad hon yn cael eu cyfyngu i gyflymder o 5 milltir yr awr, byddai llai o ddamweiniau, ond byddai'n achosi i'n bywyd cenedlaethol arafu mewn ffordd annioddefol. Mae pwrpas y weithred, os yw'n ddigon pwysig, yn cyfiawnhau'r rhagdybiaeth o risg anarferol'.

Er hynny, nid yw natur gwaith y gwasanaethau brys yn golygu eu bod yn ddiogel rhag hawliadau esgeuluster, fel sydd i'w weld yn achos *Armsden v Kent Police (2000)*, pan gafodd gyrrwr ei ladd mewn damwain gyda char heddlu'r diffynnydd. Roedd seiren y car heddlu wedi ei ddiffodd, ac roedd yn gyrru'n gyflym i gyrraedd digwyddiad pan fu mewn gwrthdrawiad gyda'r car arall wrth gyrraedd cyffordd â ffordd ymuno. Penderfynodd y Llys Apêl fod gyrrwr y car heddlu wedi torri ei ddyletswydd gofal drwy beidio â defnyddio'r seiren.

Nodweddion arbennig y diffynnydd

Mewn rhai sefyllfaoedd, nid yw'r safon yn un gwrthrychol yn unig. Gall y llysoedd roi ystyriaeth i rai o nodweddion penodol y diffynnydd. Yn ddiddorol, yn achos gyrwyr, y safon dan sylw yw safon y gyrrwr cyffredin, arferol (gan anwybyddu eu profiad a'u blynyddoedd wrth y llyw). Cadarnhawyd hyn yn achos *Nettleship v Weston (1971);* gweler t. 138.

Pobl broffesiynol

Os bydd gan y diffynnydd sgìl proffesiynol, bydd y llys yn disgwyl iddo ddangos fod ganddo'r lefel cymhwysedd sydd fel arfer yn ddisgwyliedig gan aelod medrus nodweddiadol o'r proffesiwn hwnnw. Golyga hyn, er enghraifft, y bydd disgwyl i feddyg teulu ddangos lefel sgìl arferol meddyg teulu yn unig, yn hytrach nag uwch ymgynghorydd neu lawfeddyg.

Mae disgwyl i ddiffynnydd sydd â sgìl proffesiynol, os yw'n berthnasol i'r achos, ddangos lefel arferol y sgiliau ar gyfer ei swydd

Plant

Os yw'r diffynnydd yn blentyn, y safon gofal yw safon plentyn gofalus a rhesymol arferol o'r un oedran.

Mullin v Richards (1998)

Roedd dwy ferch 15 oed yn ymladd â phrennau mesur plastig. Torrodd un pren mesur, a chafodd un o'r merched ei dallu mewn un llygad gan y darnau mân. Cadarnhawyd bod eu hymddygiad yn rhesymol i'w hoedran, ac felly nid oedd y diffynnydd yn esgeulus.

Elfen 3: Difrod o ganlyniad

Mae'n rhaid bod rhyw fath o ddifrod (e.e. anaf corfforol neu ddifrod i eiddo) o ganlyniad i esgeuluster y diffynnydd. Mae'n rhaid i'r hawlydd allu profi bod y difrod wedi cael ei **achosi** gan dor-dyletswydd y diffynnydd, ac nad oedd y difrod yn rhy **bellennig**; a'i fod yn rhesymol ragweladwy. Mae'n bosibl rhannu hyn yn ddwy elfen:

- achosiaeth
- pellenigrwydd difrod.

Achosiaeth

Caiff achosiaeth ei benderfynu drwy ddefnyddio'r **prawf 'pe na bai'**: 'Hynny yw, "pe na bai" am dor-dyletswydd y diffynnydd, a fyddai difrod neu anaf wedi digwydd?'

> **ACHOS ALLWEDDOL**
>
> *Barnett v Chelsea & Kensington Hospital Management Committee (1968)*
> Aeth gŵr yr hawlydd i ysbyty'r diffynnydd, yn cwyno o boen difrifol yn y stumog a chwydu. Gwrthododd y meddyg yn yr adran damweiniau ac achosion brys ei archwilio, gan ei anfon adref a'i gynghori i weld ei feddyg ei hun. Rai oriau'n ddiweddarach bu farw o wenwyn arsenig. Roedd yn amlwg bod gan y diffynnydd (sef meddyg yr adran damweiniau ac achosion brys) ddyletswydd gofal tuag at y dyn a fu farw, ac roedd hefyd wedi cyflawni tor-dyletswydd drwy beidio â'i archwilio. Fodd bynnag, cadarnhawyd nad oedd y meddyg yn atebol gan fod y dystiolaeth yn dangos, erbyn yr adeg iddo ddod i'r ysbyty, y byddai'r dyn wedi marw beth bynnag ac na fyddai'r meddyg wedi gallu gwneud dim i'w achub. Gan y byddai'r dyn wedi marw pe bai tor-dyletswydd neu beidio, cadarnhawyd nad oedd yr ysbyty yn gyfrifol am achosi ei farwolaeth.

Pellenigrwydd difrod

Rhaid sefydlu hefyd nad oedd y difrod yn rhy **bellennig:** hynny yw, nad oes gormod o bellter rhyngddo ac esgeuluster y diffynnydd. Y prawf ar gyfer pellenigrwydd yw gofyn a oes achosiaeth uniongyrchol, rhagweladwy.

Wagon Mound (No. 1) (1961)

Roedd y diffynnydd, perchennog llong, wedi gollwng tanwydd yn esgeulus o'i long yn Harbwr Sydney. Drifftiodd yr olew i'r cei lle'r oedd gwaith weldio yn digwydd. Dywedwyd wrth yr hawlwyr nad oedd unrhyw risg y byddai'r olew trwm yn mynd ar dân ar y dŵr, ac felly aeth y gwaith weldio yn ei flaen. Ond fe wnaeth yr olew gynnau, gan ddifrodi eiddo'r hawlwyr. Yn yr apêl, cadarnhawyd nad oedd y diffynyddion yn atebol am y difrod i eiddo'r hawlydd. Roedd hyn gan fod y difrod mawr i'r eiddo oherwydd i'r olew gael ei gynnau yn rhy bellennig o'r achos gwreiddiol o ollwng yr olew.

Mater arall i'w ystyried yw **rhagweladwyaeth y difrod**. Mae hyn yn ymwneud â'r math o ddifrod a fu, a'i faint. Er enghraifft, gall diffynnydd fod yn atebol hyd yn oed os nad oedd modd rhagweld pa mor ddrwg fyddai'r anaf. Gwelir hyn yn achos *Smith v Leech Brain & Co (1962)*, lle cafwyd y diffynnydd yn atebol am farwolaeth dyn. Cafodd y dyn ei losgi ar ei wefus gan fetel poeth oherwydd esgeuluster y diffynnydd. Achosodd y llosg ganser, a bu farw'r dyn. Mae'r achos hwn hefyd yn enghraifft o egwyddor gyfreithiol **'prawf y benglog denau' (neu reol penglog plisgyn wy)**, sy'n nodi bod rhaid i'r diffynnydd gymryd ei ddioddefwr 'fel y mae' o ran ei nodweddion corfforol. Golyga hyn y bydd y diffynnydd yn atebol lle bydd anafiadau i'r hawlydd yn fwy difrifol na'r hyn y gellid ei ragweld oherwydd ffactorau sy'n benodol i'r dioddefwr.

Achosion ymyrrol

Weithiau, ni fydd y gyfraith yn gorfodi atebolrwydd am esgeuluster os oes achos ymyrrol sy'n torri'r gadwyn achosiaeth; er enghraifft, digwyddiad naturiol neu weithredoedd trydydd parti. Cysylltir yr ymadrodd **'res ipsa loquitur'** (Lladin am 'mae'r peth yn siarad drosto'i hun') â'r syniad hwn.

Mewn achosion esgeuluster, os yw'n amlwg na fyddai'r niwed wedi gallu digwydd oni bai am esgeuluster y diffynnydd, gall y llys fod yn barod i dybio bod y diffynnydd yn esgeulus, a hynny heb glywed tystiolaeth fanwl am yr hyn a wnaed, neu na chafodd ei wneud. Enghraifft glasurol o sefyllfa *res ipsa loquitur* yw gadael drws trên ar agor wrth iddo adael yr orsaf, fel yn achos *Gee v Metropolitan Railway (1873)*.

Anaf seiciatrig: Dioddefwyr cynradd ac eilaidd

Niwed seiciatrig yw anaf i'r meddwl yn hytrach nag i'r corff; mae'n bosibl cyfeirio ato hefyd fel sioc seicolegol. Er mwyn hawlio iawndal, rhaid i hawlydd ddangos, gan ddefnyddio tystiolaeth feddygol, fod ganddo anaf seiciatrig wedi'i gydnabod, sy'n mynd tu hwnt i alar neu ofid arferol.

Dioddefwyr cynradd

Mae dioddefwr cynradd naill ai wedi dioddef anaf corfforol o ganlyniad i esgeuluster rhywun arall, neu wedi dioddef anaf seiciatrig lle roedd yn rhesymol ragweladwy y gallai fod wedi cael anaf corfforol o ganlyniad i esgeuluster rhywun arall; er enghraifft, rhywun sy'n gysylltiedig â damwain yn y gwaith ac sydd heb gael anaf corfforol, ond sy'n datblygu cyflwr seiciatrig difrifol.

Dioddefwyr eilaidd

Mae dioddefwr eilaidd wedi dioddef anaf seiciatrig o ganlyniad i esgeuluster rhywun arall, ond nid oedd mewn perygl ei hun. Rhaid bodloni nifer o amodau eraill er mwyn i rywun gael ei ystyried yn ddioddefwr eilaidd.

Mae un achos sy'n dangos y gyfraith ynghylch dioddefwyr eilaidd yn ymwneud â **thrychineb Hillsborough** yn 1989.

Yn dilyn trychineb Hillsborough, aeth deg hawlydd ati i ddwyn achos yn erbyn Heddlu De Swydd Efrog.

Alcock v Chief Constable of South Yorkshire Police (1992)
Roedd yr hawlwyr yn ceisio gwneud hawliad am sioc seicolegol a arweiniodd at anaf seiciatrig, gan honni iddo gael ei achosi gan y profiad o fod yn dyst i'r drychineb. Er mwyn hawlio, roedd yn rhaid iddyn nhw gael eu cyfrif yn ddioddefwyr eilaidd. Roedd Robert Alcock, un o'r hawlwyr, mewn stand gwahanol i'r un lle digwyddodd y drychineb, ond roedd yn dyst i olygfeydd gofidus iawn. Wrth adael y cae, aeth i gyfarfod ei frawd-yng-nghyfraith, ond ni chyrhaeddodd yntau. Yna bu'n rhaid i Alcock adnabod corff ei frawd-yng-nghyfraith, a oedd wedi ei gleisio'n ddrwg, yn y corffdy (mortuary). Cafodd yr hawlwyr eraill brofiadau tebyg.

*Cadarnhawyd bod rhaid i'r hawlydd, fel arfer, ddangos perthynas **ddigon agos** â'r dioddefwr. Yn aml, disgrifir hyn fel **'cwlwm agos o gariad a serch'**. Y rhagdybiaeth yw bod clymau o'r fath yn bodoli rhwng rhieni a phlant, pobl briod a dyweddïau. Mae hyn yn golygu bod rhaid i berthnasoedd eraill, yn cynnwys rhai rhwng brodyr neu chwiorydd, brofi eu clymau o gariad a serch. Roedd Robert Alcock wedi colli brawd-yng-nghyfraith, a chadarnhaodd y llys nad oedd tystiolaeth o glymau agos iawn o gariad a serch. Cadarnhawyd bod rhaid profi ei bod yn rhesymol ragweladwy y byddai'r hawlydd yn dioddef niwed seiciatrig. Felly, ni lwyddodd yr achos.*

Cofeb i'r rhai a fu farw yn Hillsborough

GWELLA GRADD

Wrth gymhwyso'r gyfraith i gwestiwn problem, cymerwch bob elfen o'r drosedd a'i chymhwyso i'r cwestiwn. Gweithiwch eich ffordd yn drefnus drwy'r rhestr o elfennau ar gyfer atebolrwydd o ran esgeuluster, gan eu cymhwyso i'r senario a chofio defnyddio awdurdod cyfreithiol priodol bob tro. Hefyd, gwnewch yn siŵr eich bod yn cymhwyso pob elfen o brawf perthnasol (e.e. prawf Caparo).

Mae rhagweladwyaeth resymol yn dibynnu ar ddangos perthynas ddigon agos. Y mwyaf agos yw'r cwlwm rhwng y pleintydd a'r dioddefwr, y mwyaf tebygol yw y llwyddir i ddangos y byddai'r niwed seiciatrig yn rhesymol ragweladwy.

Yn ogystal, cadarnhaodd achos *Alcock v Chief Constable of South Yorkshire Police (1992)*, er mwyn bod yn ddioddefwr eilaidd, bod rhaid i dyst weld y digwyddiad â'i synhwyrau ei hun heb gymorth, neu glywed y digwyddiad ei hun neu weld ei ganlyniad uniongyrchol: rhaid bod yr hawlydd yn agos yn gorfforol at y digwyddiad. Felly, mae'r rheini sy'n dyst i ddigwyddiad o'r fath ar y teledu, yn ei glywed ar y radio neu'n clywed amdano gan drydydd person, yn annhebygol o gael eu cyfrif yn ddioddefwyr eilaidd. Roedd hyn yn berthnasol i rai o'r hawlwyr eraill yn yr achos.

Awgrymodd Tŷ'r Arglwyddi y gallai rhywun heb berthynas ddigon agos gael ei gyfrif yn ddioddefwr eilaidd mewn amgylchiadau eithriadol. Dywedodd yr Arglwydd Keith:

'Mae achos lle mae gwyliwr neu dyst sydd heb gysylltiad â dioddefwyr damwain yn un anodd. Yn fy marn i, ni fyddai anaf seiciatrig iddo ef fel arfer yn dod o fewn cwmpas rhagweladwyaeth resymol. Ond efallai na fyddai'n bosibl ei gau allan o'r cwmpas hwn yn llwyr pe bai amgylchiadau trychineb sy'n digwydd yn agos iawn iddo yn arbennig o erchyll.'

Crynodeb: Atebolrwydd o ran esgeuluster

▶ **Dyletswydd gofal:** y prawf cymydog: *Donoghue v Stevenson (1932)*

▶ **Dyletswydd gofal:** prawf Caparo (cynyddol): *Caparo Industries plc v Dickman (1990)*
  - Difrod rhagweladwy: *Kent v Griffiths (2000)*
  - Agosrwydd: *Bourhill v Young (1943)*
  - Cyfiawn, teg a rhesymol: *Mulcahy v Ministry of Defence (1996)*

▶ **Tor-dyletswydd gofal:**
  - Safon gofal: y dyn rhesymol: *Nettleship v Weston (1971)*
  - Tebygolrwydd o niwed: *Bolton v Stone (1951)*
  - Maint y niwed tebygol: *Paris v Stepney Borough Council (1951)*
  - Cost ac ymarferoldeb atal risg: *Latimer v AEC (1953)*
  - Buddion posibl y risg: *Daborn v Bath Tramways (1946)*

▶ **Nodweddion arbennig** y diffynnydd, e.e. pobl broffesiynol, plant: *Mullins v Richards (1998)*

▶ Difrod o ganlyniad **sydd ddim yn rhy bellennig**:
  - Achosiaeth: prawf 'pe na bai': *Barnett v Chelsea & Kensington Hospital Management Committee (1968)*
  - Pellenigrwydd difrod: A yw'r golled wedi digwydd o ganlyniad rhesymol ragweladwy i esgeuluster y diffynnydd? *Wagon Mound (No.1) (1961)*
  - Rhagweladwyaeth y difrod: *Smith v Leech Brain (1962)*; 'prawf y benglog denau')

▶ Gall achosion ymyrrol dorri'r **gadwyn achosiaeth**

▶ *Res ipsa loquitur:* Mae'r peth yn siarad drosto'i hun

▶ **Anaf seiciatrig:** Sioc seicolegol; tystiolaeth feddygol
  - Dioddefwyr cynradd
  - Dioddefwyr eilaidd: perthynas ddigon agos (clymau o gariad a serch); gwylwyr neu dystion heb gysylltiad: *Alcock v Chief Constable of South Yorkshire Police (1992)*

Atebolrwydd meddianwyr

Adran y fanyleb	Cynnwys allweddol	Amcanion Asesu	Ble mae'r pwnc hwn yn ymddangos yn y fanyleb/arholiadau?
CBAC UG **2.3:** Atebolrwydd meddianwyr	• Atebolrwydd mewn perthynas ag ymwelwyr cyfreithlon (Deddf Atebolrwydd Meddianwyr 1957) • Atebolrwydd mewn perthynas â thresmaswyr (Deddf Atebolrwydd Meddianwyr 1984) • Categorïau arbennig o ymwelwyr, yn enwedig plant	**AA1** Dangos gwybodaeth a dealltwriaeth o reolau ac egwyddorion cyfreithiol **AA2** Cymhwyso rheolau ac egwyddorion cyfreithiol at senarios penodol er mwyn cyflwyno dadl gyfreithiol gan ddefnyddio terminoleg gyfreithiol briodol **AA3** Dadansoddi a gwerthuso rheolau, egwyddorion, cysyniadau a materion cyfreithiol	**CBAC UG:** Uned 2

Mae camwedd esgeuluster yn dod o gyfraith gwlad/cyfraith gyffredin. Ond mae atebolrwydd meddianwyr yn dod o gyfraith statud a chyfraith gwlad/cyfraith gyffredin. Mae'r maes hwn o gamwedd yn ymwneud ag atebolrwydd meddiannydd i ymwelwyr ac i unigolion eraill, sydd ddim yn ymwelwyr, ar ei eiddo. Mae dwy statud allweddol:

1. *Deddf Atebolrwydd Meddianwyr 1957*, sy'n ymwneud ag ymwelwyr.
2. *Deddf Atebolrwydd Meddianwyr 1984*, sy'n ymwneud â phobl sydd ddim yn ymwelwyr.

Deddf Atebolrwydd Meddianwyr 1957

Mae'r Ddeddf hon yn ymwneud â'r ddyletswydd i ymwelwyr. (Yn aml byddwn ni'n cyfeirio at ymwelydd fel 'ymwelydd cyfreithlon' er mwyn gwahaniaethu rhwng hynny ac ymwelydd anghyfreithlon neu dresmaswr.)

Pwy sy'n feddiannydd?

Nid yw *Deddf Atebolrwydd Meddianwyr 1957* yn diffinio pwy yw'r meddiannydd, ond mae *adran 1(2)* yn nodi y bydd rheolau cyfraith gwlad/cyfraith gyffredin yn gymwys iddo. Y prawf yw rheolaeth feddiannol: hynny, pwy sy'n rheoli'r eiddo?

Cafodd pedwar categori o feddianwyr eu nodi yn achos *Wheat v Lacon & Co (1966)*.

1. Os yw perchennog yn gosod ei eiddo i'w rentu, yna y tenant fydd y meddiannydd.
2. Os yw perchennog yn gosod rhan o adeilad ond yn dal ei afael ar rai rhannau ohono (fel y cyntedd), yna'r perchennog fydd y meddiannydd mewn perthynas â'r rhannau hynny o'r eiddo.
3. Os yw perchennog yn trwyddedu (caniatáu) rhywun i ddefnyddio eiddo ond yn cadw'r hawl i fynediad, yna y perchennog yw'r meddiannydd.
4. Os cyflogir contractwyr i wneud gwaith ar yr eiddo, bydd y perchennog yn parhau i fod yn feddiannydd – er efallai bydd rhai amgylchiadau pan fydd y contractwr yn feddiannydd.

Pwy sy'n ymwelydd?

Yn ôl cyfraith gwlad/cyfraith gyffredin, ymwelydd yw rhywun sydd â chaniatâd pendant neu ddealledig i ddod i mewn i eiddo.

> *Yn ôl Deddf Atebolrwydd Meddianwyr 1957, mae unigolion sydd â hawl cyfreithlon i ddod i mewn i eiddo (e.e. ymladdwyr tân a swyddogion yr heddlu) yn ymwelwyr cyfreithlon*

Y ddyletswydd gofal gyffredin

Mae *adran 2 Deddf Atebolrwydd Meddianwyr 1957* yn gosod dyletswydd gofal gyffredin tuag at ymwelwyr cyfreithlon:

1. Mae gan feddiannydd yr un ddyletswydd (y ddyletswydd gofal gyffredin) tuag at bob ymwelydd. Ond gall ymestyn, cyfyngu, adolygu neu eithrio'r ddyletswydd hon i unrhyw ymwelydd neu ymwelwyr drwy gytundeb neu fel arall.

2. Mae'r ddyletswydd gofal gyffredin yn ddyletswydd i gymryd gofal rhesymol, dan unrhyw amgylchiadau, er mwyn sicrhau bod yr ymwelydd yn ddiogel yn rhesymol wrth ddefnyddio'r eiddo i'r dibenion y cafodd ei wahodd neu'i ganiatáu gan y meddiannydd i fod yno.

Mae *Deddf Atebolrwydd Meddianwyr 1957* yn gosod canllawiau ar gyfer gweithredu'r ddyletswydd gofal gyffredin:

- *Adran 2(3)(a)* Mae'n rhaid i feddiannydd ddisgwyl i blant fod yn llai gofalus nag oedolion.

- *Adran 2(3)(b)* Gall meddiannydd ddisgwyl i rywun sydd wrth ei waith sylwi ar unrhyw risgiau arbennig a berthyn iddo, a diogelu ei hun yn eu herbyn (h.y. os yw'r unigolyn yno i gyflawni rôl benodol sydd â risgiau penodol, gall y meddiannydd ragdybio y bydd yn cymryd gofal).

- *Adran 2(4)(a)* Gall rhybudd ryddhau'r ddyletswydd gofal (h.y. mae'n ddigonol i'r meddiannydd rybuddio'r ymwelydd am unrhyw beryglon).

- *Adran 2(4)(b)* Nid yw'r meddiannydd yn atebol am fai contractwr annibynnol os yw wedi gweithredu'n rhesymol wrth ymddiried y gwaith i gontractwr, ac wedi cymryd camau rhesymol er mwyn sicrhau bod y contractwr yn gymwys a bod y gwaith wedi'i wneud yn iawn.

Mae sawl cyfeiriad at **'rhesymol'** yn *Neddf Atebolrwydd Meddianwyr 1957* (fel mewn Deddfau eraill ac yng nghyfraith gwlad/cyfraith gyffredin).

Categorïau arbennig: Plant

Nid oes categori arbennig ar gyfer plant eu hunain, ond mae *Deddf Atebolrwydd Meddianwyr 1957 Adran 2(3)(a)* yn nodi bod rhaid i feddianwyr ddisgwyl y bydd plant yn llai gofalus nag oedolion.

Deddf Atebolrwydd Meddianwyr 1984: Pobl sydd ddim yn ymwelwyr

Mae'r ddeddf hon yn ymwneud â'r ddyletswydd sy'n ddyledus i bobl nad ydyn nhw'n ymwelwyr. (Yn aml rydyn ni'n cyfeirio at 'rywun nad yw'n ymwelydd' fel 'ymwelydd anghyfreithlon' neu dresmaswr.)

Pwy sy'n feddiannydd?

Mae pwy bynnag fyddai'n cael ei ystyried yn feddiannydd o dan *Ddeddf Atebolrwydd Meddianwyr 1957* hefyd yn feddiannydd o dan *Ddeddf Atebolrwydd Meddianwyr 1984*.

Tresmaswyr

Roedd cyfraith gwlad/cyfraith gyffredin yn trin tresmaswyr, yn cynnwys plant, yn llym iawn. Yn *Addie v Dumbreck (1929)* cadarnhawyd nad oedd gan feddianwyr ddyletswydd gofal i dresmaswyr o ran sicrhau eu bod yn ddiogel wrth ddod ar y tir. Yr unig ddyletswydd oedd peidio â niweidio'n fwriadol.

GWELLA GRADD

Beth yw ystyr 'rhesymol'? Darllenwch esboniad yr Arglwydd Reed o brawf y 'dyn rhesymol' yn *Healthcare at Home Limited v The Common Services Agency (2014)*.

YMESTYN A HERIO

Ymchwiliwch i'r achosion canlynol, ac esboniwch sut maen nhw'n gymwys i *Ddeddf Atebolrwydd Meddianwyr 1957*:
- *Haseldine v Daw (1941)*
- *Phipps v Rochester (1955)*
- *Wheat v Lacon & Co (1966)*
- *Glasgow Corporation v Taylor (1992)*.

YMESTYN A HERIO

Ymchwiliwch i ffeithiau'r achos a phenderfyniad Tŷ'r Arglwyddi yn y canlynol:
- *Adie v Dumbreck (1929)*
- *British Railways Board v Herrington (1972)*.

Fodd bynnag, yn achos *British Railways Board v Herrington (1972)*, defnyddiodd Tŷ'r Arglwyddi Ddatganiad Ymarfer 1966, gan symud oddi wrth y cynsail a osododd yn *Addie v Dumbreck (1929)* i gadarnhau y gallai dyletswydd gofal fod yn ddyledus i dresmaswyr. Arweiniodd y penderfyniad yn yr achos hwn at benderfyniad y Senedd i gyflwyno *Deddf Atebolrwydd Meddianwyr 1984*.

Y ddyletswydd gofal statudol

O dan *adran 1(3) Deddf Atebolrwydd Meddianwyr 1984*, mae gan feddiannydd eiddo ddyletswydd gofal statudol i ymwelydd anghyfreithlon os:

- yw ef/hi yn ymwybodol o'r perygl neu â sail resymol i gredu ei fod yn bodoli; ac

- mae ef/hi'n gwybod neu â sail resymol i gredu bod yr ymwelydd anghyfreithlon yng nghyffiniau'r perygl neu y bydd, o bosibl, yn dod i gyffiniau'r perygl; ac

- mae'r risg, dan holl amgylchiadau'r achos, yn un y byddai'n bosibl disgwyl yn rhesymol i'r meddiannydd gynnig rhyw gymaint o ddiogelwch yn ei erbyn i'r ymwelydd anghyfreithlon.

O dan *adran 1(4) Deddf Atebolrwydd Meddianwyr 1984*, y ddyletswydd tuag at unigolion sydd ddim yn ymwelwyr yw'r ddyletswydd i gymryd gofal rhesymol yn holl amgylchiadau'r achos er mwyn sicrhau na chân nhw niwed corfforol yn yr eiddo gan y perygl dan sylw.

Mae'r tabl isod yn dangos y gwahaniaethau rhwng y ddyletswydd a osodwyd gan *Ddeddf Atebolrwydd Meddianwyr 1984* a *Deddf Atebolrwydd Meddianwyr 1957*.

Deddf Atebolrwydd Meddianwyr 1957	Deddf Atebolrwydd Meddianwyr 1984
Cymryd gofal rhesymol i sicrhau bod yr **ymwelydd** yn rhesymol ddiogel wrth ddefnyddio'r eiddo at y dibenion y cafodd wahoddiad neu ganiatâd gan y meddiannydd i fod yno.	Cymryd gofal rhesymol i sicrhau na fydd **y sawl nad yw'n ymwelydd** yn cael ei anafu ar yr eiddo gan y perygl dan sylw.

GWELLA GRADD

Ymchwiliwch i ddyfarniad yr Arglwydd Hoffman yn *Tomlinson v Congleton Borough Council (2003)*, a ddisgrifir ar y dde. A oedd y cyngor yn atebol dan *Ddeddf Atebolrwydd Meddianwyr 1957*? A oedd y cyngor yn atebol dan *Ddeddf Atebolrwydd Meddianwyr 1984*?

Yr Arglwydd Hoffmann oedd un o farnwyr Tŷ'r Arglwyddi yn achos *Tomlinson v Congleton Borough Council (2003)*. Dywedodd ef: 'mae'r Senedd wedi datgan yn glir, yn achos ymwelydd cyfreithlon, bod rhywun yn dechrau drwy ragdybio bod dyletswydd. Ond yn achos tresmaswr, mae rhywun yn dechrau gan ragdybio nad oes dyletswydd.'

Golyga hyn, o dan *Ddeddf Atebolrwydd Meddianwyr 1957*, fod dyletswydd gofal yn ddyledus i bob ymwelydd. Ond o dan *Ddeddf Atebolrwydd Moddianwyr 1984*, mae'r ddyletswydd yn ddyledus dim ond os bodlonir rhai amodau penodol (e.e. mae'r meddiannydd yn gwybod am y perygl).

ACHOS ALLWEDDOL

Tomlinson v Congleton Borough Council (2003)

Roedd Tomlinson yn 18 oed. Ymwelodd â llyn artiffisial oedd yn rhan o barc gwledig yn Congleton, Swydd Caer. Roedd canŵio a hwylfyrddio yn cael eu caniatáu yn un rhan o'r llyn, a physgota mewn rhan arall. Ond roedd nofio a phlymio wedi'u gwahardd. Anwybyddodd Tomlinson yr arwyddion rhybudd i beidio â mynd i'r llyn (a oedd yn dweud 'Dŵr peryglus. Dim nofio') a phlymiodd i mewn. Tarodd ei ben ar y gwaelod gan achosi iddo dorri ei wddf a'i adael yn tetraplegig. Penderfynodd ddwyn achos yn erbyn Cyngor Bwrdeistref Congleton gan hawlio am golli enillion, colli ansawdd bywyd a chost y gofal y byddai ei angen arno o ganlyniad i'w anafiadau.

Efallai mai ymwelydd oedd Tomlinson pan gyrhaeddodd y llyn ond derbyniwyd mai tresmaswr oedd pan aeth i mewn i'r dŵr, gan ei fod yn gwybod nad oedd ganddo hawl i blymio i'r llyn. Roedd y cyngor yn gwybod am y perygl, ac roedd wedi cyflwyno patrolau ac arwyddion i rybuddio rhag nofio a phlymio. Gwrthododd Tŷ'r Arglwyddi hawliadau Tomlinson.

Crynodeb: Atebolrwydd meddiannydd

▶ Daw atebolrwydd meddiannydd o gyfraith statud a chyfraith gwlad/cyfraith gyffredin

▶ *Deddf Atebolrwydd Meddianwyr 1957*

- Mae hon yn ymwneud â'r ddyletswydd gofal sy'n ddyledus i ymwelwyr
- Nid yw'n diffinio pwy yw'r meddiannydd, ond mae rheolau cyfraith gwlad yn gymwys *(adran 1(2))*. Pwy sy'n rheoli'r eiddo? *Wheat v Lacon & Co (1966)*
- Ymwelydd yw rhywun sydd â chaniatâd pendant neu dddealledig i ddod i mewn i eiddo
- *Adran 2(3)(a)* Rhaid disgwyl y bydd plant yn llai gofalus nag oedolion
- *Adran 2(3)(b)* Byddai disgwyl i ymwelwyr eu diogelu eu hunain yn erbyn unrhyw risgiau arbennig sy'n gysylltiedig â'r rheswm dros eu hymweliad
- *Adran 2(4)(a)* Gall rhybudd ryddhau'r ddyletswydd o ofal
- *Adran 2(4)(b)* Nid yw'r meddiannydd yn gyfrifol am fai contractwr annibynnol os yw wedi cymryd camau rhesymol i sicrhau bod y contractwr yn gymwys, a bod y gwaith wedi'i wneud yn iawn
- **'y dyn rhesymol'**: yr Arglwydd Reed: *Healthcare at Home Limited v The Common Services Agency (2014)*
- *Haseldine v Daw (1941)*, *Phipps v Rochester (1955)*, *Wheat v Lacon & Co (1966)*, *Glasgow Corporation v Taylor (1992)*.

▶ *Deddf Atebolrwydd Meddianwyr 1984*

- Mae hon yn ymwneud â'r ddyletswydd gofal sy'n ddyledus i unigolion sydd ddim yn ymwelwyr (ymwelwyr anghyfreithlon neu dresmaswyr)
- **Tresmaswyr:** *Addie v Dumbreck (1929)* ond *British Railways Board v Herrington (1972)*
- *Adran 1(3)* Mae gan feddiannydd eiddo ddyletswydd gofal tuag at ymwelydd anghyfreithlon os yw'n ymwybodol o'r perygl, yn gwybod bod yr ymwelydd anghyfreithlon yng nghyffiniau'r perygl, a'i bod yn rhesymol disgwyl i'r meddiannydd gynnig rhyw fath o amddiffyniad yn erbyn y perygl
- *Adran 1(4)* Dyletswydd gofal y meddiannydd tuag at bobl sydd ddim yn ymwelwyr yw cymryd gofal rhesymol na fyddan nhw'n cael eu hanafu

▶ *Tomlinson v Congleton Borough Council (2003)*

▶ Yr Arglwydd Hoffmann: O dan *Ddeddf Atebolrwydd Meddianwyr 1957*, mae dyletswydd gofal yn ddyledus i bob ymwelydd. Ond o dan *Ddeddf Atebolrwydd Meddianwyr 1984*, mae'r ddyletswydd yn ddyledus os bodlonir rhai amodau penodol yn unig

Rhwymedïau: Camwedd

Adran y fanyleb	Cynnwys allweddol	Amcanion Asesu	Ble mae'r pwnc hwn yn ymddangos yn y fanyleb/arholiadau?
CBAC UG **2.4:** Rhwymedïau	• Iawndal, gan gynnwys iawndal cydadferol; lliniaru colled; gwaharddebion	**AA1** Dangos gwybodaeth a dealltwriaeth o reolau ac egwyddorion cyfreithiol **AA2** Cymhwyso rheolau ac egwyddorion cyfreithiol at senarios penodol er mwyn cyflwyno dadl gyfreithiol gan ddefnyddio terminoleg gyfreithiol briodol **AA3** Dadansoddi a gwerthuso rheolau, egwyddorion, cysyniadau a materion cyfreithiol	**CBAC UG:** Uned 2

Dyma'r prif rwymedïau mewn achos o gamwedd:

- **iawndal**: y diben yw rhoi'r hawlydd yn y sefyllfa y byddai wedi bod ynddi pe na bai'r camwedd wedi digwydd. Iawndal yw'r prif rwymedi mewn achosion camwedd.
- **gwaharddebion**: gorchymyn llys sy'n cyfarwyddo rhywun i wneud rhywbeth neu i beidio â'i wneud. Mewn camwedd, defnyddir gwaharddebion gan amlaf mewn achosion o niwsans.

Iawndal

Lliniaru colled

Mae hawlydd sydd wedi dioddef colled o ganlyniad i gamwedd yn gymwys i dderbyn iawndal am unrhyw golledion. Fodd bynnag, disgwylir i'r hawlydd gymryd camau rhesymol i liniaru unrhyw golledion.

Mathau o iawndal i'w talu

Dyma'r prif gategorïau o iawndal sy'n cael eu talu am gamwedd:

- cyffredinol
- arbennig
- mewn enw
- dirmygus
- gwaethygedig
- esiamplaidd.

Iawndal cyffredinol

Mae'r iawndal hwn yn un nad oes modd ei gyfrifo cyn yr achos, ac mae'n rhaid i'r llys ei gyfrifo. Er enghraifft, colled o gyflog yn y dyfodol ac am boen a dioddefaint.

Iawndal arbennig

Mae'n bosibl cyfrifo'r iawndal hwn yn ystod yr achos. Er enghraifft, colled o gyflog a chostau meddygol cyn yr achos.

Iawndal mewn enw

Mae'r iawndal hwn yn cael ei ddyfarnu pan achoswyd ychydig o niwed neu ddim niwed o gwbl, a bod y llys eisiau rhoi swm bychan iawn o iawndal. Mae'n cael ei ddefnyddio am gamweddau sy'n **gyfreithadwy per se**. Ystyr hyn yw nad oes rhaid cael prawf o ddifrod er mwyn dwyn achos o gamwedd: mae'r iawndal yn daladwy yn syml oherwydd bod camwedd wedi digwydd. Mae difenwad a thresmasu yn ddau fath o gamwedd sy'n gyfreithadwy *per se*.

Rookes v Barnard (1964)

Mae'r achos hwn yn bwysig oherwydd pan gafodd ei glywed ar apêl yn Nhŷ'r Arglwyddi, esboniodd yr Arglwydd Devlin bwrpas iawndal esiampladd, ac o dan ba amgylchiadau y gellir ei ddyfarnu. Dywedodd: 'Mae iawndal esiampladd, yn y bôn, yn wahanol i iawndal cyffredin. Bwriad iawndal, yn ystyr arferol y term, yw digolledu. Bwriad iawndal esiampladd yw cosbi a rhwystro.'

YMESTYN A HERIO

Mae rhai pobl yn dadlau na ddylid caniatáu iawndal esiampladd, oherwydd nid cosbi yw bwriad cyfraith sifil. Maen nhw'n dadlau mai pwrpas cyfraith trosedd yw cosbi. Ydych chi'n meddwl y dylai iawndal esiampladd gael ei dalu mewn achosion camwedd?

Fletcher v Bealey (1884)

Dywedodd y barnwr, Pearson J.: *'Os nad oes achos o ddifrod wedi'i brofi, rhaid bod tystiolaeth o berygl ar fin digwydd, a rhaid cael tystiolaeth hefyd y bydd y difrod a ddisgwylir, os daw, yn sylweddol dros ben. Rwyf bron â dweud bod rhaid profi y bydd yn anadferadwy. Oherwydd os na phrofir bod y difrod mor debygol o ddigwydd nes na all unrhyw un amau (os bydd oedi o ran rhwymedi) y bydd difrod yn cael ei achosi, rwy'n meddwl bod rhaid dangos, os bydd y difrod yn digwydd ar unrhyw amscr, y bydd yn digwydd yn y fath fodd ac o dan y fath amgylchiadau nes iddi fod yn amhosibl i'r pleintydd ei ddiogelu ei hun yn ei erbyn heb gymorth quia timet.'*

Dyfynnwyd yn *London Borough of Islington v Elliott and Morris (2012)* paragraff 30.

Iawndal dirmygus

Mae'r iawndal hwn yn cael ei ddyfarnu pan mae lefel y niwed wedi bod yn isel a'r llys yn credu na ddylid bod wedi dwyn achos, er bod y diffynnydd yn atebol o dan gamwedd. Gall yr iawndal hwn fod mor isel â cheiniog. Yn wahanol i iawndal mewn enw, mae'n bosibl ei ddyfarnu am unrhyw gamwedd.

Iawndal gwaethygedig

Mae'r iawndal hwn yn llawer uwch na'r hyn sydd ei angen i roi'r hawlydd yn ôl yn yr un safle ag oedd pe na bai'r camwedd wedi digwydd. Mae'n cynrychioli swm ychwanegol o arian oherwydd bod y niwed cychwynnol wedi cael ei wneud yn waeth oherwydd rhyw ffactor waethygol. Mae'n cael ei ddyfarnu gan amlaf mewn achosion o ddifenwad a thresmasu i'r person.

Iawndal esiampladd

Weithiau, mae'n cael ei alw'n 'iawndal cosbedigol'. Bwriad yr iawndal hwn yw cosbi'r diffynnydd am gyflawni'r camwedd. O dan amgylchiadau penodol yn unig y mae'r rhain yn cael eu dyfarnu.

Nododd yr Arglwydd Devlin dair sefyllfa benodol lle gellid mynnu iawndal esiampladd:

* Gweithredoedd gormesol, mympwyol neu anghyfansoddiadol gan weision y llywodraeth.
* Lle roedd ymddygiad y diffynnydd wedi'i gynllunio ganddo i wneud elw iddo'i hun a fyddai, o bosibl, y tu hwnt i'r iawndal sy'n daladwy i'r hawlydd.
* Lle bydd statud yn awdurdodi talu iawndal esiampladd.

Gwaharddebion

Gorchymyn llys yw gwaharddeb sy'n ei gwneud yn ofynnol i ddiffynnydd ymddwyn mewn ffordd benodol. Mae dau fath o waharddeb:

* **Gwaharddebion gwaharddiadol,** sy'n gorchymyn y diffynnydd i beidio ag ymddwyn mewn ffordd benodol, h.y. i beidio â chyflawni'r camwedd.
* **Gorfodebion,** sy'n gorchymyn y diffynnydd i gymryd camau gweithredol i unioni'r sefyllfa a achoswyd gan y camwedd. Anaml iawn mae'r rhain yn cael eu dyfarnu mewn achosion camwedd.

Nid yw gwaharddebion yn tueddu i gael eu defnyddio mewn achosion camwedd fel esgeuluster neu atebolrwydd meddianwyr. Maen nhw'n cael eu defnyddio gan amlaf mewn achosion camwedd fel niwsans, tresmasu ar dir a difenwi.

Gwaharddeb *quia timet*

Bydd y waharddeb hon wedi ei chael cyn i gamwedd gael ei gyflawni. Ystyr y term Lladin *quia timet* yw 'oherwydd ei fod yn ofni'. Cafodd yr amgylchiadau lle gellir dyfarnu *quia timet* eu nodi yn achos *Fletcher v Bealey (1884)*: rhaid i'r perygl fod ar fin digwydd, rhaid i'r difrod posibl fod yn sylweddol, a'r unig ffordd i'r hawlydd ddiogelu ei hun yw drwy *quia timet*.

Gwaharddeb interim

Enw arall ar y waharddeb hon yw 'gwaharddeb dros dro yng nghwrs achos'. Gellir ei dyfarnu unwaith y bydd achos wedi dechrau, ond cyn y prif wrandawiad llys. Bydd y waharddeb yn gorchymyn y diffynnydd i beidio ag ymddwyn mewn ffordd benodol.

Nodwyd yr amodau ar gyfer dyfarnu gwaharddeb interim yn *American Cyanamid v Ethicon (1975)*:

* Rhaid bod achos difrifol gerbron y llys.
* Rhaid i'r 'cydbwysedd cyfleustra' fod o blaid dyfarnu'r waharddeb. Os nad oes anghydbwysedd, yna ni ddylid dyfarnu gwaharddeb, a hynny er mwyn cadw'r *status quo*.

Cydbwysedd cyfleustra

Bydd gwaharddeb interim yn cael ei dyfarnu dim ond os yw'r hawlydd yn ymrwymo i dalu iawndal i'r diffynnydd am unrhyw golled a achosir gan y waharddeb, os ystyrir nad oedd gan yr hawlydd hawl i rwystro'r diffynnydd rhag gwneud yr hyn roedd yn bygwth ei wneud. Fodd bynnag, efallai na fydd yr iawndal yn ad-daliad digonol os bydd y diffynnydd yn cael ei atal rhag gwneud rhywbeth. Rhaid i'r llysoedd gydbwyso'r angen am y waharddeb yn erbyn yr effeithiau ar y diffynnydd.

Dywedodd yr Arglwydd Diplock y dylai'r llys bwysoli un angen yn erbyn y llall, a phenderfynu lle mae'r cydbwysedd cyfleustra.

Gwaharddebion fel rhwymedi ecwitïol

Mae gwaharddebion yn gallu bod yn fath o rwymedi ecwitïol (gweithredoedd mae'r llys yn eu pennu i ddatrys anghydfod). Maen nhw felly yn cael eu dyfarnu ar ddisgresiwn y llys, ac nid fel hawl. Mae gwirebau (egwyddorion cyffredinol) ecwiti (hynny yw, tegwch) yn penderfynu pryd na fyddan nhw'n cael eu dyfarnu.

- **Rhaid i'r sawl sy'n chwilio am ecwiti wneud ecwiti**. Ni chaniateir gwaharddebion os yw'r hawlydd wedi ymddwyn yn annheg (e.e. os yw wedi annog y diffynnydd i gyflawni'r camwedd).

- **Nid yw ecwiti yn gwneud dim yn ofer**. Ni fydd y llys yn dyfarnu gwaharddeb os na fydd y diffynnydd yn gallu cydymffurfio â'i hamodau.

- **Mae oedi'n gorchfygu ecwiti**. Mae'r llys yn annhebygol o ddyfarnu gwaharddeb os oes oedi afresymol wedi bod cyn gofyn amdani.

Crynodeb: Rhwymedïau: Camwedd

▶ **Iawndal**: y nod yw rhoi'r hawlydd yn y sefyllfa y byddai wedi bod ynddi pe na bai'r camwedd wedi digwydd
- **Lliniaru colled:** Mae iawndal yn ddyledus i hawlydd am golledion ond rhaid iddo gymryd camau rhesymol i liniaru colledion o'r fath
- **Iawndal cyffredinol:** Ni ellir eu cyfrifo cyn y treial e.e. colli enillion yn y dyfodol, poen a dioddefaint
- **Iawndal arbennig:** Mae'n bosibl cyfrifo hwn ar adeg y treial e.e. colli enillion, treuliau meddygol presennol
- **Iawndal mewn enw:** Symiau bach ar gyfer achosion cyfreithadwy *per se* lle nad oedd llawer o niwed, neu ddim niwed o gwbl, a doedd dim angen tystiolaeth o ddifrod e.e. difenwad, tresmas
- **Iawndal dirmygus:** Iawndal bach iawn yn dilyn niwed bach, pan fydd y llys o'r farn na ddylid bod wedi dwyn achos
- **Iawndal gwaethygedig:** dyfernir iawndal ychwanegol gan fod ffactor waethygol wedi gwneud y niwed cychwynnol yn waeth e.e. difenwad, a thresmasu i'r person
- **Iawndal esiamplaidd (cosbedigol)**: Cosbi a rhwystro'r diffynnydd: *Rookes v Barnard (1964)*

▶ **Gwaharddebion**: gorchymyn llys sy'n cyfarwyddo parti i ymddwyn mewn ffordd benodol; defnyddir y rhain gan amlaf mewn achosion niwsans, tresmasu ar dir a difenwi
- **Gwaharddebion gwaharddiadol**, sy'n gorchymyn y diffynnydd i **beidio** ag ymddwyn mewn ffordd benodol (h.y. i beidio â chyflawni'r camwedd)
- **Gorfodebion**, sy'n gorchymyn diffynnydd i gymryd camau i unioni'r sefyllfa
- *Gwaharddeb* **quia timet:** Bydd yn cael ei sicrhau cyn i'r camwedd gael ei gyflawni os oes rhyw berygl ar fin digwydd, os byddai difrod yn sylweddol ac os nad oes unrhyw amddiffyniad arall ar gael: *Fletcher v Bealey (1884)*
- **Gwaharddebion interim (dros dro yng nghwrs achos)**, sy'n gorchymyn y diffynnydd i beidio ag ymddwyn mewn ffordd benodol. Gellir eu dyfarnu unwaith y bydd achos wedi dechrau, ond cyn y prif wrandawiad llys (cydbwysedd cyfleustra: *American Cyanamid v Ethicon (1975)*)
- Rhwymedi ecwitïol yw gwaharddebion, nid hawl

Rheolau a damcaniaeth cyfraith trosedd

Adran y fanyleb	Cynnwys allweddol	Amcanion Asesu	Ble mae'r pwnc hwn yn ymddangos yn y fanyleb/arholiadau?
CBAC UG/U2 3.12: Rheolau a damcaniaeth cyfraith trosedd	• Diffinio trosedd, a diben cyfraith trosedd • Baich a safon y prawf • Codeiddio cyfraith trosedd • Swyddogaethau Gwasanaeth Erlyn y Goron, gan gynnwys amlinelliad o rôl y Twrnai Cyffredinol a'r Cyfarwyddwr Erlyniadau Cyhoeddus (gweler tudalen 75) • Mechnïaeth a remánd yn y ddalfa, gan gynnwys mechnïaeth gan yr heddlu a gan y llys (gweler tudalen 72) • Y broses treialon, gan gynnwys cyfiawnder ieuenctid, gweithdrefn treialon a'r broses apêl (gweler tudalen 64) • Natur dreiddiol y gyfraith a chymdeithas, y gyfraith a moesoldeb a'r gyfraith a chyfiawnder ar gyfraith trosedd	**AA1** Dangos gwybodaeth a dealltwriaeth o reolau ac egwyddorion cyfreithiol **AA2** Cymhwyso rheolau ac egwyddorion cyfreithiol at senarios penodol er mwyn cyflwyno dadl gyfreithiol gan ddefnyddio terminoleg gyfreithiol briodol **AA3** Dadansoddi a gwerthuso rheolau, egwyddorion, cysyniadau a materion cyfreithiol	**CBAC UG:** Unedau 3 a 4

CYFRAITH TROSEDD

Diffiniad o drosedd

Mae sawl ffordd o ddiffinio 'trosedd'. Ond un diffiniad yw ei bod yn gamwedd neu ddrwg yn erbyn unigolyn, cymdeithas a'r wladwriaeth, ac y dylid rhoi cosb amdani.

Yn *Proprietary Articles Trade Association v Attorney General for Canada (1931)*, cyflwynodd yr Arglwydd Atkin ei ddiffiniad o drosedd:

'nid yw'n bosibl defnyddio greddf i benderfynu beth sy'n gwneud gweithred yn drosedd; a dim ond un safon y gellir cyfeirio ati wrth geisio darganfod hynny: a yw'r weithred wedi'i gwahardd gan ganlyniadau cosbedigaethol?'

Mae'r wladwriaeth (y llywodraeth) yn datblygu cod ymddygiad i gymdeithas gyfan gadw ato, er mwyn cynnal rheolaeth a safonau cymdeithasol. Bydd y rhai sy'n cyflawni troseddau yn cael eu herlyn gan y wladwriaeth (yn wahanol i gyfraith sifil, lle bydd unigolion yn dwyn achosion). Gwasanaeth Erlyn y Goron (y *CPS*) fydd yn cynnal y rhan fwyaf o'r achosion hyn.

Senedd y DU sy'n llunio'r rhan fwyaf o gyfraith trosedd, ond mae rhai troseddau cyfraith trosedd i'w cael mewn cyfraith achosion a chyfraith gwlad/cyfraith gyffredin.

Enghreifftiau o droseddau cyfraith gyffredin

Dros flynyddoedd lawer, mae barnwyr wedi datblygu troseddau penodol, ac efallai bydd angen parhau i wneud hynny ar adegau. Fodd bynnag, yn *Knuller v DPP (1973)*, nododd Tŷ'r Arglwyddi nad oedd yn teimlo bod creu troseddau yn rhan o'i gylch gwaith, ac mai Senedd y DU ddylai wneud hynny os yw'n bosibl. Bydd Senedd y DU yn ymyrryd ac yn cynnig canllawiau statudol pan fydd yn teimlo bod angen sicrhau bod y gyfraith yn gyson â pholisi.

Llofruddiaeth

Llofruddiaeth yw'r enghraifft fwyaf amlwg o drosedd cyfraith gyffredin. Nid yw wedi'i diffinio mewn unrhyw statud, ond roedd barnwyr yn aml yn rhoi'r gosb eithaf am lofruddiaeth – nes i Senedd y DU basio **Deddf Llofruddiaeth (Dileu Cosb Angau) 1965**.

Cynllwynio i lygru moesau'r cyhoedd

Shaw v DPP (1962)

Cyhoeddodd y diffynnydd lyfr yn cynnwys enwau, lluniau a gwasanaethau wedi'u cynnig gan buteiniaid. Cafodd ei euogfarnu am gynllwynio i lygru moesau'r cyhoedd. Nid oedd unrhyw drosedd statudol arall ar gael yn euogfarn i'r diffynnydd, felly creodd y barnwyr y drosedd hon eu hunain.

Treisio mewn priodas

R v R (1991)

Roedd cynsail o'r 18fed ganrif yn datgan na allai gŵr fod yn euog o dreisio ei wraig. Yn yr achos hwn, roedd Tŷ'r Arglwyddi o'r farn bod statws menywod mewn cymdeithas wedi newid a'u bod bellach yn gydradd â dynion, felly ni ddylen nhw gael eu hystyried yn fath o 'siátel' (eiddo personol). Os nad yw gwraig yn cydsynio i gael rhyw, erbyn nawr gall y gŵr gael ei ddyfarnu'n euog o drais.

Elfennau trosedd

Er mwyn cael diffynnydd yn euog o drosedd, mae'n rhaid i ddwy elfen fod yn bresennol: *actus reus* a *mens rea*. Daw'r termau hyn o'r ymadrodd Lladin **actus non facit reum nisi mens sit rea**: 'nid yw'r weithred ei hun yn gwneud rhywun yn euog oni bai fod y meddwl hefyd yn euog'.

Baich y prawf

Mae'n rhaid i'r erlyniad argyhoeddi'r barnwr neu'r rheithgor bod y diffynnydd yn atebol yn droseddol. Mae hwn yn 'edefyn aur' sy'n rhedeg drwy system gyfreithiol y DU: y rhagdybiaeth bod rhywun yn **ddieuog** nes caiff ei brofi'n euog. Roedd *Woolmington v DPP (1935)* yn pwysleisio'r ffaith bod yn rhaid i'r erlyniad brofi'r achos y tu hwnt i bob amheuaeth resymol mewn unrhyw dreial troseddol.

Mae **'y tu hwnt i bob amheuaeth resymol'** yn brawf o safon uchel iawn. Mae'n rhaid i'r barnwr a'r rheithgor fod heb unrhyw amheuaeth yn eu meddwl, bron, i'r diffynnydd gyflawni'r drosedd. Fel arall, mae'n rhaid cael y diffynnydd yn ddieuog.

Actus reus

Mae ystyr y term **actus reus** yn ehangach na 'gweithred'. Gall *actus reus* fod yn un o'r rhain:

- gweithred wirfoddol
- anwaith
- sefyllfa.

Bydd yr *actus reus* yn wahanol ar gyfer pob trosedd. Felly, ar gyfer llofruddiaeth, 'lladd anghyfreithlon' yw'r weithred, ond ar gyfer dwyn, 'cymryd eiddo rhywun arall yn anonest' ydyw. Rhaid bod y diffynnydd wedi cyflawni'r weithred neu'r anwaith yn wirfoddol. Os yw'r weithred yn anwirfoddol, ni fydd y diffynnydd yn euog.

Gweler tudalen 155 am olwg fwy manwl ar gysyniad *actus reus*.

Ymchwiliwch i ddiffiniad Syr Edward Coke o lofruddiaeth. Sut mae'n cymharu â diffiniadau eraill?

actus reus: 'y weithred euog' sy'n angenrheidiol er mwyn cael diffynnydd yn euog o drosedd. Gall fod yn weithred wirfoddol, yn anwaith neu'n sefyllfa.

mens rea: 'y meddwl euog' sy'n angenrheidiol er mwyn cael diffynnydd yn euog o drosedd. Gall gynnwys bwriad, byrbwylltra neu esgeuluster.

Gall gweithred o ganlyniad i gael eich erlid neu eich pigo gan haid o wenyn fod yn weithred anwirfoddol

YMESTYN A HERIO

Ymchwiliwch i ffeithiau *Larsonneur (1933)* a *Winzar v Chief Constable of Kent (1983)*, a thrafodwch beth oedd y sefyllfaoedd yn yr achosion hyn. Gweler tudalen 160 am drafodaeth fanwl ar droseddau atebolrwydd caeth.

GWELLA GRADD

Ymchwiliwch i'r achosion canlynol, a thrafodwch a oedd dyletswydd i weithredu yn yr achosion hyn:
- *Pittwood (1902)*
- *Dytham (1979)*
- *Stone and Dobinson (1977)*
- *Gibbins and Proctor (1918)*
- *Khan (1988)*.

YMESTYN A HERIO

I ddeall ystyr **bwriad**, ymchwiliwch i'r achosion canlynol ac yna trafodwch nhw:
- *Hyam v DPP (1975)*
- *Moloney (1985)*
- *Hancock and Shankland (1986)*
- *Nedrick (1986)*
- *Woollin (1998)*
- *Matthew and Alleyne (2003)*.

Gweithred wirfoddol
Hill v Baxter (1958)
*Rhoddodd y llys enghreifftiau o weithredoedd **anwirfoddol**, fel gweithredoedd atgyrch (reflex) ar ôl cael eich taro ar eich pen â morthwyl neu eich pigo gan haid o wenyn. Mae cyfraith trosedd yn ymwneud â bai yn unig.*

Anwaith (*omission*)
Fel arfer, nid yw methu gweithredu yn arwain at ddyfarnu rhywun yn atebol yn drosseddol o dan gyfraith Cymru a Lloegr. Dywedodd yr Arglwydd Ustus Stephen: 'Nid yw'n drosedd i achosi marwolaeth nac anaf corfforol, hyd yn oed yn fwriadol, drwy unrhyw anwaith.'

Fodd bynnag, mae rhai eithriadau i'r rheol hon. Bydd rhywun yn cael ei ddal yn drosseddol atebol am fethu gweithredu:
- lle mae dyletswydd wedi'i chreu drwy statud
- lle mae dyletswydd gontractol ar y person i weithredu
- lle mae dyletswydd ar y person oherwydd ei swydd
- lle mae wedi derbyn cyfrifoldeb am rywun arall yn wirfoddol
- lle mae wedi creu sefyllfa beryglus
- lle mae perthynas arbennig, fel gydag aelod o'r teulu.

Sefyllfa (*state of affairs*)
Yma, nid yw'r diffynnydd wedi gweithredu'n wirfoddol, ond eto i gyd mae wedi cael ei euogfarnu o drosedd. Troseddau 'bod' yn hytrach na 'gwneud' yw'r rhain.

Er mwyn i rywun fod wedi cyflawni'r *actus reus*, mewn rhai troseddau mae'n rhaid bod canlyniad hefyd. Er enghraifft, yn achos llofruddiaeth, mae'n rhaid bod rhywun wedi marw. Rhaid bod gweithred y diffynnydd wedi arwain at y lladd anghyfreithlon.

Mens rea

Ystyr *mens rea* yw 'meddwl euog'. Mae gwahanol lefelau o *mens rea*. Dyma nhw, o'r uchaf i'r isaf:
- bwriad
- byrbwylltra
- esgeuluster.

Mae lefelau *mens rea* yn cael eu hesbonio'n fwy manwl ar dudalen 156.

Bwriad
Cafodd hwn ei ddiffinio gan y llysoedd yn *R v Mohan (1975)* fel hyn: 'penderfyniad i achosi [y canlyniad sydd wedi'i wahardd], cyn belled ag y mae o fewn pŵer y cyhuddedig, dim ots os oedd y cyhuddedig yn dymuno'r canlyniad hwnnw yn sgil ei weithred neu beidio'.

Nid yw cymhelliad y diffynnydd yn berthnasol wrth benderfynu ar fwriad. Mae dau fath o fwriad:

1. **Bwriad uniongyrchol:** mae'r diffynnydd eisiau sicrhau canlyniad, ac mae'n gweithredu i'w gyflawni. Yn gyffredinol, mae'n haws profi hyn ar sail amgylchiadau'r drosedd.
2. **Bwriad anuniongyrchol:** nid yw'r diffynnydd yn dymuno'r canlyniad, ond mae'n sylweddoli bod posibilrwydd y bydd hyn yn digwydd os yw'n gweithredu yn y ffordd honno.

Byrbwylltra (*recklessness*)
Diffiniad 'byrbwylltra' yw sefyllfa lle mae'r diffynnydd yn gwybod bod risg y bydd ei weithredoedd yn arwain at niwed, ond mae'n mynd yn ei flaen i gymryd y risg er gwaethaf hynny. Mae hwn yn fath is o *mens rea* na bwriad.

Esgeuluster
Gweler tudalen 158 am ragor o wybodaeth am y cysyniad o *mens rea* ac esgeuluster.

Codeiddio cyfraith trosedd

Yn y rhan fwyaf o wledydd, mae cyfraith trosedd wedi'i chodeiddio: mae ganddyn nhw ddogfen ysgrifenedig – hynny yw, wedi'i chodeiddio – sy'n nodi pob rhan o gyfraith trosedd. Yn y DU, mae cyfraith trosedd i'w chanfod mewn statudau niferus ac mewn cyfraith gwlad. Gall fod yn anodd i gyfreithwyr, heb sôn am bobl leyg, ddod o hyd i'r gyfraith a gwybod beth yw'r diweddaraf. Ond os yw'n bosibl i ni golli ein rhyddid wrth dorri'r gyfraith, mae'n bwysig ein bod yn gwybod beth yw'r gyfraith o ran troseddu.

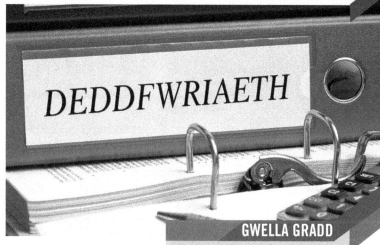

Sefydlwyd Comisiwn y Gyfraith (gweler tudalen 28) gan **Ddeddf Comisiwn y Gyfraith 1965**, a'i dasg fyddai codeiddio cyfraith trosedd. Ond gwelodd y Comisiwn bod y dasg yn amhosibl. Yn y pen draw, gyda chymorth academyddion profiadol, cyhoeddwyd drafft cod troseddol yn 1989 a oedd yn ymgorffori cyfraith trosedd ac yn awgrymu sut i'w diwygio. Fodd bynnag, nid yw Senedd y DU erioed wedi deddfu yn ei gylch, ac mae'n dal i fod ar ffurf drafft.

GWELLA GRADD

Cofiwch fod y rheolau sydd wedi'u nodi yn yr adran hon yn gymwys i'r holl droseddau y byddwch chi'n dysgu amdanyn nhw yng nghyfraith trosedd.

Crynodeb: Rheolau a damcaniaeth cyfraith trosedd

▶ Trosedd yw camwedd yn erbyn unigolyn, cymdeithas a'r wladwriaeth y dylid ei gosbi gan y wladwriaeth: *Proprietary Articles Trade Association v Attorney General for Canada (1931)*

▶ Gwasanaeth Erlyn y Goron (*CPS*) fydd yn cynnal y rhan fwyaf o'r achosion hyn

▶ **Troseddau cyfraith gyffredin**: Senedd y DU yn unig ddylai greu troseddau a darparu canllawiau statudol: *Knuller v DPP (1973)*

  • **Llofruddiaeth:** Heb ei diffinio mewn unrhyw statud. Diddymwyd y gosb eithaf yn **Neddf Llofruddiaeth (Dileu Cosb Angau) 1965**

  • **Cynllwynio i lygru moesau'r cyhoedd:** *Shaw v DPP (1962)*

  • **Treisio mewn priodas:** *R v R (1991)*

▶ *Actus reus*: rhaid bod 'gweithred euog' er mwyn cael diffynnydd yn euog o drosedd

  • Gweithred wirfoddol: *Hill v Baxter (1958)*

  • Mae anwaith, neu fethiant i weithredu, yn rhywbeth sy'n droseddol atebol o dan rai amodau. Dyletswydd i weithredu: *Pittwood (1902)*, *Dytham (1979)*, *Stone and Dobinson (1977)*, *Gibbins and Proctor (1918)*, *Khan (1988)*

  • Sefyllfa: *Larsonneur (1933)*, *Winzar v Chief Constable of Kent (1983)*

▶ *Mens rea*: rhaid bod 'meddwl euog' er mwyn cael diffynnydd yn euog o drosedd

  • Bwriad uniongyrchol neu anuniongyrchol: *Mohan (1975)*, *Hyam v DPP (1975)*, *Moloney (1985)*, *Hancock and Shankland (1986)*, *Nedrick (1986)*, *Woollin (1998)*, *Matthew and Alleyne (2003)*

  • Byrbwylltra

  • Esgeuluster

▶ **Baich y prawf:** Mae'n rhaid i'r erlyniad argyhoeddi'r barnwr neu'r rheithgor bod y diffynnydd yn droseddol atebol, ond **rhagdybir ei fod yn ddieuog** nes profir ei fod yn euog: *Woolmington v DPP (1935)*

▶ **Y tu hwnt i bob amheuaeth resymol:** Rhaid i'r barnwr neu'r rheithgor fod yn sicr bod y diffynnydd wedi cyflawni'r drosedd er mwyn gallu ei gael yn euog.

▶ Sefydlwyd **Comisiwn y Gyfraith gan Ddeddf Comisiwn y Gyfraith 1965** er mwyn codeiddio cyfraith trosedd. Ond mae cod troseddol 1989 ar ffurf ddrafft o hyd

Elfennau cyffredinol atebolrwydd troseddol

Adran y fanyleb	Cynnwys allweddol	Amcanion Asesu	Ble mae'r pwnc hwn yn ymddangos yn y fanyleb/arholiadau?
CBAC UG/U2 **3.13**: Elfennau cyffredinol atebolrwydd	• Baich a safon y prawf • *Actus reus* (gan gynnwys ymddygiad gwirfoddol ac anwirfoddol, canlyniadau ac anwaith) • *Mens rea* (esgeuluster, byrbwylltra, bwriad), bai • Achosiaeth (cyfreithiol a ffeithiol) • Atebolrwydd caeth	**AA1** Dangos gwybodaeth a dealltwriaeth o reolau ac egwyddorion cyfreithiol **AA2** Cymhwyso rheolau ac egwyddorion cyfreithiol at senarios penodol er mwyn cyflwyno dadl gyfreithiol gan ddefnyddio terminoleg gyfreithiol briodol **AA3** Dadansoddi a gwerthuso rheolau, egwyddorion, cysyniadau a materion cyfreithiol	**CBAC UG/U2:** Uned 3; Uned 4

Baich y prawf a safon y prawf

Mewn achos troseddol, ar yr erlyniad mae'r baich o brofi euogrwydd. Mae'n rhaid i'r erlyniad brofi'r euogrwydd hwn i safon penodol. Y safon yw profi rhywbeth **'y tu hwnt i amheuaeth resymol'**. Mae safon y prawf yn uwch mewn achos troseddol nag un sifil, gan fod effaith cael rhywun yn euog o drosedd gymaint yn fwy. Mae hefyd yn cefnogi'r egwyddor **'dieuog nes caiff ei brofi'n euog'** ac *Erthygl 6 yr ECHR* (hawl i dreial teg).

Elfennau trosedd

Yn gyffredinol, rhaid cael dwy elfen ar gyfer cyflawni trosedd: ***actus reus*** (y weithred euog) a ***mens rea*** (y meddwl euog). Y **rhagdybiaeth** gyffredinol yw bod rhaid i ddiffynnydd fod wedi cyflawni gweithred euog, a bod â chyflwr meddwl euog ar yr un pryd. Mae rhagdybiaeth yn fan cychwyn i'r llysoedd, sy'n rhagdybio bod rhai ffeithiau yn wir oni bai fod mwy o dystiolaeth i'r gwrthwyneb i wrthbrofi'r rhagdybiaeth.

Mae hyn yn cefnogi'r dywediad Lladin ***actus non facit reum nisi mens sit rea***, sy'n golygu nad yw'r weithred yn gwneud rhywun yn euog heblaw bod y meddwl yn euog hefyd. Mae rhai eithriadau i hyn, sy'n cael eu harchwilio yn yr adran ar atebolrwydd caeth (gweler tudalen 160). Ar ôl sefydlu hyn, mae angen profi achosiaeth, sy'n edrych ar y cyswllt rhwng y canlyniad ac ymddygiad y diffynnydd.

Bydd y testun hwn yn ystyried:

• *actus reus*   • achosiaeth ffeithiol
• anwaith   • achosiaeth gyfreithiol
• *mens rea*   • atebolrwydd caeth.

Actus reus

Mae hyn yn cynnwys holl elfennau trosedd ac eithrio *mens rea*. Gall *actus reus* gynnwys yr elfennau canlynol.

Ymddygiad

Mae'r weithred yn gofyn am ymddygiad penodol, ond nid yw canlyniad yr ymddygiad hwnnw yn arwyddocaol. Un enghraifft yw anudon (*perjury*), pan fydd rhywun yn dweud celwydd ar lw. Nid yw'n berthnasol a yw'r celwydd yn cael ei gredu neu beidio, neu a yw'n effeithio ar yr achos; mae'r ymddygiad o ddweud celwydd yn ddigonol i fod yn *actus reus*.

Canlyniad

Mae'r weithred yn gofyn am ganlyniad penodol. Un enghraifft yw llofruddiaeth, lle mae'n rhaid bod y drosedd wedi arwain at rywun yn marw. Mae angen profi achosiaeth hefyd.

Sefyllfa

Ar gyfer y troseddau hyn, yr *actus reus* yw 'bod' yn hytrach na 'gwneud'; er enghraifft, 'bod' yng ngofal cerbyd pan ydych o dan ddylanwad alcohol neu gyffuriau. Mae cyswllt rhwng hyn ac atebolrwydd caeth (gweler tudalen 160).

R v Larsonneur (1933)

Cafodd Mrs Larsonneur, dinesydd Ffrengig, ei chymryd o Iwerddon i'r DU dan ofal yr heddlu, ac yn erbyn ei hewyllys: doedd hi ddim eisiau dod i'r DU. Cafodd ei harestio yn syth ar ôl cyrraedd y DU am fod yn berson estron a oedd yn y DU yn anghyfreithlon. Er nad oedd hi eisiau dod i'r DU, ac nad oedd ganddi unrhyw rym i'w rhwystro'i hun rhag cael ei symud, roedd hynny'n amherthnasol am ei bod wedi ei 'chael' neu'n 'bod' yn anghyfreithlon yn y DU. Cafwyd hi yn euog.

Achos arall sy'n dangos trosedd 'sefyllfa' yw *Winzar v CC Kent (1983)*. Yn yr achos hwn, cafodd y diffynnydd ei ddarganfod yn feddw mewn ysbyty, yn eistedd yn swp ar gadair. Galwyd yr heddlu a symudwyd ef i'r stryd, lle cafodd ei gyhuddo o 'fod yn feddw ar y briffordd' yn groes i **Ddeddf Trwyddedu 1872**. Enw arall ar y troseddau hyn yw **troseddau atebolrwydd llwyr** a byddwn ni'n eu hystyried yn yr adran ar atebolrwydd caeth ar dudalen 160.

Anwaith

Mae hyn yn digwydd pan fydd rhywun yn 'peidio â gweithredu'. Fel rheol gyffredinol, nid yw'n drosedd i beidio â gweithredu oni bai ei bod hi'n **ddyletswydd ar rywun i weithredu**. Gallai rhywun gerdded heibio i rywun arall sy'n boddi mewn pwll o ddŵr, a does dim rhwymedigaeth gyfreithiol iddo geisio ei achub.

Dyletswydd i weithredu

Gall rhywun fod yn atebol yn droseddol os methodd weithredu pan oedd ganddo ddyletswydd gyfreithiol i wneud hynny, a bod modd cyflawni'r drosedd drwy anwaith. Mae sefyllfaoedd wedi'u nodi lle mae gan rywun ddyletswydd i weithredu.

1. Statud

Os yw gweithred yn ofynnol yn statudol, mae'n anghyfreithlon peidio â gweithredu. Er enghraifft, o dan **adran 6 Deddf Traffig y Ffyrdd 1988**, mae peidio â rhoi sampl o anadl neu sbesimen i'w ddadansoddi yn drosedd.

2. Contract

Gall rhywun fod o dan gontract i weithredu mewn ffordd arbennig, ac os yw'n methu gweithredu pan fydd ganddo ddyletswydd gontractol i wneud hynny, gall fod yn atebol am drosedd. Mae achos *R v Pitwood (1902)* yn enghraifft o hyn.

3. Dyletswydd yn deillio o berthynas arbennig

Mae rhai mathau o berthynas deuluol, fel y berthynas rhwng rhiant a phlentyn a rhwng gŵr a gwraig, yn golygu bod dyletswydd i weithredu. Mae achos *R v Gibbins and Proctor (1918)* yn enghraifft o hyn.

ACHOS ALLWEDDOL

R v Pitwood (1902)
Cafodd gyrrwr cert ei ladd wrth yrru trwy groesfan reilffordd, wedi i Pitwood, ceidwad y groesfan, fethu cau'r gât pan aeth am ginio. Roedd ganddo ddyletswydd gontractol i ofalu bod gât y groesfan wedi cau, ac arweiniodd ei fethiant i weithredu at farwolaeth y gyrrwr.

ACHOS ALLWEDDOL

Gibbins and Proctor (1918)
Roedd y diffynnydd a'i gariad wedi methu rhoi bwyd i'w ferch, a oedd yn byw gyda nhw. Fe wnaeth y ferch lwgu i farwolaeth. Roedd y fenyw, er nad hi oedd mam y plentyn, yn byw ar yr un aelwyd ac wedi cymryd arian y diffynnydd i fwydo'r plentyn. Felly roedd ganddi ddyletswydd i weithredu (i fwydo'r ferch a gofalu amdani). Cafwyd y ddau yn euog o lofruddiaeth.

R v Stone and Dobinson (1977)
Daeth Fanny, chwaer iau Stone, i fyw gyda Stone a Dobinson. Roedd Fanny yn dioddef o anorecsia, ac er gwaethaf rhai ymdrechion gwan gan Stone a Dobinson i gael help iddi, yn y pen draw bu farw. Canfyddiad y rheithgor oedd fod dyletswydd wedi ei rhagdybio, oherwydd eu bod wedi dewis gofalu am oedolyn bregus ac agored i niwed. Dylen nhw fod wedi gwneud mwy o ymdrech i gael help iddi, ac fe gawson nhw eu canfod yn euog o ddynladdiad.

atebolrwydd caeth: grŵp o droseddau, rheoleiddiol eu natur fel arfer, sy'n gofyn am brawf o *actus reus* yn unig heb fod angen *mens rea*.

4. Dyletswydd yn deillio o rywun yn cymryd cyfrifoldeb dros unigolyn arall

Os bydd rhywun yn dewis gofalu am unigolyn arall sy'n fethedig neu sydd ddim yn gallu gofalu amdano'i hun, mae ganddo ddyletswydd i wneud hyn heb esgeuluster. Mae achos *R v Stone and Dobinson (1977)* yn enghraifft o hyn.

5. Mae'r diffynnydd wedi creu sefyllfa beryglus drwy ddiffyg gofal, ac yn dod yn ymwybodol o'r sefyllfa, ond nid yw'n cymryd camau i'w hunioni

R v Miller (1983)

Roedd y diffynnydd yn sgwatio mewn fflat. Aeth i gysgu heb ddiffodd ei sigarét. Pan ddeffrodd, sylweddolodd fod y fatres ar dân, ond y cyfan a wnaeth oedd symud i'r ystafell nesaf a mynd yn ôl i gysgu. Gan ei fod wedi methu gweithredu a galw am help, achosodd hynny werth cannoedd o bunnoedd o ddifrod. Cafwyd ef yn euog o losgi bwriadol.

Y gwahaniaeth rhwng gweithred bositif ac anwaith

Yn gyffredinol, nid yw methu gweithredu yn drosedd, oni bai fod gan rywun ddyletswydd i wneud hynny. Er enghraifft, os yw rhywun yn boddi a chithau'n gwneud dim, mae hynny'n anwaith. Ond os ydych chi'n dal pen yr unigolyn hwnnw o dan y dŵr fel ei fod yn boddi, mae hynny'n weithred bositif. Yn achos *Airedale NHS v Bland (1993)*, cadarnhawyd mai anwaith oedd symud tiwb bwydo oddi wrth glaf er mwyn caniatáu iddo farw yn naturiol. Felly nid oedd honno yn weithred droseddol. Gellir cyferbynnu hyn ag **ewthanasia**, lle byddai gweithred fel rhoi dos gormodol yn fwriadol er mwyn rhoi terfyn ar fywyd rhywun yn weithred bositif, ac felly yn drosedd.

Mens rea

Y rhagdybiaeth gyffredinol yw bod rhaid i ddiffynnydd fod wedi cyflawni gweithred euog, a bod â chyflwr meddwl euog ar yr un pryd. Mae *mens rea* yn cyfeirio at elfen feddyliol y diffiniad o drosedd. Os yw'r Senedd yn bwriadu cynnwys *mens rea* mewn trosedd, yn aml bydd yn cynnwys geiriau *mens rea* yn y statud fel '**bwriadol**', '**yn fyrbwyll**' ac '**yn esgeulus**'. Os yw'r Senedd wedi gadael gair *mens rea* allan yn fwriadol, yna gall y drosedd gael ei hystyried yn un ar sail **atebolrwydd caeth**.

Mae'r *mens rea* yn amrywio yn ôl y drosedd. Er enghraifft, *mens rea* **llofruddiaeth** yw **malais bwriadus**, sydd wedi dod i olygu bwriad i ladd neu achosi niwed corfforol difrifol (*GBH*). Ar y llaw arall, *mens rea* ymosod yw **achosi, yn fwriadol neu yn fyrbwyll, i'r dioddefwr ofni y defnyddir grym anghyfreithlon yn ddi-oed.**

Cyd-ddigwydd *actus reus* a *mens rea*

Er mwyn bod yn euog o drosedd sy'n gofyn am *mens rea*, y rheol gyffredinol yw bod rhaid i'r person a gyhuddir feddu ar y *mens rea* angenrheidiol pan fydd yn gwneud yr *actus reus*, a rhaid iddo fod wedi'i gysylltu â'r weithred neu'r anwaith penodol hwnnw. Enw arall ar hyn yw **rheol cyfoesedd**. Er enghraifft, mae Bob yn cynllunio i ladd ei gydweithiwr yfory, ond ar ddamwain, mae'n ei ladd heddiw. Nid yw hyn yn golygu bod Bob yn euog o lofruddiaeth. Mae'r llysoedd wedi cymryd ymagwedd hyblyg at y cwestiwn hwn mewn dwy ffordd: trwy **weithredoedd parhaus** ac **un gyfres o ddigwyddiadau**.

1. Gweithredoedd parhaus

Does dim rhaid i *mens rea* fod yn bresennol ar ddechrau'r *actus reus*, ond rhaid bod *mens rea* yn ymddangos ar ryw bwynt o fewn gweithred barhaus. Mae achos *Fagan v Metropolitan Police Commissioner (1969)* yn dangos y pwynt hwn.

Fagan v Metropolitan Police Commissioner (1969)

Parciodd Fagan ei gar yn ddamweiniol ar droed heddwas pan ofynnodd yr heddwas iddo barcio'r car ger y palmant. Doedd Fagan ddim yn bwriadu gyrru ei gar dros droed yr heddwas. Ond pan ofynnodd yr heddwas iddo symud, gwrthododd. Ar y pwynt hwn y ffurfiwyd y mens rea, ac roedd gyrru ar droed yr heddwas ac aros yno yn weithred barhaus.

Yn ôl athrawiaeth **malais trosglwyddedig**, gall *mens rea* gael ei drosglwyddo o'r dioddefwr a fwriadwyd, i ddioddefwr na fwriadwyd. Mae hyn i'w weld yn achos **Latimer (1986)**, lle tarodd y diffynnydd ddioddefwr â'i wregys, ond aeth y gwregys oddi arno gan anafu rhywun arall, a oedd yn sefyll yn ddiniwed gerllaw. Roedd y diffynnydd wedi cyflawni *actus reus* y drosedd gyda'r *mens rea* angenrheidiol. Gallai'r *mens rea* (bwriad i niweidio'r unigolyn yr anelodd ato) gael ei drosglwyddo i'r un a ddioddefodd mewn gwirionedd.

2. Un gyfres o ddigwyddiadau

Mae'r llysoedd wedi datgan nad oes rhaid i *actus reus* a *mens rea* ddigwydd ar yr un pryd, cyn belled â bod un gyfres ddi-dor o ddigwyddiadau (*single transaction of events*). Er enghraifft, os bydd Rhidian yn ceisio llofruddio Trystan trwy ei guro i farwolaeth ond heb lwyddo, er ei fod yn meddwl ei fod wedi'i ladd; ac yna os yw'n lladd Trystan trwy yrru car drosto, bydd Rhidian yn dal i fod yn euog o lofruddiaeth. Cododd sefyllfa debyg yn achos *Thabo Meli (1954)*.

> Does dim rhaid i *actus reus* a *mens rea* ddigwydd ar yr un pryd os ydyn nhw'n rhan o gadwyn o ddigwyddiadau

Mathau o *mens rea*

Mae gwahanol fathau o *mens rea*, ond at ddibenion manyleb CBAC, byddwn yn ystyried **bwriad, byrbwylltra** ac **esgeuluster** yma. Mae'r *mens rea* ar gyfer trosedd benodol naill ai'n cael ei ddiffinio yn y statud berthnasol, fel yn **adran 47 ymosod gan achosi gwir niwed corfforol**, neu drwy gyfraith achosion, fel yn achos **bwriad anuniongyrchol**.

Bwriad

Mae bwriad bob amser yn rhywbeth **goddrychol** (*subjective*): er mwyn canfod a oedd gan ddiffynnydd fwriad, mae'n rhaid i'r llys gredu bod y diffynnydd penodol sy'n sefyll ei brawf eisiau i ganlyniad penodol ddigwydd oherwydd ei weithred. Ystyriwch fwriad mewn perthynas â throsedd llofruddiaeth. Mens rea llofruddiaeth yw **malais bwriadus**. Er gwaethaf y term 'malais', nid oes angen i falais fod yn rhan o'r weithred. Er enghraifft, gall llofruddiaeth gael ei chyflawni oherwydd cariad neu drugaredd, fel yn achos helpu perthynas i farw os yw'n derfynol wael. Does dim rhaid i'r weithred fod yn 'fwriadus' chwaith: mae'n bosibl cyflawni llofruddiaeth yng ngwres y funud heb unrhyw gynllunio ymlaen llaw. Yn ôl *Vickers (1957)*, gall *mens rea* llofruddiaeth fod yn ymhlyg yn y bwriad i achosi niwed corfforol difrifol. Does dim rhaid i ddiffynnydd fod wedi bwriadu lladd. Mae'r diffiniad felly wedi cael ei ddehongli fel bwriad i ladd neu i achosi *GBH*.

Mae dau fath o fwriad: **uniongyrchol** ac **anuniongyrchol**.

- **Bwriad uniongyrchol** yw lle mae diffynnydd yn rhagweld canlyniad ei weithred yn glir, ac yn dymuno'r canlyniad hwnnw yn benodol. Er enghraifft, mae Megan yn trywanu Lauren am ei bod yn dymuno'r canlyniad bod Lauren yn marw.

- Nid yw **bwriad anuniongyrchol** mor glir â bwriad uniongyrchol. Yma, efallai nad yw'r diffynnydd yn dymuno canlyniad y weithred mewn gwirionedd (e.e. marwolaeth), ond os yw'n sylweddoli bod y canlyniad **bron yn sicr** o ddigwydd, gellir dweud bod ganddo fwriad anuniongyrchol. Datblygodd y maes cyfraith hwn trwy gyfraith achosion. Daw'r cyfarwyddiadau presennol ar fwriad anuniongyrchol o achos *Nedrick (1986)* fel cawson nhw eu cadarnhau yn *Woollin (1998)*. Yno, dywedodd y barnwr 'y dylid cyfeirio'r rheithgor nad oedd ganddyn nhw hawl i ganfod y bwriad angenrheidiol am euogfarn o lofruddiaeth, oni bai eu bod yn teimlo'n sicr y byddai marwolaeth neu niwed corfforol difrifol wedi bod bron yn sicr o ganlyniad i weithred y diffynnydd (ac eithrio rhyw ymyrraeth oedd heb ei ragweld), a bod y diffynnydd wedi sylweddoli mai dyna fyddai'n digwydd, a bod y penderfyniad yn un y dylen nhw ddod iddo wedi ystyried yr holl dystiolaeth'.

YMESTYN A HERIO

Ymchwiliwch i achosion *Cunningham (1957)* a *Caldwell (1982)*. Beth oedd ffeithiau'r achos, a beth oedd eu dyfarniad mewn perthynas ag esgeuluster?

Mae cynnau tân a allai niweidio pobl yn cael ei ystyried yn fyrbwylltra.

GWELLA GRADD

Cofiwch, weithiau mae'n bosibl ystyried rhai o nodweddion goddrychol y diffynnydd gyda phrawf gwrthrychol (megis oedran a rhyw) a allai fod wedi cael effaith ar ei ymateb.

TERMAU ALLWEDDOL

novus actus interveniens: gweithred ymyrrol sydd mor annibynnol ar weithred wreiddiol y diffynnydd nes ei bod yn llwyddo i dorri'r gadwyn achosiaeth. Gall fod atebolrwydd am y weithred gychwynnol.

Byrbwylltra

Mae'r math hwn o *mens rea* yn ymwneud â chymryd risg heb gyfiawnhad. Yn dilyn achos *R v G and another (2003)* , mae hwn bellach yn gysyniad sydd bron yn gwbl oddrychol. Felly bellach, mae'n rhaid i'r erlyniad brofi bod y diffynnydd yn sylweddoli ei fod yn cymryd risg. Defnyddiwyd yr ymadrodd 'byrbwylltra goddrychol' am y tro cyntaf yn achos *Cunningham (1957)*. Cyfeirir ato weithiau fel **byrbwylltra Cunningham**, lle mae'r llys yn gofyn y cwestiwn: 'A oedd y risg ym meddwl y diffynnydd adeg cyflawni'r drosedd?'

ACHOS ALLWEDDOL

R v G and another (2003)

Yn yr achos hwn, rhoddodd dau fachgen 11 a 12 oed bapurau newydd ar dân mewn bin sbwriel y tu allan i siop. Lledodd y tân i'r siop ac i adeiladau eraill, gan achosi difrod sylweddol. Cafwyd y bechgyn yn euog o losgi bwriadol oherwydd ar y pryd, roedd safon wrthrychol o fyrbwylltra yn ofynnol ar gyfer y drosedd honno (byrbwylltra Caldwell), a byddai'r risg wedi bod yn amlwg i berson rhesymol, hyd yn oed os nad oedd yn amlwg i'r bechgyn ifanc. Ar apêl, penderfynwyd nad oedd y safon wrthrychol yn briodol, ac y dylai'r llysoedd ystyried nodweddion goddrychol y bechgyn – fel oedran ac anaeddfedrwydd. Cafodd byrbwylltra gwrthrychol Caldwell ei ddirymu, a defnyddiwyd byrbwylltra goddrychol yn ei le.

Esgeuluster

Esgeuluster yw peidio â chyrraedd safon y person cyffredin rhesymol. Mae'r prawf yn un **gwrthrychol**, ac yn draddodiadol mae wedi'i gysylltu â chyfraith sifil. Erbyn hyn, mae'n berthnasol i gyfraith trosedd hefyd mewn achosion o **ddynladdiad drwy esgeuluster difrifol**.

Achosiaeth

Mae **achosiaeth** yn ymwneud â'r berthynas achosol rhwng ymddygiad a chanlyniad, ac mae'n agwedd bwysig ar *actus reus* trosedd. Mae angen cael **cadwyn achosiaeth** ddi-dor ac uniongyrchol rhwng gweithred y diffynnydd a chanlyniadau'r weithred honno. Mae'n rhaid gwneud yn siŵr nad oes *novus actus interveniens* sy'n torri'r gadwyn achosiaeth, neu ni fydd atebolrwydd troseddol am y canlyniad a ddaw yn sgil hynny. Mae dau fath o achosiaeth: **ffeithiol** a **chyfreithiol**.

Achosiaeth ffeithiol

Y prawf ar gyfer hwn yw'r prawf 'pe na bai' a'r rheol *de minimis*.

1. Y prawf 'pe na bai'

Mae'r prawf hwn yn gofyn: 'pe na bai' am ymddygiad y diffynnydd, a fyddai'r dioddefwr wedi marw pan fu farw ac yn y ffordd honno? Os 'na' yw'r ateb, yna bydd y diffynnydd yn atebol am y farwolaeth.

R v White (1910)
Roedd White wedi gwenwyno ei fam, ond bu hi farw o drawiad ar y galon cyn i'r gwenwyn allu cael amser i weithio. Nid oedd yn atebol am ei marwolaeth.

ACHOS ALLWEDDOL

R v Pagett (1983)

Roedd diffynnydd arfog yn ceisio osgoi cael ei arestio, a daliodd ei gariad o'i flaen fel tarian ddynol. Saethodd y dyn at yr heddlu a saethon nhw yn ôl, gan ladd ei gariad. Daliodd y llys, 'pe na bai' ef wedi'i dal hi fel tarian ddynol, na fyddai hi wedi marw pan wnaeth, yn y ffordd honno. Roedd hyn er gwaethaf y ffaith nad ef saethodd hi.

2. Rheol *de minimis*.

Ystyr *de minimis* yw dibwys, bach, neu ddiwerth. Mae'r prawf hwn yn mynnu bod rhaid i'r anaf gwreiddiol a achoswyd gan weithred y diffynnydd fod yn fwy na mân achos marwolaeth. Mae *achos Pagett (1983)* hefyd yn dangos hyn.

Achosiaeth gyfreithiol

Y prawf ar gyfer hwn yw defnyddio effaith yr anaf, prawf y 'benglog denau' a *novus actus interveniens*.

1. Rhaid i'r anaf fod yn achos gweithredol a sylweddol y farwolaeth

Mae'r prawf hwn yn ystyried yr anaf gwreiddiol a gafodd ei beri gan y diffynnydd ar adeg y farwolaeth, ac yn gofyn ai hwn yw achos gweithredol a sylweddol y farwolaeth o hyd.

R v Smith (1959)

Roedd milwr wedi ei drywanu, ac yna cafodd ei ollwng ddwywaith ar y ffordd i'r ysbyty. Bu oedi cyn iddo weld meddyg, ac ar ôl hynny cafodd driniaeth feddygol wael. Roedd y llys o'r farn nad oedd y ffactorau eraill hyn yn ddigon i dorri'r gadwyn achosiaeth. Ar adeg ei farwolaeth, yr anaf gwreiddiol oedd 'achos gweithredol a sylweddol y farwolaeth' o hyd.

R v Jordan (1956)

*Cymerodd yr achos hwn safbwynt gwahanol i achos **Smith**. Trywanodd y diffynnydd y dioddefwr. Pan oedd yn yr ysbyty, rhoddwyd gwrthfiotig i'r dioddefwr, ond roedd ganddo alergedd iddo, a bu farw. Cafwyd y diffynnydd yn ddieuog o lofruddiaeth. Roedd hyn oherwydd bod anaf gwreiddiol y trywanu bron â gwella erbyn i'r dioddefwr farw, ac alergedd i'r gwrthfiotig oedd achos y farwolaeth. Dywedodd y llysoedd y gallai triniaeth feddygol esgeulus dorri cadwyn achosiaeth dim ond pan fydd yn 'amlwg yn anghywir'.*

Yn y cyd-destun hwn, mae 'yn amlwg yn anghywir' yn golygu bod rhywbeth yn ddifrifol anghywir ac mor annibynnol ar y weithred wreiddiol nes ei bod yn bosibl torri cadwyn achosiaeth. Yn achos *R v Jordan (1956)*, cafodd hyn ei weld fel **novus actus interveniens**, felly bellach nid anaf gwreiddiol y trywanu oedd achos 'gweithredol a sylweddol' y farwolaeth.

2. Prawf y 'benglog denau'.

Rhaid i ddiffynnydd gymryd ei ddioddefwr fel y mae, felly os yw'r dioddefwr yn marw o ganlyniad i ryw gyflwr corfforol anarferol neu gyflwr annisgwyl arall, y diffynnydd er hynny sy'n dal yn gyfrifol am ei farwolaeth. Er enghraifft, efallai bydd y diffynnydd yn ymladd â'i ddioddefwr ac yn ei daro gydag ergyd fyddai fel arfer yn achosi briwiau a chleisiau a dim mwy na hynny. Ond y tro hwn, mae'r dioddefwr yn marw oherwydd bod ganddo benglog anarferol o denau: os felly, y diffynnydd sy'n dal yn atebol am y farwolaeth.

R v Blaue (1975)

Trywanodd y diffynnydd fenyw a oedd yn digwydd bod yn dyst Jehofa. Oherwydd ei chred, gwrthododd hi gael trallwysiad gwaed a fyddai wedi achub ei bywyd. Dadleuodd y diffynnydd na ddylai ef fod yn gyfrifol am ei marwolaeth, gan y gallai'r trallwysiad fod wedi achub ei bywyd, a gan ei bod hi wedi ei wrthod. Anghytunodd y llys, gan ddweud bod rhaid iddo gymryd ei ddioddefwr fel y mae.

3. *Novus actus interveniens* (gweithred ymyrrol newydd)

Er mwyn i weithred ymyrrol dorri cadwyn achosiaeth, rhaid iddi ddigwydd ar hap, heb fod modd ei rhagweld. Mae'n cael ei chymharu weithiau â 'gweithred Duw'. Mae achos *R v Jordan (1956)* yn enghraifft o *novus actus interveniens*.

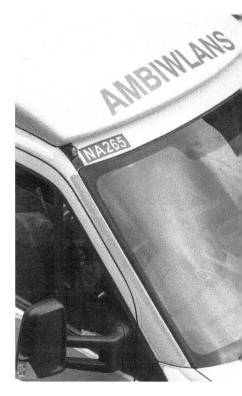

Sgiliau Arholiad

Wrth gymhwyso'r gyfraith ar elfennau cyffredinol atebolrwydd i gwestiwn ar ffurf senario, mae'n bwysig diffinio *actus reus* a *mens rea* pob trosedd gan ddefnyddio awdurdod cyfreithiol i gefnogi eich diffiniad. Yna, mae angen i chi gymhwyso *actus reus* a *mens rea* pob trosedd i'r ffeithiau gydag awdurdod i'w hategu, ac yna dod i gasgliad. Cofiwch y gall fod angen i chi ymgorffori amddiffyniad hefyd, os yw'n gymwys.

Bydd angen y cysyniadau a drafodwyd yn yr adran hon ar gyfer pob un o'r troseddau sy'n cael eu hastudio ar gyfer UG/U2. Bydd angen i chi ailedrych ar yr adran hon wrth adolygu lladdiad, troseddau eiddo a throseddau nad ydynt yn angheuol.

Atebolrwydd caeth

Mae'r rhan fwyaf o droseddau yn gofyn am *actus reus* a *mens rea*. Ond mae yna grŵp o droseddau, sef troseddau **atebolrwydd caeth**, lle mae angen profi'r *actus reus* yn unig er mwyn sefydlu atebolrwydd. Yn achos y troseddau hyn, does dim angen profi *mens rea* am o leiaf un elfen o'r *actus reus*. Y diffynnydd sydd yn atebol am y drosedd, ond nid yw 'ar fai'. O ganlyniad, mae rhai pobl yn teimlo nad yw troseddau atebolrwydd caeth yn deg. Ond maen nhw'n cael eu derbyn yn gyffredinol am eu bod yn ymdrin â throseddau cymharol fân, a bod eu hangen er mwyn i gymdeithas redeg yn llyfn. Maen nhw'n tueddu i ymdrin â throseddau rheoleiddiol fel hylendid bwyd, troseddau parcio a llygru'r amgylchedd. Ar gyfer troseddau atebolrwydd caeth, nid yw amddiffyniad 'camgymeriad' ar gael.

Mae grŵp o droseddau hefyd o'r enw troseddau **atebolrwydd llwyr**. Mae'r rhain yn gofyn am brawf o *actus reus* yn unig, ond dydyn nhw ddim yn gofyn a oedd yr *actus reus* yn wirfoddol neu beidio. (Gweler yr adran ar **elfennau trosedd** ar dudalen 155, sy'n cyfeirio at y troseddau hyn fel troseddau 'sefyllfa', ac yn dangos trwy achosion *Winzar (1983)* a *Larsonneur (1933)* nad oes rhaid i'r *actus reus* gael ei reoli gan y diffynnydd).

Er mai troseddau statudol yw'r rhan fwyaf o droseddau atebolrwydd caeth, nid yw Senedd y DU bob amser yn gwneud yn glir a oes angen *mens rea* neu beidio. Mater i'r barnwyr felly yw penderfynu a ddylai trosedd fod yn un 'atebolrwydd caeth' neu beidio. Mae barnwyr yn dechrau gyda'r **rhagdybiaeth** bod *mens rea* **yn ofynnol bob amser**, ac nad yw'r un drosedd yn drosedd atebolrwydd caeth. Maen nhw wedyn yn ystyried pedair ffactor i gadarnhau neu wrthbrofi'r rhagdybiaeth hon.

Pedair ffactor Gammon

Yn achos *Gammon (HK) Ltd v Attorney General (1985)*, methodd adeiladwyr â dilyn cynlluniau yn fanwl gywir, a dymchwelodd rhan o adeilad roedden nhw wedi'i adeiladu. Cadarnhaodd yr achos mai'r man cychwyn i farnwr yw rhagdybio bod *mens rea* yn ofynnol bob tro cyn gallu cael rhywun yn euog o weithred droseddol. Roedd yr achos hwn yn nodi pedair **ffactor Gammon** y mae'n rhaid i'r llysoedd eu hystyried wrth benderfynu a yw trosedd yn un atebolrwydd caeth.

Mae barnwyr hefyd yn dehongli statudau i benderfynu a oedd Senedd y DU yn bwriadu i'r drosedd fod yn un atebolrwydd caeth. Rhaid defnyddio cymhorthion dehongli fel y rheol lythrennol, y rheol aur, rheol drygioni a'r dull bwriadus, i weld a fwriadwyd i drosedd fod yn un atebolrwydd caeth. Mae'n rhaid defnyddio rheolau iaith, a'r rhagdybiaeth bod *mens rea* yn ofynnol.

1. A yw'r drosedd yn rheoleiddiol ei natur neu'n 'wir drosedd'?

Os yw'r drosedd yn rheoleiddiol ei natur (heb fod yn drosedd, yn un fân, neu heb ymwneud â chwestiwn moesol), mae'n fwy tebygol o gael ei hystyried yn un atebolrwydd caeth. Achos a roddodd ystyriaeth i'r cwestiwn oedd *Sweet v Parsley (1970)*.

Sweet v Parsley (1970)
*Roedd Ms Sweet wedi is-osod ei thŷ i denantiaid, gan gadw ystafell iddi ei hun – ond prin roedd hi'n treulio unrhyw amser yno. Chwiliodd yr heddlu'r eiddo, a darganfod canabis. Cafwyd Ms Sweet yn euog o dan **adran 5 Deddf Cyffuriau Peryglus 1965** (sydd wedi'i disodli gan ddeddf arall bellach) o 'ymwneud â rheoli eiddo a ddefnyddiwyd ar gyfer ysmygu canabis'. Apeliodd hi, gan honni nad oedd ganddi unrhyw wybodaeth am yr amgylchiadau, ac na ellid disgwyl yn rhesymol iddi wybod am y peth. Ar apêl, cafodd ei heuogfarn ei gwrthdroi, wrth i'r Arglwydd Reid gydnabod bod atebolrwydd caeth dim ond yn briodol i 'led-droseddau' (quasi-crimes) os nad oedd cwestiwn moesol gwirioneddol dan sylw. Roedd euogfarn Ms Sweet wedi peri iddi golli ei swydd, ac wedi gwneud drwg i'w henw da. Teimlai fod atebolrwydd caeth yn amhriodol, ac y dylid rhoi'r drosedd yng nghategori 'gwir drosedd', oedd yn gofyn am mens rea. Nid oedd ganddi mens rea, felly diddymwyd yr euogfarn.*

2. A yw'r drosedd yn ymwneud â mater o bwys cymdeithasol?

Mae rhai materion o bwys i gymdeithas yn gyffredinol ar adeg penodol. Gallant newid dros amser, ond maen nhw'n tueddu i ymwneud â throseddau fel gwerthu alcohol neu sigaréts i bobl o dan oed, llygredd, a diogelwch y cyhoedd. Drwy osod atebolrwydd caeth am y rhain, mae teimlad y bydd yn gwneud diffynyddion yn fwy gwyliadwrus a gofalus rhag cyflawni'r drosedd. Mae hyn yn briodol i droseddau rheoleiddiol yn unig, ac mae'r gwahaniaeth yn achos *Sweet v Parsley (1970)* yn dal yn gymwys.

Harrow London Borough Council v Shah (1999)

Cyhuddwyd y diffynyddion o werthu tocynnau Loteri i blentyn o dan 16. Doedd dim ots eu bod nhw'n credu bod y plentyn dros 16: cafodd y drosedd ei chyflawni unwaith roedden nhw wedi gwerthu'r tocyn. Teimlai'r llys fod y drosedd hon yn ymwneud â mater o bwys cymdeithasol.

3. A oedd Senedd y DU yn bwriadu creu trosedd atebolrwydd caeth drwy ddefnyddio geiriau penodol mewn statud?

Er nad oes rhestr swyddogol o eiriau i nodi bod trosedd yn un atebolrwydd caeth, mae Senedd y DU yn defnyddio rhai geiriau wrth ddrafftio statudau i nodi bod *mens rea* yn ofynnol. Mae 'geiriau *mens rea*' yn cynnwys **yn fwriadol**, **yn fyrbwyll** ac **yn ymwybodol**. Mae geiriau eraill wedi'u dehongli'n gyffredinol gan farnwyr fel rhai sy'n nodi nad yw *mens rea* yn ofynnol. Mae'r rhain yn cynnwys **meddiant** ac **achosi**.

Alphacell v Woodward (1972)

Cyhuddwyd y diffynyddion o achosi i sylwedd llygredig fynd i mewn i afon. Roedd y pympiau oedd yn atal y llygredd wedi llenwi â dail, a gollyngodd y sylwedd i'r afon. Nid oedd gan y diffynyddion syniad bod y broblem yn bodoli, ac nid oeddent am i'r llygredd fynd i'r afon – ond roedd hynny'n amherthnasol. Roeddent wedi achosi i'r sylwedd llygredig fynd i'r afon, ac felly'n atebol.

4. Difrifoldeb y gosb

Y mwyaf difrifol yw'r drosedd a'r gosb bosibl, y lleiaf tebygol yw hi y bydd y drosedd yn un atebolrwydd caeth. Mae hyn yn dangos bod modd cael diffynyddion yn euog heb fai yn achos atebolrwydd caeth. Gall hyn achosi problemau, gan nad yw'r cosbau bach sy'n gysylltiedig yn **ataliad** bob amser. Ar y llaw arall, fel yn achos *Callow v Tillstone (1900)*, gall y niwed i enw da busnes bach fod yn fwy o lawer nag effaith dirwy fechan.

Callow v Tillstone (1900)

Cafwyd cigydd yn euog o 'werthu cig oedd yn anaddas i'w fwyta'. Cafwyd y cigydd yn euog, er ei fod wedi cymryd gofal rhesymol i beidio â chyflawni'r drosedd drwy gael milfeddyg i archwilio'r carcas. Dywedodd hwnnw ei fod yn ddiogel i'w fwyta.

Manteision ac anfanteision atebolrwydd caeth

MANTEISION	ANFANTEISION
Amser a chost profi *mens rea*: Gall *mens rea* fod yn anodd ei brofi. Pe bai rhaid ei brofi ar gyfer pob trosedd, byddai'r llysoedd yn orlawn o achosion a gallai rhai unigolion euog osgoi cael eu heuogfarnu. Byddai hyn yn ei dro yn cynyddu costau'r llysoedd.	**Posibilrwydd o anghyfiawnder:** Gosodir atebolrwydd heb fai ar ran y diffynnydd. Efallai bydd unigolion wedi cymryd pob cam rhesymol i osgoi'r ymddygiad, heb wybod eu bod yn gweithredu'n anghyfreithlon, a dal i wynebu euogfarn. Mae'n waeth gyda throseddau atebolrwydd llwyr, fel achos *Larsonneur (1933)*.
Amddiffyn cymdeithas trwy safon uwch o ofal: Oherwydd bod troseddau atebolrwydd caeth yn hawdd eu profi, efallai bydd pobl yn fwy gofalus wrth weithredu mewn sefyllfaoedd, a bydd cymdeithas yn cael ei hamddiffyn rhag ymddygiad niweidiol.	**Rôl barnwyr:** Mae barnwyr yn dehongli'r hyn maen nhw'n ei dybio roedd Senedd y DU yn ei fwriadu mewn Deddf. Mae hyn yn rhoi mwy o rôl i farnwyr, ac mae perygl o anghysondeb wrth osod atebolrwydd caeth.

ACHOS ALLWEDDOL

Cundy v Le Cocq (1884)
Cafwyd y diffynnydd yn euog o werthu alcohol yn anghyfreithlon i rywun meddw, yn groes i **adran 13 Deddf Trwyddedu 1872**. Roedd y llys o'r farn nad oedd angen ystyried a oedd y diffynnydd yn gwybod, a ddylai fod wedi gwybod neu a ddylai fod wedi defnyddio gofal rhesymol i ganfod a oedd yr unigolyn yn feddw neu beidio. Cyn gynted ag y gwerthodd y diffynnydd yr alcohol i'r unigolyn meddw, roedd yn euog o'r drosedd.

TERMAU ALLWEDDOL

ataliad: rhywbeth sy'n annog rhywun i beidio â gwneud gweithred benodol.

GWELLA GRADD

Er bod y cosbau fel arfer yn fychan am droseddau atebolrwydd caeth, mae achos *Gammon* yn eithriad. Yn yr achos hwn, y gosb oedd dirwy o hyd at $250,000 neu dair blynedd o garchar.

YMESTYN A HERIO

Mae llawer o'r achosion yn yr adran hon yn gorgyffwrdd er mwyn rhoi enghreifftiau o fwy nag un ffactor. Er enghraifft, mae modd defnyddio achos *Alphacell v Woodward (1972)* i ddangos sut mae rhai geiriau yn awgrymu bod y Senedd yn bwriadu 'atebolrwydd caeth', ond ei fod hefyd yn fater o bwys cymdeithasol (llygredd). Meddyliwch am yr achosion eraill a ddisgrifiwyd yn yr adran hon a sut gallan nhw enghreifftio mwy nag un o'r ffactorau.

MANTEISION	ANFANTEISION
Rhwyddineb gosod atebolrwydd caeth, sy'n gweithredu fel ataliad: Mae unigolion yn cael eu hatal rhag cyflawni'r ymddygiad troseddol. Mae hyn gan eu bod yn gwybod bod erlyniad yn debyg o arwain at euogfarn, oherwydd bod angen profi'r *actus reus* yn unig.	**A yw atebolrwydd caeth yn ataliad mewn gwirionedd?** O ganlyniad i'r cosbau bach am atebolrwydd caeth, mae rhai yn dadlau nad yw'n gweithio fel ataliad. Er enghraifft, gall busnesau mawr barhau â'r ymddygiad troseddol (fel achosi llygredd), gan dalu'r dirwyon bach a pheidio â newid eu harferion. Hefyd, er mwyn iddo fod yn ataliad, mae rhai'n dadlau y dylai rhywun wybod bod yr hyn mae'n ei wneud yn anghywir, fel y gallai fod wedi cymryd camau i'w atal. Dydy hyn ddim bob amser yn wir yn achos troseddau atebolrwydd caeth.
Cymesuredd y gosb sy'n briodol am atebolrwydd caeth: Y duedd yw rhoi cosbau bach am droseddau atebolrwydd caeth. Mae hyn yn briodol, oherwydd efallai na fydd diffynyddion yn gwybod eu bod yn cyflawni'r drosedd, neu efallai eu bod wedi cymryd pob cam rhesymol i osgoi gwneud hynny.	**A yw atebolrwydd caeth yn torri'r Confensiwn Ewropeaidd ar Hawliau Dynol?** Mae llawer o drafod wedi bod wrth ofyn a ddylid rhagdybio bod pawb yn ddieuog nes caiff ei brofi'n euog mewn cyfraith, yn ôl *Erthygl 6(2) yr ECHR*. Mae *R v G (2008)* fel pe bai'n caniatáu gosod atebolrwydd caeth.

Cynigion ar gyfer diwygio

Roedd Comisiwn y Gyfraith wedi cynnig *Mesur Atebolrwydd Troseddol (Elfen Feddyliol) (1977)*. Yn ôl hwn, pe bai Senedd y DU yn dymuno creu trosedd atebolrwydd caeth, byddai gofyn iddi wneud hyn yn glir yn y Ddeddf Seneddol. Cyfrifoldeb y Senedd yw penderfynu ar natur atebolrwydd troseddol, a rhoi syniad clir i farnwyr i ddangos a yw'n bwriadu creu trosedd heb fod *mens rea* yn ofynnol. Byddai hyn wedi atal rhywfaint o'r dryswch a'r anghysondeb sydd mewn penderfyniadau barnwrol.

Sgiliau Arholiad

Mae atebolrwydd caeth fel agwedd ar y testun hwn yn debygol o ymddangos fel cwestiwn ar ei ben ei hun. Mae'n gofyn am esbonio a gwerthuso'r gyfraith bresennol.

Crynodeb: Elfennau cyffredinol atebolrwydd troseddol

▶ Rhaid i achos troseddol gael ei brofi gan yr erlyniad **tu hwnt i bob amheuaeth resymol**

▶ Mae *actus reus* a *mens rea* yn angenrheidiol er mwyn cyflawni trosedd

▶ **Achosiaeth ffeithiol:**
- Prawf 'pe na bai': *R v White (1910)*
- Rheol *de minimis*: *R v Pagett (1983)*

▶ **Achosiaeth gyfreithiol:**
- Rhaid mai'r anaf yw achos gweithredol a sylweddol y farwolaeth: *R v Smith (1959), Jordan (1956)*
- Prawf y 'benglog denau': *R v Blaue (1975)*
- *Novus actus interveniens*: *R v Pagett (1983)*

▶ **Rheol cyfoesedd**: cyd-ddigwydd *actus reus* a *mens rea*:
- Gweithredoedd parhaus: *Fagan v MPC (1969)*
- Un gyfres o ddigwyddiadau: *Thabo Meli (1954)*
- Malais trosglwyddedig: *Latimer (1986)*

▶ *Actus reus*: **Gweithred euog**
- Troseddau ymddygiad: anudon
- Troseddau canlyniad: llofruddiaeth
- Troseddau sefyllfa: *R v Larsonneur (1933)*
- Anwaith

▶ **Anwaith:** Nid yw peidio â gweithredu yn drosedd oni bai bod **dyletswydd i weithredu**:
- Statud: *Deddf Traffig y Ffyrdd 1988*: sampl anadl
- Contract: *R v Pitwood (1902)*
- Dyletswydd yn deillio o berthynas arbennig: *R v Gibbins and Proctor (1918)*
- Dyletswydd yn deillio o rywun yn cymryd cyfrifoldeb dros rywun arall: *R v Stone and Dobinson (1977)*
- Mae diffynnydd wedi creu sefyllfa beryglus drwy ddiffyg gofal, yn dod yn ymwybodol o'r sefyllfa, ond nid yw'n cymryd camau i'w hunioni: *Miller (1983)*

▶ *Mens rea*
- Bwriad uniongyrchol ac anuniongyrchol: prawf bron yn sicr: *Nedrick (1986)*, *Woollin (1998)*
- Byrbwylltra: goddrychol: *R v G and another (2003)*
- Esgeuluster

▶ Does dim rhaid cael prawf o *mens rea* ar gyfer troseddau **atebolrwydd caeth** ar gyfer o leiaf un elfen o'r *actus reus*

▶ Tueddu i ymdrin â throseddau rheoleiddiol e.e. hylendid bwyd, troseddau parcio, llygru

▶ Mae'r troseddau yn tueddu i fod yn rhai **statudol**. Ond rhaid iddyn nhw gael eu **dehongli'n statudol** gan farnwyr, gan nad yw Senedd y DU bob amser yn datgan yn glir a yw trosedd yn un atebolrwydd caeth

▶ Y man cychwyn i'r barnwyr yw'r **rhagdybiaeth** bod *mens rea* bob amser yn ofynnol: *Gammon (HK) Ltd v Attorney General (1985)*

▶ Gellir gwrthbrofi rhagdybiaeth drwy ystyried **pedwar ffactor Gammon**:
1. A yw'r drosedd yn rheoleiddiol ei natur, neu'n wir drosedd? *Sweet v Parsley (1970)*
2. A yw'r drosedd yn ymwneud â mater o bwys cymdeithasol? *Harrow London Borough Council v Shah (1999)*
3. A oedd y Senedd yn bwriadu creu trosedd atebolrwydd caeth trwy ddefnyddio rhai geiriau penodol mewn statud? e.e. **yn fwriadol**, **yn wybodus**. Mae geiriau sydd ddim yn *mens rea* yn cynnwys **meddiant**, **achosi**: *Alphacell v Woodward (1972)*, *Cundy v Le Cocq (1884)*
4. Difrifoldeb y gosb: *Callow v Tillstone (1900)*, *Gammon (HK) Ltd v Attorney General (1985)*

▶ **Manteision atebolrwydd caeth:**
- Lleihau amser a chost profi *mens rea*
- Amddiffyn cymdeithas trwy hybu safon uwch o ofal
- Hawdd gosod atebolrwydd caeth, a hynny'n gweithredu fel ataliad
- Cymesuredd y gosb briodol

▶ **Anfanteision atebolrwydd caeth:**
- Posibilrwydd anghyfiawnder
- Gall rôl barnwyr wrth ddehongli statudau arwain at anghysondeb
- Gall cosbau bach fod yn llai o ataliad
- A yw atebolrwydd caeth yn torri'r Confensiwn Ewropeaidd ar Hawliau Dynol? *R v G (2008)*

▶ Cynigion ar gyfer diwygio: *Mesur Atebolrwydd Troseddol (Elfen Feddyliol) (1977)*

Hierarchaeth troseddau corfforol nad ydynt yn angheuol

Adran y fanyleb	Cynnwys allweddol	Amcanion Asesu	Ble mae'r pwnc hwn yn ymddangos yn y fanyleb/arholiadau?
CBAC UG/U2 **3.14:** Troseddau corfforol	• Troseddau nad ydynt yn angheuol: Deddf Cyfiawnder Troseddol 1988: ymosod a churo • Troseddau nad ydynt yn angheuol: Deddf Troseddau Corfforol 1861: gwir niwed corfforol; clwyfo a niwed corfforol difrifol; clwyfo ac achosi niwed corfforol difrifol gyda bwriad	**AA1** Dangos gwybodaeth a dealltwriaeth o reolau ac egwyddorion cyfreithiol **AA2** Cymhwyso rheolau ac egwyddorion cyfreithiol at senarios penodol er mwyn cyflwyno dadl gyfreithiol gan ddefnyddio terminoleg gyfreithiol briodol **AA3** Dadansoddi a gwerthuso rheolau, egwyddorion, cysyniadau a materion cyfreithiol	**CBAC UG/U2:** Uned 3; Uned 4

Sgiliau Arholiad

Ar gyfer Safon Uwch, mae testun 'Troseddau corfforol' wedi'i rannu yn droseddau angheuol a throseddau nad ydynt yn angheuol. Mae'r agweddau hyn ar y testun yn debygol o ymddangos ar wahân yn yr arholiad. **Mae'n ofynnol i fyfyrwyr wybod am droseddau nad ydynt yn angheuol a throseddau angheuol (lladdiad).** Byddwn ni'n ymdrin â throseddau angheuol yn Llyfr 2, a throseddau nad ydynt yn angheuol yn y llyfr hwn.

Nid yw'r rhan fwyaf o droseddau yn arwain at farwolaeth. Mae pump o droseddau corfforol nad ydynt yn angheuol sydd angen eu hystyried. O'r lleiaf i'r mwyaf difrifol, y rhain yw:

1. ymosod
2. curo
3. adran 47 gwir niwed corfforol (*ABH*)
4. adran 20 niwed corfforol difrifol (*GBH*)
5. adran 18 niwed corfforol difrifol (*GBH*) gyda bwriad.

Mae'n bwysig bod yn ymwybodol o *actus reus* a *mens rea* pob trosedd a rhoi cyfraith achosion i'w cefnogi.

Mae'n bwysig hefyd nodi'r berthynas hierarchaidd rhwng y troseddau, gan y gall effeithio ar unrhyw fargeinio ple. Cytundeb rhwng yr erlyniad a'r amddiffyniad mewn achos troseddol yw bargeinio ple. Cytunir i ostwng y cyhuddiad os bydd y diffynnydd yn pledio'n euog. Er enghraifft, bydd diffynnydd sydd wedi'i gyhuddo o drosedd adran 20 yn cael cyfle i bledio'n euog i drosedd lai adran 47. Ar yr wyneb, mae hyn yn ymddangos yn annheg, a heb fod er budd cyfiawnder. Ond mae'r llysoedd yn dibynnu ar gael diffynyddion i bledio'n euog.

Mae **safonau cyhuddo** Gwasanaeth Erlyn y Goron (*CPS*) (gweler tudalen 169) yn rhoi canllawiau i erlynwyr ynghylch pa anafiadau sy'n cyfateb i'r troseddau nad ydynt yn angheuol. Ond does dim arwyddocâd cyfreithiol i'r rhain, ac fel canllawiau yn unig maen nhw'n cael eu defnyddio.

TERMAU ALLWEDDOL

bargeinio ple: mae'r diffynnydd yn pledio'n euog i drosedd lai difrifol yn gyfnewid am ddedfryd lai, er mwyn arbed amser y llys a gwneud canlyniad y treial yn haws ei ragweld.

Ymosod

Nid yw ymosod (*assault*) wedi'i ddiffinio mewn Deddf Seneddol, gan mai trosedd cyfraith gyffredin yw hi.

Yn ôl **adran 39 Deddf Cyfiawnder Troseddol 1988**, mae ymosod yn drosedd ynadol. Y ddedfryd fwyaf y gellir ei rhoi o ddyfarnu rhywun yn euog yw chwe mis o garchar neu ddirwy.

Actus reus

Actus reus ymosod yw unrhyw weithred sy'n gwneud i'r dioddefwr ofni y bydd yn dioddef trais anghyfreithlon yn ddi-oed (hynny yw, yn syth), fel codi dwrn, anelu gwn neu fygwth rhywun. Yn achos *Logdon v DPP (1976)*, fel jôc, anelodd y diffynnydd wn at y dioddefwr. Roedd hi wedi dychryn, nes iddo ddweud wrthi hi mai gwn ffug ydoedd. Roedd y llys o'r farn bod y dioddefwr wedi ofni trais corfforol yn ddi-oed, a bod y diffynnydd wedi bod yn fyrbwyll, a dweud y lleiaf, ynglŷn â'r ofn bod hyn am ddigwydd neu beidio.

Gall geiriau gael eu hystyried yn ymosod; felly hefyd o ran galwadau ffôn distaw. Yn achos *R v Ireland, Burstow (1997)*, gwnaeth y diffynnydd alwadau ffôn distaw i dair o fenywod, a barnwyd bod y rhain yn ddigon i wneud i'r dioddefwr ofni y byddai grym anghyfreithlon yn cael ei ddefnyddio yn syth. Yn *Constanza (1997)*, roedd y llys o'r farn bod llythyrau bygythiol yn gyfystyr ag ymosod. Gall geiriau hefyd rwystro rhywun rhag bod yn atebol am ymosod, fel yn achos *Tuberville v Savage (1669)*. Yno, rhoddodd y person oedd wedi'i gyhuddo ei law ar ei gleddyf, a dweud 'Oni bai ei bod hi'n amser y brawdlys, fyddwn i ddim yn gadael i chi ddefnyddio y fath iaith'. (Yng nghyfnod achos *Tuberville*, byddai llysoedd troseddol achlysurol o'r enw brawdlysoedd yn cael eu cynnal ar hyd a lled y DU, a byddai barnwyr yn teithio i wahanol ardaloedd i wrando achosion. Yn yr achos hwn, roedd yn golygu bod y barnwyr yn y dref ar y pryd.) Y bygythiad oedd y weithred o roi'r llaw ar y cleddyf, a gallai hynny gyfateb i 'ymosod'; ond oherwydd iddo gysylltu hyn â'r datganiad nad oedd am ddefnyddio ei gleddyf am ei fod hi'n amser y brawdlys, roedd hyn yn ei rwystro rhag bod yn atebol am ymosod.

Rhaid i'r bygythiad fod 'yn ddi-oed' – hynny yw, yn syth – er bod hyn wedi ei ddehongli yn llac gan y llysoedd, fel y gwelir yn achosion *Ireland*, *Constanza* a *Smith*.

Smith v Chief Superintendent of Woking Police Station (1983)

Roedd y ddioddefwraig yn ei gwisg nos ac yn sefyll ger y ffenestr i lawr grisiau. Roedd y diffynnydd, a oedd wedi tresmasu ar ei heiddo, yn syllu arni drwy'r ffenestr ac er bod y drws wedi'i gloi a'i bod hithau y tu ôl i'r ffenestr, ystyriwyd bod y bygythiad yn ddigon 'di-oed' i gael ei gyfrif fel ymosod.

Mens rea

Mens rea ymosod, fel caiff ei ddiffinio yn achos *R v Savage, Parmenter (1992)*, yw bod y diffynnydd naill ai wedi bwriadu gwneud i'r dioddefwr ofni grym anghyfreithlon yn ddi-oed, neu wedi rhagweld y risg y byddai ofn o'r fath yn cael ei greu (**byrbwylltra goddrychol**).

Mae byrbwylltra erbyn hyn yn oddrychol yn gyffredinol. Yn yr achos hwn mae'n rhaid credu bod y diffynnydd dan sylw wedi rhagweld canlyniad ei weithred, ond wedi cymryd y risg beth bynnag. Mae hyn hefyd yn cael ei adnabod fel **byrbwylltra Cunningham**, oherwydd *R v Cunningham (1957)*. Mae **byrbwylltra Caldwell (gwrthrychol)** wedi ei ddileu i raddau helaeth yn dilyn y penderfyniad yn *R v G and another (2003)* .

Curo

Yn debyg i 'ymosod', nid yw 'curo' (sef *battery*) wedi ei ddiffinio mewn Deddf Seneddol; trosedd **cyfraith gyffredin** yw'r drosedd. Yn ôl *adran 39 Deddf Cyfiawnder Troseddol 1988*, mae curo yn **drosedd ynadol**, a'r ddedfryd fwyaf y gellir ei rhoi ar ôl dyfarnu rhywun yn euog yw chwe mis o garchar, neu ddirwy.

Er bod ymosod a churo yn ddwy drosedd ar wahân, mae'n bosibl eu cyfuno weithiau mewn cyhuddiad o'r enw 'ymosod cyffredin'.

Actus reus

Actus reus curo yw defnyddio grym corfforol anghyfreithlon ar rywun arall. Mae pobl yn derbyn bod peth grym corfforol yn cael ei ddefnyddio mewn bywyd bob dydd (*Collins v Wilcock (1984)*). Er enghraifft, gall pobl daro i mewn i'w gilydd wrth gerdded i lawr stryd brysur. Er mwyn iddo gyfrif fel 'curo', rhaid i'r grym fod yn anghyfreithlon.

Does dim rhaid i'r grym hwnnw fod yn uniongyrchol, fel yn achos *Haystead v DPP (2000)*, pan ddyrnodd y diffynnydd fenyw gan wneud iddi ollwng ei phlentyn. Barnwyd bod hyn yn cyfrif fel curo'r plentyn yn anuniongyrchol. Yn yr un modd, yn achos *Fagan v Metropolitan Police Commissioner (1969)*, parciodd Fagan ei gar yn ddamweiniol ar droed heddwas pan ofynnodd yr heddwas iddo barcio'r car ger y cyrb. Doedd Fagan ddim yn bwriadu gyrru ei gar dros droed yr heddwas. Ond pan ofynnwyd iddo symud, gwrthododd. Defnyddiwyd grym yn anuniongyrchol wrth i'r car gael ei yrru ar droed yr heddwas, ac felly roedd yn rym anghyfreithlon pan wrthododd y dyn symud.

Mae'r term 'grym corfforol' yn awgrymu bod angen defnyddio llawer o rym, ond nid yw hyn yn wir. Yn achos *Thomas (1985)*, roedd y llys o'r farn bod cyffwrdd â hem sgert merch, a hithau'n ei gwisgo ar y pryd, yn gyfystyr â chyffwrdd â'r ferch ei hun. Does dim rhaid i'r dioddefwr fod yn ymwybodol ei fod ar fin cael ei daro chwaith; felly, mae 'curo' yn gallu digwydd wrth daro rhywun o'r tu ôl. Cymharwch hyn ag 'ymosod', lle mae'n rhaid i'r diffynnydd ofni y bydd grym anghyfreithlon yn cael ei ddefnyddio, ac felly mae'n rhaid iddo fod yn ymwybodol o'r perygl.

Yn wahanol i ymosod, gall curo gael ei gyflawni trwy **anwaith** os oes dyletswydd i weithredu. Yn achos *DPP v Santana-Bermudez (2004)*, cafodd y diffynnydd ei archwilio gan heddwas, a gofynnodd hi iddo a oedd ganddo unrhyw 'nodwyddau neu bethau miniog' arno. Ni ddywedodd yntau ddim wrthi, a phan chwiliodd hi ef, pigodd ei bys ar nodwydd hypodermig a oedd yn ei boced. Gan nad oedd wedi rhoi gwybod iddi am bresenoldeb y nodwydd, barnwyd bod hynny'n ddigon i gyfrif fel *actus reus*.

Mens rea

Mens rea curo yw bwriad neu fyrbwylltra goddrychol i ddefnyddio grym anghyfreithlon ar rywun arall, fel y cadarnhaodd *R v Venna (1976)*.

adran 47 Gwir niwed corfforol (*ABH*)

Mae trosedd statudol gwir niwed corfforol (*actual bodily harm*: *ABH*) wedi'i nodi yn *adran 47 Deddf Troseddau Corfforol 1861*. Dywed y ddeddf ei bod yn drosedd cyflawni ymosodiad sy'n **achosi** gwir niwed corfforol.

Er bod y statud yn cyfeirio at ymosod yn unig, gall y drosedd gael ei chyflawni hefyd trwy guro. Mewn gwirionedd, mae'n llawer mwy cyffredin i droseddau o dan adran 47 gael eu cyflawni drwy guro na drwy ymosod.

Mae *ABH* yn drosedd sy'n brofadwy **neillffordd** (gweler tudalen 62). Pum mlynedd o garchar yw'r ddedfryd fwyaf posibl am *ABH*.

TERMAU ALLWEDDOL

achosi: gwneud i rywbeth ddigwydd.

Actus reus

Mae tair elfen i *actus reus ABH*:

1. ymosod neu guro   **2.** sy'n achosi   **3.** gwir niwed corfforol.

1. Ymosod neu guro

Mae elfen gyntaf *ABH* yn gofyn am brawf o *actus reus*, sef naill ai ymosod neu guro yn ôl y diffiniadau uchod.

2. Achosi

Rhaid i'r ymosod neu'r curo achosi gwir niwed corfforol. Felly, mae angen sefydlu'r **gadwyn achosiaeth** rhwng gweithred y diffynnydd a'r niwed mae'n ei achosi. Er mwyn sicrhau atebolrwydd troseddol, rhaid bod cadwyn achosiaeth ddi-dor. Mae hyn fel arfer yn hawdd ei brofi, ond yn achos *R v Roberts (1971)*, neidiodd merch o gar a oedd yn symud, gan ei hanafu ei hun. Gofynnwyd a oedd y ffaith ei bod wedi dewis neidio o'r car pan oedd yn symud wedi torri'r gadwyn achosiaeth. Roedd hi wedi neidio oherwydd bod y diffynnydd yn gwneud awgrymiadau rhywiol tuag ati, gan gynnwys cyffwrdd â'i dillad. Roedd y llys o'r farn bod y diffynnydd wedi cyflawni 'curo' trwy gyffwrdd â dillad y fenyw, ac mai hynny oedd wedi achosi iddi neidio allan o'r car pan oedd yn symud, gan ei hanafu ei hun trwy wneud hynny. Cafodd ei ddweud nad oedd ymateb y dioddefwr (sef neidio o'r car) yn torri'r gadwyn achosiaeth os oedd yn rhesymol ragweladwy, ar yr amod nad oedd mor 'wirion neu mor annisgwyl fel na ellid disgwyl i unrhyw ddyn rhesymol ei ragweld'. Os felly, gallai wedyn fod yn *novus actus interveniens.*

3. Gwir niwed corfforol

Diffiniwyd yr hyn mae *ABH* yn ei olygu yn achos *Miller (1954)* fel 'niwed neu anaf a fwriadwyd i ymyrryd ag iechyd neu gysur'; hynny yw, gall *ABH* fod yn niwed corfforol neu seicolegol. Gall gynnwys y weithred o dorri gwallt rhywun, fel yn *DPP v Smith (2006)*. Mae achos *Chan Fook (1994)* hefyd yn gwneud y pwynt bod angen i'r anaf fod yn fwy na rhywbeth 'byrhoedlog neu ddibwys'. Er nad oes angen i'r anaf fod yn barhaol, ystyr y gair 'gwir' yn y cyd-destun hwn yw na ddylai fod mor ddibwys nes ei fod yn ansylweddol.

Mens rea

Mae'r *mens rea* ar gyfer curo yr un fath ag ar gyfer ymosod. Does dim gofyniad i brofi unrhyw *mens rea* ychwanegol am y gwir niwed corfforol, fel yn achos *Roberts (1971)* , ac fe gadarnhawyd hyn yn *R v Savage (1992).*

adran 20 Niwed corfforol difrifol (*GBH*)

Mae trosedd statudol 'niwed corfforol difrifol' (*grievous bodily harm*: *GBH*) wedi'i nodi yn **adran 20 Deddf Troseddau Corfforol 1861**. Yno mae'n dweud ei bod yn drosedd i achosi niwed corfforol difrifol neu glwyfo'r dioddefwr **yn faleisus**.

Mae **'difrifol'** yn cael ei ddiffinio yn *DPP v Smith (1961)* fel 'niwed gwirioneddol ddifrifol', ac fe gadarnhawyd hyn yn *Saunders (1985)*. Yn achos *R v Brown and Stratton (1998)*, barnwyd bod anafiadau fel cleisio, torri trwyn, colli dannedd a chyfergyd (*concussion*) yn cyfrif fel niwed corfforol difrifol. Mae niwed corfforol difrifol (*GBH*) yn drosedd sy'n brofadwy **neillffordd**. Pum mlynedd o garchar yw'r ddedfryd fwyaf am *GBH*, ond cafodd hyn ei feirniadu gan ei bod yr un fath â'r ddedfryd ar gyfer trosedd lai *ABH*.

Actus reus

Mae'n bosibl profi *GBH* naill ai trwy ddangos bod yr ymosod wedi **peri** niwed corfforol difrifol, neu wedi **clwyfo'r** dioddefwr. Mae'n bwysig dewis y cyhuddiad yn ofalus: naill ai peri *GBH*, neu glwyfo.

Dylech ddweud beth yn union yw *mens rea* ymosod neu guro:

- **Ymosod:** Bwriad neu fyrbwylltra goddrychol i achosi i'r dioddefwr ofni y bydd trais anghyfreithlon yn cael ei beri yn ddi-oed.
- **Curo:** Bwriad neu fyrbwylltra goddrychol i ddefnyddio trais anghyfreithlon ar y dioddefwr.

clwyfo: torri dwy haen y croen, gan arwain fel arfer at waedu.

R v Savage (1992)

Aeth menyw i mewn i far, a gwelodd gariad newydd ei chynbartner. Aeth ati hi a dweud, 'Neis cwrdd â ti, cariad', a thaflu cwrw o'i gwydryn drosti. Wrth wneud hynny, llithrodd y gwydr o'i gafael yn ddamweiniol; torrodd y gwydr gan dorri garddwrn y fenyw arall. Dadleuodd hi mai dim ond *mens rea* curo oedd ganddi (sef taflu'r cwrw), ond roedd y llys o'r farn nad oedd hyn yn berthnasol. Doedd dim angen *mens rea* ychwanegol am y gwir niwed corfforol (sef y gwydr yn torri garddwrn y fenyw). Cyn belled â bod ganddi'r *mens rea* am guro, yna roedd y *mens rea* am *ABH* hefyd yno.

1. Peri *GBH*

Mae'r term **'peri'** (*inflict*) wedi achosi anhawster yn y llysoedd dros y blynyddoedd. Yn achos *Clarence (1888)* rhoddwyd ystyr cyfyng iawn i'r term, ond yn fwy diweddar, yn *Dica (2004)*, ehangwyd yr ystyr fel bod trosglwyddo HIV yn fyrbwyll i ddioddefwr diarwybod yn cael ei gyfrif fel 'peri' GBH.

Mae enghraifft o ymagwedd eang debyg i'w gweld yn *R v Halliday (1889)*, lle rhoddodd gŵr gymaint o ddychryn i'w wraig nes iddi neidio allan o ffenestr eu hystafell wely i ddianc. Roedd y llys o'r farn bod ei hanafiadau hi wedi cael eu 'peri' yn uniongyrchol gan y diffynnydd, er mai hi oedd wedi neidio o'i gwirfodd trwy'r ffenestr.

Yn achos *R v Bollom (2003)*, sefydlwyd bod oedran a nodweddion y dioddefwr yn berthnasol i faint yr anafiadau a ddioddefir.

2. Clwyfo

I achosi clwyf, mae angen bod wedi torri ar gyfanrwydd y croen, gan arwain at waedu fel arfer. Yn achos *Moriarty v Brooks (1834)*, barnwyd bod yn rhaid torri'r *dermis* a'r *epidermis*. Ond yn achos *JCC (A Minor) v Eisenhower (1984)*, roedd pibellau gwaed mewnol yn llygad y dioddefwr wedi torri o ganlyniad i gael ei saethu â gwn haels (*pellet gun*) – ond roedd y llys o'r farn nad oedd hyn yn gyfystyr â chlwyfo o dan adran 20.

Mens rea

Diffinnir y *mens rea* ar gyfer *GBH* gan y disgrifiad **'yn faleisus'**.

Yn achos *Mowatt (1967)*, penderfynwyd nad oes angen sefydlu a oedd y diffynnydd yn bwriadu peri *GBH* neu glwyfo neu a oedd wedi gweithredu'n fyrbwyll, cyn belled â bod modd profi ei fod yn bwriadu peri rhyw fath o niwed corfforol neu wedi bod yn fyrbwyll ynghylch hynny. Cafodd hyn ei egluro ymhellach yn achos *DPP v A (2000)*, lle roedd y llys o'r farn ei bod yn ddigonol i brofi bod y diffynnydd yn bwriadu i ryw fath o niwed ddigwydd, neu ei fod wedi rhagweld hynny. Nid oedd angen dangos bod y diffynnydd yn bwriadu i niwed difrifol ddigwydd, neu ei fod wedi rhagweld hynny.

adran 18 Niwed corfforol difrifol (*GBH*) gyda bwriad

Mae trosedd statudol 'niwed corfforol difrifol gyda bwriad' wedi'i nodi yn **adran 18 Deddf Troseddau Corfforol 1861**, sy'n dweud ei bod yn drosedd **bwriadu** clwyfo neu achosi niwed corfforol difrifol yn faleisus. Mae adran 18 yn drosedd **dditiadwy**. Y ddedfryd fwyaf ar gyfer **adran 18 Deddf Troseddau Corfforol 1861** yw carchar am oes, gan adlewyrchu difrifoldeb adran 18 o'i chymharu ag adran 20 yr un Ddeddf.

Actus reus

Yn debyg i'r *actus reus* ar gyfer adran 20, yr *actus reus* ar gyfer adran 18 yw naill ai clwyfo'n faleisus neu achosi niwed corfforol difrifol yn faleisus. Mae'n cyfeirio at y term **'achosi'** yn hytrach na 'peri', ac er nad ydyn nhw yr un fath (*R v Ireland, Burstow (1997)*) cymerwyd eu bod nhw'n golygu bod angen achosiaeth. Mae ystyr 'clwyfo' ac achosi 'niwed corfforol difrifol' yr un fath ag ar gyfer adran 20.

Mens rea

Y gwahaniaeth allweddol rhwng adran 20 ac adran 18 yw ei bod yn bosibl profi adran 18 gyda bwriad yn unig (uniongyrchol neu anuniongyrchol), ond ei bod yn bosibl profi adran 20 gyda byrbwylltra neu fwriad i achosi rhyw niwed.

Mae dwy agwedd i'r *mens rea*:

1. Yn gyntaf, rhaid i'r diffynnydd glwyfo neu achosi niwed corfforol difrifol 'yn faleisus'.

2. Yn ail, rhaid i'r diffynnydd fod â bwriad penodol, naill ai i achosi niwed corfforol difrifol i'r dioddefwr, neu i wrthsefyll neu rwystro unrhyw berson rhag cael ei ddal neu ei gadw yn gyfreithlon.

Mae adran 18 yn **drosedd bwriad penodol** (yn ôl yr hyn sy'n ofynnol yn *R v Belfon (1976)*). Mae'n rhaid bod bwriad i achosi niwed corfforol difrifol **yn faleisus**, gan adlewyrchu difrifoldeb yr anafiadau a 'beiusrwydd' (*culpability*) y diffynnydd.

Safonau cyhuddo

Mae'r *CPS* wedi cyhoeddi canllawiau o'r enw **safonau cyhuddo** ar gyfer troseddau corfforol, er mwyn sicrhau gwell cysondeb. Mae'r rhain yn cynnwys manylion am fathau o anafiadau (e.e. chwyddo, crafiadau, llygad ddu, ac ati) a'r cyhuddiad i'w wneud os yw anafiadau o'r fath yn bresennol.

> ### Sgiliau Arholiad
>
> Mae'r testun hwn yn cael ei arholi yn aml fel senario problem. Bydd angen i chi allu esbonio a/neu gymhwyso atebolrwydd troseddol y partïon sy'n gysylltiedig. Mae mwy nag un 'drosedd nad yw'n angheuol' yn debygol o ymddangos yn yr arholiad.
>
> Efallai bydd gofyn i chi ddadansoddi a gwerthuso pa mor effeithiol yw'r gyfraith yn y maes hwn hefyd, ac ystyried cynigion ar gyfer diwygio.

> ### Crynodeb: Hierarchaeth troseddau corfforol nad ydynt yn angheuol
>
> ▶ **Ymosod**
>   - *Actus reus*: ofn y bydd trais anghyfreithlon yn cael ei beri yn ddi-oed. Trosedd cyfraith gyffredin: *adran 39 Deddf Cyfiawnder Troseddol 1988*
>   - *Mens rea*: bwriad neu fyrbwylltra goddrychol sy'n gwneud i'r dioddefwr ofni y bydd grym anghyfreithlon yn cael ei beri yn ddi-oed
> ▶ **Curo**
>   - *Actus reus*: defnyddio grym corfforol anghyfreithlon. Trosedd cyfraith gyffredin. *adran 39 Deddf Cyfiawnder Troseddol 1988*
>   - *Mens rea*: bwriad neu fyrbwylltra goddrychol i ddefnyddio grym anghyfreithlon yn erbyn rhywun arall
> ▶ *ABH: adran 47 Deddf Troseddau Corfforol 1861*
>   - *Actus reus*: 1. ymosod neu guro, 2. sy'n achosi 3. gwir niwed corfforol
>   - *Mens rea*: yr un fath ag ar gyfer ymosod neu guro; does dim angen *mens rea* ychwanegol ar gyfer y gwir niwed corfforol
> ▶ *GBH: adran 20 Deddf Troseddau Corfforol 1861*
>   - *Actus reus*: peri niwed corfforol difrifol neu glwyfo (torri'r croen) yn faleisus
>   - *Mens rea*: bwriad neu fyrbwylltra goddrychol i beri 'rhyw' niwed
> ▶ *GBH* **gyda bwriad:** *adran 18 Deddf Troseddau Corfforol 1861*
>   - *Actus reus*: clwyfo neu achosi niwed corfforol difrifol yn faleisus. Trosedd dditiadwy; uchafswm o garchar am oes
>   - *Mens rea*: trosedd bwriad penodol; bwriad i achosi *GBH* yn faleisus
> ▶ **safonau cyhuddo'r** *CPS*

YMESTYN A HERIO
Edrychwch ar y safonau cyhuddo ar wefan y *CPS*, a lluniwch restr o'r anafiadau tebygol ar gyfer pob un o'r troseddau yn yr adran hon.

Rheolau, damcaniaeth a diogelu cyfraith hawliau dynol

Adran y fanyleb	Cynnwys allweddol	Amcanion Asesu	Ble mae'r pwnc hwn yn ymddangos yn y fanyleb/arholiadau?
CBAC UG/U2 3.1: Rheolau a damcaniaeth cyfraith hawliau dynol	• Rheolau cyfraith hawliau dynol a damcaniaeth ym maes cyfraith hawliau dynol • Hawliau dynol a rhyddid sifil a'r gwahaniaeth rhwng hawliau a rhyddid • Rôl y Senedd a'r llysoedd o ran eu rheoleiddio • Y ddadl o ran natur ymwreiddiedig Deddf Hawliau Dynol 1998 • Diogelu hawliau a rhyddid o fewn cyfansoddiad y DU • Y Confensiwn Ewropeaidd ar Hawliau Dynol • Effaith Deddf Hawliau Dynol 1998; Bil Hawliau'r Deyrnas Unedig • Beirniadaethau mewn perthynas â hawliau dynol; natur ymwreiddiedig y Ddeddf Hawliau Dynol yn setliadau datganoli Cymru, yr Alban a Gogledd Iwerddon	**AA1** Dangos gwybodaeth a dealltwriaeth o reolau ac egwyddorion cyfreithiol **AA2** Cymhwyso rheolau ac egwyddorion cyfreithiol at senarios penodol er mwyn cyflwyno dadl gyfreithiol gan ddefnyddio terminoleg gyfreithiol briodol **AA3** Dadansoddi a gwerthuso rheolau, egwyddorion, cysyniadau a materion cyfreithiol	**CBAC UG/U2:** Uned 3; Uned 4

Mae dinasyddion y DU yn ffodus o fyw mewn gwlad lle caiff hawliau dynol eu hamddiffyn. Mae gan y DU 'gyfansoddiad anysgrifenedig', ac am y tro does ganddi ddim Bil Hawliau ymwreiddiedig (*entrenched*). Ond mae sawl hawl a rhyddid penodol wedi ei warantu drwy aelodaeth y DU o sefydliadau rhyngwladol, fel y Cenhedloedd Unedig a Chyngor Ewrop. Yma, ystyriwn sut caiff hawliau dynol eu hamddiffyn yn y DU.

Damcaniaeth hawliau dynol

Yn aml, disgrifir hawliau dynol fel rhai sydd yn **anamddifadwy**, yn **hollgyffredinol** ac yn **rhyngddibynnol**. Maen nhw'n pwysleisio'r gred bod yr holl fyd yn rhannu rhyw fath o ddynoliaeth gyffredin. Mae gan bawb, ym mhobman yn y byd, yr hawl i gael hawliau dynol.

• Ystyr **anamddifadwy** yw nad yw'n bosibl eu tynnu i ffwrdd na'u rhoi i rywun.
• Mae hawliau dynol **hollgyffredinol** yn gymwys i bawb sy'n fodau dynol.
• Ystyr **rhyngddibynnol** yw bod pob hawl dynol, mewn rhyw ffordd, yn cyfrannu at urddas yr unigolyn. Mae pob hawl yn dibynnu ar y llall.

Maen nhw hefyd yn cael eu disgrifio fel rhai **anwahanadwy.** Mae hawliau dynol yn rhan gynhenid o urddas pob unigolyn, ac maen nhw'n ymwneud â materion sifil, diwylliannol, economaidd, gwleidyddol a chymdeithasol. Felly, ystyrir bod pob hawl dynol yn gyfartal ac nad oes trefn hierarchaidd ar eu cyfer. Mae gwrthod un hawl i rywun yn effeithio bob amser ar ei allu i fwynhau hawliau eraill.

Rhyddid sifil

Mae yna ddadl ynglŷn â'r gwahaniaeth rhwng hawliau dynol a rhyddid sifil. I lawer o bobl, gwahaniaeth semantig yw hwn yn bennaf, ac yn aml iawn defnyddir y termau i olygu'r un peth â'i gilydd, gyda rhywfaint o orgyffwrdd rhwng ystyr 'hawliau' a 'rhyddid'. Fodd bynnag, y gwahaniaeth allweddol yw'r cwestiwn 'pam' mae'r rhain gan rywun. Mae hawliau dynol yn deillio o'r ffaith bod rhywun yn fod dynol, ond mae hawliau sifil yn dod yn sgil rhoi'r hawl hwnnw i ddinasyddion; er enghraifft, yr hawliau a roddwyd i ddinasyddion America gan Gyfansoddiad UDA. Does dim cyfansoddiad ysgrifenedig gan y DU, ond mae wedi llofnodi'r *Datganiad Cyffredinol o Hawliau Dynol (Universal Declaration of Human Rights: UDHR)* a'r *Confensiwn Ewropeaidd ar Hawliau Dynol* (*ECHR*), ac mae'r olaf wedi'i ymgorffori o fewn cyfraith ddomestig drwy *Ddeddf Hawliau Dynol 1998*. Fodd bynnag, does dim Bil Hawliau Dynol gan y DU ei hun hyd yma.

Y Confensiwn Ewropeaidd ar Hawliau Dynol (*ECHR*)

Yn dilyn erchyllterau'r Ail Ryfel Byd, daeth y gymuned ryngwladol at ei gilydd, gan gytuno i amddiffyn hawliau dynol a hyrwyddo heddwch. Ffurfiwyd y **Cenhedloedd Unedig** (*United Nations*: *UN*), gan fabwysiadu'r *UDHR* yn ddiweddarach yn 1948. Mae hyn yn cael ei weld fel man cychwyn y broses fodern o amddiffyn hawliau dynol. Yn dilyn hyn, sefydlwyd **Cyngor Ewrop**, a fabwysiadodd yr *ECHR* (*European Convention on Human Rights*) hefyd yn ei dro. Mae hwn yn sefydliad ar wahân i'r Undeb Ewropeaidd ac mae'n cynnwys mwy o wledydd; ei nod yw cadw heddwch ac amddiffyn hawliau dynol yn Ewrop. Ers hynny, mae'r DU wedi **ymgorffori'r** rhan fwyaf o'r *ECHR* i'r gyfraith ddomestig drwy *Ddeddf Hawliau Dynol 1998*.

Mae **Cyngor Ewrop** yn goruchwylio i wneud yn siŵr bod gwladwriaethau'n cadw at yr *ECHR*. Sefydliadau eraill sy'n goruchwylio'r *ECHR* yw **Pwyllgor y Gweinidogion** a'r **Cynulliad Seneddol.**

Wrth i gymdeithas ddatblygu, mae hawliau dynol hefyd yn datblygu, ac mae'r *ECHR* (a chytuniadau hawliau dynol eraill) yn cael ei ystyried yn **offeryn byw**. Er enghraifft, pan ysgrifennwyd yr *ECHR* yn 1950, doedd y technolegau modern sy'n dylanwadu ar ddehongli'r hawl i breifatrwydd, dyweder, ddim yn bodoli.

Dangosir y mathau o ryddid a hawliau sy'n cael eu hamddiffyn gan yr *ECHR* yn y tabl isod.

GWELLA GRADD

Ymchwiliwch i rôl pob un o'r sefydliadau sy'n goruchwylio'r *ECHR*.

Erthygl	Hawl
2	Yr hawl i fywyd.
3	Rhyddid rhag arteithio, triniaeth annynol neu ddiraddiol.
4	Rhyddid rhag caethwasiaeth a llafur gorfodol.
5	Yr hawl i ryddid a diogelwch yr unigolyn.
6	Yr hawl i dreial teg.
7	Rhyddid rhag cyfraith ôl-weithredol.
8	Yr hawl i gael parch at fywyd teuluol a phreifat, y cartref a gohebiaeth.
9	Rhyddid meddwl, cydwybod a chrefydd.
10	Rhyddid mynegiant.
11	Rhyddid i ymgynnull ac ymgysylltu.
12	Yr hawl i briodi a sefydlu teulu.
14	Gwahardd gwahaniaethu.

Mae'n bosibl cyfrif yr hawliau sydd yn yr *ECHR* yn rhai **absoliwt, cyfyngedig** neu **amodol**.

- **Hawliau absoliwt:** Dyma'r hawliau cryfaf. Ni all y wladwriaeth wyro oddi wrth yr hawliau hyn, ac ni ellir byth eu torri yn gyfreithiol. Enghraifft: yr hawl i dreial teg *(Erthygl 6).*

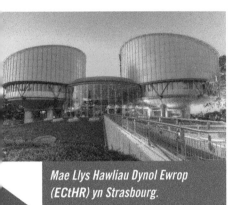

Mae Llys Hawliau Dynol Ewrop (ECtHR) yn Strasbourg.

- **Hawliau cyfyngedig:** Gall y wladwriaeth wyro oddi wrth yr hawliau hyn, ond dim ond o fewn y cyfyngiadau sydd wedi eu rhagnodi yn yr hawl honno. Enghraifft: yr hawl i ryddid *(Erthygl 5)*.
- **Hawliau amodol:** Mae'r rhan fwyaf o hawliau dynol yn hawliau amodol. Dyma'r hawliau gwannaf, ac mae'n bosibl eu tynnu pan gaiff hynny ei 'ragnodi yn gyfreithiol, yn angenrheidiol a chymesur mewn cymdeithas ddemocrataidd er mwyn cyrraedd nod cyfreithlon'. Mae'n bosibl eu cyfyngu i amddiffyn hawliau eraill, neu er lles y cyhoedd. Enghraifft: rhyddid mynegiant *(Erthygl 10)*. Maen nhw'n aml yn golygu pwyso a mesur un hawl ddynol yn erbyn un arall.

Mae 47 gwladwriaeth wedi llofnodi'r *ECHR*, pob un â hanes cymdeithasol a chyfreithiol amrywiol. Mae'n rhoi dewis i bob gwladwriaeth weithredu'r hawliau mewn ffyrdd gwahanol, er mwyn adlewyrchu eu hanes a'u fframweithiau cyfreithiol unigryw. Yr enw ar hyn yw **cwmpas disgresiwn**, a gall fod naill ai'n eang (yn y rhan fwyaf o achosion), neu'n gul os bydd consensws ar draws y rhan fwyaf o wladwriaethau Ewrop (gweler *Handyside v The United Kingdom (1976)*).

Mae **cymesuredd** hefyd yn bwysig wrth ystyried hawliau amodol yn benodol. Mae hynny'n rhoi pŵer i'r llys gydbwyso hawliau sy'n cystadlu yn erbyn ei gilydd, er enghraifft *Erthygl 10* yn erbyn *Erthygl 8*. Nid yw hawliau absoliwt yn addas i'w defnyddio gyda chymesuredd, gan nad yw'n bosibl gwyro oddi wrthyn nhw.

Yn draddodiadol, mae hawliau dinasyddion yn y DU wedi cael eu hystyried yn rhai **gweddillol**. Ystyr hyn yw bod y gyfraith yn nodi'r pethau nad oes caniatâd i'r dinesydd eu gwneud, ond nid yw'r pethau sy'n cael eu caniatáu (hawliau a rhyddid) wedi eu nodi. Mae hyn i'w weld yn achos *Malone v Metropolitan Police Commissioner (1979)*. Mae'n eithaf hawdd dileu rhai mathau o ryddid gweddillol, ac maen nhw'n anodd eu gorfodi. Felly roedd amddiffyn hawliau dynol yn y DU cyn *Deddf Hawliau Dynol 1998* yn broses wannach.

Cyn y Ddeddf Hawliau Dynol, gan nad oedd yr *ECHR* yn rhan o gyfraith ddomestig, nid oedd bob amser yn cael ei ystyried yn rhwymol fel ffynhonnell cyfraith gan farnwyr yn llysoedd y DU. Yn *R v Secretary of State ex parte Brind (1990)*, dywedodd yr Arglwydd Ackner 'na allai'r cytuniad fod yn ffynhonnell hawliau a rhwymedigaethau' cyhyd â'i fod heb ei ymgorffori. Yn yr un modd, yn *Derbyshire County Council v Times Newspapers (1993)*, ystyriwyd bod yr *ECHR* yn ddefnyddiol fel **cymorth allanol.**

Llys Hawliau Dynol Ewrop

Sefydlodd yr *ECHR* **Lys Hawliau Dynol Ewrop** (*European Court of Human Rights*: *ECtHR*) hefyd, sy'n eistedd yn Strasbourg. Dyma'r llys apêl olaf i unigolion sy'n teimlo bod eu hawliau dynol wedi cael eu tramgwyddo. Llys Hawliau Dynol Ewrop yw'r prif fecanwaith ar gyfer gorfodi'r *ECHR*. Gall y DU gael ei dwyn gerbron yr *ECtHR* gan unigolion sy'n honni bod eu hawliau wedi cael eu tramgwyddo. Cyn *Deddf Hawliau Dynol 1998*, roedd yn rhaid i unigolion ddefnyddio hawl **deiseb unigol**, a sefydlwyd yn 1966, er mwyn apelio i'r *ECtHR*. Roedd yn rhaid mynd trwy'r holl rwymedïau domestig yn gyntaf, ac roedd hyn yn cymryd llawer o amser ac arian. Fodd bynnag, pan fyddai'r *ECtHR* yn dweud bod y DU wedi dileu hawliau dynol yn anghyfreithlon, byddai'r wlad fel arfer yn ymateb mewn ffordd gadarnhaol i'r dyfarniad hwnnw. Er nad oedd gan y DU **rwymedigaeth gyfreithiol** i ddiwygio'r gyfraith, roedd ganddi rwymedigaeth foesol. Er enghraifft, pasiwyd *Deddf Dirmyg Llys 1981* o ganlyniad i *Sunday Times v UK (1979)*, pan farnodd yr *ECHtR* fod trosedd cyfraith gyffredin dirmyg llys yn mynd yn groes i *Erthygl 10* yr *ECHR*.

Un enghraifft o achos lle'r aeth unigolyn ati i ddeisebu'r *ECtHR* yw *McCann v UK (1995)*, a hynny ar fater polisi 'saethu i ladd' y DU, a mynd yn groes i *Erthygl 2* (yr hawl i fywyd).

Deddf Hawliau Dynol 1998

Rhoddodd *Deddf Hawliau Dynol 1998* **hawliau cadarnhaol** i ddinasyddion y DU, gan gryfhau eu hamddiffyniad mewn cyd-destun domestig. Roedd yn **ymgorffori** y rhan fwyaf o'r *ECHR* i gyfraith ddomestig, ac yn rhoi pwerau a dyletswyddau ychwanegol i farnwyr y DU er mwyn cynnal hawliau dynol dinasyddion.

Mae'r tabl yn dangos adrannau allweddol y Ddeddf Hawliau Dynol.

YMESTYN A HERIO

Ymchwiliwch i rai achosion eraill yn ymwneud â datganiadau anghydnawsedd o dan *adran 4*.
A newidiodd y DU ei chyfraith?

Adran	Manylyn	Cyfraith achosion / enghraifft / pwynt gwerthusol
a7	Bellach, mae'n bosibl cymhwyso'r *ECHR* yn uniongyrchol yn llysoedd y DU; gall dinesydd sy'n teimlo bod ei hawliau dynol wedi'u dileu fynd â'r achos i lys cenedlaethol. Gall dinasyddion fynd â'u hachosion i'r *ECtHR* yn Strasbourg ar apêl o hyd.	
a2	Wrth benderfynu ar achos sy'n ymwneud â honiadau o dorri hawliau dynol, rhaid i lysoedd yn y DU **ystyried** cynseiliau'r *ECHR*. Dydyn nhw ddim yn rhwymol, ond maen nhw'n **hynod o berswadiol.**	Mae *Leeds City Council v Price (2006)* yn dangos bod llysoedd y DU yn gallu dewis cynsail y DU uwchlaw penderfyniad yr *ECHR*. Os yw cynsail y DU yn gwrthdaro â hyn, yna cynsail y DU gaiff ei ddefnyddio yn ei le. Os yw cynsail yr *ECHR* yn glir, ac nad oes cynsail gan y DU, yna dylid dilyn cynsail yr *ECHR* (*Ullah 2004*). **Pwynt gwerthusol:** Rhoi pŵer i farnwyr anetholedig o dan *adran 2* ac *adran 3*, yn enwedig o'u cyfuno ag *adran 6* .
a3	Wrth benderfynu ar achos sy'n ymwneud â hawliau dynol, rhaid i farnwyr ddehongli pa mor gydnaws yw cyfraith â hawliau dynol, **'cyn belled ag y mae hynny'n bosibl'.**	*R v A (2001)*: Dywedodd yr Arglwydd Steyn fod y ddyletswydd o dan *adran 3* yn mynd y tu hwnt i'r dull bwriadus. Dylai 'datganiad anghydnawsedd' gael ei ddefnyddio ar ôl ceisio pob ffordd arall. Mae achos *Ghaidan v Godin-Mendoza (2004)* yn dangos y dull presennol o ddefnyddio *adran 3*.
a4	Os na ellir dehongli statud yn ddigon eang i sicrhau cydnawsedd â hawliau'r *ECHR*, gall barnwyr gyhoeddi **datganiad anghydnawsedd.**	*Bellinger v Bellinger (2003)*. *Anderson (2003)*. *Belmarsh detainees (A and Others (2004))*. *R v Mental Health Tribunal ex parte H (2001)*.
a6	Gall unigolion siwio 'awdurdodau cyhoeddus' am dorri hawliau dynol. Cyrff yw'r rhain sydd â swyddogaethau 'cyhoeddus' neu 'rannol gyhoeddus'. Mae llysoedd a thribiwnlysoedd yn cael eu hystyried yn awdurdodau cyhoeddus.	Awdurdodau cyhoeddus 'arferol' (e.e. y GIG, y lluoedd arfog, y gwasanaeth carchardai). Gall awdurdodau cyhoeddus 'swyddogaethol' gael eu hystyried naill ai'n rhai cyhoeddus neu'n rhai preifat, yn dibynnu ar natur eu gwaith ac agosrwydd eu perthynas â'r wladwriaeth (gweler *Poplar (2001)* a *YL v Birmingham City Council (2008)*). **Effaith uniongyrchol llorweddol ymhlyg:** Os bydd mater hawliau dynol yn cael ei godi mewn achos preifat, mae dyletswydd ar yr awdurdod cyhoeddus (e.e. y llys sy'n gwrando ar yr achos) i amddiffyn yr hawliau hyn (gweler *Douglas and Jones v Hello! Ltd (2005)*).
a10	Os cyhoeddwyd datganiad anghydnawsedd, mae gan y Senedd y pŵer i newid hyn yn gyflym gan ddefnyddio gweithdrefn **llwybr cyflym.**	**Pwynt gwerthusol:** o dan *adran 10(2)*, gall y Senedd newid y gyfraith gan ddefnyddio'r weithdrefn llwybr cyflym os oes 'rheswm grymus'. Fodd bynnag, nid yw cyhoeddi datganiad anghydnawsedd yn 'rheswm grymus' o anghenraid.
a19	Dylai'r holl ddeddfwriaeth sy'n cael ei phasio ar ôl i *Ddeddf Hawliau Dynol 1998* ddod i rym gynnwys datganiad cydnawsedd.	**Pwynt gwerthusol:** o dan *adran 19(1)(b)* mae'n bosibl pasio cyfraith heb ddatganiad cydnawsedd. Nid yw gweinidogion yn dweud bod y gyfraith yn 'anghydnaws', dim ond na allan nhw ddatgan ei bod yn 'gydnaws'. Dau Fesur oedd heb gynnwys datganiad cydnawsedd yw *Mesur Llywodraeth Leol 2000* a *Mesur Cyfathrebu 2003*. Mae'r ddau bellach yn Ddeddfau Seneddol.
a8	Gall llys ganiatáu 'unrhyw rwymedi cyfiawn a phriodol o fewn ei bwerau'.	**Pwynt gwerthusol:** dewisodd y DU beidio ag ymgorffori *Erthygl 13*, a fyddai wedi ei gwneud yn ofynnol i lysoedd ddarparu 'rhwymedi effeithiol'.

Bil Hawliau y DU

Mae cynigion cyson i ddisodli *Deddf Hawliau Dynol 1998* drwy greu **Bil Hawliau y DU** i gymryd ei lle. Deddf Seneddol yw'r *Ddeddf Hawliau Dynol*, a byddai'n bosibl ei dileu ar unrhyw amser; nid yw wedi **ymwreiddio**, yn union fel nad yw'r *ECHR* chwaith. Mae'r DU yn un o lond dwrn o wledydd datblygedig y Gorllewin sydd heb gael ei Bil Hawliau ei hun.

Mae rhai o effeithiau cadarnhaol *Deddf Hawliau Dynol 1998* i'w gweld yn yr adrannau a'r enghreifftiau o achosion yn y tabl ar d. 173, ond mae rhai cyfyngiadau a beirniadaethau hefyd. Daeth un o'r rhain yn amlwg yn dilyn penderfyniad yr *ECtHR* i atal allgludo'r clerigwr Mwslimaidd radical, Abu Qatada, yn achos *Othman (Abu Qatada) v UK (2012)*. Pe bai'r DU yn diddymu'r Ddeddf Hawliau Dynol, fyddai hynny ddim o anghenraid yn golygu bod rhaid gadael Cyngor Ewrop ac amddiffyniad yr *ECHR*.

Sefydlwyd comisiwn gan glymblaid y Ceidwadwyr a'r Democratiaid Rhyddfrydol i ystyried creu Bil Hawliau fyddai'n cymryd lle *Deddf Hawliau Dynol 1998*. Cyhoeddodd y comisiwn ei adroddiad olaf yn 2012, sef '**A UK Bill of Rights? The Choice Before Us**'. Er na ddaeth i gasgliad pendant, roedd mwyafrif aelodau'r comisiwn yn cefnogi sefydlu Bil Hawliau. Y prif reswm dros hyn oedd diffyg cefnogaeth gyhoeddus i'r Ddeddf Hawliau Dynol. Rhoddwyd sylw i'r Bil Hawliau ym maniffesto etholiadol y Blaid Geidwadol yn 2015, ond mae'r mater wedi'i ohirio nes i Brexit gael ei gyflawni.

Beth fyddai'n wahanol gyda Bil Hawliau Prydeinig?

- Byddai wedi ei **ymwreiddio,** ac yn anodd ei newid neu ei ddileu. Ar y llaw arall, gallai olygu bod yr hawliau hefyd yn sefydlog, ac felly'n gallu dyddio. Mae'r cyfansoddiad anysgrifenedig presennol yn cynnig y posibilrwydd o addasu dros amser.
- Gallai'r hawliau fod yn rhai mwy 'penodol' i wledydd Prydain, a gellid cynnwys hawliau ychwanegol.
- Byddai'n **ffrwyno pŵer y Weithrediaeth** ac yn ffordd o gadw golwg ar lywodraeth y dydd. Byddai gan y llysoedd y pŵer i wrthod cymhwyso unrhyw gyfraith pe bai'n gwrthdaro â'r Bil Hawliau. Mae'r ffaith y byddai'n rhoi mwy o bŵer i'r farnwriaeth anetholedig yn feirniadaeth arall ar gynnig o'r fath, a gellid dadlau y byddai'n gwanhau sofraniaeth seneddol hefyd.
- Fe fyddai'n rhoi arweiniad mwy clir i farnwyr ar sut i gydbwyso hawliau fel Erthyglau 8 a 10 yr *ECHR*.
- Gellid dileu'r weithdrefn llwybr cyflym *(adran 10 Deddf Hawliau Dynol)* a gosod gofyniad yn lle hynny i gynnal trafodaeth seneddol lawn cyn diwygio unrhyw ddeddfwriaeth anghydnaws.

Problemau posibl gyda Bil Hawliau

- Mae **Cytundeb Gwener y Groglith** yn cynnwys cyfeiriad at y Ddeddf Hawliau Dynol, a byddai diddymu'r ddeddf yn gallu tanseilio proses heddwch Gogledd Iwerddon.
- Mae **setliadau datganoli** (e.e. ar gyfer Senedd yr Alban) yn cynnwys cyfeiriadau at yr *ECHR*.

YMESTYN A HERIO

Edrychwch ar **Gonfensiwn Sewell**. Pa effaith byddai diddymu'r Ddeddf Hawliau Dynol yn ei chael ar hyn?

Crynodeb: Rheolau, damcaniaeth a diogelu cyfraith hawliau dynol

▶ Hawliau dynol: anamddifadwy, hollgyffredinol a rhyngddibynnol

▶ Rhyddid sifil

▶ Cytunwyd ar y *Confensiwn Ewropeaidd ar Hawliau Dynol (ECHR)* yn dilyn yr Ail Ryfel Byd

▶ Mae Cyngor Ewrop yn goruchwylio ymlyniad y gwladwriaethau i'r *ECHR*

▶ Yr *ECHR* fel 'offeryn byw':

● Hawliau absoliwt, cyfyngedig ac amodol

  ● Defnydd fel 'cymorth anghynhenid/allanol' cyn *Deddf Hawliau Dynol 1998*: *Derbyshire County Council v Times Newspapers (1993)*

  ● *R v Secretary of State ex parte Brind (1990)*: 'nid yw'r *ECHR* yn gyfraith ddomestig'

▶ Cwmpas disgresiwn: *Handyside v UK (1976)*

▶ Cymesuredd

▶ Rhyddidau gweddillol: *Malone v MPC (1979)*

▶ Llys Hawliau Dynol Ewrop (*ECtHR*): Hawl yr unigolyn i ddeisebu, 1966

▶ *McCann v UK (1995)*

▶ Roedd *Deddf Hawliau Dynol 1998* yn ymgorffori'r rhan fwyaf o'r *ECHR* o fewn cyfraith ddomestig:

● *adran 7:* Yn gymwys yn llysoedd y DU

● *adran 2:* Mae penderfyniadau'r *ECHR* yn berswadiol iawn ond dydyn nhw ddim yn rhwymol: *Leeds City Council v Price (2006)*, *Ullah (2004)*

● *adran 3:* Mae ar farnwyr ddyletswydd i ddehongli cyfreithiau yn gydnaws â hawliau dynol 'cyn belled â bod hynny'n bosibl': *Ghaidan v Godin-Mendoza (2004)*

● *adran 4:* Datganiad anghydnawsedd: *Bellinger v Bellinger (2003)*

● *adran 10:* Gellir newid deddfwriaeth anghydnaws yn gyflym gan ddefnyddio gweithdrefn seneddol 'llwybr cyflym'

● *adran 6:* Gall unigolion siwio 'awdurdodau cyhoeddus' am dorri hawliau dynol. Arferol, swyddogaethol a llysoedd/tribiwnlysoedd. Effaith uniongyrchol llorweddol ymhlyg: *Douglas and Jones v Hello! Ltd (2005)*

● *adran 19:* Rhaid cael datganiad cydnawsedd: *Deddf Cyfathrebiadau 2003*

● *adran 8:* Gall llys ganiatáu 'unrhyw rwymedi cyfiawn a phriodol o fewn ei bwerau'

▶ Byddai **Bil Hawliau y DU**:

● wedi'i ymwreiddio

● yn ffrwyno pŵer y Weithrediaeth

● yn rhoi arweiniad clir i farnwyr ar gydbwyso hawliau

● yn dileu'r weithdrefn llwybr cyflym

● o bosibl yn effeithio ar setliadau datganoli a chytundeb Gwener y Groglith

Darpariaethau penodol yn y Confensiwn Ewropeaidd ar Hawliau Dynol

Adran y fanyleb	Cynnwys allweddol	Amcanion Asesu	Ble mae'r testun hwn yn ymddangos yn y fanyleb/arholiadau?
CBAC UG/U2 **3.2:** Darpariaethau penodol yn y Confensiwn Ewropeaidd ar Hawliau Dynol	• Darpariaethau Erthygl 8, yr hawl i gael parch tuag at fywyd teuluol a phreifat, y cartref a gohebiaeth; Eithriadau Erthygl 8; rhwymedigaethau negyddol a chadarnhaol • Darpariaethau Erthygl 10, yr hawl i ryddid mynegiant. Eithriadau Erthygl 10 • Darpariaethau Erthygl 11, yr hawl i ymgynnull yn heddychlon ac i ymgysylltu ag eraill, gan gynnwys yr hawl i ffurfio undebau llafur ac i ymuno â nhw. Eithriadau Erthygl 11	**AA1** Dangos gwybodaeth a dealltwriaeth o reolau ac egwyddorion cyfreithiol **AA2** Cymhwyso rheolau ac egwyddorion cyfreithiol at senarios penodol er mwyn cyflwyno dadl gyfreithiol gan ddefnyddio terminoleg gyfreithiol briodol **AA3** Dadansoddi a gwerthuso rheolau, egwyddorion, cysyniadau a materion cyfreithiol	**CBAC UG/U2:** Uned 3; Uned 4

Gellir dosbarthu'r hawliau sydd wedi'u cynnwys yn yr *ECHR* yn rhai **absoliwt, cyfyngedig** neu **amodol**. Bydd yr adran hon yn ystyried *Erthyglau 8, 10* ac *11*.

- **Hawliau absoliwt:** Y rhain yw'r hawliau cryfaf. Ni all y wladwriaeth wyro oddi wrth yr hawliau hyn, ac ni ellir byth eu torri yn gyfreithlon. Enghraifft: yr hawl i achos teg *(Erthygl 6)*.
- **Hawliau cyfyngedig:** Gall y wladwriaeth wyro oddi wrth yr hawliau hyn, ond dim ond o fewn y cyfyngiadau sydd wedi'u rhagnodi yn yr hawl. Enghraifft: yr hawl i ryddid *(Erthygl 5)*.
- **Hawliau amodol:** Mae'r rhan fwyaf o hawliau dynol yn hawliau amodol. Y rhain yw'r hawliau gwannaf, a gellir eu dileu 'pan ragnodir hynny gan y gyfraith a phan fydd yn angenrheidiol a chymesur mewn cymdeithas ddemocrataidd, er mwyn bodloni nod cyfreithlon'. Gallan nhw gael eu cyfyngu er mwyn amddiffyn hawliau eraill neu er lles y cyhoedd. Enghraifft: rhyddid mynegiant *(Erthygl 10)*. Maen nhw'n aml yn golygu bod angen cydbwyso un hawl ddynol yn erbyn un arall.

Mae *Erthyglau 8, 10* ac *11* i gyd yn **hawliau amodol**. Maen nhw wedi'u strwythuro mewn ffordd debyg, ac mae rhan 1 pob Erthygl yn darparu ar gyfer yr hawl sylfaenol, a rhan 2 yn darparu ffordd o ddileu'r hawl mewn rhai amgylchiadau (yr '**amodau**').

Gellir dileu hawliau amodol yn yr achosion canlynol:

- pan ragnodir hynny gan y gyfraith
- pan mae'n angenrheidiol mewn cymdeithas ddemocrataidd, ac yn gymesur
- pan mae'n bodloni nod cyfreithlon; er enghraifft, amddiffyn hawliau a rhyddid eraill.

Yn gyffredinol, mae cyfraith achosion yn canolbwyntio ar ystyried a oes cyfiawnhad dros ddileu'r hawl. Mae'n aml yn golygu cydbwyso un hawl yn erbyn un arall.

Erthygl 8: Yr hawl i gael parch at fywyd teuluol a phreifat, y cartref a gohebiaeth

Erthygl 8(1)

Mae gan bawb yr hawl i barch at ei fywyd preifat a theuluol, ei gartref a'i ohebiaeth.

8(2)

Ni fydd unrhyw awdurdod cyhoeddus yn ymyrryd o gwbl ag arfer yr hawl hon, ac eithrio pan fydd hynny'n unol â'r gyfraith ac yn angenrheidiol mewn cymdeithas ddemocrataidd er budd diogelwch cenedlaethol, diogelwch y cyhoedd neu les economaidd y wlad, i atal anhrefn neu droseddu, i amddiffyn iechyd neu foesau, neu i amddiffyn hawliau a rhyddid pobl eraill.

Crynodeb o Erthygl 8

Y rhannau sydd wedi'u hamlinellu yn *Erthygl 8(2)* yw'r 'rhesymau cyfreithlon' dros ymyrryd â'r hawl gan awdurdod cyhoeddus. Mae'r agweddau eraill ar hawl amodol (a ragnodir gan y gyfraith ac sy'n angenrheidiol mewn cymdeithas ddemocrataidd a chymesur) hefyd yn gymwys.

Mae pedwar o fuddiannau'n cael eu hamddiffyn yn benodol o dan *Erthygl 8*:

1. bywyd preifat

2. y cartref

3. y teulu

4. gohebiaeth.

Mae *Erthygl 8* hefyd yn cynnwys rhwymedigaethau **negyddol** a **chadarnhaol**. Mae gan y wladwriaeth rwymedigaeth negyddol i beidio ag ymyrryd â hawliau preifatrwydd, ond mae *Erthygl 8* yn cynnwys rhwymedigaeth gadarnhaol ar y wladwriaeth i weithredu mewn ffordd sy'n amddiffyn hawl unigolyn i fywyd preifat a theuluol: gweler *Y v the Netherlands (1985)*.

Mae cyfraith achosion yn awgrymu bod hawl unigolyn i fywyd preifat yn berthnasol hefyd mewn rhai sefyllfaoedd sy'n ymddangos, ar yr olwg gyntaf, yn rhai cymharol gyhoeddus. Mae'r llys yn gofyn a oes gan yr unigolyn, o dan yr holl amgylchiadau, ddisgwyliad rhesymol neu gyfreithlon o breifatrwydd. Mae cyswllt amlwg yma â thestun preifatrwydd.

Erthygl 10: Rhyddid mynegiant

10(1)

Mae gan bawb yr hawl i ryddid mynegiant. Bydd yr hawl hon yn cynnwys rhyddid barn a rhyddid i dderbyn a rhannu gwybodaeth a syniadau heb ymyrraeth gan awdurdod cyhoeddus, a heb ystyried ffiniau. Nid yw'r Erthygl hon yn atal gwladwriaethau rhag ei gwneud yn ofynnol i drwyddedu mentrau darlledu, teledu neu sinema.

10(2)

Mae arfer y mathau hyn o ryddid yn arwain at ddyletswyddau a chyfrifoldebau. Felly mae'n amodol i'r math o drefniadau ffurfiol, amodau, cyfyngiadau neu gosbau a ragnodir gan y gyfraith ac sy'n angenrheidiol mewn cymdeithas ddemocrataidd, er budd diogelwch cenedlaethol, cydnabod tiriogaeth neu ddiogelwch y cyhoedd, i atal anhrefn neu droseddu, i amddiffyn iechyd neu foesau, i amddiffyn enw da neu hawliau pobl eraill, i atal datgelu gwybodaeth a dderbyniwyd yn gyfrinachol, neu i gynnal awdurdod a natur ddiduedd y farnwriaeth.

GWELLA GRADD

Mae cysylltiadau yma â thestun difenwad, tor-cyfrinachedd a rhyng-gipio cyfathrebu. Mae *Erthygl 8* yn aml yn cael ei chydbwyso yn erbyn *Erthygl 10*.

Crynodeb o Erthygl 10

Fel yn achos *Erthygl 8*, y rhannau sydd wedi'u hamlinellu yn *Erthygl 10(2)* yw'r 'rhesymau cyfreithlon' dros ymyrryd â'r hawl gan awdurdod cyhoeddus. Mae'r agweddau eraill ar hawl amodol (a ragnodir gan y gyfraith ac sy'n angenrheidiol mewn cymdeithas ddemocrataidd a chymesur) hefyd yn gymwys. Mae'r ddarpariaeth hon yn aml yn y newyddion gan fod 'rhyddid y wasg' a chyfryngau eraill yn dibynnu ar y llysoedd, sy'n penderfynu a yw'r cyfryngau wedi bod yn ymddwyn yn briodol wrth rannu gwybodaeth benodol. Mae problemau amlwg yn ymwneud â rheoleiddio gwybodaeth sy'n cael ei dosbarthu drwy'r cyfryngau cymdeithasol a'r Rhyngrwyd. Eto i gyd, mae'r hawl i ryddid mynegiant yn hanfodol mewn unrhyw ddemocratiaeth. Mae amddiffyn gwasg rydd a ffynonellau newyddiadurol yn rhan o'r broses o sicrhau bod rhyddid mynegiant a thrafodaeth yn bosibl.

Os oes perygl y bydd rhyddid mynegiant yn cael ei dynnu ymaith, mae *adran 12 Deddf Hawliau Dynol 1998* yn darparu bod rhaid i'r llysoedd roi 'ystyriaeth arbennig' i'r hawl i ryddid mynegiant ym mhob achos lle mae'n destun trafodaeth, a bod rhaid ystyried a yw datgelu deunydd sydd o werth newyddiadurol, llenyddol neu artistig yn cael ei wneud er lles y cyhoedd. Cafodd yr adran ei defnyddio mewn achosion lle cyhoeddwyd **gwaharddebion** ac **uwch-waharddebion.** Ystyriwyd bod *Adran 12* yn rhoi 'amddiffyniad arbennig' i ryddid mynegiant, ond codwyd amheuaeth ynghylch hyn yn dilyn dyfarniad y Goruchaf Lys yn yr achos a gafodd yr enw 'Celebrity Threesome', sef *PJS v News Group Newspapers (2016)*. Roedd y llys o'r farn nad oedd gan *Erthygl 10* (rhyddid mynegiant) flaenoriaeth dros *Erthygl 8* (preifatrwydd), nac fel arall chwaith.

Mae'r canlynol yn cael eu hystyried yn feysydd y gyfraith lle mae rhyddid mynegiant wedi'i amddiffyn neu wedi'i dynnu ymaith:

- Difenwad.
- Tor-cyfrinachedd.
- Dirmyg llys.
- Anweddustra.
- Rhyddid i ymgynnull (hawl i brotestio).

Erthygl 11: Rhyddid i ymgynnull ac ymgysylltu

11(1)

Mae gan bawb yr hawl i ymgynnull yn heddychlon ac i ymgysylltu ag eraill, gan gynnwys yr hawl i ffurfio undebau llafur ac i ymuno â nhw er mwyn amddiffyn eu buddiannau.

11(2)

Ni fydd cyfyngiadau yn cael eu rhoi ar arfer yr hawliau hyn, ac eithrio'r rhai sydd wedi'u rhagnodi gan y gyfraith ac sy'n angenrheidiol mewn cymdeithas ddemocrataidd er budd diogelwch cenedlaethol neu ddiogelwch y cyhoedd, i atal anhrefn neu droseddu, i amddiffyn iechyd neu foesau neu i amddiffyn hawliau a rhyddid pobl eraill. Ni fydd yr Erthygl hon yn atal aelodau o'r lluoedd arfog, neu'r heddlu, neu weinyddiaeth y wladwriaeth rhag gosod cyfyngiadau cyfreithlon ar arfer yr hawliau hyn.

Crynodeb o Erthygl 11

Mae *Erthygl 11* yn cynnwys dwy elfen: yr hawl i ryddid i ymgynnull a'r hawl i ryddid i ymgysylltu.

Mae'r hawl i ryddid i ymgynnull yn ymwneud â phrotestiadau heddychlon, gwrthdystiadau a chyfarfodydd cyhoeddus a phreifat. Gan ei bod yn hawl amodol, gellir cyfyngu arni am y rhesymau cyfreithlon uchod. Mae'n amlwg bod rhaid cydbwyso *erthyglau 10 ac 11*.

Mae'r hawl i ryddid i ymgysylltu yn caniatáu i unigolion ymuno ag eraill ar gyfer amcan penodol; er enghraifft, yr hawl i ymuno ag undeb llafur neu blaid wleidyddol. Mae rhyddid i ymgysylltu hefyd yn darparu ar gyfer hawl negyddol unigolion sydd ddim yn teimlo rheidrwydd i ymaelodi â chymdeithas. Mae rhwymedigaeth gadarnhaol hefyd ar y wladwriaeth i ddarparu rhagofalon cyfreithiol i'r rhai sy'n cymdeithasu â gwladwriaethau eraill sydd hefyd o dan rwymedigaeth gadarnhaol i ddarparu rhagofalon cyfreithiol i unigolion sy'n cymdeithasu ag eraill.

GWELLA GRADD

Mae cysylltiad yma â thestunau trefn gyhoeddus a rhyddid mynegiant. Mae'n amlwg bod rhaid cael cydbwysedd rhwng *erthyglau 10 ac 11*.

Cyfeirnod y fanyleb	Cynnwys allweddol	Amcanion Asesu	Ble mae'r testun hwn yn ymddangos yn y fanyleb/arholiadau?
CBAC UG/U2 **3.5:** Y ddadl mewn perthynas â diogelu hawliau dynol yn y DU	• Diwygio'r broses o ddiogelu hawliau dynol yn y Deyrnas Unedig • Yr angen am Fil Hawliau'r Deyrnas Unedig • Rôl y Comisiwn Cydraddoldeb a Hawliau Dynol	**AA1** Dangos gwybodaeth a dealltwriaeth o reolau ac egwyddorion cyfreithiol **AA2** Cymhwyso rheolau ac egwyddorion cyfreithiol at senarios penodol er mwyn cyflwyno dadl gyfreithiol gan ddefnyddio terminoleg gyfreithiol briodol **AA3** Dadansoddi a gwerthuso rheolau, egwyddorion, cysyniadau a materion cyfreithiol	**CBAC UG/U2:** Uned 3; Uned 4

Y ddadl mewn perthynas â diogelu hawliau dynol yn y DU

Cyngor Ewrop a luniodd yr *ECHR*. Cafodd Cyngor Ewrop ei sefydlu wedi'r Ail Ryfel Byd i greu undod rhwng gwledydd ar faterion fel diogelu hawliau dynol sylfaenol. Mae gan y Cyngor 45 aelod erbyn hyn. Cafodd y **Confensiwn Ewropeaidd ar Hawliau Dynol a Rhyddid Sylfaenol** ei ddrafftio a'i lofnodi yn 1950 a'i gadarnhau gan y DU yn 1951. Daeth i rym yn 1953.

Cafodd *Deddf Hawliau Dynol 1998* ei phasio gan y llywodraeth Lafur yn dilyn ei buddugoliaeth ysgubol yn 1997, ar sail addewid 'i ddod â hawliau yn ôl adref.' Roedd y Ddeddf yn ymgorffori'r Confensiwn Ewropeaidd ar Hawliau Dynol (a'r protocol cyntaf) o fewn y gyfraith ddomestig, a daeth i rym ym mis Hydref 2000. Yn ôl *adran 7 Deddf Hawliau Dynol 1998*, mae'r Confensiwn yn uniongyrchol gymwys yn llysoedd y DU, a does dim angen mynd i Lys Hawliau Dynol Ewrop (*ECtHR*), er bod hyn yn bosibl fel dewis olaf.

Yn ymarferol, y Ddeddf oedd y datblygiad cyfansoddiadol pwysicaf ers dros 300 mlynedd. Ond ers iddi gael ei phasio, mae llawer o bobl wedi holi a ydym ni bellach wedi symud o 'ryddid' i 'hawliau', neu a oes angen Bil Hawliau i Brydain o hyd.

Dadansoddiad o Ddeddf Hawliau Dynol 1998

Mae'n amlwg nad yw *Deddf Hawliau Dynol 1998* yr un fath â Bil Hawliau UDA, er enghraifft, sy'n ymwreiddio hawliau ac yn caniatáu i lysoedd ddirymu deddfwriaeth. Yn hytrach, mae'r Ddeddf Hawliau Dynol yn cynnal athrawiaeth sofraniaeth seneddol, gan mai'r Senedd yn unig all benderfynu a ddylid diddymu neu ddiwygio deddfwriaeth.

Fodd bynnag, mae ymgorffori'r Confensiwn Ewropeaidd ar Hawliau Dynol o fewn y gyfraith ddomestig yn gam tuag at Fil Hawliau i Brydain.

Mae rhai anfanteision i'r Ddeddf Hawliau Dynol. Gall y llywodraeth fwrw ymlaen â deddfwriaeth hyd yn oes os yw'n anghydnaws â hawliau'r *ECHR*. Mae cwmpas disgresiwn eang yn cael ei ganiatáu o dan yr *ECHR*, ac mae'r rhan fwyaf o hawliau'r Confensiwn yn rhai amodol yn unig. Nid yw'r llysoedd yn gallu dirymu deddfwriaeth anghydnaws na gwrthod ei chymhwyso. Mae'r Ddeddf yn agored i gael ei diddymu. Mae newid amlwg wedi bod o ran pŵer ers iddi gael ei hymgorffori, ac mae gan farnwyr anetholedig fwy o ddylanwad ar bolisi cymdeithasol nag yn y gorffennol. Fodd bynnag, gellid dadlau bod hyn yn golygu gwahaniad pwerau mwy amlwg, a mwy o barch i reolaeth cyfraith o ganlyniad i'r cynnydd hwn mewn gweithgarwch gan y farnwriaeth.

Sefydlwyd y **Comisiwn Cydraddoldeb a Hawliau Dynol yn 2007**, a daeth i'w lawn rym yn 2009. Dyma rai o'i swyddogaethau:

- darparu cyngor ac arweiniad
- cynnal ymchwiliadau
- dwyn achosion
- monitro'r Confensiwn Ewropeaidd ar Hawliau Dynol yn y gyfraith ddomestig
- craffu ar gyfreithiau newydd
- cyhoeddi adroddiadau rheolaidd

Bil Hawliau ar gyfer y DU?

O blith gwledydd democrataidd y Gorllewin, y DU ac Israel yn unig sydd heb Fil Hawliau. Mae gan America, De Affrica a'r rhan fwyaf o Ewrop Fil Hawliau. Ond all Bil Hawliau ddim ond bod mor effeithiol â'r wladwriaeth sy'n ei orfodi.

Manteision ac anfanteision Bil Hawliau

Manteision	Anfanteision
Mae'n rheoli'r Weithrediaeth: Mae Bil Hawliau yn rhoi cyfle i gadw rheolaeth dros bwerau enfawr y Weithrediaeth (e.e. y llywodraeth a'i hasiantaethau, fel yr heddlu ac ati). Gallai llysoedd wrthod cymhwyso deddfwriaeth os nad yw'n cyd-fynd â'r Bil Hawliau.	**Diangen**: Mae rhai pobl yn dadlau bod ein hawliau yn cael eu hamddiffyn yn ddigonol yn barod.
Rhaid i'r farnwriaeth gynnal yr *ECHR*: Dan *adran 3 Deddf Hawliau Dynol*, rhaid i farnwyr ddehongli pob cyfraith i gyd-fynd â hawliau dynol OND dim ond i'r graddau bod modd gwneud hyn. Mae hyn yn golygu bod Deddf sy'n torri hawliau'r Confensiwn yn dal i fod â grym. Ond nid dyma fyddai'r sefyllfa gyda Bil Hawliau.	**Anhyblyg**: Byddai'n anodd ei newid.
Ymwreiddiad: Nid yw'r Ddeddf Hawliau Dynol wedi ymwreiddio, felly gellir ei diddymu. Byddai Bil Hawliau yn cael ei ymwreiddio.	**Gallai arwain at ansicrwydd**: Mae llawer o Filiau Hawliau wedi'u drafftio mewn arddull llac.
Hawliau newydd: Ni wnaeth y Ddeddf Hawliau Dynol gyflwyno unrhyw hawliau newydd, ond byddai Bil Hawliau yn gwneud hynny.	**Gwan**: All Bil Hawliau ddim ond bod mor effeithiol â'r llywodraeth sy'n ei gynnal.
	Mwy o rym i'r farnwriaeth: Nid yw barnwyr yn cael eu hethol, a byddai pŵer yn cael ei dynnu oddi ar y Senedd.
	Anodd ei ddrafftio: Mae'n anodd diffinio beth gellid ei gynnwys.

GWELLA GRADD

Wrth ystyried a oes angen Bil Hawliau ar y DU, mae'n hanfodol eich bod yn ymwybodol o'r dadleuon o blaid ac yn erbyn y ffordd y caiff ein hawliau dynol eu hamddiffyn ar hyn o bryd yn *Neddf Hawliau Dynol 1998*.

YMESTYN A HERIO

Ymchwiliwch i achos *Othman (Abu Qatada) v UK (2012)*. A oedd llywodraeth y DU yn iawn i deimlo mor flin ynghylch penderfyniad y Confensiwn Ewropeaidd ar Hawliau Dynol, gan ei bod yn teimlo ei fod yn rhwystro ei hymgyrch yn erbyn terfysgaeth a throsedd?

YMESTYN A HERIO

Cyhoeddodd y llywodraeth adroddiad yn 2012 o'r enw '**A UK Bill of Rights? The Choice Before Us**'. Ymchwiliwch i'w ganfyddiadau ynghylch a ddylid diddymu'r Ddeddf Hawliau Dynol, a rhoi Bil Hawliau Prydeinig yn ei lle.

Sgiliau Arholiad

Mae diwygio mater diogelu hawliau dynol yn y DU yn destun a fyddai'n gallu ymddangos ar ei ben ei hun. Ond wrth ateb unrhyw gwestiwn penodol ar y Confensiwn Ewropeaidd ar Hawliau Dynol a/neu'r Ddeddf Hawliau Dynol, dylech chi fod yn barod i drafod diwygiadau sy'n ymwneud â'r gyfraith bresennol.

Crynodeb: Diwygio hawliau dynol

▶ Cyngor Ewrop a ddrafftiodd y **Confensiwn Ewropeaidd ar Hawliau Dynol a Rhyddid Sylfaenol** (1950). Cafodd ei gadarnhau gan y DU yn 1951 a daeth i rym yn 1953

▶ Roedd *Deddf Hawliau Dynol 1998* yn ymgorffori'r *ECHR* o fewn y gyfraith ddomestig. Daeth i rym ym mis Hydref 2000, ac mae'n gam tuag at Fil Hawliau i Brydain

   • *adran 7 Deddf Hawliau Dynol 1998*: Mae'r *ECHR* yn uniongyrchol gymwys yn llysoedd y DU

   • Anfanteision y Ddeddf Hawliau Dynol: Gall deddfwriaeth ddal i fod yn anghydnaws â hawliau'r *ECHR*; mae'n agored i gael ei diddymu; bellach gall barnwyr heb eu hethol ddylanwadu ar bolisi cymdeithasol

▶ Sefydlwyd y **Comisiwn Cydraddoldeb a Hawliau Dynol** yn 2007, a daeth i'w lawn rym yn 2009.

▶ **Manteision Bil Hawliau i'r DU**

   • Byddai'n rheoli'r Weithrediaeth

   • Byddai rhaid i'r farnwriaeth gynnal yr *ECHR*

   • Byddai wedi ymwreiddio

   • Hawliau newydd

▶ **Anfanteision Bil Hawliau i'r DU**

   • Diangen

   • Anhyblyg

   • Gallai arwain at ansicrwydd

   • Aneffeithiol os yw'r llywodraeth yn wan

   • Mwy o rym i'r farnwriaeth

   • Anodd ei ddrafftio

▶ 'A UK Bill of Rights? The Choice Before Us'

▶ *Othman (Abu Qatada) v UK (2012)*

Cyfyngiadau'r Confensiwn Ewropeaidd ar Hawliau Dynol

Adran y fanyleb	Cynnwys allweddol	Amcanion Asesu	Ble mae'r testun hwn yn ymddangos yn y fanyleb/arholiadau?
CBAC UG/U2 **3.3:** Cyfyngiadau, gan gynnwys cyfyngiadau a ganiateir gan y Confensiwn Ewropeaidd ar Hawliau Dynol	• Troseddau trefn gyhoeddus: rhyddid i gyfarfod, ymgasglu, gwrthdystio a phrotestio; y berthynas rhwng cadw trefn gyhoeddus a mynegi barn ac anfodlonrwydd yn gyfreithlon. Rheoli cynulliadau, cyfarfodydd a phrotestiadau cyhoeddus. Troseddau yn erbyn trefn gyhoeddus, gan gynnwys annog casineb hiliol a chasineb crefyddol • Pwerau'r Heddlu: y gyfraith o ran pwerau'r heddlu i stopio a chwilio; chwilio eiddo; arestio; cadw yn y ddalfa; hawliau pobl sydd wedi'u cadw yn y ddalfa gan yr heddlu; derbynioldeb tystiolaeth. Rhwymedïau yn erbyn yr heddlu, gan gynnwys am achosion o erlyn maleisus a cham-garcharu • Rhyng-gipio cyfathrebu: mynediad at wybodaeth sy'n ymwneud ag unigolion; tapio ffôn • Dyletswydd cyfrinachedd: camddefnyddio gwybodaeth breifat; tor-cyfrinachedd • Anweddustra (*obscenity*): dadleuon o blaid ac yn erbyn cyfyngu; problemau diffinio; dulliau rheoli; rheolaeth dros lyfrau, cylchgronau, ffilmiau, DVDs, perfformiadau byw, darlledu; diwygiadau • Camweddau difenwi: diogelu enw da: difenwad • Camweddau tresmasu, aflonyddu	**AA1** Dangos gwybodaeth a dealltwriaeth o reolau ac egwyddorion cyfreithiol **AA2** Cymhwyso rheolau ac egwyddorion cyfreithiol at senarios penodol er mwyn cyflwyno dadl gyfreithiol gan ddefnyddio terminoleg gyfreithiol briodol **AA3** Dadansoddi a gwerthuso rheolau, egwyddorion, cysyniadau a materion cyfreithiol	**CBAC UG/U2 :** Uned 3; Uned 4

Sgiliau Arholiad

Mae'r testun hwn yn cynnwys sawl is-destun a fyddai'n gallu ymddangos yn yr arholiad ar ffurf cwestiwn traethawd neu gwestiwn 'problem' ar unrhyw un o unedau manyleb CBAC. Yn y bôn, mae'n bosibl rhannu'r agwedd hon ar y fanyleb i'r testunau canlynol.

- Trefn gyhoeddus.
- Pwerau'r heddlu.
- Rhyng-gipio cyfathrebu.
- Dyletswydd cyfrinachedd.
- Anweddustra.
- Difenwad.
- Camweddau tresmasu ac aflonyddu.

Trefn gyhoeddus

Yn amlwg, mae cysylltiad agos rhwng rhyddid mynegiant a rhyddid i ymgynnull. Efallai bydd pobl yn dymuno dod ynghyd i fynegi barn a syniadau. Felly gall cyfyngu ar y rhyddid hwn gyfyngu hefyd ar ryddid mynegiant.

Mae rhyw elfen o drefn a rheolaeth yn angenrheidiol er mwyn i ryddid fod yn ystyrlon mewn unrhyw gymdeithas. Ond byddai cymdeithas sy'n pryderu'n ormodol am drefn a rheolaeth yn mygu trafodaeth iach a beirniadaeth, yn ffrwyno rhyddid, ac yn ôl pob tebyg, yn brin o ddychymyg a brwdfrydedd. Mae unrhyw ymgais i annog rhyddid yn cynnwys y perygl o dorcyfraith ac anhrefn. Eto i gyd, yn y pen draw, mae ymdrechion i atal neu ffrwyno rhyddid hefyd yn debygol o arwain at brotest a thrais. Mae llawer o enghreifftiau o fygwth trefn gyhoeddus neu dorri'r drefn gyhoeddus, ond fel rhan o ddigwyddiadau a gweithgareddau sydd â phwrpas difrifol mewn cymdeithas. Er enghraifft, gallai'r rhain fod yn brotestiadau am faterion cymdeithasol a gwleidyddol pwysig, pryderon ynghylch materion cyflogaeth, neu bryderon yn ymwneud â ffyrdd gwahanol o fyw sydd ddim yn cyd-fynd â'r ffordd mae cymunedau fel arfer yn cael eu trefnu a'u rhedeg. Pan fydd trefn gyhoeddus yn cael ei bygwth gan y mathau hyn o ddigwyddiadau a gweithgareddau (yn hytrach na gweithredoedd mwy cyffredinol o drais, anhrefn a fandaliaeth), mae'n rhaid cydbwyso'r angen i gynnal y drefn â'r angen i gadw a chynnal rhyddid sylfaenol pobl.

Efallai mai'r ffordd fwyaf effeithiol o gadw'r drefn gyhoeddus yw atal y trafferth rhag dod i'r amlwg yn y lle cyntaf, a hynny drwy reoli gweithgareddau a digwyddiadau yn llym, neu hyd yn oed eu gwahardd. Eto i gyd, mae perygl y gall hyn gael ei weld fel ffordd hawdd o ddatrys y broblem, gan arwain yn y pen draw at gyfyngu ar ryddid i ymgynnull a rhyddid mynegiant. Penderfynodd y llys wrthsefyll y demtasiwn hon yn *Beatty v Gillbanks (1882)*, gan farnu na ddylid gwahardd gorymdeithwyr sy'n ymddwyn yn heddychlon a chyfreithlon rhag gorymdeithio, dim ond oherwydd bod grŵp arall o orymdeithwyr yn eu gwrthwynebu ac felly'n bygwth yr heddwch. I bob pwrpas, roedd rhaid i'r awdurdodau reoli'r grŵp arall.

Eto i gyd, mae llawer o bwerau ataliol erbyn hyn, a gellir defnyddio'r rhain i gyfyngu ar weithgaredd sydd fel arall yn gyfreithlon.

Deddf Trefn Gyhoeddus 1986

Gorymdeithiau

Adran 11: **Dyletswyddau'r trefnydd.** Mae hyn yn ymwneud â threfnwyr gorymdaith, nid cyfarfod. Rhaid rhoi rhybudd i'r heddlu chwe diwrnod ymlaen llaw o orymdaith sydd â'r bwriad o ddangos cefnogaeth, neu wrthwynebiad, i safbwyntiau neu weithredoedd unigolyn neu grŵp, hyrwyddo achos neu ymgyrch, neu nodi neu ddathlu digwyddiad (y nod yw targedu gorymdeithiau gwleidyddol). Rhaid i'r rhybudd nodi dyddiad, amser a llwybr yr orymdaith, ynghyd ag enw'r trefnydd. Nid oes rhaid rhoi'r rhybudd hwn os 'nad yw'n ymarferol' i roi rhybudd o'r fath. Fel arall, mae'n drosedd i beidio â rhoi rhybudd, neu i wyro oddi wrth y manylion a roddwyd yn y rhybudd (*adran 11(7)) adran 11(8)* a *(9)*). Gall y trefnydd ei amddiffyn ei hun os gall ddangos bod yr orymdaith wedi cymryd llwybr arall ac (a) nid oedd yn amau bod hyn wedi digwydd neu (b) ei fod tu hwnt i'w reolaeth.

Mae *adran 11* yn creu trosedd, ond prin iawn yw'r erlyn sy'n codi o hyn. Mae gofyniad *adran 11* i roi rhybudd yn rhywbeth sy'n achosi dryswch, a hynny gan ei fod yn nodi nad oes angen rhybudd os nad yw'n ymarferol i roi un. Ond ni all pobl feddwl bod galwad ffôn 5 munud cyn dechrau protest yn fwyaf sydyn yn mynd i fod yn ddigonol bob amser, gan fod yr adran yn cyfeirio at rybudd ysgrifenedig.

Adran 12: **Amodau gorymdeithiau.** Mae gan yr heddlu bwerau i osod amodau o ran amser a lleoliad **gorymdaith**, os yw'r heddlu'n meddwl y gall arwain at un o'r canlynol:

1. anhrefn cyhoeddus difrifol
2. difrod difrifol i eiddo
3. amharu'n ddifrifol ar fywyd y gymuned
4. cred bod bygwth neu orfodaeth yn bresennol.

YMESTYN A HERIO

Meddyliwch eto am y testun ar 'Ddarpariaethau penodol y Confensiwn Ewropeaidd ar Hawliau Dynol'. I ba gategorïau o hawliau mae *erthyglau 8* ac *11* yn perthyn? Beth mae hyn yn ei olygu?

YMESTYN A HERIO

Ymchwiliwch i achos *Beatty v Gillbanks (1882)*. Beth ddigwyddodd yn yr achos hwn o ran yr hawl i ymgynnull yn heddychlon?

Gelwir y pedair sefyllfa hon yn sbardunau. Mae'r ffactorau sy'n cael eu hystyried yn cynnwys amser a lleoliad yr orymdaith a'r llwybr. Mae'n drosedd i dorri'r amodau sy'n cael eu gosod. Datganiad gwleidyddol yw'r pedwerydd sbardun: 'bygwth eraill gyda'r nod o'u gorfodi i beidio â chyflawni gweithred mae ganddyn nhw hawl i'w chyflawni, neu i gyflawni gweithred mae ganddyn nhw hawl i beidio â'i chyflawni'. Gallai hyn, er enghraifft, fod yn orymdaith hiliol mewn ardal Asiaidd, a allai gael ei ystyried yn fygythiol ond nid yn rhywbeth sy'n creu gorfodaeth; fodd bynnag, byddai hyn yn perthyn i gategori'r trydydd sbardun.

Yn ôl *Reid (1987)*, mae angen dehongli'r pedwar sbardun yn llym, heb adael i'r geiriau gael eu gwanhau. Yn yr achos hwn, bu'r diffynyddion yn gweiddi, gan godi eu breichiau a chwifio eu bysedd. Gallai hynny wneud pobl yn anesmwyth, ond nid oedd yn fygythiol. Yn *Newsgroups Newspapers v Sogat (1982)*, nid oedd cam-drin geiriol a gweiddi yn gyfystyr â bygythiad o drais.

Fodd bynnag, gall yr heddlu osod amodau os ydyn nhw'n tybio bod angen gwneud hynny i ddelio â sefyllfa. Bydd y llysoedd yn annhebygol o ystyried bod penderfyniadau'r heddlu yn anghyfreithlon yn y cyswllt hwn, ond sylwch ar effaith *Deddf Hawliau Dynol 1998*. Yn ôl *Kent v Metropolitan Commissioner (1981)*, byddai her yn llwyddiannus dim ond pe bai'r penderfyniad yn cael ei ystyried yn afresymol (e.e. doedd dim sbardun).

Adran 13: **Gorchymyn gwahardd.** Ar gais yr heddlu, gall yr awdurdod lleol, gyda chydsyniad yr Ysgrifennydd Cartref, osod 'gwaharddiad cyffredinol' ar orymdeithiau. **Rhaid** gosod gwaharddiad os credir y gallai arwain at anhrefn cyhoeddus difrifol. Byddai'r gwaharddiad yn gymwys i **unrhyw** orymdaith o fewn yr amser a'r ardal a nodwyd, gan gynnwys gorymdeithiau heddychlon. Gall gwaharddiad fod mewn grym am hyd at dri mis. Defnyddir *adran 13* pan fydd yr heddlu o'r farn bod pwerau o dan *adran 12* yn annigonol. Bydd unrhyw un sy'n trefnu gorymdaith gan wybod am y gwaharddiad yn cyflawni trosedd, a gellir ei arestio o dan *adran 13(10)*.

Cyfarfodydd/cynulliadau

Adran 16: **Diffiniad o gyfarfod/gynulliad.** Cynulliad (*assembly*) o ddau neu ragor o bobl, mewn man cyhoeddus sydd yn gyfan gwbl neu'n rhannol yn yr awyr agored (diwygiwyd y niferoedd mewn cyfarfodydd gan *Ddeddf Ymddygiad Gwrthgymdeithasol 2003* a'r nifer oedd 20 neu fwy cyn hynny).

Adran 14: **Pwerau'r heddlu i osod amodau ar gyfarfodydd** gan ddefnyddio'r un pedwar sbardun ag ar gyfer *adran 12*. Rhoddir pŵer i'r heddlu osod amodau ar gynulliadau statig, sy'n cael eu cynnal yn gyfan gwbl neu'n rhannol yn yr awyr agored, os oes mwy na dau o bobl am fod yn bresennol. Yn ogystal â'r pŵer i osod amodau ymlaen llaw, mae *adran 14* yn galluogi'r heddlu i osod amodau ar adeg y cynulliad, ac yna i arestio'r rhai sy'n methu cydymffurfio. Mae amodau yn cynnwys lleoliad y cyfarfod, ei hyd, ac uchafswm y bobl. **Nid** yw cynulliad yn gorfod ufuddhau i'r gofyniad am rybudd sydd yn *adran 11*.

Aflwyddiannus fu ymgais yr heddlu i ddefnyddio ei bwerau o dan *adran 14* yn *DPP v Baillie (1995)*.

DPP v Baillie (1995)

Gwaith Baillie oedd hyrwyddo gwyliau a digwyddiadau cymdeithasol. Roedd wedi dosbarthu taflenni newyddion am ddim, ac wedi darparu gwasanaeth gwybodaeth dros y ffôn oedd yn rhoi manylion annelwig ynghylch pryd ac ymhle byddai digwyddiadau'n digwydd. Rhoddodd yr heddlu rybudd **adran 14** *iddo, gan ei orchymyn i gydymffurfio ag amodau penodol ynghylch cynulliad penodol, ac ymhen amser cafodd ei ganfod yn euog am fethu cydymffurfio â'r gorchymyn. Penderfynodd y llys nad oedd gan yr heddlu'r pŵer i roi'r rhybudd, gan nad oedden nhw'n gwybod am y digwyddiad er mwyn gwybod a oedd yr amodau wedi'u bodloni ar gyfer rhoi* **adran 14** *ar waith.*

Deddf Cyfiawnder Troseddol a Threfn Gyhoeddus 1994

Adran 14A–C: **Cynulliadau tresmasol.** Ar gais yr heddlu, mae *adran14A* yn rhoi pŵer i'r awdurdod lleol (gyda chydsyniad yr Ysgrifennydd Cartref) wahardd cynnal unrhyw gynulliad tresmasol am gyfnod penodol o ddim mwy na phedwar diwrnod yn yr holl ranbarth, neu ran ohono, ond heb fod yn fwy nag ardal o fewn radiws pum milltir o ganolbwynt penodol.

O dan *adran 14B*, mae'n drosedd trefnu, cymryd rhan neu annog cynulliad rydych yn gwybod sy'n mynd yn groes i orchymyn gwahardd, a gallwch gael eich arestio am wneud.

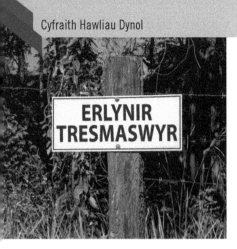

Yr achos cyntaf i ddehongli *adran 14A* oedd *DPP v Jones (1998)*.

DPP v Jones (1998)

*Roedd yr heddlu wedi cael gorchymyn gan yr awdurdod lleol o dan **adran 14A**, yn gwahardd pob cynulliad am bedwar diwrnod o fewn radiws pedair milltir i Gôr y Cewri (Stonehenge). Roedd yr atebyddion wedi cymryd rhan mewn cynulliad heddychlon o tua 20 o bobl, heb achosi rhwystr, ar y glaswellt ar ymyl ffordd oedd yn rhedeg ar hyd ffens allanol y safle hanesyddol. Roedd hyn fel rhan o wrthdystiad i gael mynediad at y gofeb. Roedd y cynulliad yn mynd yn groes i'r gorchymyn, ac arestiwyd y gwrthdystwyr am beidio â gwasgaru ar gais yr heddlu. Cafwyd nhw'n euog, ond ar apêl dywedodd Llys y Goron fod unrhyw gynulliad ar y briffordd yn gyfreithlon, cyn belled â'i fod yn heddychlon a heb achosi rhwystr. Apeliodd y DPP at Adran Mainc y Frenhines, a farnodd fod Llys y Goron wedi cam-ddweud y gyfraith, a bod yr atebyddion wedi cyflawni trosedd drwy dorri'r gorchymyn gwahardd. Mewn apêl pellach i Dŷ'r Arglwyddi, cafodd y penderfyniad hwn ei wrthdroi, ac fe gymeradwywyd dyfarniad Llys y Goron.*

Yn *Windle v DPP (1996)*, cafwyd bod trosedd wedi'i chyflawni o dan *adran 14B* pan redodd yr atebyddion ar ôl grŵp o bobl oedd yn hela, gyda'r bwriad o amharu ar yr helfa pan oedden nhw'n ddigon agos.

Adran 61: Ar gais meddiannydd, mae gan yr heddlu'r pŵer i fynnu bod tresmaswyr yn gadael tir lle'r oedden nhw'n bwriadu preswylio, os ydyn nhw wedi difrodi'r tir neu ddefnyddio ymddygiad bygythiol, sarhaus neu ddifrïol tuag at y meddiannydd, ei deulu neu ei weithwyr neu asiantwyr, neu wedi dod ag o leiaf chwe cherbyd ar y tir.

Adran 63: Mae gan yr heddlu'r pŵer i wasgaru neu atal cynulliadau yn yr awyr agored o 100 neu fwy o bobl lle mae cerddoriaeth uchel yn debygol o achosi trallod difrifol i gymdogion. (Cafodd y niferoedd eu lleihau o 100 gan *Ddeddf Ymddygiad Gwrthgymdeithasol 2003*.)

Adran 68: **Tresmas gwaethygedig**. Prif dargedau'r drosedd hon oedd pobl sy'n ceisio atal pobl rhag hela. Ond gall fod yn gymwys i unrhyw dresmaswr sy'n amharu ar weithgaredd cyfreithlon ar dir.

Adran 69: Os yw'r heddlu'n credu yn rhesymol fod tresmaswyr wedi cyflawni, neu ar fin cyflawni, trosedd o dan *adran 68*, gallan nhw eu cyfeirio i adael y tir hwnnw.

Troseddau trefn gyhoeddus o dan Ddeddf Trefn Gyhoeddus 1986

Adran 1: **Terfysg (*riot*)**. Diffiniad hyn yw 12 neu fwy o bobl yn bygwth neu'n defnyddio trais anghyfreithlon, gan weithredu gyda'i gilydd at bwrpas cyffredin. Rhaid i ymddygiad y 12 fod i'r fath raddau nes byddai rhywun o benderfyniad rhesymol yn ofni am ei ddiogelwch.

Adran 2: **Anhrefn treisgar**. Mae hwn yn debyg i derfysg, ond rhaid bod tri neu fwy o bobl yn bresennol, a does dim rhaid iddyn nhw fod yn gweithredu at unrhyw bwrpas cyffredin.

Adran 3: **Affräe**. Mae rhywun yn cyflawni affräe drwy ddefnyddio neu fygwth trais anghyfreithlon i'r fath raddau nes byddai rhywun o benderfyniad rhesymol yn ofni am ei ddiogelwch. Does dim rhaid cael isafswm o bobl.

Adran 4: **Ofn trais neu gythruddo rhywun â thrais**. Cyflawnir trosedd drwy ddefnyddio geiriau neu ymddygiad bygythiol, sarhaus neu ddifrïol tuag at rywun arall, neu drwy ddosbarthu unrhyw ysgrifen, arwydd neu gynrychiolaeth weledol arall sy'n fygythiol, yn sarhaus neu'n ddifrïol. Rhaid bod bwriad i gythruddo neu i achosi ofn o drais anghyfreithlon yn ddi-oed. Yn ôl *R v Horseferry Road Justices, ex parte Siadatan (1990)*, rhaid i'r bygythiad o drais fod yn un di-oed – hynny yw, yn syth.

Adran 4A: **Aflonyddwch, braw neu drallod (*distress*) bwriadol**. Mae'r drosedd hon yn union yr un fath â'r un yn *adran 5*, ond rhaid bod yr un sydd wedi'i gyhuddo yn bwriadu achosi aflonyddwch, braw neu drallod, a rhaid iddo ei gyflawni. Mae'r cosbau mwyaf yn llawer mwy na'r rhai yn *adran 5*.

Mae *adran 5* yn debyg i *adran 4*, ond ar lefel is. Mae'r adran hon yn ymwneud ag aflonyddwch, braw neu drallod ac ymddygiad anhrefnus sy'n digwydd o fewn clyw neu olwg rhywun sy'n debygol o deimlo'r aflonyddwch, y braw neu'r trallod. Cadarnhaodd *DPP v Orum (1988)* y gall swyddogion yr heddlu ddioddef troseddau *adran 5 Deddf Trefn Gyhoeddus 1986* sy'n cael eu hachosi gan regi ac ymddygiad sarhaus/bygythiol arall.

DPP v Fiddler (1992)
*Cadarnhawyd bod trosedd wedi'i chyflawni o dan **adran 5** pan benderfynodd protestiwr oedd yn erbyn erthylu fynd i weiddi a siarad â phobl oedd yn mynd i glinig erthylu, a dangos modelau plastig a ffotograffau o ffoetysau dynol.*

DPP v Clarke (1992)
Penderfynwyd bod arddangos lluniau o ffoetysau wedi'u herthylu yn sarhaus ac yn ddifrïol.

Sylwch fod y gair **difrïol** bellach wedi cael ei ddileu o'r diffiniad yn *adran 5*.

Adran 6: Gofyniad *mens rea*. Rhaid bod bwriad neu ymwybyddiaeth eu bod yn ymddwyn yn fygythiol neu'n sarhaus. Os nad ydyn nhw'n bwriadu neu'n ymwybodol o hyn, dylid eu cael yn ddieuog.

Ysgogi casineb hiliol
Diffinnir hyn yn *adran 17* fel 'casineb yn erbyn unrhyw grŵp o bobl a ddiffinnir drwy gyfeirio at liw, hil, cenedligrwydd neu darddiad ethnig neu genedlaethol'.

1. Yn gyntaf, rhaid i eiriau ac ymddygiad fod yn 'fygythiol, yn sarhaus neu'n ddifrïol'.
2. Yn ail, rhaid bod gweithredoedd yr unigolyn a gyhuddwyd un ai wedi bwriadu ysgogi casineb hiliol, neu'n debygol o wneud hynny.

Mae *adrannau 18–22* yn **droseddau cyhoeddi**.

- Mae *adran 18* yn ymdrin ag areithiau mewn cyfarfodydd neu wrthdystiadau. Mae'n drosedd defnyddio geiriau neu ymddygiad, neu arddangos deunydd ysgrifenedig, sy'n bodloni'r elfennau a amlinellir yn *adrannau 16 ac 17*.
- Mae *adran 19* yn ymwneud â chyhoeddi neu ddosbarthu deunydd ysgrifenedig. Gellir ei defnyddio yn erbyn mudiadau hiliol sy'n dosbarthu pamffledi a thaflenni gyda'r bwriad o ysgogi casineb hiliol, neu sy'n debygol o wneud hynny.
- Mae *adran 20* yn ymdrin â pherfformio dramâu.
- Mae *adran 21* yn ymdrin â dangos neu chwarae ffilmiau, fideos neu recordiadau.
- Mae *adran 22* yn ymdrin â darlledu a gwasanaethau cebl.
- Mae *adran 23* yn ei gwneud yn drosedd i fod â deunydd hiliol yn eich meddiant.

Rhaid cael cydsyniad y Twrnai Cyffredinol er mwyn dwyn achosion yn ymwneud ag unrhyw un o'r adrannau hyn.

Deddf Casineb Hiliol a Chrefyddol 2006
Ychwanegodd y Ddeddf hon *Ran 3A* i'r *Ddeddf Trefn Gyhoeddus*.

Adran 29A: Diffinnir casineb crefyddol fel 'casineb yn erbyn grŵp o bobl a ddiffinnir drwy gyfeirio at gred grefyddol neu ddiffyg cred grefyddol'.

- Mae'r troseddau yn ymwneud ag areithiau, cyhoeddiadau, dramâu, recordiadau a darllediadau, a bod â deunydd ymfflamychol yn eich meddiant.
- Mae'r troseddau wedi'u cyfyngu i ymddygiad bygythiol.
- Rhaid i'r erlyniad brofi bod y diffynnydd wedi bwriadu ysgogi casineb crefyddol.
- Ni ddylai hyn effeithio ar gomedïwyr sy'n dweud jôcs am grefydd benodol.

Yn 2006, cyhoeddodd papur newydd yn Nenmarc gartwnau yn dangos y Proffwyd Mohammed, gan beri sarhad i Fwslimiaid. Yn ôl *adran 29J*, byddai cyhoeddwr a fyddai'n ailargraffu'r cartwnau yn Lloegr yn annhebygol o gyflawni trosedd o dan *Adran 3A y Ddeddf Trefn Gyhoeddus*.

Troseddau eraill yn ymwneud â chasineb hiliol a chrefyddol

- Roedd *Deddf Trosedd ac Anhrefn 1998* yn cynyddu'r cosbau am droseddau wedi'u gwaethygu gan hiliaeth.
- Roedd *Deddf Gwrthderfysgaeth, Trosedd a Diogelwch 2001* yn ymestyn Deddfau blaenorol i gynnwys gwaethygiad crefyddol.
- Cyflwynodd *Deddf (Troseddau) Pêl-droed 1991* drosedd o 'siantio anweddus neu siantio hiliol' mewn gêm bêl-droed benodol.

Rhwymedïau cyfraith breifat

Heblaw am reolaeth yr heddlu, gall unigolion preifat geisio gwaharddebion hefyd:

Hubbard v Pitt (1976)

Roedd protestwyr wedi dosbarthu taflenni a chario posteri y tu allan i swyddfa gwerthu tai yr hawlydd. Honnodd yr hawlydd eu bod yn tresmasu ar y llwybr cyhoeddus y tu allan. Dyfarnwyd gwaharddeb i'r hawlydd er mwyn atal y protestiadau. Apeliodd y diffynyddion, ond cadarnhawyd y waharddeb. Roedd y mater o hawl i ddefnyddio'r briffordd yn amherthnasol, gan fod y llys yn rhoi sylw i hawliau cyfraith preifat yr hawlydd yn unig mewn perthynas â niwsans preifat honedig.

Rhoddodd Denning MR (Meistr y Rholiau) ddyfarniad oedd yn anghytuno â hyn, gan ddweud: 'Mae gan y cyhoedd hawl i dramwyo dros briffordd, ond gall y tir ei hun fod yn eiddo i rywun arall. Gall perchennog y tir siwio os bydd rhywun yn camddefnyddio'r hawl i dramwyo ac yn ei defnyddio at unrhyw ddiben arall ac afresymol, fel pan gerddodd towt rasio i fyny ac i lawr i wylio treialon ceffylau rasio (gweler *Hickman v Maisey (1900)*). Ond nid yw'r achosion hyn yn rhoi achos i Prebble and Co. ddwyn achos yma, oherwydd nid Prebble and Co. sydd yn berchen ar y palmant; priffordd ydyw. Yr awdurdod lleol sy'n gyfrifol am yr arwyneb ac nid yw wedi cwyno; ac ni all gwyno chwaith, gan nad oes unrhyw gamwedd wedi'i wneud i'r awdurdod lleol na'i fuddiant. Ni ddylai'r llysoedd ymyrryd â'r hawl i wrthdystio ac i brotestio drwy waharddeb yng nghwrs achos, ddim mwy nag y dylen nhw ymyrryd â'r hawl i ryddid barn; cyn belled â bod popeth yn cael ei wneud yn heddychlon ac mewn trefn.' Dywedodd bod yr 'hawl i wrthdystio a'r hawl i brotestio ar faterion sydd o fudd i'r cyhoedd ... yn hawliau y dylai unigolion eu cael er lles y cyhoedd', a bod 'hanes yn llawn rhybuddion yn erbyn atal yr hawliau hyn'.

Deddf Troseddu Cyfundrefnol Difrifol a'r Heddlu 2005 (*SOCPA*)

Mae'r *SOCPA (Serious Organised Crime and Police Act)* yn cynnwys nifer o fesurau sydd wedi cyfyngu'n sylweddol ar y rhyddid i brotestio ger Senedd y DU a safleoedd 'sensitif' eraill.

Er mwyn gallu cynnal gwrthdystiad yn yr 'ardal ddynodedig' sydd 1km i ffwrdd o Senedd y DU, dywed y gyfraith fod rhaid rhoi 6 diwrnod o rybudd i Gomisiynydd Heddlu Llundain (neu 24 awr os nad yw 6 diwrnod yn 'rhesymol ymarferol'). Rhaid i'r Comisiynydd ganiatáu'r gwrthdystiad, ond gall osod amodau, a gall unrhyw uwch swyddog heddlu eu newid heb rybudd ar y diwrnod. Mae un o'r ystyriaethau yn ymwneud ag 'amharu ar fywyd y gymuned', categori cyffredinol iawn sy'n caniatáu i'r heddlu atal bron iawn pob protest (er bod gorymdeithiau a drefnir o dan *Ddeddf Trefn Gyhoeddus 1986* wedi'u heithrio). Mae uwchseinyddion wedi'u gwahardd, ac eithrio defnydd gan bobl mewn rhai swyddi awdurdodol.

Mae *adrannau 128–138 SOCPA* yn ymwneud â chyfyngu ar brotestio ar 'safleoedd dynodedig' (canolfannau milwrol a rhai o safleoedd y llywodraeth, a rhai brenhinol) ac yn yr 'ardal ddynodedig' o amgylch Senedd y DU.

Cafodd diwygiad i *adran 136 SOCPA* ei wneud yn *Neddf Troseddu Difrifol 2007*, sy'n golygu bod pobl a gafwyd yn euog o 'annog neu gynorthwyo trosedd yn fwriadol' o dan *adran 132 SOCPA* (sef protestio heb awdurdod yr heddlu ger Senedd y DU) yn gallu cael cyfnod o hyd at 51 wythnos yn y carchar, dirwy o hyd at £2,500, neu'r ddau.

Cafodd *SOCPA* lawer o gyhoeddusrwydd am wahardd protestiadau heb eu hawdurdodi o fewn 1km i Senedd y DU. Yn gyffredinol mae pobl yn derbyn bod y gwaharddiad wedi cael ei greu er mwyn dod â phrotest 5 mlynedd Brian Haw gyferbyn â dau Dŷ'r Senedd yn Llundain i ben.

R (on the application of Haw) v Secretary of State for the Home Department (2006)

Yn 2001, dechreuodd Brian Haw wersylla yn Parliament Square fel protest unigol yn erbyn rhyfel a pholisi tramor. Dim ond er mwyn mynd i wrandawiadau yn y llys y byddai'n gadael ei safle gwersylla, a bu'n byw ar fwyd a roddwyd iddo gan gefnogwyr.

Yn wreiddiol roedd yn gwersylla ar y gwair ar Parliament Square, ond pan ddaeth Awdurdod Llundain Fwyaf ag achos cyfreithiol yn ei erbyn i'w symud, symudodd i'r palmant, oedd yn cael ei weinyddu gan Gyngor Dinas Westminster. Yn 2002, ceisiodd Cyngor Dinas Westminster erlyn Haw am achosi rhwystr ar y palmant, ond methodd yr achos gan nad oedd ei faneri yn atal pobl rhag symud. Arweiniodd ei ddefnydd parhaus o uchelseinydd at gwynion gan Aelodau Seneddol oedd â swyddfeydd gerllaw.

*Roedd **adrannau 132–8 SOCPA** yn gwahardd pob protest ddidrwydded, ond oherwydd bod protest Haw yn barhaus ac wedi dechrau cael ei chynnal ar Parliament Square cyn i'r Ddeddf gael ei rhoi ar waith, doedd hi ddim y glir a oedd y Ddeddf yn berthnasol iddo.*

*Wrth i'r gwaith paratoi ar gyfer gweithredu'r **SOCPA** newydd ddechrau, enillodd Haw gais am adolygiad barnwrol yn 2005, gan ddadlau'n llwyddiannus fod nam technegol yn y Ddeddf yn golygu nad oedd hi'n berthnasol yn ei achos ef. Mae'r Ddeddf yn nodi bod yn rhaid i wrthdystiadau gael eu hawdurdodi gan yr heddlu 'pan fydd y gwrthdystiad yn dechrau'. Dadleuodd Haw fod ei wrthdystiad wedi dechrau cyn i'r Ddeddf gael ei phasio, ac nad oedd yn ôl-weithredol. Er bod y gorchymyn cychwyn i weithredu'r Ddeddf wedi cyfeirio at wrthdystiadau oedd wedi dechrau cyn i'r Ddeddf ddod i rym, doedd dim pŵer i'r gorchymyn cychwyn ymestyn cwmpas y Ddeddf.*

Yn 2005, ymunodd Barbara Grace Tucker â phrotest Haw, ac ers i Haw farw yn 2011, mae hi wedi parhau â'r brotest gyferbyn â dau Dŷ'r Senedd yn Llundain. Cafodd ei harestio sawl gwaith, fel arfer ar gyhuddiad o 'wrthdystiad heb ei awdurdodi'.

Apeliodd y llywodraeth yn erbyn y dyfarniad, ac ym mis Mai 2006 caniataodd y Llys Apêl yr apêl gan ddatgan fod y Ddeddf yn berthnasol i Haw. Penderfynodd y llys mai bwriad amlwg y Senedd oedd ei chymhwyso i bob gwrthdystiad yn Parliament Square, dim ots pryd roedd wedi dechrau.

'Yr unig gasgliad synhwyrol i ddod iddo o dan yr amgylchiadau hyn yw bod y Senedd wedi bwriadu i'r adrannau hynny o'r Ddeddf fod yn berthnasol i wrthdystiad yn yr ardal ddynodedig, boed hwnnw wedi dechrau cyn iddyn nhw ddod i rym neu ar ôl hynny.'

Mewn enghraifft arall, adroddodd **Maya Evans** enwau 97 o bobl ger y gofeb i'r Prydeinwyr a laddwyd mewn rhyfeloedd, yn Whitehall, ger Stryd Downing. Hi oedd y cyntaf i gael ei phrofi a'i chael yn euog o dan *adran 132 SOCPA* (protestiadau heb eu hawdurdodi ger Senedd y DU). Cafodd Evans ei rhyddhau yn amodol, a'i gorchymyn i dalu £100. Mae llawer o bobl yn honni bod *SOCPA* yn tanseilio'r hawl i ryddid barn a'r hawl i brotestio. Dywedodd yr Arglwydd Strathclyde: 'Nid yw rhyddid yn marw gydag un ergyd; mae'n marw fesul modfedd mewn deddfwriaeth gyhoeddus.'

Tor-heddwch

Mewn cyfraith gyffredin, mae gan yr heddlu bŵer i arestio heb warant mewn achos o dor-heddwch, os oes sail rhesymol i gredu y bydd tor-heddwch yn digwydd, neu os ydyn nhw o'r farn y bydd yn cael ei ailadrodd. Defnyddiwyd hyn yn eang yn ystod streic y glowyr 1984/85 i atal mynediad at ardaloedd picedu. Yn dechnegol, cafodd y pŵer i arestio am dor-heddwch ei ddiddymu gan *SOCPA*, sy'n ei gwneud yn bosibl arestio pobl ar gyfer **pob** trosedd, os oes angen arestio yn ôl un o'r ffactorau rheidrwydd.

Moss v McLachlan (1985)

Roedd gwrthdaro treisgar wedi bod rhwng aelodau undebau llafur gwahanol yn ystod streic y glowyr 1984–85, ac roedd yr heddlu wedi cael trafferth cadw'r heddwch. Y diffynyddion oedd pedwar o tua 60 o lowyr ar streic a oedd yn bwriadu cynnal gwrthdystiad enfawr ger glofa leol. Cafodd y pedwar eu stopio gan yr heddlu lai na phum munud i ffwrdd o'r pwll agosaf. Roedd yr heddlu'n ofni y byddai trais yn digwydd pe baen nhw'n mynd yno. Ceisiodd y dynion wthio heibio'r heddlu, a chawson nhw eu harestio.

Collodd y glowyr eu hapêl. Derbyniodd y llys fod yr heddlu wedi gweithredu'n gywir; barnwyd bod prawf o fod yn 'agos o ran lle ac amser' a thor-heddwch 'ar fin digwydd ac yn ddi-oed'.

Foy v Chief Constable of Kent (1984)

*Cafodd glowyr ar streic eu dal hyd at 200 milltir i ffwrdd o'u cyrchfan, gan awgrymu nad oedd y gofyniad o ran 'agosrwydd' a nodwyd yn **Moss v McLachlan (1985)** bellach yn angenrheidiol. Wrth asesu a oedd risg gwirioneddol yn bodoli, roedd yr heddlu wedi rhoi ystyriaeth i newyddion am anhrefn ger safleoedd picedu blaenorol. Doedd hi ddim yn ymddangos bod unrhyw beth penodol ynghylch y glowyr hyn i awgrymu y gallen nhw dorri'r heddwch. Felly, roedd yr heddlu yn gallu atal eu rhyddid i symud ac ymgynnull dim ond ar y sail bod glowyr eraill ar streic wedi achosi trafferth yn y gorffennol.*

Sylwch ar y gwahaniaeth o ran agosrwydd y glowyr yn *Moss v McLachlan (1985)*, lle roedden nhw rhwng 2 a 4 milltir i ffwrdd o'r glofeydd roedden nhw'n bwriadu eu picedu, ac achos *Foy v Chief Constable of Kent (1984)*, lle roedden nhw dros 200 milltir i ffwrdd o'r fan lle roedden nhw'n bwriadu picedu.

GWELLA GRADD

A oedd achos o dor-heddwch ar fin digwydd yn ddi-oed yn *Foy v Chief Constable of Kent (1984)*? A oedd y glowyr yn 'agos o ran amser a lle'? Ymchwiliwch i *Nicol v DPP (1996)*, *Steel v UK (1998)*, *Redmond-Bate (1999)* a *Bibby (2000)*. Beth mae'r achosion hyn yn ei ddweud wrthym ni am bwerau'r heddlu i arestio am dor-heddwch?

YMESTYN A HERIO

Cymharwch *R (Laporte) v Chief Constable of Gloucestershire (2007)* ag *Austin and Another v Commissioner of Police of the Metropolis (2007)*.

ACHOSION ALLWEDDOL

R (Laporte) v Chief Constable of Gloucestershire (2007)

Ym mis Mawrth 2003, roedd swyddogion o saith ardal heddlu yn gweithredu dan gyfarwyddyd Heddlu Swydd Gaerloyw pan wnaethon nhw stopio tri bws o Lundain oedd yn cario 120 o brotestwyr yn erbyn rhyfel Iraq. Roedd y protestwyr yn bwriadu ymuno â miloedd o bobl mewn gwrthdystiad yn RAF Fairford. Roedd bwriad rhai o'r protestwyr, gan gynnwys Laporte, yn rhai cwbl heddychlon. Ond daeth yr heddlu o hyd i rai eitemau ar y bysiau oedd yn awgrymu bwriad i achosi trais. Cafodd y bysiau eu dychwelyd i Lundain gyda'r heddlu yn eu hebrwng, heb roi cyfle i'r teithwyr adael y bws. Ceisiodd Laporte gael adolygiad barnwrol o weithredoedd y Prif Gwnstabl gan iddo'i hatal rhag mynd i'r brotest a'i gorfodi i ddychwelyd i Lundain. Gwrthododd y llys y gŵyn gyntaf, ond cafodd yr ail ei chadarnhau. Cadarnhaodd y Llys Apêl y penderfyniad hwnnw. Apeliodd y ddwy ochr. Y mater dan sylw oedd hyn: a oedd gweithredoedd y Prif Gwnstabl wedi'u rhagnodi ac yn angenrheidiol mewn cymdeithas ddemocrataidd? Caniataodd Tŷ'r Arglwyddi apêl Laporte. Penderfynodd Tŷ'r Arglwyddi nad oedd gweithredoedd y Prif Gwnstabl wedi'u rhagnodi gan y gyfraith; ac nid oedd pŵer chwaith, heblaw arestio, i weithredu er mwyn atal tor-heddwch oedd heb fod yn fater digon brys i gyfiawnhau arestio. Roedd gweithredoedd y Prif Gwnstabl yn anghymesur, gan eu bod yn gynamserol ac yn ddiwahân. Roedd wedi bod yn anghymesur wrth gyfyngu ar allu Laporte i arfer ei hawliau i ryddid mynegiant a'r hawl i brotestio'n heddychlon o dan **Erthyglau 10** ac **11 yr ECHR**, oherwydd ei bod yng nghwmni rhai pobl a allai, yn y dyfodol, dorri'r heddwch.

Austin and Another v Commissioner of Police of the Metropolis (2007)

Roedd yr achos hwn yn ymwneud â gwrthdystiadau Calan Mai yn Llundain, pan amgylchynodd yr heddlu tua 3,000 o bobl yn Oxford Circus a'u hatal rhag gadael am saith awr er mwyn atal trais rhag lledaenu. Roedd un hawlydd yno ar fusnes yn unig a heb fod yn un o'r protestwyr. Ceisiodd sicrhau iawndal oherwydd iddo gael ei garcharu ar gam a'i gadw yn anghyfreithlon.

Nid oedd achos yr hawlydd yn llwyddiannus. Dywedodd y llys fod gan yr heddlu y pwerau i weithredu oherwydd rheidrwydd i amddiffyn eiddo. Roedd yn rhesymol i'r heddlu drin pawb yn Oxford Circus fel gwrthdystwyr nes iddyn nhw gysylltu â'r heddlu i esbonio eu hamgylchiadau personol. Ni fyddai wedi bod yn briodol nac yn effeithiol pe baen nhw wedi gweithredu mewn ffordd lai ymwthgar. Mewn amgylchiadau eithriadol, roedd yn gyfreithlon i'r heddlu ymddwyn fel hyn i atal tor-heddwch a oedd ar fin digwydd.

Rhwystro'r briffordd

O dan *adran 137 Deddf Priffyrdd 1980*, mae'n drosedd i 'rywun heb awdurdod neu esgus cyfreithiol rwystro tramwyo rhydd ar hyd priffordd yn fwriadol'. At ddibenion y drosedd hon, mae'r briffordd yn cynnwys y palmant yn ogystal â'r ffordd. Os yw swyddog heddlu'n gorchymyn siaradwr, dosbarthwr, gwerthwr neu gynulleidfa i symud ymlaen, a'u bod nhw'n gwrthod gwneud hynny, maen nhw'n debygol o gael eu harestio am rwystro'r briffordd neu am rwystro cwnstabl wrth gyflawni ei ddyletswydd.

Roedd yr Arglwydd Esher, yn *Harrison v Duke of Rutland (1893)*, yn ystyried mynediad fel hawl i basio neu ailbasio, ar gyfer unrhyw ddull rhesymol neu arferol o ddefnyddio'r briffordd fel priffordd. Yn *Arrowsmith v Jenkins (1963)*, cynhaliwyd cyfarfod gan heddychwyr mewn stryd oedd yn cysylltu dwy briffordd. Roedd y cyfarfod wedi cau'r stryd, a chydweithredodd y trefnydd â'r heddlu i adael iddi gael ei hailagor. Roedd y stryd wedi'i chau'n llwyr am 5 munud, ac yn rhannol am 15 munud. Er bod yr heddlu wedi cael rhybudd am y cyfarfod, arestiwyd y trefnydd, a chafodd ei ganfod yn euog. Yn *Nagy v Weston (1966)*, roedd defnydd **rhesymol** o'r briffordd yn gyfystyr ag esgus cyfreithlon. Bydd y prawf rhesymoldeb yn ystyried pa mor hir oedd y rhwystr, ei bwrpas, ei leoliad, ac a oes gwir rwystr neu rwystr posibl.

Rhwystro'r heddlu

Mae rhwystro'r heddlu yn drosedd statudol o dan *adran 89 Deddf yr Heddlu 1996*. Mae'r llysoedd wedi bod yn barod i gefnogi defnydd eang o'r drosedd hon, hyd yn oed pan fydd hynny'n cyfyngu ar ryddid i ymgynnull. Yn *Duncan v Jones (1936)*, dywedwyd wrth siaradwr a oedd yn annerch torf o ben bocs ar y briffordd i roi'r gorau iddi, gan fod yr heddlu'n ofni tor-heddwch. Yr unig reswm dros yr ofn hwn oedd y ffaith bod cynnwrf wedi digwydd yn yr un fan flwyddyn ynghynt, ond cytunodd y llys â'r penderfyniad i arestio'r siaradwr am achosi rhwystr ar ôl iddi wrthod rhoi'r gorau i siarad.

Pwerau'r heddlu

Ystyrir pwerau'r heddlu yng nghyd-destun hawliau dynol gan eu bod weithiau'n golygu bod rhaid tynnu rhyddid rhywun a ddrwgdybir oddi arno, ac amharu ar ei breifatrwydd.

Y brif Ddeddf sy'n llywodraethu pwerau'r heddlu yw *Deddf yr Heddlu a Thystiolaeth Droseddol 1984* (*PACE: Police and Criminal Evidence Act*), er bod rhai eraill hefyd yn rhoi pwerau i'r heddlu dros ddinasyddion. O fewn y *PACE* a Deddfau eraill, rhoddir disgresiwn i'r heddlu o ran y ffordd maen nhw'n arfer eu pwerau, ac mae **rhwymedïau** ar gael os torrir y pwerau hyn.

Rhwymedi yw datrysiad mewn achos sifil (e.e. talu iawndal). Yn y cyd-destun hwn, gall gyfeirio hefyd at hawlydd sy'n dwyn achos sifil yn erbyn yr heddlu neu'n gwneud cwyn yn erbyn yr heddlu dan sylw, a all arwain at gamau disgyblu neu ymddiheuriad. (Gallwch ddarllen rhagor am gwynion yn erbyn yr heddlu ar dudalen 199.) Mae Codau Ymarfer yn cyd-fynd â'r *PACE* ac yn rhoi canllawiau ar gyfer arfer rhai pwerau. Nid yw'n bosibl cymryd camau cyfreithiol os torrir y codau, ond os bydd achos 'difrifol a sylweddol' o dorri'r codau, gall hyn arwain at eithrio tystiolaeth.

Daeth y **Comisiwn Brenhinol ar y Broses Droseddol** (*RCCP* neu Gomisiwn Philips) i'r casgliad yn 1981 fod angen cadw cydbwysedd rhwng 'buddiannau'r gymuned o ran dwyn troseddwyr i gyfiawnder, a hawliau a rhyddid pobl a ddrwgdybir neu a gyhuddir o droseddau'. Pasiwyd y *PACE* yn dilyn y canfyddiadau hyn, a chafodd pwerau'r heddlu eu cyfuno mewn un Ddeddf.

Gellir rhannu pwerau'r heddlu yn 5 prif adran:

1. Pwerau i stopio a chwilio (pobl, cerbydau, ac adeiladau)
2. Arestio
3. Cadw a holi
4. Derbynioldeb tystiolaeth
5. Cwynion yn erbyn yr heddlu, a rhwymedïau

GWELLA GRADD

Mae'n hollbwysig, wrth drafod pwerau'r heddlu, eich bod yn cyfeirio yn fanwl gywir at adrannau *PACE* neu ddeddfau eraill sy'n rhoi'r pwerau i'r heddlu weithredu mewn ffordd arbennig, neu sy'n llywio'r ymddygiad hwnnw. Pan fyddwch yn ateb cwestiwn 'problem' yn yr arholiad, cofiwch y dylech chi **nodi** a **diffinio**'r gyfraith, **cymhwyso**'r gyfraith i'r ffeithiau, a dod i **gasgliad** sy'n nodi a ddefnyddiwyd y pŵer yn y ffordd gywir. Hyd yn oed os cafodd rhywbeth ei wneud yn gywir, mae angen i chi er hynny drafod y gyfraith sy'n rhoi'r pŵer hwnnw i'r heddlu.

Mae 'rhesymol' yn gysyniad anodd, ac yn dibynnu ar beth sy'n rhesymol a derbyniol ym marn yr unigolyn. Mae hyn yn rhoi rhywfaint o ddisgresiwn i'r heddlu wrth arfer eu pwerau.

1a. Stopio a chwilio pobl a cherbydau

Adran 1 *PACE*

Gall swyddogion yr heddlu stopio a chwilio pobl neu gerbydau mewn man cyhoeddus neu unrhyw fan lle ceir mynediad i'r cyhoedd, os oes sail **resymol** dros amau y byddan nhw'n dod o hyd i eitemau sydd wedi'u dwyn neu wedi eu gwahardd. Rhaid i hyn ddigwydd mewn man cyhoeddus. Diffiniad hyn yw man y mae gan y cyhoedd fynediad ato, sydd heb fod yn annedd.

Adran 23 Deddf Camddefnyddio Cyffuriau 1971

Gall swyddogion yr heddlu stopio a chwilio unrhyw unigolyn neu gerbyd cyn belled â bod sail rhesymol dros amau y byddan nhw'n dod o hyd i gyffuriau rheoledig.

Adran 1(3) Deddf Cyfiawnder Troseddol 2003

Mae gan yr heddlu bwerau estynedig i stopio a chwilio am eitemau y bwriedir eu defnyddio i achosi difrod troseddol.

Adran 1(6) *PACE*

Gall yr heddlu atafaelu unrhyw eitemau sydd wedi eu dwyn neu eu gwahardd.

Cod A paragraff 2.2

Mae hwn yn rhoi arweiniad ar 'amheuaeth resymol'. Mae dau gam i'r prawf:

1. Rhaid bod gan y swyddog sail wirioneddol dros amau y bydd yn dod o hyd i'r eitem sydd wedi ei dwyn neu ei gwahardd.

2. Rhaid bod sail resymol y bydd yn dod o hyd i'r gwrthrych. Ystyr hyn yw bod rhaid cael sail wrthrychol ar gyfer yr amheuaeth, sy'n seiliedig ar ffeithiau, gwybodaeth a/ neu guddwybodaeth (*intelligence*), neu ryw ymddygiad penodol. Ni ellir cyfiawnhau amheuaeth resymol ar sail ffactorau personol yn unig (e.e. sut mae rhywun yn edrych), neu mewn perthynas ag unrhyw un o'r nodweddion gwarchodedig o dan **Ddeddf Cydraddoldeb 2010**, fel oedran, anabledd, hil, crefydd neu rywedd. Ni ellir seilio amheuaeth resymol ar ddelweddau ystrydebol neu gyffredinol o grwpiau penodol sy'n cael eu hystyried yn fwy tebygol o fod yn droseddu. Ni ellir ei seilio chwaith ar y ffaith bod rhywun wedi'i ddedfrydu o'r blaen.

Mae rhai pwerau lle nad oes rhaid i'r heddlu fod ag amheuaeth resymol, fel o dan *adran 44 Deddf Terfysgaeth 2000* ac *adran 60 Deddf Cyfiawnder Troseddol a Threfn Gyhoeddus 1994*.

Adran 60 Deddf Cyfiawnder Troseddol a Threfn Gyhoeddus 1994 (*Criminal Justice and Public Order Act: CJPOA*)

Os yw arolygydd neu swyddog heddlu uwch yn credu yn rhesymol y bydd trais difrifol yn digwydd mewn ardal, gall awdurdodi swyddogion i stopio a chwilio pobl a cherbydau yn yr ardal honno am hyd at 24 awr er mwyn chwilio am offer neu arfau peryglus.

Cafwyd her aflwyddiannus i'r defnydd o'r pŵer i gynnal chwiliadau *adran 60* heb amheuaeth resymol, drwy hawlio ei fod yn torri *Erthygl 8 ECHR* (hawl i fywyd preifat), yn *R (Roberts) v Commissioner of the Police of the Metropolis (2015)*.

Adran 60AA *CJPOA* (1994)

Mae'r adran hon yn rhoi pwerau i swyddogion fynnu bod pobl yn diosg gorchuddion wyneb. Fodd bynnag, mae'n rhaid i'r swyddog gredu yn rhesymol fod rhywun yn gwisgo eitem o'r fath yn llwyr neu'n bennaf er mwyn celu pwy ydy ef neu hi.

Cafodd y pŵer yn *adran 44 Deddf Terfysgaeth 2000* ei herio'n llwyddiannus yn *Gillan and Quinton v the UK (2010)*. Dyfarnodd Llys Hawliau Dynol Ewrop (*ECtHR*) bod y pwerau yn torri *Erthygl 8 ECHR* yn anghyfreithlon. Roedd hyn gan eu bod mor eang nes nad oedden nhw'n cynnig amddiffyniad yn erbyn unrhyw gamddefnydd. Yn dilyn y penderfyniad hwn, cyhoeddodd y llywodraeth ei bod yn diddymu'r pŵer i stopio a chwilio rhywun heb amheuaeth o dan *adran 44*. Daeth pwerau stopio a chwilio newydd i rym yn lle'r pŵer hwn yn *adran 47A Deddf Terfysgaeth 2000*, ar ôl ei ddiwygio gan *adrannau 59–62 Deddf Diogelu Rhyddidau 2012*.

Y prawf ar gyfer awdurdodi pwerau *adran 47A* yw bod rhaid i'r uwch swyddog heddlu sy'n ei roi wneud y canlynol:

- amau yn rhesymol y bydd gweithred derfysgol yn digwydd
- ystyried bod y pwerau yn angenrheidiol i atal gweithred o'r fath.

Cafodd uchafswm y cyfnod awdurdodi ei dorri o 28 i 14 diwrnod, ac ni ddylid rhoi awdurdod am gyfnod hirach nag sy'n angenrheidiol.

Adran 117 *PACE*

Gellir defnyddio grym rhesymol wrth stopio a chwilio. Mae hyn hefyd yn wir am arestio. Mae hon yn 'adran gyfnewidiol'.

Adran 2 *PACE*

Cyn stopio a chwilio, rhaid i swyddogion yr heddlu gymryd camau rhesymol i ddilyn y weithdrefn gywir, gan dynnu sylw'r sawl a ddrwgdybir at 5 peth. Er enghraifft, dylai'r swyddog heddlu ddweud pwy ydyw, ym mha orsaf mae'n gweithio, ac ar ba sail mae'n gwneud y chwilio. Yn *R v Bristol (2007)*, methodd yr heddwas â darparu'r wybodaeth angenrheidiol, gan beidio â rhoi ei enw a'i orsaf. Golygodd hyn fod y stopio a'r chwilio yn anghyfreithlon. Gellid ystyried unrhyw dystiolaeth a gafodd yn annerbyniol yn y llys.

Adran 2(3): Rhaid i heddweision sydd ddim yn gwisgo iwnifform roi tystiolaeth ddogfennol o bwy ydyn nhw.

Adran 2(9): Gellir gofyn i rywun a ddrwgdybir dynnu eu côt allanol, eu siaced a'u menig oddi arnyn nhw yn gyhoeddus. Gellir tynnu penwisg (*headgear*) ac esgidiau, ond mewn lle preifat ac ym mhresenoldeb swyddog o'r un rhyw yn unig.

Adran 3 *PACE*

Ar ôl y chwilio, rhaid i'r heddlu wneud cofnod ysgrifenedig o'r chwiliad, oni bai fod hyn yn anymarferol, a bod amgylchiadau eithriadol. Os nad yw'n ymarferol ar unwaith, dylid gwneud hyn cyn gynted ag y bydd yn ymarferol. Rhaid i gofnod *adran 3* gynnwys pump eitem, fel tarddiad ethnig yr unigolyn, pwrpas y chwilio, y seiliau ar gyfer y chwilio, dyddiad, amser a lleoliad a chanlyniad y chwilio.

Adran 4 *PACE*

Gall swyddog â statws uwcharolygydd neu uwch roi awdurdod ysgrifenedig i atal traffig, er mwyn gweld a yw'r cerbyd yn cludo rhywun sydd wedi cyflawni trosedd ar wahân i drosedd traffig, rhywun sy'n dyst i drosedd o'r fath, rhywun sy'n bwriadu cyflawni trosedd o'r fath neu rywun sydd â'i draed yn rhydd yn anghyfreithlon.

1b. Chwilio eiddo ac adeiladau

Gellir chwilio eiddo ac adeiladau gyda gwarant neu heb warant. Gellir chwilio unrhyw eiddo os yw rhywun yn cydsynio i hynny.

Chwilio gyda gwarant

Mae'r prif ddarpariaethau i'w gweld yn *adran 8 PACE*. Mae'r adran hon yn rhoi pŵer i'r heddlu wneud cais i ynadon am warant chwilio. Rhaid i'r ynad fod yn fodlon bod gan yr heddlu sail resymol i gredu bod trosedd dditiadwy wedi cael ei chyflawni, a bod deunydd yn yr adeiladau sydd yn debygol o fod yn werthfawr iawn i'r ymchwiliad i'r drosedd ac sydd yn debygol o fod yn dystiolaeth berthnasol. Rhaid ei bod yn anymarferol i wneud y chwilio heb warant (oherwydd, er enghraifft, nad yw'n bosibl cyfathrebu gyda'r meddiannydd, nad yw'r meddiannydd wedi cytuno i roi mynediad i'r heddlu, neu bod angen i'r heddlu gael mynediad ar unwaith i'r adeilad).

Chwilio heb warant

Mae pedair prif adran:

- *Adran 17:* Gall yr heddlu gael mynediad er mwyn arestio gyda gwarant neu heb warant, er mwyn dal rhywun sydd â'i draed yn rhydd yn anghyfreithlon, neu er mwyn amddiffyn pobl neu atal difrod i eiddo.

- **Adran 18:** Ar ôl arestio rhywun am drosedd dditiadwy, gall yr heddlu chwilio'r adeilad lle mae'r sawl sydd dan amheuaeth yn byw neu'n ei reoli, os oes ganddyn nhw sail resymol i gredu bod tystiolaeth o'r drosedd neu droseddau eraill yn yr adeilad.
- **Adran 32:** Ar ôl arestio rhywun am drosedd dditiadwy, gall swyddog heddlu fynd i mewn a chwilio'r adeilad lle cafodd yr unigolyn ei arestio neu lle'r oedd yn union cyn iddo gael ei arestio, os oes gan yr heddwas sail resymol i gredu bod tystiolaeth yn ymwneud â'r drosedd benodol yn yr adeilad.
- **Adran 19:** Ar ôl dod i mewn i'r adeilad yn gyfreithlon, gall yr heddlu atafaelu a chadw unrhyw dystiolaeth berthnasol.

Cod B

Mae hwn yn rhoi canllawiau pwysig ynghylch defnyddio'r pŵer i chwilio eiddo ac adeiladau. Mae'n nodi y dylid gwneud y chwilio ar amser rhesymol gan ddefnyddio grym rhesymol, a gan ddangos ystyriaeth a chwrteisi priodol tuag at yr eiddo ac at breifatrwydd y meddianwyr.

2a. Arestio gyda gwarant

Gellir arestio gyda gwarant a heb warant. Rhaid i'r heddlu wneud cais i'r ynadon am warant arestio. Dylid rhoi enw a manylion y drosedd i'r heddlu, ac unwaith i'r warant gael ei chaniatáu, mae'n rhoi pŵer i gwnstabl fynd i mewn i eiddo neu adeilad a'i chwilio er mwyn arestio os oes angen.

2b. Arestio heb warant

Ymdrinnir â hyn yn **adran 24 PACE** ar ôl ei ddiwygio gan **adran 110 SOCPA 2005**. Gellir arestio heb warant os oes gan gwnstabl sail resymol dros gredu bod rhywun **yn** cyflawni, **wedi** cyflawni neu **ar fin** cyflawni trosedd, neu bod sail resymol dros amau bod y diffynnydd yn euog **ac,** yn bwysicach, bod arestio yn **angenrheidiol**.

Arestio yn 'angenrheidiol'

O dan **adran 24(5)**, rhaid bod gan gwnstabl sail resymol dros gredu ei bod yn **angenrheidiol** arestio'r unigolyn am resymau a roddir yn **adran 24(5)**. Dyma'r seiliau hynny:

> *(a) canfod beth yw enw'r unigolyn dan sylw (os nad yw'n hysbys, neu os yw'r cwnstabl yn credu bod yr enw a roddwyd yn ffug)*
> *(b) canfod cyfeiriad yr unigolyn dan sylw, fel yn achos (a)*
> *(c) atal yr unigolyn dan sylw rhag gwneud un o'r canlynol —*
> > *(i) achosi anaf corfforol iddo'i hun neu unrhyw un arall*
> > *(ii) dioddef anaf corfforol*
> > *(iii) peri colled neu ddifrod i eiddo*
> > *(iv) cyflawni trosedd yn erbyn y cyhoedd; neu*
> > *(v) achosi rhwystr anghyfreithlon ar y briffordd*
> *(d) amddiffyn plentyn neu rywun arall sy'n fregus ac yn agored i niwed rhag yr unigolyn dan sylw*
> *(e) galluogi ymchwilio yn brydlon ac yn effeithiol i'r drosedd neu i ymddygiad yr unigolyn dan sylw*
> *(f) osgoi rhwystro'r broses o erlyn rhywun am y drosedd drwy ddiflaniad yr unigolyn dan sylw.*

Cod Ymarfer G

Mac hwn yn llywodraethu'r pŵer i arestio. Gan gydnabod **Deddf Hawliau Dynol 1998** a'r hawl i ryddid, rhaid cyfiawnhau'r defnydd o'r pŵer yn llawn, a rhaid i'r heddlu brofi ei fod yn angenrheidiol. Dylai swyddogion yr heddlu sy'n defnyddio'r pŵer hwn ystyried a fyddai'n bosibl cyflawni eu hamcanion mewn unrhyw ffordd arall.

Yn achos *O'Hara v UK (2000)* yn Llys Hawliau Dynol Ewrop, cadarnhawyd y prawf dwy ran am 'amheuaeth resymol'. Rhaid i'r swyddog fod ag amheuaeth wirioneddol (goddrychol), a rhaid bod seiliau rhesymol dros yr amheuaeth honno (gwrthrychol).

Adran 117 *PACE*

Gall swyddogion ddefnyddio grym rhesymol i arestio.

Adran 28 *PACE*

Er mwyn i arestiad fod yn ddilys, rhaid cydymffurfio â rhai elfennau gweithdrefnol. Hyd yn oed os yw'n amlwg, rhaid dweud wrth y sawl a ddrwgdybir, mewn iaith ddealladwy, ei fod yn cael ei arestio ac ar ba sail.

Cod C *PACE*

Rhaid rhoi'r rhybudd hwn i'r sawl a ddrwgdybir wrth ei arestio: *'Does dim rhaid i chi ddweud dim byd. Ond gall niweidio eich amddiffyniad os na fyddwch chi'n sôn, wrth gael eich holi, am rywbeth y byddwch chi'n dibynnu arno yn nes ymlaen yn y Llys. Gall unrhyw beth yr ydych yn ei ddweud gael ei roi fel tystiolaeth.'*

Adran 24A *PACE* ar ôl ei ddiwygio gan *SOCPA*

Mae'r adran hon yn rhoi pŵer i rywun heblaw cwnstabl i arestio, heb warant, unrhyw un sydd wrthi yn cyflawni trosedd dditiadwy, neu unrhyw un y mae ganddo seiliau rhesymol dros amau ei fod yn cyflawni trosedd dditiadwy. Rhaid iddo gael seiliau rhesymol dros gredu bod angen arestio, ac nad yw'n ymarferol i heddwas arestio. Mae'r term **ditiadwy** yn *SOCPA* yn golygu'r troseddau mwyaf difrifol, ond yn ogystal â hynny gall olygu troseddau sy'n brofadwy neillffordd.

Adran 32 *PACE*

Gall cwnstabl chwilio rhywun sydd wedi'i **arestio** mewn lle heblaw gorsaf heddlu, os oes ganddo seiliau rhesymol dros gredu y gall y sawl a arestiwyd fod yn berygl iddo ei hun neu eraill, neu ei fod yn meddu ar dystiolaeth.

3. Cadw a holi

Adran 30 *PACE*

Rhaid mynd â'r sawl a ddrwgdybir i'r orsaf heddlu mor fuan ag sy'n bosibl ar ôl ei arestio, oni bai fod ei angen yn rhywle arall.

Adran 36 *PACE*

Pan fydd yn cyrraedd gorsaf yr heddlu, bydd swyddog y ddalfa yn penderfynu a oes digon o dystiolaeth i gyhuddo'r sawl a ddrwgdybir.

Adran 37 *PACE*

Os nad oes digon o dystiolaeth i gyhuddo rhywun a ddrwgdybir, bydd yr heddlu yn asesu a fyddai modd cael y fath dystiolaeth drwy ei holi, ac os felly, gall y sawl a ddrwgdybir gael ei gadw at y pwrpas hwn. Os nad yw felly, dylid ei ryddhau. Os oes digon o dystiolaeth yn bod eisoes i gyhuddo wrth arestio, dylid rhoi mechnïaeth i'r sawl a ddrwgdybir o dan *adran 38 PACE*.

Ar ôl awdurdodi cadw'r unigolyn, rhaid i swyddog y ddalfa ddechrau cofnod cadwraeth ar gyfer yr unigolyn, a rhaid i'r cofnod hwnnw gofnodi'r rhesymau dros ei gadw (*Cod C* ac *adran 37*).

Adran 40 *PACE*

Pan fydd rhywun yn cael ei gadw yn y ddalfa ond heb ei gyhuddo eto, dylai swyddog y ddalfa adolygu'r sefyllfa wedi'r 6 awr gyntaf, ac yna bob 9 awr.

Adran 41 *PACE*

Gallai'r heddlu awdurdodi cadw rhywun yn y ddalfa heb gyhuddiad am hyd at 24 awr. Cafodd hyn ei gynyddu i 36 awr (*adran 42*) yn dilyn *Deddf Cyfiawnder Troseddol 2003*.

Adran 44 *PACE*

Uchafswm yr amser y gellir cadw rhywun yn y ddalfa yw 96 awr, os bydd ynadon yn cymeradwyo hynny.

Adran 54 *PACE*

Gall yr heddlu gynnal **chwiliad cyffredin** o'r sawl a **arestiwyd** pan fydd yn cyrraedd yr orsaf heddlu. Gallan nhw atafaelu unrhyw eitem y gallai'r unigolyn a ddrwgdybir ei defnyddio i achosi anaf corfforol iddo ef ei hun neu unrhyw un arall yn eu barn nhw, neu i ddifrodi eiddo, ymyrryd â thystiolaeth, neu ei gynorthwyo i ddianc; neu unrhyw eitem y mae gan y cwnstabl seiliau rhesymol dros gredu y gallai fod yn dystiolaeth sy'n ymwneud â throsedd.

TERMAU ALLWEDDOL

swyddog y ddalfa: cwnstabl â statws rhingyll, o leiaf, sy'n bresennol yn ystafelloedd y ddalfa yn yr orsaf heddlu, ac sy'n gyfrifol am les a hawliau pobl sy'n cael eu cymryd i'r ddalfa. Mae'n cadw cofnod y ddalfa.

YMESTYN A HERIO

Mae *Deddf Terfysgaeth 2006* yn caniatáu ymestyn y cyfnod cadw i 14 diwrnod os yw'r drosedd yn ymwneud â therfysgaeth.

GWELLA GRADD

Yn ôl **Cod Ymarfer E**, mae cyfweliadau yn cael eu recordio ar dâp yn achos troseddau ditiadwy, gan gynnwys troseddau neillfordd. Sylwch ar **Erthygl 8 ECHR:** yr hawl i barch at fywyd preifat a theuluol rhywun, ei gartref a'i ohebiaeth.

ACHOSION ALLWEDDOL

R v Samuel (1988)
Cafodd yr unigolyn a ddrwgdybid ei gadw a'i holi ynghylch lladrad arfog, ond gwrthododd yr heddlu iddo gysylltu â chyfreithiwr sawl gwaith, gan eu bod yn teimlo y gallai pobl eraill dan amheuaeth gael eu rhybuddio. Barnwyd bod hyn yn anghyfiawn, ac er bod Samuel wedi cyfaddef iddo gyflawni'r drosedd, doedd dim modd defnyddio'r cyfaddefiad yn y llys.

R v Grant (2005)
Barnwyd bod ymyrraeth gan yr heddlu â hawl rhywun i ymgynghori â chyfreithiwr yn fater mor ddifrifol nes i euogfarn Grant am lofruddiaeth gael ei diddymu.

Chwilio a samplau o natur bersonol

Adran 55: **Chwilio o natur bersonol:** Gydag awdurdod arolygydd neu swyddog uwch, mae gan yr heddlu y pŵer i gynnal chwiliad o natur bersonol o agorfeydd corff y sawl a ddrwgdybir, os oes gan yr uwch arolygydd seiliau rhesymol dros gredu bod yr unigolyn wedi cuddio rhywbeth y gallai ei ddefnyddio i achosi anaf corfforol iddo'i hun neu eraill wrth gael ei gadw gan yr heddlu neu yn nalfa'r llys; neu bod rhywun o'r fath wedi cuddio cyffuriau Dosbarth A. Rhaid i'r chwilio gael ei wneud gan weithiwr meddygol proffesiynol neu nyrs gofrestredig.

Roedd chwilio'r geg yn arfer cael ei ystyried yn chwilio o natur bersonol. Byddai gwerthwyr cyffuriau yn aml yn cuddio cyffuriau yn eu cegau, gan wybod na fyddai'r heddlu yn cael eu chwilio. Roedd hyn yn rhoi amser iddyn nhw gael gwared ar y dystiolaeth. Erbyn hyn, mae **adran 65 PACE** fel cafodd ei diwygio gan **Ddeddf Cyfiawnder Troseddol a Threfn Gyhoeddus 1994** yn nodi nad yw chwilio'r geg yn cyfrif fel chwilio o natur bersonol.

Mae'r adrannau canlynol o **PACE** hefyd yn berthnasol:

- **Adran 62:** Gellir cymryd samplau o natur bersonol fel gwaed, poer a semen gan yr unigolyn a ddrwgdybir.
- **Adran 63:** Gellir cymryd samplau sydd heb fod o natur bersonol, fel gwallt a darnau ewinedd, os yw arolygydd neu swyddog uwch yn awdurdodi hynny.
- **Adran 64:** Gellir tynnu gwybodaeth DNA o'r samplau a gymerwyd, a'u gosod am amser amhenodol ar y gronfa ddata DNA genedlaethol. Yn achos *S and Marper v UK (2008)*, dyfarnodd Llys Hawliau Dynol Ewrop fod cadw DNA am amser amhenodol os na chafwyd euogfarn yn torri **Erthygl 8 yr ECHR**. Mae **Deddf Diogelu Rhyddidau 2012** yn rhoi caniatâd i gadw proffiliau DNA am gyfnod amhenodol dim ond os yw rhywun wedi'i gael yn euog o drosedd gofnodadwy. Ni chaniateir cadw sampl DNA rhywun a arestiwyd ond na chafodd ei gyhuddo, neu rywun a gyhuddwyd ac yna'i ganfod yn ddieuog o'r rhan fwyaf o droseddau yn ddiweddarach.
- **Adran 65:** Gall rhywun hefyd gael ei adnabod drwy samplau o natur bersonol yn ôl y diffiniad yn **adran 65** (h.y. samplau'r corff, swabiau ac olion/argraffiadau).
- **Adran 61** ac **adran 27**: Gall yr heddlu gymryd olion bysedd pobl a ddrwgdybir.
- **Adran 61A PACE** ar ôl ei diwygio gan **Ddeddf Troseddu Cyfundrefnol Difrifol a'r Heddlu (2005)**: Gellir cymryd argraffiadau o olion esgidiau.

Hawliau pobl a ddrwgdybir, a'u triniaeth yn ystod y cyfnod cadw a holi

Adran 60: Rhaid i'r heddlu recordio'r cyfweliad a'i gadw ar ffeil. Dylai cyfweliadau gael eu recordio ar dâp. Fodd bynnag, gall cyfweliadau ddigwydd y tu allan i'r orsaf heddlu, er enghraifft, ar y ffordd i'r orsaf. Mewn rhai ardaloedd, mae'r heddlu hefyd yn ffilmio'r cyfweliadau.

Adran 56: Mae gan y sawl a ddrwgdybir yr hawl i roi gwybod i rywun ei fod wedi'i arestio. Gall yr hawl hon gael ei hatal am hyd at 36 awr os teimlir y gallai'r unigolyn a ddewisir i gysylltu ag ef ymyrryd â'r ymchwiliad mewn rhyw ffordd (e.e. trwy roi gwybod i bobl eraill a ddrwgdybir, neu ddinistrio tystiolaeth).

Adran 58: Mae gan y sawl a ddrwgdybir yr hawl i ymgynghori â chyfreithiwr yn breifat ac am ddim. Unwaith eto, gall yr hawl hon gael ei hatal am hyd at 36 awr am y rhesymau yn **adran 56**. Gall y cyngor hwn gael ei roi dros y ffôn gan wasanaeth **Criminal Defence Direct.**

Adran 57: Rhaid i unigolyn a ddrwgdybir sy'n agored i niwed (sef rhywun sydd o dan 17 oed neu sydd ag anhwylder meddyliol neu anabledd) gael **oedolyn priodol** gyda nhw pan fyddan nhw'n cael eu holi. Mae'r hawl hon yn ychwanegol at yr hawl o dan **adran 58**. Gall absenoldeb yr unigolyn hwn olygu bod unrhyw gyfaddefiad yn **annerbyniol** yn y llys.

Cod C: Rhaid i'r sawl a ddrwgdybir gael ei rybuddio adeg ei arestio a chyn pob cyfweliad. Mae gan bobl a ddrwgdybir yr hawl i ddarllen y Codau Ymarfer. Mae Cod C hefyd yn ymdrin ag amodau a chyflwr y ddalfa. Rhaid iddyn nhw gael digon o fwyd, lluniaeth, cwsg a seibiant. Rhaid i'r ystafell gyfweld fod wedi ei goleuo, ei hawyru a'i gwresogi yn ddigonol, a rhaid caniatáu i'r sawl a ddrwgdybir eistedd. Ni ddylai cyfweliadau bara mwy na dwy awr. Ni ddylai pobl o dan 16 oed gael eu cadw yng nghelloedd yr heddlu.

Derbynioldeb tystiolaeth

Mae'n hanfodol bod pwerau'r heddlu yn cael eu harfer yn gywir er mwyn i'r dystiolaeth a gasglwyd allu cael ei defnyddio yn y llys (hynny yw, ei bod yn dderbyniol). Gall y llysoedd wrthod derbyn tystiolaeth os nad yw wedi ei chael yn y modd priodol.

Mae adrannau canlynol *PACE* yn berthnasol.

Adran 76(2)(a)

Gall tystiolaeth cyfaddefiad gael ei heithrio adeg y treial os cafodd y cyfaddefiad ei sicrhau drwy **orfodaeth.** Os codir y cwestiwn hwn, bydd rhaid i'r erlyniad brofi y tu hwnt i bob amheuaeth resymol na chafodd y cyfaddefiad ei sicrhau drwy orfodaeth. Yn ôl *adran 76 (8)*, ystyr gorfodaeth yw unrhyw artaith, triniaeth annynol neu ddiraddiol, neu ddefnyddio bygythiadau neu drais.

Adran 76(2)(b)

Gall tystiolaeth cyfaddefiad gael ei heithrio adeg y treial os cafodd ei sicrhau mewn amgylchiadau sy'n ei gwneud yn annibynadwy. Yn achosion *R v Samuel (1988)* ac *R v Grant (2005)*, nid oedd mynediad at gyngor cyfreithiol wedi cael ei ddarparu, gan olygu bod y cyfaddefiadau yn annerbyniol.

Adran 78

Gall unrhyw dystiolaeth, gan gynnwys cyfaddefiad, gael ei heithrio ar y sail y byddai'n effeithio'n andwyol ar degwch y treial. Mae hyn yn cynnwys sefyllfaoedd fel peidio ag ysgrifennu cofnod y cyfweliadau yn syth ar ôl iddyn nhw orffen, fel yn achos *R v Canale (1990)*.

Pwyntiau perthnasol eraill

Rhaid i achosion o dorri'r Codau Ymarfer fod yn 'ddifrifol a sylweddol' er mwyn gallu ystyried eithrio'r dystiolaeth.

O dan *adran 57*, mae'n rhaid i bobl a ddrwgdybir ac sy'n agored i niwed (sef pobl sydd o dan 17 oed a rhai ag anhwylder meddyliol neu anabledd) gael oedolyn priodol gyda nhw yn ystod yr holi. Gall absenoldeb yr unigolyn hwn olygu bod unrhyw gyfaddefiad yn annerbyniol yn y llys. O dan *adran 77*, byddai'r rheithgor yn cael ei rybuddio bod cyfaddefiad wedi ei wneud gan rywun ag anabledd meddwl.

Mae gan yr heddlu bwerau eang, ac mae'n rhaid eu harfer gyda disgresiwn. Mae perygl bob amser o gamddehongli sefyllfa a gwneud camgymeriadau, ond mae'r pwerau yn hanfodol er mwyn cadw'r cyhoedd yn ddiogel. Os oes camgymeriadau wedi eu gwneud, gall rhwymedïau fod ar gael.

> ### Sgiliau Arholiad
>
> Wrth ateb cwestiwn ar y testun hwn, cofiwch gynnwys cynifer o adrannau o ddeddfwriaeth berthnasol ag y gallwch, a'u cymhwyso i ffeithiau cwestiwn senario. Cofiwch **nodi**, **diffinio** a **chymhwyso'r** gyfraith er mwyn dod i **gasgliad** ar y pwynt cyfreithiol hwnnw cyn symud ymlaen at yr un nesaf. Hyd yn oed os yw'n ymddangos bod yr heddlu wedi arfer eu pwerau yn gywir, er hynny mae'n bwysig trafod hyn yn yr un modd, ond gan ddod i gasgliad ei fod wedi ei wneud yn gywir. Mae hwn yn destun cyffredin iawn ar lefel Safon Uwch.

Cwynion yn erbyn yr heddlu a rhwymedïau

Yn ôl rheolaeth cyfraith, does neb uwchlaw'r gyfraith, ac mae pawb yn gyfartal oddi tani. Mae hyn yr un mor wir am yr heddlu hefyd. Er bod gan yr heddlu bŵer i dresmasu ar hawliau dynol rhywun yn gyfreithiol, fel yr hawl i ryddid o dan *Erthygl 5 yr ECHR*, rhaid iddyn nhw wneud hynny o fewn y pwerau a roddwyd iddyn nhw, a heb dorri unrhyw gyfraith. Dylen nhw hefyd gadw at Godau Ymarfer *PACE*.

Gall unrhyw un wneud cwyn yn erbyn yr heddlu. Does dim rhaid i'r achwynydd fod wedi 'dioddef' camymddwyn gan yr heddlu. Er enghraifft, efallai ei fod wedi bod yn dyst i ddigwyddiad, a theimlo y dylai wneud cwyn am y digwyddiad. Rhaid gwneud y gŵyn o fewn blwyddyn, a rhaid iddi fod yn erbyn heddwas penodol, grŵp o swyddogion neu staff sy'n sifiliaid. Mae'n bwysig felly fod achwynydd yn cael cymaint o fanylion â phosibl am y swyddog(ion) er mwyn gwneud y gŵyn. Mae modd gwneud cwynion cyffredinol am bolisi/arferion yr heddlu neu'r heddlu lleol at y Swyddfa Gartref drwy'r Aelod Seneddol lleol neu'r Awdurdod Heddlu lleol.

Er mwyn sicrhau bod yr heddlu'n gweithredu o fewn y gyfraith, gall dinesydd sy'n teimlo ei fod wedi cael cam wneud cwyn, neu gall siwio drwy'r llysoedd sifil. Arferai Awdurdod Cwynion yr Heddlu (*PCA: Police Complaints Authority*) oruchwylio trefn gwyno'r heddlu. Ond oherwydd llawer o feirniadaeth, cafodd ei ddileu gan **Ddeddf Diwygio'r Heddlu 2002** a sefydlwyd Comisiwn Cwynion Annibynnol yr Heddlu (*IPCC: Independent Police Complaints Commission*) yn ei le. Yn Ionawr 2018, sefydlwyd Swyddfa Annibynnol Ymddygiad yr Heddlu (*IOPC: Independent Office for Police Conduct*) yn lle'r *IPCC*, gan barhau â'i waith o dan strwythur gwahanol a gyda rhagor o bwerau. Yma byddwn yn canolbwyntio ar waith diweddar yr *IPCC*. Rôl y Comisiwn oedd ymchwilio, goruchwylio neu reoli cwynion yn erbyn yr heddlu, a gofalu eu bod yn cael eu trin yn effeithiol. Nod yr *IPCC* oedd bod yn fwy annibynnol, agored a hygyrch na'r *PCA*, gan olygu efallai fod unigolion yn teimlo'n fwy parod i wneud cwyn. Dewis arall neu ddewis ychwanegol fyddai cymryd camau sifil a siwio'r heddlu.

Bydd yr adran hon yn ymchwilio i'r drefn o wneud cwyn, rôl Comisiwn Cwynion Annibynnol yr Heddlu, a phosibilrwydd cymryd camau sifil yn erbyn yr heddlu.

Y drefn gwyno

Byddai pob cwyn yn dechrau gyda'r unigolyn (neu gyfreithiwr neu AS ar ei ran) yn gwneud cwyn ysgrifenedig at yr heddlu dan sylw. Nid oedd gan Gomisiwn Cwynion Annibynnol yr Heddlu bŵer i gofnodi cwynion a phan fyddai cwyn yn dod i'w sylw, roedd rhaid anfon y gŵyn ymlaen at yr heddlu penodol dan sylw. Fel arfer, byddai cwynion yn cael eu hystyried a'u cofnodi gan yr **Adran Safonau Proffesiynol** (*PSD: Professional Standards Department*) yn yr heddlu dan sylw. (Yn yr Heddlu Metropolitan, yr enw ar yr adran yw'r Gyfarwyddiaeth Safonau Proffesiynol.) Byddai'r *PSD* yn penderfynu a ddylid cofnodi'r gŵyn, ac os nad oedden nhw'n ei chofnodi, byddai gan yr achwynydd hawl i apelio. Yna, byddai'r *PSD* yn penderfynu a ddylid trin y gŵyn yn anffurfiol (dan y drefn ddatrys 'leol' neu 'anffurfiol'). Canlyniad tebygol datrysiad lleol fyddai ymddiheuriad heb hawl i apelio. Pe bai'r *PSD* yn penderfynu bod y gŵyn yn addas ar gyfer datrysiad ffurfiol, byddai'n cael ei thrin drwy'r drefn ymchwilio leol. Byddai hyn yn golygu bod rhaid i'r heddlu benodi swyddog ymchwilio o'r un statws neu statws uwch na'r swyddog oedd yn destun yr ymchwiliad, o'r un heddlu neu o heddlu gwahanol. Gallai'r heddlu ddewis cyfeirio mater at yr *IPCC*, a gallai'r *IPCC* benderfynu ymdrin ag unrhyw achos penodol.

Fodd bynnag, byddai adegau pan fyddai'n rhaid anfon cwyn at yr *IPCC*. Gallai'r *IPCC* benderfynu ymchwilio i'r gŵyn, ei goruchwylio, neu ei rheoli.

Yn yr achosion mwyaf difrifol, byddai'r *IPCC* yn cynnal ymchwiliad annibynnol. Mewn achosion ychydig yn llai difrifol, byddai'r *IPCC* yn rheoli ymchwiliad gan yr heddlu (ymchwiliadau 'rheoledig'). Fel arfer, byddai'r heddlu yn ymdrin â'r gŵyn, a byddai'r *IPCC* yn goruchwylio'r ymchwiliad (ymchwiliad 'dan oruchwyliaeth'), neu byddai'r heddlu yn ymdrin â'r achos yn unig ('ymchwiliad lleol', sy'n wahanol i 'ddatrysiad lleol'). Roedd rhaid i'r heddlu lleol gyfeirio'r digwyddiadau canlynol at yr *IPCC*, a gallai'r *IPCC* ymchwilio hyd yn oed os nad oedd cwyn wedi'i gwneud:

* Marwolaethau yn dilyn cyswllt â'r heddlu (e.e. yn y ddalfa neu yn ystod digwyddiad) neu achosion o anaf difrifol i aelod o'r cyhoedd.
* Damweiniau ffyrdd angheuol yn ymwneud ag un o gerbydau'r heddlu.
* Defnydd o arf tanio gan swyddog ar ddyletswydd.
* Honiadau o ymddygiad gwahaniaethol gwaethygedig.
* Honiadau o ymosod.

Sylwch fod Swyddfa Annibynnol Ymddygiad yr Heddlu (*Independent Office for Police Conduct: IOPC*) wedi cymryd lle'r *IPCC* ers Ionawr 2018. Bydd yr *IOPC* yn parhau â gwaith yr *IPCC* o dan strwythur newydd a gyda rhagor o bwerau. Gallwch ddysgu rhagor am y strwythur a'r pwerau newydd yma: https://www.policeconduct.gov.uk/cy/pwy-ydym-ni

- Honiadau o drosedd 'casineb'.
- Honiadau bod swyddog wedi cyflawni trosedd ddifrifol, y gellir ei arestio amdani, pan oedd ar ddyletswydd.
- Honiadau o lygredd.

Gallai'r *IPCC* hefyd gyfeirio achos at Wasanaeth Erlyn y Goron pe bai'n credu y dylid erlyn swyddog, a byddai hyn yn cael ei drin yn yr un modd ag erlyniad yn erbyn dinesydd.

Comisiwn Cwynion Annibynnol yr Heddlu (*IPCC*)

Sefydlwyd yr *IPCC* gan *Ddeddf Diwygio'r Heddlu 2002*, a daeth yn weithredol ym mis Ebrill 2004. Ei bwrpas statudol oedd 'cryfhau hyder y cyhoedd yn system gwynion yr heddlu yng Nghymru a Lloegr'.

Roedd yr *IPCC* yn cymryd lle Awdurdod Cwynion yr Heddlu, gan fod y llywodraeth yn teimlo bod angen gwasanaeth mwy annibynnol, hygyrch ac agored i bobl gyflwyno cwynion yn erbyn yr heddlu a theimlo'n hyderus am yr ymchwiliad. Byddai'r *IPCC* yn ymchwilio'n annibynnol i rai achosion a drosglwyddid gan yr heddlu, ond fel arfer roedd yr heddlu yn debygol o fod yn rhan o'r ymchwiliad mewn rhyw ffordd.

Roedd cadeirydd a 12 comisiynydd yn goruchwylio'r *IPCC*, ac yn ôl y gyfraith, roedd rhaid nad oedden nhw erioed wedi gweithio i'r heddlu. Yr Ysgrifennydd Cartref oedd yn penodi'r comisiynwyr.

Bu'r *IPCC* yn gysylltiedig â rhai ymchwiliadau uchel eu proffil a dadleuol. Un enghraifft oedd pan saethwyd Jean Charles de Menezes ar drên tanddaearol Llundain, pan gamgymerwyd ef am hunan-fomiwr. Ni fu unrhyw erlyniad troseddol. Mae enghreifftiau eraill yn cynnwys marwolaeth Ian Tomlinson ym mhrotestiadau G20, a'r ffordd yr ymdriniodd yr heddlu ag achosion cam-drin rhywiol hanesyddol.

Camau sifil yn erbyn yr heddlu

Gall unigolyn ddwyn achos sifil yn erbyn yr heddlu, a cheisio **iawndal** am yr anafiadau a'r golled a gafwyd. O dan yr *IPCC* a'i bwerau ymchwilio estynedig, doedd hi ddim yn glir a fyddai methiant cwyn yn rhwystro llwyddiant unrhyw gamau sifil. Gellir siwio'r heddlu o dan wahanol gategorïau, fel erlyniad maleisus, carcharu ar gam, arestio ar gam, tresmasu, ymosod neu esgeuluster. Y drefn arferol yw siwio Prif Gwnstabl yr ardal benodol o'r heddlu dan sylw; felly, yn wahanol i'r drefn gwyno, does dim rhaid gwybod pwy yw'r swyddogion unigol dan sylw. Yr Uchel Lys fydd yn gwrando ar achosion fel arfer, a bydd rheithgor yn dewis dyfarnu iawndal neu beidio.

Mae safon y prawf mewn achos sifil 'yn ôl pwysau tebygolrwydd', ac ar yr hawlydd y mae baich y prawf.

Mae'r heddlu wedi cael ei siwio'n llwyddiannus sawl gwaith. Mae achos *Goswell v Commissioner of Police for the Metropolis (1998)* yn enghraifft o hawliad llwyddiannus yn erbyn yr heddlu.

Goswell v Commissioner of Police for The Metropolis (1998)

Roedd Mr Goswell yn aros yn ei gar am ei gariad pan ddaeth PC Trigg ato a gofyn iddo ddod allan o'i gar, a hynny heb archwilio'r car mewn unrhyw ffordd. Dechreuodd Mr Goswell weiddi a rhegi a chwyno fod yr heddlu yn tarfu arno yn annheg, ac y dylen nhw yn hytrach fod yn ymchwilio i achos diweddar o losgi bwriadol yn ei gartref. Dywedodd PC Trigg ddwywaith wrth Mr Goswell am dawelu, ond ni wnaeth hynny. Yna gafaelodd y swyddogion yn Mr Goswell a rhoi cyffion ar ei ddwylo tu ôl i'w gefn. Yna fe wnaeth PC Trigg daro Mr Goswell ar ei dalcen gyda phastwn heddlu, gan achosi clwyf a waedodd yn llif. Rhoddwyd Mr Goswell mewn car heddlu a'i gymryd i orsaf heddlu Woolwich. Dim ond pan gyrhaeddodd yr orsaf y dywedwyd wrtho pam roedd wedi cael ei arestio. Siwiodd ef yr heddlu yn y llysoedd sifil am ymosod a charcharu ar gam, a dyfarnwyd iawndal sylweddol o £120,000 iddo am ymosod, £12,000 am garcharu ar gam, ac iawndal esiamplaidd o £170,000 am ymddygiad mympwyol a gormesol. Ar apêl, gostyngwyd hyn i £47,600.

YMESTYN A HERIO

Ymchwiliwch i'r digwyddiadau uchod, ac unrhyw achosion perthnasol eraill a gafodd eu hymchwilio gan yr *IPCC*. Lluniwch adroddiad ar yr hyn ddigwyddodd, a chasgliad yr *IPCC*.

The Commissioner of Police for the Metropolis v Thompson and Hsu (1997)
Cyflwynodd y Llys Apêl ganllawiau pwysig ar ddyfarnu iawndal mewn achosion sifil yn erbyn yr heddlu. Dyfarnwyd iawndal o £220,000 yn wreiddiol i Kenneth Hsu am arestio ar gam, carcharu ar gam ac ymosod gan yr heddlu, ond cafodd hyn ei ostwng ar apêl ar y cyd (Thompson) i £35,000. Yn dilyn yr achosion hyn, mae'r dyfarniadau iawndal wedi eu cyfyngu oherwydd pryderon bod dyfarniadau mawr gan reithgorau yn lleihau'r gyllideb sydd ar gael ar gyfer plismona. Ar hyn o bryd mae uchafswm o £50,000 am iawndal esiamplaidd am 'ymddygiad gormesol, mympwyol neu anghyfansoddiadol' gan yr heddlu.

Rhwymedïau am dorri pwerau'r heddlu

Mae'n bwysig bod rhwymedïau digonol ar gael i atal ymddygiad tebyg, ac i roi rhyw fath o ddatrysiad i'r achwynydd. Mae canlyniadau datrysiad lleol a mathau eraill o ymchwiliad yn cynnwys y canlynol:

- ymddiheuriad gan yr heddlu
- esboniad
- newid polisi neu drefn
- atgyfeiriad at Wasanaeth Erlyn y Goron
- argymhelliad y dylid cymryd camau disgyblu
- adolygiad barnwrol.

Rhyng-gipio cyfathrebu

Hanes gwyliadwriaeth wladol

Gall asiantau'r wladwriaeth ymyrryd â phreifatrwydd gyda'r nod o hyrwyddo diogelwch mewnol, neu atal neu ddatrys trosedd. Mae nodau o'r fath yn gyfreithlon; mae angen gofyn a oes digon o ragofalon i rwystro ymyrryd afresymol neu fympwyol. Dylai rhagofalon gynnwys rhwymedi clir i'r dinesydd, a rheolaeth lem dros bŵer rhyng-gipio o'r fath, ynghyd ag awdurdodi cywir ar ei gyfer. Mae awdurdodi cywir yn hanfodol, gan ei bod yn bosibl na fydd y dinesydd fel arfer yn ymwybodol o'r wyliadwriaeth.

Cyn 1985, doedd dim angen dilyn gweithdrefn gyfreithiol wrth awdurdodi tapio ffonau neu ryng-gipio post. Cafodd yr amodau o ran rhoi gwarant i ryng-gipio cyfathrebu drwy'r post neu dros y ffôn eu nodi mewn rheolau gweinyddol, a doedd dim grym cyfreithiol i'r rhain. O dan y rheolau hyn, byddai'n bosibl awdurdodi'r rhyng-gipio er mwyn cynorthwyo mewn ymchwiliad troseddol pe bai'r drosedd yn ddifrifol, pe bai dulliau arferol wedi eu defnyddio ac wedi methu, a phe bai rheswm da dros gredu y byddai'r dystiolaeth a gafwyd yn arwain at euogfarn. Pe bai'r rhyng-gipio yn ymwneud â materion diogelwch, gellid ei awdurdodi mewn perthynas â thanseilio difrifol, terfysgaeth neu ysbïo, ac roedd rhaid i'r dystiolaeth a gasglwyd fod yn uniongyrchol ddefnyddiol i'r gwasanaethau diogelwch wrth gasglu'r wybodaeth roedd ei hangen i gyflawni eu swyddogaeth, sef amddiffyn diogelwch gwladol.

Deddf Rhyng-gipio Cyfathrebu 1985

Roedd *Deddf Rhyng-gipio Cyfathrebu 1985* (*Interception of Communications Act: ICA*) yn gosod rheolau penodol ar ddulliau rhyng-gipio dros y ffôn a drwy'r post. Cafodd ei chyflwyno yn rhannol o ganlyniad uniongyrchol i benderfyniad yr *ECtHR* yn achos *Malone v UK (1985)*, sef bod y weithdrefn warant bresennol yn mynd yn groes i *Erthygl 8* sef yr hawl i fywyd preifat.

ACHOS ALLWEDDOL

Malone v UK (1985)

Yn 1979, roedd Mr Malone ar dreial am dderbyn nwyddau oedd wedi'u dwyn. Yn ystod ei dreial, daeth tystiolaeth i'r amlwg bod ei ffôn wedi cael ei dapio, a bod y penderfyniad i ryng-gipio wedi cael ei awdurdodi gan yr Ysgrifennydd Cartref. Ceisiodd Malone gael datganiad yn yr Uchel Lys ei bod yn anghyfreithlon i unrhyw un ryng-gipio sgwrs ffôn rhywun arall heb gydsyniad (*Malone v MPC (1979)*). Methodd y ddadl hon, a'r ddadl oedd yn seiliedig ar *Erthygl 8*, sef bod y tapio wedi amharu ar yr hawl i breifatrwydd. Daeth y barnwr, Megarry, i'r casgliad nad oedd yr *ECHR* yn arwain at unrhyw hawliau y gellid eu gorfodi o dan gyfraith Cymru a Lloegr, ac felly nad oedd hawl uniongyrchol i breifatrwydd. (Yn amlwg, byddai *Deddf Hawliau Dynol 1998* bellach yn newid y sefyllfa honno.) Fodd bynnag, dywedodd Megarry, 'Rwyf yn ei chael yn amhosibl gweld sut gellid dweud bod cyfraith Cymru a Lloegr yn bodloni gofynion y Confensiwn... Nid yw hwn yn bwnc sy'n arwain at unrhyw deimladau o falchder ynghylch cyfraith Cymru a Lloegr... Mae tapio ffonau yn bwnc lle mae gwir angen deddfwriaeth.'

Aeth Malone â'i achos i'r *ECtHR*, gan ddadlau bod *Erthygl 8* wedi cael ei thramgwyddo. Mae *Erthygl 8(2)* yn dweud fel hyn: 'Ni chaiff awdurdod cyhoeddus ymyrryd â'r hawl hon, ac eithrio pan fydd yn unol â'r gyfraith'. Roedd yr *ECtHR* o'r farn nad oedd cyfraith y DU yn rheoleiddio'r amgylchiadau lle gellid tapio ffonau mewn ffordd ddigon clir, nac yn darparu unrhyw rwymedi yn erbyn camddefnyddio'r pŵer hwnnw. Fodd bynnag, doedd y penderfyniad yn gwneud dim ond ei gwneud yn ofynnol i lywodraeth y DU gyflwyno deddfwriaeth i reoleiddio'r amgylchiadau lle gellid defnyddio'r pŵer i dapio ffonau, yn hytrach na chynnig canllawiau ar beth fyddai'n gyfyngiadau derbyniol ar breifatrwydd yr unigolyn.

Ymatebodd llywodraeth y DU drwy basio *Deddf Rhyng-gipio Cyfathrebu 1985*. Mae *Rhan 1 Deddf Rheoleiddio Pwerau Ymchwilio 2000* bellach wedi cymryd lle hon, sydd yn ei thro wedi cael ei diwygio gan *Ddeddf Pwerau Ymchwilio 2016*.

Dyfeisiau bygio

Mae technegau gwyliadwriaeth yn ffordd bwysig i'r heddlu a'r gwasanaethau diogelwch gynnal cyfraith a threfn ac amddiffyn diogelwch cenedlaethol. Fodd bynnag, fel y dywedwyd yng Ngoruchaf Lys Canada, 'anodd yw dychmygu gweithgaredd gwladol mwy peryglus i breifatrwydd yr unigolyn na gwyliadwriaeth electronig' (*Duarte (1990)*). Er gwaethaf datblygiad dyfeisiau o'r fath, a'r defnydd cynyddol ohonyn nhw gan y wladwriaeth, maen nhw wedi parhau i weithredu y tu allan i reolaeth y llysoedd. Tan yn ddiweddar, roedd defnydd yr heddlu ohonyn nhw yn cael ei awdurdodi o dan ganllawiau gweinyddol yn unig. Nid oedd y canllawiau hyn yn darparu elfen o graffu annibynnol. Mae'r defnydd o ddyfeisiau gwyliadwriaeth gan yr heddlu wedi cael ei gwestiynu mewn sawl achos, fel yn achos *Khan (Sultan) (1996)*.

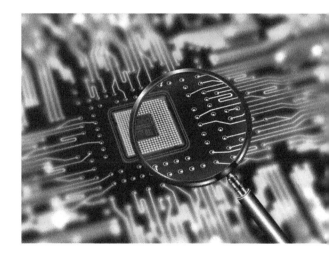

Khan (Sultan) (1996)

Roedd dyfais bygio wedi cael ei gosod yn gyfrinachol y tu allan i dŷ roedd Khan wedi bod yn ymweld ag ef. Roedd Khan o dan amheuaeth o fod yn gysylltiedig â mewnforio cyffuriau, a dangosodd y recordiad tâp o'r byg ei fod yn rhan o'r peth. Dadleuodd yr erlyniad fod y tâp yn dystiolaeth annerbyniol, gan nad oedd gan yr heddlu awdurdod statudol i osod bygiau ar eiddo preifat. Felly roedd hyn yn dresmas, ac roedd y byg yn torri *Erthygl 8 ECHR*. Roedd y Llys Apêl o'r farn bod tresmas a difrod i'r adeilad wedi digwydd, ynghyd â thor-preifatrwydd. Fodd bynnag, dywedodd y llys nad oedd y materion hyn o arwyddocâd mawr, ac roedd y ffaith bod yr heddlu wedi cydymffurfio â chanllawiau'r Swyddfa Gartref i raddau helaeth yn gwrthbwyso hyn, a bod y troseddau yn ddifrifol. Felly gwrthodwyd apêl Khan. Argymhellodd Tŷ'r Arglwyddi ddeddfwriaeth, o ystyried y ffaith nad oedd y drefn o lywodraethu'r defnydd o ddyfeisiau bygio yn seiliedig ar statud, ac felly nad oedd o bosibl yn cydymffurfio â gofynion yr ECHR.

Deddf yr Heddlu 1997

Mae'r Ddeddf hon yn gosod sail statudol i arferion presennol. Mae'r sail ar gyfer caniatáu defnyddio bygio yn sail eang iawn. Gellir awdurdodi bygio os disgwylir y bydd yn debygol o fod o werth sylweddol i atal a chanfod trosedd ddifrifol, ac nad yw'n bosibl cyflawni'r amcan hwn yn rhesymol drwy ddulliau eraill (*adran 93(2)*).

Mae'r diffiniad o drosedd ddifrifol yn cynnwys troseddau treisgar, rhai sy'n ymwneud â budd ariannol, a rhai sy'n cynnwys pobl yn dilyn pwrpas cyffredin, neu bod y drosedd yn un y byddai disgwyl rhesymol i rywun dros 21 oed, heb euogfarn flaenorol, gael dedfryd garchar o dair blynedd neu fwy amdani.

Aeth gwahanol grwpiau a chyrff ati i gyflwyno pledion i gael eu heithrio o'r Ddeddf, gan gynnwys meddygon, cyfreithwyr, ac offeiriaid Catholig oedd yn ofni y byddai eu cyffesiadau yn cael eu bygio. Fodd bynnag, does dim eithriadau o dan y Ddeddf.

O dan *adran 93(5)*, gall Prif Swyddog yr Heddlu awdurdodi gwarant, neu os nad yw hyn yn ymarferol, swyddog â statws Prif Gwnstabl Cynorthwyol. Bydd yr awdurdodiad yn cael ei roi yn ysgrifenedig, ac eithrio mewn achos brys, lle gellir ei roi ar lafar (*adran 95(1)*).

Bydd awdurdodiad ysgrifenedig yn para am dri mis, ac un llafar am 72 awr. Mae'n bosibl adnewyddu'r ddau fath yn ysgrifenedig am gyfnod ychwanegol o dri mis. Rhaid rhoi gwybod i gomisiynydd annibynnol a benodwyd o dan *adran 91(1)* am yr awdurdodiadau cyn gynted ag y byddan nhw'n cael eu gwneud (*adran 96*). Ond nid yw hyn yn atal yr heddlu rhag gweithredu ar sail yr awdurdodiad. Os bydd y comisiynydd yn dileu'r awdurdodiad yn ddiweddarach, gellir rhoi gorchymyn i ddinistrio unrhyw gofnodion oni bai bod eu hangen ar gyfer unrhyw achosion troseddol neu sifil sydd ar waith.

O dan rai amgylchiadau, mae'n rhaid i'r comisiynwyr gymeradwyo'r awdurdodi ymlaen llaw (*adran 97*). Mae angen awdurdodiad o'r fath os credir bod yr eiddo dan sylw yn annedd (*dwelling*), yn ystafell mewn gwesty neu'n swyddfa. Mae ei angen hefyd os yw'r swyddog awdurdodi yn credu bod y wybodaeth gaiff ei chasglu yn debygol o arwain at roi gwybodaeth bersonol gyfrinachol, deunydd newyddiadurol cyfrinachol, neu faterion sy'n amodol i fraint cyfreithiol, i unrhyw unigolyn. Mae'r ffaith bod comisiynwyr yn rhan o hyn, dim ots pa mor gyfyngedig yw eu rôl, yn rhoi rhyw elfen o drosolwg a chraffu annibynnol. Does dim darpariaeth yn y Ddeddf i gynnal adolygiad annibynnol o'r awdurdodiad bygio yn y llysoedd cyffredin.

Deddf Rheoleiddio Pwerau Ymchwilio 2000 (*Regulation of Investigatory Powers Act: RIPA*)

Mae'r ddeddf hon yn diddymu *ICA 1985* – ond a oes mwy o reoleiddio o dan y Ddeddf hon? Mae'n cynnwys pob ffurf ar wyliadwriaeth:

- Mae *Adran 1* yn ei gwneud yn drosedd i ryng-gipio cyfathrebu yn fwriadol a heb awdurdod cyfreithiol drwy wasanaeth post neu system telegyfathrebu.
- Mae'r drosedd hon hefyd yn gymwys i negeseuon peiriant ateb (*voicemail*), hyd yn oed ar ôl i'r gwir dderbynnydd wrando arnyn nhw (*R v Edmondson (2013)*).
- Bydd rhyng-gipio yn gyfreithiol os bydd yn cael ei wneud gyda chydsyniad (*adran 3*) neu gyda gwarant (*adran 5*).
- Mae'r awdurdodiad yn cael ei lywodraethu gan *adrannau 5–16*.
- Yr Ysgrifennydd Cartref sydd â'r pŵer i gyhoeddi gwarant.
- Rhaid i'r cais am warant gael ei wneud gan un o restr o bobl yn *adran 6*.
- Bydd gwarant yn cael ei rhoi dim ond os yw'r Ysgrifennydd Cartref yn credu bod hyn yn 'angenrheidiol' ar gyfer rhai dibenion penodol a nodir yn *adran 5(3)*, ac os yw'r ymddygiad a awdurdodir yn y warant yn gymesur â'r hyn mae'r ymddygiad hwnnw'n ceisio'i gyflawni (*adran 5(2)*).

Dyma'r dibenion penodol yn *adran 5(3)*:

a) *er budd diogelwch cenedlaethol*

b) *atal neu ganfod troseddu difrifol*

c) *diogelu lles economaidd y DU; neu*

d) *rhoi cytundeb cymorth rhyngwladol ar y cyd ar waith mewn amgylchiadau sy'n cyfateb i'r rhai a nodir yn adran (b).*

Fel hyn y diffinnir y troseddu 'difrifol' o ddiben (b) gan *adran 81(3)*:

a) *mae'r drosedd neu un o'r troseddau sydd neu a fyddai'n cael ei chyflawni gan yr ymddygiad yn drosedd y byddai rhywun sydd yn 21 oed, a heb euogfarn flaenorol, yn disgwyl cael ei ddedfrydu i gyfnod yn y carchar am dair blynedd neu fwy am ei chyflawni*

b) *mae'r ymddygiad yn cynnwys defnyddio trais, yn arwain at fudd sylweddol, neu'n ymddygiad gan nifer mawr o bobl sy'n dilyn pwrpas cyffredin.*

Mae *Adran 8* yn ymdrin â chynnwys y warant, ac mae'n rhaid iddi nodi'r targed a chynnwys gwybodaeth am gyfeiriadau.

Mae *Adran 9* yn ymdrin â hyd y warant. Y cyfnod cychwynnol yw tri mis o ddyddiad ei chyhoeddi, ond gellir ei hadnewyddu mor aml ag y dymunir, os yw'r Ysgrifennydd Cartref yn parhau i gredu bod hyn yn angenrheidiol.

- Mae Comisiynydd Rhyng-gipio Cyfathrebu annibynnol yn goruchwylio'r system gwarant.
- Rhaid i'r comisiynydd roi adroddiad i Brif Weinidog Prydain bob blwyddyn.
- Pwerau goruchwyliol sydd gan y comisiynydd, ac nid yw'n gallu gweithredu mewn perthynas â gwarant benodol.
- Tribiwnlys a sefydlwyd o dan *adran 65* yw'r unig ffordd i bobl sy'n anfodlon â'r system allu cwyno.

Mae *Adran 67* yn nodi'n glir bod rhaid i'r tribiwnlys weithredu ar egwyddorion 'adolygiad barnwrol'. Golyga hyn ei fod yn canolbwyntio mwy ar weithdrefn nag ar sylwedd.

- Os bydd y tribiwnlys yn dod i'r casgliad bod rhywbeth yn amhriodol, mae ganddo'r pŵer i ddileu gwarant, gorchymyn dinistrio unrhyw wybodaeth a dyfarnu iawndal.
- Does dim llwybr apêl pellach ar ôl y tribiwnlys.
- Yn 2010, cafodd y tribiwnlys 164 o gwynion, gan gadarnhau chwech o'r rhain.

Gwerthuso *RIPA*

- Mae'r gweithdrefnau yn welliant ar y system flaenorol, gan fod *RIPA* yn cynnig fframwaith statudol ar gyfer gweithredu pwerau sy'n cynnwys achosion o amharu ar breifatrwydd unigolyn.

- Fodd bynnag, mae'r rheolaeth dros weithredu pwerau gwyliadwriaeth y tribiwnlys yn aneglur. Mae awdurdodaeth gyfyngol y tribiwnlys yn golygu nad yw'n bosibl apelio at y llysoedd domestig yn dilyn ei benderfyniad; fodd bynnag, gall apelio at yr *ECtHR* fod yn bosibilrwydd cryf.

- Nid yw'r Comisiynwyr Goruchwyliaeth yn ymwneud â goruchwyliaeth sydd wedi'i chyfeirio, na defnydd o ffynonellau gwyliadwriaeth cudd, felly mae diffyg goruchwyliaeth annibynnol.

- Mae problem hefyd oherwydd efallai na fydd unigolion yn ymwybodol bod eu hawliau wedi cael eu tramgwyddo. Sut byddwch chi'n gwybod os ydych chi dan oruchwyliaeth?

Deddf Pwerau Ymchwilio 2016

Mae *Deddf Pwerau Ymchwilio 2016* yn dod â phwerau presennol ynghyd ac yn eu diweddaru (bydd *RIPA 2000* yn parhau nes iddi gael ei diddymu'n benodol). Dyma beth roedd y Ddeddf Pwerau Ymchwilio yn eu cyflwyno:

- 'clo dwbl' ar gyfer y pwerau mwyaf ymyrrol, gan olygu bod rhaid i warantau sy'n cael eu cyhoeddi gan Ysgrifennydd Gwladol gael eu hawdurdodi gan uwch farnwr hefyd

- pwerau newydd ac ailddatgan pwerau presennol, ar gyfer asiantaethau cuddwybodaeth a gorfodi'r gyfraith yn y DU, i ryng-gipio cyfathrebu mewn ffordd wedi'i thargedu, casglu data cyfathrebu mewn swmp, a rhyng-gipio cyfathrebu mewn swmp

- Comisiwn Pwerau Ymchwilio grymus newydd i oruchwylio sut defnyddir y pwerau

- amddiffyniadau newydd i ddeunydd newyddiadurol a chyfreithiol freintiedig

- gofyn cael awdurdod barnwrol ar gyfer casglu data cyfathrebu sy'n enwi ffynonellau newyddiadurwyr

- cosbau llym, gan gynnwys creu troseddau newydd ar gyfer y rhai sy'n camddefnyddio'r pwerau.

Gwerthuso gwyliadwriaeth yn y DU

- A oes angen mwy o ddiwygio, neu a yw *Deddf Pwerau Ymchwilio 2016* yn ddigon?

- A ddylai tystiolaeth gwyliadwriaeth fod yn dderbyniol mewn llys? Mae gwasanaethau diogelwch Prydain yn ofni, o ganiatáu i dystiolaeth ryng-gipio gael ei defnyddio yn llysoedd y gyfraith, y gallai hynny danseilio eu gwaith. Ond ar draws y byd, mae safbwynt y DU yn eithriad ar y mater hwn. Mae UDA, Canada, Seland Newydd, Iwerddon, Awstralia, Hong Kong a De Affrica yn caniatáu mathau penodol o dystiolaeth ryng-gipio yn llysoedd y gyfraith. Barnwr, ac nid gwleidydd, sydd â'r pŵer i awdurdodi rhyng-gipio dros y ffôn yn yr holl wledydd hynny (ac eithrio Iwerddon).

- Pam mae Prydain mor amharod i ddilyn esiampl gwledydd eraill?

- Mae'n bosibl mai yn Lloegr roedd yr enghraifft gyntaf o ddefnyddio rhyng-gipio mewn llys y gyfraith, a hynny yn 1586, pan gafodd Mari, Brenhines yr Alban, ei chael yn euog o frad ar sail post oedd wedi'i ryng-gipio.

- Mae bwlch yn y gyfraith hefyd sy'n caniatáu defnyddio recordiadau o sgyrsiau yn y carchar (rhywbeth sy'n orfodol i garcharorion categori A) fel tystiolaeth.

- Defnyddiwyd galwadau ffôn gan Ian Huntley, lladdwr Soham, at Maxine Carr a'i fam i sicrhau euogfarn yn 2003.

Trosolwg annibynnol, a derbynioldeb

- Yn Awstralia, mae'r Twrnai Cyffredinol yn cyhoeddi gwarantau at ddibenion cuddwybodaeth, ac mae barnwyr yn gwneud hyn mewn ymchwiliadau troseddol difrifol. Mae tystiolaeth o alwadau ffôn, negeseuon e-bost a phost a ryng-gipiwyd yn dderbyniol mewn llys.

- Yn Canada, mae'n rhaid gwneud cais i farnwr, ond mewn achos brys gall yr heddlu ryng-gipio cyfathrebu heb warant. Mae tystiolaeth galwadau ffôn, negeseuon e-bost a phost a ryng-gipiwyd yn dderbyniol mewn llys.

- Yn Hong Kong, mae panel o dri barnwr yn awdurdodi ac yn goruchwylio'r defnydd o wyliadwriaeth gudd. Dim ond tystiolaeth o bost a ryng-gipiwyd sy'n dderbyniol mewn llys.

- Yn Iwerddon, y Gweinidog Cyfiawnder sy'n awdurdodi rhyng-gipio, o dan adolygiad barnwr Uchel Lys. Mae tystiolaeth o alwadau ffôn, negeseuon e-bost a phost a ryng-gipiwyd yn dderbyniol mewn llys.

Dyletswydd cyfrinachedd

Tor-cyfrinachedd a thor-preifatrwydd

Yng nghyfraith Cymru a Lloegr, a oes gennym hawl i breifatrwydd? Yn achos *Kaye v Robertson (1991)*, dywedodd yr Arglwydd Glidewell 'mae'n ffaith hysbys yng Nghyfraith Lloegr nad oes hawl i breifatrwydd, ac felly does dim hawl i ddwyn achos am dorri preifatrwydd unigolyn'. Yn y wlad hon, yn wahanol i UDA, does dim ffordd gyffredinol, hollgynhwysol o gymryd camau am 'dor-preifatrwydd'.

Wainwright v Home Office (2003)

Cafodd yr hawlwyr, sef mam a'i mab, eu chwilio'n noeth am gyffuriau yn ystod ymweliad carchar yn 1997, yn groes i reolau'r carchar, gan eu bychanu a pheri gofid mawr iddyn nhw. Roedd gan yr ail hawlydd anhwylder meddyliol ac roedd yn dioddef gan barlys yr ymennydd, a datblygodd anhwylder pryder ôl-drawmatig ar ôl y profiad. Roedd y llys o'r farn bod achos o 'dresmasu i'r person', sef achosi'n fwriadus iddyn nhw wneud rhywbeth i'w hunain oedd yn tramgwyddo eu hawliau i breifatrwydd, wedi'i gyflawni yn erbyn y ddau hawlydd. Barnwyd hefyd fod tresmasu i'r person, sef achosi'n fwriadus i rywun wneud rhywbeth gyda'r disgwyl o achosi niwed iddyn nhw, wedi'i gyflawni yn erbyn yr ail hawlydd yn ogystal â churo (battery). Dyfarnwyd iawndal sylfaenol ac iawndal gwaethygedig iddyn nhw. Apeliodd y Swyddfa Gartref yn erbyn y dyfarniad o dresmasu i'r person, a chaniatawyd yr apêl gan y Llys Apêl, gan wrthod hawliad yr hawlydd cyntaf a lleihau'r iawndal a ddyfarnwyd i'r ail hawlydd.

Y mater dan sylw yn *Wainwright v Home Office (2003)* oedd ystyried a yw cyfraith gyffredin Cymru a Lloegr yn cydnabod ffordd o weithredu ar gyfer amharu ar breifatrwydd. Cadarnhaodd y llys nad oedd camwedd cyfraith gyffredin o amharu ar breifatrwydd, ac er mwyn creu camwedd o'r fath, byddai angen dull gweithredu manwl a deddfwriaeth.

Hwn oedd y tro cyntaf y gofynnwyd i Dŷ'r Arglwyddi ddatgan a yw'n bosibl dwyn achos am achos o amharu ar breifatrwydd yng nghyfraith Cymru a Lloegr. Roedd yr achos yn cadarnhau'r gred gyffredin bod datganiad o hawl gyffredinol i breifatrwydd yn rhywbeth sydd y tu hwnt i derfynau derbyniol cyfraith gyffredin a'i datblygiad gan farnwyr. Ond mae amddiffyn gwahanol agweddau ar breifatrwydd yn faes cyfreithiol sy'n datblygu'n gyflym. Mae penderfyniad Llys Apêl Seland Newydd yn *Hosking v Runting (2004)* yn enghraifft o hyn.

Hosking v Runting (2004)

Roedd yr hawlwyr yn gwpl enwog a gafodd efeilliaid yn 2001, ac a wrthododd roi cyfweliadau amdanyn nhw na chaniatáu i bobl dynnu eu lluniau. Gwahanodd y cwpl yn 2002. Roedd y diffynnydd cyntaf yn ffotograffydd, a chafodd ei gomisiynu gan yr ail ddiffynnydd, oedd yn gyhoeddwr, i dynnu lluniau o efeilliaid 18 mis oed yr hawlwyr. Tynnodd y lluniau mewn stryd, pan oedd y plant gyda'u mam ond heb yn wybod iddi. Fe wnaeth yr hawlwyr ddwyn achos er mwyn atal cyhoeddi'r ffotograffau, ar y sail y byddai'r cyhoeddiad yn amharu ar breifatrwydd yr efeilliaid. Roedd Randerson J o'r farn na ddylai llysoedd Seland Newydd gydnabod preifatrwydd fel rheswm penodol dros achos llys. Apeliodd yr hawlwyr.

Dyma'r materion dan sylw yn yr achos:

1. a oedd camwedd preifatrwydd annibynnol yn bodoli yn Seland Newydd?

2. a allai unrhyw reswm arall dros weithredu atal cyhoeddi'r ffotograff?

Ar apêl, cadarnhaodd y llys o fwyafrif o 3–2 fod camwedd annibynnol o amharu ar breifatrwydd yn bodoli yn Seland Newydd. Cadarnhawyd y gallai ehangu tor-cyfrinachedd, fel sydd wedi digwydd yn llysoedd y DU, arwain at yr un canlyniad. Ond roedd mwy o eglurder i'w gael drwy ddadansoddi achosion tor-cyfrinachedd ac achosion preifatrwydd fel rhesymau ar wahân dros weithredu. Mae preifatrwydd a chyfrinachedd yn gysyniadau gwahanol. Mae dwy elfen sylfaenol er mwyn hawlio'n llwyddiannus am amharu ar breifatrwydd:

1. Bodolaeth ffeithiau y mae disgwyliad rhesymol o breifatrwydd yn eu cylch.

2. Y cyhoeddusrwydd a roddwyd i'r ffeithiau preifat hynny ac y byddai unigolyn gwrthrychol, rhesymol yn ei ystyried yn sarhaus iawn.

Fe wnaeth Llys Apêl Seland Newydd adfywio'r ddadl breifatrwydd yn Seland Newydd a thu hwnt drwy gydnabod camwedd cyfraith gyffredin o ran preifatrwydd. Mae'r achosion yn cynnwys adolygiad defnyddiol o achosion yn Lloegr a'r Gymanwlad. Yn y DU, rhoddwyd hwb i ddatblygiad y gyfraith yn sgil gweithredu **Deddf Hawliau Dynol 1998**.

Tor-cyfrinachedd

Fel mae'r adran flaenorol yn esbonio, dydy amharu ar breifatrwydd ddim yn gamwedd yng Nghymru a Lloegr. Ond gall rheoliadau cyfreithiol gael eu defnyddio yn erbyn y cyfryngau ac eraill. Mae gwrthdaro hefyd rhwng rhyddid mynegiant a pharchu preifatrwydd unigolyn. Mae'r ddau yn hawliau hollbwysig.

Beth yw preifatrwydd? Roedd **Pwyllgor Calcutt (1990)** yn ei ddiffinio fel 'hawl yr unigolyn i gael ei amddiffyn rhag ymyrraeth yn ei fywyd neu faterion personol, neu fywyd neu faterion personol ei deulu, drwy ddulliau ffisegol uniongyrchol neu drwy gyhoeddi gwybodaeth'.

Beth felly yw tor-cyfrinachedd? Rhwymedi sifil yw hwn sy'n amddiffyn yn erbyn datgelu neu ddefnyddio gwybodaeth nad yw'n hysbys yn gyffredinol, ac sydd wedi ei hymddiried mewn amgylchiadau sy'n gosod rhwymedigaeth i beidio â'i datgelu heb awdurdod.

Cafodd y defnydd o gyfraith sifil tor-cyfrinachedd i amddiffyn preifatrwydd ei wneud gyntaf yn achos *Prince Albert v Strange (1849).*

Prince Albert v Strange (1849)

Roedd y Frenhines Victoria a'r Tywysog Albert yn hoffi gwneud brasluniau yn eu hamser hamdden. Weithiau bydden nhw'n dangos eu lluniau i'w ffrindiau neu'n eu rhoi fel anrhegion i bobl. Cafodd Strange afael ar rai o'r lluniau hyn, a threfnodd arddangosfa gyhoeddus ohonyn nhw. Cyhoeddodd gatalog yn eu rhestru hefyd. Cyflwynodd y Tywysog Albert hawliad iddo ddychwelyd y lluniau ac ildio'r catalog er mwyn ei ddinistrio. Dyfarnodd y llys waharddeb i'r Tywysog Albert, yn atal Strange rhag cyhoeddi catalog yn disgrifio lluniau'r Tywysog Albert.

Roedd y Frenhines Victoria a'i gŵr y Tywysog Albert yn destun enghraifft gynnar o dor-cyfrinachedd

Enghraifft arall yw *Argyll v Argyll (1967)*, lle barnwyd y gallai Duges Argyll gael gwaharddeb i atal papurau newydd rhag datgelu cyfrinachau am ei phriodas, a ddatgelwyd i'r papur newydd gan ei gŵr, y Dug.

Cafodd tair elfen draddodiadol tor-cyfrinachedd eu crynhoi yn achos allweddol *Coco v AN Clark (Engineers) Ltd (1969)*:

1. Rhaid i'r wybodaeth gynnwys yr elfen angenrheidiol o gyfrinachedd.
2. Rhaid bod y wybodaeth wedi ei rhoi mewn amgylchiadau oedd yn pwysleisio bod angen cyfrinachedd.
3. Rhaid bod defnydd heb ei awdurdodi o'r wybodaeth honno.

Beth yw '**gwybodaeth**' at ddibenion cyfraith cyfrinachedd?

Gall gynnwys gwybodaeth sy'n ymwneud â chyfeiriadedd rhywiol unigolyn, fel yn *Stephens v Avery (1988)*; ffotograffau, fel yn *HRH Princess of Wales v MGN Newspapers Ltd (1993)*; a ffotograffau o set ffilmiau, fel yn *Shelley Films Ltd v Rex Features Ltd (1993)*.

Stephens v Avery (1988)

Roedd y ddau barti wedi bod yn ffrindiau ac wedi trafod eu bywydau rhywiol. Aeth y diffynnydd â'r wybodaeth at olygydd papur newydd, a aeth ati i'w chyhoeddi. Roedd yr hawlydd yn ceisio iawndal, gan ddweud bod y sgyrsiau a'r datgelu wedi bod yn gyfrinachol. Roedd y llys o'r farn bod y diffynyddion wedi cyhoeddi gan wybod bod y deunydd wedi'i ddatgelu yn gyfrinachol. Gallai gwybodaeth am weithgareddau rhywiol gael eu hamddiffyn o dan ddyletswydd cyfrinachedd, lle byddai'n afresymol i rywun oedd wedi derbyn gwybodaeth ar sail gyfrinachol amlwg i'w datgelu.

HRH Princess of Wales v MGN Newspapers Ltd (1993)

Wnaeth y llys ddim petruso cyn rhoi gwaharddebion i atal y Daily Mirror ac eraill rhag cyhoeddi ffotograffau o'r Dywysoges Diana yn ymarfer mewn campfa, ar ôl iddyn nhw gael eu tynnu gan berchennog y gampfa heb yn wybod iddi a heb ei chydsyniad.

Shelley Films Ltd v Rex Features Ltd (1993)

Cafodd y diffynnydd ei atal gan waharddeb rhag cyhoeddi ffotograffau a gafodd eu tynnu ar set ffilm newydd, Frankenstein. Roedd y cynhyrchwyr wedi cymryd camau i gadw'r ffotograffau'n gyfrinach. Roedd y llys o'r farn bod y ffotograffydd yn gwybod bod hwn yn ddigwyddiad preifat, a bod tynnu ffotograffau gan bobl o'r tu allan wedi ei wahardd.

A hithau'n ffigwr cyhoeddus iawn, roedd y Dywysoges Diana yn aml yn ceisio amddiffyn ei phreifatrwydd

Ers achos *Stephens v Avery (1988)*, mae'n ymddangos mai'r egwyddor sylfaenol yw y bydd cyfrinachedd yn cael ei orfodi os cafodd y wybodaeth ei derbyn ar y sail ei bod yn gyfrinachol. Byddai'n bosibl cyfleu'r ffaith bod gwybodaeth yn cael ei rhoi'n gyfrinachol mewn ffordd amlwg i'r diffynnydd. Ond gall gael ei awgrymu hefyd ar sail amgylchiadau'r cyfathrebu, fel yn *Fairnie (Deceased) and Others v Reed and Another (1994)*.

Fairnie (Deceased) and Others v Reed and Another (1994)

Datgelodd yr hawlydd wybodaeth gyfrinachol am fformat gêm fwrdd roedd yn ceisio ei gwerthu, a hynny mewn sylw wrth fynd heibio yn ystod sgwrs gyda dieithryn i bob pwrpas. Nid oedd wedi dweud wrth y dieithryn fod hyn yn gyfrinachol. Roedd y Llys Apêl o'r farn bod y wybodaeth wedi'i rhoi yn gyfrinachol oherwydd gwerth masnachol amlwg y wybodaeth.

Amddiffyniad er lles y cyhoedd

Ni fydd gwybodaeth gyfrinachol yn cael ei hamddiffyn os yw lles y cyhoedd yn bwysicach na'r lles o gadw cyfrinachedd. Yn *AG v Guardian Newspapers Ltd (No 2) (1990)*, roedd y lles o gadw cyfrinachedd yn llai pwysig na'r lles i'r cyhoedd o wybod am yr honiadau yn y llyfr, *Spycatcher*.

AG v Guardian Newspapers Ltd (No 2) (1990)

Ceisiodd ysbïwr oedd wedi ymddeol o'r gwasanaeth cudd gyhoeddi ei atgofion. Ar adeg y cyhoeddi, roedd yn byw yn Awstralia. Ceisiodd llywodraeth Prydain atal eu cyhoeddi yn Awstralia, a cheisiodd y papurau newydd, sef y diffynnydd, adrodd ar yr achos hwnnw, gan gynnwys cyhoeddi'r honiadau a wnaed yn y llyfr. Ceisiodd y Twrnai Cyffredinol atal y cyhoeddiadau.

Roedd y llys o'r farn bod dyletswydd cyfrinachedd yn gymwys pan fydd rhywun yn cael gwybodaeth gyfrinachol mewn amgylchiadau lle maen nhw hefyd yn cael gwybod, neu lle maen nhw'n cytuno, bod y wybodaeth yn gyfrinachol, gan olygu y byddai'n deg dan yr amgylchiadau iddyn nhw gael eu hatal rhag datgelu'r wybodaeth i eraill.

Mae egwyddor cyfrinachedd yn gymwys i wybodaeth dim ond i'r graddau ei bod yn gyfrinachol. Yn benodol, unwaith y bydd y wybodaeth yn dod yn **gyhoeddus**, fel yr oedd yn yr achos hwn, yna yn gyffredinol nid yw egwyddor cyfrinachedd yn gymwys.

Sylwch nad yw'r hyn sydd o ddiddordeb i'r cyhoedd bob amser er lles y cyhoedd.

Tor-cyfrinachedd a phreifatrwydd ar ôl Deddf Hawliau Dynol 1998

Mae **Erthygl 8 yr ECHR** (yr hawl i breifatrwydd) bellach wedi'i hymgorffori o fewn **Deddf Hawliau Dynol 1998**. Pa mor sydyn neu ba mor bell bydd barnwyr yn symud y gyfraith i gyfeiriad amddiffyn preifatrwydd?

Nid yw'n bosibl ystyried preifatrwydd unigolyn ar ei ben ei hun. Rhaid pwyso a mesur preifatrwydd ochr yn ochr â rhyddid barn a mynegiant, sydd hefyd yn hawl bwysig o dan **Erthygl 10 yr ECHR**.

Venables and Thompson v News Group Newspapers (2001)

Roedd yr hawlwyr, a gafwyd yn euog o lofruddio'r bachgen bach, James Bulger, wedi gwneud cais am waharddebion amhenodol i atal cyhoeddi eu henwau a chyhoeddi ble roedden nhw'n byw. Y mater dan sylw oedd ystyried a oedd gan y llys awdurdod i beidio â datgelu enw oedolyn mewn amgylchiadau lle roedd perygl difrifol i ddiogelwch corfforol. Dadleuwyd y dylai'r llys arfer ei awdurdodaeth ecwitïol i wneud y gorchmynion roedd yr hawlwyr yn gofyn amdanyn nhw. Roedd yr hawlwyr yn ddrwg-enwog, ac mewn perygl o ddioddef niwed corfforol difrifol ar y pryd ac yn y dyfodol. Roedd hawliau'r hawlwyr o dan **Erthygl 2 yr ECHR** *(yr hawl i fywyd) yn mynnu amddiffyniad y gellid ei ddarparu drwy ymestyn cyfraith cyfrinachedd. Rhoddwyd gwaharddeb oedd yn atal cyhoeddi enwau'r hawlwyr ac yn atal cyhoeddi ble roedden nhw'n byw.*

Associated Newspapers Ltd v Prince of Wales (2006)

Cyhoeddodd The Mail on Sunday *rannau o ddyddiadur y Tywysog Siarl, Tywysog Cymru. Roedd y darnau o'r dyddiadur, a gyhoeddwyd o dan y teitl 'The Great Chinese Takeaway', yn destun embaras personol i'r Tywysog. Roedden nhw wedi cael eu hysgrifennu ar daith awyren o Hong Kong i'r Deyrnas Unedig yn dilyn trosglwyddo sofraniaeth Hong Kong i China, ac wedi'u rhoi i ffrindiau'r Tywysog Siarl. Disgrifiodd y Tywysog seremoni drosglwyddo Hong Kong fel perfformiad 'Sofietaidd ofnadwy' a 'rigmarôl hurt'. Dywedodd fod swyddogion China fel 'delwau cwyr erchyll'. Ceisiodd y Tywysog hawlio cyfrinachedd a hawlfraint ar y dyfyniadau pan geisiodd* The Mail on Sunday *eu cyhoeddi. Enillodd y Tywysog yr achos, a rhoddwyd gwaharddeb oedd yn atal* The Mail on Sunday *rhag cyhoeddi rhagor o ddyfyniadau o'r dyddiadur.*

Murray v Express Newspapers (2008)

Roedd y papur newydd, sef y diffynnydd, wedi tynnu ffotograff o'r hawlydd, mab ifanc J. K. Rowling, awdur llyfrau Harry Potter*, wrth iddo gael ei wthio gan ei dad mewn bygi i lawr y stryd a'i fam yn cerdded wrth ei ochr. Tynnwyd y ffotograff yn gudd gan ddefnyddio lens pellter hir, a chafodd ei gyhoeddi yn ddiweddarach yn* The Sunday

Express. *Fe wnaeth yr hawlydd (wedi'i gynrychioli gan ei rieni fel cyfeillion ymgyfreitha) ddwyn achos yn erbyn* The Sunday Express *am dorri preifatrwydd a chyfrinachedd ac o dan* **Ddeddf Diogelu Data 1998**. *Gwrthododd y llys honiadau'r hawlydd.*

Mosley v News Group Newspapers (2008)

Cyhoeddodd y papur newydd, sef y diffynnydd, ffilm yn dangos yr hawlydd yn cymryd rhan mewn gweithredoedd rhywiol gyda phuteiniaid. Roedd yn eu portreadu fel rhai 'Natsïaidd' eu harddull. Roedd yr hawlydd yn fab i arweinydd Ffasgaidd, ac yn gadeirydd corff chwaraeon rhyngwladol. Gwadodd fod unrhyw elfen Natsïaidd, gan hawlio tor-cyfrinachedd. Roedd yn rhaid i'r llys gydbwyso'r lles o amddiffyn bywyd preifat Max Mosley â'r lles o hawl News Group Newspapers i ryddid mynegiant. Enillodd Mosley ei achos. Er nad oes cyfraith preifatrwydd bendant, nid yw hynny'n golygu na ellir amddiffyn hawl pobl i breifatrwydd pan fydd achos o amharu ar eu preifatrwydd. Os yw preifatrwydd unigolyn wedi cael ei dramgwyddo, gall yr unigolyn ddibynnu ar y gyfraith gyffredin, tor-cyfrinachedd ac **Erthygl 8 yr ECHR**. *Mae'r achos hwn yn amlwg yn cadarnhau bod y llysoedd yn fodlon amddiffyn hawliau unigolion i fywyd preifat pan fydd y cyfryngau yn ymyrryd mewn ffordd na ellir ei chyfiawnhau.*

Author of a Blog v Times Newspapers (2009)

Roedd yr hawlydd, sef swyddog heddlu, yn awdur blog o'r enw Night Jack, a oedd yn disgrifio ei waith gyda'r heddlu ac yn rhoi ei farn ar nifer o faterion cymdeithasol a gwleidyddol yn ymwneud â'r heddlu. Ceisiodd guddio pwy ydoedd drwy ddefnyddio ffugenw wrth flogio. Roedd newyddiadurwr gyda The Times wedi adnabod yn union pwy oedd yr hawlydd. Gwnaeth yr hawlydd gais am waharddeb i atal The Times rhag cyhoeddi pwy ydoedd. Dadleuodd fod gan y papur newydd ddyletswydd cyfrinachedd gorfodol i beidio â datgelu ei hunaniaeth, a'i bod yn rhesymol iddo ddisgwyl preifatrwydd mewn perthynas â'r wybodaeth mai ef oedd awdur y blog, ac nad oedd unrhyw gyfiawnhad o ran lles y cyhoedd dros ddatgelu pwy ydoedd. Roedd y llys o'r farn nad oedd y wybodaeth mai'r hawlydd oedd awdur y blog yn wybodaeth oedd wedi'i hamddiffyn gan dor-cyfrinachedd. Credai nad oedd yn rhesymol i'r hawlydd ddisgwyl preifatrwydd o ran y wybodaeth hon chwaith, gan fod blogio yn weithgaredd cyhoeddus. Gwrthodwyd y cais am waharddeb.

BBC v HarperCollins Ltd (2010)

Roedd y cyhoeddwr HarperCollins yn bwriadu cyhoeddi hunangofiant y gyrrwr oedd yn chwarae rhan 'The Stig' ar raglen deledu'r BBC, Top Gear, rhwng 2003 a 2010. Un o nodweddion pwysig 'The Stig' oedd y ffaith nad oedd y cyhoedd yn gwybod pwy ydoedd. Ceisiodd y BBC gael gwaharddeb yn atal cyhoeddi'r llyfr, ar y sail bod gan y gyrrwr ddyletswydd i'r BBC i beidio â datgelu gwybodaeth gyfrinachol, gan gynnwys y ffaith mai ef oedd 'The Stig'. Roedd y llys o'r farn bod unrhyw un oedd â diddordeb mewn gwybod pwy oedd 'The Stig' yn gwybod hynny'n barod, ac roedd y ffaith mai'r gyrrwr hwn oedd 'The Stig' mor hysbys yn gyffredinol nes nad oedd y wybodaeth yn gyfrinachol erbyn hynny. Ni chafodd y BBC waharddeb, ac fe gyhoeddodd HarperCollins y llyfr.

Hutcheson v News Group Newspapers (2011)

Ceisiodd y dyn busnes, Christopher Hutcheson, ddefnyddio uwch-waharddeb er mwyn atal papur newydd The Sun rhag cyhoeddi'r ffaith ei fod yn dad i ddau o blant ar ôl affêr. Roedd llawer o sylw i'r achos ar y cyfryngau gan mai Gordon Ramsay, y cogydd teledu, oedd ei fab-yng-nghyfraith. Ni chafodd Mr Hutcheson waharddeb ac roedd y llys o'r farn nad oedd disgwyliad rhesymol o breifatrwydd yn yr achos hwn.

Mae'r ECHR wedi effeithio ar breifatrwydd yr awdur J. K. Rowling a'i theulu

GWELLA GRADD

Cafodd y penderfyniad yn *Mosley v News Group Newspapers (2008)* ei feirniadu'n fawr yn y cyfryngau. Cafodd y llys ei gyhuddo o gyflwyno cyfraith preifatrwydd newydd drwy'r drws cefn, gan gyfyngu ymhellach ar ryddid y wasg i gyhoeddi straeon am bobl gyfoethog a phwerus. Ydych chi'n cytuno?

YMESTYN A HERIO

Ymchwiliwch i *Napier v Pressdram Ltd (2009)*, lle gwrthodwyd rhoi gwaharddeb i'r hawlydd. Roedd yr hawlydd yn ceisio atal cylchgrawn *Private Eye* rhag cyhoeddi canlyniad cwyn i Gymdeithas y Cyfreithwyr. A ydych chi'n cytuno â'r penderfyniad yn yr achos hwn?

Terry v Persons Unknown (2010)

Methodd John Terry, pêl-droediwr yn yr uwch gynghrair, â chael uwch waharddeb i atal The News of the World rhag cyhoeddi stori am ei fywyd preifat. Gwrthodwyd y waharddeb ar ôl i'r Uchel Lys ddyfarnu mai prif bwrpas y waharddeb oedd amddiffyn buddiannau masnachol, yn benodol o ran noddwyr, yn hytrach nag er mwyn amddiffyn ei breifatrwydd.

Ferdinand v MGN (2011)

Cyhoeddodd The Sunday Mirror *erthygl am affêr honedig Rio Ferdinand â dylunydd mewnol, Ms Storey. Disgrifiodd Ferdinand yr erthygl fel 'ymyrraeth ddifrifol ar fy mhreifatrwydd', ac aeth ati i ddwyn achos cyfreithiol, gan geisio iawndal a gwaharddeb fyd-eang i atal unrhyw gyhoeddi pellach. Dywedodd Ferdinand nad oedd wedi gweld Ms Storey ers blynyddoedd ar adeg y cyhoeddiad, ond roedden nhw wedi anfon negeseuon testun at ei gilydd rhwng yr adeg honno a phan ddaeth ef yn gapten tîm pêl-droed Lloegr yn 2010. Honnodd fod hwn yn achos o gamddefnyddio gwybodaeth gyfrinachol. Dadleuodd The Mirror Group Newspapers iddo gael ei benodi'n gapten ar sail y ffaith fod ei gymeriad 'wedi newid a'i fod yn gyfrifol'. Roedd yr achos yn ymwneud yn bennaf â gofyn a oedd gan* The Sunday Mirror *amddiffyniad lles y cyhoedd ar sail **Erthygl 10 yr ECHR** (yr hawl i ryddid mynegiant), neu a oedd gan Ferdinand hawl i breifatrwydd yn unol ag **Erthygl 8 yr ECHR** (yr hawl i barchu bywyd preifat a theuluol). Dyfarnodd y llys o blaid Mirror Group Newspapers, gan ddweud: 'Yn gyffredinol, yn fy marn i, mae'r ymarfer cydbwyso yn ffafrio hawl y diffynnydd i ryddid mynegiant dros hawl yr hawlydd i breifatrwydd'.*

CTB v News Group Newspapers (2011)

*Llwyddodd pêl-droediwr priod enwog (Ryan Giggs, neu CTB fel roedd yn cael ei adnabod yn yr achos hwn) i gael gwaharddeb yn atal y diffynyddion rhag cyhoeddi pwy ydoedd, a honiadau am affêr. Roedd y llys o'r farn nad oedd unrhyw amheuaeth ei bod yn rhesymol i CTB ddisgwyl preifatrwydd ynghylch testun y cyhoeddiad dan sylw, a bod ganddo hawl i amddiffyniad **Erthygl 8 yr ECHR**.*

Gosod y ffiniau ar gyfer preifatrwydd a Llys Hawliau Dynol Ewrop

ACHOS ALLWEDDOL

Von Hannover v Germany (No 2) (2012)

Roedd yr achos hwn yn ymwneud â chydbwyso preifatrwydd a rhyddid mynegiant. Mewn penderfyniad unfrydol, daeth y llys i'r casgliad nad oedd yr Almaen wedi methu yn ei rhwymedigaeth i barchu hawliau **Erthygl 8 ECHR** y ceiswyr. Roedd wedi gwrthod rhoi gwaharddeb yn erbyn cyhoeddi ffotograff o'r Dywysoges Caroline o Fonaco a'i gŵr pan oedden nhw ar wyliau sgïo yn y Swistir.

Roedd yr achos hwn yn dilyn *Von Hannover v Germany (No 1)(2005)*, lle'r oedd y llys o'r farn bod hawliau *Erthygl 8* y Dywysoges Caroline wedi'u tramgwyddo yn sgil cyhoeddi ffotograffau ohoni gyda'i phlant.

Fe wnaeth hi, a'i gŵr, ddwyn sawl achos yn yr Almaen i gael gwaharddeb fyddai'n atal cyhoeddi rhagor o ffotograffau ohoni hi ar ei gwyliau gyda'i theulu. Gan ddibynnu ar benderfyniad cyntaf achos Von Hannover, rhoddodd y llys Almaenig waharddeb yn ymwneud â dau o'r tri ffotograff, ar y sail eu bod yn ymwneud yn gyfan gwbl â'i bywyd preifat. Ond roedd y ffotograff cyntaf yn dangos y Dywysoges Caroline a'i gŵr yn cerdded, ac roedd yn rhan o erthygl oedd yn sôn am iechyd gwael ei thad, y Tywysog Rainier o Fonaco, ymhlith pethau eraill. Roedd y llys o'r farn bod rhaid ystyried y ffotograff yng nghyd-destun yr erthygl, a bod y mater dan sylw o ddiddordeb cyffredinol fel 'digwyddiad yn y gymdeithas gyfoes'. Felly nid oedd wedi'i amddiffyn gan breifatrwydd.

Apeliodd y Dywysoges Caroline a'i gŵr i'r *ECtHR*, gan honni bod hyn yn torri eu hawliau o dan *Erthygl 8*. Dadleuodd y ddau nad oedd dim un o'r ffotograffau, er gwaethaf yr erthyglau cysylltiedig, yn cyfrannu at drafodaeth er lles y cyhoedd mewn cymdeithas ddemocrataidd, a'u bod yn gwneud dim mwy na bodloni chwilfrydedd y darllenwyr.

Yn *Von Hannover (No 2)*, roedd y llys o'r farn unfrydol nad oedd achos o dorri *Erthygl 8*. Gosododd yr *ECtHR*, yn ei rôl oruchwyliol, feini prawf perthnasol i aelod-wladwriaethau pan fyddan nhw'n ystyried sut i gydbwyso *Erthygl 8* ac *Erthygl 10*:

1. A yw'r wybodaeth yn cyfrannu at drafodaeth o ddiddordeb cyffredinol? Bydd yr hyn sy'n cael ei ystyried yn 'ddiddordeb cyffredinol' yn dibynnu ar amgylchiadau pob achos, ond awgrymodd y llys nad yw straeon am broblemau priodasol gwleidydd neu broblemau ariannol canwr enwog yn faterion o ddiddordeb cyffredinol.

2. Pa mor adnabyddus yw'r unigolyn dan sylw, a thestun yr adroddiad.

3. Ymddygiad blaenorol yr unigolyn dan sylw.

4. Cynnwys, ffurf a chanlyniadau'r cyhoeddiad. Gall hyn hefyd gynnwys pa mor eang bydd yn cael ei ledaenu, maint y cyhoeddiad a nifer y darllenwyr.

5. Dan ba amgylchiadau y cafodd y ffotograffau eu tynnu. Mae ffactorau perthnasol yn cynnwys a wnaeth y person yn y ffotograffau gydsynio, a oedd yn gwybod bod y ffotograff yn cael ei dynnu, ac a gafodd ei dynnu'n anghyfreithlon.

Springer v Germany (2012)
*Daeth Siambr Uwch yr ECtHR i'r casgliad bod hawliau **Erthygl 10** cyhoeddwr papur newydd o'r Almaen wedi cael eu torri gan waharddebion a roddwyd gan lysoedd yr Almaen. Roedd y papur newydd wedi cael ei atal rhag cyhoeddi erthyglau am arestio actor teledu enwog am fod â cocên yn ei feddiant, a'i euogfarn. Penderfynodd y Siambr Uwch fod hyn yn groes i **Erthygl 10**, sef yr hawl i ryddid mynegiant, a dyfarnwyd iawndal a chostau i'r cyhoeddwr.*

Anweddustra

O dan *Erthygl 10 yr ECHR*, mae gan unigolion yr hawl i 'ryddid mynegiant'. Fodd bynnag, mae'r hawl hon yn amodol, a gellir ei dileu am reswm cyfiawn, fel amddiffyn iechyd neu foesau neu er mwyn amddiffyn enw da neu hawliau eraill. Mae'r adran hon yn archwilio i ba raddau mae hawl i achosi sioc a/neu dramgwyddo o dan gyfraith Cymru a Lloegr a'r *ECHR*.

Efallai na fydd yr hyn sy'n cael ei ystyried yn anweddus gan un unigolyn yn anweddus i rywun arall, yn enwedig mewn cymdeithas sy'n fwy goddefol. Mae'r gyfraith wedi ceisio cynnig rhywfaint o eglurder.

Mae dwy brif statud yn llywodraethu'r maes hwn:

- *Deddf Cyhoeddiadau Anweddus 1959* (wedi'i diwygio gan *Ddeddf Cyhoeddiadau Anweddus 1964*).
- *Deddf Cyfiawnder Troseddol a Mewnfudo 2008*.

Deddf Cyhoeddiadau Anweddus 1959

Trosedd
Felly, beth sy'n '**anweddus**' yn ôl y Ddeddf hon? O dan *adran 2(1)*, mae'n drosedd cyhoeddi 'erthygl anweddus i gael elw neu beidio' neu fod ag erthygl anweddus i'w chyhoeddi i gael elw.

Mae *Adran 1(1)* yn rhoi diffiniad o 'anweddus' at ddibenion y Ddeddf. Mae'n dweud:
'Ystyrir bod erthygl yn anweddus os yw ei effaith neu (lle bydd yr erthygl yn cynnwys dau neu fwy o eitemau ar wahân) os yw effaith unrhyw un o'i heitemau, o'u hystyried fel cyfanwaith, yn tueddu i lygru a difetha pobl sydd, o ystyried yr holl amgylchiadau perthnasol, yn debygol o ddarllen, gweld neu glywed y deunydd sydd wedi'i gynnwys neu ei ymgorffori ynddi.'

Mae'r Llys Apêl o'r farn bod 'anweddustra yn dibynnu ar yr erthygl ac nid ar yr awdur' (*Shaw v DPP (1962)*).

Mae diffiniad eang i'r gair '**erthygl**' o dan *adran 1(2) y Ddeddf Cyhoeddiadau Anweddus*. Mae'n golygu unrhyw beth '*sy'n cynnwys neu'n ymgorffori deunydd ar gyfer ei ddarllen, edrych arno, neu'r ddau, ac unrhyw ffilm neu gofnod arall o lun neu luniau*' (*adran 1(2)*).

Mae diffiniad eang i'r gair '**cyhoeddiad**' hefyd o dan *adran 1(3) y Ddeddf Cyhoeddiadau Anweddus*. Ystyrir bod rhywun yn 'cyhoeddi' erthygl os yw'n '*(a) dosbarthu, cylchredeg, gwerthu, gosod i'w logi, rhoi, neu ei fenthyca, neu'n ei gynnig ar werth neu i'w osod i'w logi; neu (b) yn achos erthygl sy'n cynnwys neu'n ymgorffori deunydd ar gyfer edrych arno neu gofnodi, ei ddangos, ei chwarae neu'i daflunio neu, lle mae'r deunydd yn cael ei storio'n electronig, yn darlledu'r data hwnnw*'. Felly, mae darlledu data yn electronig drwy'r rhyngrwyd yn gyfystyr â chyhoeddi.

Mae problemau wedi codi mewn perthynas â chyhoeddiadau ar y rhyngrwyd. Yn achos *R v Perrin (2002)*, roedd y llys o'r farn bod edrych ar dudalen we yn Lloegr yn gyfystyr â darllen cyhoeddiad yn y wlad honno, hyd yn oed os yw'r wefan ei hun wedi'i lleoli mewn awdurdodaeth arall. Roedd yr achos hwn hefyd yn ymwneud ag *Erthygl 10 yr ECHR* a phenderfynwyd, o dan reol 'cwmpas disgresiwn', bod 'gan y Senedd hawl i ddod i'r casgliad bod y cyfyngiad yn angenrheidiol mewn cymdeithas ddemocrataidd'.

Achos arall â goblygiadau hawliau dynol yn ymwneud ag anweddustra yw *Hoare v UK (1997)*, lle roedd y llys o'r farn ei fod yn ddull cymesur o gyflawni'r nod cyfreithlon. Yn yr un modd, yn achos *Handyside v UK (1976)*, daeth yr *ECtHR* i'r casgliad mai nod gyfiawn y *Ddeddf Cyhoeddiadau Anweddus* yw amddiffyn moesau, a bod yr achos dan sylw wedi bod yn angenrheidiol i hyrwyddo'r amcan cyfiawn hwn. Roedd o fewn 'cwmpas disgresiwn' y DU.

Amddiffyniadau

Mae amddiffyniad o dan *adran 2(5) Deddf Cyhoeddiadau Anweddus 1959* os gall y diffynnydd brofi 'nad oedd achos rhesymol dros amau bod yr erthygl yn anweddus'. Mae *Adran 1(3)(a) Deddf Cyhoeddiadau Anweddus 1964* yn darparu amddiffyniad cyfatebol mewn perthynas â chyhuddiad o 'fod ag erthygl anweddus i'w chyhoeddi i gael elw'.

Mae *Adran 4(1)* yn darparu ar gyfer amddiffyniad 'er lles y cyhoedd', ond gellir ei ddefnyddio dim ond pan mae'r rheithgor wedi sefydlu bod yr erthygl yn anweddus. Rhaid i'r diffynnydd brofi ei fod 'er lles y cyhoedd'. Mae'n golygu na fydd diffynnydd yn atebol 'os profir y gellir cyfiawnhau cyhoeddi'r erthygl dan sylw ar y sail ei bod er lles y cyhoedd ac er budd gwyddoniaeth, llenyddiaeth, celf neu ddysg, neu er budd unrhyw wrthrychau eraill sydd o bwys yn gyffredinol'. Nid yw'r amddiffyniad 'er lles y cyhoedd' yn gymwys 'pan fydd yr erthygl dan sylw yn ffilm lluniau symudol neu drac sain'. Ond mae amddiffyniad cyfatebol yn *adran 4(1A)* mewn perthynas â ffilm lluniau symudol neu drac sain os 'gellir cyfiawnhau'r cyhoeddiad fel un sydd er lles y cyhoedd ar y sail ei fod er budd drama, opera, dawnsio bale neu unrhyw gelfyddyd arall, neu er budd llenyddiaeth neu ddysg'.

Roedd *Deddf Cyhoeddiadau Anweddus 1964* yn diwygio Deddf 1959, ac yn benodol roedd yn ei gwneud yn drosedd i fod â chyhoeddiad anweddus i gael elw. Gall yr 'elw' fod ar gyfer y diffynnydd neu rywun arall (*adran 2(1) Deddf Cyhoeddiadau Anweddus 1959* fel y'i diwygiwyd gan *Ddeddf Cyhoeddiadau Anweddus 1964*). Does dim diffiniad o 'elw' yn y statud, ond ystyrir ei fod yn cynnwys elw ariannol yn ogystal ag 'elw' o fath arall, fel cael pleser o'r erthygl.

Mae rhai wedi galw am ddiwygio'r Deddfau Cyhoeddiadau Anweddus gan fod cyn lleied o erlyn yn digwydd o dan y cyfreithiau. Hefyd, awgrymwyd y dylai Gwasanaeth Erlyn y Goron adolygu ei ganllawiau o ran y math o gynnwys sy'n cyfiawnhau erlyniad, yn dilyn erlyniad aflwyddiannus yn *Peacock (2012)*.

Deddf Cyfiawnder Troseddol a Mewnfudo 2008

Yn ôl *Adran 63(1)*, mae'n drosedd i fod â 'delwedd bornograffig eithafol' yn eich meddiant. Mae *Deddf Cyfiawnder Troseddol a Mewnfudo 2008* yn symud y baich oddi ar gynhyrchwyr a dosbarthwyr 'pornograffi eithafol' i'r gwylwyr sydd â'r delweddau hyn yn eu meddiant.

Mae'r diffiniad o 'ddelwedd bornograffig eithafol' yn un amlochrog:

- O dan *adran 63(3)*, 'mae delwedd yn "bornograffig" os yw o'r fath natur nes bod rhaid rhagdybio'n rhesymol iddi gael ei chynhyrchu yn gyfan gwbl neu'n bennaf at ddibenion creu cynnwrf rhywiol'.

- O dan *adran 63(5A) a (6)*, mae delwedd yn 'eithafol' os yw'n portreadu'n amlwg ac yn realistig faterion penodol, fel mathau o drais, a'i bod 'yn ofnadwy o dramgwyddus, afiach neu o natur anweddus arall'.

Mae *Adran 65* yn darparu ar gyfer rhai amddiffyniadau cyffredinol sy'n rhoi baich y prawf ar y diffynnydd. Mae amddiffyniad dan yr amgylchiadau canlynol:

1. os oedd gan y sawl a gyhuddir 'reswm cyfreithiol i fod â'r ddelwedd dan sylw yn ei feddiant'

2. os yw'r diffynnydd yn dangos 'nad oedd wedi gweld y ddelwedd dan sylw ac nad oedd yn gwybod, ac nad oedd ganddo achos i amau, ei bod yn ddelwedd bornograffig eithafol'

3. yn ymwneud â delwedd na ofynnwyd amdani ac sydd heb gael ei chadw gan y diffynnydd 'am gyfnod afresymol'.

Mae *Adran 66* yn darparu ar gyfer **amddiffyniad penodol** i'r rhai sy'n cymryd rhan yn y broses o greu delweddau pornograffig eithafol.

Difenwad

Difenwad yw camwedd lle mae'r hawlydd yn ceisio iawndal am niwed i'w enw da.

Mae achosion difenwad yn gofyn i lys gydbwyso dwy hawl sy'n cystadlu yn erbyn ei gilydd: hawl yr hawlydd i amddiffyn ei enw da, a hawl y diffynnydd i ryddid mynegiant. Mae *Erthygl 10 yr EHCR* yn darparu ar gyfer rhyddid mynegiant, ond mae hon yn hawl amodol y gellir ei dileu am reswm cyfiawn os yw hynny'n angenrheidiol ac yn gymesur.

Gellir rhannu difenwad yn ddwy ran:

- **Enllib (*libel*):** mae'r sylw difenwol yn ymddangos ar ffurf barhaol.

- **Athrod (*slander*):** mae'r sylw difenwol yn ymddangos ar ffurf nad yw'n barhaol.

Y brif Ddeddf ar gyfer y camwedd hwn yw *Deddf Difenwad 2013*. Gan fod hon yn gyfraith eithaf newydd, gall achosion a gafodd eu dwyn o dan yr hen gyfraith fod yn berthnasol o hyd.

O dan *adran 11 Deddf Difenwad 2013*, mae achosion difenwad bellach yn cael eu profi heb reithgor, oni bai fod y llys yn gorchymyn fel arall. Barnwr, felly, sy'n penderfynu ar y rhwymedi, sef iawndal fel arfer. Ond gall hefyd fod yn waharddeb.

Rhaid sefydlu nifer o elfennau er mwyn cael hawliad llwyddiannus:

1. Rhaid i'r datganiad fod yn ddifenwol.

2. Rhaid i'r datganiad gyfeirio at yr hawlydd, neu rhaid cymryd ei fod yn cyfeirio at yr hawlydd.

3. Rhaid bod y datganiad wedi cael ei gyhoeddi.

4. Mae cyhoeddi'r datganiad wedi achosi niwed difrifol i enw da'r hawlydd, neu mae'n debygol o'i achosi.

Hefyd mae nifer o amddiffyniadau all fod yn gymwys. Bydd pob elfen nawr yn cael ei hystyried ymhellach.

TERMAU ALLWEDDOL

amddiffyniadau cyffredinol: amddiffyniadau sy'n gymwys i unrhyw drosedd (gyda rhai eithriadau), yn wahanol i 'amddiffyniadau arbennig', sy'n gymwys i rai troseddau yn unig; er enghraifft, mae cyfrifoldeb lleihaedig ar gael ar gyfer llofruddiaeth yn unig.

Datganiadau difenwol

Does dim diffiniad statudol nac unigol o'r hyn a olygir wrth ddatganiad '**difenwol**'. Daeth y diffiniadau gwreiddiol o gyfraith achosion, ac mae'r prawf modern i'w gael yn *Sim v Stretch (1936)*. Mae'r llysoedd yn ystyried a fyddai'r datganiad yn 'tueddu i iselhau'r hawlydd yng ngolwg aelodau cyffredinol synhwyrol o'r gymdeithas'.

Dyma'r cwestiwn canolog yn yr elfen hon: 'A oes difrod wedi'i achosi i enw da'r hawlydd, neu a yw mewn perygl oherwydd y datganiad?' Felly, bydd datganiad yn cael ei ystyried yn ddifenwol pe bai rhywun cyffredin, rhesymol (nid ei deulu a'i ffrindiau) yn ei ddarllen ac:

- yn peidio â meddwl cymaint o'r unigolyn a enwir
- yn meddwl nad oes gan yr unigolyn y gallu i wneud ei waith yn effeithiol
- yn osgoi'r unigolyn
- yn trin yr unigolyn fel testun sbort.

Nid yw'n ystyried sut bydd yn gwneud i'r unigolyn y cyfeiriwyd ato deimlo, ond yn hytrach, yr argraff y bydd yn ei gwneud neu'n debygol o'i gwneud ar y rhai fydd yn ei ddarllen. Does dim rhaid profi colled na difrod, yn ariannol neu fel arall, yn y rhan fwyaf o achosion.

Beth yw 'datganiadau difenwol' ym marn y llysoedd?

- Yn *Byrne v Deane (1937)*, roedd rhybudd yn awgrymu bod yr hawlydd wedi rhoi gwybod i'r heddlu am beiriannau gamblo anghyfreithlon yn yr eiddo. Roedd y llys o'r farn nad oedd hyn yn ddifenwol gan ei bod yn debygol y byddai 'aelod synhwyrol o gymdeithas' yn cymeradwyo ei weithred o roi gwybod i'r heddlu, ac ni fydden nhw'n meddwl llai ohono o ganlyniad.

- Yn *Jason Donovan v The Face (1998)*, siwiodd y seren bop gylchgrawn *The Face* yn llwyddiannus am iddyn nhw ddweud ei fod yn hoyw, ac yntau wedi ei bortreadu ei hun fel dyn heterorywiol. Roedd y llys o'r farn fod dweud ei fod wedi twyllo'r cyhoedd ynglŷn â'i rywioldeb yn weithred ddifenwol, gan fod hynny'n awgrymu ei fod yn dweud celwydd ac yn ddauwynebog.

- Yn *Berkoff v Burchill (1996)*, roedd yr actor Steven Berkoff wedi cael ei ddisgrifio fel rhywun 'ofnadwy o hyll' a chael ei gymharu â bwystfil Frankenstein gan y newyddiadurwraig Julie Burchill. Penderfynodd y llys fod yr erthygl yn ei wneud yn destun sbort, a bu ei achos difenwad yn llwyddiannus.

Ensyniad

Does dim rhaid i ddatganiad feirniadu'r hawlydd yn uniongyrchol. Gall wneud hynny yn anuniongyrchol, drwy 'oblygiad' (*implication*). Yr enw ar hyn yw 'ensyniad' (*innuendo*). Yn *Tolley v JS Fry and Sons Ltd (1931)*, defnyddiwyd delwedd golffiwr amatur ar ddeunydd hysbysebu i hyrwyddo siocledi. Oherwydd ei fod yn chwaraewr amatur, doedd ganddo ddim hawl i wneud 'elw' ar ei gamp, felly daeth y llys i'r farn bod yr 'oblygiad', neu'r awgrym, ei fod wedi cael ei dalu i hysbysebu'r siocledi, yn ddifenwol. Felly, does dim rhaid i ddatganiad difenwol feirniadu'r hawlydd yn uniongyrchol. Gall beirniadaeth sydd 'ymhlyg', sef ensyniad, fod yn ddigonol.

Nid yw'n berthnasol os oedd y diffynnydd yn bwriadu cyhoeddi datganiad a fyddai'n effeithio'n andwyol ar enw da hawlydd, neu beidio.

Gofyniad o niwed difrifol i enw da

Cyflwynodd *Adran 1(1) Deddf Difenwad 2013* ofyniad bod rhaid i'r datganiad difenwol achosi niwed difrifol i enw da'r hawlydd, neu fod yn debygol o'i achosi. Y nod yw ceisio lleihau nifer yr hawliadau am achosion dibwys o sarhau neu jôcs, ac mae'n amddiffyn rhyddid mynegiant hefyd. Niwed i enw da yn unig sydd wedi'i gynnwys, ac nid achosi niwed i deimladau, a gall y cyfryngau osgoi atebolrwydd drwy gyhoeddi ymddiheuriad buan. Digwyddodd hyn yn *Cooke and Another v MGN Ltd (2014)* lle cyhoeddwyd datganiad difenwol, ond llwyddwyd i osgoi atebolrwydd drwy gyhoeddi ymddiheuriad llawn yn y rhifyn nesaf.

Rhaid i'r datganiad gyfeirio at yr hawlydd, neu rhaid gallu cymryd ei fod yn cyfeirio at yr hawlydd. Rhaid i'r hawlydd brofi y byddai darllenydd neu wrandäwr cyffredin, rhesymol yn cymryd bod y datganiad yn cyfeirio ato. Mae sawl ffordd i hyn ddigwydd. Gellir enwi'r hawlydd, un ai drwy roi ei enw go iawn neu enw ffuglennol (fel yn *Hulton v Jones (1910)*); gellir defnyddio llun o'r hawlydd (*Dwek v Macmillan Publishers Ltd and Others (2000)*); a gall y datganiad gyfeirio at yr hawlydd drwy gyd-destun (*Hayward v Thompson (1964)*).

Gall datganiadau difenwol ymwneud â grŵp o bobl, ond efallai na fydd grwpiau mawr iawn yn gallu hawlio, fel yn achos *Knupffer v London Express Newspapers (1944)*, oni bai fod modd adnabod yr hawlydd ar ei ben ei hun. Fodd bynnag, nid yw'r llysoedd wedi nodi uchafswm penodol o bobl ar gyfer cyflwyno hawliad. Yn *Riches v News Group (1986)*, cyhoeddodd *The News of the World* erthygl yn gwneud honiadau am y 'Banbury *C.I.D.*'. Er nad oedd yr erthygl yn cyfeirio at enwau swyddogion penodol, llwyddodd sawl aelod o grŵp y 'Banbury *C.I.D.*' i siwio am ddifenwad.

Rhaid bod y datganiad wedi cael ei gyhoeddi. Mae hyn yn ymwneud â mwy na phapur newydd, cylchgrawn neu deledu 'traddodiadol'. Mae'n golygu bod y wybodaeth wedi pasio o'r diffynnydd i rywun arall ac eithrio'r hawlydd neu ŵr/gwraig y diffynnydd.

Amddiffyniadau mewn achosion difenwad

Dyma'r prif amddiffyniadau:

1. Gwirionedd: *adran 2 Deddf Difenwad 2013*.

2. Barn onest: *adran 3 Deddf Difenwad 2013*.

3. Cyhoeddi cyfrifol ar fater o bwys i'r cyhoedd: *adran 4 Deddf Difenwad 2013*.

4. Braint absoliwt.

5. Braint amodol.

6. Cynnig i wneud iawn.

1. Gwirionedd

Mae *adran 2 Deddf Difenwad 2013* yn ymdrin â hyn, ac i bob pwrpas mae'r un fath â hen amddiffyniad 'cyfiawnhad' yn y gyfraith gyffredin. Mae'n darparu amddiffyniad i hawliad difenwad os gall y diffynnydd brofi bod y datganiad, dim ots pa mor niweidiol ydyw i enw da'r hawlydd, yn wir 'i raddau helaeth iawn'; ni fydd gwallau bach yn atal yr amddiffyniad hwn rhag bod yn gymwys. Mae'n debygol y bydd *Gecas v Scottish Television (1992)* yn dal i fod yn gymwys er iddo gael ei benderfynu o dan yr 'hen' gyfraith.

2. Barn onest

Ymdrinnir â hyn yn *adran 3 Deddf Difenwad 2013*, a nod yr amddiffyniad newydd hwn yw rhoi mwy o amddiffyniad i ryddid mynegiant, gan gymryd lle'r 'hen' amddiffyniad oedd yn cael ei alw'n 'sylw teg' (er y gall rhywfaint o'r hen gyfraith achosion fod yn gymwys o hyd). Mae'n caniatáu datganiadau o farn (ar faterion dibwys neu bwysig), cyn belled â bod tri amod yn cael eu bodloni:

1. Roedd y datganiad yn cynnwys datganiad o farn: *Galloway v Telegraph Group Ltd (2004)*.

2. Mae'r datganiad yn nodi sail y farn honno, naill ai mewn termau cyffredinol neu benodol: *Joseph v Spiller (2010)*.

3. Gallai rhywun onest fod wedi bod o'r farn honno, ar sail:

- unrhyw ffaith oedd yn bodoli ar adeg mynegi'r datganiad
- unrhyw beth yr hawliwyd ei fod yn ffaith mewn datganiad braint a gyhoeddwyd cyn y datganiad sy'n destun y gŵyn.

Mae'r amod hwn yn newid mawr o'r hen gyfraith, ac mae bellach yn defnyddio prawf gwrthrychol.

YMESTYN A HERIO

Beth sydd wedi newid o ganlyniad i *adran 8 Deddf Difenwad 2013* o ran y 'rheol ailadrodd'?

Mae'n werth nodi bod yr 'hen' amddiffyniad yn gymwys i faterion er lles y cyhoedd yn unig, ond mae'r amddiffyniad newydd o dan **adran 3** yn gymwys i sylwadau ar unrhyw bwnc. Mae hyn yn rhoi mwy o amddiffyniad ar gyfer rhyddid mynegiant.

Yn ôl **Adran 3(5)**, ni fydd yr amddiffyniad yn gymwys os gall yr hawlydd ddangos nad oedd y diffynnydd o ddifrif yn credu'r farn a fynegodd (hyd yn oed os oedd yn farn y byddai rhywun onest wedi gallu ei rhannu).

3. Cyhoeddi cyfrifol ar fater o bwys i'r cyhoedd

Mae **adran 4 Deddf Difenwad 2013** yn ymdrin â hyn. Arferai gael ei alw'n 'amddiffyniad Reynolds' ar ôl **Reynolds v Times Newspapers (1999)** a'i nod yw amddiffyn y cyfryngau pan fyddan nhw'n adrodd yn gyfrifol ar faterion sydd er lles y cyhoedd (hyd yn oed os daw'n amlwg wedyn nad ydyn nhw'n wir).

Mae'r Ddeddf yn darparu ei bod yn gymwys i ddatganiadau o farn neu ffaith, yn yr achosion canlynol:

- roedd y datganiad mae'r gŵyn yn ymwneud â hi ar fater er lles y cyhoedd.
- roedd y diffynnydd yn credu'n rhesymol bod angen ei gyhoeddi er lles y cyhoedd.

Does dim diffiniad o 'faterion er lles y cyhoedd' yn y Ddeddf.

Roedd **Reynolds v Times Newspapers (1999)** yn nodi deg ffactor y mae'n rhaid i'r llys eu hystyried, ac ailddatganwyd y rhain yn achos **Flood v Times (2012)**:

1. Difrifoldeb yr honiadau.
2. Natur y wybodaeth: a yw'n fater er lles y cyhoedd?
3. Ffynhonnell y wybodaeth: a yw'n ffynhonnell ddibynadwy?
4. Camau a gymerwyd i wirio'r wybodaeth, gan gynnwys cael ochr arall y stori.
5. Statws y wybodaeth: a yw'r honiad yn hen neu'n newydd?
6. Brys: a yw'r wybodaeth yn mynd i ddyddio, neu a yw'r papur newydd yn cystadlu yn erbyn un arall?
7. A gafodd y sylw ei gasglu gan yr hawlydd?
8. A oedd yr erthygl yn cynnwys barn yr hawlydd yn ei hanfod?
9. Naws yr erthygl (e.e. gofyn cwestiynau neu alw am ymchwiliadau, yn hytrach na chreu datganiadau ffeithiol).
10. A oes angen tynnu sylw'r cyhoedd at yr erthygl cyn gynted â phosibl?

Braint absoliwt

Nid yw datganiadau sy'n dod o dan 'fraint absoliwt' yn gallu bod yn ddifenwol. Dim ond yr unigolyn sy'n gwneud y datganiad gaiff ei gynnwys o dan hyn, ac nid adroddiadau diweddarach am y datganiad. Mae'r enghreifftiau canlynol wedi'u cynnwys.

1. Trafodion seneddol, gan gynnwys Hansard.
2. Adroddiadau teg, cywir a chyfoes o achosion llys sy'n cael eu cynnal yn gyhoeddus (cafodd hyn ei ymestyn gan **Ddeddf Difenwad 2013** i gynnwys unrhyw lys/tribiwnlys unrhyw le yn y byd).
3. Cyfathrebu rhwng cyfreithiwr a chleient.
4. Datganiadau sy'n cael eu gwneud gan ŵr/gwraig i'w briod/phriod.

Braint amodol

Fel braint absoliwt, mae'r amddiffyniad hwn yn gymwys i ddatganiadau gafodd eu gwneud mewn amgylchiadau penodol; ond mac'n fwy cang na braint absoliwt. Mae'n gymwys i ddatganiadau gafodd eu gwneud heb falais yn unig, felly gall hawlydd siwio os gellir profi bod y datganiad wedi ei wneud â malais. Mae darpariaeth newydd yn **adran 6 Deddf Difenwad 2013** yn cynnwys datganiadau a gyhoeddwyd mewn cyfnodolion gwyddonol neu academaidd lle mae'r datganiad yn ymwneud â mater gwyddonol neu academaidd a bod 'adolygiad annibynnol gan gyfoedion' o'r pwnc dan sylw wedi'i gynnal cyn ei gyhoeddi.

Cynnig i wneud iawn

Mae **Adran 2 Deddf Difenwad 2013** yn darparu ar gyfer gweithdrefn sy'n cael ei galw'n 'gynnig i wneud iawn', sef cywiriad neu ymddiheuriad ysgrifenedig, a thalu iawndal.

Camwedd aflonyddu

Mae *Deddf Diogelwch rhag Aflonyddu 1997* yn creu 'camwedd statudol', lle mae diffynnydd yn atebol i'r hawlydd drwy iawndal os yw'r diffynnydd yn ymddwyn mewn ffordd sy'n gyfystyr ag aflonyddu ar yr hawlydd, a bod y diffynnydd yn gwybod ei fod yn gyfystyr ag aflonyddu ar yr hawlydd, neu y dylai wybod hynny.

Dyma yw darpariaeth ganolog *Deddf Diogelwch rhag Aflonyddu 1997*:

Adran 1(1) '*Ni ddylai unigolyn ymddwyn mewn ffordd —*

a. *sy'n gyfystyr ag aflonyddu ar rywun arall, ac*

b. *os yw'n gwybod ei fod yn gyfystyr ag aflonyddu ar y llall, neu y dylai wybod hynny.*'

Gellir gorfodi'r gwaharddiad yn yr adran hon yn sgil creu trosedd (yn *adran 2*) a thrwy rwymedi sifil (yn *adran 3*). Mae *Adran 3* yn arwain at y camwedd statudol.

Mae *Adran 3(1)* yn darparu y gall torri *adran 1* mewn gwirionedd, neu ofni y caiff ei thorri, fod yn destun hawliad mewn achos sifil gan y sawl sy'n dioddef neu a allai ddioddef oherwydd yr ymddygiad dan sylw.

Mae ymddygiad sy'n gyfystyr ag aflonyddu, at ddibenion Deddf 1997, yn gallu codi o eiriau sy'n cael eu dweud gan y diffynnydd, datganiadau ysgrifenedig, ymddygiad, neu gyfuniad o'r tri. Gall fod drwy gyswllt wyneb yn wyneb, llythyrau, negeseuon e-bost, galwadau ffôn, o dynnu lluniau heb gydsyniad yr hawlydd, drwy ddarllediadau radio, drwy fforymau rhyngrwyd neu gyhoeddiadau ar y we. Gall aflonyddu godi o ymddygiad sydd eisoes wedi digwydd, neu o fygwth cyflawni gweithredoedd (fel cyhoeddi deunydd sy'n codi cywilydd). Yn wreiddiol, nod Deddf 1997 oedd ceisio atal stelcian (*stalking*). Fodd bynnag, un o elfennau mwyaf annisgwyl Deddf 1997 yw ei bod wedi ei defnyddio i ymdrin â bwlio yn y gweithle.

Beth yw camwedd statudol?

Mae *Deddf Diogelwch rhag Aflonyddu 1997* yn creu 'camwedd statudol', lle mae'r Senedd wedi nodi y gall camwri cyfreithadwy arwain at rwymedi sifil, os yw'r camwri hwnnw yn adlewyrchu nodweddion camwedd (dyletswydd, toriad, niwed sydd â chysylltiad o ran achosiaeth â'r toriad hwnnw), ac y gellir cael iawndal ar ei gyfer mewn llys sifil.

Crynodeb o elfennau'r camwedd hwn

1. Ymddygiad gan y diffynnydd sy'n gyfystyr ag aflonyddu.
2. Roedd yr ymddygiad wedi'i anelu at unigolyn (yr hawlydd neu rywun arall).
3. Roedd gan y diffynnydd wybodaeth wirioneddol, neu wybodaeth drwy ddehongliad, o'r aflonyddu.
4. Barnwyd yn wrthrychol fod yr ymddygiad yn ormesol ac yn annerbyniol.
5. Cafodd y niwed i'r hawlydd ei achosi gan aflonyddu'r diffynnydd.

Yn *Jones and Another v Ruth and Another (2011)*, dywedodd Patten LJ fod pedair nodwedd yn gysylltiedig ag aflonyddu. Rhaid iddo fod:

- yn barhaus (poenydio neu bryfocio'r dioddefwr yn barhaus)
- yn ymddygiad bwriadol (pwrpasol) a bod y sawl sy'n ei gyflawni naill ai'n gwybod ei fod yn cael yr effaith hon ar yr achwynydd, neu yn sicr y dylai, yn rhesymol, fod yn ymwybodol
- yn bersonol (ymddygiad rhwng dau unigolyn sy'n bersonol iawn ei natur)
- yn gorfforol neu ddim yn gorfforol (yn amrywio o rym corfforol neu fygwth grym, i ymddygiad mwy cynnil ond sy'n fygythiol er hynny).

YMESTYN A HERIO

Ymchwiliwch i ffeithiau *Jones and Another v Ruth and Another (2011)*, lle roedd sylwadau ac ymddygiad y diffynnydd yn cyfeirio at rywioldeb yr hawlydd.

YMESTYN A HERIO

Ymchwiliwch i'r achosion canlynol sy'n dangos y mathau o ymddygiad a all sefydlu camwedd aflonyddu, ac na all ei sefydlu:

- *Thomas v News Group Newspapers Ltd (2001)*
- *Iqbal v Dean Manson Solicitors (2011)*
- *Majrowski v Guy's and St Thomas's NHS Trust (2006)*
- *WXY v Gewanter (2012)*
- *Singh v Bhakar (2006)*
- *AVB v TDD (2013)*
- *Trimingham v Associated Newspapers (2012)*
- *King v Sunday Newspapers Ltd (2012)*.

Does dim rhaid i'r aflonyddu arwain at anaf seiciatrig cydnabyddedig er mwyn bod yn gyfreithadwy – mae gorbryder neu bryder yn ddigonol. Os oes honiad mai bygwth yw'r ymddygiad sy'n gyfystyr ag aflonyddu, y prif rwymedi a geisir gan yr hawlydd fydd gwaharddeb. Does dim byd yn Neddf 1997 sy'n nodi pa mor ddifrifol mae'n rhaid i'r aflonyddu fod.

Cwmpas eang y Ddeddf

Mae cyfraith achosion hyd yma yn dangos bod ystod eang o fathau o ymddygiad ymosodol neu fygythiol wedi bod yn ddigonol i sefydlu'r camwedd statudol. Mae'r rhain yn cynnwys perthnasoedd rhwng cymdogion, yr amgylchedd gwaith, gweithgareddau'r cyfryngau a'r paparazzi, ac anghydfodau rhwng aelodau teulu.

ACHOS ALLWEDDOL

Ting Lan Hong and KLM (a child) v XYZ (2011)
Cwynodd Ting Lan Hong, yr hawlydd a mam i blentyn yr actor Hugh Grant, bod pobl yn tynnu ffotograffau ohoni yn y stryd yn aml heb ei chydsyniad. Dywedodd ei bod wedi derbyn nifer o alwadau ffôn yn dweud wrthi i ddweud wrth Hugh Grant y dylai 'gau ei geg' (ar ôl iddo ymddangos ar y rhaglen deledu, *Question Time* ynglŷn â'r sgandal hacio ffonau), ei bod yn cael ei dilyn gan 'ddyn mewn Audi du', a bod rhywun wedi dweud wrth ei ffrind i'w rhybuddio ei bod yn cael ei dilyn drwy'r amser. Roedd y llys o'r farn bod yr aflonyddu wedi'i brofi, a rhoddwyd gwaharddeb yn erbyn ffotograffwyr y paparazzi.

Crynodeb – Cyfyngiadau'r Confensiwn Ewropeaidd ar Hawliau Dynol (*ECHR*)

Trefn gyhoeddus

▶ *Deddf Trefn Gyhoeddus 1986*; Terfysg: *adran 1*; anhrefn treisgar: *adran 2* ; affräe: *adran 3*; ofni neu gythruddo trais: *adran 4*; *R v Horseferry Road Justices, ex parte Siadatan (1990)*; aflonyddwch, braw neu drallod: *adran 4A*; *adran 5*: *DPP v Orum (1988)*; *DPP v Fiddler (1992)*; *DPP v Clarke (1992)*; gofyniad *mens rea*: *adran 6*; gorymdeithiau: *adrannau 11–13*; cyfarfodydd/cynulliadau: *adran 14*; *adran 16*; ysgogi casineb hiliol: *adran 17*; *adran 23*; troseddau cyhoeddi: *adrannau 18–22*

▶ *Deddf Cyfiawnder Troseddol 1994*

   • Cynulliadau tresmasol: *adran 14A*: *DPP v Jones (1998)*; *adran 14B*: *Windle v DPP (1996)* ; *adran 14C*; *adran 61*; *adran 63*

   • Tresmasu gwaethygedig: *adran 68*; *adran 69*

▶ Casineb hiliol a chrefyddol: *Deddf Casineb Hiliol a Chrefyddol 2006: adran 29A*; *Deddf Trosedd ac Anhrefn 1998*; *Deddf Gwrthderfysgaeth, Trosedd a Diogelwch 2001*; *Deddf (Troseddau) Pêl-droed 1991*

▶ Rhwymedïau cyfraith breifat: *Hubbard v Pitt (1976)*; *Hickman v Maisey (1900)*

▶ Mae *adrannau 128–138 Deddf Troseddu Cyfundrefnol Difrifol a'r Heddlu 2005 (SOCPA)* yn cyfyngu ar y rhyddid i brotestio ger y Senedd a safleoedd 'sensitif' eraill: *R (on the application of Haw) v Secretary of State for the Home Department (2006)*

▶ Tor-heddwch: *R (Laporte) v Chief Constable of Gloucestershire (2007)*; *Austin and Another v Commissioner of Police of the Metropolis (2007)*; *Moss v McLachlan (1985)*; *Foy v Chief Constable of Kent (1984)*; *Nicol v DPP (1996)*; *Steel v UK (1998)*; *Redmond-Bate (1999)*; *Bibby (2000)*

▶ Rhwystro'r briffordd: *adran 137 Deddf Priffyrdd 1980*: *Harrison v Duke of Rutland (1893)*; *Arrowsmith v Jenkins (1963)*; *Nagy v Weston (1966)*

▶ Rhwystro'r heddlu: *adran 89 Deddf yr Heddlu 1996*: *Duncan v Jones (1936)*

Pwerau'r heddlu

▶ *Adran 1 Deddf yr Heddlu a Thystiolaeth Droseddol 1984 (PACE):* Stopio a chwilio pobl a cherbydau

▶ *Cod A paragraff 2.2* prawf dau gam ar gyfer 'amheuaeth resymol'

▶ Grym rhesymol: *adran 117, adran 2(3), adran 3 PACE*

▶ Chwilio adeiladau gyda gwarant: *adran 8 PACE*

▶ Chwilio heb warant: *adran 17*: *Osman v DPP (1999)*; *adran 18*; *adran 19*; *adran 32*; *Cod B*

▶ Arestio gyda gwarant: Rhaid i'r heddlu wneud cais i'r ynadon

▶ Arestio heb warant: *adran 24 PACE* wedi'i ddiwygio gan *adran 110 SOCPA 2005*: Sail resymol dros gredu bod rhywun yn cyflawni, wedi cyflawni, neu ar fin cyflawni trosedd, a bod arestio yn angenrheidiol

▶ Cadw a holi: *adrannau 30, 36–38, 40, 41, 44, 54 PACE*

   • Olion bysedd, chwilio a samplau o natur bersonol: *adrannau 27, 55, 61–4 (S and Marper v UK (2000)), 65* wedi'u diwygio gan *CJPOA 1994*

   • Hawliau a thriniaeth pobl a ddrwgdybir wrth gael eu cadw a'u holi: *adrannau 56–8, 60; Cod C*

   • Derbynioldeb tystiolaeth: Gall y llysoedd wrthod derbyn tystiolaeth os nad yw wedi ei gael yn y modd priodol. *Adran 76(2)(a)(b)*: *R v Samuel (1988)*; *R v Grant (2005)*; *adran 78 PACE*: *R v Canale (1990)*

▸ Cwynion yn erbyn yr heddlu a rhwymedïau

- Does neb uwchlaw'r gyfraith ac mae pawb yn gyfartal oddi tani, gan gynnwys yr heddlu
- Cwynion i'r Swyddfa Gartref drwy AS neu'r Awdurdod Heddlu Lleol
- **Deddf Diwygio'r Heddlu 2002**; Mae Comisiwn Annibynnol Cwynion yr Heddlu (*IPCC*) yn ymdrin â chwynion difrifol
- Mae Adran Safonau Proffesiynol (*PSD*) yr awdurdod heddlu perthnasol yn ymdrin â chwynion cyffredinol
- Camau sifil yn erbyn yr heddlu: mae safon y prawf 'yn ôl pwysau tebygolrwydd', ac ar yr hawlydd y mae baich y prawf: *Goswell v Commissioner of Police for The Metropolis (1998); The Commissioner of Police for the Metropolis v Thompson and Hsu (1997)*

Rhyng-gipio cyfathrebu

▸ **Deddf Rhyng-gipio Cyfathrebu 1985 (ICA)**: Cyflwynwyd y ddeddf yn dilyn *Malone v UK (1985)* er mwyn gallu rhyng-gipio negeseuon ffôn a phost a'u defnyddio, o fewn rheolau penodol

▸ Defnydd o ddyfeisiau bygio: *Khan (Sultan) (1996)*; **Deddf yr Heddlu 1997**

▸ **Deddf Rheoleiddio Pwerau Ymchwilio 2000**: Mae'n drosedd rhyng-gipio cyfathrebu drwy wasanaeth post neu system delegyfathrebu yn fwriadol a heb awdurdod cyfreithlon

▸ Gwyliadwriaeth gudd: **adrannau 26–48 RIPA**: *R v Hall (1994); R v Stagg (1994)*

▸ **Deddf Pwerau Ymchwilio (IPA) 2016**: Mae hon yn dod â phwerau presennol ynghyd ac yn eu diweddaru (mae **RIPA 2000** yn parhau nes bydd yn cael ei diddymu)

Dyletswydd cyfrinachedd

▸ Tor-cyfrinachedd a phreifatrwydd: *Kaye v Robertson (1991); Wainwright v Home Office (2003); Hosking v Runting (2004)*

▸ Does dim camwedd o ran amharu ar breifatrwydd yng Nghymru a Lloegr, ond gellir defnyddio rheolyddion cyfreithiol yn erbyn y cyfryngau ac eraill: *Prince Albert v Strange (1849); Argyll v Argyll (1967); Coco v AN Clark (Engineers) Ltd 1969; Stephens v Avery (1988); HRH Princess of Wales v MGN Newspapers Ltd (1993); Shelley Films Ltd v Rex Features Ltd (1993); Fairnie (Deceased) and Others v Reed and Another (1994)*

▸ Amddiffyniad er lles y cyhoedd: Ni fydd gwybodaeth gyfrinachol yn cael ei hamddiffyn os yw lles y cyhoedd yn bwysicach na'r lles o gadw cyfrinachedd: *AG v Guardian Newspapers Ltd (No 2) (1990)*

▸ Mae **Erthygl 8 ECHR** (yr hawl i breifatrwydd) wedi'i hymgorffori o fewn **Deddf Hawliau Dynol 1998**. Rhaid pwyso a mesur preifatrwydd ochr yn ochr â rhyddid barn a mynegiant (**Erthygl 10 yr ECHR**): *Venables and Thompson v News Group Newspapers (2001); Associated Newspapers Ltd v Prince of Wales (2006); Murray v Express Newspapers (2008); Mosley v News Group Newspapers (2008); Author of a Blog v Times Newspapers (2009); BBC v HarperCollins Ltd (2010); Hutcheson v News Group Newspapers (2011); Terry v Persons Unknown (2010); Ferdinand v MGN (2011); CTB v News Group Newspapers (2011)*

▸ Gosod y ffiniau ar gyfer preifatrwydd a'r *ECtHR*: *Von Hannover v Germany (No 2) (2012); Springer v Germany (2012)*

Anweddustra

▶ *Erthygl 10 ECHR*: Hawl amodol i 'ryddid mynegiant'

▶ *Deddf Cyhoeddiadau Anweddus 1959* wedi'i diwygio gan *Ddeddf Cyhoeddiadau Anweddus 1964 (OPA)*: *R v Perrin (2002)*; *Hoare v UK (1997)*; *Handyside v UK (1976)*

▶ 'Mae anweddustra yn dibynnu ar yr erthygl ac nid ar yr awdur': *Shaw v DPP (1962)*

▶ *Adran 11 Deddf Difenwad 2013*: Barnwr sy'n penderfynu ar y rhwymedi, sef iawndal fel arfer, ond gall hefyd fod yn waharddeb

Difenwad

▶ Datganiadau difenwol: *Sim v Stretch (1936)*; *Byrne v Deane (1937)*; *Jason Donovan v The Face (1998)*; *Berkoff v Burchill (1996)*

▶ Ensyniad: Beirniadaeth anuniongyrchol drwy oblygiad neu awgrym: *Tolley v JS Fry and Sons Ltd (1931)* ,

▶ Gofyn bod niwed difrifol i enw da: *adran 1(1) Deddf Difenwad 2013*: *Cooke and Another v MGN Ltd (2014)*; *Hulton v Jones (1910)*; *Dwek v Macmillan Publishers Ltd and Others (2000)*; *Hayward v Thompson (1964)*; *Knupffer v London Express Newspapers (1944)*; *Riches v News Group (1986)*

▶ Amddiffyniadau mewn achosion difenwad: Gwirionedd (*adran 2 Deddf Difenwad 2013*); barn onest (*adran 3 Deddf Difenwad 2013*); Cyhoeddi cyfrifol ar fater o bwys i'r cyhoedd (*adran 4 Deddf Difenwad 2013*); braint absoliwt; braint amodol; cynnig i wneud iawn

Camwedd aflonyddu

▶ *Deddf Diogelwch rhag Aflonyddu 1997*: camwedd statudol lle mae'r canlynol yn wir:

1. roedd ymddygiad y diffynnydd yn gyfystyr ag aflonyddu
2. roedd yr ymddygiad wedi'i dargedu tuag at unigolyn
3. roedd y diffynnydd yn gwybod am yr aflonyddu
4. roedd yr ymddygiad yn ormesol ac yn annerbyniol
5. aflonyddu'r diffynnydd a achosodd y niwed i'r hawlydd

▶ *Jones and Another v Ruth and Another (2011)*: Rhaid i aflonyddu fod yn barhaus, yn fwriadol, yn bersonol ac yn fygythiol

▶ Cwmpas eang y Ddeddf: *Ting Lan Hong and KLM (a child) v XYZ (2011)*

Dyma Amcanion Asesu manyleb CBAC. Mae'n bwysig eich bod yn eu hadnabod ac yn eu deall.

- **AA1**: Rhaid i chi ddangos gwybodaeth a dealltwriaeth o reolau ac egwyddorion cyfreithiol.
- **AA2**: Rhaid i chi gymhwyso rheolau ac egwyddorion cyfreithiol at senarios a roddir er mwyn cyflwyno dadl gyfreithiol gan ddefnyddio terminoleg gyfreithiol briodol.
- **AA3**: Rhaid i chi ddadansoddi a gwerthuso rheolau, egwyddorion, cysyniadau a materion cyfreithiol.

Sut mae cwestiynau arholiad yn cael eu gosod

Nod manyleb Y Gyfraith CBAC yw annog myfyrwyr i wneud y canlynol:

- datblygu a chynnal eu mwynhad o'r gyfraith, a'u diddordeb yn y pwnc
- datblygu gwybodaeth a dealltwriaeth o feysydd penodol o'r gyfraith a'r system gyfreithiol yng Nghymru a Lloegr
- datblygu dealltwriaeth o ddulliau ac ymresymu cyfreithiol
- datblygu technegau ar gyfer meddwl yn rhesymegol a'r sgiliau sy'n angenrheidiol i ddadansoddi a datrys problemau drwy ddefnyddio rheolau cyfreithiol
- datblygu'r gallu i fynegi dadleuon a chasgliadau cyfreithiol gan gyfeirio at yr awdurdodau cyfreithiol priodol
- datblygu ymwybyddiaeth feirniadol o natur newidiol y gyfraith mewn cymdeithas
- creu sylfaen cadarn ar gyfer astudiaethau pellach
- datblygu gwybodaeth ar hawliau a chyfrifoldebau unigolion fel dinasyddion gan gynnwys, pan fo'n briodol, dealltwriaeth o faterion moesol, ysbrydol a diwylliannol
- datblygu, pan fo'n briodol, sgiliau cyfathrebu, cymhwyso rhifedd, a thechnoleg gwybodaeth
- gwella eu dysgu a'u perfformiad eu hunain pan fo'n briodol, i hwyluso gweithio gydag eraill a datrys problemau yng nghyd-destun eu hastudiaethau o'r gyfraith.

Mae'r cwestiynau arholiad yn cael eu hysgrifennu gan y prif arholwr, sy'n gyfrifol am yr uned ymhell cyn yr arholiad. Mae pwyllgor o arholwyr profiadol yn trafod ansawdd pob cwestiwn, a bydd y cwestiynau yn cael eu newid nes i'r pwyllgor gytuno eu bod yn addas. Ysgrifennir y cwestiynau i adlewyrchu cynnwys a meini prawf llwyddiant y fanyleb.

Mae atebion arholiadau yn cael eu marcio ar sail tri amcan asesu (AA). Mae'r cwestiynau asesu sampl ar gyfer pob papur Y Gyfraith CBAC yn esbonio'r marciau sydd ar gael o dan bob AA.

Gwella eich perfformiad yn yr arholiadau

Mae nifer o bethau pwysig i'w cofio, a gwallau cyffredin sy'n cael eu gwneud gan fyfyrwyr Y Gyfraith.

Darllenwch y cyfarwyddiadau

Mae cymysgedd o gwestiynau gorfodol, a chwestiynau lle gallwch chi ddewis pa gwestiwn i'w ateb. Mae'n bwysig eich bod yn ateb y nifer cywir o gwestiynau, ac yn dewis eich cwestiynau yn ddoeth. Os na fyddwch chi'n dilyn y cyfarwyddiadau, ni fyddwch yn cael marciau.

AA1: Rhaid i chi ddangos gwybodaeth a dealltwriaeth o reolau ac egwyddorion cyfreithiol

Mae cwestiynau lle mae marciau AA1 ar gael fel arfer yn rhoi prawf ar eich gwybodaeth a'ch dealltwriaeth o destun, ac mae geiriau gorchymyn fel **esboniwch**, **disgrifiwch** ac **amlinellwch** i gyd yn dangos hyn.

AA2: Rhaid i chi gymhwyso rheolau ac egwyddorion cyfreithiol at senarios a roddir er mwyn cyflwyno dadl gyfreithiol gan ddefnyddio terminoleg gyfreithiol briodol

Mae cwestiynau lle mae marciau AA2 ar gael fel arfer yn rhoi prawf ar eich gallu i **gymhwyso** eich gwybodaeth a'ch dealltwriaeth o destun i senario penodol, er mwyn dod i gasgliad. Maen nhw'n defnyddio'r geiriau gorchymyn **cymhwyswch** neu **rhowch gyngor/cynghorwch**. Defnyddiwch awdurdod cyfreithiol i ategu eich atebion.

AA3: Rhaid i chi ddadansoddi a gwerthuso rheolau, egwyddorion, cysyniadau a materion cyfreithiol

Mae cwestiynau lle mae marciau AA3 ar gael fel arfer yn gofyn i chi roi dadl **gytbwys**. Bydd cyfle bob amser i edrych ar ddwy ochr dadl, a dylech ofalu eich bod yn rhoi sylw manwl i'r ddwy ochr. Mae'r geiriau gorchymyn yn dangos bod angen **dadansoddi** a **gwerthuso**. Mae'r arholwr yn edrych am ddadl resymegol, gytbwys, sydd wedi'i chefnogi gan awdurdod cyfreithiol perthnasol a chasgliad cryno.

Cymerwch eich amser i lunio cyflwyniad

Ar gyfer cwestiwn sy'n gofyn am draethawd estynedig, mae'n syniad da dechrau gyda chyflwyniad cryf, gan ei fod yn dangos i'r arholwr o'r dechrau eich bod chi'n deall y testun. Peidiwch â mynd i 'falu awyr' yn eich cyflwyniad; treuliwch ychydig funudau yn meddwl a chynllunio cyn i chi ddechrau ysgrifennu.

Dechreuwch gan roi diffiniad o'r termau allweddol sydd yn y cwestiwn. Mae rhai enghreifftiau i'w gweld isod:

'Esboniwch rôl Gwasanaeth Erlyn y Goron.'

'Dadansoddwch a gwerthuswch pa mor ddibynadwy yw treial gan reithgor.'

'Esboniwch y dulliau a ddefnyddir gan farnwyr wrth ddehongli statudau.'

Defnyddiwch achosion i ychwanegu awdurdod cyfreithiol

Defnyddiwch gymaint o **awdurdod cyfreithiol** ag y gallwch ei gofio. Mae hyn yn bwysig iawn pan fydd eich sgiliau cymhwyso (AA2) a dadansoddi a gwerthuso (AA3) yn cael eu profi. Mae angen i chi wneud yn siŵr hefyd eich bod yn esbonio pam mae'r achos yn berthnasol.

Enghraifft: R v Young (1995)

Ateb A

Anfantais arall rheithgorau yw nad oes ffordd o wybod sut daeth y rheithgor i benderfyniad ar ei reithfarn. Gwelwyd hyn yn achos **R v Young (1995)**.

Ateb B

Anfantais arall rheithgorau yw nad oes ffordd o wybod sut daeth y rheithgor i benderfyniad ar ei reithfarn. Gwelwyd hyn yn achos **R v Young (1995)**, *lle defnyddiodd y rheithgor fwrdd Ouija i gysylltu â'r dioddefwr marw.*

Mae'r adran a amlygwyd yn Ateb B yn dangos bod yr ymgeisydd yn gwybod ac yn deall perthnasedd yr achos. Ond roedd yr ymgeisydd yn Ateb A wedi defnyddio'r achos i ategu ei bwynt yn unig, heb symud ymlaen i ddangos **sut** mae'r achos yn berthnasol.

Os yw'n bosibl, ceisiwch ddyfynnu'r awdurdod cyfreithiol yn llawn. Cewch farciau am geisio dyfynnu, ond yn amlwg, mae'n fwy priodol os ydych chi'n dysgu am yr achosion a'r awdurdod cyfreithiol perthnasol.

Ateb A

Anfantais arall system y rheithgor yw nad oes ffordd o wybod sut daeth y rheithgor i benderfyniad ar ei reithfarn, fel y gwelwyd yn yr achos lle defnyddiodd y rheithgor fwrdd Ouija.

Ateb B

Anfantais arall rheithgorau yw nad oes ffordd o wybod sut daeth y rheithgor i benderfyniad ar ei reithfarn. Gwelwyd hyn yn achos **R v Young (1995)**, *lle defnyddiodd y rheithgor fwrdd Ouija i gysylltu â'r dioddefwr marw.*

Mae'n ddigon amlwg bod yr ymgeisydd a ysgrifennodd Ateb A yn gwybod am yr achos. Ond mae'r ffaith bod yr ymgeisydd a ysgrifennodd Ateb B wedi ei ddyfynnu yn llawn yn dangos yn glir i'r arholwr bod yma wybodaeth **ardderchog** neu **dda**, yn hytrach na gwybodaeth **sylfaenol** yn unig.

Dangoswch eich bod yn ymwybodol o ddatblygiadau diweddar

Byddwch yn ymwybodol o ddiwygiadau a beirniadaethau diweddar, a materion cyfoes yn y maes. Efallai bydd eich darlithydd wedi tynnu eich sylw at adroddiadau a newyddion o'r fath, ond mae wastad yn arfer da sicrhau eich bod yn gyfarwydd â'r datblygiadau diweddar.

Atebwch y cwestiwn a ofynnir yn unig

Gofalwch eich bod yn ateb y cwestiwn. Bydd llawer o ymgeiswyr wedi dysgu traethodau ar eu cof, ac yna'n ailadrodd yr ateb hwn yn yr arholiad, gan weld wedyn nad yw'n ateb y cwestiwn o gwbl mewn gwirionedd. Darllenwch y cwestiwn a'i ailddarllen i wneud yn sicr bod yr hyn rydych chi wedi'i gynllunio yn ateb yr hyn sy'n cael ei ofyn.

Disgwyliwch i rai testunau gael eu cyfuno

Wrth adolygu, byddwch yn ofalus os ydych chi'n penderfynu gadael rhai testunau allan. Mae'n bosibl y cewch chi gwestiwn sy'n cyfuno testunau, ac efallai y byddwch yn gweld eich bod yn gallu ateb **rhan (a)**, ond nad ydych chi wedi adolygu digon i ateb **rhan (b)** cystal. Edrychwch yn ôl dros hen bapurau i weld pa gyfuniad o destunau sy'n codi.

Cymerwch ofal wrth ddefnyddio deunydd ysgogi

Os cyflwynir deunydd ysgogi, bydd gofyn i chi ei ddefnyddio fel ffynhonnell i gefnogi'ch pwyntiau hyn, ond yn y pen draw rydych yn cael eich arholi ar eich gwybodaeth chi eich hun. **Ni fydd ailysgrifennu tabl yn eich geiriau eich hun, neu ddyfynnu'n helaeth o'r ffynhonnell, yn ennill marciau i chi.**

Defnyddiwch unrhyw derminoleg yn gywir

Byddwch yn cael eich marcio ar eich defnydd priodol o derminoleg gyfreithiol a'ch dealltwriaeth o egwyddorion cyfreithiol craidd. Eto i gyd, mae ymgeiswyr yn aml yn gwneud gwallau syml iawn. Ydych chi'n gwybod y gwahaniaeth rhwng y canlynol:

- *CJEU* ac *ECtHR*?
- *CPS* a *CPR*?
- Euog ac atebol?
- Ynadon a rheithgorau?

Er bod y gwallau hyn yn gallu ymddangos yn amlwg, maen nhw'n rhai cyffredin iawn, felly gofalwch eich bod yn gwybod beth yw'r diffiniadau. Mae'n bwysig hefyd eich bod yn gwirio eich sillafu, yn enwedig geiriau sy'n aml yn cael eu camsillafu fel:

- diffynnydd
- anhrefn
- ditiadwy
- tribiwnlys.

Fformat yr arholiad

Mae'r arholiadau unigol yn cael eu galw'n **unedau**. Mae papur UG CBAC yn cynnwys dwy uned.

Papurau CBAC yn y Gyfraith

Mewn ffordd, mae eich papur UG yn gam tuag at eich cwrs U2. Bydd eich marciau ar gyfer UG yn cyfrannu at eich gradd gyffredinol. Mae'r papurau UG yn cynnig ychydig llai o her na phapurau U2, felly bydd y sgiliau rydych yn eu dangos ar lefel U2 yn rhai uwch. Efallai bydd papurau arholiadau yn cyfeirio at enghreifftiau o Gymru, ac rydych yn cael eich annog i ddefnyddio enghreifftiau o Gymru os yw hynny'n gymwys.

Isod mae crynodeb o'r papurau gwahanol ar gyfer UG/U2 CBAC yn Y Gyfraith.

Unedau UG y Gyfraith
Mae UG y Gyfraith yn cynnwys dau bapur: Uned 1 ac Uned 2. Mae lefel UG y Gyfraith yn werth 40% o'r Safon Uwch lawn, a gellir ei defnyddio i gael y cymhwyster hwnnw ar ei ben ei hun.

UNED 1: Natur y Gyfraith a Systemau Cyfreithiol Cymru a Lloegr
- Arholiad ysgrifenedig: 1 awr 45 munud.
- 25% o'r cymhwyster.
- 80 marc ar gael.

Mae'r uned hon yn canolbwyntio ar strwythur systemau cyfreithiol Cymru a Lloegr, gan gynnwys eu perthynas â'r Undeb Ewropeaidd. Byddwch hefyd yn astudio'r setliad datganoli yng Nghymru a'i effaith ar y wlad. Yn ogystal â hyn, byddwch yn dysgu am ffynonellau gwahanol y ddeddfwriaeth sylfaenol ac eilaidd yn systemau cyfreithiol Cymru a Lloegr, ac yn ystyried sut mae'r cyfreithiau hynny yn cael eu defnyddio gan farnwyr wrth benderfynu. Byddwch hefyd yn meithrin gwybodaeth a dealltwriaeth o'r system cyfiawnder troseddol, y system cyfiawnder sifil (gan gynnwys personél cyfreithiol perthnasol) a systemau ariannu cyfreithiol.

Mae arholiad Uned 1 wedi'i rannu yn ddwy adran:

Mae **Adran A** yn canolbwyntio ar natur y gyfraith a'r amrywiol ddulliau deddfu o fewn systemau cyfreithiol Cymru a Lloegr.

- Dylech chi dreulio tua 60 munud ar yr adran hon yn yr arholiad.
- Bydd yn rhaid i chi ateb dau gwestiwn gorfodol, gwerth 10 marc yr un, ac un cwestiwn allan o ddewis o ddau, gwerth 28 marc. Mae cyfanswm o 48 o farciau ar gael ar gyfer yr adran hon o'r arholiad.
- Dylech dreulio tua 12½ munud yr un ar y ddau gwestiwn gorfodol (cwestiynau 1 a 2), a 35 munud ar gwestiwn 3 neu 4.
- Mae cwestiynau 1 a 2 yn profi sgiliau AA1 (gwybodaeth a dealltwriaeth).
- Mae cwestiynau 3 a 4 yn profi sgiliau AA2 yn bennaf (cymhwyso rheolau ac egwyddorion cyfreithiol at senario benodol), ynghyd â sgiliau AA1.

Mae **Adran B** yn canolbwyntio ar nodweddion allweddol y system cyfiawnder troseddol a'r system cyfiawnder sifil yn systemau cyfreithiol Cymru a Lloegr, gan gynnwys personél cyfreithiol a systemau ariannu cyfreithiol. Mae hefyd yn cynnwys natur y gyfraith.

- Dylech chi dreulio tua 45 munud ar yr adran hon yn yr arholiad.
- Bydd yn rhaid i chi ateb un cwestiwn, sydd â **rhan (a)** a **rhan (b)** iddo, o ddewis o ddau. Mae cyfanswm o 32 marc ar gael ar gyfer y cwestiwn hwn, sef 8 marc ar gyfer rhan (a) a 24 marc ar gyfer rhan (b).
- Dylech chi dreulio tua 15 munud ar ran (a), a 30 munud ar ran (b) yn y cwestiwn rydych wedi'i ddewis.
- Mae **rhan (a)** yn profi sgiliau AA1 (gwybodaeth a dealltwriaeth).
- Mae **rhan (b)** yn profi sgiliau AA3 (dadansoddi a gwerthuso rheolau, egwyddorion, cysyniadau a materion cyfreithiol).

UNED 2: Cyfraith Camwedd

- Arholiad ysgrifenedig: 1 awr 30 munud.
- 15% o'r cymhwyster.
- 60 marc ar gael.

Ar gyfer yr uned hon, rhaid i chi astudio rheolau a damcaniaeth cyfraith camwedd. Byddwch yn astudio atebolrwydd o ran esgeuluster mewn perthynas ag anafiadau i bobl, a bydd yn ofynnol i chi gymhwyso elfennau o'r gyfraith esgeuluster at senarios damcaniaethol. Byddwch hefyd yn edrych ar atebolrwydd meddianwyr a rhwymedïau, gan gynnwys iawndal, lliniaru colled a gwaharddebion.

Mae'r arholiad yn cynnwys pum cwestiwn gorfodol.

- Mae cwestiynau 1, 2 a 3 yn werth 8 marc yr un, ac yn profi eich gallu i esbonio'r gyfraith sy'n ymwneud â chamwedd (sgiliau AA1). Dylech chi dreulio tua 12 munud ar bob cwestiwn (1, 2, a 3).
- Mae Cwestiwn 4 yn werth 18 marc ac yn gofyn i chi gymhwyso'r gyfraith mewn senario ddamcaniaethol. Mae'r cwestiwn hwn yn profi eich gallu i gymhwyso'r gyfraith (sgiliau AA2). Dylech chi dreulio tua 27 munud ar y cwestiwn hwn.
- Mae cwestiwn 5 yn werth 18 marc, ac yn gofyn i chi ddadansoddi a gwerthuso un o feysydd cyfraith camwedd. Mae'r cwestiwn hwn yn profi eich gallu i ddadansoddi a gwerthuso (sgiliau AA2). Dylech chi dreulio tua 27 munud ar y cwestiwn hwn.

Unedau CBAC ar gyfer U2 Y Gyfraith

Mae lefel U2 Y Gyfraith CBAC yn adeiladu ar y sgiliau gafodd eu datblygu ar lefel UG. Mae'n cynnwys dau bapur ychwanegol, sef Uned 3 ac Uned 4, ac mae'n werth 60% o'r cymhwyster Safon Uwch yn ei gyfanrwydd.

UNED 3: Arfer y Gyfraith Gadarnhaol

- Arholiad ysgrifenedig: 1 awr 45 munud.
- 30% o'r cymhwyster.
- 100 marc ar gael.

Mae'r uned hon yn gofyn i chi ddysgu am **ddau faes** o'r gyfraith gadarnhaol. Bydd yn rhaid i chi sicrhau eich bod yn ateb y cwestiynau ar y meysydd rydych chi wedi'u hastudio yn unig. Dyma'r opsiynau:

- cyfraith hawliau dynol (Adran A)
- cyfraith contract (Adran B)
- cyfraith trosedd (Adran C).

Bydd arholiad Uned 3 yn rhoi prawf ar eich gwybodaeth a'ch dealltwriaeth o reolau ac egwyddorion cyfreithiol mewn perthynas â'r ddau faes o'r gyfraith gadarnhaol rydych wedi'u hastudio. Mae Uned 3 yn profi eich gallu i esbonio'r gyfraith (sgiliau AA1) a chymhwyso'r gyfraith honno at senario ddamcaniaethol benodol (sgiliau AA2).

- Mae'r arholiad yn cynnig dewis o ddau gwestiwn ym mhob adran. Felly, mae'n rhaid i chi ateb cyfanswm o ddau gwestiwn, un o bob adran, yn seiliedig ar y meysydd cyfreithiol rydych chi wedi'u hastudio. Er enghraifft, gallech chi ateb un cwestiwn o Adran A (cyfraith hawliau dynol) ac un cwestiwn o Adran C (cyfraith trosedd).
- Mae pob cwestiwn yn werth 50 marc, a dylech chi dreulio tua 52½ munud ar bob cwestiwn.
- Mae pob cwestiwn yn profi eich gwybodaeth a'ch dealltwriaeth (sgiliau AA1) a'ch gallu i gymhwyso'r gyfraith (sgiliau AA2).

UNED 4: Safbwyntiau'r Gyfraith Gadarnhaol
- Arholiad ysgrifenedig: 2 awr.
- 30% o'r cymhwyster.
- 100 marc ar gael.

Mae'r uned hon yn gofyn i chi ddysgu am **ddau faes** o'r gyfraith gadarnhaol, sef yr un rhai ag astudiwyd gennych yn Uned 3. Bydd yn rhaid i chi sicrhau eich bod yn ateb y cwestiynau ar y meysydd rydych chi wedi'u hastudio yn unig. Dyma'r opsiynau:
- cyfraith hawliau dynol (Adran A)
- cyfraith contract (Adran B)
- cyfraith trosedd (Adran C).

Bydd yr arholiad Uned 4 yn profi eich gwybodaeth a'ch dealltwriaeth o reolau ac egwyddorion cyfreithiol mewn perthynas â'r ddau faes o'r gyfraith gadarnhaol rydych chi wedi'u hastudio. Mae Uned 4 yn profi eich gallu i esbonio'r gyfraith (sgiliau AA1) a dadansoddi a gwerthuso'r gyfraith (sgiliau AA3).

- Mae'r arholiad yn cynnig dewis o ddau gwestiwn ym mhob adran. Felly, mae'n rhaid i chi ateb cyfanswm o ddau gwestiwn, un o bob adran, yn seiliedig ar y meysydd cyfreithiol rydych chi wedi'u hastudio. Er enghraifft, gallech chi ateb un cwestiwn o Adran A (cyfraith hawliau dynol) ac un cwestiwn o Adran C (cyfraith trosedd).
- Mae pob cwestiwn yn werth 50 marc, a dylech chi dreulio tuag awr ar bob cwestiwn.
- Mae pob cwestiwn yn profi eich gwybodaeth a'ch dealltwriaeth (sgiliau AA1) a'ch gallu i ddadansoddi a gwerthuso'r gyfraith (sgiliau AA3).

Pwysoli amcanion asesu CBAC ar gyfer lefel UG ac U2
Mae'r tabl isod yn dangos pwysoli'r amcanion asesu fel canran o'r Safon Uwch yn ei chyfanrwydd, gyda'r pwysoli UG mewn cromfachau.

	AA1	AA2	AA3	Cyfanswm
UG Uned 1	10% (25%)	7.5% (18.75%)	7.5% (18.75%)	25% (62.5%)
UG Uned 2	6% (15%)	4.5% (11.25%)	4.5% (11.25%)	15% (37.5%)
U2 Uned 3	12%	18%	–	30%
U2 Uned 4	12%	–	18%	30%
Pwysoliad cyffredinol	40%	30%	30%	100%

Cwestiynau ymarfer enghreifftiol ac atebion

Mae'r adran hon yn defnyddio cwestiynau enghreifftiol o'r Deunyddiau Asesu Enghreifftiol a gyhoeddir gan CBAC. Maen nhw'n cynrychioli'r cwestiynau gwahanol a all ymddangos ar bob papur ym manyleb CBAC. **Mae rhifau'r cwestiynau yn adlewyrchu'r rhifau yn y Deunyddiau Asesu Enghreifftiol felly nid ydyn nhw'n dilyn trefn resymegol yn y llyfr hwn.**

Rhoddir atebion enghreifftiol ar gyfer pob cwestiwn: un ateb cryf, ac un ateb gwannach. Gallwch chi gyfeirio at y cynlluniau marcio sydd yn y Deunyddiau Asesu Enghreifftiol wrth i chi weithio drwy'r atebion enghreifftiol hyn.

Nid gwaith myfyrwyr yw'r atebion, ond awduron y llyfr sydd wedi'u hysgrifennu er mwyn rhoi fframwaith i'r sylwadau. Mae'r sylwadau'n adlewyrchu barn yr awduron yn unig, ac nid y bwrdd arholi sydd wedi'u cynhyrchu.

CBAC UG Y Gyfraith: Uned 1 Adran A

Mae papurau Uned 1 Adran A yn dechrau gyda dau gwestiwn gorfodol, gwerth 10 marc yr un. Maen nhw'n profi **AA1 Gwybodaeth a dealltwriaeth**.

Cwestiwn 1

Esboniwch y camau y mae'n rhaid i Fesur fynd drwyddynt i ddod yn Ddeddf Seneddol.

[10]

Mae'r gair gorchymyn **esboniwch** yn gofyn i chi ysgrifennu'n syml i ddweud sut mae rhywbeth yn gweithio.

Cwestiwn 1 – ymateb cryf

Dyma ddechrau da, gan ei fod yn cyfeirio at y tri phrif fath o Fesur. Does dim angen mwy o fanylion gan fod amser yn brin yn y cwestiwn hwn, ac mae'r pwyslais ar y broses Seneddol, nid y mathau o Fesurau.

Mae'r ymgeisydd yn nodi'n glir pa weithdrefn mae'n bwriadu ei hystyried. Dyma'r weithdrefn fwyaf poblogaidd.

Mae pob Deddf Seneddol yn dechrau fel Mesur. Mesur yw cyfraith ar ffurf cynnig drafft, ac mae'n gallu dechrau yn Nhŷ'r Arglwyddi neu Dŷ'r Cyffredin. Mae Mesurau Cyhoeddus yn newid cyfraith y wlad gyfan, ond mae Mesurau Preifat a Mesurau Aelodau Preifat i'w cael hefyd.

Yn achos Mesur Preifat sy'n dechrau yn Nhŷ'r Cyffredin, yr enw ar y cam cyntaf yw'r darlleniad cyntaf. Yn ystod y cam hwn, bydd teitl byr y gyfraith sy'n cael ei chynnig yn cael ei ddarllen yn uchel. Yna daw'r ail ddarlleniad. Dyma pryd bydd yr ASau yn Nhŷ'r Cyffredin yn cael eu cyfle cyntaf i drafod y gyfraith sy'n cael ei chynnig. Ar ddiwedd yr ail ddarlleniad, bydd Tŷ'r Cyffredin yn cynnal pleidlais i weld a ddylai'r Mesur fynd ymlaen i'r cam nesaf.

Ar ôl cwblhau'r ail ddarlleniad, mae'r Mesur yn symud i'r cam pwyllgor. Mae hyn yn cynnwys trafodaeth fwy manwl o bob cymal yn y Mesur. Mae diwygiadau i'r Mesur hefyd yn cael eu cynnig, eu trafod a'u cytuno. Gall y pwyllgor ymgynghori ag arbenigwyr a grwpiau buddiant o'r tu allan i'r Senedd.

Ar ôl i'r cam pwyllgor ddod i ben, mae'r Mesur yn dychwelyd i lawr Tŷ'r Cyffredin ar gyfer y cam adrodd, lle gall y Mesur diwygiedig gael ei drafod a gall diwygiadau eraill gael eu cynnig. Yn dilyn y cam adrodd, mae'r Mesur yn symud ymlaen i'r trydydd darlleniad. Ar y cam hwn, bydd y bleidlais derfynol ar y Mesur yn cael ei chynnal. Os bydd yn pasio'r cam hwn, bydd yn mynd ymlaen i Dŷ'r Arglwyddi.

Yn Nhŷ'r Arglwyddi, bydd y Mesur yn mynd drwy'r pum cam uchod eto. Os bydd Tŷ'r Arglwyddi yn gwneud unrhyw ddiwygiadau i'r Mesur, bydd yn rhaid iddo fynd yn ôl i Dŷ'r Cyffredin er mwyn iddyn nhw ystyried y diwygiadau hynny. Byddan nhw hefyd yn penderfynu a ddylid derbyn y diwygiadau hynny. Os na fyddan nhw'n eu derbyn, bydd y Mesur yn dychwelyd i Dŷ'r Arglwyddi. Enw'r broses hon yw 'ping pong', gan fod y Mesur yn cael ei basio'n ôl ac ymlaen rhwng y ddau Dŷ nes iddyn nhw gytuno.

Mae gan Dŷ'r Cyffredin bŵer i osgoi neu fynd heibio i Dŷ'r Arglwyddi os na fyddan nhw'n gallu cytuno ar Fesur, gan mai Tŷ'r Cyffredin yw'r Tŷ etholedig. Mae'r pŵer hwn wedi'i roi gan **Ddeddfau Seneddol 1911** ac **1949**, er mai anaml iawn mae'n cael ei ddefnyddio. Y tro diwethaf oedd yn achos **Deddf Hela 2004**.

Ar y cam olaf, bydd y Mesur yn derbyn Cydsyniad Brenhinol. Ar y cam hwn bydd y brenin neu'r frenhines yn cydsynio i'r ddeddfwriaeth, a bydd y Mesur yn dod yn Ddeddf Seneddol. Mater o ffurf neu arfer yw hyn erbyn heddiw. Y tro diwethaf i'r cydsyniad hwn gael ei wrthod oedd pan wrthododd y Frenhines Anne Fesur Milisia'r Alban yn 1707.

Ar ôl derbyn Cydsyniad Brenhinol, bydd y Ddeddf naill ai'n dod i rym am hanner nos y diwrnod hwnnw, neu ar ddyddiad cychwyn penodol. Un enghraifft o Ddeddf Seneddol yw **Deddf Dwyn 1968**.

> Mae'r ymgeisydd hwn wedi esbonio beth sy'n digwydd ar bob cam, yn hytrach na rhestru'r camau yn unig. Mae hyn yn dangos gwybodaeth a dealltwriaeth ardderchog a manwl, ac yn gosod yr ateb uwchlaw'r ateb gwannach. Mae'n haeddu marc lefel 4.

> Mae'n arfer da yn Y Gyfraith i roi enghraifft er mwyn cadarnhau eich ymateb. Mae'r cwestiwn yn ymwneud â chyfreithiau sy'n cael eu gwneud gan y Senedd, ac mae'r ymgeisydd wedi cynnwys enghraifft o Ddeddf Seneddol.

Cwestiwn 1 – ymateb gwannach

Mae'n rhaid i Fesurau fynd drwy gamau gwahanol yn Nhŷ'r Cyffredin er mwyn dod yn Ddeddf Seneddol. Y rhain yw: darlleniad cyntaf, ail ddarlleniad, cam pwyllgor, cam adrodd a thrydydd darlleniad lle bydd yr ASau yn pleidleisio ar y gyfraith. Yna bydd y ddeddf yn mynd ymlaen i Dŷ'r Arglwyddi a fydd hefyd yn ei thrafod. Gall fynd yn ôl ac ymlaen rhwng Tŷ'r Cyffredin a Thŷ'r Arglwyddi nes iddyn nhw gytuno. Un enghraifft yw **Deddf Hela 2014**. Yn olaf, mae'n rhaid i'r Frenhines lofnodi'r Mesur, sef Cydsyniad Brenhinol.

> Mae hwn yn amlwg yn ateb gwannach, a byddai'n cael marc lefel 2. Nid yw'r ymgeisydd wedi esbonio pob cam, ac mae'r iaith yn fwy anffurfiol. Mae wedi cynnwys enghraifft, fodd bynnag, ac mae pob cam wedi'i restru'n gywir ac yn y drefn gywir. Felly, byddai marc ym mhen uchaf lefel 2 yn haeddiannol.

Cwestiwn 4

Darllenwch y statud ffuglennol a'r senario isod, ac atebwch y cwestiwn sy'n dilyn.

Deddf Diogelu'r Amgylchedd (Ffuglennol) 2016

Adran 1:

'Bydd unrhyw un sy'n gadael unrhyw beth o gwbl at ddibenion puteinio yn y fath fodd fel y mae'n difwyno unrhyw le y mae'r adran hon yn berthnasol iddo, neu'n cyfrannu at hyn, neu'n tueddu i arwain at hyn, yn euog o drosedd.'

Mae man agored cyhoeddus yn un o'r categorïau y mae'r adran hon yn berthnasol iddo. Mae diffiniad ohono i'w weld yn adran 2.

Adran 2:

'Mae man agored cyhoeddus yn golygu lle yn yr awyr agored y mae gan y cyhoedd hawl neu ganiatâd i gael mynediad iddo heb dâl; a bydd unrhyw le o dan do sydd yn agored i'r aer ar un ochr o leiaf ac sydd ar gael at ddiben y cyhoedd yn cael ei drin fel man agored cyhoeddus.'

Rhoddodd Jemima gardiau a oedd yn hysbysebu 'gwasanaethau arbennig' ar fwrdd hysbysebu am ddim ei harchfarchnad leol a oedd y tu allan i'r archfarchnad, o dan fynedfa â tho. Mae Jemima yn cael ei herlyn o dan y Ddeddf.

Gan ddefnyddio rheolau dehongli statudol, cynghorwch Jemima ynghylch a oes trosedd wedi'i chyflawni yn y sefyllfa hon ai peidio. [28]

Ar ôl y ddau gwestiwn gorfodol cyntaf yn Uned 1 Adran A, bydd rhaid i chi ateb un cwestiwn o ddewis o ddau. Mae'r cwestiwn hwn yn werth 28 marc, ac mae'n profi **AA1 Dealltwriaeth a gwybodaeth** ar gyfer cyfanswm o 4 marc, ac **AA2 Cymhwyso rheolau ac egwyddorion cyfreithiol** am gyfanswm o 24 marc.

Mae'r gair gorchymyn **cynghorwch** yn gofyn i chi roi esboniad bras o gysyniad cyfreithiol, ac yna ei gymhwyso i'r senario er mwyn rhoi cyngor.

Cwestiwn 4 – ymateb cryf

> Mae bob amser yn arfer da ceisio nodi beth yn eich barn chi oedd bwriad y Senedd pan basiwyd y Ddeddf. Ni fyddwch yn colli marciau os byddwch yn anghywir. Yn hytrach, byddwch yn ennill marciau am geisio nodi beth oedd y bwriad.

Yn y llys, gall barnwyr ddilyn pedair prif reol: y rheol lythrennol, y rheol aur, rheol drygioni a'r dull bwriadus. Mae'r rheolau hyn yn helpu barnwyr i ddehongli'r gyfraith sydd wedi cael ei phasio gan y Senedd, er mwyn ceisio sefydlu a datrys y broblem roedd y Senedd yn ceisio ei hunioni. Mae'n debyg bod Deddf Diogelu'r Amgylchedd (Ffuglennol) 2016 wedi cael ei rhoi ar waith er mwyn atal pobl rhag gorfod gweld eitemau annymunol mewn mannau cyhoeddus, ac i ddiogelu'r amgylchedd. Yn achos Jemima, mae sawl mater y mae'n rhaid ei ystyried er mwyn penderfynu a yw hi wedi cyflawni trosedd.

Pe bai'r barnwyr yn cymhwyso'r rheol lythrennol – sef pan fydd barnwyr yn dilyn union eiriad y Ddeddf, fel y gwelwyd yn achos Whiteley v Chappell (1968) – byddai Jemima yn cael ei dyfarnu'n euog o dan Adran 1 y Ddeddf, gan iddi adael rhywbeth 'at ddibenion puteinio' mewn man cyhoeddus. Mae diffiniad o fan cyhoeddus yn Adran 2 y Ddeddf, a byddai'r diffiniad hwn yn cynnwys y bwrdd hysbysebu y tu allan i'r archfarchnad gan fod hwn yn 'lle yn yr awyr agored y mae gan y cyhoedd hawl neu ganiatâd i gael mynediad iddo heb dâl', ac yn 'unrhyw le o dan do sydd yn agored i'r aer ar un ochr o leiaf ac sydd ar gael at ddiben y cyhoedd'. Fodd bynnag, byddai angen mwy o wybodaeth arnom ni am yr eitem a gafodd ei gadael, ac a yw 'gwasanaethau arbennig' yn llythrennol at ddibenion puteindra. Gallai'r barnwr ddefnyddio cymorth anghynhenid, fel geiriadur, i wneud hyn.

Mae'r rheol lythrennol yn ddefnyddiol gan ei bod yn golygu na all barnwyr gamddefnyddio eu pwerau dehongli, ac mae'n parchu sofraniaeth y Senedd. Gallai'r barnwyr gymhwyso'r rheol aur hefyd. Mae hyn pan fydd y barnwyr wedi cymhwyso'r rheol lythrennol, ond mae honno'n arwain at ganlyniad absŵrd. Felly, gall y barnwr roi ystyr mwy rhesymol yn ei lle yng ngoleuni'r statud gyfan. Gwelir hyn yn achos Adler v George (1964), lle gallai diffynnydd a oedd wedi cyflawni trosedd o dan **Ddeddf Cyfrinachau Swyddogol 1981** fod wedi osgoi cael ei erlyn pe bai'r barnwr wedi defnyddio'r rheol lythrennol. Yn yr achos presennol, gallai Jemima ddadlau nad oedd yr hysbyseb 'gwasanaethau arbennig' yn ymwneud â phuteinio mewn gwirionedd, ac felly ei fod yn absŵrd i'w chael yn euog o dan y rheol lythrennol – ond nid yw hyn yn debygol. Dylai'r rheol aur gael ei defnyddio dim ond pan fydd y rheol lythrennol yn arwain at ganlyniad absŵrd.

Mae'r rheol drygioni, fel cafodd ei nodi yn achos Heydon, yn ystyried tri chwestiwn: 'Beth oedd y gyfraith cyn y statud?' 'Beth oedd y drygioni roedd y Senedd yn ceisio ei oresgyn?' a 'Beth oedd y rhwymedi roedd y Senedd yn ceisio ei roi ar waith?' Os ceisiwn ni gymhwyso'r cwestiynau hyn i senario Jemima, gellir rhagdybio nad oedd cyfraith ar y mater hwn cyn y Ddeddf hon. Y 'drygioni' roedd y Senedd yn ceisio ei oresgyn oedd gwahardd deunydd yn ymwneud â phuteinio rhag cael ei arddangos yn gyhoeddus; a'r rhwymedi roedd y Senedd yn ceisio ei roi ar waith oedd ei gwneud yn drosedd i adael deunydd sy'n gysylltiedig â phuteinio mewn man cyhoeddus. Byddai Jemima, felly, yn euog o drosedd, gan ei bod wedi gwneud yr hyn roedd y Senedd yn ceisio ei oresgyn. Gallai'r barnwr hefyd ddefnyddio cymorth anghynhenid, fel Hansard, i edrych ar yr hyn a drafododd y Senedd wrth basio Deddf Diogelu'r Amgylchedd (Ffuglennol) 2016. Mae'r teitl byr (cymorth cynhenid) yn dweud wrthym ni bod y Ddeddf yn ymwneud â diogelu'r amgylchedd.

Gall barnwyr hefyd ddilyn y dull bwriadus. Dyma'r dull lle maen nhw'n edrych ar y Ddeddf ac yn penderfynu beth oedd bwriad y Senedd. Mae hyn yn fantais gan nad yw'n arwain at anghyfiawnder, ac mae'n golygu bod modd cywiro camgymeriadau mewn hen gyfraith. Ond mae anfantais gan fod barnwyr mewn gwirionedd yn gwneud y gyfraith. Nid yw hyn yn dderbyniol yn ddemocrataidd, am nad yw barnwyr yn cael eu hethol. Defnyddiwyd y rheol hon yn achos Magor & St Mellons Rural District Council v Newport Corporation (1950). Mae'r dull bwriadus yn cael ei ystyried y ffordd orau o ddehongli'r gyfraith, gan ei fod yn gadael i'r barnwyr gymhwyso'r hyn roedd y Senedd ei eisiau gan y Ddeddf. Byddai hyn yn arwain at yr un canlyniad â rheol drygioni, yn achos Jemima. Byddwn i'n defnyddio'r dull bwriadus, gan ei fod yn rhoi mwy o ddisgresiwn i farnwyr gymhwyso bwriad y Senedd.

Mae hwn yn ateb rhagorol sy'n cynnwys yr holl nodweddion allweddol mae arholwyr yn chwilio amdanyn nhw yn y math hwn o gwestiwn: 1. Esbonio'r rheolau 2. Achosion i gefnogi 3. Cymhwyso i'r senario. Ni fyddwch yn ennill y marciau sydd ar gael os na fyddwch chi'n trafod yr HOLL reolau, ac os na fyddwch chi'n defnyddio achosion i gefnogi'ch pwynt pan fyddwch chi'n cymhwyso'r gyfraith. Cofiwch nad yw'n angenrheidiol i chi gymhwyso'n fanwl gywir, ond rhaid i chi ddangos tystiolaeth eich bod yn gallu cymhwyso'r rheol a dod i gasgliad synhwyrol. Byddai hwn yn haeddu marc lefel 4 ar gyfer AA1 ac AA2.

Cwestiwn 4 – ymateb gwannach

Ystyr dehongli statudol yw'r dulliau mae barnwyr yn eu defnyddio i ddehongli statudau a gwneud synnwyr o eiriau Deddf Seneddol. O dan y rheol lythrennol, byddai Jemima yn euog, oherwydd o gymryd geiriau llythrennol y Ddeddf, mae Jemima wedi gadael y cerdyn yn hysbysebu 'gwasanaethau arbennig' ar hysbysfwrdd yn yr awyr agored y tu allan i archfarchnad. Byddai hwn yn 'fan cyhoeddus', fel mae Adran 2 yn ei nodi. Ni fyddai'n bosibl gwneud cyhuddiad o dan y rheol aur, gan nad yw'r rheol lythrennol yn absŵrd.

O dan reol drygioni, fodd bynnag, gan fod amwysedd ynghylch ystyr 'gwasanaethau arbennig', mae angen i ni edrych ar reswm y Senedd dros basio'r Ddeddf. Roedd y Senedd yn ceisio cyfyngu ar ddeunydd a allai fod yn annymunol o'i adael mewn mannau cyhoeddus. Felly, o dan y rheol hon, gallai Jemima fod yn euog. Gall cymhorthion cynhenid a chymhorthion anghynhenid hefyd fod yn berthnasol yma, fel Hansard.

Yn ogystal â dangos ei fod yn gallu cymhwyso'r rheolau yn ardderchog, mae'r ymgeisydd hefyd wedi ystyried lle gallai rhai cymhorthion cynhenid ac anghynhenid fod yn gymwys.

Dyma enghraifft ardderchog o gymhwyso'r gyfraith i'r senario. Nid yw'r casgliad yn bwysig – yr hyn sy'n cyfrif yw y gallwch ddangos i'r arholwr eich bod chi'n gallu cymhwyso'r rheol i'r senario. Ar gyfer pob rheol, dylech chi wneud y canlynol:
- rhoi diffiniad o'r rheol
- dyfynnu achos i ategu'r rheol honno
- cymhwyso'r rheol i'r senario, h.y. a fyddai'r diffynnydd yn euog neu'n ddieuog pe bai'r barnwr yn cymhwyso'r rheol honno?

Mae cefnogi'r rheolau gydag achosion perthnasol yn hollol hanfodol, a gwnaeth yr ymgeisydd yn dda yma i wneud hynny a chymhwyso'r rheol i'r senario ar yr un pryd.

Er bod yr holl reolau yn cael eu cymhwyso yma, mae'r ymgeisydd wedi gwneud yr hen gamgymeriad o beidio ag esbonio'r rheolau na defnyddio cyfraith achosion i gefnogi ei ddull o gymhwyso. Mae 'fformiwla' defnyddiol ar gyfer ateb y cwestiynau hyn: esboniwch y rheol, rhowch achos, cymhwyswch yr achos, ac ailadroddwch hyn ar gyfer y rheol nesaf.

Dylai ymgeiswyr gynnwys cymhorthion anghynhenid a chynhenid i gefnogi eu hateb hefyd. Nid yw'r ymgeisydd hwn wedi sôn am y dull bwriadus. Mae cydran AA2 yn rhoi prawf ar eich gallu i gymhwyso yn ogystal â'ch defnydd o awdurdodau, felly mae'n hanfodol darparu beirniadaeth fanwl.

Byddai'r ymateb hwn yn haeddu marc lefel 2 isel neu hyd yn oed lefel 1 ar gyfer AA1 ac AA2.

CBAC UG Y Gyfraith: Uned 1 Adran B

Yn yr adran hon, mae angen i chi ateb un cwestiwn o ddewis o ddau. Mae cwestiynau **rhan (a)** yn ymwneud ag **AA1 Gwybodaeth a dealltwriaeth**, ac yn werth 8 marc. Mae cwestiynau **rhan (b)** yn ymwneud ag **AA3 Dadansoddi a gwerthuso**, ac yn werth 24 marc.

Cwestiwn 5(a)

Esboniwch rôl y rheithgor mewn treialon troseddol yng Nghymru a Lloegr.   [8]

Mae'r gair gorchymyn **esboniwch** yn gofyn i chi ysgrifennu'n syml i ddweud sut mae rhywbeth yn gweithio.

Cwestiwn 5(a) – ymateb cryf

> Mae'n dda gweld rhywfaint o gyd-destun bras yma yn nodi pwysigrwydd annibyniaeth rheithgorau.

Mae rheithgorau wedi cael eu defnyddio i roi treial ar bobl ers cyflwyno'r Magna Carta, oedd yn dweud bod gan unigolion yr hawl i gael treial gan eu cyfoedion. Disgrifiodd yr Arglwydd Devlin y rheithgor fel 'y lamp sy'n dangos bod rhyddid yn fyw'. Dylai'r rheithgor fod yn annibynnol, fel y sefydlodd achos Bushell.

> Mae'r ymgeisydd hefyd wedi gwneud yn dda i sôn am rôl y rheithgor fel corff sy'n profi'r ffeithiau, a'r rheithfarn, ac i gyfeirio at y barnwr, o gymharu, fel person sy'n profi'r gyfraith. Mae sylw da wedi ei roi i safon y prawf.

Mewn achosion troseddol, rôl y rheithgor yw penderfynu ar ffeithiau, a phenderfynu ar reithfarn sy'n seiliedig ar y ffeithiau hyn, sef bod rhywun yn euog neu'n ddieuog y tu hwnt i amheuaeth resymol. Rôl y barnwr yw penderfynu ar faterion cyfraith.

Y mathau mwyaf cyffredin o achosion sy'n cael eu clywed gan reithgorau yw troseddau ditiadwy yn Llys y Goron, fel llofruddiaeth neu dreisio. Bydd cyfanswm o 12 rheithiwr yn gwasanaethu yn ystod y treial, ac mae'n debyg mai'r rhesymeg am hyn yw'r egwyddor grefyddol mai 12 disgybl oedd gan Iesu Grist.

> Mae'r paragraff hwn yn canolbwyntio'n dda ar y cwestiwn, ac mae'r ymgeisydd wedi cydnabod rôl y rheithgor yn Llys y Goron. Gallai hefyd fod wedi gwneud sylw ar gyfran yr achosion yn y llysoedd ynadon (95%) a Llys y Goron, a pham mae rheithgor yn bresennol mewn dim ond tua 2% o achosion troseddol (e.e. does dim angen rheithgor os yw'r diffynnydd yn pledio'n euog).
> Mae wedi cynnwys rhai enghreifftiau o droseddau ditiadwy fel llofruddiaeth a threisio.

Mae gan y rheithgor ddwy awr i drafod y dadleuon a gyflwynwyd gan yr erlyniad a'r amddiffyniad yn ddirgel yn ystafell y rheithgor. Os na all y rheithgor ddod i reithfarn unfrydol, mae adran 17 **Deddf Rheithgorau 1974** yn caniatáu rheithfarn fwyafrifol o naill ai 11–1 neu 10–2. Mae hyn yn sicrhau bod euogrwydd yn cael ei sefydlu y tu hwnt i amheuaeth resymol.

Mae **Deddf Cyfiawnder Troseddol 2003** yn caniatáu treial gan farnwr ar ei ben ei hun yn Llys y Goron os oes tystiolaeth o ymyrryd â'r rheithgor, neu berygl y bydd hynny'n digwydd. Nid yw hyn yn digwydd yn aml, ond cafodd ei ddefnyddio yn achos 'Gang Heathrow', sef R v Twomey.

I gloi, mae rôl y rheithgor yn amrywio mewn llysoedd gwahanol, ond ei rôl fwyaf cyffredin yn Llys y Goron yw penderfynu ar y ffeithiau.

> Mae'r ymgeisydd wedi dangos gwybodaeth a dealltwriaeth ardderchog yma drwy gynnwys rheithfarnau mwyafrifol ac unfrydol, a'r cysylltiad â safon y prawf.

> Mae'r ateb yn gwneud pwynt pwysig am dreial gan farnwr ar ei ben ei hun, sy'n codi'r ateb i lefel 3. Dyma gyfeiriad da at enghraifft o achos.

> Yn gyffredinol, mae hwn yn ateb lefel 3. Mae'n canolbwyntio'n dda ar y cwestiwn yn yr amser sydd ar gael. Mae'r ymgeisydd wedi cynnwys rhywfaint o awdurdod cyfreithiol i gefnogi ei ymateb.

Cwestiwn 5(a) – ymateb gwannach

Mae rheithgorau wedi cael eu defnyddio i roi pobl ar dreial ers cyflwyno'r Magna Carta, oedd yn dweud bod gan unigolion yr hawl i gael treial gan eu cyfoedion. Mewn achosion troseddol, rôl y rheithgor yw penderfynu ar ffeithiau a phenderfynu ar reithfarn euog neu ddieuog, yn seiliedig ar y ffeithiau hyn.

Y mathau mwyaf cyffredin o achosion lle defnyddir rheithgorau mewn treial yw troseddau yn Llys y Goron. Bydd 12 rheithiwr yn gwasanaethu drwy gydol y treial.

Mae gan y rheithgor ddwy awr i drafod yn ddirgel yn ystafell y rheithgor, ac os nad ydyn nhw'n gallu dod i reithfarn unfrydol, mae **Deddf Rheithgorau 1974** yn caniatáu rheithfarn fwyafrifol o naill ai 11–1 neu 10–2.

Mae treial gan reithgor hefyd yn cael ei ddefnyddio yn y llys sirol a'r Uchel Lys i wrando ar achosion am erlyn maleisus, carcharu ar gam, difenwad a thwyll. Fel arfer mae wyth o reithwyr yn gwasanaethu mewn achosion o'r fath. Eu rôl yw penderfynu ar atebolrwydd, ac os yw'n briodol, penderfynu faint sydd i fod i gael ei roi i'r hawlydd fel iawndal.

Gwnaeth yr ymgeisydd yn dda i gydnabod rôl y rheithgor yn Llys y Goron. Gallai fod wedi gwneud sylw hefyd ar gyfran yr achosion yn y llysoedd ynadon (95%) a Llys y Goron, a pham mae rheithgor yn bresennol mewn dim ond tua 2% o achosion troseddol (e.e. does dim angen rheithgor os yw'r diffynnydd yn pledio'n euog). Gallai'r myfyriwr/myfyrwraig fod wedi rhoi rhai enghreifftiau o droseddau ditiadwy fel llofruddiaeth neu dreisio hefyd.

Mae'r ymgeisydd wedi gwneud yn dda yma i gynnwys rheithfarnau mwyafrifol ac unfrydol. Gallai werthuso rhywfaint hefyd drwy gysylltu â safon y prawf, e.e. drwy fynnu bod naill ai 10–2 neu 11–1 o reithwyr yn cytuno â'r rheithfarn, mae'n sicrhau y profir euogrwydd 'y tu hwnt i amheuaeth resymol'.

Yn gyffredinol, mae hwn yn ateb rhesymol sy'n ymdrin â rôl y rheithgor yn Llys y Goron. Mae sawl peth pwysig wedi cael ei adael allan, ond byddai'r ateb yn cyrraedd marc lefel 2.

Cwestiwn 5(b)

Dadansoddwch a gwerthuswch a yw treial gan reithgor yn ddibynadwy. [24]

Mae'r geiriau gorchymyn **dadansoddwch** a **gwerthuswch** yn gofyn i chi werthuso materion cyfreithiol mewn modd beirniadol drwy nodi safbwyntiau gwahanol, ategu hyn drwy nodi'r safbwynt cryfaf, a dangos eich gallu i ddadlau yn erbyn safbwyntiau eraill. Dylid defnyddio awdurdodau cyfreithiol i gefnogi eich dadleuon.

Cwestiwn 5(b) – ymateb cryf

Mae cyflwyniad fel hwn yn bwysig ar gyfer cwestiynau hirach, sy'n gofyn am werthuso.

Mae rheithgorau yn chwarae rhan bwysig yn y system gyfreithiol, a dylai eu penderfyniadau felly fod yn ddibynadwy. Mae treial gan reithgor yn nodwedd o system gyfreithiol agored a thryloyw, ac mae cyfeiriad at hyn mor bell yn ôl â'r Magna Carta.

Mae hwn yn lle rhesymol i ddechrau ystyried pa mor gynrychiadol yw'r rheithgor. Rhoddir trafodaeth dda o'r adroddiad pwysig hwn. Mae'r cwestiwn hwn yn canolbwyntio ar 'ddibynadwyedd', ac er nad bod yn 'gynrychiadol' yw'r prif fater dan sylw, mae'n berthnasol.

Yn gyntaf, mae pwy sy'n gymwys i fod yn rheithiwr wedi newid dros amser. Cyn **Deddf Rheithgorau 1974**, dim ond perchenogion eiddo oedd yn cael gwasanaethu fel rheithwyr – a dynion gwyn, canol oed oedd y rhain yn bennaf. Dangosodd adroddiad gan Bwyllgor Morris fod 95% o fenywod yn anghymwys.

Mae'r ymgeisydd wedi cysylltu ei enghraifft ar bwy sy'n gymwys â pha mor ddibynadwy yw rheithgorau. Mae'n dangos dealltwriaeth dda o'r hen feini prawf dethol.

Roedd **Deddf Rheithgorau 1974** yn ehangu'r ystod o bobl sy'n gymwys i wasanaethu, mewn ymgais i wneud rheithgorau yn fwy cynrychiadol o gymdeithas. Roedd yn datgan bod pobl rhwng 18 a 70 oed, pobl oedd ar y rhestr etholwyr, a'r rhai oedd wedi byw yn y DU am 5 mlynedd ers iddyn nhw fod yn 13 oed, yn gymwys – ar yr amod nad oedden nhw wedi eu gwahardd, ag anhwylder meddwl, neu heb fod â'r gallu. Canlyniad hyn oedd gwneud y rheithgor yn fwy dibynadwy, oherwydd cyn y Ddeddf, gallai perchenogion eiddo cyfoethog ddangos mwy o duedd at ddiffynyddion o'u dosbarth eu hunain, gan olygu eu bod yn annibynadwy.

Yma mae'r ymgeisydd wedi symud ymlaen at y newidiadau pwysig a wnaed o ganlyniad i Ddeddf Cyfiawnder Troseddol 2003. Mae hefyd wedi cysylltu hwn â phrif fater y cwestiwn – sef pa mor ddibynadwy yw'r rheithgor – ac wedi ei werthuso'n dda.

Roedd **Deddf Cyfiawnder Troseddol 2003** yn caniatáu i fwy fyth o bobl wasanaethu fel rheithwyr. Cafodd y categorïau 'anghymwys' eu dileu, gan olygu y gallai barnwyr, ynadon, swyddogion carchar a'r heddlu wasanaethu fel rheithwyr bellach. Gellir dadlau bod hyn yn gwneud y rheithgor yn fwy dibynadwy, gan y byddai'n gwneud penderfyniadau oedd yn ymgorffori eu barn a'u dealltwriaeth o'r gyfraith. Gallai rhai ddadlau fod pobl broffesiynol yn dod i farn fwy cytbwys.

Cyflwynir dadl gytbwys dda yma. Mae'n bwysig ystyried y ddwy ochr. Mae'r ymgeisydd wedi cyflwyno cyfraith achosion allweddol i gefnogi ei ddadl.

Ar y llaw arall, mae rheithwyr i fod i gynrychioli cymdeithas, ac yn gyffredinol gellir rhagdybio mai 'lleygwyr' ydyn nhw, neu fel arall gallai barnwr benderfynu ar y rheithfarn. Gallai rhai ddadlau nad yw rheithgor sy'n cynnwys gweithwyr cyfreithiol yn ddibynadwy, oherwydd gallai fod yn fwy tebygol o gael rhywun yn euog yn unol â'r gyfraith, a dangos tuedd yn erbyn y diffynyddion. Mae achosion **R v Abdroikof** ac **R v Khan** wedi cwestiynu a yw'r cynnydd hwn yn y rhai sy'n gymwys – a all gynnwys swyddogion heddlu, cyfreithwyr gwasanaeth erlyn y goron a barnwyr – yn briodol.

Mae'r ymgeisydd yn symud i ffwrdd o fater bod yn 'gynrychiadol' yma, ac yn symud ymlaen, yn ddigon cywir, i ystyried y manteision a'r anfanteision. Mae'n canolbwyntio'n dda ar y cwestiwn gan ddilyn geiriad y cwestiwn.

Mae pob math o fanteision ac anfanteision ynghylch rheithgor sy'n effeithio ar ba mor ddibynadwy ydyw. Mae'r trafodaethau yn ystafell y rheithgor yn gyfrinachol. Gellid dadlau felly nad yw treial gan reithgor yn ddibynadwy, oherwydd gallai benderfynu ar reithfarn drwy unrhyw ddull. Er enghraifft, gallai'r rheithgor ystyried y dystiolaeth yn drefnus, neu gallai ddyfalu a yw'r diffynnydd yn euog ai peidio, neu ddefnyddio dull anghonfensiynol ac annibynadwy i benderfynu a yw rhywun yn euog neu'n ddieuog. Yn achos **Young**, cafodd ei ddarganfod bod y rheithgor wedi defnyddio bwrdd Ouija i gysylltu â'r dioddefwr a fu farw, a gofyn pwy oedd wedi ei ladd. Yn amlwg, nid yw hyn yn ddibynadwy, ac mae'n un o beryglon cadw'r trafodaethau yn ddirgel. Ar y llaw arall, gallai cyfrinachedd ystafell y rheithgor gael ei ystyried yn fantais hefyd (gan olygu ei fod yn fwy dibynadwy), oherwydd gallai rheithwyr deimlo eu bod yn gallu trafod yn fwy agored. Mae tystiolaeth yn awgrymu y gallai rheithwyr deimlo'n llai parod i wasanaethu ar reithgor pe bai eu trafodaethau yn dod yn gyhoeddus.

Mae'r ymgeisydd yn trafod ystod eang o faterion perthnasol, ac fe wnaeth yn dda yma i ategu ei ateb drwy gyfeirio at achos perthnasol.

Hefyd, mae'r rheithgor yn rhydd i wneud unrhyw benderfyniad mae'n ddymuno, hyd yn oed os yw'r barnwr yn ei gyfarwyddo fel arall. Fel dywedodd yr Arglwydd Devlin, y rheithgor yw'r 'lamp sy'n dangos bod rhyddid yn fyw'. Gall hyn weithiau arwain at 'reithfarn ddisynnwyr', sef penderfyniad sy'n mynd yn groes i'r dystiolaeth. Achos sy'n dangos hyn yw **R v Owen** lle roedd gyrrwr lori wedi lladd mab dyn. Saethodd y dyn yrrwr y lori, ond heb ei ladd. Gwrthododd y rheithgor gael y dyn yn euog, er ei fod wedi saethu gyrrwr y lori. Yr enw ar hyn oedd 'rheithfarn ddisynnwyr' oherwydd dylai'r rheithgor fod wedi cael y dyn yn euog, ond fe aethon nhw yn erbyn y dystiolaeth. Ar y llaw arall, mae rhai yn ystyried hyn yn fantais, a'r enw ar hyn yw 'tegwch y rheithgor'. Mae'n golygu bod rheithwyr yn dod i benderfyniad ar sail 'tegwch' yn hytrach na rheolau caeth y gyfraith. Mae'r achos uchod hefyd yn enghraifft o degwch y rheithgor, ynghyd ag achos **Ponting**.

Mae treialon drwy reithgor wedi eu cyfyngu gan **Ddeddf Cyfiawnder Troseddol 2003**, mewn achosion lle mae perygl y bydd rhywun yn ymyrryd â'r rheithgor, neu berygl na fyddai'r rheithgor yn deall y dystiolaeth mewn achos cymhleth o dwyll. Dylai hyn wneud y rheithgor yn fwy dibynadwy, er bod rhai'n pryderu bod hyn yn cyfyngu ar gyfleoedd i'r cyhoedd gymryd rhan. Un o fanteision y rheithgor yw'r ffaith bod y cyhoedd yn cymryd rhan, a'i bod yn system gyfiawnder agored. Felly os bydd hyn yn cael ei gyfyngu, gallai arwain at duedd o bosibl.

Un fantais arall yw y dylai'r rheithgor fod yn ddiduedd, gan na ddylai unrhyw reithiwr fod â chysylltiad ag unrhyw un yn yr achos. Nid yw'r rheithgor wedi dod yn orgyfarwydd ag achosion chwaith, er bod perygl y bydd hyn yn digwydd i farnwr.

Ar y llaw arall, mae rhai anfanteision eraill. Dywedir wrth y rheithwyr i beidio ag edrych ar y rhyngrwyd i ganfod gwybodaeth am achos, ond gall hyn fod yn anodd ei reoli. Daeth astudiaeth gan Cheryl Thomas yn 2010 i'r casgliad bod tua 12% o reithwyr yn edrych ar y we. Gall hyn fod yn niweidiol i hawl y diffynnydd i dreial teg, gan olygu bod treial gan reithgor yn llai dibynadwy. Mae **Deddf Cyfiawnder Troseddol a'r Llysoedd 2015** wedi ei gwneud hi'n drosedd i reithwyr chwilio ar y rhyngrwyd i gael gwybodaeth am yr achos, neu i ddweud wrth reithiwr arall beth maen nhw wedi ei ddarganfod.

At hynny, mae rhai rheithgorau wedi dangos arwyddion o duedd hiliol **(Sander v UK)**. Mae hyn yn gwneud y rheithgor yn llai dibynadwy. Yn ogystal, mae portread y cyfryngau o drosedd neu ddigwyddiad yn gallu dylanwadu ar rai rheithwyr. Gallai hyn arwain y rheithgor i fod â rhagfarn yn erbyn diffynnydd.

Yn olaf, mae rheithwyr yn lleygwyr fel arfer, ac felly mae perygl na fyddan nhw'n deall y materion a godwyd yn ystod achos. Mae hyn yn arbennig o wir mewn achosion twyll cymhleth.

I gloi felly, mae rheithgorau yn cael eu defnyddio mewn miloedd o achosion bob blwyddyn, ac mae ganddyn nhw rôl bwysig, ond nid yw eu penderfyniadau bob amser yn ddibynadwy. Mae rhai wedi awgrymu y dylai barnwr wrando achosion ar ei ben ei hun, neu y dylai aelodau lleyg eistedd gyda barnwyr i wneud y drefn yn fwy dibynadwy. Ond am y tro, bydd rheithgorau yn dal i fodoli.

Paragraff da, lle mae'r ymgeisydd wedi dechrau drwy ei roi mewn cyd-destun gan gyfeirio at ddyfyniad yr Arglwydd Devlin. Yna mae'n sôn am reithfarnau disynnwyr, ac yn cyfeirio at achos perthnasol i gadarnhau hyn.

Trafodaeth dda o ddiwygio diweddar, gan ei gysylltu eto â'r cwestiwn.

Mae'r ymgeisydd yn defnyddio cysyllteiriau'n effeithiol i symud rhwng y manteision a'r anfanteision. Mae hynny'n arfer da wrth ateb cwestiwn sy'n gofyn am werthuso.

Defnydd da o dystiolaeth i gefnogi'r dadleuon.

Mae'r ymgeisydd wedi cynnwys safbwynt cymharol gytbwys o fanteision ac anfanteision y rheithgor. Mae pwyslais da ar fater 'dibynadwyedd' drwyddi draw.

Mae'r ymgeisydd wedi cynnwys casgliad tyn yma sy'n ymgorffori'r awgrym am farnwyr yn eistedd ar eu pen eu hunain wrth wrando achosion, neu gydag aelodau lleyg. Mae'n dangos ystod eang o wybodaeth a dealltwriaeth dda.

Yn gyffredinol, mae hwn yn ateb da iawn. Mae'r ymgeisydd wedi rhoi ateb manwl iawn gyda strwythur da, sydd wedi'i gefnogi gan ystod eang o awdurdod cyfreithiol cywir a phriodol. Mae'r ymgeisydd wedi cysylltu ei werthusiad â'r cwestiwn yn gyson, ac wedi trafod amrediad da o faterion perthnasol, gan gynnwys cynigion diwygio. Er nad yw'n ateb 'perffaith', byddai'n ennill marc lefel 4 uchel.

Cwestiwn 5(b) ymateb gwannach

Cyflwyniad digon cyfyng yw hwn gan yr ymgeisydd.

Mae'r ymgeisydd wedi gwneud yn dda yma i sôn am ddethol rheithgorau a pha mor gynrychiadol ydyn nhw. Dyma un rheswm pam maen nhw'n ddibynadwy (neu pam nad ydyn nhw'n ddibynadwy). Fodd bynnag, mae'r ateb yn eithaf cyffredinol o ran gwerthuso sut mae'r newidiadau a ddaeth yn sgil Deddf Cyfiawnder Troseddol 2003 wedi gwella'r dewis. Byddai hyn yn sicr wedi cyfoethogi'r ateb. Byddai'r ymgeisydd wedi cael budd hefyd o ddyfynnu'r awdurdod cyfreithiol hwn.

Mae'r ymgeisydd yn sôn am y meini prawf dethol yma, ond dylai ehangu mwy gan ddweud pwy sy'n gymwys i eistedd ar reithgor yn ôl Deddf Rheithgorau 1974, ar ôl ei diwygio gan Ddeddf Cyfiawnder Troseddol 2003. Hefyd, mae angen i'r ymgeisydd fod yn ofalus o ran ei ddefnydd o dermau allweddol ('esgusodi' a 'gohirio'), ac esbonio'r rhain yn gliriach. Mae'n cysylltu'r materion hyn â 'dibynadwyedd' yn unol â'r cwestiwn.

Roedd treial gan reithgor yn cael ei weld yn ffordd newydd, fwy agored a theg o brofi achos. Fodd bynnag, cafwyd peth beirniadaeth o reithgorau yn y gorffennol.

Yn gyntaf, nid yw'r broses o ddethol rheithgorau yn arwain at sampl sy'n cynrychioli'r cyhoedd yn deg. Er bod hyn wedi gwella yn ddiweddar (yn ôl yr hen drefn, dim ond rhywun oedd yn berchen ar eiddo fyddai'n gymwys i eistedd ar reithgor), mae lle i feirniadu'r broses o hyd. Mae'r broses ddethol bresennol wedi ei seilio o hyd ar ddinasyddiaeth, felly gall unrhyw un sydd wedi cofrestru i bleidleisio eistedd ar reithgor. Mae hyn yn syth yn eithrio unrhyw un sy'n ddigartref, unrhyw un sy'n ifanc ac unrhyw un sydd wedi byw yn y wlad hon am lai na 5 mlynedd. Mae hefyd yn eithrio unrhyw un sy'n dewis peidio â phleidleisio.

Hefyd, mae'n bosibl esgusodi unrhyw un sy'n ateb meini prawf penodol rhag gwasanaethu ar reithgor. Gall y bobl hyn fod yn aelodau o'r lluoedd arfog, yn staff meddygol neu'n unrhyw un â salwch difrifol. Unwaith eto, mae hyn yn golygu bod llai o ddewis, ac mae'n gwneud y rheithgor yn llai dibynadwy. Er hynny, gall y bobl hyn gael eu gohirio yn hytrach na'u hesgusodi.

Mae'n dda ei fod yn cyfeirio yma at berygl ymyrryd â rheithgor, ac yn cysylltu hyn â'r rheithfarn. Gallai'r ymgeisydd gyfeirio hefyd at safon y prawf i werthuso pa mor ddibynadwy yw rheithfarn rheithgor, ar sail pa mor argyhoeddedig mae'n rhaid iddyn nhw fod o euogrwydd (mewn treial troseddol) cyn gallu rhoi rheithfarn euog.

Ar ôl penderfynu ar y rheithgor, mae risgiau o hyd, gan gynnwys ymyrryd â'r rheithgor. Roedd hyn yn fater pwysig iawn pan oedd rhaid i reithgorau roi pleidlais unfrydol. Felly newidiwyd i ofyn am bleidlais fwyafrifol, er mwyn atal hyn.

Mewn achosion blaenorol, fel un Fraser (1988) lle roedd y diffynnydd yn ddu a'r rheithwyr i gyd yn wyn, roedd pryder y gallai'r diffyg cynrychiolaeth arwain at ganlyniad rhagfarnllyd.

Mae posibilrwydd hefyd o gael rheithfarn ddisynnwyr os bydd darn o dystiolaeth annerbyniol yn cael ei gyflwyno.

Cyfeiriad da at gyfraith achosion berthnasol yma. Mae hyn yn rhoi awdurdod cyfreithiol i'r ateb. Mae'r ymgeisydd wedi gwneud yn dda hefyd i ganolbwyntio'r enghraifft hon ar fater dibynadwyedd a bod yn gynrychiadol.

I grynhoi, nid yw treial gan reithgor bob amser yn ddibynadwy. Dewisiadau eraill fyddai caniatáu treialon gydag un barnwr, yn debyg iawn i'r llysoedd sifil; cael panel o farnwyr; neu gael barnwr ac ynad lleyg i eistedd fel rheithgor 'bach'. Yn y pen draw, os byddwn ni'n colli rheithgorau, mae perygl i achosion gael eu penderfynu gan farnwyr sy'n rhy gyfarwydd ag achosion yn gyffredinol.

Mae'n beth da ei fod yn sôn am reithfarnau disynnwyr yma, ond nid yw diwedd y frawddeg yn glir. Dylai fod wedi rhoi enghraifft o achos hefyd i egluro problem rheithfarnau disynnwyr, e.e. Young, R v Owen, Kronlid.

Dylai roi enghraifft i gefnogi'r honiad hwn.

Da yw gweld casgliad cryno yma, lle mae'r ymgeisydd yn cynnwys dewisiadau eraill yn lle'r system bresennol i'w gwerthuso. Mae'n frawddeg glo dda.

Mae hwn yn ateb 'boddhaol' ar lefel 2 sy'n sôn am rai o'r prif feysydd. Ond mae'r diffyg esboniad ac awdurdod cyfreithiol i gefnogi pwyntiau cynharach yn golygu na fyddai'r ymgeisydd yn cael lefel uwch na hyn. Gwnaeth yr ymgeisydd yn dda yn nes ymlaen i sôn am achos allweddol, ond roedd meysydd eraill hefyd yn gofyn am rywfaint o awdurdod. Fodd bynnag, gwnaeth yn dda i ddefnyddio strwythur rhesymegol a rhoi cyflwyniad, er ei fod yn fyr, a chasgliad.

CBAC UG Y Gyfraith: Uned 2

Mae'r papur hwn yn cynnwys un cwestiwn yn unig, ac mae'r holl is-adrannau ynddo yn orfodol. Maen nhw'n profi'r tri amcan asesu: mae cwestiynau 1, 2 a 3 yn werth 8 marc yr un ac yn ymwneud ag **AA1 Gwybodaeth a dealltwriaeth**. Mae cwestiwn 4 yn werth 18 marc ac yn ymwneud ag **AA2 Cymhwyso'r gyfraith**; ac mae cwestiwn 5 yn werth 18 marc ac yn ymwneud ag **AA3 Dadansoddi a gwerthuso**.

> ### Cwestiwn 1
>
> Esboniwch sut mae'r gyfraith yn penderfynu a oes ar rywun ddyletswydd gofal mewn achos esgeuluster. [8]

Mae'r gair gorchymyn **esboniwch** yn gofyn i chi ysgrifennu'n syml i ddweud sut mae rhywbeth yn gweithio.

Cwestiwn 1 – ymateb cryf

Mae 'dyletswydd gofal' yn cyfeirio at yr amgylchiadau a'r perthnasoedd mae'r gyfraith yn eu cydnabod sy'n arwain at ddyletswydd gyfreithiol i gymryd gofal. Gall peidio â chymryd gofal o'r fath olygu bod y diffynnydd yn atebol i dalu iawndal i barti sy'n cael ei anafu, neu sy'n dioddef colled o ganlyniad i dorri'r ddyletswydd gofal. Felly, mae'n rhaid i'r hawlydd sefydlu bod gan y diffynnydd ddyletswydd gofal iddo. Mae bodolaeth dyletswydd gofal yn dibynnu ar y math o golled, ac mae profion cyfreithiol gwahanol yn gymwys i golledion gwahanol.

Cafodd bodolaeth dyletswydd gofal am anaf personol a difrod i eiddo ei benderfynu yn wreiddiol gan 'brawf cymydog' yr Arglwydd Atkin, yn achos Donoghue v Stevenson (1932): 'Pwy felly, o ran y gyfraith, yw fy nghymydog?' Mae'n ymddangos mai'r ateb yw'r bobl sy'n cael eu heffeithio mor agos ac uniongyrchol gan weithredoedd y diffynnydd nes y dylai'r diffynnydd yn rhesymol fod wedi eu hystyried. Mae'n bosibl rhannu'r prawf cymydog ar gyfer sefydlu dyletswydd gofal yn ddau ofyniad – 'rhagwelediad rhesymol o niwed', ac 'agosrwydd y berthynas'.

Mae'r prawf yn achos Donoghue v Stevenson wedi cael ei ailddiffinio yn Caparo v Dickman (1990), ac mae'r cwestiwn ynghylch 'a oes dyletswydd gofal' bellach yn cael ei ofyn drwy brawf Caparo. O dan brawf Caparo, rhaid i'r hawlydd sefydlu bod rhagwelediad rhesymol o niwed, bod agosrwydd i'r berthynas, a'i bod yn deg, yn gyfiawn ac yn rhesymol i osod dyletswydd gofal.

> Paragraff agoriadol da iawn sy'n diffinio'n glir beth yw ystyr dyletswydd gofal.

> Mae'r ymgeisydd yn dangos gwybodaeth dda o'r 'prawf cymydog' yn Donoghue v Stevenson (1932). Byddai'r ateb wedi bod yn well o gynnwys rhai enghreifftiau i egluro hyn, fel y ddyletswydd gofal sydd ar yrwyr i gerddwyr a defnyddwyr eraill y ffordd.

> Mae'n dda iawn esbonio sut mae'r prawf wedi cael ei ailddiffinio yn achos allweddol Caparo.

> Yn gyffredinol, byddai'r ateb hwn yn cyrraedd marc lefel 3.

Cwestiwn 1 – ymateb gwannach

Mae hanes y prawf ar gyfer dyletswydd gofal yn dod o achos Donoghue v Stevenson. Rhaid i unigolyn gymryd gofal rhesymol i osgoi gweithredoedd os gellir rhagweld yn rhesymol eu bod yn debygol o anafu cymydog. Pwy sy'n 'gymydog' yn y sefyllfa hon? Pobl y mae gweithred y diffynnydd yn effeithio arnyn nhw mor agos ac uniongyrchol nes dylai'r diffynnydd fod wedi eu hystyried.

Mae sawl achos wedi ceisio newid y prawf hwn, ac yn ddiweddar cafodd ei ailysgrifennu mewn achos i gynnwys yr angen i rai elfennau gael eu profi, e.e. rhaid bod modd rhagweld yn rhesymol y byddai rhywun yn sefyllfa'r hawlydd yn cael ei anafu, bod agosrwydd rhwng y partïon, a'i bod yn deg i osod atebolrwydd ar y diffynnydd.

> Er bod y cyflwyniad yn tynnu sylw at y prawf cymydog yn Donoghue v Stevenson, does dim diffiniad o ddyletswydd gofal, ac mae'r cyfeiriad at y prawf yn fyr.

> Ar gyfer ateb fel hwn, mae'n hanfodol bod yr ymgeisydd yn dyfynnu'r achos a ailddiffiniodd y prawf yn Donoghue (h.y. Caparo v Dickman). Yn gyffredinol, does dim digon o ddatblygiad yn yr ateb, na chyfraith achosion i gefnogi.

> Yn gyffredinol, byddai'r ateb hwn yn cyrraedd marc lefel 2 isel.

Cwestiwn 4

Mae Johnny yn gyrru ei gar ac mae'n cofio bod angen iddo decstio ei fam i ddweud wrthi na fydd adref mewn pryd i gael swper y diwrnod hwnnw. Mae'n llwyddo i decstio ei fam drwy ddal ei ffôn symudol yn ei law chwith, wrth ddefnyddio ei law dde i lywio'r car. Wrth iddo droi cornel y ffordd, mae'n gweld Alan yn dod tuag ato mewn fan. Mae Johnny yn gollwng ei ffôn symudol ac yn brecio'n galed ond mae'r car yn llithro i mewn i fan Alan gan wneud difrod mawr i flaenau'r ddau gerbyd. Mae Alan yn dioddef anafiadau difrifol i'w ben.

Cynghorwch Johnny ynghylch a yw'n atebol am anafiadau Alan. [18]

Mae'r gair gorchymyn **cynghorwch** yn gofyn i chi roi esboniad bras o gysyniad cyfreithiol, ac yna'i gymhwyso i'r senario er mwyn cynnig cyngor.

Cwestiwn 4 – ymateb cryf

> Cyflwyniad da, ond byddai wedi bod yn well pe bai wedi rhoi diffiniad o ddyletswydd gofal. Mae'r ymgeisydd yn dangos gwybodaeth dda o'r achos lle defnyddiwyd y prawf.

Er mwyn i Alan lwyddo mewn achos o esgeuluster yn erbyn Johnny, yn gyntaf mae'n rhaid sefydlu bod gan Johnny ddyletswydd gofal i Alan. Mae'r prawf ar gyfer pennu a oes gan rywun ddyletswydd gofal i rywun arall neu beidio yn seiliedig ar brawf tair rhan, fel cafodd ei nodi yn Caparo Industries plc v Dickman.

> Er bod hyn yn dda, gallai fod wedi esbonio egwyddor y prawf cymydog yn fwy manwl.

Nid oes gan Johnny ddyletswydd i'r byd i gyd, dim ond i'r unigolion y gellid rhagweld yn rhesymol y bydd ei weithredoedd neu ei anwaith yn effeithio arnyn nhw, fel cafodd ei bennu yn Donoghue v Stevenson. O ran penderfyniad Johnny i ddefnyddio ei ffôn symudol wrth droi'r gornel, gellid rhagweld yn rhesymol y gallai hyn arwain at effaith ar unigolion eraill. Os sefydlir bod rhywfaint o 'ragweladwyaeth' yn bodoli, yna rhaid ystyried pa mor agos yw'r partïon dan sylw. Caiff 'agosrwydd' ei bennu ar sail y berthynas rhwng y partïon dan sylw. Mae agosrwydd clir yn y berthynas rhwng Johnny a defnyddwyr eraill y ffordd, fel Alan. Bydd y llysoedd hefyd yn ystyried a yw'n rhesymol gosod dyletswydd gofal ar Johnny ar sail tegwch neu bolisi. Mae'n deg gosod dyletswydd gofal ar yrwyr sy'n gyrru ac yn defnyddio eu ffonau symudol ar yr un pryd, ac mae er lles polisi cyhoeddus hefyd.

> Mae'n cymhwyso'r profion yn dda yma i sefyllfa Alan, ond byddai wedi gallu gwella ar hyn drwy gynnwys cyfraith achosion i'w gefnogi, yn ymwneud â dyletswydd gofal a defnyddwyr ffyrdd.

Mae Alan wedi dioddef niwed o ganlyniad i'r ffaith bod Johnny wedi torri ei ddyletswydd gofal. Doedd dim tystiolaeth o *novus actus interveniens* a allai negyddu atebolrwydd Johnny am y ddamwain, a'i gyfrifoldeb am yr anafiadau a ddioddefodd Alan.

> Unwaith eto, mae'r ymgeisydd yn dangos gwybodaeth dda, ond byddai wedi bod yn syniad da diffinio'r term allweddol yma. Yn gyffredinol, byddai'r ateb hwn yn cyrraedd marc lefel 3.

Cwestiwn 4 – ymateb gwannach

> Byddai diffiniad o ddyletswydd gofal wedi bod yn well yma yn y paragraff agoriadol.

Yn gyntaf, rhaid penderfynu a oedd gan Johnny ddyletswydd gofal i Alan. Mae'r prawf ar gyfer penderfynu a oes gan rywun ddyletswydd gofal neu beidio yn seiliedig ar dair rhan. Mae gan Johnny ddyletswydd gofal i'r unigolion hynny y gellid rhagweld yn rhesymol y byddai ei weithredoedd yn effeithio arnyn nhw. Yn y sefyllfa hon, gellid dadlau y gallai penderfyniad Johnny i ddefnyddio ei ffôn symudol wrth droi'r gornel arwain at effaith ar unigolion eraill. Dylai fod wedi gallu rhagweld y gallai hyn ddigwydd. Y prawf nesaf mae'n rhaid ei brofi yw agosrwydd y partïon dan sylw – pa mor agos yw'r berthynas rhwng Johnny ac Alan. Yn yr achos hwn, mae angen i ni ofyn hefyd a fyddai'r llysoedd o'r farn ei bod yn deg i osod dyletswydd gofal ar Johnny. Yn fy marn i, byddai'r llysoedd yn credu ei bod yn deg yn y sefyllfa hon, gan na ddylai gyrwyr ddefnyddio eu ffonau symudol wrth yrru. Oherwydd hyn y dioddefodd Alan ei anafiadau.

> Er bod yr ateb hwn yn dangos gwybodaeth o'r prawf yn achos Caparo, does dim dyfyniadau o achosion allweddol fel Caparo a Donoghue v Stevenson, nac unrhyw gyfraith achosion ategol i ddangos dyletswydd gofal. Does dim digon o ddatblygiad yn yr ateb, a dylai pob pwynt fod mewn paragraff ar wahân.

> Yn gyffredinol, byddai'r ateb hwn yn cyrraedd marc lefel 2.

Cwestiwn 5

Dadansoddwch a gwerthuswch y mathau gwahanol o iawndal yn ôl cyfraith esgeuluster. [18]

Mae'r geiriau gorchymyn **dadansoddwch** a **gwerthuswch** yn gofyn i chi werthuso materion cyfreithiol mewn modd beirniadol drwy nodi safbwyntiau gwahanol, cefnogi hyn drwy nodi'r safbwynt cryfaf, a dangos eich gallu i gynnig safbwyntiau eraill ac ymateb iddyn nhw. Dylid defnyddio awdurdodau cyfreithiol i gefnogi eich dadleuon.

Cwestiwn 5 – ymateb cryf

Yr egwyddor sy'n rheoli dyfarnu iawndal mewn achosion camwedd yw ceisio rhoi'r hawlydd yn yr un sefyllfa ag y byddai pe bai'r camwedd heb gael ei gyflawni (Livingstone v Raywards Coal Company). Mewn rhai achosion, bydd yr hawlydd wedi dioddef sawl math o golled. Mae'r mathau hyn yn perthyn i gategorïau gwahanol.

> Paragraff agoriadol da, sy'n nodi'n glir beth yw pwrpas iawndal yng nghyfraith camwedd, gyda chyfraith achosion i'w gefnogi.

Yn gyntaf, gall yr iawndal fydd yn cael ei ddyfarnu gael ei ystyried yn iawndal arbennig, lle mae'n bosibl cyfrifo'n fathemategol gywir faint o iawndal i'w ddyfarnu. Un enghraifft yw colli enillion, a gellir cyfrifo hyn drwy gyfrifo enillion net yr hawlydd, gan gynnwys unrhyw daliadau bonws neu oramser. Mae iawndal arbennig hefyd yn cynnwys pethau eraill mae'n bosibl rhoi ffigur union ar eu cyfer, fel costau meddygol a phresgripsiynau er enghraifft.

> Mae'r mathau gwahanol o iawndal wedi'u nodi'n dda. Byddai rhywfaint o werthuso wedi gwella'r ateb hwn, a rhagor o wybodaeth am iawndal arbennig (e.e. rhaid i'r hawlydd brofi'r iawndal arbennig).

Mae iawndal cyffredinol ar gael hefyd. Yn yr achos hwn, gall y cyfanswm gael ei fynegi mewn termau ariannol o hyd, ond does dim cyfrifiad mathemategol manwl gywir. Mae'n cael ei gyfrifo gan ddefnyddio fformiwla, gan nad yw'n bosibl cyfrifo'r cyfanswm i'w ddyfarnu yn union. Mae iawndal cyffredinol yn cynnwys iawndal ar gyfer poen, dioddefaint a cholli mwynderau. Mae'r rhain yn dreuliau anariannol. Un o'r prif broblemau yma yw bod iawndal ar gyfer poen a dioddefaint yn cael ei ddyfarnu yn wrthrychol. Felly, er enghraifft, os yw'r hawlydd wedi bod mewn coma am bum mlynedd, ni fydd yn derbyn iawndal am boen a dioddefaint ar gyfer y cyfnod hwn gan na fyddai wedi bod yn ymwybodol ohono (Wise v Kaye). Mae 'colli mwynderau' yn golygu iawndal am fethu mwynhau bywyd cystal, drwy golli braich neu goes er enghraifft. Yn amlwg, nid yw'n bosibl rhoi'r hawlydd yn ôl yn yr un sefyllfa ag y byddai pe bai'r camwedd heb ddigwydd, ac felly nod iawndal o'r fath yw digolledu'r hawlydd am yr anaf a gafodd. Ond a yw byth yn gallu gwneud iawn am y golled a ddioddefwyd? Mae colled yn golygu rhywbeth gwahanol i bobl wahanol. Un fantais, fodd bynnag, yw bod y llys hefyd yn gallu dyfarnu llog ar iawndal.

> Mae trafodaeth dda yn y paragraff hwn ar iawndal cyffredinol, y manteision a'r anfanteision. Mae'r ymgeisydd yn gwneud ymgais dda iawn i werthuso yma.

Mae iawndal cyffredinol hefyd yn cynnwys colli enillion yn y dyfodol. Mae'r broses o asesu colli enillion yn y dyfodol yn golygu bod angen ystyried cyflog blynyddol net yr hawlydd, a'i luosi gan ddefnyddio lluosydd i gyrraedd ffigur sy'n seiliedig ar hyd y cyfnod mae'r hawlydd yn debygol o ddioddef colled. Gallai hyn fod yn ddisgwyliad oes yr hawlydd, os na fydd yn gweithio byth eto. Yna caiff hwn ei drosi'n ffigur ariannol.

> Mae'r ymgeisydd yn dangos gwybodaeth dda am y ffordd mae iawndal yn cael ei gyfrifo.

Fodd bynnag, wrth asesu iawndal ar gyfer anafiadau difrifol, bydd y gyfran fwyaf o'r dyfarniad iawndal ar gyfer colledion yn y dyfodol (fel colli'r gallu i ennill cyflog, neu gostau gofal meddygol parhaus a gofal arall). Gall y colledion hyn fod yn anodd eu hasesu'n gywir, gan nad yw'n bosibl gwybod beth fydd yn digwydd yn y dyfodol, neu beth fyddai wedi digwydd pe bai'r ddamwain heb ddigwydd, yn enwedig os yw'r hawlydd yn blentyn (gweler achos Giambrone v JMC Holidays (2002)).

> Mae yma werthuso da, ac achos i'w gefnogi.

Problemau eraill yw y gallai'r hawlydd dderbyn gormod o iawndal. Er enghraifft, os bydd yn gwella'n rhannol ac yna'n gallu gweithio, neu'n mwynhau gwell safon byw na'r hyn oedd wedi'i ragweld. Gall costau meddygol neu gostau eraill fod yn llai na'r disgwyl hefyd, neu gallai'r hawlydd wneud elw os yw'n buddsoddi'n ddoeth. A yw'n deg mewn gwirionedd i hawlydd elwa fel hyn?

> Unwaith eto, dyma ymgais dda ar werthuso. Mae'r ymgeisydd wedi ystyried nifer o broblemau posibl yn ymwneud â dyfarnu iawndal.

Unwaith eto, mae gwerthuso da yma, ac ystyriaeth o safbwyntiau gwrthgyferbyniol. Mae'n galonogol iawn hefyd gweld yr ymgeisydd yn cynnig datrysiad i'r problemau, ar ffurf setliadau strwythuredig. Efallai fod y diwedd braidd yn swta, ond yn gyffredinol, dyma ymgais gadarn iawn i ateb y cwestiwn a byddai'n cyrraedd marc lefel 4.

Cyflwyniad da. Mae rhai termau allweddol wedi'u nodi ond heb eu hesbonio (e.e. lliniaru colled).

Mae hyn yn dangos dealltwriaeth dda o iawndal cyffredinol, ond cyfyngedig yw'r gwerthuso, a does dim manylion i ddangos sut mae'n cael ei gyfrifo.

Mae gwybodaeth allweddol ar goll yma (h.y. bod rhaid i'r hawlydd brofi iawndal arbennig, ac nad yw'n cael ei ragdybio gan y llys).
Hefyd, mae diffyg gwerthuso iawndal arbennig a'r dull o'i gyfrifo. Mae'r ateb cyffredinol yn ddisgrifiadol yn bennaf, ac mae diffyg pwyslais ar amcan asesu AA3.

At hynny, gall y gwrthwyneb ddigwydd, a gall hawlydd sy'n goroesi tu hwnt i'w ddisgwyliad oes orfod treulio ei fywyd yn dibynnu ar les cymdeithasol ar ôl i'r iawndal gael ei wario. Hyd yn oed os oedd yr iawndal yn ddigonol, rhagdybir y bydd y diffynnydd yn gwario'r arian neu'n ei fuddsoddi'n ddoeth yn hytrach na'i wastraffu. Ond efallai nad felly y bydd hi. Er mwyn goresgyn y problemau posibl hyn, gellir talu iawndal drwy randaliadau rheolaidd, yn hytrach nag mewn un swm mawr.

Cwestiwn 5 – ymateb gwannach

Mae gwahanol fathau o iawndal mewn achos esgeuluster. Eu pwrpas yw digolledu'r hawlydd, a'i roi yn yr un sefyllfa ag y byddai pe bai'r digwyddiad esgeulus heb ddigwydd. Gellir digolledu colledion gwirioneddol a cholledion yn y dyfodol, a rhaid ystyried lliniaru colled hefyd.

Mae dau fath o iawndal: iawndal arbennig yw iawndal ar gyfer y colledion ariannol a gafwyd hyd at ddyddiad yr achos llys. Hefyd mae rhai pethau y gellir rhoi ffigur union ar eu cyfer, er enghraifft costau meddygol, presgripsiynau a cholli enillion.

Mae iawndal cyffredinol ar gael hefyd. Mae hwn yn iawndal am boen, dioddefaint a cholled. Mae enghreifftiau o iawndal cyffredinol hefyd yn cynnwys iawndal am golli cyfle i gael dyrchafiad swydd neu gyfleoedd eraill, a cholli enillion yn y dyfodol. Nod cyffredinol dyfarnu iawndal mewn achos camwedd yw rhoi'r hawlydd yn y sefyllfa y byddai wedi bod ynddi pe bai'r camwedd heb ddigwydd. Nod iawndal mewn achosion camwedd yw adfer yr hawlydd i'r sefyllfa roedd ynddi cyn y digwyddiad. Fodd bynnag, yn achos iawndal cyffredinol, gall fod yn anodd rhoi ffigur terfynol ar y colledion.

Y math arall o iawndal yw iawndal arbennig. Iawndal yw hwn ar gyfer arian rydych chi wedi gorfod ei dalu ac wedi'i golli oherwydd y ddamwain, anaf neu salwch, a gallwch roi ffigur arno. Mae enghreifftiau yn cynnwys arian a gafodd ei wario ar deithio, costau meddygol a phresgripsiynau. Bydd yn rhaid i lys benderfynu ar gyfanswm yr iawndal ar gyfer y mathau hyn o golledion, a rhoi ystyriaeth hefyd i enillion a gollir yn y dyfodol.

Yn gyffredinol, byddai'r ateb hwn yn cyrraedd marc lefel 2.

Geirfa

actus reus: 'y weithred euog' sy'n angenrheidiol er mwyn cael diffynnydd yn euog o drosedd. Gall fod yn weithred wirfoddol, yn anwaith neu'n sefyllfa.

achos datganedig: apeliadau ar y sail bod gwall cyfreithiol wedi bod, neu bod yr ynadon wedi gweithredu y tu hwnt i'w hawdurdodaeth. Gall yr erlyniad a'r amddiffyniad ei ddefnyddio.

achosi: gwneud i rywbeth ddigwydd.

achosiaeth (neu gadwyn achosiaeth): cysylltu'r *actus reus* a'r canlyniad cyfatebol. I gael atebolrwydd troseddol, rhaid bod cadwyn achosiaeth ddi-dor. Mae dau fath o achosiaeth: cyfreithiol a ffeithiol.

adolygiad barnwrol: y broses o herio cyfreithlondeb penderfyniad, gweithred neu fethiant i weithredu ar ran corff cyhoeddus fel adran y llywodraeth neu lys.

adroddiad cyn dedfrydu: mae hwn yn helpu'r llys i benderfynu a oes unrhyw ffactorau yn hanes y diffynnydd a all effeithio ar y ddedfryd.

amddiffyniadau cyffredinol: amddiffyniadau sy'n gymwys i unrhyw drosedd (gyda rhai eithriadau), yn wahanol i 'amddiffyniadau arbennig', sy'n gymwys i rai troseddau yn unig; er enghraifft, mae cyfrifoldeb lleihaedig ar gael ar gyfer llofruddiaeth yn unig.

arfer: rheolau ymddygiad sy'n datblygu mewn cymuned heb gael eu creu yn fwriadol.

ataliad: rhywbeth sy'n annog rhywun i beidio â chyflawni gweithred benodol.

atebolrwydd caeth: grŵp o droseddau, rheoleiddiol eu natur fel arfer, sy'n gofyn am brawf o *actus reus* yn unig heb fod angen *mens rea*.

bargeinio ple: mae'r diffynnydd yn pledio'n euog i drosedd lai difrifol yn gyfnewid am ddedfryd lai, er mwyn arbed amser y llys a gwneud canlyniad y treial yn haws ei ragweld.

Brexit: yr enw cyffredin sy'n cael ei roi ar ymadawiad Prydain o'r Undeb Ewropeaidd, ac sy'n cael ei ddefnyddio'n aml gan y cyfryngau wrth gyfeirio at faterion ynglŷn â'r trafodaethau.

Bwrdd Parôl: corff a sefydlwyd o dan Ddeddf Cyfiawnder Troseddol 1967 i gynnal cyfarfodydd gyda throseddwr er mwyn penderfynu a all gael ei ryddhau o'r carchar ar ôl treulio isafswm ei ddedfryd yno. Mae'r Bwrdd yn llunio asesiad risg i benderfynu a yw'n ddiogel rhyddhau'r unigolyn yn ôl i'r gymuned. Os yw'n ddiogel, bydd yn cael ei ryddhau ar drwydded, gydag amodau ac o dan oruchwyliaeth agos.

cadarnhawyd: wedi'i benderfynu; penderfyniad y llys.

camwedd: camwedd sifil sy'n cael ei gyflawni gan un unigolyn yn erbyn un arall, fel anaf a achosir drwy esgeuluster.

camweddwr: rhywun sydd wedi cyflawni camwedd.

clwyfo: torri dwy haen y croen, gan arwain fel arfer at waedu.

contract dwyochrog: contract rhwng dau barti lle mae'r naill a'r llall yn addo cyflawni gweithred yn gyfnewid am weithred y llall.

contract unochrog: cynnig sy'n cael ei wneud yn gyfnewid am weithred; er enghraifft, gwobr am eiddo coll.

croesholi: holi tyst yn y llys gan gwnsler ar ran yr ochr arall.

Cwnsler y Frenhines (C.F.): bargyfreithiwr uwch sydd wedi bod yn ymarferydd am o leiaf 10 mlynedd ac sy'n cael ei benodi i'r safle. Mae ganddo hawl i wisgo gŵn sidan, neu 'gymryd sidan'.

cyfraith gyffredin / cyfraith gwlad (a hefyd cyfraith achosion neu gynsail): cyfraith sy'n cael ei datblygu gan farnwyr drwy benderfyniadau yn y llys.

cyfreithiwr ar ddyletswydd: cyfreithwyr sy'n gweithio mewn cwmnïau preifat, ond sydd wedi ennill contract gan yr Asiantaeth Cymorth Cyfreithiol i roi cyngor troseddol i bobl sydd wedi'u harestio. Bydd yr unigolyn yn y ddalfa yn cael cymorth gan bwy bynnag sydd ar ddyletswydd ar y diwrnod hwnnw.

Cyfrin Gyngor: y llys apêl olaf i'r rhan fwyaf o wledydd y Gymanwlad.

cyhuddiad: y penderfyniad y dylai rhywun a ddrwgdybir gael treial am drosedd honedig.

cymhwysedd uniongyrchol: pan fydd darn o ddeddfwriaeth yr UE yn rhwymo yn awtomatig ac yn dod yn rhan o gyfraith yr aelod-wladwriaeth cyn gynted ag y mae'n cael ei basio gan yr UE.

cynigai: yr unigolyn y gwneir y cynnig iddo ac a fydd yn derbyn y cynnig wedyn.

cynigiwr: yr unigolyn sy'n gwneud cynnig.

cynnig: yng nghyfraith contract, cynnig sy'n cael ei roi gan unigolyn i un arall gyda'r bwriad iddo ddod yn gyfreithiol-rwym cyn gynted ag y bydd yr unigolyn arall yn ei dderbyn.

cynsail berswadiol: penderfyniad blaenorol nad oes rhaid ei ddilyn.

cynsail farnwrol (cyfraith achosion): ffynhonnell cyfraith lle gall penderfyniadau barnwyr yn y gorffennol lunio'r gyfraith i farnwyr y dyfodol ei dilyn.

cynsail rwymol: penderfyniad blaenorol y mae'n rhaid ei ddilyn.

cynsail wreiddiol: penderfyniad mewn achos lle nad oes cyfraith neu benderfyniad blaenorol y gall y barnwr eu defnyddio.

datganiad anghydnawsedd: gellir ei gyhoeddi o dan adran 4 Deddf Hawliau Dynol 1998, er mwyn rhoi grym i uwch farnwyr gwestiynu a yw deddfwriaeth yn cyd-fynd â hawliau dynol. Mae'r datganiad yn cael ei anfon i'r Senedd. Nid yw'n caniatáu i farnwyr ddileu cyfreithiau.

datganoli: trosglwyddo pŵer o'r llywodraeth ganolog i'r llywodraeth genedlaethol, ranbarthol neu leol (e.e. sefydlu Llywodraeth Cymru, Cynulliad Gogledd Iwerddon a Senedd yr Alban).

datgeliad: y rheidrwydd ar yr amddiffyniad a'r erlyniad i ddatgelu'r holl dystiolaeth berthnasol i'r ochr arall.

dedfryd: y gosb sy'n cael ei rhoi i rywun sydd wedi ei gael yn euog o drosedd. Gall fod yn gyfnod yn y carchar, yn ddedfryd gymunedol, neu'n ddedfryd neu ddatrysiad ataliedig.

Deddf Seneddol (statud): ffynhonnell deddfwriaeth sylfaenol sy'n dod o gorff deddfwriaethol y DU.

deddfwriaeth ddirprwyedig (deddfwriaeth eilaidd neu **is-ddeddfwriaeth):** cyfraith sy'n cael ei llunio gan gorff gwahanol i'r Senedd ond gydag awdurdod y Senedd, fel sy'n cael ei nodi mewn deddfwriaeth sylfaenol.

deddfwriaeth sylfaenol: cyfraith sy'n cael ei gwneud gan y corff deddfwriaethol, sef y Senedd yn y DU. Mae Deddfau Seneddol yn ddeddfwriaeth sylfaenol.

derbyniol: tystiolaeth ddefnyddiol nad oes modd ei gwahardd ar y sail ei bod yn ddibwys, yn amherthnasol neu'n torri rheolau tystio.

dewisol: dewis y llys yw rhoi iawndal neu beidio.

diffynnydd: yr unigolyn sy'n amddiffyn y weithred (e.e. yr unigolyn sydd wedi'i gyhuddo o drosedd).

dim ennill, dim ffi: cytundeb rhwng cyfreithiwr a chleient y bydd y cleient yn talu'r ffioedd cyfreithiol dim ond os enillir yr achos.

dirmyg llys: trosedd y gellir ei chosbi â hyd at ddwy flynedd yn y carchar i unrhyw un sy'n anufuddhau neu'n anghwrtais i lys y gyfraith.

disgybledd (sef tymor prawf): prentisiaeth blwyddyn lle mae disgybl yn gweithio ochr yn ochr â bargyfreithiwr cymwys, sy'n cael ei alw'n ddisgybl–feistr.

ditiadwy: y troseddau mwyaf difrifol, sy'n cael eu rhoi ar brawf yn Llys y Goron yn unig.

ecwitïol: bod yn deg.

effaith ôl-weithredol: cyfreithiau sy'n effeithio ar weithredoedd a gafodd eu gwneud cyn iddyn nhw gael eu pasio.

effaith uniongyrchol: dyma sy'n galluogi unigolion o aelod-wladwriaethau'r UE i ddibynnu ar gyfraith yr UE yn eu llysoedd cenedlaethol eu hunain, heb orfod mynd â'r achos i'r Llysoedd Ewropeaidd.

euogfarn: mae'r diffynnydd wedi ei gael yn euog a bydd yr achos yn symud ymlaen at y cam dedfrydu.

ffactor gwaethygol: ffactor sy'n berthnasol i drosedd, ac sy'n effeithio ar y ddedfryd drwy ei chynyddu. Er enghraifft, pan fydd gan droseddwr euogfarnau blaenorol, neu os defnyddiwyd arf yn ystod y drosedd.

ffactorau lliniarol: ffactorau sy'n berthnasol i'r drosedd, ac sy'n effeithio ar y ddedfryd neu'r cyhuddiad drwy ei leihau. Enghreifftiau o hyn yw ystyried ai dyma drosedd gyntaf y diffynnydd, neu a yw'r diffynnydd wedi pledio'n euog.

ffi ymgodi/ffi llwyddiant: ffi ychwanegol mewn achos 'dim ennill, dim ffi', hyd at 100% o ffi sylfaenol y cynrychiolydd cyfreithiol, i'w dalu os enillir yr achos. Os na fydd yr achos yn cael ei ennill, ni fydd rhaid i'r collwr dalu unrhyw ffioedd.

goddrychol: rhagdybiaeth sy'n ymwneud â'r unigolyn dan sylw (sef y goddrych).

gorchymyn diwygio deddfwriaethol: Offeryn Statudol sy'n gallu diwygio Deddf Seneddol heb yr angen am Fesur seneddol.

gwahaniad pwerau: mae pŵer y wladwriaeth wedi'i rannu yn dri math, sef gweithredol, barnwrol a deddfwriaethol. Dylai pob math gael ei weithredu gan gyrff neu bobl wahanol.

Gweithrediaeth: y llywodraeth.

gwrandawiad cyntaf (llys treial): llys lle mae gwrandawiad cyntaf achos yn cael ei gynnal. Mae'n wahanol i lys apeliadau, sy'n gwrando ar achosion apêl.

gwrandawiad gweinyddol cynnar: yr ymddangosiad cyntaf yn y llys ynadon i bob diffynnydd sy'n cael ei amau o drosedd ynadol neu dditiadwy. Mae'r gwrandawiad hwn yn ystyried cyllid cyfreithiol, mechnïaeth a chynrychiolaeth gyfreithiol.

gwrthrychol: prawf sy'n ystyried beth byddai rhywun cyffredin, rhesymol arall wedi ei wneud neu ei feddwl, o'i roi yn yr un sefyllfa â'r diffynnydd.

hawliau ymddangos: yr hawl i ymddangos fel eiriolwr mewn unrhyw lys.

hawlydd: yr unigolyn sy'n dod â'r achos gerbron. Cyn 1 Ebrill 1999, roedd yr unigolyn hwn yn cael ei alw'n bleintydd neu'n achwynydd.

hiliaeth sefydliadol: pan fydd gweithrediadau neu bolisïau a gweithdrefn corff cyhoeddus neu breifat yn cael eu hystyried yn hiliol.

hostel mechnïaeth: hostel ar gyfer pobl sydd ar fechnïaeth ac sydd ddim yn gallu rhoi cyfeiriad sefydlog. Mae'n cael ei redeg gan y Gwasanaeth Prawf.

iawndal: dyfarniad ariannol sy'n ceisio digolledu'r parti diniwed am y colledion ariannol y mae wedi'u dioddef o ganlyniad i'r tor-contract.

laissez-faire: term cyfraith contract sy'n nodi y dylai unigolyn gael rhyddid i lunio contract â'r ymyrraeth leiaf posibl gan y wladwriaeth neu'r farnwriaeth.

lleyg (person lleyg): rhywun sydd heb gymwysterau cyfreithiol.

lliniaru colled: gostwng neu leihau colled.

maleisus: caiff hwn ei ddehongli i olygu 'gyda bwriad neu fyrbwylltra goddrychol'.

mechnïaeth: caniateir i'r diffynnydd fod yn rhydd yn hytrach na bod yn y carchar cyn ei wrandawiad llys, cyn belled â'i fod yn cytuno i amodau penodol, fel adrodd yn rheolaidd i orsaf heddlu.

meichiau: swm o arian sy'n cael ei gynnig i'r llys gan rywun sy'n adnabod yr unigolyn a ddrwgdybir. Mae'r swm yn gwarantu y bydd yr un a ddrwgdybir yn dod i'r llys pan fydd angen.

mens rea: 'y meddwl euog' sy'n angenrheidiol er mwyn cael diffynnydd yn euog o drosedd. Gall gynnwys bwriad, byrbwylltra neu esgeuluster.

novus actus interveniens: gweithred ymyrrol sydd mor annibynnol ar weithred wreiddiol y diffynnydd nes ei bod yn llwyddo i dorri'r gadwyn achosiaeth. Gall fod atebolrwydd am y weithred gychwynnol.

obiter dicta: pethau a ddywedir 'gyda llaw' neu wrth fynd heibio. Nid yw'r rhain yn rhwymol, a dim ond grym perswadiol sydd ganddynt.

oedolyn priodol: rhiant, gwarcheidwad neu weithiwr cymdeithasol sy'n gorfod bod yn bresennol pan fydd unigolyn ifanc o dan 17 oed yn cael ei gyfweld yn nalfa'r heddlu, neu mewn treial yn y llys ieuenctid. Ei rôl yw gwneud yn siŵr bod yr unigolyn ifanc yn deall y termau cyfreithiol, yn ymwybodol o'i hawliau ac yn cael cysur a sicrwydd.

per incuriam: 'gwnaed trwy gamgymeriad'. Cyn Datganiad Ymarfer 1966, dyma oedd yr unig sefyllfa lle gallai Tŷ'r Arglwyddi fynd yn groes i'w benderfyniadau blaenorol.

perthynas ddigon agos: (yng nghyfraith camwedd) pa mor agos yw'r diffynnydd a'r dioddefwr yn gorfforol neu'n emosiynol.

preifatrwydd contract: athrawiaeth sy'n caniatáu i bartïon mewn contract siwio ei gilydd, ond nid yw'n caniatáu i drydydd parti siwio.

prif holiad: holi tyst yn y llys gan ei gwnsler ei hun, ar ran yr amddiffyniad neu'r erlyniad.

ratio decidendi: 'y rheswm dros y penderfyniad'. Dyma elfen rwymol cynsail, ac mae'n rhaid ei dilyn.

rhagdybiaeth: man cychwyn i'r llysoedd, sy'n rhagdybio bod rhai ffeithiau yn wir oni bai fod mwy o dystiolaeth i'r gwrthwyneb i wrthbrofi'r rhagdybiaeth.

rhagweladwy: digwyddiadau y dylai'r diffynnydd fod wedi gallu eu rhagweld yn digwydd.

rheol y 'rhes cabiau': mae'n rhaid i fargyfreithiwr dderbyn gwaith mewn unrhyw faes lle mae'n gymwys i ymarfer, mewn llys lle bydd yn ymddangos fel arfer, ac ar ei gyfradd arferol.

rheolaeth cyfraith: dylai'r wladwriaeth lywodraethu ei dinasyddion yn unol â rheolau a gytunwyd.

rhwymedi: dyfarndal a wneir gan lys i'r parti diniwed mewn achos sifil i 'unioni'r cam'.

rhyddfarn: mae'r diffynnydd wedi ei gael yn ddieuog a bydd yn cael ei ryddhau.

siambrau: swyddfeydd lle mae grwpiau o fargyfreithwyr yn rhannu clercod (gweinyddwyr) a chostau gweithredu.

sofraniaeth seneddol: egwyddor Dicey sef bod gan y Senedd bŵer absoliwt a diderfyn, a bod Deddf Seneddol yn gallu dirymu unrhyw ffynhonnell arall o gyfraith.

stare decisis: glynu wrth y penderfyniadau blaenorol.

tenantiaeth: lle parhaol i fargyfreithiwr mewn siambrau.

tor-contract: torri contract drwy beidio â dilyn ei delerau a'i amodau.

tresmaswr: ymwelydd heb ganiatâd nac awdurdod i fod ar dir y meddiannydd.

Tribiwnlys Haen Gyntaf: rhan o'r system gyfreithiol sy'n ceisio setlo cyfnod 'gwrandawiad cyntaf' anghydfodau cyfreithiol. Mae wedi ei rannu'n saith siambr neu faes arbenigol.

troseddau neillffordd: troseddau ar lefel ganolig (e.e. lladrad, ymosod gan achosi gwir niwed corfforol) sy'n gallu cael eu rhoi ar dreial yn llys yr ynadon neu yn Llys y Goron.

troseddau ynadol: y troseddau lleiaf difrifol, sy'n brofadwy yn y llys ynadon yn unig.

Tŷ'r Arglwyddi: enw Tŷ uchaf y Senedd, sef y siambr ddeddfu. Roedd dryswch yn tueddu i godi cyn sefydlu'r Goruchaf Lys, gan mai Tŷ'r Arglwyddi oedd yr enw ar y llys apêl uchaf hefyd.

tystiolaeth ail-law: nid yr hyn mae'r tyst yn ei wybod yn bersonol, ond rhywbeth a ddywedwyd wrtho.

ultra vires gweithdrefnol: dyma lle nad yw'r gweithdrefnau a sefydlwyd yn y Ddeddf alluogi i wneud yr offeryn statudol wedi cael eu dilyn (e.e. roedd angen ymgynghori ond ni ddigwyddodd hynny). Ystyr llythrennol: 'tu hwnt i'r pwerau'.

ultra vires sylweddol: lle bydd deddfwriaeth ddirprwyedig yn mynd y tu hwnt i'r hyn a fwriadodd y Senedd.

Uwch Dribiwnlys: mae'n gwrando ar apeliadau o'r Tribiwnlys Haen Gyntaf, ac mewn rhai achosion cymhleth, yn gweithredu awdurdodaeth cam cyntaf.

ymholi dirgel: yr hen broses o benodi, lle byddai gwybodaeth am farnwr posibl yn cael ei chasglu'n anffurfiol, dros amser, gan fargyfreithwyr a barnwyr blaenllaw.

ymwreiddiedig: darn o gyfraith hen a sefydledig sy'n anodd ei newid, neu'n annhebygol o newid (e.e. Bil Hawliau UDA). Does dim cyfreithiau ymwreiddiedig yn y DU.

Ysbytai'r Brawdlys: rhaid i fargyfreithwyr ymuno â'r Deml Fewnol, y Deml Ganol, Ysbyty Gray neu Ysbyty Lincoln. Mae'r Ysbytai yn cynnig llety ac addysg ac yn hyrwyddo gweithgareddau.

Mynegai

Mynegai achosion

Mynegai deddfwriaeth

Cydnabyddiaeth

t12 (brig dde) Standard Studio / Shutterstock.com; t12 (chwith) 271 EAG Moto / Shutterstock.com; t14 (brig) Paul Nicholas / Shutterstock.com; t14 (canol) addasiad o fap gan WalesOnline; t15 Nerthuz / Shutterstock.com; t21 GrAl / Shutterstock.com; t25 (brig) Minerva Studio / Shutterstock.com; t25 (gwaelod) Chris Bain / Shutterstock.com; t27 Lucian Milisan / Shutterstock.com; t33 Matthew Dixon / Shutterstock.com; t34 lazyllama / Shutterstock.com; t36 iStock / Littlewitz; t38 Victor Moussa / Shutterstock.com; t39 (brig) ByEmo / Shutterstock.com; t39 (gwaelod) Araya Jirasatitsin / Shutterstock.com; t41 D. Geraint Lewis trwy ganiatâd Gwasg Gomer; t44 Zerbor / Shutterstock.com; t45 ESB Professional / Shutterstock.com; t48 Africa Studio / Shutterstock.com; t55 Iconic Bestiary / Shutterstock.com; t56 (o'r brig i'r gwaelod) KZenon / Bacho / Rawpixel.com / Portrait Images Asia by Nonwarit / Shutterstock.com; t59 Andrey_Popov / Shutterstock.com; t64 Tupungato / Shutterstock.com; t80 Aleutie / Shutterstock.com; t81 kenny1 / Shutterstock.com; t85 Adam Gregor / Shutterstock.com; t86 sirtravelalot / Shutterstock.com; t89 Spiroview Inc / Shutterstock.com; t90 Angelina Dimitrova / Shutterstock.com; t91 SpeedKingz / Shutterstock.com; t92 Uber Images / Shutterstock.com; t96 hafakot / Shutterstock.com; t112 Everilda / Shutterstock.com; t114 AVA Bitter / Shutterstock.com; t118 NothingIsEverything / Shutterstock.com; t119 (brig) vasabii / Shutterstock.com; t119 (gwaelod) Natcha29 / Shutterstock.com; t121 F8 Studio / Shutterstock.com; t125 iStock / farakos; t131 iStock / SergZSV; t132 hafakot / Shutterstock.com; t136 AnnIris / Shutterstock.com; t137 Andy Dean / Shutterstock.com; t138 Brian A Jackson / Shutterstock.com; t139 javi_indy / Shutterstock.com; t141 Giancarlo Liguori / Shutterstock.com; t143 (brig) Doraemaon9572 / Shutterstock.com;

t143 (gwaelod) Yustus / Shutterstock.com; t145 BravoKiloVideo / Shutterstock.com; t147 BlueRingMedia / Shutterstock.com; t149 iStock / Valengilda; t150 FabrikaSimf / Shutterstock.com; t152 jkcDesign / Shutterstock.com; t153 docstockmedia / Shutterstock.com; t157 Andrei Nekrassov / Shutterstock.com; t158 TFrancis / Shutterstock.com; t159 iStock / Caymia; t160 Best Vector Elements / Shutterstock.com; t165 plantic / Shutterstock.com; t166 pryzmat / Shutterstock.com; t167 Duplass / Shutterstock.com; t170 art4all / Shutterstock.com; t172 Elenarts / Shutterstock.com; t174 hidesy / Shutterstock.com; t176 Branislav Cerven / Shutterstock.com; t177 (brig) HQuality / Shutterstock.com; t177 (gwaelod) iStock / FL-photography; t178 pcruciatti / Shutterstock.com; t180 (brig) David Carillet / Shutterstock.com; t180 (gwaelod) magic pictures / Shutterstock.com; t181 Charles Haire / Shutterstock.com; t184 Koca Vehbi /Shutterstock.com; t186 (brig) pinkjellybeans / Shutterstock.com; t186 (gwaelod) 1000 Words / Shutterstock.com; t188 (brig) melis / Shutterstock.com; t188 (gwaelod) 1000 Words / Shutterstock.com; t190 (brig) Shutterstock.com; t190 (gwaelod) 1000 Words / Shutterstock.com; t193 Solid Web Designs / Shutterstock.com; t194 BortN66 / Shutterstock.com; t195 Photographee.eu / Shutterstock.com; t196 PRESSLAB / Shutterstock.com; t200 Titikul_B / Shutterstock.com; t201 Robert Lucian Crusitu / Shutterstock.com; t203 Andrey_Popov / Shutterstock.com; t206 Everett Historical / Shutterstock.com; t207 mark reinstein / Shutterstock.com; t209 s_bukley / Shutterstock.com; t211 pikepicture / Shutterstock.com; t214 Adam Gregor / Shutterstock.com; t218 Denis Makarenko / Shutterstock.com